GOLDMANN

Buch

Tausende von Fragen zu Sextechniken, erotischem Spielzeug, empfehlenswerten Sexvideos, Pornos usw. haben die Autorinnen, die hinter dem Ladentisch von Amerikas bekanntestem Sexshop stehen, wohl schon beantworten müssen. Sie beschlossen, einen eigenen Allround-Sexratgeber herauszubringen, der ausführliche Antworten auf die meistgestellten Fragen zum Thema Sex bietet. Ergänzt wird dieses einzigartige Kompendium mit persönlichen Kommentaren, Anekdoten und Erlebnisberichten von Freunden wie auch Kunden. Zeichnungen illustrieren Sextechniken und die verschiedenen erotischen Hilfsmittel, deren Vor- und Nachteile in aller Offenheit angesprochen werden.

Autorinnen

Cathy Winks und Anne Semans gehören zu den Mitarbeiterinnen von *Good Vibrations*, einem 1977 in San Francisco eröffneten Laden für Sexutensilien, -bücher und -videos, der inzwischen zu einer Institution geworden ist. Der Sexshop wird von Frauen als Kooperative betrieben und findet bei weiblichen wie auch männlichen Kunden – ob hetero, gay, lesbisch oder bi – als Versandgeschäft in ganz Amerika größten Zuspruch.

Cathy Winks
Anne Semans

Good Vibrations
SEX
fun and safe

Aus dem Amerikanischen
von Malte Heim

Mit Illustrationen von MB Condon

GOLDMANN VERLAG

Die Originalausgabe erschien 1994
unter dem Titel »The Good Vibrations Guide to Sex«
bei Cleis Press, Inc., Pittsburgh und San Francisco.

Deutsche Erstausgabe

Der Goldmann Verlag
ist ein Unternehmen der Verlagsgruppe Bertelsmann

Deutsche Erstausgabe Januar 1996
© 1996 der deutschsprachigen Ausgabe
Wilhelm Goldmann Verlag, München
© 1994 der Originalausgabe Anne Semans und Cathy Winks
Umschlaggestaltung: Design Team München
Umschlagillustration: MB Condon
Satz: All-Star-Type Hilse, München
Druck: Pressedruck Augsburg
Verlagsnummer: 13907
kk · Herstellung: Martin Strohkendl
Redaktion: Ilse Wagner
Made in Germany
ISBN 3-442-13907-4

1 3 5 7 9 10 8 6 4 2

Inhalt

Danksagungen

Wir möchten Joani Blank für die Gründung von *Good Vibrations* danken, Susie Bright dafür, daß sie uns zum Schreiben ermutigte, und unseren Mitarbeitern bei *Good Vibrations* für ihre Tips, Techniken und Anekdoten. Ein besonderer Dank gilt unserem langjährigen MB Condon, der zwei arbeitserfüllte Wochen allein mit einem Kasten voller Sexspielzeuge verbrachte und die wunderbaren Zeichnungen anfertigte, die in unserem Buch zu haben uns eine Ehre ist, und unserem geliebten Mentor Ray Potter für seine mitreißende Begeisterung, seine ausgezeichnete redaktionelle Arbeit und seine unverzichtbaren Ratschläge und Ermutigungen. Viel Liebe und ein großes Dankeschön für Becky und Trish für ihre Hilfe und Geduld.

Dieses Buch ist unseren Kunden und allen gewidmet, die jemals eine Frage über Sex gestellt oder beantwortet haben.

Abbildungen

Einführung

Was dieses Buch soll

Falls Sie sich fragen, wozu die Welt *noch* ein Buch über Sex braucht, laden wir Sie ein, die folgenden paar Seiten zu lesen. Sie werden, wie wir glauben, zugestehen, daß wir mit diesem Buch einen einzigartigen Beitrag zur derzeit verfügbaren Literatur geschaffen haben – nicht nur aufgrund unserer ungewöhnlichen Sicht als Verkäuferinnen von Sexspielzeugen in einem eigenen Vibrator-Geschäft mit Namen *Good Vibrations*, sondern auch, weil dieses Buch einen originellen Ansatz darstellt. In Kapitel 1 werden Sie weitere Verkaufsargumente über *Good Vibrations* finden; aber in dieser Einführung möchten wir Ihnen erklären, auf welche Weise dieses Buch sich von seinen Artgenossen unterscheidet und weshalb Sie seine Lektüre genießen werden.

Die Menschen brauchen gute Sexbücher. Wir sind davon überzeugt, daß echte Informationen über Sex uns allen helfen, intimere Beziehungen aufzubauen und Furcht und Vorurteile zu überwinden. Ganz zu schweigen davon, daß Sex ein gutes, sauberes Vergnügen darstellt, und je mehr Sie über ihn erfahren, desto vergnüglicher kann er sein. Aber es ist nicht immer leicht, an die Informationen heranzukommen, die man braucht. Wir von *Good Vibrations* wurden in den vergangenen acht Jahren mit allen möglichen Fragen unserer Kunden konfrontiert, von der sexuellen Ansprechbarkeit bis zur Größe des Dildos. Wir hätten uns während der Geschäftszeiten unzählige Male ein Buch mit detaillierten Antworten auf die Hunderte von Fragen gewünscht, die uns gestellt wurden. Und es ist uns bewußt, daß auf jeden, der den Mut aufbringt, eine Frage mit sexuellem Inhalt zu stellen, Dutzende kommen, die sich darüber lieber in einem Buch informieren würden. Und offen gesagt ist es weder für die Geschäftsangestellten noch für die Kunden einfach, in einem Raum voller Menschen an einem hektischen Tag über die Feinheiten einer bestimmten Technik oder eines Spielzeugs zu sprechen. Viele Kunden haben ihre dringenden Fragen zu diesem oder jenem »geheimnisvollen Gerät« nicht gestellt, weil sie nicht wünschten, daß ein anderer mithört. (Sie wußten nicht, daß ihr Nachbar häufig dieselben Fragen hatte!) Bücher stellen die bequemste Methode dar, sich über Sex zu informieren – deshalb räumen wir Büchern in *Good Vibrations* ebensoviel Regalplatz wie den Sexspielzeugen ein.

Die Menschen hungern nach Anweisungen, Ratschlägen und Antworten auf häufige Fragen über Sex. Eine der Fragen, die uns Männer und Frauen jeden Alters am häufigsten stellen, lautet: »Haben Sie ein aktuelles Sexhandbuch?« Wir führen über zweihundert Bücher über Sex, und wenn diese Frage gestellt wird, stellen wir das halbe Dutzend schickliche Handbücher zusammen, die wir anbieten können, und präsentieren sie zusammen mit unseren Vorbehalten dem Kunden. »Hierin finden Sie die beste Einführung in eine Vielzahl von Aktivitäten, aber es beschränkt sich auf weiße, monogame Heterosexuelle.«

»Dieses Buch wendet sich an eine gemischte Leserschaft, aber es wurde 1970 geschrieben, deshalb sehen die Figuren wie Hippies aus, und es steht nichts für Safer Sex darin.«

»Dieser Autor schreibt kundig über sexuelle Tabus, aber er verdammt Sexspielzeuge.« Begreifen Sie unsere Schwierigkeiten? Wir können kein einzelnes Buch empfehlen, in dem eine Vielzahl von Aktivitäten für eine gemischte Leserschaft besprochen wird, weil so etwas nicht erhältlich ist. Nachdem wir bedauernd mit den Schultern gezuckt und uns bis zum Überdruß für die unzureichende Auswahl an Sexhandbüchern entschuldigt hatten, einigten wir uns schließlich auf unser Motto: »Wenn Sie wollen, daß etwas richtig gemacht wird, erledigen Sie es selbst.«

Dieses Buch wendet sich an eine breitere Leserschaft und unterscheidet sich in zwei wesentlichen Punkten von anderen Sexhandbüchern. Kein anderes Sexhandbuch, ob lieferbar oder vergriffen, hat Sexspielzeugen den Platz oder die Anerkennung eingeräumt, die sie verdienen. Der Erfolg unseres Geschäftes stellt den Beweis dafür dar, daß Tausende von Menschen sich mit Sexspielzeugen vergnügen, und doch widmet ihnen kein anderes Buch mehr als einen Abschnitt. Der zweite Punkt hängt mit unserer unmittelbaren Kenntnis der Praktiken in vielen Schlafzimmern zusammen. Wir sind weder Sexualtherapeuten, die sich mit den Problemen ihrer Klienten befassen, noch Briefkastenratgeber, die ernsthafte Fragen in einer Zeitschriftenkolumne beantworten. Wir haben das einzigartige Privileg, in einer Umgebung tätig zu sein, in der uns alle möglichen Leute mit Fragen, Bekenntnissen, Bedenken und Erfahrungen in Sachen Sexualität vertraut machen, die sie mit uns teilen möchten, und uns Tips zukommen lassen, die wir an andere Kunden weitergeben können. Ihre natürliche, offene Neugier hat bestimmt, was in diesem Buch geschrieben wurde. Betrachten Sie dieses Buch als Kompendium detaillierter Antworten auf hundert Fragen über Spielzeuge und Techniken, die bei *Good Vibrations* gestellt werden.

Die Ruhmeshalle der Sexbücher

Dieses Buch wäre ohne die Arbeit mehrerer Pioniere auf dem Gebiet der populären Sexualliteratur gewiß nicht möglich gewesen. (Mit »populär« meinen wir Selbsthilfe- und Sexualkundebücher, die für Laien geschrieben wurden, im Unterschied zu gelehrten oder wissenschaftlichen Werken.) Wir verweisen Kunden ständig und ohne Bedenken auf diese Bücher, weil sie unseren Ansprüchen nach Genauigkeit und Realitätsnähe genügen.

Viele dieser Titel wurden in den siebziger und Anfang der achtziger Jahre im Gefolge sowohl der sexuellen Revolution als auch der Sexualforschung durch Masters und Johnson und Kinsey geschrieben. Bücher wie Lonnie Barbachs *Welche Farbe hat die Lust* und Bernie Zilbergelds *Männliche Sexualität* gaben Frauen und Männern die Erlaubnis und das Instrumentarium in die Hand, ihre Sexualität zu erforschen. Diese Bücher verbreiten das grundlegende Wissen über sexuelle Physiologie, Körperbild, Techniken, Gewohnheiten, Geschlechterstereotypien und häufig auftretende Probleme auf eine positive, wohltuende und realistische Weise.

Bücher, die sich mehr auf Einzelpersonen konzentrieren und in der Regel von unabhängigen Verlegern herausgebracht wurden, sind die Ecksteine unserer Bücherei in *Good Vibrations* geworden. Betty

Dodsons *Sex for One* (zuvor unter den Titeln *Liberating Masturbation* und *SelfLove and Orgasm* veröffentlicht) hat für die Masturbation getan, was Betty Crocker auf dem Gebiet des Kochens tat. Wir hatten schon seit langem das Gefühl, daß allen Massagegeräten und Vibratoren *Good Vibrations: The Complete Guide to Vibrators* von Joani Blank als erschöpfendes Benutzerhandbuch beiliegen sollte. Jack Morins einzigartiges Buch *Anal Pleasure and Health* gebührt der Platz als Bibel des Analerotikers.

Frühe Gesundheitshandbücher für Frauen wie *Our Bodies, Ourselves* und *A New View of a Women's Body,* Lesbierinnen-Fibeln wie *Sapphistry* und der S/M-Leitfaden *Coming to Power* stellten wesentliche Beiträge in einer wachsenden Vielzahl von Büchern über die weibliche Sexualität dar und gehörten zu den wenigen Büchern, die durch ihre Illustrationen und ihre Sprache Leserinnen aller Alters- und Bildungsstufen sowie ethnischer Zugehörigkeiten ansprachen. Man findet diese Form der Darstellung auch in modernen Handbüchern, die sich an eine Leserschaft aus Schwulen und Lesben wenden.

Wir überspringen das dunkle Zeitalter der späten achtziger und frühen neunziger Jahre, bis eine neue Generation von Sexbüchern auftaucht, die es wert sind, gelesen zu werden. Susie Bright, eine ehemalige Angestellte von *Good Vibrations*, die *Susie Sexpert's Lesbian World* und *Susie Bright's Sexual Reality* schrieb, gehört zu den wenigen zeitgenössischen Autorinnen, die mit Begeisterung eine große Vielfalt von Sexspielzeugen und -tätigkeiten beschreiben. Enzyklopädien mit sexuellen Fachausdrücken, Praktiken und geschichtlichen Darstellungen erweitern Ihre sexuelle Bildung und bieten einzigartige kulturelle Perspektiven, vom Frage- und Antwortstil bei Büchern wie *Der neue Kinsey-Institute-Report* (das verständlichste), *Ask Isadora* (das vergnüglichste), *The Encyclopedia of Erotic Wisdom* (das am meisten New-Age-gefärbte) und *The Dictionary of Sexual Slang* (das lustigste bei einer Dinner-Party) bis zu den eher persönlichen, erzählenden Darstellungen in Sammlungen wie *Good Sex: Real Stories from Real People*. Endlich gibt es im Überfluß spezialisierte Sexspiel-Bücher, die wegen ihrer bloßen Freude am Sex und ihrer »alles ist erlaubt«-Einstellung Punkte verdienen. Ob Sie mehr darüber erfahren möchten, wie Sie Ihren Partner fesseln können oder wie Sie ihn mit Schokolade überziehen – dank Büchern wie *Learning the Ropes and Tricks* erfahren Sie alles.

Alle diese Bücher leisten einzigartige, praktische Beiträge zum sexuellen Verständnis, aber sie wenden sich in der Regel an spezielle Leserschaften, vom reinen Hobbyisten bis hin zu S/M-Praktikern, Schwulen, Lesbierinnen und verheirateten Heterosexuellen. Wir haben uns bemüht, den häufigsten sexuellen Interessen vieler Gruppen in einem modernen Handbuch zu entsprechen.

Aufstieg und Fall des zeitgenössischen Sexhandbuchs

Unsere Suche nach dem optimalen Sexhandbuch wird durch den Umstand frustrierend, daß jährlich Dutzende solcher Bücher erscheinen, die aber alle eher dazu geeignet sind, den Leser zu befremden, als ihn zu bilden. Woran liegt das?

Die Sexhandbücher erlebten in den siebziger und frühen achtziger Jahren eine Blüte, also zu derselben Zeit, als Barbach und Zilbergeld ihre Selbsthilfebücher schrieben. Die durch die Frauen-, Schwulen- und Bürgerrechtsbewegungen bewirkten Veränderungen schlugen sich in Handbüchern wie *Making Love Better, Joys of Fantasy* und *The Complete Guide to Sexual Fulfilment* nieder. Die Bedingung der Heterosexualität war weniger wichtig geworden; Fotografien und Illustrationen stellten verschiedene ethnische Zugehörigkeiten dar; die sexuelle Befriedigung der Frau wurde von einer Zumutung zu einem Recht; sexuelle Aktivität, Experimentierfreudigkeit und Toleranz erlebten ein nie dagewesenes Hoch. Und siehe da, es zeigte sich, daß alle möglichen unterschiedlichen Menschen Sex hatten; sie sahen natürlich aus und schienen Spaß daran zu haben!

Falls Sie glauben sollten, dieser Trend habe sich bis heute fortgesetzt, müssen wir Sie leider enttäuschen. Noch in den achtziger Jahren fand die Blütezeit der ausführlichen Sexhandbücher ein Ende. Vielleicht lag es am Auftreten von AIDS in Verbindung mit einer amerikanischen Regierung, zu deren außerplanmäßigen Lieblingsbeschäftigungen die Zensur und der Kampf gegen die Abtreibung gehörten – bald wurde jedes sexuelle Thema von moralisierenden Ermahnungen durchdrungen. AIDS wurde zur Strafe Gottes für die Sünde sexueller Freuden ohne Zeugungsabsicht (zunächst nur bei Homosexuellen, später auch bei Promiskuitiven). AIDS wurde zu einer tödlichen Abschreckung umfunktioniert, um die rasenden Hormone junger Menschen in Schach zu halten. (Mit mäßigem Erfolg, wie die ständig zunehmenden Zahlen der Statistiken von Teenagersex und -schwangerschaft zeigen. Aber die Debatte über die Verteilung von Kondomen in öffentlichen Schulen tobt weiter.)

Wie schlägt sich diese Situation in Sexhandbüchern nieder? Zum einen suchen Sie vergeblich nach einer Berücksichtigung anderer Interessengruppen als der monogamen, heterosexuellen Erwachsenen. Populäre Sexhandbücher, die sich angeblich an jedermann wenden, nehmen kaum die Homosexualität zur Kenntnis. Tatsächlich repräsentieren weder Fotografien noch Illustrationen unterschiedliche Altersstufen, Neigungen, Körpertypen oder ethnische Gruppen – Außerirdische müßten den Eindruck gewinnen, daß sich nur magere, heterosexuelle Weiße sexuell betätigen. Und erwarten Sie keine deutlichen Fotos (gleichgültig, um welches Geschlecht oder welche Vorliebe es geht) als Textillustrationen – eine solche Bebilderung würde unsere puritanische Empfindlichkeit offenbar so sehr verletzen, daß größere Buchhandlungen sich weigern, derartig illustrierte Bücher zu führen. Statt dessen bekommen wir Bücher wie eine neue Ausgabe des *Kama Sutra oder die Liebeskunst* dargeboten, in der mit der Airbrush-Technik behandelte Fotos Paare darstellen, die sexuelle Positionen vorführen, ohne daß ein Geschlechtsteil sichtbar würde! Heutige Handbücher sind chemisch gereinigt, sauber und schlicht.

Ein weiterer, furchteinflößender gesellschaftlicher Trend – eine Gegenreaktion auf den Feminismus – hat dazu geführt, daß die »befriedigen Sie Ihren Mann«-Ratschläge in aktuellen Handbüchern fröhliche Auferstehung feiern. Die Frauen werden mit Vorschlägen bombardiert, wie sie ihre äußere Erscheinung verbessern, einen »unangenehmen Geruch im Genitalbereich« vermeiden oder »überdecken« *(The Magic of Sex)*, sich einen dominanten Mann angeln können, und sie erhalten Tips, auf welche Weise sie sich aus ihrer sexy schwarzen Reizwäsche winden sollen. Statt persönliche Neigungen zu berücksichtigen oder anzumerken, daß viele Frauen schwarze Dessous mögen und sie deshalb tragen, weil es sie selbst ebenso wie ihren Partner anregt, werden die sexuellen Bedürfnisse der Frauen wieder einmal im Interesse dessen, »was Männer mögen«, in den Hintergrund gedrängt. Die Stereotypyien über Frauen, die Romanzen mögen, während die Männer nur am Sex interessiert sind, kommen wieder aus den Höhlen hervorgekrochen, in denen sie schon vor langer Zeit endgültig hätten verschwinden sollen. Gott helfe der Frau, die schwarze Dessous an anderen schätzt und ihren Freund anal penetrieren will!

Ironischerweise verbreiten diese neuen Sexhandbücher richtige Informationen über Sex, Anatomie und Verständigung, die jedoch in antiquierte Stereotypien gekleidet sind. In Besprechungen über analen Sex wird kaum auf den Hinweis verzichtet, daß es sich um eine Aktivität handelt, die in erster Linie unter Homosexuellen üblich ist, daß er für den Mann (der stets als der aktivere Partner dargestellt wird) weitaus lustvoller, nur bei wenigen Paaren üblich ist, und begleitet von Warnungen – die sich durch den gesamten Text ziehen –, daß analer Sex mit einem HOHEN RISIKO einer AIDS-INFEKTION behaftet ist. Dieselben Bücher bieten sachliche Informationen über AIDS und Safer Sex, aber häufig auf eine so klinische und zimperliche Weise, daß niemand Neigung verspürt, sich den Mühen einer sexuellen Betätigung zu unterziehen, geschweige denn, all das Latex zu benutzen.

Wie bereits bemerkt, fassen sich Sexhandbücher bei ihrer Behandlung von Sexspielzeugen entsetzlich kurz, wenn sie deren Existenz nicht ganz verschweigen. Falls Sexspielzeuge überhaupt erwähnt werden, wird ihnen kaum mehr als eine Fußnote eingeräumt, und oft werden sie als Hilfsmittel bei Fehlfunktionen oder als etwas beschrieben, das »andere« Menschen verwenden (Lesben benutzen Dildos, schwule Männer Anal Plugs). Wir möchten Ihnen sagen, daß wir – nachdem wir Kunden aller Neigungen und Geschlechter bedient haben – zwei Gemeinsamkeiten bei ihnen allen feststellen: Ihre Vorlieben bei Sexspielzeugen hängen ebensowenig mit ihrer sexuellen Ausrichtung zusammen wie ihre Vorlieben für bestimmte Speisen, und sie kaufen diese Spielzeuge in der Regel, um mit ihnen zu spielen, nicht, um eine zerbrochene Beziehung zu kitten. Sie werden niemals erleben, daß wir Sexspielzeuge als »sexuelle oder eheliche Hilfen« anpreisen. Nach unseren Erfahrungen spielen Menschen aus Vergnügen mit Sexspielzeugen, nicht nach Rezept.

Selbst Sexhandbücher, die mit den besten Absichten geschrieben wurden, weisen die Tendenz auf, Statistiken zu mißbrauchen. Nichts ist besser geeignet, um Ihnen das Gefühl einzugeben, daß Sie ein Problem haben, als ein Wust statistischer Daten über die Sexualität, und man kann keine Zeitung aufschlagen, ohne daß einem neue Statistiken ins Auge springen. Wenn Sie zwischen zwanzig und fünfunddreißig Jahre alt sind und nicht zweikommadreimal wöchentlich Geschlechtsverkehr und dabei stets zwei bis drei Orgasmen haben, könnten Sie sich benachteiligt fühlen. Sie sind es nicht! Statistiken wurden geschaffen, um ein Bild von dem zu vermitteln, was bestimmte Bevölkerungsgruppen tun, und in Bereichen wie der Sexualität können sie Schaden an Ihrem Selbstwertgefühl anrichten. Statistiken werden häufig als Methode mißverstanden, zu bestimmen, ob jemand »normal« ist – haben Sie die richtige Art von Sex, die richtige Menge an Sex? Wir können es in diesem Buch nicht oft genug betonen: Alle Menschen sind verschieden. Dieses Buch handelt nicht davon, wie man Otto Normalverbraucher ähnlich wird oder wie man ihn kritisiert. Es handelt von dem, was Otto Normalverbraucher – und jeder andere in diesem Buch – tatsächlich tut, damit Sie es ebenfalls ausprobieren und sehen können, ob es Ihnen gefällt. Wenn wir gelegentlich eine Statistik erwähnen, geschieht dies in der Regel, um einer Stereotypie zu begegnen. Und wenn Sie es auch noch so dringend zu erfahren wünschen, wir werden Ihnen nicht verraten, wie viele Vibratoren nötig wären, um den Stab des Weißen Hauses zu befriedigen.

Was zwischen diesen Einbanddeckeln steht

Da sie jetzt recht gut wissen, um was es in diesem Buch *nicht* geht, schätzen wir uns glücklich, Ihnen mitteilen zu können, um *was* es darin geht. Das *Good Vibrations* Sexhandbuch bietet Ratschläge, Anweisungen, Definitionen, Illustrationen, Anekdoten und authentische Erklärungen einer Vielfalt an sexuellen Vorlieben und Aktivitäten, mit freundlicher Genehmigung von zwei Frauen, die eine Menge Fragen über Sex gestellt haben. Auf zwei Dinge, die dieses Buch auszeichnen, sind wir besonders stolz. Das erste ist:

Ein umfassender Ansatz

Es ist sowohl vielfältig als auch auf die Mehrzahl unserer Kunden zugeschnitten, die uns anregten, ein Sexhandbuch zu schreiben. Wir hoffen, mit diesem Buch eine Vielfalt von Lesern zu erreichen – schwule, heterosexuelle, bisexuelle, junge, alte, Neulinge, alte Hasen, Singles, Partner, solche mit vielen Partnern, körperlich Abgelehnte, geschlechtlich Veränderte, diejenigen, die auf dem neuesten Stand sind, und die sexuell Erschöpften, um nur einige wenige zu nennen. Wir haben es vielleicht nicht immer getroffen, aber wir haben dieses Buch mit dieser Vielfalt im Hinterkopf geschrieben. Das schlimmste, was uns widerfahren kann, ist, wenn wir in einem Sexbuch lesen, daß alle seine Leser in *eine* Gruppe passen müssen (meistens monogame Heterosexuelle). Oft liest man in der Einführung eines Buches den Hinweis, daß die in ihm beschriebenen »Praktiken auch von gleichgeschlechtlichen Partnern adaptiert« werden können – aber Sie können das Gefühl nicht loswerden, die Reste von gestern vorgesetzt zu bekommen. Wir bemühen uns, in unserer Sprache, in den Illustrationen und der Meinung eine Vielfalt von Interessen zu berücksichtigen und zu achten.

Hinsichtlich der Gemeinsamkeiten haben wir die Erfahrung gemacht, daß Menschen unterschiedlicher Lebensweisen und sexueller Neigungen oft Freude an denselben Spielzeugen und Aktivitäten sowie den verwandten Fragen haben, mit welchem Spielzeug sie auf welche Weise spielen sollten. Sowohl der Teenager, der nach Möglichkeiten sucht, Safer Sex zu haben, als auch der Transsexuelle, der sich nach Alternativen zum Geschlechtsverkehr umschaut, finden vielleicht im selben Kapitel dieselbe Lösung. Wir haben die Kapitel entsprechend den sexuellen Aktivitäten angeordnet, die von einem, zweien oder manchmal mehreren Personen ausgeführt werden können. Wo es angebracht ist, beschreiben wir die Technik so, wie sie bei Partnern in unterschiedlichen geschlechtlichen Anordnungen funktioniert, und häufig beziehen wir Sexspielzeuge mit ein. Während zum Beispiel die meisten Sexbücher die Penetration im Abschnitt über männlich/weiblichen Geschlechtsverkehr – der in der Regel als die ultimative sexuelle Erfahrung bezeichnet wird – besprechen, schildern wir die Vielfalt der Methoden des Penetrierens bei Partnern beider

Geschlechter (vaginal, anal, mit Geräten, Fingern etc.), und als *eine* von vielen Arten, sexuelle Freuden zu genießen. Wo körperliche Eigenarten jemanden daran hindern könnten, sich an einer der hier beschriebenen Techniken oder einem der Spielzeuge zu erfreuen, haben wir uns bemüht, Adaptionen vorzuschlagen, die vielleicht helfen.

Sie werden kein Kapitel mit der Überschrift finden »Wie monogame Heterosexuelle ihr Liebesleben würzen können« oder »Was Lesbierinnen im Bett treiben«. Wir stellen uns gern vor, daß die Inhalte aller Kapitel für Männer und Frauen aller sexuellen Richtungen wichtig sind. Aus diesem Grund sprechen wir unsere Leser direkt in der zweiten Person an, da dies uns die eleganteste Methode zu sein scheint, jedes Vorurteil über Geschlechter oder sexuelle Vorlieben zu vermeiden. Außerdem sind wir es gewöhnt, auch unsere Kunden so anzusprechen. Sie werden bemerken, daß wir dazu tendieren, sexuelle Aktivitäten aus der Sicht des aktiven Partners zu beschreiben. Dies geschieht, um die Schilderungen einfach und die Sprache klar zu gestalten. Wir wollen dadurch gewiß nicht zum Ausdruck bringen, daß die Erfahrungen des passiven Partners weniger wert sind. Außerdem ist dieses Buch:

Ein Paradies der Sexspielzeuge!

Wir weiten die herkömmliche Definition eines Sexspielzeuges dahingehend aus, daß es eine Vielfalt an weniger offensichtlichen Dingen umfaßt, die Vergnügen bereiten. Sie verstehen unter Sexspielzeugen vielleicht auch bereits Massageöle, Vibratoren und Dildos. Fügen Sie alles – von Nahrungsmitteln über Bücher bis hin zu VCRs und Telefonkontakte – hinzu, und betrachten Sie alltägliche Gegenstände mit neuen Augen. Unser Geschäft wird häufig als »Kartoffelhandlung« unter den Sexspielzeugläden bezeichnet, weil wir in unserem Angebot Vibratoren und Dildos den Vorzug vor Ölen, Badeperlen, Lotionen und Dessous geben, aber unser Grundsatz lautet: Wenn es Sie anmacht, ist es ein Sexspielzeug. Aber erwarten Sie nicht, daß wir anfangen, VCRs oder Badewannen zu stapeln, bis wir ein Sexspielzeugwarenhaus von der Größe von Macy's haben!

Wenn es auch stimmt, daß Leute, die die Schwelle unseres Ladens überschreiten, bereits entschlossen sind, sich Sexspielzeuge auszusuchen, hoffen wir, daß diejenigen, die niemals Sexspielzeuge in Erwägung gezogen haben, sich von der Begeisterung unserer Kunden hinreichend anstecken lassen, um sie auszuprobieren.

Über die Nutzung dieses Buches

In unserer Phantasie stellen wir uns vor, wie dieses Buch mit gebrochenem Rücken und daumenfleckigen Seiten neben Ihrem Vibrator, dem Gleitmittel, dem Massageöl und den Kondomen auf Ihrem Nachtschränkchen liegt. In der Realität hoffen wir, daß Sie dieses Buch nutzen, um Ihre Sexualität in der Art und Weise zu erkunden, die Ihnen zusagt. Ob Sie an bestimmten Praktiken interessiert sind oder nach neuen Ideen suchen, wir ermutigen Sie, das ganze Buch zu lesen – Sie wissen nicht, was alles Ihre Phantasie anregen wird!

Ein weiterer Grund, weshalb Sie dieses Buch lesen sollten, ist der, daß es Sie nicht nur mit der eigenen, sondern auch mit der Sexualität anderer aussöhnen wird. In diesem Buch geht es nicht um unsere persönlichen Motive; es geht um die Lebensgestaltung unserer Kunden. Wir schreiben nicht über Mädchen, die sich ihren Freunden zuliebe Dildogurte anlegen, weil wir eines Tages beschlossen hatten, daß es sich dabei um eine witzige Idee handelt; wir schreiben darüber, weil zahlreiche Menschen ihr Interesse an dieser Aktivität bekundet haben. Wenn wir dabei ein paar Dutzend Stereotypien zu nahe treten, dann hat sich die Mühe gelohnt. In unserem Buch geht es darum, daß wir uns für eine Vielfalt von sexuellen Aktivitäten öffnen und sie erkunden. Wir erwarten bestimmt nicht, daß Ihnen all diese Aktivitäten zusagen – wir erwarten nicht einmal, daß Sie sie alle ausprobieren. Aber wenn sich Ihr Liebesleben oder Ihr Gefühl Ihrer eigenen Sexualität gegenüber durch etwas, das Sie hier gelesen haben, auch nur ein wenig verbessert, dann waren wir erfolgreich.

Manche Menschen stoßen sich an bestimmten Wörtern aus der speziellen sexuellen Vulgärsprache. Wir haben überall dort, wo wir selbst zu Worte kommen, die herkömmlichen Begriffe gewählt, aber die Zitate unserer Kunden wörtlich übernommen, weil wir die Ausdrucksvielfalt anregend, erfrischend und freimütig fanden. Wenn Ihnen die Vulgärsprache Unbehagen bereitet, bitten wir Sie, diese Zitate vorurteilslos zu lesen. Nur sehr wenige Menschen können über sexuelle Dinge in einer Sprache reden, die uns angenehm ist, deshalb könnte es für Sie einen Schritt in die richtige Richtung bedeuten, wenn Sie sich für eine Erweiterung Ihres Vokabulars öffnen. Versuchen Sie zumindest, den Jargon mit Humor zur Kenntnis zu nehmen, statt ihn als kränkend zu empfinden.

Das *Good Vibrations* Sexhandbuch ist kein Lehrkurs oder Übungsbuch. Wir versprechen Ihnen zum Beispiel keine vierundzwanzig Stunden Ekstase, wenn Sie sechs Spielzeuge viermal täglich ausprobieren. Dieser zielorientierte Ansatz macht die Menschen nur nervös und setzt sie dort unter Leistungsdruck, wo sie Freude empfinden sollten. Wir bieten Ihnen nur ein Menü an; Ihre Sache ist es, sich zu entscheiden, was Sie davon essen wollen.

Sie werden feststellen, daß wir darauf verzichten, über Fragen zu schreiben, für die wir uns nicht zuständig fühlten. Wir erwarten zwar, das Personen mit sexuellen Funktionsstörungen einen Nutzen aus einem Großteil der Informationen ziehen werden, die in diesem Buch angeboten werden, aber wir sind nicht qualifiziert, diese Störungen gründlicher zu untersuchen, und wir empfehlen Ihnen, sich an einen Sexspielzeugladen in Ihrer Nähe, einen zuverlässigen sexuellen Informationsdienst oder einen Sextherapeuten zu wenden. Außerdem haben wir eine Bibliographie zusammengestellt, die Ihnen eine Hilfe sein kann.

Schließlich hoffen wir auch, daß Sie den Sex als eine Quelle lebenslanger Freude betrachten. An vielen der Aktivitäten und Spielzeuge, die wir beschreiben, können sich Menschen jeden Alters erfreuen – ob mit oder ohne Partner (wir haben die Absicht, von der Wiege bis zum Grabe zu masturbieren). Vielleicht ist die Hoffnung zu hoch gegriffen, daß Teenager dieses Buch in die Hände bekommen, aber falls Sie es doch lesen, herzlichen Glückwunsch! Wir stellen uns gern vor, daß dieses Buch zu ihrer Entwicklung zu einem sexuell gesunden, verantwortungsbewußten Erwachsenen beiträgt. Es gibt schon zu viele Leute, die Ihnen weismachen wollen, daß Sex schlecht und schmutzig ist (obwohl sie ihr eigenes sexuelles Verlangen nicht leugnen können), deshalb lassen Sie uns Sie auf die vielen sexuellen Möglichkeiten hinweisen, die Ihnen offenstehen, und Sie auf Ihrem Weg ermuntern! In ähnlicher Weise neigt die Gesellschaft dazu, ältere Menschen als sexlos zu betrachten, aber es gibt keinen

Grund, weshalb wir den Sex nicht viele Jahre lang genießen sollten. Wenn Sie gewisse körperliche Einschränkungen hinnehmen müssen, gehören Sexspielzeuge und Phantasien zu den vielen Möglichkeiten, die ihnen verbleiben – Sie müssen nur die Zeit und den Wunsch dazu beisteuern.

Mehr als alles andere stellt dieses Buch eine Würdigung der sexuellen Natur aller lebenden und atmenden Wesen dar, wie auch immer sie sie zum Ausdruck bringen mögen. Ein gesundes Liebesleben ist Ihr Geburtsrecht, und niemand sollte des Wissens oder der Mittel beraubt sein, es auszuüben. Wenn Sie dieses Buch lesen, übernehmen Sie Verantwortung für Ihr sexuelles Selbst und nehmen damit an dieser Würdigung teil. Wir nehmen zur Kenntnis, daß AIDS das Liebesleben vieler Menschen beeinflußt hat, aber unsere Begeisterung für den Sex ist unvermindert, und wir hoffen, daß es sich bei Ihnen ebenso verhält. Es ist nicht nur möglich, es ist sogar anregend, großartigen, von Ansteckungsrisiken freien Sex zu genießen. Wir werden das ganze Buch hindurch entsprechende Vorschläge machen – aber es liegt an Ihnen, sie in die Praxis umzusetzen.

Und somit erheben wir unsere Gläser auf Ihr sexuelles Wohlbefinden! Vergnügen Sie sich!

Ann Semans und Cathy Winks
San Francisco
im Januar 1994

1. Good Vibrations

Über die Good-Vibrations-Philosophie

Wir sind zwei sehr glückliche Frauen. Wir haben im Verlauf der letzten acht Jahre für *Good Vibrations* gearbeitet, das von Frauen geleitete Unternehmen in San Francisco. In diesen Jahren haben wir in unserem Einzelhandelsgeschäft mit Hunderten von Kunden über Sexspielzeuge, Bücher und Videos gesprochen, und wir haben unsere Mail-Order-Kataloge an Tausende von Interessenten geschickt. Unsere Freunde beneiden uns verständlicherweise, da es zu unserer täglichen Arbeit gehört, mit Vibratoren zu spielen, Erotica zu lesen und Filme für Erwachsene anzuschauen. Unsere Eltern oder früheren College-Dozenten mögen sich manchmal fragen, wieso zwei so nette Mädchen mit Pornographie handeln, aber wir sind glücklich, eine Tätigkeit zu haben, die uns mit missionarischem Eifer erfüllt, mit unserer feministischen Einstellung vereinbar ist und obendrein noch Spaß macht.

Worin besteht nun die Mission, die uns mit solchem Eifer erfüllt? Unser Unternehmen wurde aufgrund der Annahme ins Leben gerufen, daß mehr sexuelles Vergnügen möglich ist, als es die meisten Menschen erfahren, und daß es nicht schwierig sein sollte, dieses Vergnügen zu erleben – sei es, weil es zu gefährlich oder weil es zu teuer wäre. Unser Ziel ist es, den Menschen Zugang zu Materialien für den Sex und stimmige Informationen über die Sexualität zu verschaffen, um die Furcht, die Unwissenheit, die Vorurteile und die Unsicherheit zu bekämpfen, die zu viele von uns davon abhalten, sich des sexuellen Vergnügens zu erfreuen, das unser Geburtsrecht ist.

Wieso läßt sich unsere Arbeit mit einer feministischen Ausrichtung vereinbaren? Die Sexspielzeug-Industrie gründete sich traditionellerweise auf männliche Bedürfnisse und war auf männliche

Kundschaft ausgerichtet. Frauen, die Geschäfte für Sexliteratur betraten, wurde häufig das Gefühl vermittelt, nicht willkommene Eindringlinge zu sein, und Männer, die mit ihren Frauen oder Freundinnen einkaufen kamen, fanden vielleicht, daß Produkte, deren Verpackungen mit Fotos der Genitalien von Porno-Starlets verziert waren, eher befremdlich als anregend wirken. Unsere Kunden sagen uns oft, wie erfreulich sie es finden, in einem Geschäft einzukaufen, dessen Inhaber Frauen sind, und daß sie unsere »saubere, gut beleuchtete« Einrichtung für Männer und Frauen gleichermaßen erfreulich finden. *Good Vibrations* ist ein Teil der Grassroots-Bewegung (Bewegung der gewöhnlichen Leute im Unterschied zu Eliten) des letzten Jahrzehnts, in der immer mehr Frauen vortraten, um ihre eigenen sexuellen Bedürfnisse zu artikulieren und ihre eigenen Sex-Bücher, bildlichen Darstellungen und Produkte zu schaffen. Wir glauben, daß die Würdigung der weiblichen Wünsche zum Feminismus und eine aufrichtige Diskussion über die Sexualität zu den Grundvoraussetzungen für gleiche Rechte innerhalb und außerhalb des Schlafzimmers gehören.

Wir sind sehr stolz auf die revolutionäre Natur unserer Arbeit. Zum einen haben wir den Eindruck, daß Sexspielzeuge schon an sich revolutionär sind. Sie stärken nicht nur das Selbstwertgefühl – kein Dildo zwingt Sie jemals zu einer unerwünschten Begegnung –, sondern Sie bestätigen jedesmal, wenn Sie einen Vibrator einstöpseln oder einen Film für Erwachsene einlegen, daß Sie berechtigt sind, das Vergnügen um des Vergnügens willen zu genießen. Diese Affirmation stellt für viele von uns einen großen Bekenntnissprung dar. Es gibt unzählige Arten, sexuelle Lust zu erfahren, und doch neigen wir dazu, sexuelle Aktivitäten in die Kategorien »optimal«, »nicht schlecht« und »besser als nichts« einzustufen. Viele Menschen gehen – bewußt oder unbewußt – von dem Glauben aus, daß Sex nur dann in Ordnung ist, wenn er durch den Wunsch motiviert ist, a) Babys zu machen, b) Intimität auszudrücken, oder c) den Partner zu erfreuen. Die Vorstellung, daß Vergnügen um des Vergnügens willen eine ausreichende Motivation für alle sexuellen Aktivitäten darstellt und daß keine Art der sexuellen Erfahrung einer anderen in moralischer, ästhetischer oder romantischer Hinsicht überlegen ist, ist die subversive Philosophie hinter der Freude an Sexspielzeugen.

Wir bei *Good Vibrations* haben auch einen revolutionären Ansatz in der Art und Weise verwirklicht, wie wir unsere Produkte vermarkten. Die weitaus meisten Hersteller und Einzelhändler im Sexgeschäft ziehen Nutzen aus der Unwissenheit und der Scham, die mit der Sexualität verbunden sind, um überteuerte, minderwertige Waren abzusetzen. Sie können auf die Tatsache vertrauen, daß ihre Kunden einfach wegen der Art ihrer Erwerbungen zu eingeschüchtert sind, um bei Sexspielzeugen dieselben Qualitätskontrollen wie bei Haushaltszubehör oder anderen Produkten zu verlangen. *Good Vibrations* gehörte zu den ersten Einzelhändlern von Sexprodukten, der bei der Vermarktung von Sexspielzeugen einen kundenfreundlichen Ansatz verfolgte. Wir wollten, daß unsere Kunden über unsere Produkte aufgeklärt waren, also geben wir die Nachteile ebenso wie die Vorteile aller Artikel zu, die wir führen. Dadurch, daß wir bei Sexspielzeugen dieselben Maßstäbe wie bei anderen Konsumgütern anlegten, wurden wir mit einem begeisterten, vertrauensvollen und loyalen Kundenstamm belohnt.

Wir beeilen uns, jedermann, der die Produkte, die wir verkaufen und schätzen, als »sexuelle Hilfen« oder »eheliche Hilfen« bezeichnet, zu berichtigen, da wir den starken Verdacht haben, daß viele der Stigmata, die dem Handel mit Sexartikeln anhaften, eine direkte Folge des Irrglaubens darstellen, Vibratoren, Dildos, Gleitmittel und Erotica seien »Hilfen« für Leute mit sexuellen »Problemen«. Gewiß sind Sexspielzeuge nützlich für Einzelpersonen und Paare, die ihre sexuelle Phantasie und Reaktion anregen wollen, und sie können für präorgasmische Frauen, Männer mit Erektionsstörungen und Paare mit unterschiedlichen sexuellen Wünschen außerordentlich hilfreich sein. Aber Sexspielzeuge so darzustellen, als kämen sie nur für Leute mit besonderen Bedürfnissen in Frage oder nur für verheiratete Paare, ist eine Vernebelungstaktik. Häufig kommen Leute zu uns, die in herablassendem Ton äußern: »Gut, daß es Ihr Geschäft gibt – für Leute, die so etwas brauchen.« Das sind nicht selten dieselben Leute, die kommen, um ein Analspielzeug »für einen Freund« zu kaufen.

Wir haben unsere Produkte einzig und allein für den Spaß geschaffen, deshalb nennen wir sie »Spielzeuge«. Sie müssen keine sexuelle Funktionsstörung haben, um den Kauf eines Sexspielzeuges zu rechtfertigen, und Sie sollten nicht glauben, daß der Kauf eines Sexspielzeuges Sie zu jemandem mit einem »Problem« stempelt. Niemand würde behaupten, daß eine Bäckerei ein Unternehmen ist, das »diätische Hilfen« verkauft – und uns erscheint die Behauptung, *Good Vibrations* würde »sexuelle Hilfen« verkaufen, ebenso unlogisch.

Und doch ist unser Wunsch, den Verkauf von Sexspielzeugen zu einem normalen Handel zu machen, erst der Anfang – unser eigentliches Ziel ist es, die Sexualität wieder in ihre normale Rolle als vitale, lebensbejahende und ursprüngliche Kraft im Leben der Menschen einzusetzen. Wir alle leiden darunter, wenn bestehende Kräfte – seien sie religiöser, politischer oder gesellschaftlicher Natur – den freien Ausdruck der sexuellen Energie leugnen, unterdrücken oder behindern. Dieses Leiden wird am deutlichsten bei sexuellem Mißbrauch, und es zeigt sich am häufigsten in der Scham, dem Schuldgefühl und der Unsicherheit, die viele von uns im Zusammenhang mit der Sexualität empfinden. Sexuelle Scham ist vollkommen überflüssig, und wir bemühen uns, sowohl in unserer täglichen Arbeit wie auch in diesem Buch, das Thema Sexualität zu erhellen und den Geist von Freude und Abenteuer zu fördern.

Weshalb wir dieses Buch geschrieben haben

Der bei weitem erfreulichste und lohnendste Aspekt unserer Arbeit ist der Kontakt mit unseren Kunden. *Good Vibrations* besteht seit über siebzehn Jahren, und in dieser Zeit haben wir Vibratoren unter die Bettdecken von buchstäblich Tausenden von Männern und Frauen in der ganzen Welt gebracht. Unsere Kunden gehören einer großen Bandbreite von Menschen mit unterschiedlichsten kulturellen, religiösen und politischen Hintergründen an. Unter ihnen sind alle Altersstufen und sämtliche sexuellen Vorlieben vertreten. Wir beliefern Berufstätige in der Stadt, Radfahrer, Neuzugezogene in den Vorstädten, Rentner in Mobilheimen, Lesbierinnen im Collegealter, Transsexuelle, Mütter, die den Kinderwagen schieben, Therapeuten und Nonnen. Trotz dieser Unterschiede haben unsere Kunden bestimmte Züge gemeinsam: Sie verlangen zutreffende, praktische und vorurteilsfreie Informationen über Sexualität, und sie genießen die Möglichkeit, offen über ihre sexuellen Aktivitäten zu sprechen.

Unsere Kunden haben uns im Laufe der Jahre viel Freude gebracht. Stellen Sie sich vor, Sie würden zwei Frauen Mitte Sechzig bedienen, die Korsagen tragen und eine der anderen einen Vibrator kaufen will – als Bestandteil ihres Programms für einen Tag in der Stadt. Stellen Sie sich vor, Sie erhielten einen Dankeschönbrief von einer Frau, die niemals einen Orgasmus hatte, bevor Sie ihr einen Vibrator verkauften. Stellen Sie sich zwei Lesbierinnen vor, die einem nervösen Ehemann mit freundlichen Worten bei der Auswahl eines Dildos für seine Frau helfen. Wir betrachten es als eine Ehre, die Sorgen all der neugierigen, mutigen Leute anvertraut zu bekommen, die in unser Geschäft kommen oder an unsere Mail-Order-Abteilung schreiben. Vor einigen Jahren schrieb uns eine Mail-Order-Kundin auf dem Lande, um uns für die rasche Ausführung ihrer Bestellung zu danken und um uns mitzuteilen, daß sie ihren nächsten Vibrator-Orgasmus den Mitarbeiterinnen von *Good Vibrations* widmen würde. Wie hätten wir anders können, als einen Abglanz ihrer sexuellen Lust zu empfinden? Wir fühlen uns außerordentlich geehrt, auf unsere bescheidene Weise zum Glück so vieler Menschen beigetragen zu haben.

Zu den erregendsten Aspekten unserer Tätigkeit gehört es, daß wir Zeugen der Bandbreite und Vielfalt der sexuellen Reaktion werden und Menschen ermutigen dürfen, ihren eigenen Erfahrungen zu vertrauen und die Art und Weise, wie sie reagieren, zu respektieren. Die frustrierendste Frage, die Verkäuferinnen bei *Good Vibrations* täglich zu hören bekommen, lautet: »Welches ist der *beste* Vibrator (oder das beste Gleitmittel, Massageöl oder erotische Video)?« Der Mythos, daß es ein todsicheres, sexuell stimulierendes Mittel gibt, das jedermann einen Orgasmus garantiert, will einfach nicht sterben. Aber Sie würden niemals auf die Idee kommen, einen Verkäufer in einem Plattenladen nach der *besten* CD zu fragen, die er anzubieten hat. Das schönste und faszinierendste an den sexuellen Vorlieben ist ihre Vielfalt. Wir alle verfügen über die gleichen grundlegenden Körperorgane, und unsere Körper durchlaufen dieselben grundlegenden Reaktionen, und doch ist die Bandbreite der Stimulierungen, die Menschen genießen, und der Arten, wie sie persönlich die Erregung und den Orgasmus erleben, atemberaubend. Sie werden einige der in diesem Buch beschriebenen Aktivitäten sicherlich für überholt erachten. Andere Aktivitäten werden Ihnen anregend vorkommen, wieder andere werden Sie abstoßend finden, und einige werden in Ihnen den Wunsch wecken, sie sofort selbst auszuprobieren. Wir wollten nur darauf hinweisen, daß diese Unterschiedlichkeit der Erfahrungen nicht nur absolut »normal« ist, sondern auch zu den vielen Dingen gehört, die uns jeden Tag dazu anregen, aus dem Bett zu steigen und zur Arbeit zu gehen!

Wer dazu beigetragen hat

Als wir uns vornahmen, dieses Buch zu schreiben, war uns klar, daß es ohne Beiträge der Menschen, von denen wir im Laufe der Jahre so viel gelernt hatten – unserer Kunden –, unvollständig sein würde. Wir stellten einen kurzen Fragebogen zusammen, in dem wir Interessierte darum baten, ihre Erfahrungen mit Orgasmen, Masturbation, Partnersex, Sexspielzeugen und -phantasien zu beschreiben, legten die Fragebögen in unserem Geschäft aus und packten sie zu unseren Mail-Order-Paketen dazu. Wir baten die Interessenten bewußt nicht darum, ihre sexuelle Ausrichtung offenzulegen, da die Frage, ob jemand schwul, lesbisch, bi- oder heterosexuell ist, nur wenig mit dem zu tun hat, was sie oder er im Bett genießt. Unser Ziel war keine statistische Erhebung, sondern nur, Zitate aus erster Hand darüber zu erhalten, welche sexuellen Aktivitäten unsere Kunden genossen, und weshalb.

Wir erhielten über hundertfünfzig Antworten, und die Lektüre dieser ausgefüllten Fragebögen war das beste beim Verfassen dieses Buches. Die Antworten waren ernsthaft, begeistert, offen, komisch, pikant und erregend. Wir fühlten uns geehrt, daß wir eine derart aufrichtige und entgegenkommende Reaktion erhalten hatten, und wir haben auf den folgenden Seiten zahlreiche Zitate von diesen Fragebögen aufgenommen. In manchen Fällen ist es unmöglich, nicht nur die sexuelle Ausrichtung, sondern auch nur das Geschlecht der zitierten Person zu erraten. Auf welche Weise beeinflußt dies Ihre Reaktion auf das Zitat? Vielleicht möchten Sie dasselbe Zitat mehrmals lesen und sich jedesmal einen anderen Schreiber vorstellen. Falls diese Übung nebenher einige Ihrer Vorurteile in bezug auf Geschlecht und Sexualität widerlegen sollte – um so besser.

Wer wir sind

Vielleicht möchten Sie ein wenig mehr über uns erfahren; wie wir dazu kamen, in einem Vibratorladen zu arbeiten, und weshalb wir blieben. Erlauben Sie uns also, daß wir – bevor wir weitermachen – hinter dem Vorhang unserer Autorenbeschreibung hervortreten und uns vorstellen.

Cathy

Ich entschied mich, in einem Vibratorgeschäft zu arbeiten, weil Vibratoren mir so guttaten. Man könnte sagen, zwischen uns bestand eine gewisse Affinität, die bis in meine Collegejahre zurückreicht. Während um mich herum Debatten über Feminismus, Pornographie und Zensur tobten, ging es mir ausschließlich um das große »O« – den mysteriösen Orgasmus, der stets knapp außerhalb meiner Reichweite zu sein schien. Durch und durch Studentin, stellte ich umfangreiche Forschungen auf diesem Gebiet an. Ich las gläubig die Kolumne »The *Playboy* Advisor«, kämmte Artikel im *Penthouse Forum* nach Techniken durch, fragte alle meine Freundinnen aus, wie »es« sich anfühlte, und probierte halbherzig eine Vielzahl von sexuellen Stellungen und Aktivitäten durch – ohne Erfolg. Endlich, nachdem ich die klassischen Texte *Welche Farbe hat die Lust* und *Gelöst im Orgasmus* gelesen hatte, beschloß ich, mir einen Vibrator zu kaufen und zu schauen, was dabei herauskam. Also begab ich mich in die Pink Pussycat Boutique in Greenwich und erwarb einen batteriebetriebenen Vibrator aus schimmernd goldfarbenem Kunststoff. Es steht fest, daß die stets verfügbare, ausdauernde Stimulierung den Durchbruch bei mir brachte – ich habe immer noch wehmütige Erinnerungen an die langen Sommerabende, an denen ich mich der ersten Orgasmen meines Lebens erfreute.

Mein erster Vibrator mußte hart arbeiten, und nach ein paar Monaten versagte der Motor. Der Gedanke, nochmals dem lächelnden Angestellten im Pink Pussycat gegenüberzutreten, schreckte mich zu sehr ab, also tätigte ich meine Vibratorkäufe von nun an über Mail-order-Kataloge oder in Drugstores. Als ich zurück in meine Geburtsstadt San Francisco zog und von *Good Vibrations* hörte, einem von

Frauen geführten Sexspielzeugladen, klang das in meinen Ohren zu gut, um wahr sein zu können. Bei meinem ersten Besuch bei *Good Vibrations* war ich von der zurückhaltenden Wohnzimmeratmosphäre angetan – der abgetretene Teppich, die selbstgefertigten Bücherregale und die freundliche Frau, Typ Bibliothekarin, hinter der Theke standen in wohltuendem Kontrast zu den schreiendbunten Wänden bei Pink Pussycat und den sterilen Gängen in den Drugstores. Sowohl der Laden, als auch der elektrische Vibrator, mit dem ich ihn verließ, machten einen soliden Eindruck.

In den folgenden Jahren blieb mir das Bild des gemütlichen und einladenden Geschäftslokals vor Augen, und als ich beschloß, die vorübergehenden Bürojobs zugunsten einer Anstellung als Verkäuferin aufzugeben, ging ich zu *Good Vibrations*, um nachzufragen, ob sie jemanden brauchten. Um es kurz zu machen, die brauchten jemanden, und bevor ich darüber nachdenken konnte, auf was ich mich da einließ, hatte ich einen neuen Job.

Ich begann als Teilzeitverkäuferin. Mehrere Jahre lang arbeitete ich ganztags in dem Laden, und es kam kaum jemand durch die Tür, den ich nicht bedient hätte. Manchmal verstand ich nicht, wieso völlig Fremde erröteten oder breit grinsten, wenn sie mir auf der Straße begegneten, bis mir klarwurde, daß sie Kunden waren und in mir »das Mädchen aus dem Vibratorladen« erkannten.

Die Arbeit bei *Good Vibrations* erwies sich als lehrreich und unterhaltend zugleich. Ein Sexspielzeughändler ist so etwas wie eine Mischung aus einem Stehaufmännchen und einer Briefkastentante. Meine Arbeit als Verkäuferin bestand darin, den Interessenten ihre Befangenheit angesichts der »anrüchigen« Natur unserer Waren zu nehmen und ihnen sachlich richtige Informationen ohne Bewertungen und persönliche Vorlieben zu bieten. Ich lernte, Leute zu beschwatzen, bis sie die Vorführvibratoren in die Hand nahmen, statt sie nur aus zwei Metern Entfernung nervös zu beäugen. Ich lernte, den Dildo- und Gurt-Verkaufs-Sermon – meinen persönlichen Favoriten – vorwärts und rückwärts aufzusagen. Ich lernte, auf diplomatische Weise darauf zu bestehen, daß jemand, der ein Analspielzeug kaufte, auch ein Gleitmittel dazu erstand. Ich umschiffte die trügerischen Untiefen der Diskussion darüber, ob unsere Bücher »Erotica« oder »Pornographie« waren. Die Tatsache, daß ich das hoffnungslos respektierlich und gesund aussehende Produkt einer Mädchenschule war, schien endlich zu etwas gut zu sein: Viele der schlimmsten Befürchtungen der Kunden beim Betreten eines Sexladens lösten sich in nichts auf, wenn sie ein »nettes Mädchen« hinter der Theke erblickten.

Mir gefiel die Verschiedenheit der Menschen, mit denen ich zu tun hatte, und die Art und Weise, wie meine eigenen vorgefaßten Meinungen ständig in Frage gestellt wurden. Ein linker Hippie konnte den Laden in einem Anfall akuter Panik fluchtartig verlassen. Ein republikanischer Militarist konnte vollkommene Herzlichkeit und Zuneigung zu unserer Produktenpalette zur Schau stellen. Ich konnte die sexuelle Ausrichtung unserer Kunden nicht erraten, und ihnen gelang es nicht in bezug auf meine sexuellen Vorlieben. Es war sehr befreiend, gezwungen zu sein, Vorurteile über Bord zu werfen und bei jedem neuen Kunden für alles offen zu sein.

In den acht Jahren, seit ich für *Good Vibrations* arbeite, ist unser Stab von vier auf dreißig Personen angewachsen; wir haben ein landesweites Mail-Order-Geschäft aufgebaut; die Größe unseres Ladenlokals hat sich verdoppelt; und wir wurden ein demokratisch geleitetes Unternehmen im Besitz der Angestellten. Ich bin heute nicht mehr im Verkauf tätig, sondern arbeite in unserem Verwaltungsbüro. Unser Geschäft hätte niemals so erfolgreich werden können, wenn es nicht Tausende von Menschen im ganzen Land gäbe, die Sexartikel schätzen und einen Bedarf an Informationen über Sex haben. Und wie könnte es auch anders ein? In einer gesunden Gesellschaft wären Geschäfte wie *Good Vibrations* ebenso an der Tagesordnung wie Bäckereien oder Eisenwarenhandlungen – es gäbe sie in jedem Vorort, in jedem Einkaufspark und in jeder Kleinstadt. Aber der Grund dafür, daß ich mir nicht vorstellen kann, von *Good Vibrations* fortzugehen, ist der, daß ich aus unserem Geschäftserfolg und unserer sozio-politischen Arbeit Stolz beziehe und daß die Arbeit mir große Freude macht. Immerhin ist der Verkauf von Sexspielzeugen das Zweitbeste nach dem Spiel mit Sexspielzeugen, und ich bin glücklich, beides in meinem Leben vereinbaren zu können.

Anne

Ich halte nicht viel davon, mir durch Astrologie, dem I Ging, dem Handlinienlesen oder Tarotkarten mein Leben vorhersagen zu lassen. Aber diese Übereinstimmung macht mich einigermaßen nervös. Schauen Sie, ich habe mir *Good Vibrations* nicht ausgesucht – *es* hat gewissermaßen *mich* ausgesucht. Wenn ein Beruf und ein Mensch füreinander bestimmt sein können, dann, so schätze ich, trifft dies in meinem Fall zu.

Die Existenz von Vibratoren wurde mir zum ersten Mal in der neunten Klasse meines Englischunterrichts bewußt. Zwei Freundinnen und ich traten in einer Sechziger-Jahre-Version von *Romeo und Julia* auf, in der Lady Capulet über ihre Chaiselounge drapiert *The Sensuous Woman (Die sinnliche Frau)* las; meine Freundin hatte das Buch ohne deren Wissen von ihrer Mutter ausgeliehen. Da wir unterschiedslos auf alle sexuellen Informationen begierig waren, genossen wir dieses Buch, in dem der oder die mysteriöse »J« die Vorteile von Vibratoren rühmte und enthüllte, daß diese Geräte Frauen helfen konnten, Orgasmen zu haben. Nach acht Jahren auf einer katholischen Schule und ohne wirkliche sexuelle Aufklärung wußte ich kaum, was ein Orgasmus war, aber ich war ziemlich sicher, nie einen bekommen zu haben. Ich wußte, daß ich es einfach lernen mußte, Orgasmen zu bekommen; aber diese Aufgabe einer Maschine zu überlassen, schien mir sehr gewagt und riskant. Aus Angst, ertappt zu werden, reiste ich in die nächste Stadt, um Verhütungsmittel zu kaufen – aber ich würde es unter gar keinen Umständen wagen, beim Kauf eines Vibrators gesehen zu werden!

Irgendwann in den Jahren auf der höheren Schule wurde ich die beste Freundin der Massagedusche meiner besten Freundin. Ich erlebte in der winzigen Dusche lange Wonneschauer der Selbstbefriedigung und kam mit dem sicheren Wissen wieder heraus, daß meine pflaumenweiche Haut mit ihrem rosigen Schimmer meinen Eltern und Brüdern einen todsicheren Hinweis geben würden. Inzwischen weiß ich natürlich, daß sie nichts ahnen, aber die Furcht, erwischt oder auf frischer Tat ertappt zu werden, wirkte als machtvolles Stimulans. Während ich eifrig eine der kostbaren Wasserquellen Kaliforniens erschöpfte, hatte sich eine Freundin aus der Englischklasse einen Vibrator gekauft. Anläßlich eines gemeinsamen Ausflugs probierte ich ihn aus, während sie einkaufen war. Welch ein Entzücken! Er kam sofort und machtvoll. Ich machte einen Augenblick lang Pause und ging dann aufs Ganze. Drei oder vier Orgasmen später war ich bekehrt. Sobald wir von unserem Ausflug zurück waren, ging ich schnurstracks in den nächsten Drugstore. Ich scherte mich nicht darum, wer mich sehen mochte; niemand würde mich von einem derart intensiven Vergnügen abhalten! Die Auswahl meines kleinen *Oster Coil* fiel mir nicht schwer – es war das einzige im Regal –, aber dieses kleine Ding leistete mir zehn Jahre lang gute Dienste. Und nicht nur mir; es diente auch vielen meiner Mitmieterinnen und Liebhaberinnen.

Im College veranstaltete die Lehrerin einer meiner Frauenseminare einen Studienausflug nach San Francisco, wo wir das Women's Building, den Frauenbuchladen und ihre Lieblings-*Taqueria* besuchen wollten. Eines der Mädchen erwähnte beiläufig ein Vibratorgeschäft in der Nähe, aber zu meiner Enttäuschung machte niemand den Vorschlag, ihn zu besuchen. Ich stahl mich von der Gruppe fort und überquerte zum ersten Mal die Türschwelle von *Good Vibrations*.

Ich ging durch die Tür, wie so viele andere vor mir, blieb stehen und schaute mich mit einer Mischung aus Staunen, Verlegenheit und Erschrecken um. Ich ging schnurstracks auf die Bücherregale zu, nahm ein Buch mit Darstellungen der weiblichen Genitalien heraus und schnappte nach Luft. Ich nahm ein Magazin zur Hand, in dem lauter Lesbierinnen bei ihren sexuellen Betätigungen abgebildet waren, und schnappte nach Luft. Ich ging zur Vibratorabteilung hinüber, schnappte nach Luft – und mußte lachen. Neben dem modernen Vibratoren lagen etwa ein Dutzend antike Geräte. Und in diesem Augenblick wurde mir alles klar. Menschen benutzen diese Geräte schon seit langem nicht nur zur Massage; ich hatte historische Vorgängerinnen gehabt. Da stand ich nun in einem Laden, der einzig dazu diente, Leuten zu Orgasmen zu verhelfen – und sich dessen nicht einmal schämte! Mein sexuelles Selbstwertgefühl wuchs enorm.

Meine Euphorie wurde von einer fröhlichen Verkäuferin unterbrochen, die fragte, ob ich Hilfe brauche; eine Frage, die mich natürlich vollständig stumm werden ließ und mir in heißen Wellen die Schamröte ins Gesicht trieb. Ich stammelte etwas und stolperte aus dem Laden, nur, um eine Woche später zurückzukommen und meiner Zimmergenossin einen Vibrator zu kaufen. Seitdem habe ich viele meiner Freundinnen mit Spielzeugen von *Good Vibrations* versorgt – Verlobungen, Geburtstage und Hochzeiten stellen ideale Anlässe dafür dar, der Betreffenden neben anderen Geschenken das kleine, lustbringende Gerät in die Hand gleiten zu lassen, mit der Bemerkung: »Mach es erst auf, wenn du allein bist.«

Während meiner Arbeitssuche stellte mich eine Verlegerin feministischer Literatur überraschend der Inhaberin von *Good Vibrations* vor. Zu meiner großen Verwunderung und Freude beantwortete ich bald darauf die Fragen gläubiger, wenn auch neugieriger Kunden über Vibratorgeschwindigkeiten und Dildogrößen. Da ich in dem Glauben aufgezogen worden war, daß Sex etwas war, worüber man nicht spricht – das man einfach »kannte« –, war es für mich zu Anfang ungewohnt, offen mit Fremden darüber zu sprechen, aber schließlich ging es mir so selbstverständlich über die Lippen, als würde ich verirrten Touristen den Weg erklären. Ich habe unglaublich viel durch meinen Umgang mit Menschen gelernt, und der Gedanke, daß ich die Urheberin des sexuellen Entzückens einiger Kunden bin – wie sie auch mir dazu verholfen haben –, macht mich stolz. Sicherlich erröten und stammeln wir alle, aber der Lohn ist das Leuchten in den Augen einer Kundin, die im Begriff ist, einen neuen Vibrator zu kaufen, oder die hungrige Vorfreude eines Mannes, der es nicht erwarten kann, unser Geschäft zu verlassen und ein neues Spielzeug auszuprobieren.

Es gibt noch mehr Dinge, die ich an dieser Arbeit liebe – der Anblick einer Lageristin, die aus einem von Sexspielzeugen überquellenden Korb die Regale neu auffüllt und das Bild eines verdorbenen kleinen Rotkäppchens heraufbeschwört. Wenn ich jeden Nachmittag das Lager besuche und den einen Meter fünfzig hohen Paketestapel sehe, stelle ich mir im Geiste vor, wie jeder Kunde einen Karton öffnet und sein oder ihr Spielzeug zum ersten Mal berührt. Mit einem Haufen Mädels zusammenzuarbeiten, die über Sex reden, wie andere Angestellte über Fußball sprechen, schafft eine Atmosphäre, wie ich sie niemals für möglich gehalten hatte.

In den vergangenen fünf Jahren habe ich auch als »erste Bibliothekarin« der The Sexuality Library (unseren Bücher- und Videokatalog) Bücher probegelesen und muß gestehen, meine größte Klage bei meiner Tätigkeit gilt der Tatsache, daß zu viele Bücher als »Erotica« bezeichnet werden.

So, nun wissen Sie, wie ich an diesen Job gekommen bin und weshalb ich nirgendwo sonst hingehen werde. Was hat das Schicksal mich lehren wollen? Vibratoren *können* Ihr Leben bestimmen – wie sie meines bestimmt haben. Dieses irrsinnige Maschinchen hat vor siebzehn Jahren mein Interesse erregt, war dreizehn Jahre lang mein treuer Bettgefährte und hat mir einen verdammt guten Grund geliefert, jeden Tag um acht Uhr aufzustehen und zur Arbeit zu gehen.

2. Sexuelles Selbstverständnis

Ein gesundes Selbstvertrauen kann Ihr Liebesleben verbessern, und umgekehrt kann ein gesundes Liebesleben Ihr Selbstvertrauen steigern. Lassen Sie uns diese Maxime anhand von ein paar Beispielen erläutern. Wenn Sie sich mit Ihrem Körper und Ihrem sexuellen Verlangen zu masturbieren wohlfühlen, führt der Akt des Masturbierens dazu, daß Sie sich mit Ihrem Körper und Ihren sexuellen Wünschen noch besser fühlen. Oder wir versuchen es einmal so: Wenn Sie Zutrauen in Ihre Überzeugungen in Sachen Safer Sex haben, wird dies zu einer erotischen, risikofreien, sexuellen Begegnung mit einem neuen Partner führen, die wiederum eine Steigerung Ihres Selbstvertrauens mit sich bringt.

Selbstvertrauen ist eindeutig ein integraler Bestandteil Ihrer Sexualität. Selbstakzeptanz stellt eine unerläßliche Voraussetzung für jede intime Beziehung dar – besonders für Ihre Beziehung zu sich selbst. Ob Sie den Mut aufbringen, ein neues Sexspielzeug auszuprobieren oder sich auf ein sexuelles Treffen mit einem Partner vorbereiten – je mehr Selbstvertrauen Sie in die Begegnung einbringen, desto größer ist die Wahrscheinlichkeit, daß sie ein Erfolg wird. Wir bei *Good Vibrations* konnten aus erster Hand die Wirkung beobachten, die sexuelle Informationen und Hilfsmittel auf das Selbstvertrauen haben können, wie die folgenden Zitate von Kunden belegen:

Ich war jahrelang unorgasmisch, aber dank ein paar Ratschlägen und Hilfen durch euer Geschäft sowie eines Vibrators bin ich jetzt orgasmisch. Ich kann Ihnen nicht sagen, wie glücklich mich dies gemacht hat. Das Anzapfen dieser sexuellen Energie hat mich belebt und mein Leben in jeder Hinsicht bereichert!

39

Das Analspielzeug, das ich vor drei Jahren in Ihrem Geschäft gekauft habe, war der wundervollste Gegenstand, den ich jemals erworben habe!

Wir sind im Begriff, eine Vielzahl von Dingen zu beschreiben, die Sie allein oder gemeinsam mit anderen ausprobieren können, und wir sind uns dessen bewußt, daß nichts so einfach ist, wie es sich auf dem Papier liest. Jedes Experiment verlangt, daß Sie sich selbst behaupten und ein paar Risiken auf sich nehmen. Zu diesem Hürdenlauf gehört unter anderem, daß Sie sich selbst zugestehen, sexuelles Vergnügen zu verdienen. Zwei Dinge dämpfen das Selbstvertrauen, wenn es um den eigenen Vergnügungsanspruch geht: Das eine ist ihr Körperbild, das andere sind die gesammelten Botschaften, die Sie über die Art von Sex empfangen, die wir haben sollten. Wir mögen auf diese Botschaften unterschiedlich reagieren, aber jeder von uns kann von einem gesteigerten Bewußtsein dessen profitieren, wie sie unser Liebesleben beeinflussen.

Wir hoffen, daß Sie dieses Kapitel dazu nutzen werden, Ihr sexuelles Selbstbild zu erforschen. Liebe zu sich selbst hat nicht nur mit Masturbation zu tun; sie umfaßt die gesamte körperliche, psychische und unterbewußte Beziehung, die wir zu uns selbst haben. Je vertrauter Sie mit Ihrem sexuellen Profil sind (einschließlich der früheren und der derzeitigen Einstellungen, der Sperren, der gewonnenen und der verlorenen Schlachten), desto mehr Zutrauen haben Sie in die Art, wie Sie dem Sex gegenüberstehen. Wir sind uns dessen bewußt, daß jedermann gelegentlich unter einem schwachen Selbstvertrauen leidet – es gibt Zeiten, in denen wir uns einfach nicht attraktiv und geliebt fühlen oder mit uns selbst unzufrieden sind. Das ist normal! Aber ein bleibender Zustand der Unzufriedenheit könnte auf tiefer verwurzelte Probleme hindeuten, und die folgende Besprechung könnte einige dieser Probleme sichtbar machen.

Das Körperbild
Die körperliche Erscheinung

Sie kennen vermutlich die Statistiken, aus denen hervorgeht, daß nur sehr wenige Menschen (zumindest in den Vereinigten Staaten) mit ihren Körpern zufrieden sind. Zwar betätigen sich die meisten von uns weiterhin sexuell, obwohl sie sich wünschen, besseres Haar oder schmalere Hüften zu haben, aber das Ausmaß, in dem diese Sorgen über die äußere Erscheinung unsere Selbstachtung untergraben, steht in einem schmerzlichen Mißverhältnis. Fast jeder Mensch hat bereits einmal in irgendeiner Form die Auswirkungen erfahren, die ein negatives Körperbild auf unser Liebesleben haben kann – ob Sie sich unattraktiv fühlen und sich vornehmen, mehr Energie in Ihr Liebesleben zu investieren, wenn Sie erst zehn Pfund verloren haben, oder ob Sie den Sex nicht recht genießen können, weil Sie sich gewisser körperlicher Merkmale schämen.

Obwohl wir es vielleicht besser wissen, fällt es uns nicht leicht, uns gegen die (oft mit der Sexualität in Verbindung gebrachten) Medien-Bilder von Körpertypen abzugrenzen, mit denen wir täglich bombardiert werden. Ob Sie eine Frau sind und sich bemühen, nicht die neuesten *Cosmopolitan*-Models um ihre Kurven zu beneiden, oder ein Mann, der bemerkt, daß er seine Unterhose nicht auf dieselbe Weise wie die sportlichen Typen in der Wäschereklame ausfüllt – diese Bilder können im günstigsten Fall deprimieren und schlimmstenfalls schädigen (wenn sie zum Beispiel im Extremfall zu Eßstörungen führen).

Ich ziehe bei weitem Videos mit »normalen Menschen« vor. Wir müssen nicht alle wie Cindy Crawford oder Richard Gere aussehen, um sexy und sinnlich zu sein.

Angenommen, es fällt Ihnen nicht leicht, Ihre Augen vor den Medienbildern zu verschließen, so können Sie immer noch ein paar Dinge im Hinterkopf haben. Denken Sie daran, daß diese Bilder nur auf einen kleinen Prozentsatz der Bevölkerung zutreffen, auf die Jungen und Schlanken; aber es gibt Menschen aller Altersgruppen, aller Größen, aller körperlichen Formen, aller ethnischen Zugehörigkeiten und aller sexuellen Neigungen. Die tatsächliche Vielfalt können Sie direkt vor Ihrer Haustür erleben – Sie müssen nur einen Spaziergang oder eine Busfahrt unternehmen; was Sie bei solchen Gelegenheiten sehen, ist weitaus repräsentativer für das sexuelle Bevölkerungspuzzle als die Abbildungen an den Plakatwänden. All diese Menschen haben Sex miteinander. Diese Tatsache beweist schlicht und einfach, daß alle möglichen Körpertypen alle möglichen Arten von Sex mit allen möglichen anderen Körpern genießen. Vielleicht vergraben Sie Ihre Nase lieber in weichem Fleisch, als sie sich an harten Muskeln zu stoßen. Vielleicht macht Sie dieser Kahlkopf in der Nacht an, während jene blonden Locken Sie kalt lassen. Vielleicht sind Sie selbst der einzige, der sich jemals über die Größe Ihrer Füße Gedanken gemacht hat. Der Witz besteht darin, daß es eine Verschwendung von Zeit und Kraft bedeutet, sich um die Annäherung an ein glorifiziertes Ideal zu bemühen – in dem Glauben, dies würde den Sex besser machen –, weil die sexuelle Chemie nicht nach dieser einfachen Formel funktioniert. Noch wichtiger ist es, daß sich die gesellschaftliche Definition der Schönheit wie der Wind dreht – wenn Sie zwanzig Pfund verloren haben, ist dünn möglicherweise out, und Rubenssche Fülle ist in. Wir ermutigen Sie, sich über das gesellschaftliche Ideal hinwegzusetzen und die Einzigartigkeit Ihres Körpers zu feiern.

Wir wünschen uns, wir könnten Sie einfach auffordern, Ihren Körper bedingungslos zu akzeptieren, und Sie würden es tun, aber wir wissen, daß dieser Wunsch nicht sehr realistisch wäre. Einige von uns tragen schon ihr ganzes Leben lang neue Visionen von sich selbst mit sich herum, die sich nicht einfach fortwischen lassen. Aber wenn Sie sich fragen, ob Ihre Vision notwendig, produktiv und realistisch ist, erhalten Sie vielleicht ein paar Antworten, die den Zwang mildern. Sie könnten einige der folgenden Vorschläge ausprobieren, um Ihr Selbstbild zu verbessern.

● Beginnen Sie mit einer Liste aller Eigenschaften, die Sie an Ihrem Körper mögen. Bewahren Sie diese Liste auf und erweitern Sie sie. Zeigen Sie sie Ihrem Partner.

• Entkleiden Sie sich, stellen Sie sich vor einen Spiegel und gewöhnen Sie sich an den Anblick Ihres Körpers. Sagen Sie sich, was Ihnen gefällt – würdigen Sie die Einmaligkeit Ihres Körpers. Wenn Sie gut darin werden, könnte es mit ein paar heißen, erotischen Erlebnissen enden!

• Hören Sie auf Komplimente, die andere Ihnen machen, und versuchen Sie, sie zu akzeptieren und ihnen zu glauben.

• Schauen Sie sich sexuelle Abbildungen verschiedener Menschentypen an. Es gibt genügend Magazine, in denen andere Menschentypen dargestellt sind – gehen Sie zu einem großen Zeitschriftenstand oder in die Bücherei und suchen Sie sich ein paar dieser Magazine heraus. Es gibt immer mehr Erotica, die bestimmten Gruppen gewidmet sind.

• Treten Sie einer Selbsthilfegruppe bei. Schon die Erkenntnis, daß Sie nicht allein sind, kann Ihre Selbstachtung steigern.

• Sprechen Sie mit guten Freunden – teilen Sie ihnen Ihre Ängste und alles mit, was Sie an sich selbst und an ihnen bewundern. Versuchen Sie, die Herkunft einiger Ihrer Einstellungen herauszufinden.

• Nehmen Sie eine Änderung an Ihrer äußeren Erscheinung vor, die ihre Selbstachtung erhöht – neue Kleider, eine neue Frisur, eine neue Brille. Wenn Sie abnehmen müssen und entschlossen sind, Diät zu halten, seien Sie realistisch. Setzen Sie sich vernünftige Ziele, essen Sie nahrhafte Lebensmittel, und trainieren Sie viel.

• Lernen Sie, zu massieren und Massagen anzunehmen. Massagen können Ihre Akzeptanz und die Freude an Ihrem und anderen Körpern vergrößern.

• Lesen Sie Selbsthilfebücher über die Zusammenhänge zwischen Körperbild und Selbstachtung.

Genitalien

Nur wenige von uns hatten als Kinder das Glück, daß ihre Eltern die Erkundung ihrer Genitalien duldeten, geschweige denn ermutigten. Jede kindliche Selbsterkennung geschah in der Regel zufällig und beinahe immer insgeheim. Dieser Umstand manifestiert sich bei Erwachsenen, besonders bei einigen Frauen, als eine Tendenz, die eigenen Genitalien zu ignorieren und/oder sie als schmutzig oder

»unanständig« zu betrachten. Die Frauengesundheitsbewegung der frühen siebziger Jahre bemühte sich, die Frauen mit ihren Geschlechtsteilen »in Berührung« zu bringen, indem sie ihnen beibrachte, sich selbst zu inspizieren. Einige Frauen, die niemals die Genitalien anderer Frauen gesehen hatten, drückten die geheime Befürchtung aus, daß ihre Geschlechtsteile häßlich oder deformiert seien. Einige wenige Publikationen (die in Frauenbuchläden erhältlich sind) waren bemüht, einem Mangel an bildlichen Darstellungen abzuhelfen.

Auch Männer können über ihre Genitalien nicht gerade begeistert sein. Die Besessenheit von der Penisgröße ist verschwendete Energie, weil die Stereotypie, in der die sexuelle Befriedigung mit der Penisgröße in Verbindung gebracht wird, ein lächerlicher Mythos ist. Nicht nur, daß die menschlichen Körperöffnungen unterschiedlich groß sind (was bedeutet, daß die Wahrscheinlichkeit einer »perfekten Paßform« gering ist), die sexuelle Befriedigung in einer Beziehung hängt außerdem von zahllosen anderen Faktoren ab, von der Ganzkörperliebkosung bis zu einer guten Verständigung.

Wenn Sie Ihren Genitalien gegenüber negative oder zwiespältige Gefühle hegen, fragen Sie sich, woher diese kommen. Vielleicht müssen auch Sie sich einfach nur mit Ihrer eigenen Anatomie vertraut machen. Setzen Sie sich nackt vor einen Spiegel, nehmen Sie sich das nächste Kapitel über Anatomie vor, und lernen Sie die Bezeichnungen für jeden Teil Ihrer Genitalien auswendig. Masturbieren Sie – das ist eine ausgezeichnete Methode, Ihre Genitalien zu würdigen; es fühlt sich großartig an und hat eine unmittelbare Auswirkung auf Ihre Selbstachtung!

Einstellung zu Sex und Lust

Wir wären gut beraten, wenn wir – ebenso, wie wir die Botschaften der Medien in bezug auf Körpertypen in Frage stellen sollten – die Botschaften kritisch betrachten würden, die wir in Verbindung mit Sex und Lust empfangen. Ob ein Politiker Ihnen sagt, zum Sex »einfach nein zu sagen«, eine Selbsthilfegruppe Sie warnt, daß Sie sexabhängig sind, oder ein Sexualforscher Ihnen weismacht, daß Sie in sexuellen Dingen ungebildet sind – Sie müssen auf sich selbst hören, wenn Sie eine intakte, sexuelle Selbstachtung behalten wollen. Einige der erwähnten Botschaften können, wenn Sie verinnerlicht werden, Ihre Selbstachtung schädigen, weil Sie dazu führen, daß Sie sich – je nach der Botschaft – unzulänglich, sexbesessen, pervers, promiskuitiv oder unwissend vorkommen. Wir schnappen solche Botschaften überall auf – von Eltern, von der Kirche, von Freunden, den Medien, Sex»experten«, Medizinern und Liebhabern. Wenn es um Sex geht, haben ihre bevorzugten Tummelplätze mit Quantität und Qualität zu tun.

Wieviel? Soviel Sie wollen!

Wir leben in einer Gesellschaft, die auf der Grundlage gewisser puritanischer Vorstellungen von Enthaltsamkeit und Selbstzucht gegründet wurde. Sie werden in diesem Buch Beispiele dafür finden, wie die Gesellschaft versucht hat, die Häufigkeit von Sex zu reglementieren, den wir genießen sollten. Die Bemerkungen reichen von »wenn du zu viel onanierst, wachsen dir Haare auf den Handflächen« bis hin zu »Wenn du so weitermachst, fängst du mit Sicherheit eine sexuell übertragbare Krankheit ein«. Als Folge stellen wir manchmal in Frage, ob wir überhaupt Sex verdienen. Wenn wir dies bejahen, lautet die nächste Frage, »Wieviel Sex verdiene ich? Macht zuviel nicht abhängig? Werde ich davon krank? Leidet mein Ruf darunter? Diese Befürchtungen können sich auf vielerlei Arten in unserem Liebesleben manifestieren – vielleicht masturbieren wir nicht so oft, wie wir möchten, vielleicht kommen wir uns selbstsüchtig vor, wenn wir mehr als einen Orgasmus haben, oder wir fragen uns nicht, was wir wirklich möchten, um dem Risiko aus dem Weg zu gehen, daß unsere Wünsche maßlos klingen. Selbst wenn Sie über alle Fakten und sexuellen Quellen verfügen, die Sie brauchen, könnten Sie immer noch davor zurückschrecken, sich dem reinen Ausmaß der Lust zu stellen, zu der Sie fähig sind. Sie könnten durch ein Übermaß an Lust eingeschüchtert sein und sich fragen, ob vielleicht etwas mit Ihnen nicht stimmt, weil Sie sich so gut fühlen.

Wir verfügen über keinen Zauberstab, mit dem wir zweitausend Jahre gesellschaftliche Konditionierung einfach verbannen könnten, aber wir möchten Sie dringend auffordern, sich diese unterschwelligen Einflüsse bewußt zu machen. Viele unserer Kunden haben sich derart an die sexuelle Verarmung gewöhnt, daß sie erschrocken darüber sind, wie leicht es ist, sich mit Sexspielzeugen gutzufühlen. Eine häufig geäußerte Sorge lautet: »Wenn ich diesen Vibrator kaufe, wird er mich dann nicht für den normalen Geschlechtsverkehr verderben?« Welch ein aufschlußreicher Einwand! Schließlich weigert sich niemand, ein Stück Schokoladencremekuchen zu essen, mit der Begründung, er könne Ihm den Geschmack an Apfelkuchen verderben – viel wahrscheinlicher würden Sie die Chance, Ihr Repertoire an süßen Genüssen zu erweitern, freudig wahrnehmen. Unsere Erfahrung läßt uns vermuten, daß eine gesteigerte sexuelle Lust nicht zu Anarchie führt, zum Ruin Ihrer Beziehung oder zum Verrat der Familienideale. Es verhält sich genau umgekehrt; je mehr Lust Sie haben, desto mehr vergrößert sich Ihre Fähigkeit, Lust zu empfinden.

Welche Art, mit wem, wo und wann?

Es gibt so viele Menschen, die uns sagen, welche Art von Sex wir haben sollten, mit wem und wann. Denken Sie nur an die verschiedenen Gesetze zur Sodomie, an die öffentlichen Debatten über Homosexualität oder die Kontroverse um die Verteilung von Kondomen in der Schule. Jedesmal, wenn wir von einer neuen Untersuchung über sexuelle Gewohnheiten lesen, zücken wir unsere Maßstäbe und denken darüber nach, wie wir sie anlegen können.

Ignoranz ist häufig die Ursache des Problems, das wir mit unserer Selbstachtung haben. Dank der dürftigen sachlichen Sexualerziehung, die den meisten von uns zuteil wird, gehen die meisten Jugendlichen über achtzehn davon aus, daß etwas mit ihnen nicht stimmt, wenn ihr Liebesleben nicht mit dem übereinstimmt, was die Medien suggerieren. Die Folge ist eine große Neugier in bezug auf das, was alle übrigen im Bett treiben: Haben sie mehr Spaß, sind sie aktiver, haben sie mehr Orgasmen als ich? Aber die allerwichtigste Frage lautet: »Bin ich normal?« Niemand scheint sich jemals Gedanken darüber zu machen, ob sein Geschmack bei Eiscreme, in der Musik, im Sport oder in der Kleidung »normal« ist, aber viele Menschen sorgen sich darüber, daß ihre sexuellen Vorlieben nicht der

Norm entsprechen. Wenn Sie sich darauf konzentrieren, sich Ihrer eigenen, einzigartigen Sexualität zu erfreuen, vermeiden Sie diese Vergleiche, die nur zu Leistungsängsten führen. Also hören Sie auf, in Otto Normalverbrauchers Schlafzimmer zu spähen – es sei denn, es erregt Sie, den Voyeur zu spielen, oder Sie lernen etwas Konstruktives von den anderen.

Auf dem Weg zu einem besseren Selbstverständnis

Offenbar hat nicht jedermann dieselben Probleme mit dem Selbstbild. Einige von uns haben oder hatten liebevolle und verständnisvolle Eltern, deren Beispiel zu einer gesunden Selbstachtung bei den Kindern führte, wie dieser Mann:

Ich habe eine Ihrer Magic Wands bestellt, weil ich lebhafte Erinnerungen an das jetzt elf Jahre alte Modell meiner Eltern habe (meinen ersten Orgasmus hatte ich mit 13). Es war ein verläßliches Werkzeug und Spielzeug für sie, also möchte ich, daß es auch uns anregt.

Für viele von uns kann die Entwicklung einer starken sexuellen Selbstachtung aufgrund gegenwärtiger Probleme oder früherer Erfahrungen eine noch größere Herausforderung sein. Vielleicht sind Sie eine Lesbierin, die aus einem konservativen Elternhaus in einer Kleinstadt kommt; oder Sie erholen sich von einem sexuellen Trauma; oder Sie wissen nicht genau, zu welchem Geschlecht Sie gehören; oder Sie machen einfach nur die Pubertät durch. Sie können einen großen Schritt in Richtung Ihrer sexuellen Selbstsicherheit tun, indem Sie einfach dieses Buch lesen, und wir hoffen, daß Sie von der Aufrichtigkeit, Akzeptanz und Ermutigung auf diesen Seiten profitieren werden – wie dieser Kunde:

Als Überlebender, der aktiv an seiner Heilung von einem sexuellen Mißbrauch in der Kindheit arbeitet, möchte ich Ihnen sagen, was für einen wichtigen Platz Ihre Produkte, Ihr Katalog und Ihre Philosophie in meinem Leben einnehmen. Es ist unglaublich wichtig für mich in meinen Heilungsbemühungen festzustellen, daß eine freiwillige und erwünschte sexuelle Beziehung zwischen einverstande-

nen Erwachsenen nicht nur in Ordnung ist, sondern sogar Spaß macht. Ich danke Ihnen dafür, daß Sie an meiner Gesundung und an meiner gesamten Sexualität so wirksam beteiligt sind.

Wir sind uns dessen bewußt, daß auch andere, wichtige Faktoren an Ihrer Erfahrung beteiligt waren, über die zu sprechen wir nicht qualifiziert sind. Wir haben am Schluß des Buches eine Bibliographie angefügt, von der wir hoffen, daß sie Ihnen nützlich sein wird.

Schließlich vermuten wir, daß Sie über ein recht positives sexuelles Selbstbild verfügen, sonst würden Sie dieses Buch nicht lesen! Wir erkennen Ihre Initiative an und hoffen, daß dieses Buch Ihnen die Hilfsmittel und die Motivation in die Hand gibt, Ihre sexuellen Träume zu realisieren.

3. Grundkurs Sexuelle Anatomie

An der sexuellen Lust ist zwar weitaus mehr beteiligt als die Konzentration auf das »Untenherum« zwischen Ihren Beinen, aber viele Männer und Frauen könnten mehr sexuelle Lust empfinden, wenn sie besser über ihre eigenen und die Genitalien des Partners informiert wären:

Ich bin schockiert, wie wenige meiner Partner – Frauen und Männer – etwas über die weibliche Anatomie wissen. Ich habe Freundinnen gehabt, die dachten, ihre Harnröhre sei ihre Vagina. Die Menschen tun so, als sei »dort unten« alles verwischt.

Ich wünschte, ich hätte einen Dollar für jedes Mal bekommen, das ich eine Frau bat, meinen Penis fester anzupacken. Sie tun immer so, als sei er überaus empfindlich und als könnten sie ihn beschädigen, wenn sie ihre Glacéhandschuhe auszögen.

Also möchten wir Ihnen, bevor wir fortfahren, eine kurze Reise durch das Gebiet der menschlichen Genitalien anbieten. Am besten entkleiden Sie sich, machen es sich gemütlich, nehmen einen Spiegel zur Hand und folgen unserer Besichtigungstour durch Ihre eigene, genitale Landschaft.

Oberflächlich betrachtet scheinen die Genitalien von Männern und Frauen nicht vieles gemeinsam zu haben. Aber ein näherer Blick zeigt, daß sie im Aufbau einander sehr ähnlich sind. Jeder Teil der Vulva hat sein Gegenstück beim Penis – und natürlich auch umgekehrt.

Weibliche Anatomie

Die äußeren weiblichen Genitalien werden im allgemeinen als die *Vulva* bezeichnet. Ihre Vulva besteht aus den äußeren Schamlippen oder *labia majora*, den inneren Schamlippen oder *labia minora*, der Spitze der Klitoris und der Vaginaöffnung. Größe, Form und Färbung der Schamlippen variieren stark. Auch die Klitorisspitze oder Glans der Klitoris kann in Größe, Form, Färbung und in dem Grad, in dem sie unter der klitoralen Vorhaut hervortritt, unterschiedlich sein.

Als ich an Betty Dodson's Bodysex-Workshop teilnahm, war mein Lieblingsteil der genitale Anschauungsunterricht. Wir setzten uns eine nach der anderen vor einen Handspiegel und zeigten den übrigen unsere Vulva, während Betty über deren Eigenschaften und die Vielfalt ihrer Erscheinung sprach. Es war erstaunlich, die verwunderten Ausrufe zu hören, als wir uns selbst enthüllten. Eine Frau hatte eine blaue Klitoris; eine andere schwarz gefiederte Schamlippen im Kontrast zu einem rosigen Interieur; wieder eine andere wies reiche Faltenwürfe auf; bei einer vierten legten sich die Schamlippen wie bei einem herzförmigen Plastikbeutelverschluß zusammen.

Die Klitoris

Sie können die Klitoris, den empfindlichsten Teil Ihrer Schamgegend, leicht lokalisieren. Sie ist dort unter den Hautfalten verborgen, wo die Schamlippen zusammentreffen. Ziehen Sie die Vorhaut über der Klitoris zurück und legen Sie die Glans frei. Vielleicht sind Sie überrascht, wie sehr die Klitoris einem kleinen Penis ähnelt – oder wie sehr ein Penis an eine große Klitoris erinnert. Wenn Sie Ihre Glans mit den Fingern gegen den Körper drücken, sollten Sie unmittelbar unter der Haut etwas spüren, das sich wie eine kurze, knorpelige Rute anfühlt, die sich bis zum Schambein erstreckt. Das ist Ihr Klitorisschaft.

Noch vor kurzer Zeit wurde die Klitoris als sichtbare, hochsensitive Glans definiert, die mit dem klitoralen Schaft unter der Haut in

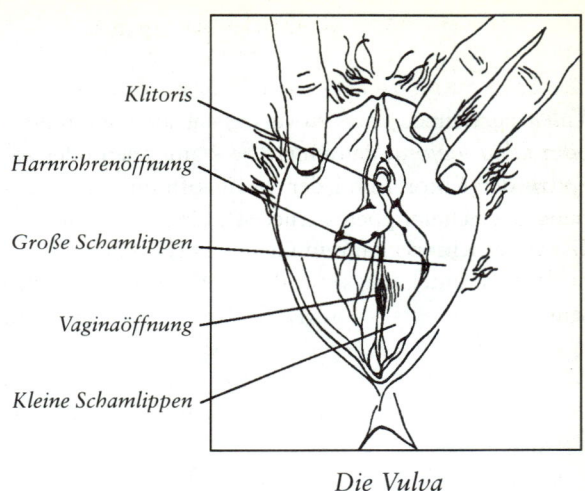

Klitoris

Harnröhrenöffnung

Große Schamlippen

Vaginaöffnung

Kleine Schamlippen

Die Vulva

Verbindung steht. In den letzten zehn Jahren haben feministische Kliniker und Pädagoginnen – vor allem Suzann Gage in ihrem Buch *A New View of a Woman's Body* – die Theorie geäußert, daß die klitorale Glans nur die Spitze des sprichwörtlichen Eisbergs darstellt. Laut dieser neuen Theorie teilt sich der klitorale Schaft unter der Haut in zwei Schenkel (oder *crura*) auf, die sich nach Art einer Wünschelrute etwa siebeneinhalb Zentimeter weit zu beiden Seiten der Vaginaöffnung erstrecken. Die gesamte Klitoris besteht aus einem erektilen, schwammigen, in reichlichem Maße von Blutgefäßen und Nerven durchzogenen Gewebe – ebenso, wie die Umkleidung des Penisschaftes. Bei der sexuellen Stimulierung füllt sich dieses Gewebe mit Blut, und die klitorale Glans, der Schaft und die Schenkel schwellen an und werden fester. Da die klitoralen Schenkel unter den Schamlippen verlaufen, stimulieren Sie – wenn Sie die Harnröhre, die Vagina oder den Anus stimulieren – indirekt auch die Klitoris.

Die Klitoris stellt das einzige Organ im menschlichen Körper dar, dessen alleinige Funktion die Weiterleitung sexueller Reize ist. Trotz der ständigen Verbreitung sexueller »Informationen« in der populären Kultur, haben Tausende von Männern und Frauen immer noch keine Ahnung von der Existenz der Klitoris. Und viele Frauen, die von der Existenz der Klitoris wissen und regelmäßig Orgasmen dank einer klitorischen Stimulierung haben, sind davon überzeugt, daß »vaginale Orgasmen« irgendwie etwas Höheres darstellen. Aber eine Frau kann unmöglich ihre Vagina stimulieren, ohne zugleich auch die Klitoris zu stimulieren. Einige Frauen erleben verschiedenartige Orgasmen, die sie entweder einer klitoralen oder einer vaginalen Stimulierung zuschreiben:

Ich spüre einen Unterschied zwischen klitoralen Orgasmen und Orgasmen ohne klitorale Stimulierung.

Nach meiner Erfahrung gibt es klitorale Orgasmen und G-Punkt-Orgasmen.

Wenn derartige Unterscheidungen Ihrer eigenen Erfahrung entsprechen, steht es Ihnen frei, sie zu machen. Wenn diese Zitate Ihnen Sorgen bereiten, daß Ihnen eine andere »Art« von Orgasmen entgeht, denken Sie daran, daß es sich bei Orgasmen um subjektive Erfahrungen handelt. Schließlich haben die Klitoris und die Vagina keine unterschiedlichen Postleitzahlen, und die sexuellen Empfindungen, die beide vermitteln, sind untrennbar untereinander verbunden.

Der Harnröhren-Schwellkörper (auch als G-Punkt bekannt)

Wenn Sie Ihre Aufmerksamkeit von der Klitoris abwärts in Richtung Ihrer Vaginaöffnung wenden, sollten Sie die Öffnung der Harnröhre – jener Röhre, die den Urin von der Blase aus dem Körper leitet – lokalisieren können. Die Harnröhrenöffnung ist bei einigen Frauen besser sichtbar als bei anderen. Möglicherweise müssen Sie Ihre Schamlippen zur Seite spreizen und den Beckenmuskel anspannen, um einen Blick auf diesen Bereich werfen zu können. Die schwammige, eichelförmige Erhebung um die Harnröhrenöffnung ist mit Nervenendigungen gespickt und stellt bei vielen Frauen eine erogene Zone dar. Bei anderen kann eine Stimulierung dieses Bereichs störend und unangenehm sein.

Innerhalb Ihres Körpers verläuft die Harnröhre parallel und oberhalb der Vagina, so daß die »Decke« der Vagina an den »Boden« der Harnröhre anstößt. Die Harnröhre ist von einem dicht von Blutgefäßen durchzogenen, schwammigen Gewebe umgeben, das Drüsen enthält, die in ihrem Aufbau und in der Flüssigkeitsproduktion an die männliche Vorsteherdrüse erinnern. Diese Drüsen sind am dichtesten in einem Bereich konzentriert, der dem unteren Drittel der Vagina entspricht. Dieser Harnröhren-Schwellkörper ist das, was man als den G-Punkt oder die weibliche Prostata bezeichnet hat. Der G-Punkt verdankt seine Bezeichnung Ernst Grafenberg, einem Gynäkologen, der in den Jahren 1940 bis 1950 seine Forschungsergebnisse über das Lustpotential der Harnröhre veröffentlicht hat. Einige Frauen genießen eine Stimulierung des Harnröhren-Schwellkörpers sehr, und einige Frauen erleben als Folge dieser Stimulierung eine Ejakulation von Flüssigkeit aus der Harnröhre. Dieses Phänomen wurde als *weibliche Ejakulation* bezeichnet.

Falls Sie ihren G-Punkt finden wollen

Wir haben uns entschlossen, den ein wenig willkürlichen Namen *G-Punkt* das ganze Buch hindurch beizubehalten, weil er dank der Veröffentlichung eines Buches mit gleichlautendem Titel im Jahr 1982 in den Sprachgebrauch eingegangen ist. Unglücklicherweise führte diese Bezeichnung häufig zu der Fehlannahme, es handele sich um einen physiologischen Knopf, den man nur ausfindig machen und drücken müsse, um ein atemberaubendes Lustgefühl hervorzurufen. Der G-Punkt wurde verschiedentlich als pfennig- bis markstückgroßer, erhabener Bereich in der vorderen Wand der Vagina beschrieben. Bei vielen Frauen ruft diese Vorstellung verständlicherweise Verwirrung hervor, und sie ärgern sich darüber, daß sie »keinen G-Punkt haben« oder ihn »nicht finden können«. Der G-Punkt ist kein vaginaler Ekstase-Knopf – er ist einfach ein Gewebepolster um die Harnröhre. Ihr Harnröhren-Schwellkörper läßt sich durch die vordere Wand der Vagina in derselben Weise stimulieren, wie man die Vorsteherdrüse eines Mannes durch die vordere Wand seines Anus stimulieren kann. Nun besitzen zwar alle Frauen einen Harnröhren-Schwellkörper, aber nicht jede Frau reagiert auf dieselbe Weise auf dessen Stimulierung. Ihre Reaktion kann von Lustempfinden über Gleichgültigkeit bis zur Irritation reichen:

Ich hatte niemals einen Orgasmus durch Geschlechtsverkehr oder Stimulierung des G-Punktes. Ich scheine ihn nicht finden zu können!

Eine Stimulierung des G-Punktes fühlt sich bei mir nur gut an; sie führt nicht zu einem Orgasmus.

Der einzige Orgasmus, den ich jemals erlebt habe, wurde durch intensive Penetration und Stimulierung meines G-Punktes durch meine Partnerin herbeigeführt. Sie benutzte ihre Finger dazu.

Wir ermutigen Sie gewiß, eine Stimulierung des G-Punktes zu versuchen; entweder mit Hilfe Ihrer eigenen Finger, der Finger Ihres Partners, von Dildos oder beim Beischlaf. Viele Frauen finden eine Stimulierung des G-Punktes nur dann lustvoll, wenn sie bereits eine gewisse Stufe der sexuellen Erregung erreicht haben. Wenn Sie angespannt oder ungenügend erregt sind, irritiert die Anregung Ihres Harnröhren-Schwellkörpers wahrscheinlich nur Ihre Blase. Nehmen Sie die Position ein, die es Ihnen selbst oder Ihrem Partner am leichtesten macht, an die vordere Wand Ihrer Vagina zu gelangen – die besten Voraussetzungen stellen die Hocke, die Bauchlage oder ein Geschlechtsverkehr von hinten dar. Auch Dildos sind eine besonders leicht anwendbare Hilfe, da sie tiefer gelangen als die Finger der meisten Personen und den festen Druck ermöglichen, den viele G-Punkt-empfindliche Frauen am erregendsten finden. Seit den frühen achtziger Jahren sind zahlreiche spezielle G-Punkt-Vibratoren und Vibrator-Zusatzgeräte in gekrümmter Form auf den Markt gekommen, mit denen Sie die vordere Wand der Vagina erreichen können. Falls Sie Glück haben, weisen diese Geräte die richtige Länge und die passende Krümmung auf, um an Ihren persönlichen G-Punkt zu gelangen.

Die Penetration von hinten (»die Hundestellung«) scheint eine besonders vergnügliche Form der G-Punkt-Stimulierung zu ermöglichen.

Ich treffe die Stelle, von der ich glaube, daß sie meinen G-Punkt darstellt, häufig, indem ich ein Kissen unterlege und die Beine in die Luft strecke. Dann habe ich einen großartigen, beinahe schmerzhaften Orgasmus.

Ich fand meinen G-Punkt mit Hilfe eines Vibrators. Ich muß mit ihm in Richtung meines Bauches zielen und ihn auf hohe Intensität einstellen.

Weibliche Ejakulation

Eine beharrliche Stimulierung des Harnröhren-Schwellkörpers kann zur Folge haben, daß sich die paraurethralen (neben der Harnröhre gelegenen) Drüsen mit einer klaren, geruchlosen Flüssigkeit füllen, die der Körper manchmal in die Harnröhre entleert. Diese Ejakulation kann entweder während der Erregungsphase oder als Begleiterscheinung des Orgasmus auftreten. Ejakulation und Orgasmus stellen bei Männern ebenso wie bei Frauen getrennte physiologische Phänomene dar. Weibliche Ejakulation gibt es, seit es Frauen gibt. Aber die medizinische Fachliteratur hat sie bis vor kurzem geleugnet. Statt dessen wurde die Vermutung geäußert, daß es sich bei der Ejakulation um eine Harninkontinenz (Blasenschwäche) handelt:

Ich hatte niemals eine Ejakulation erlebt, bis ich mit einer Frau zusammen war. Ich hatte immer Orgasmen gehabt, aber nicht so, wie ich sie in diesem Fall erlebte. Anfangs gefiel mir das Auftreten der Feuchtigkeit, aber hinterher fühlte ich mich schuldig, weil ich dachte, es handele sich vielleicht um Harn. Es riecht wie Harn, und es gibt nicht allzuviel Literatur, in der die Theorie einer weiblichen Ejakulation unterstützt würde. Ich wünschte, ich wäre nicht so verlegen gewesen, denn es war eine sehr lustvolle Erfahrung.

In den letzten Jahren hat man das weibliche Ejakulat chemisch untersucht und anhand seiner Zusammensetzung festgestellt, daß es sich von Urin unterscheidet, obwohl man beim Ejakulat mancher Frauen eine größere Ähnlichkeit mit Urin als bei anderen Frauen feststellte. In beiden Fällen stellt die Ejakulation eine ganz normale

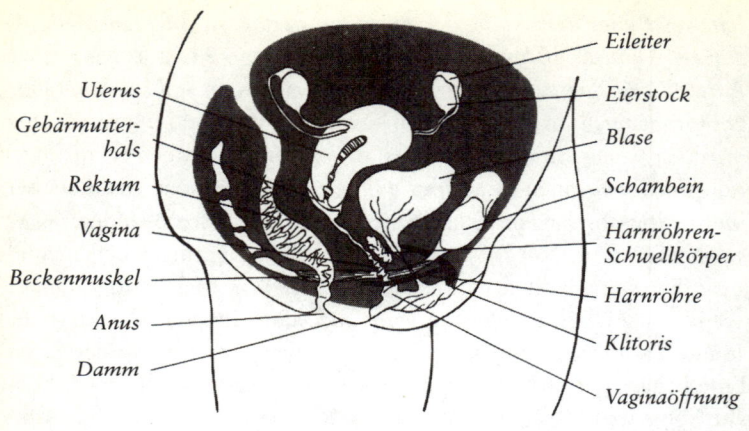

Weibliche Genitalien

Labels on diagram:
Uterus · Gebärmutter-hals · Rektum · Vagina · Beckenmuskel · Anus · Damm · Eileiter · Eierstock · Blase · Schambein · Harnröhren-Schwellkörper · Harnröhre · Klitoris · Vaginaöffnung

Erscheinung dar, und falls Sie sich jemals verlegen fühlten oder befürchteten, ins Bett uriniert zu haben, hoffen wir, daß die folgenden Zitate Sie ermutigen werden, weiterzumachen und die Ejakulation als normal zu betrachten:

Ich habe festgestellt, daß eine Ejakulation eintritt, wenn mich ein geduldiger Partner sehr langsam erregt und (in bezug auf die Klitoris) aufs äußerste reizt. Dies kann eine bis zwei Stunden in Anspruch nehmen. Es ist herrlich, und sehr intensiv! Zuerst dachte ich, ich würde urinieren, aber dann dachte ich, »was soll's!«.

Ich habe oftmals ejakuliert, besonders während der Schwangerschaft, wenn bei mir die Säfte ohnehin reichlicher fließen. Es hat mich und meinen Partner nervös gemacht, aber es fühlt sich guuut an.

Ich ejakulierte das erste Mal, als ich 25 Jahre alt war und beim Beischlaf mit einem Mann obenauf lag. Das nächste Mal ejakulierte ich vor kurzem, als eine Freundin mit der Hand meinen G-Punkt stimulierte. Ich erkannte gerade noch rechtzeitig, daß meine Angst, zu urinieren, mein Ejakulat zurückhielt, und ließ los – und wie ich ejakulierte!

Falls Sie niemals eine Ejakulation erlebt haben und es gern erleben möchten, versuchen Sie, in ihre gewöhnliche Masturbiermethode eine G-Punkt-Stimulierung einzubeziehen. Während Ihr Harnröhren-Schwellkörper immer mehr anschwillt und empfindsamer wird, spannen Sie Ihren Beckenmuskel an. Ejakulier-Erfahrungen von Frauen können von einer einfachen Vermehrung der üblicherweise abgesonderten Flüssigkeit bis zu hervorschießenden Sturzbächen reichen. Natürlich haben eine Menge Frauen noch niemals ejakuliert und wollen es auch gar nicht. Wir freuen uns, daß die weibliche Ejakulation mittlerweile als echte sexuelle Reaktion bekannt ist, aber wir möchten darin kein neues Ziel propagieren, das jede Frau zu erreichen sich bemühen sollte. Im Idealfall nehmen Sie Ihre Erkundungen in einem Geist der Freude und der Neugier vor, statt in verbissener Entschlossenheit. Ob Sie Ihren G-Punkt »finden«, oder nicht, Sie werden bestimmt neue Erfahrungen in bezug auf Ihre sexuellen Reaktionen machen:

Die Entdeckung meines G-Punktes, ja sogar meine Suche nach ihm, hat meine sexuelle Lust total vergrößert – viel mehr als eine gelegentliche Stimulierung –, ob ich mich allein mit einem Dildo vergnüge oder mit einem Partner zusammen bin. Ich hatte vorher nie geahnt, was den riesigen, feuchten Fleck unter mir verursachte. Ich liebe das Gefühl, das dem Gefühl gleicht, urinieren zu müssen ...

Ich habe den G-Punkt noch nicht gefunden, aber die Suche gefällt mir. Den längsten, intensivsten Multi-Orgasmus hatte ich mit einem Mann, der meine Klitoris stimulierte, während ich meinen neuen G-Punkt-Vibrator einführte. Wow. Mir war nicht klar, wieviel Spaß dieser G-Punkt-Vibrator bereiten konnte, bis ich seine Steuerung jemand anderem überließ.

Das erste Mal, als ich den Höhepunkt mit einer G-Punkt-Stimulierung erreichte, war ich derart überwältigt, daß ich nicht bemerkte, ob ich ejakulierte, obwohl es mich nicht überraschen würde, wenn es so war. Ganz bestimmt habe ich Wörter ejakuliert!

Die Vagina

Sie werden bemerken, daß die Vaginaöffnung eher die Form von Hautfalten als die einer Öffnung aufweist. Die Vagina läßt sich außerordentlich stark erweitern – denken Sie nur an die Geburt –, aber meistens berühren die vaginalen Wände einander. Die Vagina ist etwa zehn Zentimeter lang. Hinter dem ersten Wulst über dem Harnröhren-Schwellgewebe krümmt sich der Vaginalkanal dem Gebärmutterhals entgegen. Das äußere Drittel der Vaginawände besteht aus Gewebekämmen und -falten. Es weist mehr Nervenendigungen auf und ist sensitiver als die übrige Vagina. Die inneren Zweidrittel der Vaginawände sind glatter und enthalten weniger Nervenendigungen – deshalb ist der weiter innen gelegene Teil der Vagina empfindlicher für Druck als für leichte Berührungen, Reibung oder Vibrationen. Der Gebärmutterhals weist keine Nervenendigungen an seiner Oberfläche auf, kann aber – wie die innere Vagina – recht empfindlich auf Druck reagieren. Die Geographie der Vagina ist bei jeder Frau unterschiedlich, und wir ermutigen Sie, Ihre eigene Vagina zu erkunden, um etwaige »heiße Punkte« oder besonders lustbringende Bereiche zu entdecken. Einige Frauen haben kein Interesse an einer Vaginastimulierung beim Sex, andere finden, daß die Penetration ihre sexuellen Erlebnisse verstärkt:

Ich habe sehr wohl einen Unterschied zwischen einem Orgasmus mit und ohne Penetration bemerkt. Mit Penetration ist er mehr ein Ganzkörpergefühl, während das Gefühl bei einem Orgasmus ohne Penetration (d. h. mit den Fingern, der Zunge oder dem Vibrator an meiner Klitoris) mehr örtlich begrenzt ist. Beide Arten von Orgasmen sind großartig.

Ich unterscheide zwischen den intensiven, um die Klitoris zentrierten Orgasmen, die ich beim oralen Sex oder bei Stimulierungen mit der Hand habe, und den wellenartigen Ganzkörperorgasmen bei einer vaginalen Penetration. Beide Formen sind gleichermaßen erstrebenswert, und in der Regel genieße ich beide.

Männliche Anatomie
Die äußeren Organe

Während die meisten von uns mit dem äußerlichen Aussehen von Penis und Skrotum (Hodensack) vertraut sind, bestehen über dasjenige, was unterhalb der Oberfläche ist, bemerkenswerte Mythen. Im Penis selbst befinden sich weder Knochen noch Muskeln. Statt dessen laufen zwei zylindrische, mit Blutgefäßen bestückte Schwellkörper die ganze Länge des Penis entlang. Diese Schwellkörper heißen *Corpus cavernosa* und entsprechen den klitoralen Schenkeln der Frau. Die Harnröhre liegt an der Unterseite des Penis. Sie ist von einem dritten, zylindrischen Schwellkörper umgeben – dem *Corpus spongiosum* –, der mit der Glans oder Eichel, der Spitze des Penis verbunden ist. Die Eichel ist meistens der empfindsamste Teil des Penis, besonders an dem unteren Randbereich. Sie entspricht der Klitorisspitze. Aber in der Eichel sind die Nervenendigungen nicht so dicht verteilt wie in der Klitorisspitze, deshalb ist sie beträchtlich weniger empfindlich als die Glans der Klitoris.

Wenn Sie Ihren Penis in der Hand halten, werden Sie bemerken, daß seine Haut leicht über den Schaft gleitet. Alle Männer kommen mit einer Vorhaut zur Welt, einer Verlängerung der Haut, die die Eichel bedeckt und die man zurückziehen kann. Bei der Beschneidung von Jungen oder Männern wird dieser lose Hautring abgeschnitten. Da die Glans eines unbeschnittenen Mannes durch die Vorhaut geschützt wird, ist sie, wenn sie freigelegt wird, in der Regel empfindlicher als die eines Beschnittenen. Streichen Sie mit der Hand über Ihre Eichel und deren unteren Rand, um festzustellen, welche Stelle besonders lustvoll auf Berührungen reagiert. Einige Männer empfinden eine Stimulierung der Harnröhrenöffnung als angenehm, andere finden sie störend. Das *Frenulum*, das Hautbändchen zwischen der Unterseite des unteren Randes der Eichel und dem Penisschaft, ist ebenfalls reichlich mit Nervenendigungen bestückt. Die Erhebung, die Sie fühlen, wenn Sie mit der Hand den Schaft hinab fahren, ist der *Schwellkörper*, der unmittelbar unter der Haut liegt. Diese Erhebung, auch als Raphe oder Naht bekannt, verläuft vom Frenulum ausgehend den Schaft

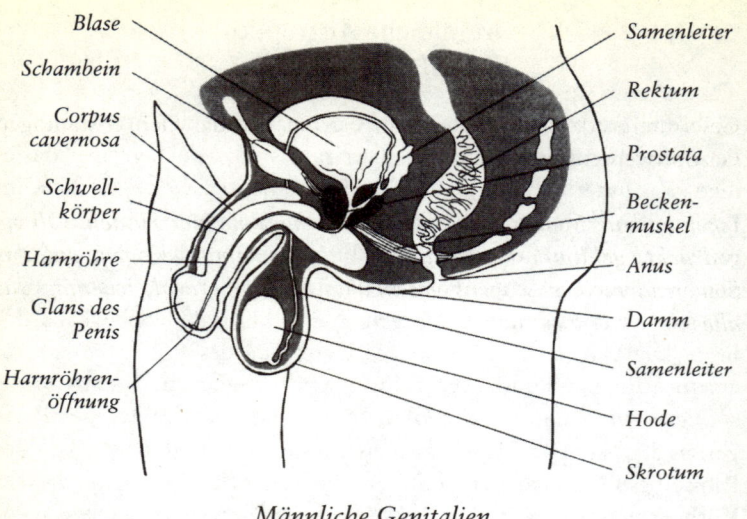

Blase
Schambein
Corpus cavernosa
Schwell-körper
Harnröhre
Glans des Penis
Harnröhren-öffnung

Samenleiter
Rektum
Prostata
Becken-muskel
Anus
Damm
Samenleiter
Hode
Skrotum

Männliche Genitalien

des Penis entlang über die Mitte des Skrotums bis zum Anus und ist besonders berührungsempfindlich.

Das Skrotum ist der lose Hautsack, der unterhalb des Penis hängt und die Hoden enthält. Die Hoden sind zwei Drüsen, die Testosteron und Spermien herstellen. Ihre Größe schwankt von Mann zu Mann von Weintrauben- bis Hühnereigröße. Das Skrotum schützt die Hoden vor Verletzungen und Temperaturextremen, die für die Spermienproduktion schädlich wären. Sie haben wahrscheinlich bemerkt, daß die Muskeln Ihres Skrotums sich zusammenziehen und dabei die Hoden schützend näher an Ihren Körper heranziehen, wenn es kalt ist oder Sie sexuell erregt sind. Es ist normal, daß eine Hode tiefer als die andere hängt. Sicherlich haben Sie schon einmal bemerkt, daß die Hoden außerordentlich schmerzempfindlich sind und vorsichtig angefaßt werden müssen. Obwohl selbst ein leichtes Klopfen auf die Hoden schmerzhaft sein kann, kann sich fester Druck oder stetiges Zupfen am Skrotum gut anfühlen. Viele Männer genießen es, wenn man ihr Skrotum streichelt, drückt und daran zupft. Das ist das Prinzip hinter all den Cock-and-ball-Spielzeugen auf dem Markt. Cock-and-ball-Spielzeuge, die an Geschirre für die männlichen Genitalien erinnern, sind unterschiedlich entworfen, um die Basis des Penis und des Skrotums zu umfassen, die Hoden zu heben und zu trennen, oder das Skrotum auszudehnen. Einige Männer genießen es, sich leichte Gewichte an das Skrotum zu hängen, um sich das Gefühl ständigen Gezupftwerdens zu verschaffen:

Ich mag eine Menge starker Stimulierungen meiner Hoden. Ob sie gedrückt, geklopft, verdreht, seitlich auseinandergezogen, auf das Steuerrad meines Wagens geschlagen werden – egal, ich mag das alles!

Innere Organe

Zu den männlichen Genitalien gehört mehr, als außen an Ihrem Körper sichtbar ist. Die Basis des Penis erstreckt sich bis in den Körper hinein. Tatsächlich ist in den Höhlungen des Beckenknochens genügend Platz, um den ganzen erschlafften Penis mitsamt den Hoden dort unterzubringen. Wenn Sie mit den Fingern gegen den Damm drücken – den Bereich zwischen Hoden und Anus –, können Sie diese Wurzel oder runde Schwellung Ihres Penis fühlen. Die Wurzel des Penis ist empfindlich und läßt sich durch den Damm oder das Rektum hindurch stimulieren – ein Grund mehr dafür, daß eine anale Penetration sich für viele Männer gut anfühlt.

Die Harnröhre läuft in den Körper hinein und durch die Prostata in die Blase. Die Prostata, ein inneres Organ, das die Ejakulationsflüssigkeit produziert, liegt hinter dem Schambein und knapp unterhalb der Blase. Daß die Prostata für viele Männer eine Quelle der Lust darstellt, kommt in den meisten medizinischen Abhandlungen leider zu kurz. Sie können Ihre Prostata massieren, indem Sie einen Finger etwa siebeneinhalb Zentimeter tief in den Anus einführen und in Richtung der Körper-Vorderseite durch die Wände des Rektums hindurch reiben. Vielleicht fällt es Ihnen schwer, an die eigene Prostata zu gelangen, aber der Finger eines Partners, ein Vibrator oder ein Dildo gelangen leicht dorthin. Wie bei der G-Punkt-Stimulierung der Frau reichen auch die Reaktionen der Männer auf die Stimulierung der Prostata von ausgeprägter Lust bis Irritation:

Stimulierung der Prostata? Wundervoll! Ich massiere diesen Bereich häufig, wenn ich lese oder telefoniere. Ich liebe es, an mir selbst zu spielen.

Eine zu starke Stimulierung der Prostata läßt mich die Lust an einem Orgasmus verlieren. Ich frage mich, ob das normal ist. Vielleicht »überbefriedigt« es mich.

Eines der herrlichsten Gefühle, die zu genießen ich gelernt habe, ist die Massage der Prostata, die – kombiniert mit oralem Sex – ein überirdisches Vergnügen bereitet.

Erektion

Erektionen erfolgen in der Regel auf eine sexuelle Stimulierung hin. Als Reaktion auf diese Stimulierung schickt Ihr Gehirn Signale durch Ihr Nervensystem, die eine vermehrte Durchblutung des Penis zur Folge haben. Wenn das Blut in den *Corpus cavernosa* gelangt, verteilt es sich im Schwellkörpergewebe. Die Schwellkörper füllen sich mit Blut und drücken gegen die Schutzmembran, die sie umhüllt. Dadurch verschließen sie die Venen, die normalerweise das Blut wieder abfließen lassen. Dies verringert den Rückfluß des Blutes aus dem Penis und führt in Verbindung mit dem Druck des verstärkten Blutzuflusses zu einer Erektion. Ein erigierter Penis kann achtmal so viel Blut wie ein nicht erigierter Penis enthalten. Aber der Penis dehnt sich nicht im entsprechenden Verhältnis gegenüber dem nicht erigierten Penis aus. Einige Penisse vergrößern sich bei der Erektion im Verhältnis mehr als andre. Tatsächlich ist der Größenunterschied bei erigierten Penissen geringer als bei nicht erigierten.

Ejakulation

Ejakulation und Orgasmus sind in den Köpfen vieler Menschen untrennbar miteinander verbunden, aber sie stellen zwei völlig verschiedene physiologische Vorgänge dar, die von unterschiedlichen Nervengruppen im Rückgrat geregelt werden. Die Ejakulation ist das Ergebnis eines Aufbaus sexueller Spannung, der dazu führt, daß sich Ihre Beckenmuskeln zusammenziehen und Flüssigkeiten aus der Prostata und den Samenbläschen in die Harnröhre pressen. Dies führt zu dem Gefühl, das medizinisch als »unvermeidliche Ejakulation« (»ejaculatory inevitability«) und im Volksmund als »O mein Gott, ich komme!« bezeichnet wird. Sekunden später schließen zeitlich exakt abgepaßte Signale aus dem Gehirn das Ventil zwischen der Blase und der Harnröhre und treiben das Ejakulat vorwärts und aus der Harnröhre hinaus. Im allgemeinen ist die Ejakulation von der unwillkürlichen, rhythmischen Kontraktion der Beckenmuskeln begleitet, und diese Kontraktion wird als Orgasmus empfunden. Aber es ist möglich, den neurophysiologischen Punkt, jenseits dessen keine Umkehr mehr möglich ist, zu überschreiten und zu ejakulieren, ohne daß ein Orgasmus stattfindet:

Ich kann mich an keinen Orgasmus ohne Ejakulation erinnern, aber ich habe schon ejakuliert, ohne einen Orgasmus zu haben – ein sehr enttäuschendes Erlebnis!

Es ist auch möglich, den Aufbau der Flüssigkeiten in der Prostata und den Samenbläschen zu übergehen und die lustvollen Kontraktionen eines Orgasmus ohne Ejakulation zu erleben. Wir werden auf dieses Phänomen eines Orgasmus ohne Ejakulation später in diesem Kapitel zurückkommen.

Männliche und weibliche Anatomie
Analerotik

Der Anus ist eine erogene Zone, die nicht immer die ihr in so reichem Maße gebührende Aufmerksamkeit erhält. Bei vielen Menschen ist der Anus Sitz starker physischer Spannungen und wird mit Unsauberkeit, Unbehagen und Schmerz assoziiert. Analerotik wird allzu oft als »unnatürlich« diffamiert. Aber wenn es Ihnen gelingt, Tabus und persönliche Befürchtungen zu überwinden, sind Sie vielleicht von den erotischen Möglichkeiten des Analspiels überrascht.

Schließlich ist der Anus nicht nur reich mit Blutgefäßen und Nervenenden durchzogen, sondern er hat außerdem noch Anteil am genitalen Aufbau der Erregung und den muskulären Kontraktionen des Orgasmus. Viele Frauen und Männer finden, daß eine direkte Stimulierung der Analöffnung die sexuellen Gefühle verstärkt. Der Damm – der Bereich zwischen Vaginalöffnung und Anus bei Frauen und zwischen Penisbasis und Anus bei Männern – stellt eine weitere, ergiebige erogene Zone dar.

Die Analöffnung wird durch zwei Schließmuskeln kontrolliert, die Sie willentlich zu entspannen und zu kontrahieren lernen können. Der Anus ist nur etwa einen Daumenbreit tief. Er führt in den Mastdarm, einen zwölf bis dreiundzwanzig Zentimeter langen, stark dehnungsfähigen Kanal, der mit glattem Gewebe ausgekleidet ist. Viele Männer und Frauen genießen das Gefühl des Ausgefülltseins und des Drucks im Mastdarm bei einer analen Penetration. Da das Mastdarmgewebe nicht so robust wie das vaginale Gewebe ist und da der Mastdarm eine mehr oder weniger stark ausgeprägte S-förmige Kurve beschreibt, sollten Sie darauf achten, nichts in ihn einzuführen, was nicht glatt, flexibel und gut angefeuchtet ist. Der Mastdarm führt in den Dickdarm, deshalb sollten Sie nur Gegenstände einführen, die eine abgeflachte, erweiterte Basis aufweisen und deshalb nicht in Ihren Körper hineingleiten können.

Die Beckenmuskeln

Die Beckenorgane werden durch ein komplexes Muskelsystem gestützt, das dem Unterboden des Beckens eng anliegt. Einer der größten und nützlichsten dieser Muskeln ist der Pubococcygeus oder kurz PC-Muskel, der vom Schambein zum *Os coccygis* oder Steißbein verläuft und die Genitalien in Form einer 8 umgibt. Der PC-Muskel kontrahiert während der Erregung und beim Orgasmus unwillkürlich. Wenn Sie lernen, ihn absichtlich zu kontrahieren, können Sie Ihre sexuellen Gefühle beträchtlich steigern.

Die einfachste Methode, Ihren PC-Muskel zu lokalisieren, besteht darin, daß Sie üben, den Harnfluß zu unterbrechen – der Muskel, der dies ermöglicht, ist der PC-Muskel. Wenn Sie ihn »gefunden« haben, können Sie ihn auf vielerlei Weise trainieren. Es ist hilfreich, wenn Sie Ihren Atemrhythmus mit diesen Übungen koordinieren. Atmen Sie ein und ziehen Sie zugleich Ihren PC-Muskel zusammen. Halten Sie sowohl die Kontraktion als auch den Atem ein paar

Sekunden lang an, dann atmen Sie aus und entspannen den Muskel. Oder Sie atmen langsam ein und ziehen den PC-Muskel zusammen und entspannen ihn wieder, sooft Sie können, bevor Sie wieder ausatmen und den Muskel entspannen. Eine weitere Übung, die den PC-Muskel und die Unterleibsmuskeln mit einbezieht, besteht darin, daß Sie einatmen und währenddessen die Beckenmuskeln hochziehen, als wollten Sie durch Ihren Anus und/oder die Vagina Wasser ansaugen, dann atmen Sie aus und drücken, als wollten Sie Wasser hinauspressen.

Diese Übungen werden zu Ehren des Gynäkologen, der sie zuerst veröffentlichte, manchmal als Kegel-Übungen bezeichnet. Der Lohn für diese Übungen ist reichlich. Sie werden sich Ihrer Empfindungen in der Beckenregion bewußter. Die Übungen fördern die Durchblutung dieses Bereichs, was schon an sich angenehme Gefühle verursacht. Angespannte Muskeln werden flexibler und können besser Empfindungen weitergeben. Viele Menschen berichten von einer Zunahme ihrer sexuellen Sensibilität und stärkeren Orgasmen als Folge der Kegel-Übungen. Und natürlich müssen Sie sich keine Sorgen wegen kostspieliger Mitgliedschaften machen – Sie können Ihre Übungen jederzeit und wo Sie wollen ausführen.

Lange Zeit glaubte ich, einen Penis in meiner Vagina zu spüren, würde meine ansonsten wenig aufregenden Orgasmen intensiver machen. Aber ich irrte mich. Ich begann, meinen PC-Muskel zu trainieren, und von da an spannte ich jedesmal, wenn ich einem Orgasmus nahe war, meinen PC-Muskel an, und er Orgasmus wurde tief befriedigend.

Die sexuelle Reaktion
Der sexuelle Reaktionszyklus

Der *sexuelle Reaktionszyklus* ist der Begriff, mit dem man die physiologischen Veränderungen bezeichnet, die während der sexuellen Erregung und beim Orgasmus in unserem Körper stattfinden. Masters und Johnson gebührt das Verdienst, diesen Ausdruck populär gemacht zu haben. Ihre Laborstudien anhand von Tausenden von Männern und Frauen, die mit einer Vielfalt sexueller Aktivitäten befaßt waren, führt dazu, daß diese beiden Forscher das Konzept eines Vier-Stufen-Zyklus der sexuellen Reaktion einführten. Diese vier Stufen sind Erregung, Plateauphase, Orgasmus und Auflösung.

Nach dem Modell von Masters und Johnson sind für die Erregungsphase sowohl bei Männern als auch bei Frauen eine Beschleunigung des Herzschlags sowie eine verstärkte Muskelspannung und Durchblutung typisch. Die verstärkte Durchblutung hat einen Blutstau in den Genitalien, Lippen und Brüsten, allgemeines Wärmegefühl und Rötung der Haut zur Folge. Bei Frauen kommen vaginale Flüssigkeitsabsonderung, Schwellung der Klitoris und der Schamlippen und Aufrichtung oder Aufblähung der hinteren Vagina und des Uterus hinzu. Bei Männern beobachten wir eine Erektion, eine Kontraktion des Skrotums und eine Anhebung der Hoden. Bei vielen Männern und Frauen richten sich außerdem die Brustwarzen auf. Im ganzen Körper erhöhen sich Muskelspannung und Temperatur. Die Erregung steigert oft die Sensibilität für Stimulierungen und setzt die Schmerzempfindlichkeit herab.

In der Plateauphase setzt sich die Erregungsphase fort und wird intensiviert. Bei Frauen zieht sich die Klitoris unter ihre Vorhaut zurück; das äußere Drittel der Vagina füllt sich noch mehr mit Blut; und der Uterus wird vollends angehoben und erzeugt auf diese Weise eine verstärktes Gefühl für die innere Vagina. Bei Männern sondert die Glans häufig eine klare Flüssigkeit ab, die ein paar verirrte Spermien enthalten kann. Diese manchmal als »Vorerguß« bezeichnete Flüssigkeit ist der Grund dafür, daß der Rückzug vor der Ejakulation eine ungenügende Methode der Empfängnisverhütung darstellt.

Der Orgasmus ist die Entladung der sexuellen Spannung durch unwillkürliche Muskelkontraktionen. Diese Kontraktionen finden bei den Frauen im äußeren Drittel der Vagina und im Uterus und bei Männern und Frauen in den Muskeln der gesamten Beckenregion statt. Es treten zwischen drei bis fünfzehn Kontraktionen in einer Frequenz von vier Fünfteln einer Sekunde auf. Der Orgasmus setzt das gestaute Blut aus den genitalen Geweben frei.

Bei der Entladung kehrt der Körper in einen nicht erregten Zustand zurück. Herzschlag, Atmung und Blutdruck normalisieren sich, und die Genitalien nehmen ihre ursprüngliche Größe, Form und Farbe an. Wenn Sie erregt wurden, aber keinen Orgasmus hatten, dauert es ein wenig länger, bis das Blut aus Ihren überfüllten Genitalien zurückfließt und die Entspannung vollständig ist.

Die physiologischen Veränderungen in unseren Körpern bei der Erregung und beim Orgasmus sind deutlich voneinander getrennt und meßbar. Ihr Körper durchläuft dieselben Veränderungen, unabhängig von der Art der Stimulierung oder der subjektiven Unterschiede Ihrer Erregung und Orgasmen. Aber verzweifeln Sie bitte trotzdem nicht, wenn Sie niemals bemerkt haben, daß Ihre Haut sich bei der Erregung rötet, wenn Sie Schwierigkeiten haben, vier Fünftel einer Sekunde wahrzunehmen, oder wenn Sie nicht sicher sind, jemals eine »Plateau-Phase« erlebt zu haben. Der Reaktionszyklus nach Masters und Johnson ist eine recht zufällige Konstruktion. Die beiden Forscher haben ihre Daten ein wenig selektiv interpretiert, um ein Modell zu schaffen, das bei Männern und Frauen gleichermaßen anwendbar war. Tatsächlich erleben die wenigsten von uns die Erregung dergestalt, als seien ihre Körper Raumschiffe, die nach einem strengen Plan eine Startphase nach der anderen durchlaufen, während sie zu einem Orgasmus »abheben«.

Die Betonung, die Masters und Johnson auf die Physiologie der sexuellen Reaktion legten, hat in den vergangenen vierzig Jahren die Sexualtherapie und die Behandlungsmethoden von Menschen mit sexuellen Fehlfunktionen beeinflußt. Die Vorstellung einer nicht nur natürlichen, sondern darüber hinaus in exakte Phasen unterteilbaren sexuellen Reaktion ist verführerisch. Wer wäre nicht für die Vorstellung empfänglich, daß man nur lernen müsse, auf den richtigen Knopf zu drücken, um automatisch sexuelle Lust zu empfinden? Das Problem bei diesem mechanistischen Ansatz der Sexualität ist, daß er den ungeheuer großen Einfluß außer acht läßt, den subjektive Umstände, gesellschaftliche Verhältnisse und die psychische Bereitschaft auf die sexuelle Erfahrung haben. Darüber hinaus zeigt eine physiologische Erregung nicht unbedingt eine Bereitschaft zum Sex an. Wenn eine Frau Flüssigkeit absondert oder ein Mann eine Erektion hat, bedeutet dies nicht unbedingt, daß er oder sie sexuelle Gefühle empfindet.

In den letzten Jahren ist der Einfluß der subjektiven, nicht meßbaren Komponenten beim Sex auch von Fachleuten mehr beachtet worden. Die Sexualtherapeutin Helen Singer Kaplan hat in den siebziger Jahren die Theorie entwickelt, daß das Verlangen einen grundlegenden Faktor bei der sexuellen Erregung darstellt, und einen dreiphasigen Zyklus der sexuellen Reaktion vorgeschlagen: Verlangen, Erregung und Orgasmus. Aber sogar das Verlangen ist – wie JoAnn Loulan, eine Sexualtherapeutin für Lesbierinnen, nachweist – keine notwendige Grundbedingung für ein sexuelles Erlebnis. Wenn Sie sich bewußt auf ein sexuelles Erlebnis einlassen, kann das Verlangen folgen. Kaplans Modell wurde auch von Therapeuten wie David Schnarch in Frage gestellt, der Verlangen und Erregung für zwei eigenständige Kontinua hält, die sich unabhängig voneinander verändern können. Verlangen beginnt nicht notwendigerweise mit einer sexuellen Stimulierung und muß auch nicht mit einem Orgasmus enden. Vielleicht lautet die einzige, absolute Wahrheit über die sexuelle Reaktion, daß sie grundsätzlich fließend ist. Man kann von der Erregung zum Verlangen übergehen, von der Erregung zur Interesselosigkeit, von der Langeweile zur Leidenschaft, vom Orgasmus zur Erregung und wieder zurück.

Orgasmus

Viele Gründe sprechen dafür, Sex zu genießen: Er ist eine Zelebrierung des menschlichen Körpers; er entspannt; er hat großen Unterhaltungswert; er fördert die Intimität; man kann ihn allein, mit einem Freund oder in einer Gruppe ausüben. Und man kann als Endergebnis einen Orgasmus haben. Jeder von uns würde gut daran tun, das einfache Vergnügen der Orgasmen weniger ernst zu nehmen. Orgasmen erzeugen mehr Ängste als jeder andere Einzelfaktor in dem Bereich, mit dem wir es zu tun haben. Männer machen sich Sorgen darum, daß sie »zu schnell« kommen; Frauen sorgen sich, daß sie »zu lange« brauchen, um zu kommen; und alle sind besorgt, daß ihre Orgasmen nicht gut, stark, oder einfach häufig genug sind. Wir leben in einer wettbewerbsorientierten Welt, und wir brauchen Ermutigung, bevor wir unsere persönlichen, unverwechselbaren sexuellen Reaktionen akzeptieren können, ohne uns umzuschauen, um zu sehen, ob irgend jemand dort draußen besser oder auch nur »normaler« ist. Wenn Sie niemals eine andere Person einen Orgasmus beschreiben gehört, niemals einen erotischen Reißer gelesen oder niemals einen Liebesfilm gesehen hätten – wie würden Sie Ihr persönliches Erlebnis von Orgasmen beschreiben?

Einige sind einfach nur ein rascher, heftiger Feuersturm, der meinen Körper durchrast. Andere ähneln einem langsam sich ausbreitenden Feuer; sie bauen sich allmählich auf, sie erregen mich, strömen wellenartig in meinem Körper aufwärts und abwärts – breiten sich in konzentrischen Kreisen aus und brechen dann in einem plötzlichen Akt der Befreiung aus.

Die verschiedenen Orgasmen betreffen verschiedene Teile meines Körpers – Rücken, Gesäß, verschiedene Teile meiner Beine von den Waden bis zu den Füßen, Schultern, Hals. Ich muß die Beine bewegen, um zu kommen.

Orgasmen fühlen sich an, als schössen elektrische Wasserfontänen in mir empor, bis mein ganzer Körper unter ihnen erbebt.

Der Orgasmus ist für mich oft der Augenblick der Stille. Ich bewege mich viel, während ich zunehmend erregt werde, aber wenn ich komme, ist alles sehr gespannt und intensiv und still.

Also, der Orgasmus ist das intensivste, lustvollste körperliche Gefühl, das ich kenne. Er kann unterschiedlich sein, von einer einfachen Ejakulation, die zu rasch vorbei ist, bis zu einem Lustgefühl, das den ganzen Körper einbezieht. Orgasmen fühlen sich gut an. Manchmal sind sie sehr konzentriert, und manchmal ganz und gar durch meinen Körper verteilt. Manchmal, wenn ich sehr gestreßt bin, ist es eine Erleichterung. Wenn ich entspannt bin, komme ich mir vor, als treibe ich an einem Ort, an dem es weder Zeit und Raum gibt.

Erwartungen

Ein Orgasmus ist – im pragmatischsten Sinn – eine unwillkürliche Muskelkontraktion, die eine Freisetzung der sexuellen Anspannung anzeigt. Aber dieser einfache, physiologische Reflex löst eine breite Palette emotioneller, psychischer und sogar spiritueller Reaktionen aus:

Ich vergesse alles. Ich bin mir nur des ekstatischen Gefühls bewußt, eines kosmischen Gefühls, einer Wärme und Energie, die mich durchflutet. Freiheit von allem Weltlichen durchströmt mich, und ich treibe im Atem Gottes – sozusagen.

Ich erlebe einen Orgasmus als kleinen Tod, werde beinahe ohnmächtig. Psychologisch gesprochen mache ich einen Angriff/Flucht-Konflikt durch. Je näher ich [dem Orgasmus] komme, desto mehr fürchte ich mich. Mein Partner muß mich beruhigen.

Meine Orgasmen sind nicht ganz befreiend, und häufig habe ich das Gefühl, mehr zu brauchen. Vielleicht fürchte ich mich vor ihnen. Vor der Intensität oder davor, mich zu weit von mir selbst zu entfernen.

Vielleicht möchten Sie, bevor Sie weiterlesen, eine Weile über Ihre persönlichen, internalisierten Erwartungen im Zusammenhang mit Orgasmen nachdenken. Teilen Sie eine der beiden nachfolgend zitierten Ansichten?

Der Orgasmus ist die Krönung aller sexuellen Erlebnisse. Sex ohne Orgasmus ist wie ein Cheeseburger ohne den Käse ... man vermißt etwas.

Ich genieße es, Orgasmen zu haben, aber sie sind nicht das Ziel meiner sexuellen Aktivität.

Wir schlagen vor, daß Sie darüber nachdenken, ob Sie den Orgasmus als einen möglichen, sogar wahrscheinlichen, Ausgang aller sexuellen Erlebnisse betrachten, aber darauf verzichten können, sich auf ihn als das Ziel zu konzentrieren. Wenn Sie sich auf das Endergebnis eines sexuellen Erlebnisses konzentrieren, laufen Sie Gefahr, daß Ihnen einige der subtileren Genüsse auf dem Weg dorthin entgehen. Falls Sie zögern sollten, sich ohne garantierte Befriedigung auf ein sexuelles Erlebnis einzulassen, betrügen Sie sich selbst um die Freuden des Unerwarteten. Neue sexuelle Spielzeuge und Techniken mögen Sie nicht auf einen erprobten und sicheren Weg zum Orgasmus bringen, aber sie eröffnen Ihnen neue Horizonte des Gefühls. Wir hoffen, daß Sie sich den in diesem Buch beschriebenen Techniken voller Freude nähern, ohne den Orgasmus als erklärtes Ziel im Kopf zu haben.

Orgasmen geben mir das Gefühl, energiegeladen, erfrischt und schön zu sein. Manchmal ist es ein sehr flüchtiges Erlebnis, zu anderen Zeiten ist der Aufbau so großartig, daß er beinahe selbst einem Orgasmus gleicht.

Ich mag es, eine oder zwei Minuten lang zu schwelgen, bevor ich mich dem Orgasmus überlasse. Oft spanne ich mich am ganzen Körper an, erhebe mich und sage meinem Partner, wie gut ich mich fühle.

Ihre Erwartungen gegenüber dem Orgasmus können sich in Form einer Angst davor manifestieren, welche physiologischen Reaktionen wirklich als Orgasmus »zählen«. Dies betrifft Frauen eher als Männer, da Frauen mit größerer Wahrscheinlichkeit als Männer niemals einen Orgasmus erlebt haben oder eine Diskrepanz zwischen ihren persönlichen physiologischen Erlebnissen und dem verschwommenen, romantischen Ideal eines Orgasmus als erdballerschütterndes Ereignis spüren:

Ich war ungefähr zehn oder zwölf, und ich lag im Bett und rieb mich, bis es mich schüttelte. Ich las die Cosmo-Magazine meiner Mutter, und da ich nicht verstand, was geschah, dachte ich, ich könnte diese Krämpfe nur überstehen, wenn ich herausfand, was ein Orgasmus war.

Wenn Sie zu den Menschen gehören, die nie einen Orgasmus erlebt haben, könnten viele der in diesem Buch beschriebenen Spielzeuge und Techniken für Sie bei der Erkundung Ihrer sexuellen Reaktionen nützlich sein. Vibratoren, die eine gestützte, ausdauernde Stimulierung garantieren, sind besonders für jene Frauen nützlich, die es bisher nicht geschafft haben, von der Erregung in einen Orgasmus überzugehen. Wenn Sie eine Frau sind, die nicht sicher ist, ob sie jemals einen Orgasmus erlebt hat, achten Sie auf die Vielfalt der Gefühle, die in diesem Buch beschrieben werden. Entspricht die eine oder andere Erfahrung dem, was Sie erlebt haben?

Veränderungen im Laufe des Lebens

Denken Sie schließlich noch daran, daß Ihre Erfahrungen einer sexuellen Reaktion und eines Orgasmus im Laufe Ihres Lebens gewissen Veränderungen unterworfen ist. Sie können von diesen Veränderungen weit eher profitieren, wenn Sie mit dem Strom schwimmen, statt davon auszugehen, daß ein bestimmtes Muster in der sexuellen Reaktion, daß sich während oder nach Ihrer Pubertät herausgebildet hat, Ihr ganzes Leben lang unverändert bestehen bleiben muß.

Zum Beispiel stellen Frauen, die schwanger sind oder vor kurzem geboren haben, möglicherweise überrascht fest, daß ihr sexuelles Verlangen stärker geworden ist, obwohl medizinische Experten immer vom Gegenteil ausgehen. Diese hormonellen und physiologischen Veränderungen in Ihrem Körper können dazu führen, daß Sie ein erhöhtes sinnliches oder sexuelles Bewußtsein verspüren. Nach den ersten drei Monaten einer Schwangerschaft kommt es in Ihrer Vagina und in den Schamlippen zu Blutstauungen, wie bei der sexuellen Erregung. Ihre Genitalien und Brüste schwellen zugleich mit Ihrem Bauch an. Diese körperlichen Veränderungen können erregend wirken, besonders dann, wenn Sie bereit sind, mit den neuen Methoden der Stimulierung zu experimentieren, die Ihre vorübergehend »neuen« Genitalien vielleicht erfordern. Möglicherweise haben Sie während der Schwangerschaft auch andere emotionelle Bedürfnisse:

Als ich schwanger war, kam mir der Sex mit dem Vater des Babys wie das Romantischste und Erfüllendste vor, das ich tun konnte. Er war einigermaßen verwirrend – ich wollte nicht einmal mehr masturbieren, ich wollte nur mit ihm zusammen sein.

Wie auch immer es um Ihr Verlangen während der Schwangerschaft oder unmittelbar nach der Entbindung bestellt sein mag – Sie sollten sich so frei fühlen, sooft oder so selten sexuell aktiv zu sein, wie Sie möchten. Sexuelle Aktivität oder Orgasmen können den Fötus nicht schädigen. Die einzige Ausnahme ist das Risiko eines vorzeitigen Einsetzens der Wehen. In diesem Fall sollten Sie Orgasmen im Endstadium der Schwangerschaft vermeiden, da sie die Wehen einleiten könnten.

Männer stellen mit fortschreitendem Alter vielleicht fest, daß sie zu einer Erektion mehr auf direkte Stimulierung angewiesen sind, daß ihre Erektionen weniger hart als in ihrer Jugend sind, und daß zwischen ihren Erektionen längere Zeiträume verstreichen. Frauen machen möglicherweise die Erfahrung, daß eine verminderte Flüssigkeitsabsonderung und die natürliche Verdünnung ihrer Scheidenwände nach der Menopause die Art der sexuellen Aktivitäten beeinträchtigen, die sie besonders schätzen. Sowohl Männer als auch Frauen haben vielleicht gesundheitliche Bedenken, die sich auf ihre sexuelle Erlebnisfähigkeit und ihre Orgasmen auswirken:

Meine Orgasmen sind weniger intensiv als vor meiner Hysterektomie [operative Gebärmutterentfernung], aber sie sind immer noch stark.

Höchstwahrscheinlich wächst mit zunehmendem Alter Ihr Selbstbewußtsein, und Ihr Repertoire an körperlichen Reaktionen erweitert sich. Vielleicht gehen Sie zu Sex am Morgen über, wenn Sie abends erschöpft sind, oder Sie haben am Nachmittag Sex, wenn Ihre Arthritis morgens schmerzt. Nach der Menopause fühlen Sie sich vielleicht von der Furcht vor einer unerwünschten Schwangerschaft befreit. Oder Sie sind pensioniert worden und erfreuen sich an freien Tagen oder langen, müßigen, sexuellen Eskapaden; allein oder mit einem Partner. Wir selbst träumen von unserem Eintritt in den Ruhestand mit fünfundsechzig Jahren, wenn wir in ein gemeinsames Haus am Ufer ziehen, wo wir in unseren Schaukelstühlen auf der Veranda sitzen, von Freunden umgeben, unsere Vibratoren und Gleitmittel stets in Reichweite.

Allein oder mit Partner
Es ist durchaus möglich, daß Ihr Orgasmus-Erlebnis allein anders ist als mit einem Partner. Vielleicht fühlen Sie sich freier, wenn Sie allein sind:

Ich komme am liebsten allein, weil ich ohne Unterbrechung von intensiver Lust zu behaglicher Entspannung übergehen kann, ohne mich um die Befriedigung eines Partners kümmern zu müssen.

Ich komme nur schwer zu einem Orgasmus. Er läßt sich leicht herbeiführen, wenn ich allein bin, bereitet aber mit einem Partner weitaus mehr Mühe. Wenn ich allein bin, kann ich so schnell oder so langsam vorgehen, wie ich möchte – ich nehme an, ich fühle mich nicht so sehr gedrängt zu kommen –, und ich kann soviel Zeit mit mir selbst verbringen, wie ich will.

Oder Sie finden die Zweisamkeit befriedigender:

Ein Orgasmus mit einem Partner erschüttert meinen ganzen Körper, und dann folgt die wunderbare Erleichterung. Wenn ich allein bin, baut sich zwar große Lust auf und es findet die Befreiung statt, aber weniger intensiv als mit einem Partner.

In einer idealen, sexuellen Beziehung fühlen sich beide Partner ihrer persönlichen Reaktion sicher, und beide können aufrichtig an der Lust des anderen teilnehmen, wie auch immer sie erreicht wird:

Ich finde, seit ich die letzten fünf Jahre mit meinem Ehemann zusammen bin, kann ich es langsamer angehen lassen und meine Orgasmen wirklich genießen. Wir lieben es, einer am Orgasmus des anderen teilzunehmen und uns um ihn zu kümmern. Es ist nicht nötig, daß wir gemeinsam kommen, und es ist in Ordnung, daß ich lieber nicht beim Beischlaf komme. Deshalb fühle ich mich frei in bezug auf meine Orgasmen. Ich benutze einen Vibrator, den Dildo und den Vibrator, meine Hände, seine Hände oder seinen Mund – und manchmal komme ich auch beim Beischlaf.

Orgasmen ohne Ejakulation beim Mann
Ejakulation ist der Vorgang, bei dem der Samen die Harnröhre entlang und aus dem Penis geschleudert wird. Der Orgasmus ist die lustvolle Empfindung, die durch die Entladung der sexuellen Spannung durch eine unwillkürliche, rhythmische Kontraktion Ihrer

Beckenmuskeln hervorgerufen wird. In der Regel wird die Ejakulation von dieser Muskelkontraktion begleitet, aber Männer können auch einen Orgasmus ohne Ejakulation erreichen. Orgasmen ohne Ejakulation können die Folge einer retrograden Ejakulation sein, die stattfindet, wenn die Ventilklappe zwischen Ihrer Blase und der Harnröhre sich nicht schließt und das Ejakulat in die Blase zurückgedrängt wird, statt in die Harnröhre zu gelangen. Retrograde Ejakulationen ereignen sich manchmal bei Männern mit einer Wirbelsäulenverletzung oder nach einer Operation an der Prostata oder der Blase. Dies sollte Ihre Lust beim Orgasmus nicht beeinträchtigen.

Manche Männer üben sich in Orgasmen ohne Ejakulation. Sie mögen dieses Training im Geiste taoistischer Sexpraktiken vornehmen, mit dem Ziel, die »Vitalenergie« Ihres Samens zu erhalten. Oder Sie üben es, um mit multiplen Orgasmen zu experimentieren – viele Männer finden, daß Ejakulationen sie buchstäblich »austrocknen« und die Wahrscheinlichkeit verringern, daß sie mehr als einen Orgasmus hintereinander bekommen können. Wie üben Sie persönlich, Orgasmen ohne Ejakulation zu haben? Spielen Sie mit dem Grad Ihrer Erregung. Wenn Sie den Punkt erreichen, an dem Sie fühlen, daß ein Orgasmus unmittelbar bevorsteht, hören Sie auf, sich zu stimulieren, und lassen Sie Ihre Erregung allmählich abklingen. Dann fangen Sie wieder von vorn an. Erregen Sie sich mehrmals und weichen Sie ebensooft vom Rand des Orgasmus zurück.

Meine Technik besteht im partiellen Orgasmus. Ich masturbiere für eine Weile, und wenn es so gut wird, daß ich kommen muß, unterbreche ich den Druck meiner Hand und lasse meinen Erguß herauskommen. Dies verschafft mir etwa 90 Prozent der Lust eines vollständigen Orgasmus, aber da die Energie nicht vollständig freigesetzt wird, kann ich endlos so weitermachen.

Ich komme manchmal ohne Orgasmus und habe oft Orgasmen, ohne zu kommen. Je länger der Geschlechtsverkehr dauert, bevor ich komme, desto größer ist die Wahrscheinlichkeit eines Orgasmus ohne Ejakulation.

Taoistische Sexuallehrer empfehlen, auf einen am Damm gelegenen Akupunkturpunkt zu drücken, wenn man spürt, daß man kurz vor der Ejakulation steht. Auf diese Weise soll die Weiterleitung von Prostata- und Samenflüssigkeiten in die Harnröhre unterbunden werden, und man erlebt Orgasmen ohne jede Freisetzung von Flüssigkeiten. Ob Sie unterbrechen und wieder von vorn anfangen, oder ob Sie die taoistische Methode anwenden – wenn Sie sich die Zeit nehmen, den Grad Ihrer Erregung zu erhöhen, werden Sie ganz bestimmt mit einem starken Orgasmus mit oder ohne Ejakulation belohnt.

Als ich kurz vor dem Höhepunkt stand, legte meine Freundin die Spitze ihres Mittelfingers auf meinen Anus, die übrigen Finger hinter mein Skrotum, und drückte fest auf meine Haut, während sie meine Hoden mit der Hand bedeckte. Ich weiß nicht, was sie tat, aber ICH KAM EINE EWIGKEIT LANG! Ich erinnere mich, aus dem Bett gesprungen zu sein und geschrien zu haben: »Was, zum Teufel, hast du mit mir angestellt«, und: »Können wir das noch mal machen?«

Orgasmen ohne Ejakulation sind für mich schwer erreichbar, aber sie sind die Mühe wert. Ich habe fast die gleichen Gefühle wie bei Orgasmen mit Ejakulation, aber die ganze Empfindlichkeit bleibt bestehen, und ich bleibe geil. Auf diese Weise dauert der Sex länger.

Multiple Orgasmen
Multiple Orgasmen ist ein Begriff, mit dem die Erfahrung von mehr als einem Orgasmus gemeint ist, die rasch aufeinander folgen. Multiple Orgasmen kommen bei Frauen häufiger als bei Männern vor, da Männer in der Regel nach dem Orgasmus eine refraktäre Phase durchmachen, in der sie keine Erektion haben können. Dieses Refraktärstadium kann von wenigen Minuten bis zu mehreren Stunden dauern. Es haben aber auch schon Männer von multiplen Orgasmen berichtet.

Wir hoffen, die Tatsache, daß einige Menschen multiple Orgasmen haben, ist für Sie kein Anlaß für einen Leistungswettbewerb im Bett. Zwar verfügt jede Frau über die theoretische Fähigkeit, multiple Orgasmen zu erleben, aber nicht jede Frau wird mehr als einen Orgasmus bei einer Gelegenheit haben wollen oder genießen können:

Gewöhnlich fühle ich mich nach meinem einen Orgasmus befriedigt und sehr entspannt.

Ich bin glücklich, wenn ich zwei Orgasmen in vierundzwanzig Stunden auf die Beine stellen kann; von zwei Orgasmen gleich hintereinander kann ich nur träumen. Ich hatte nie multiple Orgasmen. Wenn ich einmal gekommen bin, ist es einfach zu empfindlich, und ich bin nicht interessiert genug.

Ich komme recht leicht durch Masturbation, einen Vibrator oder Wasser aus dem Duschkopf. Einmal pro Sitzung ist genug.

Ich erlebe multiple Orgasmen. Sie werden irgendwann weniger intensiv, und mich selbst wundzureiben, ist wirklich nicht besonders lustvoll. Qualität ist wichtiger als Quantität.

Falls natürlich Ihre Neugier angeregt sein sollte, spricht nichts dagegen, daß Sie die Möglichkeit erkunden, mehr als einen Orgasmus bei einer sexuellen Begegnung zu haben. Die drei Grundregeln für multiple Orgasmen lauten: sich zurückziehen, atmen und sich bewegen. Nach Ihrem ersten Orgasmus sind Ihre Klitoris oder Ihr Penis vielleicht zu empfindlich, um weiterhin direkt stimuliert zu werden. Stimulieren Sie sich weiter indirekt – gehen Sie zu leichteren Berührungen über. Wenn Sie einen Vibrator benutzen, möchten Sie mit ihm vielleicht einen anderen Teil Ihrer Genitalien stimulieren, oder Sie halten ihn an den Rücken der Hand, mit der Sie sich weiterhin stimulieren. Atmen Sie tief und keuchend und bewegen Sie Ihr Becken im selben Rhythmus. Lassen Sie wieder Energie in Ihren Genitalien aufbauen. Nach wenigen Minuten geht eine unerträgliche Überstimulierung vielleicht in unerträgliche Lust über, und Sie erleben einen weiteren Orgasmus. Manche Menschen finden, daß ihr zweiter oder dritter Orgasmus heftiger als der erste ist, und andere stellen fest, daß ihre Orgasmen an Intensität abnehmen:

Multiple Orgasmen sind phantastisch, aber manchmal habe ich das Gefühl, daß mein Körper nicht weiß, wann er aufhören muß!

Beim Masturbieren genieße ich in der Regel vier oder fünf Orgasmen – danach werden sie weniger intensiv. Ich habe mehrmals – eher aus Neugier, als aus einem anderen Grund – Marathonsitzungen veranstaltet, zwischen einer und zwei Stunden, und immer wieder Orgasmen gehabt (bei Nummer fünfzehn bis zwanzig habe ich zu zählen aufgehört). Schließlich versagten mir die Finger und Hände, aber die Klitoris war immer noch bereit.

Wenn ich einen zweiten Orgasmus habe, ist er intensiver als er erste, aber er läßt sich schwerer erreichen. In solchen Fällen bringt mich beim ersten Mal mein Partner zum Kommen, und ich kümmere mich um das zweite Mal (in der Regel mit der Hand). Wenn ich allein bin und masturbiere, höre ich meistens nach einem Orgasmus auf.

Einige in Atmungs- und Meditationstechniken geübte Personen berichten von fünf und mehr Minuten lang dauernden Orgasmen. Eine Erklärung dafür lautet, daß diese Menschen auf einem ausgedehnten, intensiven Erregungsplateau verweilen und diese Erfahrung subjektiv als verlängerten Orgasmus deuten. Eine andere Erklärung lautet, daß diese Personen Pioniere einer grenzerweiternden Erkundung sind. Bis heute liegen noch keine wissenschaftlichen Studien zu dieser Frage vor, und eigentlich besteht auch keine Notwendigkeit, sie zu klären. Orgasmen mögen eine quantifizierbare Reaktion in einer Laboranordnung sein, aber vor allem stellen sie eine hochgradig subjektive, menschliche Reaktion dar.

Ich muß für einen Orgasmus arbeiten, aber wenn ich einmal komme, hört es nicht mehr auf, das heißt, wenn meine Klitoris pocht, besonders bei starkem Druck.

Ich hatte mit einem früheren Partner etwas, das über multiple Orgasmen hinausging. Es geschah nach dem zweiten oder dritten Mal, dann verschmolzen alle Orgasmen zu einem ständigen, extremen Hochgefühl, das fast schmerzhaft war (aber toll).

Das große O

Wir sind uns dessen bewußt, daß unsere Behauptung, Orgasmen seien nur einer von vielen Gründen für Sex – gefolgt von einer mehrseitigen Abhandlung über Orgasmen –, sich ein wenig merkwürdig ausnehmen könnte. Wir glauben nicht, daß Orgasmen das A und O aller sexuellen Erfahrungen darstellen, und wir wissen, daß viele Menschen großartigen, lustvollen Sex ohne Orgasmen haben. Aber der Orgasmus scheint uns ein faszinierendes und enthüllendes Phänomen zu sein, weil die Art und Weise, wie viele Menschen in bezug auf Orgasmen empfinden, im kleinen ihre Gefühle gegenüber dem Sex im allgemeinen widerspiegelt. Wenn man Ihnen die Frage stellte: »Wie empfinden Sie bezüglich Ihrer Orgasmen?«, würden Sie in Ihrer Antwort zweifellos nicht nur über die Empfindungen und Gefühle beim Sex sprechen, sondern auch über Ihre Gefühle Ihrem Körper, Ihren Genitalien, Ihren Partnern und Ihren Wünschen gegenüber. Versuchen Sie, diese Frage zu beantworten, und schauen Sie, was Sie über sich selbst gelernt haben.

Seit ich gelernt habe zu masturbieren, hat sich mein Reaktionszyklus dahingehend entwickelt, daß ich komme, und kurz darauf (in weniger als einer Minute) bittet mich mein Skrotum darum, es noch einmal zu tun. Heute komme ich ein- oder zweimal, aber eine Zeitlang reichte weniger als zweimal nicht aus! Es war ein wunderbares Gefühl, daß meine Bedürfnisse in gewisser Hinsicht meine Beherrschung und Initiative überstiegen. Ich hatte Schwierigkeiten, bei Partnern zu kommen und bei ihnen sexuell zu reagieren, also ist es bei mir wohl etwas Besonderes.

Der Orgasmus ist mein ganz besonderer Freund. Ich bin seit meinem dreizehnten Lebensjahr sexuell aktiv, bin heute im zarten Alter von dreiundzwanzig und habe erst seit wenigen Monaten Orgasmen: Seit ich angefangen habe, meinen Vibrator zu benutzen. Ich genieße meine Orgasmen wirklich, so bescheiden und wenig erderschütternd sie auch sein mögen. Dieses warme, warme Gefühl ist einfach phantastisch. Ich bemühe mich, nicht an einen Orgasmus zu denken, während ich masturbiere, weil ich glaube, daß dies seine Intensität vermindert. Wenn ich nicht masturbiere,

denke ich an ihn. Ich erinnere mich daran, wie mir heiß wird, wie
ich das Zeitgefühl verliere, wie diese Wellen durch mich hindurch-
gehen, von den Hüften in den Bauch. Ich mag die Laute, die ich
ausstoße.

4. Kommunikation

Kommunikation ist der Schlüssel zu jeder befriedigenden, sexuellen Beziehung. Wir wissen, daß Sie dies nicht zum ersten Mal hören, aber wenn einige der in diesem Buch beschriebenen Aktivitäten Sie dazu anreizen, Ihr sexuelles Repertoire zu erweitern, hoffen wir, daß Sie sich auch die Zeit nehmen, dafür zu sorgen, daß Ihre Mitteilungsfähigkeit nicht zurücksteht. Sie können alle Spielzeuge, Lotionen und Handbücher der Welt kaufen, aber sie sind nutzlos, wenn Sie nicht darüber sprechen können, was Sie mit ihnen anstellen wollen. Sie können Ihre Anatomie studieren, hundertundeine Stellungen auswendig lernen und über die neuesten Techniken lesen, aber wenn Sie nicht fähig sind zu beschreiben, wo und weshalb es sich für Sie gut anfühlt, sind Enttäuschung und Frustration für Sie vorprogrammiert.

Und da Kommunikation eine Zweibahnstraße ist, werden Ihnen die Jahre der sexuellen Erfahrung und Ihre Aufgeschlossenheit nichts nützen, wenn Sie nicht auf die Bedürfnisse Ihres Partners eingehen. Die Bedürfnisse, Ängste und Wünsche des anderen zu entdecken und ebenso zu lernen, die eigenen Bedürfnisse, Ängste und Wünsche mitzuteilen, öffnet Ihnen die Türen zu einem größeren Verständnis, zu umfassenderen Erfahrungen und Heilungen, und führt letztlich insgesamt zu einer größeren, sexuellen Intimität.

Leider gibt es eine Million Dinge, die einer funktionierenden Kommunikation im Wege stehen. In diesem Kapitel werden wir einige dieser Hindernisse untersuchen und Methoden vorschlagen, wie Sie sie überwinden können.

Weshalb so kompliziert?

Unser oberstes Ziel als Verkäufer von Sexspielzeugen besteht darin, die Menschen dazu zu bringen, daß sie ihre sexuellen Bedürfnisse schildern. Ohne diese Informationen können wir einem Kunden nicht helfen, etwas zu finden, das seinen oder ihren persönlichen Bedürfnissen entgegenkommt. Aber dieser entscheidende Schritt ist auch der schwierigste – einfach deshalb, weil es so viele Menschen verlegen macht, über Sex zu sprechen –, ob mit Liebhabern oder vollständig Fremden.

Unser Unbehagen mit der Sexualität entbehrt nicht einer gewissen Ironie. Obwohl wir in einer Gesellschaft leben, in der wir täglich mit sexuellen Modellen und Hinweisen auf Sex bombardiert werden, fällt uns ein intimes Gespräch mit anderen über unsere Sexualität außerordentlich schwer. Wir bei *Good Vibrations* sprechen routinemäßig mit Fremden über deren sexuelle Nöte, ohne auch nur eine Augenbraue zu heben, aber als es darum ging, für dieses Buch unsere Freunde über ihr Liebesleben zu befragen, stockten und zögerten wir, weil wir unsere Verlegenheit spürten.

Wir alle werden von einer starken Neugier auf sexuelle Dinge getrieben, aber unsere Unfähigkeit, über sie zu sprechen, lähmt uns. Wir suchen nach Informationen, Erklärungen, nach dem Kitzel, wir nehmen den kommerziellen Erfolg der täglichen Talk Shows, der Sexhandbücher, der Ratgeberkolumnen in Zeitschriften und der Badeanzugsnummer von Illustrierten zur Kenntnis – aber unsere Neugier ist weitaus reduzierter, wenn es darum geht, die Bedürfnisse des Partners oder unsere eigenen Wünsche zu entdecken.

Sie müssen sich nicht lange umschauen, um die Gründe dafür herauszufinden. Angesichts der sexfeindlichen Haltungen und Moralvorstellungen, mit denen wir im jugendlichen Alter konfrontiert wurden, und der widersprüchlichen Botschaften über die Sexualität, die uns als Erwachsene erreichen, ist es kein Wunder, daß wir ein wenig gehemmt sind. Es folgen ein paar der Faktoren, die unsere Kommunikation hemmen:

Gesellschaftliche Konditionierung

Denken Sie an Ihre intimen Beziehungen. Trifft es zu, daß einer von Ihnen beiden gewöhnlich mehr über Sex und »die Beziehung« reden möchte als der andere? Schon zu Beginn einer Beziehung besteht ein »eingebautes« Ungleichgewicht, einfach deshalb, weil beide Partner Ihren eigenen Ansatz der Kommunikation entwickelt haben. Viele Dinge beeinflussen die persönlichen Kommunikationsmuster: Geschlechtsunterschiede, Familiendynamiken, traumatische Erlebnisse – herauszufinden, was auf Sie zutrifft, kann ein wichtiger Schritt sein, falls Sie etwas ändern möchten.

Unzureichende Aufklärung

Niemand klärt uns über die Sexualität auf, wenn wir Kinder sind, weil niemand annimmt, daß wir Sex haben – aber wenn wir erwachsen sind (in einem zufällig festgelegten Alter), erwartet man von uns, daß wir wie durch Zauberei Experten in der Befriedigung unserer selbst und unserer Partner sind. Jenseits eines gewissen Alters werden unsere Neugier und unser Wissensdurst peinlich – ein sicheres Zeichen dafür, daß wir unerfahren, armselige Liebhaber und Jungfrauen sind (suchen Sie sich etwas aus), also hören wir zu fragen auf und fangen an, etwas vorzutäuschen.

Das wenige, was wir als Kinder über Sex erfahren, schnappen wir von unseren Eltern, in der Schule, von Freunden und aus den Medien auf. Je nach Genauigkeit und Gründlichkeit der Information werden wir durch unsere Entdeckungen noch verwirrter, fehlinformierter oder eingeschüchterter. Der lehrplanmäßige Sexualunterricht in der Schule handelt gewöhnlich von der Vorbeugung von Krankheiten und Schwangerschaft – deprimierende Lektionen, die Gefahren und Katastrophen betonen. Wie sollen wir sexuelles Selbstvertrauen und Selbstachtung lernen, wenn man uns beibringt, die Folgen unserer Libido zu fürchten?

Überzeugungen, Haltungen, Stereotypien

Jeder von uns ist mit einem unverwechselbaren Sortiment an moralischen Glaubensvorstellungen aufgewachsen, das in der Regel durch eine Unzahl kultureller Stereotypien und/oder religiöser Doktrinen geprägt wurde. Die Art und Weise, wie wir diese Haltungen als Erwachsene in unser Liebesleben einbringen, hängt direkt davon ab, wie, was, und sogar ob wir überhaupt kommunizieren. Da wir von dem geleitet werden, was wir persönlich als »akzeptables Sexualverhalten« betrachten, bleibt es nicht aus, daß wir beim Kennenlernen oder beim Umgang mit jemandem, der auch nur den geringsten Unterschied zu unserer Einstellung aufweist, mit einigen Problemen konfrontiert werden.

Hier ein paar Beispiele:

● Vielleicht wollen Sie Ihren Partner nicht auffordern, zu masturbieren, weil Sie es für nicht richtig halten und selbst versuchen, damit aufzuhören. Erinnern Sie sich daran, wie der Pastor sagte, Onanie würde zur Erblindung führen?
● Vielleicht würde analer Sex Ihnen wirklich gefallen, aber Sie haben immer gehört, daß es sich dabei um eine Schwulenpraxis handelt, und Sie wünschen nicht, daß jemand – nicht einmal Sie selbst – denkt, Sie seien homosexuell, und deshalb probieren Sie diese Variante niemals aus.
● Vielleicht sind Sie ein homosexueller Mann und glauben, Ihre erotischen Träume in Verbindung mit Frauen ließen sich nicht mit Ihrem Schwulsein vereinbaren, und deshalb halten Sie diese Träume vor Ihrem Liebhaber geheim.

Wir verweigern uns selbst und unseren Partnern den Zugang zu verschiedenen Facetten unserer sexuellen Persönlichkeit, wenn wir eine solche Zensur ausüben. An die Ursprünge einiger dieser Prägungen zu gelangen, kann Ihnen helfen, die hemmenden Prägungen zu überwinden oder jene zu klären, die für Sie sehr wichtig sind.

Furcht

Furcht vor Zurückweisung oder die Scheu, unsere Unkenntnis oder unsere persönlichen Glaubensvorstellungen zu enthüllen, wirkt sich bei der Kommunikation enorm störend aus. Unser zerbrechliches Ego hält uns oft davon ab, eine einfache Frage zu stellen oder ein Eingeständnis zu machen, das zu einem größeren sexuellen Selbstbewußtsein führen könnte.

Bei *Good Vibrations* kommt es nicht selten vor, daß die Verkäuferin sich den Kunden im Laden nähert und ihnen anbietet, ihre Fragen zu beantworten, und daß ihr Angebot von fast allen abgewiesen wird. Aber sobald sie einfach anfängt, einem Kunden die Unterschiede bei den Vibratoren oder Dildos zu erklären, rücken alle Kunden zusammen, damit sie den Vortrag mitbekommen. Erinnern Sie sich daran, wie Ihr Lehrer in der Schule sagte, nichts sei schlimmer als eine dumme Frage? Vielleicht wagen Sie es bis heute noch nicht, Fragen zu stellen, weil Sie glauben, alle übrigen wüßten bereits Bescheid, und weil Sie nicht als Narr dastehen wollen. Diese Angst scheint noch ausgeprägter zu sein, wenn es um die Sexualität geht.

Viele Kunden vertrauen sich uns an, weil sie sich scheuen, ihren Partnern zu sagen, was sie wollen – aus Angst, pervers oder dumm oder aufdringlich zu erscheinen. Wir agieren als Vermittler. Wir versichern ihnen, daß ihre Neugier natürlich ist, und ermutigen sie, mit ihren Partnern zu sprechen.

Manche Menschen befürchten auch, ihre Partner zu kränken, wenn sie eine Veränderung vorschlagen. Völlig harmlose Vorschläge können als Unzufriedenheit mit dem mißverstanden werden, was der andere zu bieten hat:

Als ich verheiratet war, verabscheute mein Mann es, wenn ich masturbierte – er konnte nicht begreifen, wieso ich es tun mußte, wenn er dabei war.

Diese Frau hat sich vermutlich selbst beschränkt (oder insgeheim masturbiert), statt den Versuch zu unternehmen, ihren Mann von der Idee abzubringen, daß ihr einsames Vergnügen ein Armutszeugnis für ihr Liebesleben war. Sie hätte ihm erklären können, weshalb sie es genoß, und vielleicht sogar vorschlagen sollen, daß sie es gemeinsam versuchten.

Zielorientierter Sex

Viele von uns stellen bestimmte Bedingungen an eine befriedigende sexuelle Begegnung. Für einige Menschen sind vielleicht zwei Orgasmen das Minimum, bei anderen mag es ein stundenlanges Vorspiel oder eine neue Stellung sein. Die Hartnäckigkeit, mit der wir uns an diese Ansprüche klammern, kann die Versagensängste bei uns selbst und bei unseren Partnern verstärken.

Je »vorschriftsmäßiger« und zielorientierter wir unsere sexuelle Aktivität gestalten, desto mehr setzen wir uns Ängsten und Enttäuschungen aus. Mit einem Partner über unsere Erwartungen zu sprechen, kann dazu beitragen, den Druck zu vermindern und die Beschränkungen, die wir uns selbst und unserem Liebesleben auferlegt haben, zu lockern:

Ich mag es, vorher darüber zu verhandeln und unser beider Grenzen klar abzustecken. Mein Mann und ich sprechen über das, was wir am jeweiligen Abend unserem Gefühl nach tun möchten. Es verhindert nicht die Spontaneität, sondern es sorgt dafür, daß wir übereinstimmen.

Sprachliche Überlegungen

Unser unterschiedliches Behagen oder Unbehagen mit der sexuellen Terminologie kann die Art und Weise beeinflussen, wie wir kommunizieren. Während die eine Frau sagt: »Ich gäbe mein Leben dafür, wenn du zwei angefeuchtete Finger in meine tropfende Möse schieben und reiben würdest«, sagt eine andere vielleicht: »Bitte, steck mir zwei Finger in die Vagina«, und hofft das Beste, während wieder eine andere sich scheuen mag auszusprechen, was sie möchte, und nur die Beine spreizt und die Hüften hebt, um ihren Partner zur erwünschten Tätigkeit zu ermutigen. Ein Vokabular zu finden, das beiden Partnern behagt – einschließlich der stummen Signale – kann diese Sprachverwirrung lindern und Ihrem Liebesspiel einen zusätzlichen, erotischen Reiz verleihen.

Voraussetzungen für eine gute Kommunikation
Selbstkenntnis

»Ich weiß, was mir gefällt.«
Ein Faktor, der in Abhandlungen über sexuelle Kommunikation meistens fehlt, ist die Wichtigkeit der Artikulation unserer Bedürfnisse vor uns selbst. Diese Feststellung mag ein wenig trivial klingen, aber sie stellt tatsächlich einen entscheidenden, ersten Schritt im Kommunikationsprozeß dar. Wir erwarten nicht, daß jemand in den Supermarkt geht, ohne eine Vorstellung von dem zu haben, was er einkaufen will – und wenn er etwas nicht findet, muß er fähig sein, es jemandem zu beschreiben, der ihm weiterhelfen kann.

Dasselbe gilt für unsere sexuellen Bedürfnisse. Es dürfte recht schwierig sein, unserem Partner zu sagen, was wir wünschen, wenn wir uns selbst nicht sicher sind. Stellen Sie sich selbst ein paar Fragen über das, was Sie ändern möchten: Berührt Ihr Partner Sie auf eine Weise, die Ihnen unangenehm ist? Liegt es an der Art der Berührung oder an der Stelle? Würden Sie lieber anderswo oder auf eine andere Weise berührt werden? Wenn Sie nicht sicher sind, könnten Sie ein wenig Hausarbeiten machen – sind Sie unsicher in der Anatomie, in der sexuellen Reaktion oder hinsichtlich gewisser Phantasien? Lesen Sie darüber, sprechen Sie mit einem Freund darüber, rufen Sie eine Sexualberatungsstelle an, sprechen Sie mit einem Therapeuten oder suchen Sie einen Sexladen auf.

Die allerbeste Methode herauszufinden, was Ihnen gefällt, besteht darin, sich beim Masturbieren zu konzentrieren. Achten Sie darauf, was sich gut und was sich weniger gut anfühlt, und führen Sie es Ihrem Partner vor.

»Ich weiß, was ich brauche.«
Ebenso wichtig ist es, daß Sie auf dem *bestehen*, was Ihnen gefällt. Jeder von uns hat besondere sexuelle Bedürfnisse, also nützt es niemandem anzunehmen, daß es eine sexuelle Standardmethode gibt. Die Wahrscheinlichkeit, daß Ihr Partner weiß, was Sie mögen, ist ge-

ring, also rechnen Sie damit, daß Sie es ihm zu einem bestimmten Zeitpunkt mitteilen müssen. Wenn Sie es zuvor allein üben möchten, sprechen Sie in allen Einzelheiten aus, was Sie möchten. Stellen Sie sich verschiedene Szenarien und Vorgehensweisen vor, wie Sie auf Ihre Bedürfnisse aufmerksam machen könnten. Falls Sie sehr spezielle körperliche oder emotionelle Wünsche haben, von denen Ihr Partner vielleicht nichts weiß, verlassen Sie sich nicht darauf, daß er diese errät – seien Sie geradeheraus und aufrichtig, und Sie werden es beide leichter finden, über sexuelle Dinge zu beraten.

Diese Selbst-Versicherung wird um so wichtiger, wenn es darum geht, neue sexuelle Beziehungen zu knüpfen; besonders, wenn es Fragen wie Safer Sex oder Empfängnisverhütung betrifft.

Ich gebe zu, daß ich mit einer neuen Partnerin über Safer Sex reden muß, denn die meisten Frauen, mit denen ich geschlafen habe, waren nicht an Kondome gewöhnt.

Wenn Sie sich mit den Praktiken des Safer Sex vertraut gemacht und im voraus beschlossen haben, welche Aktivitäten bei Ihren sexuellen Begegnungen inbegriffen und welche ausgeschlossen sein werden, erhöhen Sie die Chance, zu bekommen, was Sie wollen.

Sex als alltägliches Thema

Viele Kommunikationsbarrieren würden wegfallen, wenn wir offener über Sex sprechen könnten. Eine Methode, unsere Vertrautheit mit diesem Gegenstand zu vergrößern, besteht darin, daß wir in einer nicht sexuellen Situation mit einem Partner über Sex reden üben. Auf diese Weise bringen wir den Sex aus der leidenschaftlichen, gefühlsbetonten Schlafzimmeratmosphäre heraus.

Stellen Sie sich vor, daß Sie täglich eine Stunde lang mit Ihrem Partner zusammensitzen und einfach nur über Sex reden – ihm Ihre Gedanken und Gefühle mitteilen, ihm sagen, was Ihnen gefällt und was Sie erschreckt; ohne Vorurteile, ohne in die Verteidigung zu gehen, ohne andere Motive. Allmählich würden Sie lernen, die Wünsche und Forderungen des anderen zu verstehen. Letzten Endes würde der Sex den größten Teil seines Mysteriums verlieren.

Aber die meisten von uns können nicht so selbstverständlich und gelassen über Sex sprechen. Höchstwahrscheinlich kommt der Sex in Ihren Alltagsgesprächen nicht als spontanes Thema auf, also müssen Sie vielleicht üben, ihn zum Thema zu machen. Es folgen ein paar Vorschläge, wie Sie das Thema Sex zur Sprache bringen können:

Nachrichtenkommentar: »Ich las heute einen höchst interessanten Leitartikel über die Verteilung von Kondomen in öffentlichen Schulen.« Ein Nachrichtenthema kann zu einem Gespräch über Safer Sex, Sexualunterricht, Ihre sexuelle Vergangenheit und dergleichen führen. »Heute interviewte Phil Pornographieautorinnen für 'Donahue'.« Eine TV-Show könnte eine Gelegenheit schaffen, Ansichten über die weibliche Sexualität, Erotica und Pornographie auszutauschen.

Phantasie: »Ich hatte einen unglaublichen erotischen Traum über Captain Kirk und Spock und ein paar Aliens.« Ihr Traum kann Unterhaltungen über Phantasien, tabuisierte Verhaltensweisen oder geheime sexuelle Wünsche auslösen. Möglicherweise entdecken Sie, daß Ihr Partner Ihre Vorliebe für pornographische Science-fiction teilt.

Tatsachenermittlung: Erkunden Sie die sexuelle Geschichte Ihres Partners. Geben Sie vor, Sie seien vom Kinsey-Institut und wollten wissen, was Ihre Interviewpartner über Masturbation denken. Wann haben sie angefangen? Wie hat es sich angefühlt? Sind sie jemals erwischt worden? Wie häufig masturbieren sie? Urteilen Sie nicht, hören Sie nur zu. Stellen Sie Ihre eigenen Fragen, oder benutzen Sie diejenigen Kinseys.

Lektüre eines Sexbuches: Sie könnten übereinkommen, gemeinsam ein Selbsthilfebuch zu lesen und über die Fragen, die es aufwirft, zu diskutieren. Oder Sie versuchen sich an einer erotischen Dichtung und teilen Ihrem Partner Ihre Reaktion auf bestimmte Passagen mit. Sie könnten ein Buch mit Biographien, Schwerpunkt Sex (Julia Hutton, *Good Sex: Real Stories from Real People*), lesen, um herauszufinden, wie andere Leute über ihr Liebesleben sprechen. Alle diese Leute konfrontieren Sie mit der Sprache des Sex und helfen Ihnen, ein Vokabularium zu finden, das Ihnen zusagt.

Korrespondenz: Mehrere unserer Kunden sprachen davon, daß Briefe schreiben eine informative und erotische Möglichkeit darstellt, wie Partner einander ihre Gedanken mitteilen können:

Ich bin immer begierig darauf, mit meinem Partner über Sex zu reden. Ich schreibe ihm gern inspirierende Briefe und genieße seine Briefe.

Versuchen Sie, eine Debatte über einzelne Details zu vermeiden. Urteile und dogmatische Standpunkte auszuklammern, macht es für Sie und Ihren Partner einfacher und sicherer, aufrichtig über Sex zu sprechen. Sobald Sie mit sexuellen Begriffen um sich werfen können, wird es für Sie vielleicht natürlicher, sich selbst und Ihre Bedürfnisse zu artikulieren. Es ist mehr als eine gute Übung; die Hintergrundinformationen, die Sie sammeln, sind nützlich, wenn Sie oder Ihr Partner etwas Neues ausprobieren wollen. Wenn Sie wissen, daß Ihre Partnerin sich früher regelmäßig mit dem Vibrator ihrer besten Freundin vergnügt hat, können Sie sicherer sein, eine freudige Reaktion auszulösen, wenn Sie ein solches Gerät unter dem Bett hervorziehen.

Die Verbesserung der Kommunikation

Sie wissen, was Sie wollen – und jetzt wissen Sie auch, wie Sie ein Gespräch über Sex anregen können –, aber wie sagen Sie es Ihrem Partner? Es klingt viel einfacher, als es ist. Es gibt immer einen Grund in der Hitze der Leidenschaft, aus dem Sie beschließen, es für sich zu behalten: Sie wollen die Gefühle Ihres Partners nicht verletzen; Sie wollen nicht gierig erscheinen; Sie befürchten, daß die Wünsche Ihres Partners nicht mit den Ihren übereinstimmen; Sie wollen jemanden, den Sie eben erst kennengelernt haben, nicht schockieren; Sie wollen jemanden, den Sie seit fünfzehn Jahren lieben, nicht schockieren. Die Ausreden sind unerschöpflich! Aber die Alternativen zur Aufrichtigkeit sind schlimm – Frustration, Langeweile, Groll, Irritation und so weiter.

Einigen von uns fällt es leichter, ihre sexuellen Wünsche Fremden mitzuteilen, weil ihre Sehnsüchte nicht Bestandteil ihrer emotionellen Intimität mit einem Langzeitpartner sind. Andere scheuen sich vielleicht, dieselbe Information jemandem mitzuteilen, den sie nicht bereits seit einer Weile kennen. Wie auch immer der Fall bei Ihnen aussehen mag, wir hoffen, daß Sie von folgenden Vorschlägen profitieren werden.

Im Schlafzimmer

Wenn Sie auf die verhältnismäßig direkte, aber häufig mißverstandene, wortlose Methode eingeschworen sind, stellen Sie sicher, daß Ihr Partner versteht, was Sie ihm mitzuteilen versuchen. Ihr Liebhaber reibt Ihre Klitoris, und Sie stöhnen. Ist es ein Stöhnen der Lust oder der Irritation? Ihr Partner fährt fort, und Sie stöhnen lauter. Signalisieren Sie Ermutigung oder Ärger? Offenbar werden Stöhnlaute nicht universal einheitlich interpretiert. Führen Sie Ihrem Partner in dieser verwirrenden Situation die Hand – buchstäblich. Wenn er Sie nicht auf die richtige Weise befriedigt, nehmen Sie seine Hand und leiten Sie ihn an. Wenn das immer noch nicht hilft, zeigen Sie Ihrem Partner einfach, wie Sie masturbiert werden möchten, und lassen Sie sie oder ihn zuschauen und es dann noch einmal probieren.

Beim Sex masturbiere ich häufig und lasse meinen Partner »helfen«. Das klappt gut und ist sehr befriedigend und intim, ohne die Versagensängste, die mich befallen, wenn ich versuche, für jemand anderen zu kommen.

Denken Sie daran, daß Kommunikation auch bedeutet, Ihren Partner wissen zu lassen, wenn seine Stimulierung genau richtig ist. Versuchen Sie, ihm mitzuteilen, daß es Ihnen gefällt. Ein einfacher Ausruf kann Wunder wirken. Setzen Sie Ihren Körper ein, um Ihre Zufriedenheit auf eindeutige Weise auszudrücken – biegen Sie den Rücken durch, atmen Sie heftig, packen Sie sein oder ihr Haar!

Ich würde gern meine Stimme mehr einsetzen – Stöhnen, Seufzen, Schreien natürlich herauslassen, statt es zu unterdrücken, weil ich mich schäme.

Die alternative verbale Methode ist direkter, fällt aber vielen Menschen schwerer. Wir befürchten, die bereits starke Versagensangst unseres Liebhabers zu vergrößern oder zu fordernd zu erscheinen. Aber denken Sie daran, Ihr Partner *möchte* Ihnen gefallen, also ist es sehr wahrscheinlich, daß er Ihre Vorschläge freudig aufgreifen wird. Und der Ausdruck Ihrer Bedürfnisse muß nicht in Form einer Kritik erfolgen. Loben Sie Ihren Liebhaber dafür, wenn er etwas getan hat, das Ihnen gefällt, und bitten Sie ihn um mehr. »Dein Mund fühlt sich an meinem Penis wundervoll an, und es gefiele mir, wenn du ein wenig fester saugen würdest.« Falls es sich um eine Aktivität handelt, die sich ganz und gar nicht gut anfühlt, führen Sie die Hand oder den Kopf Ihres Partners sanft zu einer anderen Stelle und sagen Sie, was Sie mögen:

Ich hasse es, einer Frau, die sich solche Mühe gibt, mir eine Freude zu machen, etwas zu sagen, das kritisch oder undankbar scheinen mag, aber es ist wichtig, einfach zu sagen: »sanfter«, »langsamer«, »stärker«, oder »laß uns eine Weile etwas anderes machen.« Ich habe gelernt, daß einfache Wörter dieser Art eine wirklich leichte und wirksame Art sind zu kommunizieren; man kann sie entweder in Form einer Bitte oder als Frage äußern. Ich habe das von einer Frau gelernt, die gern wußte, ob sie es richtig macht.

Falls Ihr Partner ohne sonderliche Begeisterung auf Ihre Dienste reagiert, bitten Sie ihn um einen Kommentar oder ein Zeichen der Ermutigung. Stellen Sie ihm frei, sich von einem Körperteil zum anderen zu bewegen, unterschiedliche Intensität und Bewegungen auszuführen, zu fragen, was sich gut anfühlt, phantastisch oder nicht gut.

Außerhalb des Schlafzimmers

Natürlich umfaßt die sexuelle Kommunikation mehr, als im Bett zu liegen und laut zu stöhnen, wenn etwas sich gut anfühlt, oder zurückzucken, wenn jemand Sie ärgert.

Ein Gespräch über Veränderungen oder die Einführung neuer sexueller Aktivitäten kann für Paare schwierig sein, aber die Belohnungen liegen auf der Hand: Vielfalt, Experimente, Wachstum, Selbstentdecken – dies alles kann zu einer neuen, befriedigenden Beziehung beitragen. In diesem ganzen Buch geht es um die Erkundung neuer, sexueller Aktivitäten, aber für Sie ist es wichtig, eingehend darüber nachzudenken, wie die Veränderung auszusehen hat und was Ihnen den Wunsch nach ihr eingab. Es folgen ein paar Punkte, die zu bedenken sind:

Motivation

Weshalb ziehen Sie eine Veränderung in Ihrem sexuellen Repertoire in Betracht? Sind Sie mit etwas unzufrieden? Weshalb verspüren Sie das Bedürfnis, mit Ihren gewohnten Aktivitäten zu brechen? Versuchen Sie, Ihre Beziehung zu retten? Empfindet Ihr Liebhaber ebenso? Versuchen Sie, etwas an Ihrem Partner zu ändern? Wie wird er oder sie auf Ihren Vorschlag reagieren? Sind Sie an einer Aktivität interessiert, weil jemand anderer in Ihrer Nachbarschaft sie ausübt?

Sehr wichtig ist es, daß Sie über die Wirkung nachdenken, die Ihr Vorschlag auf das sexuelle Selbstbild Ihres Partners haben, oder ob er zu seinen oder ihren Versagensängsten beitragen könnte. Kaufen Sie Ihrer Freundin einen G-Punkt-Vibrator, weil Sie wünschen, daß sie lernt, einen Orgasmus beim Geschlechtsverkehr zu haben? Wie steht sie dazu? Setzt es den Wert oder die Bedeutung des klitoralen Orgasmus herab, den sie hat? Ermutigen Sie sie, Ihnen zu sagen, was sie darüber denkt. Was erwartet Sie beide davon? Zu klären, um was es Ihnen wirklich geht und worin Ihr Motiv besteht, sollte Ihnen helfen, die beste Methode herauszufinden, es Ihrer Partnerin beizubringen.

Ich versuchte, einen Vibrator bei einer langjährigen Freundin anzubringen. Aber er machte sie sehr verlegen, und sie konnte sich nicht wirklich daran gewöhnen. Es war sehr peinlich, ihr das Gerät nahezubringen. Ich glaube, es begann damit, daß wir übers Masturbieren sprachen und ich sie fragte, ob sie jemals einen Vibrator benutzt hätte. Sie sagte nein, also kaufte ich ihr einen. Wir stümperten eine Weile damit herum, aber es wurde nichts Natürliches daraus.

Es hört sich so an, als hätten die beiden zwar einen guten Start gehabt, aber ihre Verlegenheit hat gesiegt. Vielleicht hätten sie ihr gegenseitiges Unbehagen zugeben und über die Gründe für ihre Verlegenheit sprechen können. Möglicherweise fühlte sich das Mädchen durch die Konzentration auf ihre sexuelle Erregung eingeschüchtert oder unter Druck gesetzt. Es hört sich auch so an, als sei der Vibrator überraschend eingesetzt worden und habe sie überrumpelt. Wenn die beiden ihre Erwartungen hätten klarstellen können, wären sie vielleicht nicht so halbherzig an den Versuch herangegangen.

Vorgespräche über den Gegenstand

Wenn Sie nicht vollkommen sicher sind, daß Ihr Liebhaber Überraschungen liebt, ist es das beste, den Gegenstand in einer nicht sexuellen Situation zur Sprache zu bringen. Nur weil Sie sich vorstellen, daß etwas Spaß macht, muß dies nicht unbedingt bedeuten, daß auch Ihr Partner so denkt.

Nehmen Sie als Beispiel eine Frau, die ihrer Freundin einen Dildo mitbringt. Sie hat ihre Liebhaberin jahrelang mit den Fingern penetriert, und sie glaubt, daß sie von dem Gefühl, das ihr ein Dildo vermittelt, begeistert sein wird. Außerdem wird sie – wenn sie zu dem Dildo ein Geschirr kauft – die Finger frei haben, um andere Körperteile ihrer Freundin zu erkunden. Aber als sie sich am Abend mit dem neu erstandenen Gerät aufzäumt, weicht ihre Freundin entsetzt zurück. Sie sagt, daß sie nicht von einem Mann gefickt werden will.

Hätten die beiden zuerst darüber gesprochen, würde unsere furchtlose Einkäuferin ihrer Liebhaberin vielleicht erklärt haben, daß es ihr nicht einmal im Traum eingefallen sei, einen Mann darzustellen – daß sie nur die Hände frei haben und ihre Freundin auf eine Art und Weise befriedigen wollte, die ihr gefiele. Sie hätten über die Assoziation des Dildos mit einem Penis sprechen und darüber nachdenken können, was in diesem Fall zu tun sei. Sie hätten vielleicht das ganze Mißverständnis vermeiden können und schließlich über ein großartiges, neues Spielzeug verfügt.

Wenn Sie über Ihre Einfälle sprechen, bemühen Sie sich, nicht zu direkt und fordernd zu sein. Sie können den Gegenstand zur Sprache bringen, indem Sie eine Beobachtung erwähnen: »Ich habe bemerkt, daß es dir Spaß macht, wenn ich beim Sex deine Handgelenke festhalte. Glaubst du, es würde dir gefallen, gefesselt zu werden?« Oder Sie gehen spielerisch vor: »Ich hatte eine köstliche Phantasie – wir waren draußen unter den Bäumen, hatten ein Seil, und du fesseltest mich.« Wenn Sie ein Verhaltensmuster verändern möchten, könnten Sie auch fragen, wie es zu diesem Muster gekommen ist: »Ich habe geträumt, wir treiben es im Treppenhaus, und ich habe mich gefragt, wieso wir immer am selben Ort Sex haben.« Achten Sie sorgfältig darauf, wie Ihr Partner reagiert; versuchen Sie, eventuellen Vorbehalten oder Gefühlen, die Ihr Vorschlag vielleicht ausgelöst hat, auf den Grund zu gehen.

Sie haben nicht immer die Gelegenheit oder den Wunsch, mit einem Partner über Ihre sexuellen Wünsche zu sprechen. Wenn Sie jemanden eben erst getroffen haben und nicht daran denken, ihn nach einem Liebesnachmittag oder -abend wiederzusehen, können Sie natürlich nicht viel über sie oder ihn wissen. Es ist zwar immer noch in Ihrem eigenen Interesse, so direkt und genau wie nur möglich über Ihre Wünsche zu sprechen, aber in diesem Fall können Sie unseren Rat, herauszufinden, wie der Partner über Sexspielzeuge denkt, bevor Sie eines davon unter dem Bett hervorholen, nicht befolgen. Natürlich hindert Sie nichts daran, Ihrem Partner ein bestimmtes Spielzeug oder eine Technik vorzuschlagen, aber wenn er oder sie nicht dafür empfänglich ist, werden Sie die Begegnung sicherlich eher genießen, wenn Sie zu Kompromissen bereit sind. Sie können sich erkundigen, worin der Vorbehalt besteht; eine Frage, die Sie rasch durch eine erschöpfende Erklärung oder eine Versicherung abmildern können. Zum Beispiel könnte jemand hervorquellende Augen bekommen, wenn von einem Magic-Wand-Vibrator die Rede ist, aber Ihre Versicherung, daß er nicht für die Penetration gedacht ist, wird möglicherweise mit einem erleichterten Seufzer quittiert.

Seien Sie genau

Es kann nie schaden und ist unvergleichlich hilfreicher, wenn Sie Ihrem Partner genau sagen, was Sie von ihm wollen. Vermeiden Sie, zum Beispiel zu sagen: »Ich möchte, daß du mir mehr Aufmerksamkeit entgegenbringst«, wenn Sie sich in Wirklichkeit wünschen, daß Ihr Partner mit seinen Lippen oder Fingern Ihre Brust liebkost.

Wenn Sie mit einer Routine unzufrieden sind – vielleicht möchten Sie, daß Ihr Partner häufiger die Initiative zum Liebesspiel ergreift –, machen Sie ein paar Vorschläge. »Ich würde dich auf der Stelle vernaschen, wenn du mir auf einem öffentlichen Platz einen Antrag machtest.« Oder erfinden Sie ein wortloses Vokabular, das Sie beide benutzen können – zum Beispiel eine eindeutige Geste oder ein Signal in der Art der Kleidung.

Nachfragen

Wenn Sie etwas Neues ausprobiert haben, sprechen Sie auf jeden Fall hinterher darüber. Falls es Ihnen beiden sehr gut gefallen hat, teilen Sie Ihrem Partner detailliert mit, was Sie derart anregend fanden.

Vielleicht war es für einen von Ihnen vergnüglicher, dann haben Sie jetzt Gelegenheit, dies festzustellen und es beim Liebesspiel zu berücksichtigen, damit nicht einer von Ihnen das Gefühl hat, ausgeschlossen zu sein oder zu kurz zu kommen. Dieses Paar hätte von einem solchen Gespräch Nutzen gehabt:

Als ich den Vibrator mit zwei Geschwindigkeiten hatte, überredete ich den Burschen, mit dem ich mich traf, dazu, daß wir ihn einmal in unser Liebesspiel einbeziehen. Für mich war es herrlich: Ich legte mich auf meinen Freund und benutzte den Vibrator an meiner Klitoris, und es war eine der angenehmsten Erfahrungen, an die ich mich erinnern kann. Aber er wollte den Vibrator nicht mehr dabei haben – fühlte er sich bedroht? Ich weiß es nicht.

Problembereiche

Unterschiede besprechen und Kompromisse schließen

Wenn Sie Ihrem Partner etwas vorschlagen, was er rundum ablehnt, haben Sie mehrere Möglichkeiten. Falls Sie mit jemandem zusammen sind, den Sie nicht wiedersehen wollen, drängen Sie besser nicht. Wenn die Beziehung noch neu ist und Sie sie fortsetzen möchten, könnten Sie warten, bis Sie beide ein wenig vertrauter miteinander sind, bevor Sie Ihre Ideen ausprobieren. In beiden Fällen sollten Sie sich – falls die Aktivität, die Sie vorschlagen, zu Ihrer Befriedigung unerläßlich ist und der Partner nicht nachgibt – vermutlich einen anderen Kleiderhaken suchen.

Falls Sie etwas Neues ausprobieren wollen und Ihr Partner Ihr Interesse nicht teilt, versuchen Sie, miteinander zu reden – untersuchen Sie die Gründe Ihres Bestrebens und die des Widerstands Ihres Partners. Ein Gespräch könnte bestimmte Haltungen, Stereotypien, Ängste oder Befürchtungen beeinflussen. Vielleicht finden Sie auch einen Kompromiß. Sie selbst können abschätzen, welche Bedeutung diese spezielle, sexuelle Aktivität für Sie hat. Ist sie es wert, ihretwegen die Beziehung aufs Spiel zu setzen?

Ein Lehrbuchbeispiel ist der Mann, der möchte, daß seine Frau Fellatio bei ihm ausführt, sie aber kein Interesse daran hat. Wenn er ihr erklärt hat, wieviel Lust es ihm verschaffen würde – vielleicht bietet er ihr im Gegenzug etwas an, das sie sich wünscht –, können beide gemeinsam ergründen, weshalb sie zögert, und vielleicht zu einem Kompromiß gelangen. Hält sie Fellatio für schmutzig? Er könnte vorher duschen oder ein Kondom benutzen. Falls sie nicht möchte, daß er in ihrem Mund kommt, kann er ihr rechtzeitig Bescheid sagen, und sie kann es mit der Hand zu Ende bringen. Er kann auch ein Kondom mit Geschmack verwenden. Falls sie das Gefühl des Penis nicht mag, der ihren Mund ausfüllt, kann sie vielleicht nur die Spitze des Penis in den Mund nehmen und den Schaft mit der Hand stimulieren.

Möglicherweise sträubt sich Ihr Partner nur deshalb gegen Ihren Vorschlag, weil er Neuland für sie oder ihn bedeutet. Versuchen Sie, gemeinsam Selbsthilfebücher oder erotische Literatur zu lesen. Geben Sie Ihrem Wunsch Zeit; manchmal ist nur ein wenig Zeit nötig, um sich an eine neue Idee zu gewöhnen.

Unterschiede im Verlangen

Zu den häufigsten sexuellen Schwierigkeiten, die Paare heute äußern, gehört etwas, was die Sexologen als *Desire Disorder* oder *Desire Discrepancy* (Verlangensstörung oder -diskrepanz) bezeichnen. Kurz gesagt bedeutet dies, daß Ihr Liebesleben nicht synchron verläuft, weil einer von Ihnen häufiger oder seltener als der andere Sex haben will.

Hier ein einfaches Beispiel: Auf die Frage, wie häufig sie Sex haben möchten, antwortete Bill, er sei mit einmal pro Monat zufrieden, und Ted sagte, er bevorzuge zweimal wöchentlich Sex. Ted macht stets den Anfang; Bill fühlt sich allmählich unter Druck gesetzt. Es sieht so aus, als betrachte Bill sich als derjenige, der ein Problem hat; er könnte letzten Endes jedes Verlangen nach Sex verlieren. Beide Partner werden zunehmend frustrierter.

Falls Ihnen diese Situation vertraut vorkommt, täten Sie gut daran, sich anzugewöhnen, miteinander zu sprechen. Es folgen einige Anregungen, über die Sie und Ihr Partner reden könnten:

Tauschen Sie Ihre Definitionen von Verlangen und Sex aus. Was bedeutet Sex für Sie? Geht es Ihnen um Geschlechtsverkehr, Orgasmus, genitale Stimulierung? Möglicherweise vertritt einer von Ihnen eine umfassendere Definition – mehr Berührungen oder eine größere Betonung der sexuellen Seite, Rollenspiele oder Experimente. Nutzen Sie diese Unterschiede als Grundlage für Verhandlungen über Liebesspiele.

Vielleicht definiert einer von Ihnen sexuelles Verlangen als den Drang, Verkehr zu haben, während der andere jede Art erotischer Gefühle mit Verlangen assoziiert. Er oder sie könnte tatsächlich ein größeres sexuelles Verlangen haben, als Sie beide dachten, und muß vielleicht nur üben, es in den Partnersex einzubauen. Bei dem Gespräch könnte sich sogar die befreiende Erkenntnis einstellen, daß der eine Partner keineswegs das Verlangen verloren hat – Sie beide haben es nur unterschiedlich definiert.

Welche Erwartungen haben Sie, und woher stammen sie? Gibt es eine Art statistische Norm, die Sie und Ihr Partner anstreben? Versuchen Sie, sich an Otto Normalverbraucher oder an die Hauptdarsteller im letzten Liebesfilm anzugleichen? Solche Überlegungen helfen Ihnen, Ihre Erwartungen in bezug auf Häufigkeit und sexuelles Verlangen zu ergründen und herauszufinden, ob Sie als Person sich damit wohlfühlen.

Leider hält die Person mit dem geringeren sexuellen Verlangen sich häufig für diejenige, die ein Problem hat. Es ist gut, sich daran zu erinnern, daß es keine Regel für die Häufigkeit des Sex gibt. Die Erwartung, daß zwei Menschen dasselbe Verlangen nach Sex haben, ist ungefähr so absurd, als erwarte man dieselben Vorlieben für Schokolade oder Sport oder Lesen von ihnen. Aber da Sex für so viele von uns eine unerläßliche Basis einer Beziehung darstellt, ist es wichtig, daß wir über unsere Unterschiede sprechen. (Ebenso wie über unsere Unterschiede im Lebensstil, in Fragen der Kindererziehung, in der religiösen Überzeugung, in kulturellen Vorlieben etc.)

Wenn unterschiedliches Verlangen in einer Beziehung zu Problemen führt, ist es unerläßlich, daß *beide* Partner auf eine gemeinsame Basis hinarbeiten.

Sprechen Sie mit Ihrem Partner über das, was Ihr Verlangen beeinflußt. Eine Erkundung der verschiedenen Elemente – der positiven wie auch der negativen –, die Einfluß auf das sexuelle Verlangen haben, kann Ihnen beiden helfen, diese Probleme zu verstehen und an ihnen zu arbeiten. Häuslicher oder beruflicher Streß, sexuelle Traumata, vom Partner ausgehender Druck – das sind nur einige von den vielen Dingen, die uns hemmen können. Falls Sie der Partner sind, der sich häufiger Sex wünscht, können Sie sich fragen, ob Sie den Sex benutzen, um andere Bedürfnisse zu befriedigen (zum Beispiel um Aufmerksamkeit zu erhalten, um anerkannt zu werden oder um Streß bei der Arbeit zu erleichtern).

Ebenso wichtig ist es, die Dinge zu entdecken, dem anderen mitzuteilen und zu erkunden, was unser sexuelles Verlangen verstärkt. Bildhafte Vorstellungen, ein bestimmter Geruch, oder eine Phantasie können unser Verlangen anstacheln. Indem Sie diese Stimuli identifizieren, können Sie lernen, sie zu erhalten, zu kultivieren und in den Partnersex einzubauen.

Nutzen Sie diesen Informationsaustausch, um zu einem Kompromiß zu gelangen. Angeregt durch die Informationen, die Sie bei diesen Gesprächen erhalten, können Sie gemeinsam anfangen, Ihre Möglichkeiten zu sexuellen Begegnungen zu erkunden, die für beide Partner befriedigend sind.

Lassen Sie uns zu unserem ursprünglichen Beispiel zurückkehren. Ted lernt vielleicht nach dem Austausch ihrer beider Ansichten über Sex und Verlangen, daß Bill sich von ihrer zielstrebigen Liebesroutine, die Orgasmen voraussetzt, abgestoßen fühlt. Bill würde sich ohne Versagensängste und sexuelle Akrobatennummern wohler fühlen. Ted könnte sich damit einverstanden erklären, mehr sinnliche Berührung oder verbale Gymnastik in ihre gemeinsame Routine einzubauen.

Bill hat möglicherweise auch das Gefühl gehabt, sich gar nicht erst anstrengen zu müssen, da er den Sex ohnehin niemals so sehr wie Ted wünschen würde. Vielleicht hat er aufgehört, den ersten Schritt zu tun, weil er wußte, daß Ted ihn machen würde, oder er befürchtete, daß er und Ted ständig Sex haben würden, falls er Interesse zeigte. Die beiden könnten übereinkommen, für eine Weile die Rollen zu tauschen, so daß nur Bill die Initiative ergreift. Auf diese Weise würde der Druck auf Bill gelindert, und Ted hätte etwas, worauf er sich freuen könnte.

Vielleicht gesteht Ted ein, daß er in jeder sexuellen Begegnung mit Bill dessen Bestätigung seiner Liebe zu ihm sieht. Die beiden könnten diesen Punkt weiterverfolgen und sich andere Methoden ausdenken, wie Bill seine Liebe zu Ted ausdrücken könnte – und somit die sexuelle Beanspruchung Bills vermindern.

Die beiden könnten gemeinsam daran arbeiten, ihre sexuellen Unterschiede zu akzeptieren und ihre Aktivitäten derart zu adaptieren, damit sie beide damit leben können. Zum Beispiel könnte Ted masturbieren, während er in Bills Armen liegt, oder Ted könnte Bill ohne sexuelle Erwartungen streicheln.

Offenbar gibt es – je nach den Umständen – zahlreiche Möglichkeiten, mit Unterschieden im Verlangen umzugehen. Die einzige Voraussetzung ist Ihre Bereitschaft, mit dem Partner darüber zu sprechen. Sie können vielleicht selbst ein paar Vorschläge ausarbeiten. Falls Sie weiteren Rat brauchen, so gibt es einige ausgezeichnete Selbsthilfebücher, oder Sie bemühen sich um Hilfe bei einem Sexualtherapeuten.

Die Initiierung des Sex

Ihr Verlangen nach Sex einer anderen Person mitzuteilen kann schwierig sein – sei es einem Fremden, einer neuen Bekanntschaft, einem alten Freund oder einem langjährigen Partner. Sie riskieren einen Korb, wenn Sie versuchen, sexuelle Gelüste zu befriedigen. Ihr Erfolg hängt natürlich davon ab, ob die betreffende Person an Ihnen oder an Sex interessiert ist, aber Sie können Ihre Aussichten verbessern, indem Sie sich Ihrem Partner auf die Weise nähern, die er bevorzugt. Wenn Sie es mit einem neuen Liebhaber zu tun haben, können Sie entweder fragen, welche Art der Annäherung er wünscht, oder Sie gehen nach Ihrem Gefühl vor. In einer länger bestehenden Beziehung werden Sie mit den Vorlieben Ihres Partners vertraut sein.

Es ist bei den meisten Paaren nicht unüblich, daß der eine Partner häufiger als der andere den ersten Schritt macht. Falls diese Dynamik bei Ihnen funktioniert, ist es sehr gut. Ist sie eine Quelle der Frustration, erleben Sie vielleicht ein Ungleichgewicht im Verlangen, wie es oben beschrieben wurde, und wissen jetzt, in welchen Bereichen Sie arbeiten können. Falls Sie einfach nur in einen Gewohnheitstrott verfallen sind, sprechen Sie darüber und schauen Sie, ob Sie einen Weg aus dieser Routine finden. Vielleicht braucht ein Partner einfach nur die Zusicherung, daß er nicht abgewiesen wird, oder der andere Partner, der normalerweise den ersten Schritt macht, muß sich nur daran gewöhnen, daß es auch einmal andersherum geht. Möglicherweise machen Sie die Feststellung, daß es Ihnen gefällt, wenn der Sex auf eine andere Art eingeleitet wird, und indem Sie Ihre Bedürfnisse mitteilen, erfahren Sie auch besser, was dem anderen Partner gefällt.

Sie werden nicht immer auf die erhoffte Bereitschaft stoßen, wenn Sie den ersten Schritt machen. Wenn jemand einen sexuellen Vorschlag ablehnt, müssen Sie dies nicht als Schlag gegen Ihr Selbstvertrauen betrachten – Sie können sich auch selbst zu dem Mut beglückwünschen, Ihr Verlangen mitgeteilt zu haben. Würdigen Sie Ihre sexuellen Gefühle auf andere Weise; masturbieren Sie. Wenn Ihr Liebhaber einfach »nicht in Stimmung« ist und die Aussichten auf eine Veränderung seiner Stimmung gering sind, respektieren Sie es, und suchen Sie sich eine andere Möglichkeit, sexuell aktiv zu sein. Sie können nicht erwarten, daß Ihr Partner stets in derselben Stimmung ist wie Sie.

Wir haben uns gedacht, es würde Ihnen gefallen, von den vielen einzigartigen Vorgehensweisen zu erfahren, wie Menschen den ersten Schritt zum Sex machen. Bei einigen kann es je nach Stimmung unterschiedlich sein; bei anderen müssen ganz bestimmte Voraussetzungen bestehen. Wir baten Kunden, die Art und Weise zu beschreiben, wie sie persönlich den ersten Schritt zum Sex machen, und die Beschreibungen fielen sehr unterschiedlich aus. Vielleicht verhelfen sie Ihnen zu ein paar neuen Ideen, wenn Ihnen nach Sex zumute ist!

Viele Menschen ziehen die wortlose Methode vor:

Wenn ich wirklich angeregt bin, teile ich diesen Zustand gern auf körperliche Weise mit. Ich strecke einfach die Arme nach dem Partner aus oder komme von hinten und greife zu. Nicht sprechen ist viel angenehmer.

Ein lüsterner Blick und Berührungen. Viele Worte sind unnötig. Ich mag einen gewissen Blick, der besagt: »Ich will dich ficken!«

Ich mag es, wenn mein Partner den ersten Schritt macht, indem er mich langsam entkleidet oder ein Bad für zwei in ein Liebesspiel verwandelt.

Andere ziehen eine verbale Annäherung vor:

Ich mag es, auf eine freundliche, liebevolle und HEISSE Art auszudrücken, daß ich dies oder das gern hätte.

Bei einem neuen Partner sind Worte unnötig. Bei meiner letzten Begegnung habe ich den ersten Schritt gemacht, indem ich sagte: »Darf ich dich berühren? Darf ich dich küssen?«

Zweideutigkeiten schätze ich sehr. Witz und ein rascher Verstand machen mich an.

Manche Menschen genießen es, Pläne für ihr Vorgehen zu machen. Die Vorfreude kann die Lust verstärken:

Ich mag es, wenn wir lange Zeit darüber sprechen, bevor wir Ernst machen. Es ist wundervoll, einen Nachmittag oder Abend gemeinsam zu verbringen, in dem Wissen, daß es geschehen wird.

Ich mag es, beim Essen zu flüstern und meinen Partner zu reizen; oft stundenlang.

Ich mag eine Absichtserklärung, etwa in der Art: »Ich möchte heute abend Liebe machen, also lege nichts an außer ein wenig Parfüm, und ich komme später zu dir.«

Andere mögen das Element der Überraschung:

Ich mag es, wenn sie spontan sind. Wenn ich auf einem Stuhl sitze und lese, möchte ich, daß man mir das Buch fort- und die Brille abnimmt und mir den Mund mit feuchten Lippen verschließt.

Ich mag es, überrumpelt zu werden. Wenn mein Partner anfängt, mich zu streicheln, mich auszuziehen oder zu necken, während ich telefoniere.

Ich mag es, wenn mein Partner von hinten kommt, meine Brüste packt und mir in den Nacken beißt, während ich eine langweilige Arbeit wie Kochen verrichte.

Andere reagieren positiv auf Gewalt:

Ich mag es, in einem schummrig beleuchteten Lokal gepackt und für eine längere Zeit hinausgetragen zu werden.

Da ich eine ganz schön aggressive Frau bin, mag ich es manchmal, wenn mein Partner gewaltsam vorgeht, so daß ich endlich einmal passiv sein kann!

Wieder andere ziehen eine sanftere Annäherung vor:

Ich mag es, wenn es mit einem Kuß beginnt und mein Partner dann immer heftiger an mir fummelt, bis ich dahinschmelzen möchte. Dann muß er mich langsam entkleiden. Ich mag es, bis zum Wahnsinn gereizt zu werden.

Und einige haben ihre eigene Methode, den ersten Schritt zu tun:

Meistens fange ich entweder mit einem Kuß oder mit Streicheln an, und manchmal, indem ich wie beiläufig Fellatio an meinem Partner ausführe.

Früher habe ich sexuelle Begegnungen eingeleitet, indem ich jemandes Handlinien betrachtete und ihm großartigen Sex in der Zukunft prophezeite.

Gewöhnlich packe ich seine Eier und knurre.

Ein letztes Beispiel

Hier ist die Schilderung einer ungewöhnlichen Transaktion bei *Good Vibrations*, die geeignet ist, ein paar klassische Kommunikationsfallen zu verdeutlichen:

Eine Frau betritt scheu den Laden und schaut sich verstohlen um. Sie begibt sich in die Vibratorabteilung und starrt verwirrt auf die vielen Größen und Formen. Eine Verkäuferin nähert sich ihr.

»Kann ich Ihnen irgendwie behilflich sein?«

»Neinneinnein. Ich schaue mich nur um«, sagt sie und umklammert sichtlich verlegen ihre Handtasche.

»Haben Sie eine Frage zu den Vibratoren?« sagt die Verkäuferin beharrlich.

»Nein. Falls doch, werde ich es Sie wissen lassen. Danke.«

Die Verkäuferin entfernt sich. Nach längerer Betrachtung wählt die Frau ein großen, sehr realistisch aussehenden, penisförmigen, batteriebetriebenen Vibrator aus, bezahlt ihn so rasch und diskret wie möglich und verläßt überstürzt das Geschäft.

Am Tag darauf kommt sie zurück. Sie berät sich leise mit der Verkäuferin über eine Rückgabe des Vibrators. Sie sagt etwas in der Art wie: »Es hat nicht funktioniert«, oder »Mein Mann mochte ihn nicht.« Sie ist enttäuscht; an diesem Punkt wird sie das Problem entweder genau darlegen, und die Verkäuferin kann ihr helfen, ein geeigneteres Spielzeug zu finden, oder – wenn sie zu verwirrt oder überfordert ist – gibt die Frau die Idee mit den Sexspielzeugen auf.

Folgendes ist wahrscheinlich geschehen

Irgendwann hat diese Frau (wir wollen sie Ellen nennen) sich entschlossen, einen Vibrator auszuprobieren. Vielleicht hat Ellen einer Freundin von ihren Schwierigkeiten berichtet, einen Orgasmus zu erreichen, und auf diese Art von den Wundern erfahren, die die Vibratoren bewirken können. Oder sie hat in einem Buch oder Magazin davon gelesen und sich gesagt, daß es einen Versuch wert sei. Also stattet sie *Good Vibrations* einen Besuch ab.

Es ist das erste Mal, daß Ellen in einen Sexladen geht, und sie ist verwirrt, wie die meisten Kunden. Als sie die Vibratorabteilung gefunden hat, ist sie von der Vielfalt in den Größen und Formen der Vibratoren überwältigt.

Verständlicherweise hat sie viele Fragen: »Was bewirkt das?«, »Wohin führt es?«, »Mögen Frauen so etwas wirklich?« Vermutlich weiß sie nicht mehr so recht, was sie mit dem Vibrator anstellen will, wenn sie ihn erst einmal gekauft hat.

Als die Verkäuferin sich ihr nähert und ihr ihre Hilfe anbietet, machen Ellens Scheu und Verwirrung sie sprachlos, deshalb stellt sie ihre Fragen nicht. Vielleicht ist sie nicht sicher, was sie fragen sollte. Schließlich ersteht sie einen Vibrator, der ihr vage vertraut vorkommt – das penisförmige Batteriespielzeug.

An diesem Abend zieht sie während des Liebesspiels das Spielzeug unter dem Bett hervor, um ihren Mann zu überraschen. Er ist schockiert, verwirrt, fühlt sich bedroht, geht in die Defensive. Er zweifelt an seiner Potenz. »Stelle ich dich nicht zufrieden?« Er bezweifelt, daß sie ihn überhaupt braucht. »Wirst du dieses Ding schließlich mehr als meinen richtigen Penis mögen?« Sie versucht vielleicht, es ihm zu erklären, ihre Bedürfnisse auszudrücken, aber wahrscheinlicher ist, daß das Spielzeug wieder unter dem Bett verschwindet, und die beiden aufgeben.

Was ging schief?

Wie wäre diese Geschichte zu vermeiden gewesen? Als es Ellen klarwurde, daß sie einen Vibrator brauchte, hätte sie sich selbst fragen können: »Wofür genau brauche ich ihn? Um meine Klitoris zu stimulieren, oder um ihn als vibrierenden Dildo zu benutzen?« Ellen hätte ihre Freundin fragen können, wie sie *ihren* Vibrator verwendet. Möglicherweise hätte sie den Vibrator ihrer Freundin sogar ausleihen können. Dann hätte Ellen mit ihrem Mann sprechen und vielleicht sagen können: »Ich habe eine Freundin, die einen Vibrator benutzt. Sie sagt, die Orgasmen seien wirklich anders. Ich würde gern so ein Ding ausprobieren; würdest du mir dabei helfen?« Diese Frage hätte zu einem Gespräch darüber führen können, wie ihre Orgasmen im Augenblick waren, ob der Vibrator an ihrer beider Liebesspiel beteiligt sein oder sie ihn allein benutzen würde. Falls einer der beiden sich bei dem Gedanken an Spielzeuge unbehaglich fühlte, hätten sie darüber sprechen können. Eine Unterhaltung in einer nicht sexuellen, nicht bedrohlichen Situation hätte Ellen die Gelegenheit gegeben, ihren Mann in bezug auf seine Potenz und ihre Zuneigung zu ihm zu beruhigen.

Statt dessen kam Ellen mit der vagen Vorstellung zu *Good Vibrations*, daß sie für *irgend etwas* einen Vibrator haben wolle. Als sie durch die Tür hereinkam und sofort von der Vielfalt überwältigt wurde, begann sie, sich zu fragen, was sie tatsächlich mit dem Ding anstellen wolle. Sie kam sich töricht, unwissend und verwirrt vor. Sie fühlte sich immer unbehaglicher, aber da sie sich etwas vorgenommen hatte, kaufte sie das phallische Modell, das am ehesten wie ein Penis aussah.

Würde Ellen mit ihrer Freundin oder ihrem Partner über ihre sexuellen Bedürfnisse gesprochen haben, hätte sie vielleicht eine bessere Vorstellung von dem gehabt, was sie zur Befriedigung dieser Bedürfnisse brauche. Sie hätte der Verkäuferin ihre Fragen stellen können, und diese würde sie beraten haben. Ellen hätte die Gelegenheit nutzen und die Verkäuferin nach Informationen über all die Punkte fragen können, die bei ihrer Unterhaltung mit ihrem Mann zur Sprache gekommen waren.

Da Ellen ihren Mann niemals hatte wissen lassen, daß sie überhaupt an einem Vibrator interessiert ist, war er über die abrupte Veränderung ihrer Gewohnheiten schockiert und glaubte, sie wolle seine Leistung im Bett kritisieren. Seine defensive Haltung im Verein mit ihrer Verlegenheit wegen des Sexspielzeugs tötete schließlich bei Ellen jede Lust daran, etwas Neues auszuprobieren. Wenn sie zuerst darüber gesprochen hätten oder wenn sich Ellen irgendwann überlegt hätte, was sie von dem Vibrator erwartet, wäre sie fähig gewesen, es allen zu erklären; sich selbst, ihrer Freundin, ihrem Mann, und der Verkäuferin, die ihr nützliche Hinweise und die so sehr benötigte Ermutigung hätte geben können.

Der Lohn

Der Lohn für eine gute Kommunikation ist unermeßlich. Neue Beziehungen können von einer frühen Verständigung über Vorlieben und Abneigungen profitieren, ganz zu schweigen von Gesprächen

über Safer Sex und Empfängnisverhütung. Partner in länger bestehenden Beziehungen können Probleme lösen, wenn sie fähig sind,
entspannt über Sex zu sprechen. Und Menschen in allen Stadien
einer Beziehung können Nutzen aus der Gelegenheit ziehen, neue
sexuelle Aktivitäten auszuprobieren. Gespräche über Sex helfen
uns, alte Muster zu durchbrechen, mit geheimen Vorurteilen zu
brechen und die vielen Facetten unserer sexuellen Persönlichkeit zu
erkunden.

5. Masturbation

Sie hätten große Schwierigkeiten, eine Gruppe von Menschen zu finden, die mehr von der Masturbation begeistert sind, als die Kunden von *Good Vibrations*. Jedesmal, wenn wir mit einem Kunden über Sexspielzeuge sprechen, unterstützen wir ihn indirekt: Gehen Sie nach Hause! Masturbieren Sie! Sie können es! Es wird Ihnen gefallen!

Weshalb singen wir das Lob einer Tätigkeit, die auszuüben die meisten Menschen nicht einmal zugeben?

Wir sind der Meinung, daß Masturbation der nationale Zeitvertreib sein sollte: Sie fühlt sich gut an; sie ist gesund; sie ist natürlich; sie ist frei; sie ist legal; sie ist Ihr Geburtsrecht; sie ist leicht ausführbar; sie ist bequem; sie ist freiwillig; sie ist pädagogisch; sie stellt eine einzigartige Form des Selbstausdrucks dar; sie entspannt; sie ist belebend; sie baut Selbstvertrauen auf; sie ist kreativ; sie ist unabhängig vom Alter, von der Hautfarbe, vom Geschlecht – diese Liste ließe sich seitenlang fortsetzen.

Heute wird Masturbation häufig als Solo-Sex oder Selbst-Liebe bezeichnet. Wir sind uns dessen bewußt, daß es eine Vielzahl von Ausdrücken dafür gibt, und wir werden diese Wörter der Abwechslung halber benutzen, aber wir machen uns für den Ausdruck *Masturbation* stark! Genug von diesen Klinikern oder Autoren, die dieses Wort zu trocken, zu technisch oder von den Urteilen der Vergangenheit belastet finden. Wir befreien es von seiner negativen Geschichte, heißen den Begriff willkommen und üben die Tätigkeit aus!

Mich kennen, heißt, mich lieben

Hier finden Sie ein paar ausgezeichnete Gründe dafür, weshalb Sie regelmäßig masturbieren sollten:

Es ist natürlich

Trotz früherer Versuche, das Gegenteil zu beweisen, ist an der Masturbation nichts Unnatürliches. Sie sind mit allem geboren, was dazu nötig ist. Kinder, diese kleinen Barometer für alle biologisch begründeten – das heißt, nicht anerzogenen – Aktivitäten, tun es ohne Anweisung. Sie berühren ihre Genitalien, weil ihnen diese Berührung körperliches Vergnügen verschafft, wie es auch beim Kratzen eines Mückenstichs der Fall ist.

Meine früheste Erinnerung an eine Selbstberührung reicht in die Zeit zurück, als ich noch in der Wiege lag. Ich lag auf dem Bauch und hatte eine zusammengerollte Decke zwischen den Beinen – ich schaukelte mich mit der Hand unter den Genitalien durch die Decke hindurch. Meine Mutter sagte, sie habe mich dabei ertappt, als ich sechs Monate alt war!

Mit fünf Jahren entdeckte ich die großartige Methode, mich gut zu fühlen. Ich nannte es, mich selbst »kitzeln«. Meine Schwester, die fünf Jahre älter ist als ich, brachte mir Masturbieren bei, als ich etwa fünf Jahre alt war. Ich hatte damals noch keine Ahnung vom Sex und masturbierte zum Alphabet!

Statt ihren Kindern das Vergnügen zu untersagen, könnten die Eltern einfach den Unterschied zwischen den Aktivitäten betonen, die man im Privaten tut (wie ins Bad gehen oder in der Nase bohren), und jenen, die man öffentlich ausübt. Leider können sogar wohlmeinende Eltern ihre eigene Verwirrung oder Scham auf ein Kind projizieren und auf diese Weise bewirken, daß das Kind das Masturbieren mit etwas Bösem assoziiert. Wenn Sie auf eine direkte, tolerante Weise über die Masturbation sprechen, schaffen Sie die Grundlage für ein gesundes Selbstvertrauen:

Ich habe keine Ängste in Verbindung mit Masturbieren. Meine Mutter ermutigte mich zu masturbieren, als ich noch kleiner war. Sie sagte, es würde mir helfen, zu erfahren, was mir sexuell gefalle.

Als ich noch klein war (sechs oder acht Jahre), war ich sicher, daß mit mir etwas ganz und gar nicht stimmte, weil ich etwas hatte, von dem ich heute weiß, daß es sich um Orgasmen handelte. Endlich raffte ich meinen ganzen Mut zusammen und fragte meine Mutter, und sie verhielt sich phantastisch. Danach legten sich meine Befürchtungen. In Reaktion auf den Aufruhr, den ich damals in mir spürte, habe ich in mir selbst und in der Gesellschaft um gute Aufnahme und ein reines Gewissen in bezug auf die Selbstbefriedigung gekämpft.

Unsere Vorfahren haben uns im Zusammenhang mit Masturbation ein Erbe aus Fehlinformationen, Schuldgefühlen und phobischer Lustangst hinterlassen. Als Erwachsene täten wir in unseren Bemühungen, die Masturbation zu rehabilitieren, gut daran, wenn wir Kindheitserfahrungen berücksichtigen (entweder indem wir unsere eigenen Kinder in ihrer Praxis bestärken, und/oder indem wir Erinnerungen an unsere eigenen Praktiken als Kinder heraufbeschwören). In unserer Frage zu diesem Thema, auf die sowohl die umfangreichsten als auch die lebendigsten, informativsten und humorvollsten Antworten eingingen, baten wir unsere Kunden, sich an ihre frühesten Selbstbefriedigungserlebnisse zu erinnern. Da zu viele Antworten eingingen, um sie hier aufführen zu können, haben wir am Schluß des Kapitels einige von ihnen angeführt, und wir vermuten, daß Sie von diesen Berichten ebenso bewegt sein werden, wie wir es waren.

Falls Sie immer noch nicht davon überzeugt sind, daß Masturbation natürlich ist, denken Sie daran, daß die American Medical Association die Masturbation 1972 zu einer normalen sexuellen Aktivität erklärte.

Masturbation ist die Basis für guten Sex

Auf welche Weise könnte man mehr über seine Anatomie und sexuelle Reaktion erfahren als durch Masturbieren? Jeder Mensch ist sexuell einzigartig, und Masturbation lehrt Sie, welche Art der Stimulierung sich an welchen Stellen gut anfühlt. Mit diesem Wissen können Sie sexuell forschen und experimentieren, entweder allein oder gemeinsam mit einem Partner.

Und wir hoffen, daß Sie eine Menge forschen. All die Spielzeuge und Techniken, die wir aufzählen, haben in gewisser Weise mit Masturbation zu tun. Fast alle unsere Spielzeuge können den Solo-Sex verbessern oder ihm eine neue Dimension hinzufügen. Wenn Sie planen, ein neues Spielzeug beim Partnersex miteinzubeziehen, können Sie Ihre Chancen vielleicht erhöhen, indem Sie zuvor allein mit ihm spielen. Wenn Sie ein Spielzeug für einen Partner kaufen, sollten Sie auch ihn oder sie ermutigen, allein oder gemeinsam mit Ihnen damit zu spielen.

Indem Sie zuerst allein mit einem Spielzeug spielen oder eine neue Technik ausprobieren, ersparen Sie sich darüber hinaus Versagensängste, Frustration und Enttäuschung, wenn Ihre wildesten Erwartungen nicht erfüllt werden. Die Geschichte der ersten Masturbation einer Frau bestätigt dies:

In meinen Zwanzigern brachte mir ein Mann/Freund/Liebhaber einen batteriebetriebenen Vibrator mit und wollte mir beibringen, wie man masturbiert. Er ging sehr langsam und sehr geduldig an die Sache heran, aber ich war verlegen. Nachdem ich mich entspannt und es allein ausprobiert hatte, gefiel es mir.

Wenn Sie allein sind, zählt nur Ihr eigenes Vergnügen, deshalb können Sie so langsam oder schnell vorgehen, wie Sie möchten. Sie geben sich eher die Zeit und die Erlaubnis, zu üben, bis es funktioniert. Wenn Sie erst die Geheimnisse des Erfolgs entdeckt haben, können Sie mit mehr Selbstvertrauen an den Partnersex herangehen.

Zum Beispiel angenommen, Sie sind stolze/r Besitzer/in eines Magic Wand von Hitachi und würden ihn gern gemeinsam mit einem Partner ausprobieren, wissen aber nicht genau, wie. Nehmen Sie sich frei von der Arbeit, um das Spielzeug allein zu erproben (wie herrlich, sich einen Tag freizunehmen, um zu masturbieren!). Stöpseln Sie Ihr Spielzeug ein, und probieren Sie es auf so viele Arten aus, wie Ihre Phantasie Ihnen eingibt, aber sparen Sie sich Ihre Klitoris oder Ihren Penis bis zum Schluß auf. Halten Sie den Vibrator an verschiedene Körperstellen und achten Sie darauf, wo es Sie erotisch erregt. Vielleicht ist es Ihr Nacken, oder es sind die Innenseiten der Schenkel oder die Umgebung der Brustwarzen.

Probieren Sie verschiedene Geschwindigkeiten und verschiedenen Druck aus, stellen Sie den Vibrator ab und wieder an, legen Sie sich darauf. Wenn Sie ihn an Ihre Genitalien halten, achten Sie besonders darauf, wo es sich gut oder weniger gut anfühlt.

Nach einem Nachmittag mit Ihrem neuen Spielzeug sind Sie besser ausgerüstet, einen Lusttango mit Ihrem Partner zu orchestrieren. Sie können beginnen, indem Sie all die Varianten beschreiben, wie Sie das Spiel mit dem Vibrator mögen. Lassen Sie Ihren Partner das Spielzeug führen und Ihre Reaktionen beobachten, oder umgekehrt. Erkunden Sie die unterschiedlichen Arten, wie zwei Menschen einen Vibrator genießen können. Zwei Frauen können ihn zwischen sich halten. Ein Mann kann indirekte Vibrationen genießen, wenn er den Vibrator benutzt, um die Klitoris seiner Partnerin zu stimulieren, während er sie penetriert.

Sind Sie bereit, sich bei der Arbeit krank zu melden? Nun, wenn dies nicht so einfach ist, denken Sie an einen weiteren Vorteil der Masturbation, der darin besteht, daß Sie ihr diskret beinahe überall nachgehen können – wie eine Frau bestätigte:

Meine einzige Angst ist, daß mich jemand beim Masturbieren im Pausenraum erwischt. Aber das hält mich nicht davon ab!

Masturbation: Freiheit des sexuellen Ausdrucks

Ich möchte jeden Tag sexuell aktiv sein, entweder allein oder mit jemand anderem.

Wenn ich eine Beziehung habe, masturbiere ich regelmäßig als Geschenk an mich selbst.

Jedesmal, wenn Sie masturbieren, bestätigen Sie sich in Ihrer Identität als sexuelle Person. Masturbation *ist* Sex. Wenn Sie glauben, nur dann sexuell zu sein, wenn Sie mit einem Partner zusammen sind, lassen Sie eine befriedigende, erfüllende Seite Ihrer sexuellen Identität aus.

Jedesmal, wenn Sie masturbieren, werfen Sie aktiv jene repressiven Einstellungen zur Sexualität von sich ab, die Ihnen Eltern, Lehrer, Freunde, Priester, Tanten, Onkel, Berater, Therapeuten, Politiker und Medien eingeflößt haben. Sie werden nicht erblinden; Sie »verschwenden« nicht »Ihren Samen«; Sie werden nicht frigid; Sie werden nicht bestraft; Sie werden nicht krank. Sie feiern Ihre Sexualität und praktizieren Safer Sex. Reichen Sie sich die Hand! Für viele von uns war es ein starker Sexualtrieb und Sinn für Humor, die uns halfen, jene formenden Jahre zu überleben:

Ich habe meine Grundschuljahre in einer katholischen Schule verbracht, und die Kommentare der Nonnen gaben mir das Gefühl, eine Sünde zu begehen. Also betete ich zu Gott um Vergebung, während ich rieb und erbebte!

Ich ging auf eine katholische Schule, wo der einzige Sexualunterricht, den wir jemals erhielten, eines Mittags in der achten Klasse von einer Nonne gegeben wurde. Sie riet uns zu dem Versuch, uns abzulenken, wenn wir »unreine« Gedanken hatten. Ihr Vorschlag (der, wie sie versicherte, bei ihr selbst funktionierte) lautete, daß wir uns in großer Detailtreue einen saftigen Hamburger mit allen Zutaten vorstellen sollten. Jahrelang sah ich jedesmal, wenn ich erregt wurde, einen Hamburger, und ich wurde jedesmal hungrig, wenn ich erregt war!

Masturbation ist gesund

Fragen Sie sich nicht, wieso wir niemals Zeitungsartikel über den gesundheitlichen Nutzen der Masturbation finden? Alle zwei Monate hört man von einer Studie, die beweist, daß ein tägliches Glas Wein oder ein täglicher, forscher Spaziergang durch den Park gut fürs Herz ist. Angesichts der Tatsache, wie sehr die Medien den Sex lieben, ist es verwunderlich, daß wir niemals eine Überschrift mit dem Wortlaut lesen: »Studie zeigt, daß tägliches Masturbieren Streß abbaut, das Herz stärkt und das Leben verlängert«. Dies ist nur ein weiteres Beispiel für ein Tabu, das diese einfache sexuelle Tätigkeit umgibt, weil alle Behauptungen in unserer imaginären Überschrift wahr sind!

Nach dem Laufen ist Masturbieren meine liebste Methode, meinen Kopf klarzubekommen.

114

Wir Menschen waren so lange von den frei erfundenen Gesundheits-
risiken der Masturbation besessen, daß wir uns nicht die Zeit genommen haben, um über ihre Vorteile nachzudenken, die in der Tat
zahlreich sind. Masturbieren kann nicht nur Streß und Anspannung
abbauen, helfen einzuschlafen und menstruelle Krämpfe verringern,
es hilft auch den Beckenmuskeln, ihre Spannkraft beizubehalten, es
ist ein gutes kardiovaskuläres Training, und wahrscheinlich ist es
auch gut für Ihren Teint! Außerdem verstärkt dieser einfache Akt
der Übernahme Ihrer Verantwortung für Ihre sexuellen Bedürfnisse
Ihr Selbstvertrauen und beeinflußt günstig das Bild, das Sie von sich
selbst haben:

*Ich liebe es zu masturbieren – es hilft mir, mich sexueller und damit
insgesamt besser zu fühlen.*

Ein weiterer Vorteil der Masturbation ist die Tatsache, daß sie Ihnen
– ob Sie jung oder alt sind, einen Partner haben oder nicht – ermöglicht, für den Rest Ihres Lebens sexuell aktiv zu bleiben.

Masturbation ist populärer und kreativer Sex

Wenn Sie masturbieren, widerlegen Sie den Mythos, daß heterosexueller Sex in der Missionarsstellung die am weitesten verbreitete
sexuelle Aktivität darstellt. Das regelmäßige Masturbieren ist unter
den Menschen weitaus verbreiteter als eine derart eng definierte
Aktivität.

Wie Sie später in diesem Kapitel sehen werden, gibt es Hunderte
von Möglichkeiten, sich dieser erregenden Erholung hinzugeben. Sie
können den Partnersex durch Masturbieren würzen oder ein getra-
genes Ritual der Selbstliebe zelebrieren:

*Ich mache eine Faust aus beiden Händen und lege mich auf die auf
dem Rücken liegende Partnerin. Der Druck meiner Hände ist indirekt auf meine, direkt auf ihre Klitoris gerichtet. Ich bewege mich
im vertrauten Rhythmus. Sie nimmt diesen Rhythmus auf, und gewöhnlich komme ich in drei Minuten. Ich habe ansehnliche Arm-
muskeln davon bekommen!*

Früher habe ich es immer rasch hinter mich gebracht, aber inzwischen habe ich gelernt, mir Zeit zu lassen. Ich komme gern nach Hause, bevor mein Mann von der Arbeit kommt. Dann nehme ich mir ein paar Erotica-Bücher vor und blättere all die wirklich heißen Seiten durch. Ich mag es, mich selbst so gut wie möglich zu erregen, mit einer Hand an meiner Klitoris zu spielen und dann, im letzten Augenblick, das Buch beiseite zu werfen und den linken Mittelfinger in die Vagina einzuführen, um sie pulsieren zu spüren. Ich liebe das!

Schwangere Frauen und Menschen mit körperlichen Gebrechen können Sex durch gegenseitige Masturbation oder Selbstbefriedigung genießen:

Während meiner Schwangerschaft war ich nicht so sehr auf den energieaufwendigen und Gegenseitigkeit erfordernden Sex mit meinem Liebhaber erpicht. Masturbieren verschaffte mir eine willkommene, sexuelle Erleichterung, die zugleich entspannend und beruhigend war.

Masturbation steigert das sexuelle Bewußtsein

Sexualtherapeuten und andere in Heilberufen Tätige verschreiben häufig Männern und Frauen Masturbation, die sexuelle Hemmungen überwinden wollen oder unter sexuellen Fehlfunktionen leiden.

Präorgasmische Frauen werden ermutigt, regelmäßig zu masturbieren, um sich mit unterschiedlichen Arten der Stimulierung vertraut zu machen. Viele Frauen sind einfach nicht daran gewöhnt, ihre sexuellen Rhythmen und Bedürfnisse an die erste Stelle zu setzen und sich die Zeit zu nehmen, ihre sexuelle Reaktion zu erforschen.

Männer mit Ejakulations- oder Erektionsproblemen können sich einer Vielzahl von Therapien unterziehen, darunter die Preßtechnik und die Unterbrechungsmethode, beides Varianten der Masturbation.

Historische Perspektiven

Weshalb müssen wir Ihnen all diese phantastischen Gründe nennen, die fürs Masturbieren sprechen, obwohl Statistiken des Kinsey Institute ergeben, daß vierundneunzig Prozent der Männer und wenigstens siebzig Prozent der Frauen bereits diesem wundervollen Zeitvertreib frönen? Weil die meisten dies nicht zugeben würden!

Dies ist zum Teil im überlieferten Tabu der Masturbation begründet, deshalb möchten wir Ihnen gern einen Überblick über die Geschichte dieser verrufenen Aktivität geben.

Masturbation in der Bibel

Wir Menschen in der westlichen Welt nehmen häufig an, daß alle sexuellen Ächtungen aus der Bibel abgeleitet sind. Tatsächlich nimmt die Bibel der Masturbation gegenüber keinen besonderen Standpunkt ein. Aber die Geschichte von Onan, die man in der Genesis nachlesen kann, wird oft als Verfügung gegen die Masturbation interpretiert. Die betreffende Geschichte berichtet, daß Onans Bruder kinderlos starb. Wenn ein verheirateter Mann kinderlos starb, war es gemäß den damaligen Sitten die Pflicht des nächsten männlichen Verwandten zu versuchen, die Frau des Toten zu schwängern, um den Fortbestand des Familiennamens und der Besitzrechte zu sichern. Alle Kinder, die auf diese Weise geboren wurden, galten als Nachkommen des Verstorbenen.

Onan war von dieser Regelung nicht begeistert, also »ließ er, sooft er der Frau seines Bruders beiwohnte, den Samen zur Erde fallen, um seinem Bruder keine Nachkommenschaft zu verschaffen. Doch Jahwe mißfiel, was er tat; darum ließ er ihn auch sterben« (1. Moses 39, 9/10). Onans Vergießung des Samens wurde entweder als Masturbation oder als *coitus interruptus* gedeutet, also hat die christliche Kirche, um auf Nummer Sicher zu gehen, beides jahrhundertelang als Sünden vor Gott verdammt.

Die Ökonomie der Ejakulation

Das Tabu der Masturbation hat seine Wurzeln in der sozioreligiösen Ablehnung jeder geschlechtlichen Aktivität, die nicht im Dienst der Vermehrung steht. Sie wird durch die Meinung untermauert, im »Spenden« von Körperflüssigkeiten eine ökonomische Metapher zu sehen. Die Vorstellung, daß Männer über eine vorher festgelegte, bestimmte Zuteilung an Spermien verfügen und daß dieser Vorrat bei jeder Ejakulation verringert wird, war in der Geschichte der verschiedenen Kulturen erstaunlich weit verbreitet. Chinesische, taoistische Praktiken sind auf die Vorstellung gegründet, daß die weibliche Yin-Energie unerschöpflich ist, aber die männliche Yang-Energie gehortet werden muß. Deshalb verlangen taoistische Sexualtechniken, daß Männer die Ejakulation kontrollieren und den Samen ins Gehirn zurückleiten. Aristoteles schrieb, der Samen sei ein wertvolles Nahrungsmittel, und der Verlust auch nur einer geringen Menge dieses Nahrungsmittels führe zu Erschöpfung und Schwäche. Diese Philosophie lebt weiter in dem modernen Aberglauben, daß männliche Sportler sich nicht schwächen sollten, indem sie am Abend vor dem großen Spiel Sex haben.

Die klassische Abhandlung gegen die Masturbation, die zugleich das Denken der Menschen mehr als hundert Jahre lang beeinflußte, wurde 1758 von dem Schweizer Arzt S. A. Tissot veröffentlicht. Er behauptete in seinem Traktat *Onanie: Abhandlung über die Krankheiten durch die Masturbation*, der Verlust einer einzigen Unze Samen schwäche mehr als der Verlust von vierzig Unzen Blut. Nach seiner Logik müßte ein Mann, der regelmäßig masturbiert, allmählich immer mehr seiner Lebenskraft beraubt, entkräftet, krank und geistig verwirrt werden – letztlich müßte der vom Wahnsinn Ergriffene sich zu Tode masturbieren.

Trotz der offensichtlichen Tatsache, daß sie keinen Samen produzieren, waren die Frauen von Tissots Theorie der destruktiven Kräfte, die durch die Masturbation freigesetzt werden, nicht ausgenommen. Er behauptete, daß masturbierende Frauen Symptome zeigen würden, die von Hysterie bis zu einer verlängerten Klitoris reichten, die letztlich einen uterinen Wahnsinn zur Folge hätten, der diese Frauen »gleichermaßen ihres Anstandes und der Vernunft beraubt und sie auf eine Ebene mit der niedrigsten Kreatur bringt, bis ein elender Tod sie vom Schmerz und der Schande fortreißt.«

»Kuren« des neunzehnten Jahrhunderts

Tissots Werk wurde 1832 erstmals ins Englische übersetzt, und in der zweiten Hälfte des neunzehnten Jahrhunderts erlebten Europa und Amerika eine Explosion von Behandlungsmethoden, die der Masturbation bei Kindern, Männern und Frauen Zügel anlegen sollten. Ärzte gaben der Masturbation die Schuld an den meisten Leiden, die sie anderweitig nicht erklären oder heilen konnten. Die Masturbation galt als die Ursache für Geisteskrankheiten und Auszehrung. In einem erstaunlichen Zirkelschluß wurde Masturbation für die konstitutionelle Invalidität viktorianischer Frauen verantwortlich gemacht (die sich – hätten die Männer ihnen erlaubt, das Haus zu verlassen und sich ihrer Korsetts zu entledigen – zweifellos einer ausgezeichneten Gesundheit erfreut haben würden).

Die Behandlungen zur Vorbeugung der Masturbation reichten vom pathologisch Gewalttätigen bis zum Absurden. Magazine um die Jahrhundertwende brachten Anzeigen für Penisringe, die auf der Innenseite mit Stacheln gespickt waren, so daß ein Junge, der eines dieser Geräte trug, von Schmerzen geweckt wurde, wenn er in der Nacht eine Erektion bekam.

Fesselgurte, Zwangsjacken, Brandeisen und sogar Klitorektomie (chirurgische Entfernung der Klitoris) waren angewandte Methoden, um junge Frauen vom Masturbieren abzuhalten. Diese Methoden waren in abgemilderter Form, bei der Kindern zur Bettgehzeit Fäustlinge angelegt wurden, um ihnen das nächtliche Herumspielen an sich selbst zu erschweren, noch bis ins zwanzigste Jahrhundert hinein üblich.

Amerikanische Gesundheitsreformer des neunzehnten Jahrhunderts betrachteten die Masturbation als Teil eines größeren Problems der übermäßigen Sinneserregung. Radikale Reformer glaubten, daß die physische Erregung eines Kindes – selbst das scheinbar harmlose Vergnügen an gewürztem Essen – eine gefährliche Belastung darstelle und ihnen die Kräfte für eine produktive Arbeit entziehe. Sylvester Graham versicherte jungen Männern, sie könnten sich selbst beherrschen, wenn sie häufig kalt badeten, viel an die frische Luft gingen und sich reizlos, vegetarisch, ernährten (zum Beispiel mit den Vollkorn-Crackern, die nach ihm benannt wurden). John Kellog behandelte Besucher seines Battle Creek Sanatoriums mit einer verdauungsfördernden Getreidekost und lehrte, Masturbation sei »der schändlichste, niedrigste und entwürdigendste Akt, dessen ein Mensch fähig ist«. Aber Graham und Kellog stehen am extremen Ende der medizinischen Literatur. Zu Beginn des zwanzigsten Jahrhunderts verlagerte sich die Einstellung allmählich zu einer Akzeptanz der Sexualität als einer Macht, die nur in die richtigen Kanäle gelenkt werden mußte, statt völlig gezügelt zu werden.

Die Akzeptanz im zwanzigsten Jahrhundert

Sigmund Freud hatte einen gewaltigen Einfluß auf die Einstellung zur Sexualität in der modernen Welt. Auf der einen Seite hat Freud die Bandbreite der sexuellen Erfahrung mit seiner Theorie zur Norm erklärt, daß jeder Mensch im Verlauf seiner Kindheitsentwicklung homosexuelle, orale, anale und narzißtische Phasen durchmacht. Aber bei seiner Erklärung, die Penis-in-Vagina-Sexualität sei das ultimative Ziel der sexuellen Reifung, hat er effektiv die Lust an allen übrigen sexuellen Aktivitäten als Zeichen für eine unreife und gehemmte Entwicklung verworfen. Die Deutung der Masturbation als unreife Aktivität ist heute noch lebendig, ebenso wie Freuds gleichermaßen unbegründete Theorie, eine Erregung durch klitorale Stimulierung sei unreifer als eine Erregung durch vaginale Stimulierung.

Es war Kinsey, der Bahnbrecher unter den Sexualforschern, der am meisten zur Rehabilitierung der Masturbation beitrug. Kinsey konzentrierte sich bei Interviews mit Tausenden von Männern und Frauen auf Daten über die sexuellen Aktivitäten, denen die von ihm befragten Personen tatsächlich nachgingen. Er war zu seiner Zeit darin unübertroffen, wie er sämtliche sexuellen Aktivitäten mit der gleichen Achtung behandelte, und ist es heute noch. Kinsey stellte fest, daß Masturbation die Aktivität war, die bei Frauen am wahrscheinlichsten zu einem Orgasmus führte, und er widersprach Freuds Behauptung, Masturbation sei eine unreife Aktivität.

Aber trotz der Statistiken, die belegen, daß Masturbation allgemein verbreitet und deshalb vermutlich »normal« ist, besteht ihr Stigma noch heute. Das ist nicht überraschend – der Tatsache, daß zahllose, ausgezeichnete Gründe für das Masturbieren sprechen, stehen ebenso viele, weitverbreitete Befürchtungen und Besorgnisse in bezug auf diese Tätigkeit entgegen.

Weshalb ist Masturbation immer noch ein unanständiges Wort?

Zwar glauben ein paar Leute immer noch an den Mythos, daß Masturbieren krank macht, aber die meisten wissen, daß dies nicht stimmt und nur einmal wieder bestätigt, daß Wissenschaft und »Moralität« gefährliche Bettgenossen sind. Was also ist es, das bewirkt, daß Masturbation selbst heute noch von Geheimnis und Ablehnung umgeben ist?

Ein hartnäckiges Tabu

Das Masturbationstabu ist das am längsten bestehende und hartnäckigste Tabu im Bereich der Sexualität. Wir können diese Tatsache täglich in unserem Geschäft feststellen. Personen, denen es nichts ausmacht, Sexspielzeuge zu kaufen, die sie mit ihren Partnern teilen, werden verlegen, verwirrt oder regelrecht nervös, wenn es darum geht, ein Spielzeug für den ausschließlichen Selbstgebrauch zu kaufen. Die Vorstellung, daß Masturbieren ein unreifes Verhalten darstellt oder ein minderwertiger Ersatz für Partnersex ist, hat noch immer große Macht in den Köpfen der Menschen. »Wenn wir genügend *häufigen* oder genügend *guten* Partnersex haben«, scheint der Mythos zu lauten, »ist es nicht *nötig* zu masturbieren.«

Unsere Sexual-Bibliothek enthält Dutzende von Sexhandbüchern für Paare aller Vorlieben und Neigungen. Wenn ein Sexbuch verlegt wurde, haben wir es sehr wahrscheinlich gesehen. Und nun raten Sie, wie viele Titel über das Thema Masturbation in den letzten fünfzehn Jahren unsere Regale beehrt haben? Es war die überwältigende Anzahl von fünf Titeln, von denen wir zwei selbst verlegt haben.

Offenbar führt der pure Eigennutz, der in der Masturbation sichtbar wird, dazu, daß viele Menschen sich unbehaglich dabei fühlen. Zahllose Sexhandbücher nehmen die universale Praxis der Selbstbefriedigung zur Kenntnis, aber oft wird sie als nützliches Mittel dargestellt, um ein besseres Liebesleben aufzubauen, statt schon an sich als Vergnügen. Nun ist es gewiß richtig, daß die Masturbation wertvolle Informationen über die sexuellen Reaktionen und Neigungen des Betreffenden liefert und daß dieses Wissen dem Partnersex nützen kann. Aber wir stellen die Behauptung in Frage, daß Masturbation im günstigsten Fall ein notwendiges Mittel zu dem höheren Zweck darstellt, den Partnersex zu verbessern. Viele Menschen, die sich von sexuellen Vorurteilen frei glauben, haben die Gleichung »Sex ist nur gut, wenn er im Dienst der Vermehrung steht« wie folgt umgeschrieben: »Sex ist nur gut, wenn er zwischen zwei Menschen stattfindet, die einander lieben.« Dieser Mythos wird nicht nur von Sexbuchautoren, sondern auch von Romanschriftstellern ausgebeutet – denken Sie nur an den letzten Film, den Sie gesehen haben.

Die Philosophie, die uns motiviert, sowohl in unserem Laden zu arbeiten, als auch dieses Buch zu schreiben, ist, daß sexuelles Vergnügen an sich – ob es sich einstellt, wenn man allein ist oder während man sich in einem überfüllten Raum aufhält – ein vollkommen ausreichendes Ziel darstellt. Schließlich macht es auch Freude, allein zu baden, allein ein gutes Mahl einzunehmen, allein radzufahren oder allein Musik zu hören. Ebensoviel Freude macht es, allein Sex zu haben. Wir glauben, daß niemand auf der Erde lebt, dessen Leben nicht durch Masturbation sehr bereichert würde.

Furcht vor Abhängigkeit

Sie kennen gewiß das berühmte Klischee: »Man kann des Guten nie zuviel bekommen«? Dies faßt in etwa unsere Gefühle in bezug aufs Masturbieren und auf Abhängigkeit zusammen. Wenn Sie masturbieren und es Ihnen gefällt, tun Sie es weiterhin – mit unserem Segen und unserer Ermutigung. Es trifft zu, daß Sie – wenn Sie masturbieren und es genießen – wahrscheinlich immer wieder darauf zurückkommen, um »mehr« davon zu haben, und dies macht Sie logischerweise zum »Abhängigen«. Es ist die negative Konnotation bei dem

Wort »Abhängigkeit«, die uns wütend macht, wenn es in Verbindung mit Masturbation benutzt wird.

Manche Menschen behaupten, es sei schlecht oder ungesund, sich auf eine Aktivität oder Verhaltensweise als wichtigste Quelle der Lust zu verlassen. Aber wenn dies zuträfe, könnte man uns nicht mit derselben Berechtigung als abhängig von unseren Hobbys bezeichnen; vom Lesen, Angeln, Reisen oder Joggen? Können Sie sich die ungeheure Anzahl der Selbsthilfegruppen vorstellen, die aus dem Boden schießen würden, wenn sich diese Ansicht durchsetzte? Masturbation ist gesund, natürlich und bringt uns Freude – weshalb sollten wir uns selbst verleugnen? Solange Sie nicht sich selbst oder andere verletzen (wie es bei einer einsamen Gewohnheit schwer vorstellbar ist), können Sie sich selbst befriedigen, solange es Ihnen Spaß macht. Wir vermuten noch einige weitere Faktoren hinter der Angst der Menschen vor dem Masturbieren, die häufig in der Verkleidung einer Angst vor Abhängigkeit daherkommen.

Lust und Schuldgefühle

Viele von uns haben eine lange Geschichte der Verknüpfung von sexueller Lust und Schuldgefühlen hinter sich. Wir fühlen uns schuldig, weil wir etwas tun, von dem man uns als Kinder oder Jugendliche gesagt hat, es sei »schlecht«, oder wir kommen uns selbstsüchtig oder habgierig vor, weil wir unsere sexuellen Bedürfnisse an die erste Stelle setzen:

Ich fühle mich ein wenig schuldig, wenn ich masturbiere, weil ich meine, ich sollte Orgasmen zusammen mit meinem Mann haben.

Ich fühle mich schuldig, wenn ich mehr als einen Orgasmus habe.

Einmal hat meine Großmutter mich beim Masturbieren ertappt und mir auf den nackten Hintern geschlagen, den ich in die Luft gereckt hatte. Dieses Erlebnis war für mich als Achtjährige schrecklich traumatisch. Ich schlafe jetzt gemeinsam mit einer sehr leichten Schläferin in einem Raum, und meine Selbst-Liebe leidet darunter. Ich habe Angst, daß sie mir auf den Hintern schlagen würde.

Weil viele von uns Schwierigkeiten haben, ihren Vergnügen ohne Schuldgefühle nachzugehen, neigen wir dazu, an den Vergnügungen etwas »Falsches« zu suchen. Wenn Sie zum Beispiel zu viel Schokolade essen, werden Sie Akne bekommen; joggen Sie zu viel, werden Sie nach dem Endorphin-High süchtig. In Wirklichkeit fungieren diese Ängste als unnötig negative Methoden, unsere Vergnügen zu kontrollieren oder zu mäßigen. Einige Menschen scheuen sich vielleicht, der Versuchung zu masturbieren »nachzugeben«, weil sie befürchten, daß sie ihre Arbeit kündigen und aufhören würden, ihre Freunde zu treffen, nur um den Tag zu Hause bleiben und masturbieren zu können, wenn sie erst einmal Geschmack daran gefunden hätten. Tatsache ist, daß sie – wenn sie »nachgäben« – wahrscheinlich mit mehr Begeisterung arbeiten würden!

Häufigkeit

Ständig fragen Leute, ob sie »zu viel« masturbieren.

Zu viel für wen oder was? Es gibt keine magische Zahl, die einer »normalen« Häufigkeit entsprechen würde. Einige Menschen masturbieren mehrmals täglich und fühlen sich gut dabei, andere masturbieren einmal pro Woche und werden von Schuldgefühlen zerfressen. Falls Sie in die letztere Kategorie fallen, versuchen Sie herauszufinden, welche Fragen oder Einstellungen Ihre Besorgnis nähren. Vielleicht suchen Sie bei einem Freund, in einem Buch oder bei einem professionellen Berater nach Antworten oder Unterstützung. Manchmal genügt es, von den Gewohnheiten anderer Menschen zu hören oder zu lesen, um uns zu bestätigen, daß wir »normal« sind.

Ich habe bereits früh die gute Botschaft vernommen, daß Masturbation okay ist. Liberating Masturbation von Betty Dodson und Our Bodies, Ourselves waren wichtige Texte. Rita Mae Brown half mir, freimütiger über das Recht, sich selbst zu befriedigen, zu denken!

Ich habe mich immer gefragt, ob meine Methoden, zu masturbieren, krankhaft waren, aber Bücher von Betty Dodson, Shere Hite und Lonnie Barbach versicherten mir, daß viele andere Frauen meine orgasmischen Muster aufwiesen.

Eingebildete Gefahren

Masturbation ist nicht schädlich, solange Sie einen klaren Kopf bewahren und ihn auch benutzen. Bei der Masturbation ist vieles erlaubt, nur eines nicht: Bringen Sie sich nicht in Gefahr. Wir alle haben Geschichten von Jungen gehört, die ihren Penis mit schauerlichen Folgen in Staubsaugerschläuche eingeführt haben. Und wir versichern unseren Kunden zwar ständig, daß sie von einem Vibrator keinen elektrischen Schlag bekommen können, aber wir setzen dabei voraus, daß sie ihn nicht in der Badewanne benutzen wollen.

Manche Leute äußern Besorgnis, weil sich mit zunehmender sexueller Erregung ihr Herzschlag beschleunigt. Eine Frau machte sogar einen Witz darüber:

Meine einzige Angst ist, daß ich einen Herzanfall bekomme und mit all meinen wunderbaren Spielzeugen gefunden werde!

Lassen Sie uns Ihnen versichern, daß dies außerordentlich unwahrscheinlich ist. Jene Filmszenen, in denen Männer beim Sex einen Herzschlag erleiden, stellen nur eine bequeme Drehbuch-Erklärung dafür dar, daß eine junge Frau all das Geld erbt!

Psychische Blockaden

Menschen projizieren unterschiedliche sexuelle Ängste auf die Praxis des Masturbierens, entweder bewußt oder unbewußt. Wer seine Genitalien »schmutzig« findet, masturbiert vielleicht durch die Kleidung hindurch. Wer sich davor fürchtet, »erwischt« zu werden, wartet vielleicht, bis er allein im Haus ist, oder er hat gelernt, keine Geräusche beim Masturbieren zu machen. Eine der häufigsten Nachfragen bei *Good Vibrations* gilt einem leisen Vibrator, »der durch die Wände meiner Wohnung hindurch nicht zu hören ist«. Wieder andere deuten diese Einschränkungen vielleicht in notwendige Bedingungen für ihre Erregung um und lieben es, in Situationen zu masturbieren, in denen sie mit größerer Wahrscheinlichkeit ertappt werden könnten. Gegen all dies ist nichts einzuwenden; das

Wissen darum hilft Ihnen möglicherweise bei einer Angst, die Ihr persönliches Vergnügen einschränkt.

Masturbation und Partner

Viele von uns haben keine Bedenken zu masturbieren, wenn sie allein sind, aber bevor sie diese Praxis einem Partner enthüllen oder sogar vor seinen oder ihren Augen masturbierten, würden sie lieber ganz damit aufhören. Einer kleineren Untersuchung, in der das Kinsey Institute die Partner von vierundzwanzig Paaren einzeln befragte, ob sie regelmäßig masturbierten, verdanken wir eine aufschlußreiche Statistik. Alle achtundvierzig Personen antworteten mit ja. Aber zweiundneunzig Prozent der Ehemänner wußten nicht, daß ihre Frauen masturbierten, während nur sechzig Prozent der Frauen glaubten, ihre Männer würden nicht masturbieren. Wir wollen hier nicht untersuchen, was dieses Ergebnis über geschlechtsspezifische Stereotypien aussagt, aber aufschlußreich ist, wie häufig Personen vor ihren Partnern geheimhalten, daß sie masturbieren.

Ein überwältigender Prozentsatz der von uns Befragten gab zu, allein andere Masturbiergewohnheiten als in Gegenwart eines Partners zu haben. Unter denjenigen, die ausführlicher antworteten, erklärten einige, sie bezögen aus dem Partnersex so viel Befriedigung, daß sie nicht länger masturbieren wollten (oder müßten). Andere masturbierten seltener, weil sie nicht wünschten, daß ihre Partner davon wußten. In beiden Fällen schien der allgemeine Glaube zu herrschen, daß Masturbation beim Partnersex nicht angebracht ist.

Hier finden sie einige der Befürchtungen, die artikuliert wurden, sowie unsere Vorschläge zu ihrer Überwindung:

Wenn ein Liebhaber hereinkommt, fühle ich mich ertappt und muß daran arbeiten, dieses Gefühl zu überwinden.

Diese Angst könnte von Ihren früheren Assoziationen zu Masturbation und Scham herrühren. Wenn Ihr Partner Ihnen Schuldgefühle wegen Ihrer Masturbation einredet, versuchen Sie herauszufinden, wo seine oder ihre Vorurteile begründet sind. Nur wenn Sie über Ihre Ängste in Verbindung mit dem Masturbieren sprechen, können

Sie hoffen, sie zu überwinden. Vielleicht ist es die Furcht vor Zurückweisung:

Ich habe einmal masturbiert, während ich eine Frau küßte. Aber als ich fertig war, begann sie zu weinen. Sie deutete es als persönliche Zurückweisung.

Wenn ich masturbiere, fragt sie traurig: »Bin ich dir nicht genug?« Sie scheint in meinen Spielzeugen eine Konkurrenz zu sehen.

Versuchen Sie, Ihren Solosex als komplementäre sexuelle Aktivität darzustellen, statt als Ersatz für Partnersex. Laden Sie Ihren Partner ein teilzunehmen, wenn Sie möchten. Vielleicht verwandelt eine Teilnahme das Gefühl, zurückgewiesen zu werden, in eine abenteuerliche Erfahrung.

Manche Personen äußerten die Befürchtung, masturbieren würde ihr Verlangen vermindern, Sex mit ihrem Partner zu haben:

Ich fürchte, wenn ich zuviel masturbiere, werde ich nicht mehr durch meinen Partner erregt.

Wenn Sie sich Sorgen machen, daß Sie all Ihre sexuelle Energie durch Masturbieren »verschwenden« und zu wenig für Ihren Partner zurückbehalten, sollten Sie es erst einmal ausprobieren. Viele Partner stellen den gegenteiligen Effekt fest:

Wenn ich zuviel Sex bekomme, pflege ich auch mehr zu masturbieren – ich werde gierig dadurch.

Jetzt, da ich verheiratet bin, masturbiere ich manchmal, wenn mein sexueller Trieb erschlafft. Ich komme mehr in Stimmung.

Sie könnten auch aufhören, in den Kategorien Masturbation oder Partnersex zu denken. Entweder habe ich Sex mit mir selbst oder mit meinem Partner. Wie Sie bereits vom vorigen Kapitel her vermutet haben werden, wollen wir, daß Sie beides bekommen! Wenn Sie gern masturbieren, tun Sie es regelmäßig in Gegenwart Ihres Part-

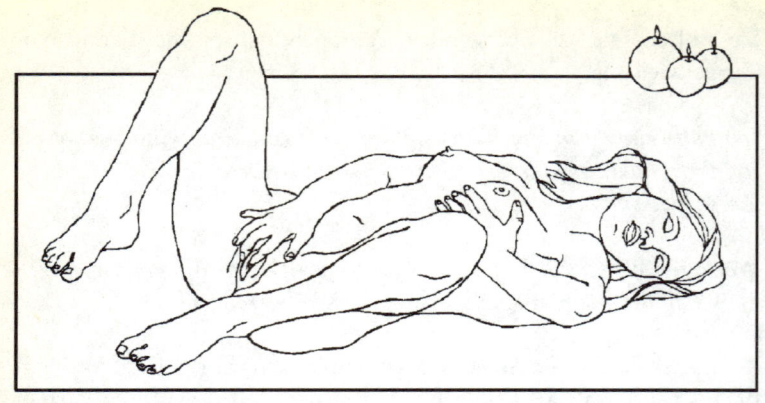

Masturbieren mit den Fingern

ners oder gemeinsam mit ihm. Dies bringt eine neue Note in den Partnersex ein und befriedigt zugleich Ihre gesunden Gelüste zu masturbieren.

Manchmal bereitet mir die Selbstbefriedigung soviel Vergnügen, daß ich mir Sorgen mache, mein Partner könnte mir niemals diese perfekte Stimulierung bieten.

Manchmal denke ich, wenn meine einzige sexuelle Entspannung durch Masturbieren geschieht, werde ich durch andere Arten der Stimulierung keine Orgasmen mehr haben können. Ich bemerke, daß mein Schwanz eine Menge Stimulierung braucht, um hart zu bleiben.

Wenn Ihr Partner Ihnen eine Freude machen will, wird er ein aufmerksamer Schüler sein. Masturbieren ist eine ausgezeichnete Methode, einen Liebhaber in die Raffinessen der Lust einzuführen. Wir erwarten, daß der oder die andere intuitiv weiß, wie wir befriedigt werden, aber solange wir nicht bereit sind, es ihm oder ihr zu zeigen, ist es leicht möglich, daß wir enttäuscht werden.

Manchmal befürchte ich, daß ich ein Einsiedler werde und nicht länger nach Partnern Ausschau halte, weil es so befriedigend und einfach ist, Orgasmen herbeizuführen und sich selbst zu stimulieren.

Es trifft zu, daß die Masturbation eine einfache und außerordentlich lohnende Aktivität darstellt, aber sie befriedigt nicht Ihr Bedürfnis nach gesellschaftlichem Umgang. Sich selbst zuzuflüstern: »Ich liebe dich«, ist eine sehr löbliche Angewohnheit, aber sie hat nicht unbedingt die gleichen Folgen, wie wenn es von den Lippen eines Liebhabers oder einer Liebhaberin kommt.

Gegenseitige Masturbation

Ihm beim Masturbieren zuzuschauen, ist einfach deswegen unglaublich sexy, weil ich dabei so deutlich sehen kann, was er empfindet, wie ich es nicht sehen kann, wenn ich mit ihm zusammen bin. Es ist so deutlich sichtbar, daß er intensiv mit sich selbst und seinem Verlangen beschäftigt ist. Es macht mich auf eine wirklich angenehme Weise neidisch. Ich könnte ihn auffressen, glaube ich. Vor seinen Augen zu masturbieren, ist wundervoll, weil ich meine eigenen Reaktionen wirklich genießen kann – wie ich feucht werde, meine Laute, meinen Geruch, wie frei ich mich bewegen kann –, und ich weiß, daß ich ihn sehr stark anmache.

Dieses ganzes Kapitel über haben wir auf die Vorteile des Masturbierens oder des gegenseitigen Masturbierens mit einem Partner hingewiesen. Angesichts der Schwierigkeiten, die manche Menschen haben, ihre Masturbationspraktiken mit Ihrem Partner zu teilen, würden wir gern einige dieser Vorteile aufzählen, in der Hoffnung, daß es Sie anregt, es auszuprobieren:

- Es ist eine ideale Form des Safer Sex bei neuen Liebhabern.
- Vertraute Liebhaber haben vielleicht Freude daran, ihre zuvor »geheime Praxis« ins Partnerspiel einzubeziehen.
- Sie beide müssen nicht »in Stimmung« sein, um sich an dieser Aktivität zu erfreuen.
- Es bringt den Voyeur in Ihnen zum Vorschein.
- Es bringt den Exhibitionisten in Ihnen zum Vorschein.
- Es lindert bei Ihnen beiden die Versagensängste.
- Sie können genau die Art der Stimulierung bekommen, die Ihnen am meisten zusagt.

- Ihr Liebhaber lernt aus erster Hand (kein Wortspiel beabsichtigt), welche Art der Stimulierung Ihnen am meisten zusagt.

Gegenseitige Masturbation kann in jeder gewünschten Form geschehen. Sie können gleichzeitig masturbieren und einander zuschauen. Sie können beide mit geschlossenen Augen masturbieren und versuchen, zu kommen, wenn der andere bereit ist. Sie können masturbieren, während sich Ihr Partner mit anderen Teilen Ihres Körpers befaßt. Sie können masturbieren, während Sie in den Armen des Liebhabers liegen. Haben Sie inzwischen eine Vorstellung davon? Es folgt, was einige Anhänger des gegenseitigen Masturbierens darüber zu sagen haben:

Masturbation kann eine phantastische Anmache für Ihren Partner sein.

Meine Liebhaberin liebt es, mir beim Masturbieren zuzuschauen. Sie folgt meinem Vorbild, und bald reiben wir unsere Klitoris synchron.

Wenn ich gemeinsam mit einem Partner masturbiere, bin ich lauter – dann klingt es dramatischer!

Ich liebe es, gemeinsam mit einem Partner zu masturbieren, weil mir der Druck des anderen Körpers auf meinem dabei hilft, zu kommen.

Ich ziehe eine einsame Erfahrung nicht vor, aber ich bin sehr davon angetan, wenn meine Frau mich darum bittet, weil es ihr Vergnügen macht, mir zuzuschauen.

Ich mag es, wenn mein Partner mich berührt, während ich meine Klitoris reibe.

Wir benutzen gegenseitige Masturbation als Vorspiel oder als gemeinsames Abenteuer. Ich genieße es sehr, meinem Partner beim Masturbieren zuzuschauen.

Gegenseitige Masturbation kann eine unglaublich intime Erfahrung sein – es erfordert, daß man seine Maske fallenläßt, wenn es viel Vergnügen machen soll –, es verlangt Offenheit, Vertrauen und gegenseitige Liebe.

Wie liebe ich mich selbst?
Laß mich dir die Arten aufzählen ...

Nun, da Sie soweit in diesem Kapitel über Masturbation fortgeschritten sind, ist es Zeit für eine kleine Aktion. Bevor wir die häufigsten Arten beschreiben, wie Menschen masturbieren, möchten wir jedermann – ob Sie ein erfahrener Masturbierer sind oder ein Neuling – ermutigen, einen faulen Nachmittag mit der Erkundung Ihres Körpers zuzubringen. Der folgende Abschnitt ist Frauen gewidmet, die ein wenig Übung im Masturbieren brauchen, aber wir laden Sie alle ein, daran teilzunehmen!

Wenn Sie Präorgasmisch sind

Das Wort präorgasmisch wird bei Frauen angewandt, die noch niemals einen Orgasmus hatten. Sexualtherapeuten verordnen in solchen Fällen meistens eine Reihe von Masturbierübungen, die – wenn sie regelmäßig durchgeführt werden – die meisten Frauen lehren, einen Orgasmus zu erreichen. Das beste und ausführlichste Do-It-Yourself-Buch ist *For Yourself* von Lonnie Barbach. Die meisten Programme verlangen, daß man mehrere Wochen lang wenigstens eine Stunde täglich für eine Masturbationslektion reserviert. In jeder Lektion besteht das Ziel darin, daß Sie sich von Ablenkungen freimachen und sich allein auf Ihren Körper und auf das konzentrieren, was Ihnen angenehme Gefühle verschafft.

Sie sollten bei den Lektionen allein sein. Es ist wichtig, daß Sie sich so gut wie möglich entspannen. Lassen Sie alle ablenkenden Gedanken an Arbeit oder Familie los. Falls Sie irgendwelche Schuldgefühle mit dem Masturbieren verbinden, versuchen Sie, sie am Eingang abzugeben. Lassen Sie ihre Phantasie zu Bildern oder Gedanken wandern, die Sie erregend finden. Vielleicht möchten Sie sich eine frühere, erregende Begegnung in Erinnerung rufen. Vielleicht haben Sie eine bestimmte Lieblingsphantasie oder sogar ein Bild von sich selbst in einer erotischen Umgebung. Wenn es Sie erregt, sich selbst in einem Spiegel zu beobachten, tun Sie es. Wenn Musik, Videos oder Lesen hilft, versuchen Sie es damit. Ziehen Sie Ihre Kleider aus, wenn Sie möchten, und erkunden Sie das Gefühl von Sonne, weichen Bettüchern oder Wasser auf der Haut. Streichen Sie mit den Händen über Teile Ihres Körpers und achten Sie darauf, welche Bereiche empfindlicher als andere sind. Probieren Sie eine Vielzahl von Berührungen aus: Kitzeln, Streicheln, Drücken und Massieren.

Wenn Sie sich dazu bereit fühlen, berühren Sie Ihre Genitalien. Gehen Sie die gleichen Berührungsarten wie bei Ihrem übrigen Körper durch. Erforschen Sie Ihre inneren und äußeren Schamlippen, die Klitoris, die Vagina. Benutzen Sie einen Finger oder mehrere, die Handfläche oder die Knöchel – alles, was Empfindungen hervorruft. (Wenn Sie ein Mann sind, versuchen Sie leichteren und heftigeren Druck auf Teile Ihres Penis und der Hoden.) Streicheln oder kneifen Sie, rasch oder langsam, benutzen Sie Finger, Knöchel, die Handfläche oder beide Hände:

Ich mag es, auf dem Rücken zu liegen und meine Brüste zu streicheln, meine Brustwarzen leicht zu drücken und meine Oberschenkel zu streicheln. Manchmal benutze ich eine Lotion. Dann massiere ich meine Schamlippen mit Zeige- und Mittelfinger und führe Finger in meine Vagina ein. Wenn ich genügend erregt bin, ergreife ich mit den Zeige- und Mittelfinger beider Hände jeweils eine Seite meiner Klitoris und drücke, dann bewege ich sie auf und ab – so daß sie in ihrer Vorhaut vor- und zurückgleitet.

Ich lege mich auf den Rücken aufs Bett und errege mich, indem ich meine Brüste berühre, meinen Bauch, meine Vulva, und mir den Geruch meiner Klitoris an die Nase bringe. Ich liebe die Feuchtigkeit und mit meinen Hüften zu stoßen. Ich kann in meiner Phantasie kommen oder mir ein Buch mit erregenden Texten vornehmen und die Wörter meine Gedanken und meinen Körper anleiten lassen.

Das wichtigste ist, mit diesen Empfindungen zu experimentieren und diejenigen zu wiederholen, die sich besonders gut anfühlen. Denken Sie an erotische Dinge, wenn Ihre Erregung wächst. Machen Sie weiter, bis Sie das Gefühl haben, aufhören zu müssen oder einen Orgasmus zu haben. Wenn der Orgasmus ausbleibt, ist das in Ordnung – wichtig ist Ihre Entdeckung dessen, was sich gut anfühlt. Dann haben Sie etwas, von dem Sie ausgehen können, wenn Sie das nächste Mal masturbieren.

Versuchen Sie, sich nicht allzusehr auf einen Orgasmus zu versteifen, denn alles, was Sie zu sehr wollen, kann Ihre Erregung dämpfen. Es ist nicht ungewöhnlich, wenn Sie eine Stunde oder länger Stimulierung brauchen, um an den Rand des Orgasmus zu gelangen, also bleiben Sie geduldig und konzentriert. Falls Sie sich leicht ablenken lassen sollten, versuchen Sie, Erotica zu lesen oder sich ein Video anzuschauen, um den Level Ihrer Erregung zu halten. Machen Sie eine kleine Pause, wenn Sie anfangen, frustriert zu sein. Sie werden rasch wieder »dabeisein«, wenn Sie Ihre Stimulierung wieder aufnehmen. Falls Sie feststellen, daß Sie wirklich erregt werden, aber Schwierigkeiten haben, sich einem Orgasmus hinzugeben, verringern Sie die Intensität Ihrer Stimulierung und bauen Sie sie langsam wieder auf. Versuchen Sie, andere Teile Ihres Körpers zu entspannen und sich auf die Genitalien zu konzentrieren. Versuchen Sie es mit ein paar Kegel-Übungen oder reizen Sie sich selbst, indem Sie die Stimulierung unterbrechen und wieder aufnehmen. Experimentieren Sie mit der Atmung – bei einigen Frauen unterstützen einige tiefe Atemzüge den Aufbau der Erregung, bei anderen wirkt es entsprechend, wenn sie den Atem anhalten.

Sie können auch zur Abwechslung ein paar Spielzeuge miteinbeziehen. Vibratoren sind für Frauen ideal, deren Hände leicht ermüden oder die eine intensivere Stimulierung brauchen, und viele Vibratoren besitzen den zusätzlichen Vorteil mehrerer Geschwindigkeiten. Ein Wasserstrahl in der Badewanne oder aus dem Duschschlauch kann eine willkommene Alternative darstellen; er bietet unterschiedliche Druckkraft und Temperatur. Der erste Orgasmus, den Sie haben, mag ein wenig schwach sein, sogar enttäuschend. Machen Sie sich deshalb keine Sorgen. Wenn Sie erst gelernt haben, wie Sie es anstellen müssen, gibt es genügend Möglichkeiten, mit Orgasmen zu spielen oder sie zu verstärken. Denken Sie immer daran, ganz gleich, welche Methode Sie verwenden – Übung macht den Meister!

Wie?

Es gibt keine »einzig richtige« oder »beste« Methode zu masturbieren. Im Ernst, können Sie sich vorstellen, daß jemand zu Ihnen sagt, Sie würden nicht richtig masturbieren? Viele Menschen haben Lieblingsmethoden, die aber alle verschieden sind, und Ihre heutige Lieblingsmethode kann morgen schon ein alter Hut sein. An einem der regelmäßigen Schulungsabende bei *Good Vibrations* beschrieben achtzehn von uns im Wechsel ihre Lieblingsmethode zu masturbieren. Es war erstaunlich, weil zwar viele von uns das gleiche Spielzeug benutzten oder denselben Körperbereich stimulierten, aber keine zwei von uns auf genau dieselbe Art masturbierten. Denken Sie nur an all die Dinge, die von Person zu Person verschieden sein können, zum Beispiel die Position: im Sitzen, in der Hocke, im Stehen, in der Bauch-, Rücken- oder Seitenlage, die Knie angezogen oder ausgestreckt, die Beine geöffnet oder geschlossen. Oder der Druck: rasch oder langsam, mit Pausen oder ohne Unterbrechung, fest oder sanft. Nehmen Sie eine Vielzahl von Spielzeugen oder Örtlichkeiten hinzu, und Sie haben eine endlose Vielfalt von Möglichkeiten, sich eine schöne Zeit zu machen.

Ich setze mich nackt hin, schaue mir einen Gay-Porno an, wichse mit der rechten Hand, die Linke befaßt sich mit den »edlen Teilen«. Ich bevorzuge eine einfache Auf- und Abbewegung – einfach, aber lustvoll.

Meine Lieblingsmethode ist eine reibende Bewegung mit den Händen oder dem Vibrator an meiner Klitoris, entweder in einem Wagen oder im Dunkeln. Ich masturbiere auch gern in einem Pool, während das Wasser aus dem Zufluß auf meine Klitoris trifft.

Ich ziehe mich nackt aus, lege mich aufs Bett, dann wärme ich mich auf, indem ich mit meinen Brustwarzen spiele, meine Schen-

kel streichle und an mir herumspiele, bis ich feucht werde. Wenn ich erregt bin, nehme ich einen Dildo, um mich auszufüllen, und setze einen batteriebetriebenen Vibrator auf meine Klitoris an.

Ich mag manuelle Stimulierung (ich bewege meinen Zeige- und meinen Mittelfinger in Kreisen über meine Klitoris), im Knien. Manchmal führe ich einen Finger ein und bewege den Daumen an meiner Klitoris. Meine Freundin reibt ihre Klitoris beim Autofahren und hat einen Orgasmus in der Strumpfhose!

Ich benutze gern einen Vibrator und manchmal zugleich einen Dildo oder eine Kerze. Ich mag auch orale Stimulierung: ich esse eine Banane oder ein Wiener Würstchen, während ich masturbiere. Ich bin sehr oral, früher habe ich beim Masturbieren geraucht, aber damit habe ich aus gesundheitlichen Rücksichten aufgehört.

Wir können nicht oft genug betonen, wie individuell verschieden und experimentell die Masturbation ist. Leider haben die ganze Diskussion über den klitoralen *versus* den vaginalen Orgasmus und die endlose Suche nach dem G-Punkt uns die Tatsache aus den Augen verlieren lassen, daß *jede Art, wie Sie kommen,* die beste Art ist! Wir beschreiben jetzt kurz einige unterschiedliche Methoden, gefolgt von Zitaten von Personen, die sagen, wie es bei ihnen ist.

Frauen

Klitorale Stimulierung
Hand, Finger: Dazu gehört die Stimulierung (Reiben, Streicheln, Drücken) der Klitoris mit einem oder mehreren Fingern oder der flachen Hand. Einige Frauen empfinden die direkte Berührung der Klitoris als zu intensiv und stimulieren lieber deren Umgebung. Andere ziehen ein Kleidungsstück oder eine Lage anderen Stoffes zwischen Hand und Klitoris vor.

Ich ziehe eine Stimulierung mit der flachen Hand und den Fingern in der Vagina vor.

Ich mag es, meine Klitoris mit Zeigefinger und Daumen zu stimulieren, während ich lese oder mir einen Porno anschaue.

Ich feuchte meine Vulva mit Babyöl an und reibe meine Klitoris mit zwei Fingern, bis sie hart wird. Oft benutze ich einen Dildo in der Vagina.

Der Mittelfinger meiner rechten Hand reibt meine Klitoris. Ich reibe rechts von meiner Klitoris und gehe dann rasch zur linken Seite über, wo ich dann meistens verweile. Mit der linken Hand umklammere ich mein rechtes Handgelenk. Ich liege auf dem Rücken, die Beine gespreizt, aber manchmal hebe ich gern die Knie bis an den Kopf.

Ich liege auf dem Rücken, die Beine so fest wie möglich zusammengepreßt. Ich kitzle meine Klitoris mit einem leicht gekrümmten Finger.

Wasser: Eine Duschmassage mit Schlauchanschluß macht jede Duschkabine ideal zum Masturbieren. Der zusätzliche Massage-Duschkopf bietet eine beliebig einstellbare Düse, die den ständigen Wasserstrom in einen pulsierenden Strahl verwandelt. Regulieren Sie die Temperatur und den Druck des Wassers so, wie Sie es wünschen. Auch ein Warmwasserhahn tut es. Vermeiden Sie es, einen starken Wasserstrahl direkt in Ihre Vagina zu leiten – dies kann zu einer gefährlichen Luftembolie führen.

Ich benutze einen regulierbaren Duschkopf oder einen Massagekopf, um mich zu stimulieren, indem ich den Wasserdruck auf meine Klitoris variiere. Dies ist besonders interessant im Haus des Christlichen Vereins Junger Mädchen, wo die einzige Dusche sich in einer Kabine ohne Vorhang befindet. Also bemühe ich mich, es heimlich zu tun, und höre auf, wenn jemand vorbeikommt. Diese Methode verlängert den Aufbau meiner Erregung auf angenehme Art und Weise!

Ich liege mit weit gespreizten Beinen auf dem Rücken und »ruckele« so lange, bis ich genau unter dem Wasserstrahl aus dem Hahn liege.

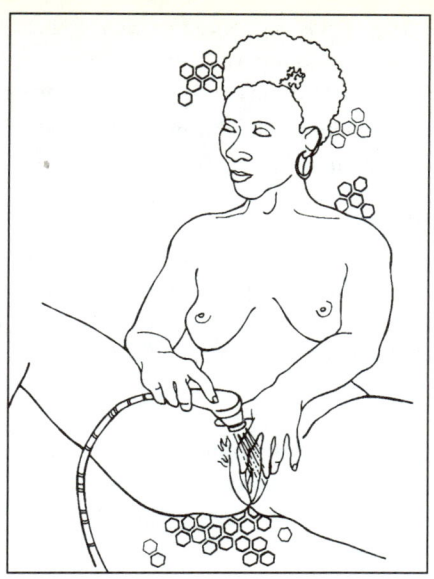

Masturbation mit Wasser

Kissen, Möbel: Legen Sie sich auf den Bauch und reiben Sie sich an einem Gegenstand (für viele Frauen war ein Kissen die ursprüngliche Quelle dieses Vergnügens), um die Klitoris zu stimulieren. Vielleicht haben Sie den gewünschten Erfolg, wenn Sie sich an einer Möbelkante reiben:

Ich liebe es, zu einer Kante der Couch in unserem Wohnzimmer zu rutschen. Ich reibe meine Klitoris an der Ecke und hebe abwechselnd die Hände und die Füße vom Boden. Dies verschafft mir das herrliche Gefühl, zu fliegen, wenn ich komme.

Ich reite auf einem Kissen, dessen Zipfel ich hart zusammengepreßt habe und gegen meine Klitoris drücke. So habe ich es schon mit sieben Jahren gemocht, und es ist immer noch meine Lieblingsstellung.

Vibratoren: Vibratoren werden gewöhnlich zur klitoralen Stimulierung eingesetzt, aber viele Frauen benutzen diese mit Strom aus der Steckdose oder aus Batterien betriebenen Spielzeuge auch zur vaginalen oder analen Stimulierung. Sie lassen sich mit verschiedenen anderen Spielzeugen kombinieren und in jeder Position anwenden:

Ich liege am liebsten im Bett, höre sexy Musik, reibe mich mit duftendem Öl ein, streichle meine Brustwarzen und benutze einen Magic Wand von Hitachi für meine Klitoris.

Ich liege gern auf meinem Vibrator und wiege mich mit dem Hintern darauf.

Ich genieße am meisten eine vaginale Penetration mit festen, raschen Stößen, in der Regel mit einem Vibrator. Ich spiele gern mit einer Hand an meinen Brustwarzen.

G-Punkt-Stimulierung
Einen Vibrator oder Dildo in die Vagina einzuführen, kann helfen, Ihren G-Punkt zu lokalisieren und zu stimulieren, und Sie haben das Gefühl einer ausgefüllten Vagina. Versuchen Sie es unabhängig von oder in Verbindung mit einer klitoralen oder analen Stimulierung. Sie können Ihren G-Punkt mit den Fingern lokalisieren, aber er läßt sich nur schwer während einer manuellen Masturbation angemessen stimulieren. Frauen, denen diese Methode zusagt, verwenden in der Regel Spielzeuge.

Ich führe den sanft geschwungenen Griff eines Tafelmessers (ein besonders gut zur G-Punkt-Stimulierung geeignetes Besteck) in meine Vagina ein – und bewege ihn mit einer Hand, während ich mit der anderen meine Klitoris stimuliere

Anale Stimulierung
Der Anus ist recht empfindlich für Berührungen. Viele Frauen genießen eine Stimulierung dieses Bereichs beim Masturbieren oder beim Liebesspiel mit Partnern. Sie können mit Ihren Fingern oder mit Analspielzeugen experimentieren, entweder ausschließlich oder

in Verbindung mit einer klitoralen oder vaginalen Stimulierung. Benutzen Sie reichlich Gleitmittel!

Ich bewege mit einer Hand einen eingecremten Dildo in mich hinein und wieder heraus und reibe mit der anderen meine Klitoris, mit oder ohne Vibrator. Wenn ich einen Vibrator benutze, halte ich ihn auch an den Dildo und an den Anus. Das bringt's!

Je nach Ihrer Stimmung oder dem Grad Ihrer Erregung kommen Sie vielleicht nicht immer durch die gleiche Art der Stimulierung, aber Sie können immer noch die angenehmen Gefühle genießen, die mit ihr verbunden sind. Versuchen Sie, den Leistungsaspekt zu vergessen, und genießen Sie einfach die Gefühle.

Männer

Etwa vierundneunzig Prozent aller Männer masturbieren, viele von ihnen schon seit Einsetzen der Pubertät. Da der Penis ein unübersehbares, äußeres Organ ist, bettelt er praktisch darum, angefaßt zu werden.

Penisstimulierung
Streicheln: Verwenden Sie ein wenig Gleitmittel oder Speichel, legen sie eine oder beide Hände um den erigierten Penis und streichen Sie den Schaft hinauf und hinab. Manche Männer genießen es, bei jedem Streicheln den Peniskopf zu umkreisen; diese Stimulierung wird häufig mit Massieren oder Umfassen der Hoden kombiniert.

Ich mag es oft, meinen Schwanz in ein weiches Tuch zu hüllen, um ihn zu streicheln.

Ich liebe es, auf den Fersen zu hocken, so daß ich an meinen Hoden ziehen kann, während ich sanft meinen Schwanz streichele. Die meisten Männer reiben nach meinem Wissen heftig, aber ich mag es langsam.

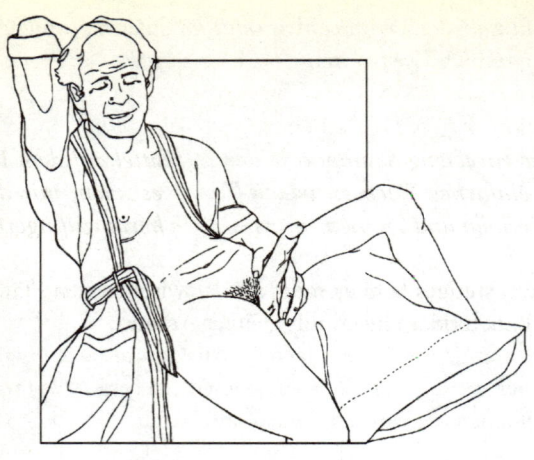

Masturbieren mit der Hand

Ich setze mich in einen Lehnstuhl und reibe mich mit ein wenig Lotion ein. Ich lege eine Hand an den Schaft und reibe mit der andren den Kopf, die Hoden und den Bereich zum Anus hin.

Ich lege die Daumen und zwei Finger beider Hände um meinen Schwanz und bewege sie auf und ab, bis ich den Höhepunkt erreiche.

Ich umfasse meine Eier mit der linken Hand und reibe mit der rechten den Schaft hinauf und hinunter, während ich an jemanden denke, den ich liebe. Ich variiere die Geschwindigkeit und bringe mich an den Rand eines Orgasmus, dann breche ich in der Regel ab und nähere mich mehrmals dem Orgasmus, bis ich es wirklich nötig habe; dann überlasse ich mich dem Orgasmus.

Ich ziehe es vor, die Hand um den Penis zu bewegen – ich genieße es in der Regel, den Orgasmus hinauszuzögern. Gelegentlich verwende ich Seifenschaum oder Öl.

Ich mag es, meine Eier abzubinden oder den Sack langzuziehen und in den Spiegel zu schauen, während ich meinen Peniskopf einöle.

140

Ich liege am liebsten auf dem Rücken und streichle mit der rechten Hand die ganze Länge meines Penis. Ich kann bis zu eine Stunde lang masturbieren, bevor es mir kommt.

Ich benutze ein wenig Shampoo oder Gleitmittel auf dem Peniskopf und ziehe einfaches Wichsen vor. Ich mag es auch, mir die Brustwarzen zu reiben und an meinem Arschloch herumzufingern.

Schlagen: Ein stetiges Schlagen des Penis zwischen den Händen oder gegen den Bauch oder einen anderen Gegenstand.

Reiben an einem Objekt: Ähnlich wie bei Frauen, die ihre Genitalien gern an einem Kissen oder Möbelstück reiben.

Ich liege gern auf dem Bauch, lese ein pornographisches Buch und stoße mit dem Schwanz gegen die Unterlage, auf der ich liege.

Ich lege mir ein Kissen unter den Bauch und stoße zwischen Kissen und Bettuch.

Ein Kissen, ein Pornofilm und eine Couch. Meistens lasse ich den Film rasch vorlaufen bis zu der Stelle, wo das Eindringen und die Penetration einer Frau gezeigt wird. Dann falte ich das Kissen so zusammen, daß es meinen Penis mit ausreichendem Druck umschließt, und mache es dem Pornostar in dem Film »Stoß um Stoß« nach. Ich ejakuliere entweder auf meinem Bauch oder nehme es mit einem Handtuch auf, wenn ich kein Kondom benutzt habe.

Einführen oder Stoßen: In der gleichen Weise wie Frauen Haushaltsgegenstände als Dildos zweckentfremdet haben, erkannten Männer eine Vielzahl von Dingen und Stellen, wo sie den Penis einführen konnten – von der Wassermelone bis zur Toilettenpapierrolle. Männer mit einer intakten Vorhaut wissen, daß sie hochgradig empfindlich sind, und genießen es vielleicht, die Vorhaut über die Glans zu ziehen, so daß sie als eine Art Scheide dient, durch die der Penis gleiten kann. Die Vorhaut verringert die Reibung zwischen der Glans und der Hand, wenn sie in die Hand gestoßen wird.

Eines der lustvollsten Spielzeuge beim Masturbieren besteht aus einer sehr weichen Latexhülle, die an beiden Enden offen ist; lockerer als ein Kondom, aber eng genug, um an meinem erigierten Penis zu bleiben, selbst wenn er eingeölt ist.

Ich reibe mir die Hände mit einem wasserlöslichen Gleitmittel ein, umfasse meinen Penis und versuche durch Stoßen und Streicheln, das Gefühl einer feuchten Möse zu simulieren.

Manchmal lege ich Stoff um ein Astloch im Holzfußboden und ficke durch die Decke.

Penispumpen: Pumpen sind bei Männern schon seit langem als Masturbationshilfen bekannt. Eine Penispumpe besteht im Prinzip aus einem langen Polymerzylinder, der über den Penis paßt und mit einer Pumpe verbunden ist. Die Pumpe erzeugt ein Vakuum um den Penis. Auf diese Weise zieht sie Blut in diesen Bereich, so daß der Penis sich vorübergehend vergrößert, und schafft damit ein Gefühl, das viele Männer lustvoll finden. Männer, die diese Art der Stimulierung genießen, experimentieren mit unterschiedlichem Druck und verschiedenen Saugstärken. Sie sollten die Gebrauchsanweisung sorgfältig beachten und sich davor hüten, die Pumpe bei hoher Leistung länger als fünfzehn Minuten einzusetzen. Eine großzügige Verwendung von wasserlöslichen Gleitmitteln innerhalb des Zylinders und an der Basis des Penis schafft ein luftdichtes Siegel. Zu einigen Pumpen gibt es Zusatzgeräte für die Brustwarzen. Penispumpen sind in sehr unterschiedlichen Qualitäten auf dem Markt; es zahlt sich aus, wenn Sie nach guten Pumpen Ausschau halten.

Mein Mann LIEBT seine Pumpe! Er zieht sie beim Masturbieren allem anderen vor, aber wir kommen auch dank seinem natürlichen Glied.

Vibratoren: Es gibt viele Vibratoren-Typen, mit denen man den Penis oder den Anus stimulieren kann. Handrückenmodelle, vibrierende Scheiden oder Punktvibratoren können diese intensive Stimulierung erzeugen:

Ich liebe es, mit dem Batterievibrator meiner Frau an meinem Penis entlangzugleiten.

Wenn ich einen Dildo in mir benutze, stimuliere ich meinen Penis gewöhnlich mit der anderen Hand oder mit einem leistungsstarken Vibrator.

Wasser: Frauen sind nicht die einzigen, die verdächtig lange in der Badewanne bleiben können!

Mit vierzehn Jahren habe ich masturbiert, indem ich in der Bade-wanne lag und mich mit einem Duschkopf stimulierte. Wenn ich den Wasserstrahl auf meine Eichel richtete, erlebte ich ein merkwür-dig angenehmes und starkes Gefühl. Ich lag auf dem Rücken und hielt den Duschkopf über mich. Dann entdeckte ich, daß ich den Duschkopf abnehmen konnte. Ich nahm ihn ab, drehte mich auf den Bauch, verstärkte den Wasserdruck und richtete den Strahl auf mein Arschloch. Das war erstaunlich angenehm.

Stimulierung des Anus und der Prostata

Der Anus ist sehr berührungsempfindlich, und man kann die Prostata stimulieren, indem man einen Finger oder ein Spielzeug in den Anus einführt. Viele Männer genießen eine Stimulierung dieses Bereichs beim Masturbieren oder beim Liebesspiel mit Partnern. Sie können mit Ihren Fingern oder mit Analspielzeugen experimentie-ren, entweder ausschließlich oder in Verbindung mit einer Penis-stimulierung.

Ich mag es, langsam zu wichsen – ich halte die Erregung etwa eine Stunde lang gering. Wenn ich auf diese Art schließlich komme, ist es gewöhnlich sehr intensiv. Bei dieser Art zu wichsen führe ich kurz vor dem Höhepunkt meistens einen oder zwei Finger in meinen Anus ein.

Welches ist Ihre früheste Erinnerung an Masturbation?

Wir möchten dieses Kapitel mit einigen unserer liebsten Antworten auf unseren Fragebogen beschließen:

Ich lag auf dem Bauch auf der höckerigen Steppdecke meiner Eltern. Ich bewegte mich automatisch vor und zurück, und ich spürte diese herrliche Anspannung meiner Muskeln und ein himmlisches Gefühl. Ich war dreizehn.

Ich erinnere mich, daß ich mit zwölf Jahren (vergeblich) versucht habe, mich mit einem Plastikgerät zur vaginalen Penetration zu stimulieren. Etwa um dieselbe Zeit entdeckte ich zufällig, daß es mir angenehme Gefühle verschaffte, wenn ich meinen Bauch mit dem Unterteil einer elektrischen Zahnbürste stimulierte.

Es war an meinem sechzehnten Geburtstag. Ich spielte mit meiner Klitoris und ejakulierte über das ganze Bett. Ich spritzte einen halben Meter weit.

Ich habe schon lange vor der Schule angenehme Gefühle gehabt, wenn ich an mir herumspielte. Ich erinnere mich gut an dieses »geheime Spiel«, das mir mit drei oder vier Jahren viele glückliche Stunden bereitete.

Es war in der Grundschule. Alle in meiner Klasse saßen an ihren Pulten, und ich schaukelte vor und zurück und rieb meine Möse an der harten Tischkante, während wir uns einen Lehrfilm anschauten.

Ich war elf und pflegte nackt in dem Wald bei unserem Haus umherzustreifen. Es erregte mich sehr, mich auf diese Weise zu entblößen!

Ich erinnere mich, mir eine der Maxi-Binden meiner Mama zwischen die Beine gelegt und darauf gepinkelt zu haben. Die Wärme an meiner Klitoris erregte mich stark.

Ungefähr mit elf Jahren (nachdem wir die Sache mit den Vögeln und Bienen gelernt hatten) versuchte ich, einen Kugelschreiber verkehrt herum in meine Vagina einzuführen, um zu sehen, wie tief sie war. Etwa mit zwölf Jahren ließ ich mich auf Petting mit Jungen ein und entdeckte, daß ich nur auf zweierlei Weise einen Orgasmus haben konnte: mit Wasser aus der Dusche und mit Hilfe einer Schenkelübung, die ich in einem Buch beschrieben fand.

Ich war ungefähr elf oder zwölf. Ich erinnere mich, daß ich mir Gegenstände zwischen die Beine legen wollte. Dann entdeckte ich, daß ich den Scherkopf eines elektrischen Rasierapparates entfernen konnte, und dort war ein winziges, vibrierendes Teil, das mir zu meinem ersten Orgasmus verhalf.

Etwa mit fünf spürte ich dieses »Gefühl«, wenn ich ein Seil hochkletterte. Ich nannte es »mein Gefühl« und kletterte insgeheim an Seilen oder Stangen hoch, wobei ich die Beine fest zusammenpreßte.

Mit vier Jahren spielte ich mit Tierfiguren aus Plastik. Ungefähr mit fünf verbrachte ich viel Zeit mit dem Spiel mit unseren »Poes«. Wir öffneten die äußeren Schamlippen, legten kleine, glatte, gerundete Kieselsteine an unsere Klitoris, schlossen die Schamlippen wieder sorgfältig, wanderten, wie es mir vorkommt, stundenlang herum und fühlten uns verdammt gut!

Ich war dreizehn oder vierzehn. Meine Eier und mein Schwanz juckten. Ich fing an, sie zu kratzen, und es fühlte sich an wie nichts, was ich zuvor gefühlt hatte. Ich begann, mich fester zu reiben – und ziemlich bald hatte ich einen Orgasmus.

Ich fing mit dreizehn Jahren an, und meine früheste Erinnerung ist, daß meine Mutter mich erwischte – ich lag im Wohnzimmer auf dem Bauch und sagte zu ihr, ich würde »schwimmen«.

Ich erinnere mich, immer wieder den Pfahl des Parkverbot-Schildes vor unserem Haus hinaufgeklettert zu sein, als ich sechs Jahre alt war.

Als ich noch klein war, ließ meine Mutter uns Kinder lange Nacht-hemden und Unterwäsche tragen. Wenn ich mich sexuelle erregt fühlte, zog ich mich unter der Bettdecke aus und lag dort mit dem Gefühl, nackt und schmutzig zu sein (wir sind katholisch).

Ich war sechs oder sieben. Ich lag im Bett vor dem Einschlafen. Nicht mit den Händen – mit Gegenständen: mit Haarspangen, Blei-stiften und anderen hilfreichen Dingen. Ich steckte sie nicht hinein, wandte sie nur außerhalb an. Über meiner Unterwäsche, die eng auf meiner Klitoris anlag. Ich hatte das Gefühl einer »kriminellen Ent-deckung« und hatte die unglaublichsten, stärksten Orgasmen, die mein Gesicht zu einer ekstatischen Maske erstarren ließen, bis ich sanft in den Schlaf hinüberglitt. (Ich tat es jeden Abend. Schließlich ließ ich die Gegenstände weg und benutzte meine Hände.)

Ich drückte mich an die Waschmaschine beim Schleudergang. Ich steckte meine Zehe in den Wasserhahn an der Badewanne und ließ warmes Wasser bis an meine Möse laufen. Ich hatte meinen ersten Orgasmus ungefähr mit zehn, während eine Katze an meinem Hals schnurrte.

Wir wohnten an einem mittelgroßen See in Michigan. Ich schwamm in der Nähe des Docks. Ich war dreizehn und trug abgeschnittene Jeans. Im Wasser schwammen kleine Fische. Ich erinnere mich, eine Erektion bekommen zu haben, die mir ein unbehagliches Gefühl vermittelte. Ich beschloß, meine Jeans auszuziehen, weil ich glaubte, niemand würde zuschauen. Das Gefühl der Befreiung war phanta-stisch und wundervoll. Ich berührte mich, ohne zu wissen, weshalb, streichelte sanft meinen Penis und spülte Wasser gegen ihn, ein herr-liches Gefühl. Ich kam nie auf diese Weise, aber ich tat es oft im Sommer.

Ich erinnere mich, daß ich mich mit fünf Jahren stimuliert habe. Meine Lieblingsmethode bestand darin, meinen Penis an den Kissen auf der Couch zu reiben, wenn ich ein Paar im Fernsehen sich küs-sen sah. Wahrscheinlich hatte ich meinen ersten Orgasmus auf diese Art und Weise mit zehn oder elf. Als ich elf Jahre alt war, gab mir ein Pastor ein Buch mit dem Titel Safeguards to Chastity (Anleitung zur Keuschheit), *in dem stand, daß Masturbation eine große Sünde sei. Also hörte ich etwa ein Jahr lang damit auf. Ich erinnere mich, wieder angefangen zu haben, als ich den Roman* Twins *las. Die Vorstellung, daß zwei Zwillingsjungen heiß aufeinander waren, überwältigte mich, Pastor oder nicht Pastor.*

Mit zehn Jahren masturbierte ich gemeinsam mit einem Freund, dann masturbierten wir uns gegenseitig. Später lutschten wir uns gegenseitig einen ab, aber es kam uns recht unschuldig vor.

Ich war sechs und spielte mit einem Stoffhasen – ich liebte es, den Hasen bei den Ohren zu packen und meine Vulva an ihm zu reiben.

Ich war fünf und spielte mit meinem Penis, als ich meinen ersten Ständer bekam. Ich zeigte ihn meiner Cousine (sechs) und meiner Schwester, die mir als Gegenleistung zeigten, wie sie Bleistifte »verschwinden« lassen konnten.

Ich erinnere mich, einmal mit einem Kamm durch mein Schamhaar gefahren und von dem Spasmus erschüttert gewesen zu sein, den dies hervorrief.

Meine früheste Erfahrung war, als ich mit sieben oder acht Jahren Puppenhausmöbel an meine Klitoris drückte.

Mit vierzehn trug ich Jeans und entdeckte die wundervolle Naht zwischen den Beinen der Levi's 501.

Ich führte ungefähr mit neun oder zehn Phantasien aus. Zu ihnen gehörten Puder mit Lilienduft, das meiner Großmutter gehörte, und meine Unterhose.

Ich war ungefähr sieben und feierte Orgien mit einem oder zwei anderen kleinen Mädchen. Wir berührten uns und rieben uns bis zum Orgasmus an der Bettkante. Ich weiß nicht, ob das möglich ist, aber ich erinnere mich ganz genau, daß meine Freundin »fertig« war, und

*ich nicht das Gefühl hatte, fertig zu sein. Sobald ich fertig war,
wollte ich nicht weitermachen. Wir hatten auch oralen Sex in diesem Alter (gegenseitig).*

*Ich war zwölf und kam eben aus der Dusche, als ich anfing, mich
beim Abtrocknen »auf die falsche Art zu reiben«. Der Orgasmus
war so intensiv, daß er mich buchstäblich umhaute (ich fiel zitternd
aufs Bett). Ich erinnere mich außerdem daran, daß es ein absolut
entsetzliches Erlebnis war. Ich dachte, ich hätte meinem Körper
Schaden zugefügt und machte mir die ganze Nacht über Sorgen, am
Morgen tot zu sein! Überflüssig zu sagen, daß ich überlebte, und die
Ringe unter meinen Augen bewiesen, daß es wirklich so war!*

6. Lubrikation

Wer braucht ein Gleitmittel?

Für uns bei *Good Vibrations* gehören Gleitmittel zu den erfreulicheren Dingen des Lebens, wie etwa Brot, Wein und eine gute Tasse Kaffee. Jedesmal, wenn ein Kunde an die Verkaufstheke unseres Geschäfts tritt, in der Absicht, einen Dildo, Butt Plug oder einführbaren Vibrator zu kaufen, fragen wir ihn höflich: »Haben Sie ein Gleitmittel, das Sie dabei benutzen könnten?« Oft erhalten wir als Reaktionen nur verständnislose und sogar empörte Blicke. Viele Menschen wurden zu dem Glauben erzogen, ihr Körper sollte in genügender Menge Flüssigkeit produzieren, um jeder sexuellen Situation gewachsen zu sein, und unsere Frage scheint einen Zweifel an ihrer sexuellen Tüchtigkeit zu bedeuten. Vielen Frauen und Männern wurde beigebracht, daß die Produktion von Gleitflüssigkeiten eine automatische körperliche Reaktion bei der Erregung der Frau darstellt und daß ein Mangel an dieser Flüssigkeit einen Mangel an ernsthaftem Beteiligtsein signalisiert:

Ich benutze gelegentlich Gleitmittel, wenn ich Probleme damit habe, genügend feucht zu werden. Aber ich fühle mich besser, wenn ich aus eigener Kraft feucht werde – in der Regel bedeutet dies, daß ich mehr bei der Sache bin.

Ich benutze im allgemeinen kein Gleitmittel – ich möchte es selbst herstellen. Es ist, als würde ich zugeben, daß mein Körper abnormal ist oder nicht richtig funktioniert. Ich weiß nicht. Ich versuche, es zu überspielen.

In Wirklichkeit hat sexuelle Erregung nicht automatisch vaginale Lubrikation zur Folge, und umgekehrt muß vaginale Lubrikation nicht immer sexuelle Erregung bedeuten. Lubrikation wird durch hormonelle Veränderungen beeinflußt und kann je nach dem Abschnitt des Menstruationszyklus, in dem sich die Frau befindet, dramatisch schwanken. Frauen, die die Menopause erreicht haben, eine Hysterektomie oder eine Geburt hinter sich haben oder einen Säugling stillen, erleiden aufgrund eines Rückgangs des Östrogenspiegels eine Verminderung ihrer natürlichen Flüssigkeitsproduktion sowie eine Verdünnung ihrer vaginalen Gewebe:

Ich habe nach der Geburt meines Kindes Gleitmittel verwendet, als mein Gewebe dünn und trocken war.

Ich benutze Gleitmittel, wenn ich allein bin, und gelegentlich auch bei einem Partner. Ich produziere weniger Flüssigkeit, jetzt, wo ich älter werde.

Nicht nur Hormone beeinflussen die Lubrikation. Alkohol, Haschisch und bestimmte Medikamente trocknen alle Ihre Schleimhäute aus – die in Ihrem Kopf und die zwischen Ihren Beinen. Und natürlich kann auch Streß fast jede »natürliche« körperliche Reaktion in Unordnung bringen.

Außerdem kann ein künstliches Gleitmittel auch in jenen Situationen hilfreich sein, in denen eine Frau Flüssigkeit produziert. Vaginale Absonderungen finden nicht immer ihren Weg bis an die Klitoris, und die meisten Frauen genießen eine direkte Stimulierung ihrer Klitoris weit mehr, wenn die Berührung sanft und feucht ist. Gleitmittel machen jede Art einer vaginalen Penetration angenehmer – und bei analer Penetration sind sie unverzichtbar.

Ich verwende Gleitmittel bei ausgedehnten Liebesspielen, wenn ich anfange, weniger Flüssigkeit abzusondern.

Ich benutze Gleitmittel, um Schmerzen oder Wundsein während und nach der Penetration zu vermeiden. Und ich benutze sie, wenn ich mit meinem Vibrator masturbiere.

Immer wenn ein Kunde nach einem ersten Erlebnis mit einem neuen Dildo oder Plug zurückkommt und behauptet, das Spielzeug sei einfach »zu groß«, erkundigen wir uns, ob die oder der Betreffende sich genügend Zeit genommen hat, um sich zu entspannen, und ob er ausreichend Gleitmittel verwendet hat.

Viele Dildos weisen eine samtartige Oberfläche auf, die natürliche Säfte absorbiert und eine unangenehme Reibung verursacht, die nur ein Gleitmittel lindern kann.

Woraus besteht ein Gleitmittel?

Aber weshalb sich Sorgen machen? Wenn sich alle kleineren Mißhelligkeiten im Leben so leicht, so lustvoll und mit so geringen Kosten beheben lassen würden wie eine ungenügende natürliche Flüssigkeitsabsonderung, dann wäre die Welt ein paradiesischer Ort.

Wenn es um die Auswahl eines Gleitmittels geht, sieht man sich mit einer verwirrenden Vielfalt konfrontiert. Wir haben gehört, daß das Eiklar von Hühnereiern ein phantastisches organisches Gleitmittel abgibt – wenn Ihre Zimmergenossen also das nächste Mal fragen, wohin all die Eier aus dem Kühlschrank verschwunden sind, sagen Sie einfach, Sie würden an Ihrem Meringerezept arbeiten!

Öle

Öle werden seit Jahrhunderten als Gleitmittel verwendet, aber es gibt einiges, was Sie wissen sollten, damit Sie keine unangenehmen Überraschungen erleben, wenn Sie sich zum Liebesspiel einölen. Genitales Gewebe ist sehr sensibel und entsprechend empfindlich, deshalb sollten Sie die Finger von parfümierten Ölen lassen. Beschränken Sie sich auf reine, leichte Pflanzen- oder Mineralöle. Lotionen und Cremes werden zu rasch von der Haut absorbiert, um wirksame Gleitmittel abzugeben. Und wir bitten Sie inständig, verwenden Sie keine Vaseline oder Petroleumprodukte als Gleitmittel. Dieses Zeug läßt sich extrem schwer von Ihrem Körper abwaschen. Vaseline bleibt wahrscheinlich tagelang an den Vaginalwänden Ihrer Geliebten haften. Sie bietet einen ausgezeichneten Nährboden für Bakterien aller Art und fördert Hefepilzinfektionen.

Tatsächlich verbleiben alle Öle länger in Ihrer Vagina, als Ihnen vielleicht recht ist, da Ihr Körper sich ihrer nicht auf natürliche Art entledigen kann. Und alle Öle zerstören Latex-Kondome, Gummitücher, Latexhandschuhe und Diaphragmen, deshalb sind Öle vollständig unvereinbar mit Safer Sex. Am besten wäre es, wenn Sie Ihre Verwendung von Öl an den Genitalien auf Solo-Aktivitäten beschränken würden.

Gleitmittel auf Wasserbasis

Der sicherste Tip bei Gleitmitteln für alle Zwecke sind Gleitmittel auf Wasserbasis. Sie sind geschmacksneutral, verursachen keine Flecken, reizen das Genitalgewebe nicht und lassen sich leicht aus dem Körper herauswaschen. Diese Gleitmittel enthalten entionisiertes (das heißt gereinigtes) Wasser, langkettige Polymere (biologisch inerte Kunststoffe, wie man sie in der Regel in Nahrungsmitteln und Kosmetika findet) und einen Zusatz, der eine Infektion durch Viren und Bakterien verhindert (zum Beispiel Methyl-Paraben oder Propyl-Paraben).

Viele Gleitmittel auf Wasserbasis enthalten auch Glycerin, ein sirup-süßes Nebenprodukt von Fetten, das die Schlüpfrigkeit erhöht. Gleitmittel auf Wasserbasis sind – wie so viele angenehme Dinge im Leben – Geschmackssache, und die erste Reaktion auf sie muß nicht gleich Begeisterung sein:

Wenn ich ein Gleitmittel benutze, komme ich mir wie ein Frosch vor, der in einem Tümpel schwimmt.

Ich verwende Gleitmittel nur, wenn es nicht anders geht – ich verabscheue sie. Sie sind klebrig, unsauber und eklig!

Die störende Klebrigkeit der Gleitmittel stellt sich ein, wenn die durch Ihre Aktivitäten erzeugte Reibung das Wasser verdunsten läßt und nur noch die Polymere und das Glycerin auf Ihrer Haut übrigbleiben. Kunden beschweren sich häufig darüber, daß Gleitmittel auf Wasserbasis zu rasch verbraucht werden und sie es ständig nachtragen müssen. Aber Sie können das Gleitmittel wieder auffrischen und nutzbar machen, indem Sie einfach ein wenig Wasser oder Seifenschaum auf ihre Genitalien auftragen. Wir empfehlen, ein Glas Wasser oder – für die Verspielten – eine Wasserpistole neben dem Bett bereit zu halten. Ein guter Strahl aus der Sprühflasche, und Ihr Gleitmittel fließt wieder.

Gleitmittel wurden speziell für die Verwendung bei den meisten Schleimhäuten entworfen, wo sie schlüpfrig bleiben sollten. Wenn Sie es auf Ihren übrigen Körper auftragen, trocknet es ein und hinterläßt einen klebrigen Rückstand, der es als Massageöl gänzlich ungeeignet macht. Viele Leute ziehen es vor, das Gleitmittel nach dem Sex mit einem warmen Waschlappen oder Schwamm abzuwischen, um zu vermeiden, daß sie, wenn sie am folgenden Morgen unter die Dusche springen, den Boden unter den Füßen verlieren, weil das Wasser die Rückstände des Gleitmittels auf ihrer Haut reaktiviert. (Denken Sie daran, wenn Sie den Kachelboden des Badezimmers betreten – achten Sie auf Wasserlachen.)

Für viele Menschen erzeugt ein Gleitmittel nicht *zu wenig*, sondern *zu viel* Flüssigkeit:

Manchmal mag ich kein Gleitmittel, weil es eine gewisse Reibung fortnimmt, die ich schätze, wenn meine Vulva berührt oder gerieben wird. Ohne diese Reibung fühlt es sich weniger gut an.

Ich hasse es, wenn ich nicht die Reibung spüre, die ich brauche. Und ich hasse es, wenn Katzenhaare an mir kleben bleiben.

Wenn auch Sie mehr Reibung wünschen, waschen Sie sich das Gleitmittel einfach von den Genitalien, und Sie haben Ihren natürlichen Zustand in Sekundenschnelle wiederhergestellt. Immer wenn Sie sich »zu naß« fühlen, sollten Sie Zubehör zum Safer Sex wie Kondome, Latexhandschuhe und Gummitücher in Erwägung ziehen – Latex braucht eine Menge Feuchtigkeit, um schlüpfrig zu werden.

Und was das Argument betrifft, Gleitmittel auf Wasserbasis seien zu »unsauber«, so fragen wir uns, wie jemand nach einer »sauberen« sexuellen Begegnung verlangen kann. Niemand lehnt eine Massage mit dem Hinweis ab, sie sei »unsauber«, und Gleitmittel auf

Wasserbasis lassen sich viel leichter aus Ihrem Körper und aus Ihrem Bettzeug auswaschen als Massageöle. Es trifft zu, daß einige dieser Gleitmittel klebriger als andere sind und auf dem Weg aus der Flasche zu Ihren Genitalien vielleicht lange, klebrige Fäden auf Ihrem Bett oder in Ihren Haaren hinterlassen, aber ein wenig Übung wird Sie in die Lage versetzen, dem Gleitmittel zu zeigen, wer der Herr im Hause ist. Und es liegt an Ihnen selbst, ob Sie nur einen kleinen Tupfer oder gleich eine gute Handvoll auftragen.

Ich mag es, wie sich ein Gleitmittel anfühlt – es vermehrt die sexy Feuchtigkeit und Unsauberkeit.

Ich benutze gern Gleitmittel. Ich bin zwar immer recht naß, aber ich finde Nässe sehr, sehr sexy. Sie macht mich glücklich.

Der Kauf eines Gleitmittels

Sie bekommen Marken-Gleitmittel auf Wasserbasis von größeren pharmazeutischen Herstellern überall in Apotheken und Drogerien. Diese Gleitmittel wurden ursprünglich für die medizinische Verwendung entwickelt, deshalb besitzen sie nicht die schlüpfrigen Eigenschaften wie Gleitmittel, die speziell für den Gebrauch bei sexuellen Aktivitäten geschaffen wurden. Sie werden bei ausgiebigem Gebrauch klebrig und bilden »Ribbel«. Aber wegen ihres geringen Preises, der weitverbreiteten Erhältlichkeit und der freien Verkäuflichkeit sind diese Gleitmittel unschlagbar.

Gleitmittel für sexuellen Gebrauch werden von kleinen Herstellern produziert und in Sexbuchläden, Sexboutiquen und Mail-Order-Firmen für Sexbedarf vertrieben. Worin besteht nun der Vorteil der »sinnlichen« Erzeugnisse? Sie bleiben länger schlüpfrig als medizinische Gleitmittel, und sie kommen in benutzerfreundlichen Flaschen oder Sprühdosen statt in blödsinnigen kleinen Tübchen auf den Markt. Sie können je nach Konzentration mit Preisen von einer Mark bis zu acht Mark pro Gramm rechnen.

Gleitmittel sind stark dem persönlichen Geschmack unterworfen, und manche Leute hängen beinahe fanatisch an einem Produkt. Diese Loyalität kann auf eine persönliche Vorliebe für eine bestimmte Beschaffenheit oder auf sentimentale Erinnerungen zurückzuführen sein.

»Astroglide« wird nicht so schnell klebrig wie andere Produkte, die ich ausprobiert habe.

Meine Freundin machte mich auf »Probe« aufmerksam, und heute kann ich mir nicht mehr vorstellen, eine andere Marke zu benutzen.

Auf jeden Kunden, der sich vertrauensvoll an eine der Verkäuferinnen wendet und fragt, welches unserer Gleitmittel das »beste« ist, kommen zwei oder drei Kunden, die sich um das Gleitmittelregal drängen und sich mit widersprüchlichen Ratschlägen in die Unterhaltung einmischen:

»Nehmen Sie Astroglide. Es ist sparsam und zieht keine Fäden wie Probe.«

»Probe ist das beste: Es ist nicht zu klebrig, reizt nicht die Schleimhäute und hat Ähnlichkeit mit der natürlichen Flüssigkeit.«

»Ich mag ForPlay, weil es angenehm und dick ist.«

»Das gute alte KY Jelly gefällt mir am besten.«

Was soll ein Anfänger tun? Beschaffen Sie sich, falls möglich, Probepackungen oder kleine Flaschen von verschiedenen Marken und experimentieren Sie damit, bis Sie wissen, welches Ihnen am besten gefällt. Personen mit sehr empfindlicher Haut sollten eine Probe des Gleitmittels auf der Innenseite des Handgelenks auftragen und einen Tag lang abwarten, um zu sehen, ob sich eine Hautreizung bemerkbar macht, bevor sie es an ihre Genitalien bringen. Sämtliche Gleitmittel auf Wasserbasis bestehen in der Hauptsache aus denselben Ingredienzen. Der wichtigste Unterschied betrifft ihre Konsistenz. Manche Menschen bevorzugen dünne, wässrige Gleitmittel von seifenschaumartiger Beschaffenheit, andere geben dicken, geleeartigen Sorten den Vorzug.

Wenn abzusehen ist, daß Sie mit dem Mund in Berührung mit dem Gleitmittel kommen, ist der Geschmack wichtig. Alle Gleitmittel auf Wasserbasis werden als geschmacksneutral angepriesen; aber die meisten Marken, die Glycerin enthalten, schmecken leicht süßlich. Einige haben einen empfängnisverhütenden Zusatz an natürlicher Zitronensäure und damit einen entsprechenden Geschmack. Und ein Gleitmittel mit reinigenden Zusätzen wie Nonoxynol-9 hat ein leicht seifiges, medizinisches Aroma und kann sogar vorübergehend Ihre Zunge betäuben.

Zutaten wie Nonoxynol-9 werden Gleitmitteln vor allem als Beitrag zum Safer Sex beigefügt. Diese Detergentia töten im Labor Viren (einschließlich der HIV- und Herpesviren). Obwohl Nonoxynol-9 ein häufiger Zusatz bei allem möglichen von empfängnisverhütendem Schaum bis zu Babywindeln ist, kann es eine empfindliche Haut reizen, und wir empfehlen Ihnen, den Grad Ihrer Empfindlichkeit zu testen, bevor Sie das Geld für eine Großpackung eines Gleitmittels mit Nonoxynol-9 ausgeben. Da diese Detergentia-Zusätze auch als Spermizide wirksam sind und da die empfängnisverhütenden Zusätze zu Gleitmitteln sämtliche Keime abtöten können, sollten Sie die Finger von Gleitmitteln lassen, wenn Sie versuchen, schwanger zu werden. Wir beeilen uns hinzuzufügen, daß Gleitmittel allein *keine* Empfängnisverhütung garantieren.

Gleitmittel und anale Spiele

Sie werden bemerken, daß wir in diesem Buch nicht häufig ein absolutes Verbot aussprechen oder darauf beharren, daß es nur eine Möglichkeit gibt, bei einem Liebesspiel vorzugehen. Aber hier ist eine dieser Stellen: *Versuchen Sie eine anale Penetration niemals ohne Verwendung eines Gleitmittels.* Der Analkanal produziert zwar schützenden Schleim, aber Anus und Mastdarm sondern keine natürliche Flüssigkeit ab. Bitte, führen Sie niemals auch nur einen Finger in Ihren Anus ein, ohne ihn mit einem Gleitmittel eingeschmiert zu haben. Das Analgewebe ist dünner und empfindlicher als das Vaginalgewebe und wird bei einem heftigen, trockenen Eindringen leicht verletzt. Es gibt eine reichhaltige Auswahl von für den analen Gebrauch geeigneten Gleitmitteln. Da Ihr Anus sich beim Koten auf natürliche Weise selbst reinigt, ist es unproblematisch, in den Anus die gleichen Öle wie in die Vagina einzubringen. Viele Menschen bevorzugen Öle beim Analspiel, da diese nicht so rasch wie Gleitmittel auf Wasserbasis eintrocknen. Aber für die überwältigende Mehrzahl der Menschen, die Safer Sex praktizieren sollten, kommen Öle beim Partnerspiel nicht in Frage, da sie Latex-Artikel zerstören. Versuchen Sie es mit den dickeren Gleitmitteln auf Wasserbasis, wie Elbow Grease-Gel, Embrace, ForPlay oder KY Jelly. Gleitmittel mit Nonoxynol-9-Zusatz werden zwar häufig als Hilfe beim Safer Sex empfohlen, aber es sind Hinweise bekannt, daß diese Detergentia für das zarte anale und rektale Gewebe zu aggressiv sind und möglicherweise mehr schaden, als sie nützen. Falls Sie bereits in Sexbuchläden oder bei Mail-Order-Firmen für Sexbedarf eingekauft haben, sind Ihnen vielleicht Produkte aufgefallen, die als »Anal-Gleitmittel« angepriesen werden. Diese Produkte enthalten gewöhnlich betäubende Zutaten wie Lidocain oder Benzocain, und sie verdanken ihre Existenz der Fehlannahme, daß Analspiele stets weh tun und daß man sich anästhesieren muß, bevor man eine anale Penetration über sich ergehen lassen kann. Wahr ist aber, daß das Analspiel bei ausreichender Entspannung und Geduld niemals auch nur die geringsten Mißempfindungen auslösen muß. Falls Sie bei der Penetration Schmerzen spüren sollten, warnt Ihr Körper Sie, damit aufzuhören. Statt sich zu betäuben, um das Gefühl abzutöten, sollten Sie lernen, Ihren Schließmuskel zu entspannen und die Gefühle, die Sie empfinden, mit erhöhter Aufmerksamkeit zu genießen.

Gleitmittel und Latex

Wir müssen in diesem Kapitel noch ein absolutes Verbot aussprechen, das für die Gesundheit und die Sicherheit wichtig ist: *Benutzen Sie niemals ein Öl – ganz gleich, welcher Art – zusammen mit Latexprodukten.* Öle zerstören Latex – das bedeutet, daß selbst das leichteste Massageöl, Albolene-Creme, Handlotion, Babyöl oder Vaseline ein Kondom oder Diaphragma angreifen und innerhalb von sechzig Sekunden nach dem Kontakt mikroskopisch kleine Löcher schaffen. Als das Kinsey Institute 1989 seinen National Sex Knowledge Test bei einer statistisch repräsentativen Anzahl erwachsener Amerikaner durchführte, wußten fünfzig Prozent der Befragten nicht, daß »Petroleum-Gel, Vaseline Intensive Care, Babyöl und Nivea nicht zusammen mit Kondomen oder Diaphragmen benutzt werden sollten.« Obwohl viele Hersteller von Kondomen angefangen haben, ihre Erzeugnisse mit Warnhinweisen in bezug auf die Benutzung in Verbindung von Öl auszustatten, brauchen wir eine breitere Benutzererziehung. Bitte nehmen Sie sich die Zeit, das Etikett auf jedem Gleitmittel zu lesen, das Sie zu kaufen beabsichtigen. Lassen Sie sich nicht von Gleitmitteln täuschen, die als »wasserlöslich« bezeichnet werden; sie enthalten oft Öle.

Hingegen ergeben Gleitmittel auf Wasserbasis und Latex eine ideale Kombination. Ein Tupfer Gleitmittel, innen in der Spitze des Kondoms angebracht, erhöht das Gefühl desjenigen, der es trägt – Sie sollten nur darauf achten, nicht mehr als einen oder zwei Tropfen zu nehmen, damit Ihnen das Kondom nicht vom Penis rutscht. Ein außen auf das Kondom angebrachtes Gleitmittel verringert eine unangenehme Reibung beim empfangenden Partner und zugleich auch die Beanspruchung des Kondoms. Mit Hilfe von Gleitmitteln können Sie auch Latexhandschuhe und Gummitücher in wohltuend schlüpfrige Lustspielzeuge verwandeln:

Seit ich Kondome und Handschuhe benutze, benutze ich immer auch Gleitmittel, weshalb nicht? Es fühlt sich gut an und macht die ganze Sache interessanter.

In Anbetracht der Wichtigkeit, in Verbindung mit Latex Gleitmittel auf Wasserbasis zu benutzen, überschwemmt eine riesenhafte Anzahl von Produkten auf Wasserbasis den Markt. Gleitmittel sind jetzt in einer Vielfalt von Konsistenzen, Flaschengrößen, Preisen und Aromen erhältlich. Trimensa, der Hersteller der bekannten Gleitmittel Slip und ForPlay, bietet unter der Bezeichnung Sensual Succulents eine Reihe von Gleitmitteln mit Geschmack an, und mehrere Firmen stellen für den Verzehr geeignete Gels her, die den oralen Safer Sex ankurbeln sollen. Ja, heute können Sie den kondombedeckten Penis oder die mit einem dünnen Gummituch bedeckten Schamlippen in ein risikofreies, tropische Strandabenteuer mit Geschmack verwandeln. Falls Sie ein besonders empfindliches Genitalgewebe haben, werden Sie möglicherweise zu spüren bekommen, daß diese eßbaren Balsame zu viele Farben und Geschmacksrichtungen aufweisen, um sie als innerlich anwendbare Gleitmittel zu verwenden, aber sie vergrößern den Spaß und machen den Sex sicherer.

Zum Abschluß dieses Kapitels möchten wir Ihnen die folgende, begeisterte Zuschrift eines Gleitmittel-Fans nicht vorenthalten:

Seit ich angefangen habe, Gleitmittel zu benutzen, hat sich mein Liebesleben um eine Million Prozent verbessert. Es macht alles einfacher und fühlt sich in jeder Hinsicht besser an.

7. Kreatives Berühren

*Manchmal kann eine unbeabsichtigte Berührung durch einen Frem-
den voller erotischer Energie stecken. Vielleicht liegt es daran, daß
mein ganzer Körper auf Erotik eingestimmt ist. Ich liebe eine Ganzkörperstimulierung mit Händen, Zungen, Lippen, Spielzeugen – Sie
haben ihnen den richtigen Namen gegeben!*

In unserer berührungsfeindlichen Kultur übermittelt selbst der zufäl-
ligste körperliche Kontakt eine Botschaft der Intimität. Ob Sie
einem neuen Bekannten zur Begrüßung die Hand geben, einem Kollegen die Hand auf die Schulter legen oder jemanden in einem überfüllten Bahnhof streifen – Sie stellen durch den Körperkontakt (bewußt oder unbewußt) eine Vertrautheit her. Wenn man darüber
nachdenkt, handelt es sich um ein starkes Stimulans.

Vielen Menschen ist das erotische Potential, das jeder Berührung
innewohnt, nicht bewußt. Natürlich werden Sie in Ekstase dahinschmelzen, wenn sie zum ersten Mal Ihren nackten Körper an den
Ihres Liebhabers pressen, aber können Sie auch die Gefühle beschreiben, die es hervorruft, wenn jemand zärtlich Ihre Kniekehlen
oder den Rücken streichelt? Ihr ganzer Körper kann erregt werden –
nicht nur die Knöpfe, die Sie »dort unten« betätigen. Die Er-
weckung Ihres Körpers zu seinem Lustpotential kann Ihr Selbstvertrauen stärken, Ihre Definition der Sexualität erweitern und die Intimität mit Ihrem Partner vertiefen. In diesem Kapitel ermutigen wir
Sie, die Wonnen der Berührung des gesamten Körpers – nicht nur
des Genitalbereichs – durch etwas zu erkunden, das wir *kreatives
Berühren* genannt haben. Dazu gehören ebenso die Massage wie
auch unsere Experimentiervorschläge mit anderen Aktivitäten und
Spielzeugen.

Ich mag eine Menge Stimulierung, und ich bin der Meinung, daß die Menschen im »wirklichen« Leben viel zu sehr auf einen Körperteil oder eine Aktivität (zum Beispiel oraler oder analer Sex) fixiert sind und nicht die Phantasie haben, sich den ganzen Körper als erogene Zone vorzustellen. Zu so vielen meiner Phantasien gehört das Empfangen und das Geben einer Ganzkörperstimulierung mit wenigstens einem Partner – am liebsten ist mir die Stimulierung mehrerer Körperteile zugleich.

Erotische Massage

Ich liebe Massagen. Massagen zu geben und zu empfangen, ist eine phantastische Methode, einen Partner zu stimulieren.

Es gibt viele Nutzanweisungen für eine Massage: um Schmerzen zu lindern, um Streß oder Verspannungen abzubauen, um die Blutzirkulation zu verbessern, um die körperlichen Gefühle zu verstärken. Alle diese Wirkungen können Ihr Liebesleben verbessern. Viele Menschen entdecken zufällig die erotischen Möglichkeiten der Massage. Wurden Sie jemals durch eine professionelle Massage angeregt? Oder waren Sie überrascht, weil eine Massage, die Ihnen freundlicherweise jemand gab, an dem Sie keinerlei sexuelles Interesse hatten, Sie erregte? Es ist vollkommen normal, daß Ihr Körper auf diese Art reagiert – immerhin ist die Haut ebenfalls ein Sexualorgan, ebenso wie das Gehirn.

Ich werde erregt, wenn ich meinen Partner massiere – ein großartiges Vorspiel!

Ich liebe es, einfach zu umarmen und umarmt zu werden, zu liebkosen und lange Stunden im Bett zu verbringen.

Viele Leute schätzen eine Massage als »Aufwärmübung« vor einer sexuellen Begegnung, für andere stellt die Erotik einer Massage das Ziel selbst dar. Worin auch immer Ihre Vorliebe bestehen mag, Sie können davon profitieren, daß Sie es langsam angehen lassen und lernen, Freude zu geben und zu empfangen. Nur allzu oft haben wir es eilig, zu einer anderen Aktivität überzugehen, und nehmen uns nicht die Zeit, die intensiven Empfindungen zu genießen, die ein Verweilen bei verschiedenen Körperteilen mit sich bringt. Schwangere Frauen und Menschen mit chronischen Schmerzen oder Behinderungen gehören zu denjenigen, die sich begeistert über die Wohltaten einer Massage äußern:

Ich habe von der Taille aus abwärts kein Gefühl, aber mein Gesicht und mein Kopf sind unglaublich empfindlich für jede Art der Berührung geworden – ein Kuß, ein Streicheln, eine Wange an meiner Wange ist unglaublich erregend.

Während meiner Schwangerschaft half die Massage, meine Rückenschmerzen zu lindern, aber sie half mir auch, mit meinem veränderten Körper in Berührung zu bleiben. Die Massage wirkte manchmal entspannend und zu anderen Zeiten enorm erotisch.

Sie müssen nicht unbedingt erregt sein, um eine Massage zu wünschen – bei vielen Menschen löst die Massage selbst die Erregung aus:

Ich bin gewöhnlich gestreßt und unfähig, mich zu entspannen, also benötige ich eine Massage als eine Art Vorspiel zum Vorspiel.

Obwohl Berufsmasseure ihre Tätigkeit anders definieren würden, haben wir beschlossen, jede Art der Berührung in diese Kategorie miteinzubeziehen. Ob es sich um eine leichte Berührung handelt, ein Kitzeln oder ein festes Reiben, das Ziel besteht darin, neue Empfindungen zu entdecken. Und Massage setzt keineswegs einen Partner voraus – Sie können viele dieser Techniken und Spielzeuge in Ihr Solo-Liebesspiel einbeziehen.

Ihre Einstellung gegenüber dem Geben und Empfangen von Vergnügen kann die Wirkung beeinflussen, oft zum Nachteil Ihrer eigenen Befriedigung. Um eine Massage genießen zu können, muß sowohl der Geber als auch der Empfänger alle Erwartungen loslassen und einfach die Körperempfindungen genießen. Heißen Sie Ihren Egoismus und Ihr Verwöhntwerden willkommen, und genießen Sie

Ihr Vergnügen. Falls Sie sich über den Begriff der Massage nicht ganz im klaren sind, möchten Sie vielleicht vorher darüber sprechen. Sind Sie beide an einer erotischen Massage interessiert? Soll die Massage eine Anspannung lösen und zum Einschlafen führen, oder soll sie erregen? Ist ein Orgasmus das Ziel, oder möchten Sie ein intensives Gefühl ohne Orgasmus genießen?

Ich mag Massagen, die in ein gegenseitiges Masturbieren münden.

Massage ist großartig, aber für mich selten sexy. Sie entspannt und beruhigt mich, regt mich aber nicht wirklich an.

Die äußeren Bedingungen

Das wichtigste hierzulande ist die Temperatur. Wir leben im kühlen San Francisco, und der einzige Heizkörper der Wohnung befindet sich nicht unbedingt im Schlafzimmer. Kaufen Sie sich ein tragbares Heizgerät, und schalten Sie es lange vorher ein! Das sicherste Rezept für das Mißlingen einer Massage ist, wenn der Empfänger eine Gänsehaut bekommt. Eine ausgezeichnete Methode, sich vor einer Massage aufzuwärmen, ist ein heißes Bad. Es erhöht nicht nur Ihre Körpertemperatur, sondern wirkt auch außerordentlich entspannend.

• Wenn dies dazu beiträgt, daß es Ihrem Partner wärmer wird und er sich sicherer fühlt, bedecken Sie seinen oder ihren Körper (mit Ausnahme des Bereiches, den Sie massieren wollen) mit einem Bettuch, mit einer leichten Decke oder mit Handtüchern.
• Verwenden Sie ein Bett, einen gepolsterten Tisch oder einen Stapel Wolldecken auf dem Boden. Wenn Sie ein Bett benutzen, lassen Sie Ihren Partner sich diagonal darauf legen, so daß Sie mehr Platz haben. Falls Sie ein Öl oder Gleitmittel benutzen, legen Sie Ihrem Partner leicht waschbare Tücher oder Bettücher unter.
• Fragen Sie Ihren Partner, ob er besondere körperliche Bedürfnisse oder Wünsche hat, und bereiten Sie Ihren Massageplatz entsprechend vor. Eine schwangere Frau findet vielleicht die Seitenlage am bequemsten, oder Sie möchte ein paar Kissen haben, die ihren Bauch unterstützen.

● Falls Sie ein Öl benutzen, wärmen Sie es vor. Stellen Sie die Flasche in die Mikrowelle oder stellen Sie sie ein paar Minuten lang in warmes Wasser. Falls Sie einen Wäschetrockner haben, werfen Sie ein paar Badetücher hinein, auf die sich Ihr Partner legen oder in die er sich einwickeln kann, wenn er aus dem Bad kommt. Falls Sie andere Spielzeuge benutzen wollen, legen Sie sie in Reichweite.

● Ziehen Sie den Telefonstecker aus der Wand, bringen Sie die Kinder ins Bett und machen Sie leise Musik, wenn es Ihnen gefällt. Ihr Ziel ist es, sich so gut wie möglich zu entspannen.

Der Geber

Die Person, die eine Massage gibt, sollte es sich so bequem wie möglich machen. Überlegen Sie sich, welche Positionen Sie vermeiden möchten, und bereiten Sie Ihre Massage entsprechend vor. Falls Sie es vorziehen, zu stehen, legen Sie ein Schaumgummipolster oder ein Kissen auf den Tisch. Denken Sie während der Massage daran, Ihre Position so oft zu verändern, daß Ihre Muskeln nicht ermüden – versuchen Sie, zu knien, zu sitzen oder rittlings auf Ihrem Partner zu sitzen. Es ist für Sie ebenso wichtig wie für Ihren Partner, die Massage zu genießen.

Versuchen Sie, sich während der Massage nicht zu unterhalten. Auf diese Weise richten Sie beide ihre Aufmerksamkeit auf die körperlichen Empfindungen und vermeiden jede Ablenkung. Es ist in Ordnung, sich darüber zu verständigen, was angenehm ist und was nicht, aber erinnern Sie sich daran, daß Sie Lust oder Befriedigung auch mit einem Seufzen oder Lächeln ausdrücken können!

Tips und Techniken

Die Vorbereitungen sind abgeschlossen, und Ihr schön anzuschauender, entblößter Liebhaber wartet auf Ihre Anweisungen. Sie haben noch niemals zuvor jemanden massiert und fürchten sich ein wenig? Machen Sie sich keine Sorgen, wenn Sie die folgenden vier wichtigsten Tips befolgen, ist Ihnen immerwährende Dankbarkeit gewiß:

● *Lassen Sie sich Zeit.* Kennen Sie das Gefühl, wenn Sie ein köstliches Mahl so rasch hinuntergeschlungen haben, daß sie es kaum genießen konnten? Sie brauchen sich mit Ihrer Massage nicht zu beeilen! Verweilen Sie bei jedem Körperteil Ihres Partners, so daß er oder sie die Gefühle genießen kann.

● *Wiederholen Sie die Bewegungen* bis zu ein dutzendmal. Diese Beharrlichkeit beruhigt, entspannt und erlaubt Ihrem Partner, in dem Hautkontakt zu einem Bereich seines Körpers zu schwelgen.

● *Unterbrechen Sie den Kontakt mit der Haut nicht.* Sobald Sie mit der Massage begonnen haben, bleiben Sie in Verbindung mit Ihrem Partner. Falls Sie Öl verwenden, geben Sie etwas davon in Ihre Hände, bevor Sie es auftragen, um einen Schock der Haut zu vermeiden. Wenn Sie im Verlauf der Massage mehr Öl brauchen, drehen Sie die Hand auf dem Körper Ihres Partners herum und tropfen Sie das Öl hinein.

● *Achten Sie auf die Reaktionen Ihres Partners.* Wenn er oder sie eine Gänsehaut bekommt, schalten Sie die Wärme höher. Wenn er das Gesicht verzieht, drücken Sie weniger fest und fragen Sie, was diese Reaktion hervorgerufen hat. Wenn Sie ein Lächeln erblicken, wiederholen Sie Ihre letzte Bewegung. Falls Sie wegen irgend etwas Zweifel haben, fragen Sie. Sie könnten sich beide auf ein paar Zeichen einigen, um Vergnügen oder Unbehagen mitzuteilen.

Nun sind Sie bereit, Ihre Reise zu beginnen. Wenn Sie sich auf eine genitale Massage geeinigt haben, sparen Sie diesen Bereich bis zuletzt auf, um die Vorfreude zu erhöhen. Oder aber Sie wollen die Genitalien aus Experimentiergründen einmal ganz auslassen, um zu sehen, wie sich dies auf die übrigen Körperteile auswirkt.

Wenn Sie eine Ganzkörpermassage geben, könnten Sie wie folgt anfangen. Bitten Sie Ihren Partner, sich auf den Bauch zu legen, und beginnen Sie mit dem Rücken, den Schultern, Armen und Händen, dann gehen Sie zum Gesäß, den Beinen und den Füßen über. Nun soll Ihr Partner sich umdrehen. Beginnen Sie mit der Kopfhaut und dem Gesicht, und bewegen Sie sich dann abwärts zum Bauch, zur Brust, zu den Armen, Beinen und Füßen, und enden Sie bei den Genitalien.

Es gibt zahlreiche Bücher über sinnliche Massagen mit detaillierten Beschreibungen und Illustrationen sowie Dutzenden von Bewegungen. Da die meisten Menschen nur wissen wollen, wo und wie sie anfangen sollen, werden wir ein paar sehr einfache und angenehme Bewegungen erklären, die Sie je nach Ihren Bedürfnissen anpassen können. Lassen Sie Ihrer Phantasie freien Lauf. Übernehmen Sie eine der folgenden Bewegungen und wandeln Sie sie leicht ab, benutzen Sie Fingerspitzen, Fingernägel, die flache Hand, Knöchel, Handgelenke, und Daumenballen; oder variieren Sie den Druck, die Geschwindigkeit oder die Richtung Ihrer Bewegung – dies alles führt zu unterschiedlichen Empfindungen. Der Witz besteht darin zu entdecken, welche Bewegungen sich am besten anfühlen, so daß Sie sie künftig ausführen können, um Ihrem Partner einen Gefallen zu tun.

Ganzkörpermassage

Ich liebe es, wenn mein ganzer Körper sanft gestreichelt wird. Ich werde gern gereizt.

Hier finden Sie eine ausgezeichnete Methode, Ihre Massage zu beginnen und zu beenden. Bitten Sie Ihren Partner, sich auf den Bauch zu legen, die Arme an den Seiten ausgestreckt, und stellen Sie sich ans Fußende. Legen Sie Ihre Hände auf die Hände Ihres Partners und streichen Sie leicht die Arme empor, um die Schultern, und dann den ganzen Körper hinab bis zu den Zehen. Lassen Sie Ihre Hände liegen und vollführen Sie den Weg in umgekehrter Richtung. Führen Sie diese Bewegung mehrere Male aus, wobei Sie jedesmal den Druck erhöhen. Lassen Sie Ihren Partner sich umdrehen und wiederholen Sie den Vorgang auf der Körpervorderseite.

Fächern

Plazieren Sie Ihre flachen Hände nebeneinander in einem Winkel von neunzig Grad auf der Haut Ihres Partners und lassen Sie sie langsam aufwärts oder abwärts gleiten. Führen Sie Ihre Hände zusammen wieder zum Ausgangspunkt und wiederholen Sie die Bewegung. Der Druck sollte aus den Handgelenken oder von den Daumenballen kommen, und es wird sich für Sie herrlich anfühlen, über den Rücken, das Gesäß, den Bauch, die Oberschenkel und die Brust Ihres Partners zu streichen.

Ziehen

Legen Sie Ihre Hände nebeneinander an die Seite Ihres Partners (die Finger weisen zum Bett) und ziehen Sie sie im Wechsel zu seinem/ihrem Rückgrat hin (oder zum Bauch, wenn der Partner auf dem Rücken liegt). Während die eine Hand zieht, gleitet die andere wieder hinab. Versuchen Sie diese Bewegung bei einer Frau in der Rückenlage; Sie bewegen sich vom Bauch auf die Achselhöhle zu. Wenn Ihre Hände sich den Brüsten nähern, streichen Sie leicht mit der flachen Hand über die Warzen. Diese Bewegung eignet sich auch ausgezeichnet für die Schenkel. Beginnen Sie an den Knien und streichen Sie zu den Füßen hin. Wenn Sie die Innenseite der Schenkel emporstreichen und sich dem Gesäß nähern, berührt die ziehende Bewegung die Genitalien. Diese Bewegung kann sehr erregend wirken.

Daumen

Legen Sie Ihre Hände mit rechtwinklig abgespreizten Daumen derart neben das untere Ende der Wirbelsäule, daß die Daumen zueinander weisen. Streichen Sie langsam die Wirbelsäule empor und üben Sie Druck mit den Daumen aus. Wiederholen Sie diese Bewegung an den Armen und Beinen. Wandeln Sie ab, indem Sie abwechselnd mit den Daumen drücken oder indem Sie sie kreisförmig bewegen. Der gezielte Druck, den die Daumen ausüben können, macht sie ideal für die Hand-, Fuß- und Gesichtsmassage. Wenn Sie das Gesicht massieren, drücken Sie nur schwach. Beginnen Sie in der Mitte des Gesichts und bewegen Sie sich nach außen. Sie können zum Beispiel Ihre Daumen dorthin legen, wo die Augenbrauen sich treffen, und in Richtung der Schläfen streichen, oder Sie beginnen am oberen Nasenrücken und streichen unter den Augen entlang auf die Ohren zu.

Ich liebe es, wenn man mir bei der Massage Haare und Gesicht streichelt.

Gesäß

Setzen Sie sich zu Füßen Ihres Partners hin, legen Sie eine Hand auf jede Gesäßbacke und bewegen Sie die Hände im gegenläufigen Wechsel aufwärts und abwärts. Auch Kneten oder die Finger leicht über das Gesäß ziehen kann sich gut anfühlen, ebenso wie ein leichtes Schlagen.

Brust

Vergessen Sie bei einer Ganzkörpermassage nicht die Brust (es sei denn, Ihr Partner hat Sie gebeten, sie auszulassen). Sie sitzen am Kopfende Ihres Partners, legen die Hände nebeneinander auf den Bauch und gleiten zwischen den Brüsten empor. Umkreisen Sie die Brüste, wenn Sie an der Außenseite abwärts massieren. Wiederholen Sie die Bewegung mehrmals und bedecken Sie die Brüste jedesmal ein wenig mehr mit der Hand oder den Daumen.

Legen Sie die Hände über die Brüste, so daß die Warzen die Mitte Ihrer Handflächen berühren. Spreizen Sie die Finger wie die Speichen eines Rades, und während Sie die Hände auf die Brust zu und von ihr weg gleiten lassen, achten Sie darauf, mit den Fingern die Brustwarzen zu berühren. Vielleicht beenden Sie Ihr Streicheln mit einem leichten Zwicken.

Ich finde Massage großartig, solange man mit meinen Brustwarzen spielt.

Ich genieße es, meiner Partnerin den Bauch, die Brüste, den Hintern und den Schamhügel zu streicheln. Ich mag dicke Frauen und liebe es, die schweren, weichen Brüste und den mächtigen Bauch meiner Liebhaberin zu kneten und daran zu saugen.

Ich schätze die Massage als ausgedehntes Vorspiel – vor allem ihre Brüste zu liebkosen, sie zu kneifen, leicht zu schlagen und zu berühren.

Dies war eine der wundervollsten sexuellen Erfahrungen, die ich in meinem Leben gemacht habe. Ich war dummerweise den ganzen

Tag über ohne BH herumgelaufen, und als mein Liebhaber und ich nach Hause kamen, waren meine Brustwarzen wund. Er massierte sie mit Feuchtigkeitscreme und fuhr dann mit einer Ganzkörpermassage fort. Er war großartig, weil es viel langsamer und sanfter als üblich war.

Genitalien

Falls Sie jemals Ihrem Partner genau beim Masturbieren zugeschaut haben, hatten Sie die besten Instruktionen für eine Massage der Genitalien. Sie haben gesehen, welche Art der Stimulierung an welchen Stellen sich gut anfühlt. Verwenden Sie dieses Wissen als Ausgangsbasis, von der aus Sie andere lustvolle Gefühle erkunden können.

Vielleicht möchten Sie auch bei der Massage der Genitalien Öl benutzen, aber denken Sie bitte daran, nicht dieselben Öle wie anderswo am Körper zu verwenden – vor allem nicht die parfümierten –, weil sie zu allergischen Reaktionen führen können, wenn sie mit Schleimhäuten in Berührung kommen. Wenn Ihr Partner empfindlich ist, probieren Sie zuerst eine geringe Menge aus, oder benutzen Sie lieber ein Gleitmittel auf Wasserbasis. Außerdem ist eine Anmerkung über eine Safer-Sex-Massage unerläßlich: Eine allgemeine Körpermassage gilt als wenig riskant, aber das Risiko erhöht sich in dem Maße, in dem die Möglichkeit besteht, daß Blut, vaginale Sekrete oder Samen mit mikroskopisch feinen Hautrissen oder Schleimhäuten in Berührung kommen. Wir empfehlen dringend, bei der Massage der Genitalien Gummihandschuhe in Verbindung mit einem Gleitmittel auf Wasserbasis zu benutzen (Öl zerfrißt Gummi), oder ein Kondom über den Penis zu ziehen.

Es folgt eine Aufzählung einiger Bereiche, die Sie nicht außer acht lassen sollten:

Bei Frauen
Die Schamlippen: Bitten Sie Ihre Partnerin, sich auf den Rücken zu legen, und legen Sie Ihre eingeölte (oder mit einem Gleitmittel eingeschmierte) Hand auf ihre Schamlippen. Die Finger sollten in Richtung Anus deuten. Streichen Sie auf den Nabel zu und wechseln Sie die Hand.

Erkunden Sie die inneren und äußeren Schamlippen mit den Fingern. Zupfen Sie behutsam an ihnen. Gehen Sie rechts nach abwärts vor, dann wechseln Sie auf die linke Seite über. Reiben Sie zuerst die äußeren, dann die inneren Schamlippen leicht zwischen Daumen und Zeigefinger.

Die Klitoris: Umkreisen Sie den Kopf der Klitoris, wenn Sie die inneren Schamlippen empor- und an der anderen Seite abwärts streichen.

Die Vagina: Umkreisen Sie den Außenrand der Vagina und führen Sie dann einen Finger ein. Erkunden Sie die Vaginalwände und fragen Sie Ihre Partnerin, wie es sich anfühlt.

Der Anus: Umkreisen Sie sanft den Anusrand.

Bei Männern

Penis und Hodensack: Bitten Sie Ihren Partner, sich auf den Rücken zu legen, und legen Sie Ihre eingeölte (oder mit einem Gleitmittel eingeschmierte) Hand auf seinen Penis und Hodensack. Die Finger sollten in Richtung Anus deuten. Streichen Sie mehrmals den Penis entlang aufwärts zum Nabel und wechseln Sie jedesmal die Hand.

Der Schaft: Legen Sie eine Hand um die Peniswurzel und lassen Sie sie langsam aufwärts gleiten. Wenn Sie an der Eichel angelangt sind, umkreisen Sie sie. Legen Sie – während Sie sich der Eichel nähern – die linke Hand um die Peniswurzel und wiederholen Sie die Bewegung.

Twister: Legen Sie beide Hände schalenförmig um den Penis und drehen Sie sie leicht in entgegengesetzte Richtungen.

Anus: Umkreisen Sie sanft den Anusrand.

Varianten

Bisher haben wir nur über eine Methode gesprochen, jemandes Sinnesempfindungen zu reizen – mit den Händen –, aber es gibt noch weitere, verspielte und ebenso vergnügliche Mittel zu diesem Zweck.

Andere Körperteile

Ihr Mund ist beim Liebesspiel überaus vielseitig und intim. Denken Sie nur an all die Möglichkeiten – Sie können mit der Zunge über den Körper Ihres Liebhabers gleiten; Sie können die Haut küssen, daran knabbern, beißen oder darauf blasen – all dies kann lustvolle Gefühle erzeugen:

Küssen macht mich an – besonders am Hals, an den Schultern und Armen. Ich liebe es, wenn mein Liebhaber an mir saugt und leckt, von den Fingern bis zu den Brustwarzen.

Ich mag es sehr, wenn man mir die Achselhöhlen leckt.

Die Brüste reagieren besonders intensiv auf orale Stimulierung: Versuchen Sie es mit Saugen und Lecken und Blasen an den Brustwarzen. Die Berührung der Brüste einer Frau kann sowohl für sie selbst, als auch für ihren Partner sehr lustvoll sein. Streichen Sie mit Ihrem Brüsten über den Körper Ihres Partners. Variieren Sie den Druck von einem leichten Streifen mit den Warzen bis zu einem festen Pressen. Reiben Sie Ihre Brüste an den Genitalien Ihres Partners.

Haare können ein sehr angenehmes Gefühl hervorrufen, wenn man mit ihnen über die Haut streift, und sicherlich haben sie für viele Menschen auch Fetischcharakter. Auch jemandem mit den Fingern durch die Haare zu fahren oder sanft an ihnen zu ziehen, kann angenehm sein:

Ich mag es, wenn meine Partnerin meine Kopfhaut massiert und ihre Stimme dazu benutzt, mich zu verführen.

Wir ermutigen Sie, an jedem Körperteil Ihres Liebhabers zu verweilen, aber es gibt ein paar besondere Stellen, denen Sie vielleicht besondere Aufmerksamkeit widmen möchten. Ihre Hände können geschickte Lustwerkzeuge sein, aber vergessen Sie nicht, daß sie auch liebevolle Beachtung verdienen. Wir benutzen unsere Hände so viel, daß wir ihre Sensibilität als Selbstverständlich betrachten. Ob Sie eine Massage geben, oder neben Ihrem Liebling vor dem Fernseher sitzen; nehmen Sie sich die Zeit, auf sanfte Weise die Feinheiten der Hand Ihres Liebhabers zu erkunden. Erforschen Sie die Haut, jeden Finger, die Nägel und die Knöchel:

Meine Freundin nimmt unvermittelt meine Hand und fährt mit den Fingern darüber, während wir miteinander schwatzen. Manchmal erregt mich dies wirklich.

Auch die Füße sind unglaublich empfindsam – das Lutschen an den Zehen wurde nicht als Ersatz für ein Fußbad erfunden! Die Zehen und Füße sind voller Nervenendigungen, also nehmen Sie sich die Zeit, sie zu entdecken. Die Füße Ihres Partners in warmem Wasser zu baden und danach abzutrocknen, kann ein sinnliches Erlebnis sein. Die Füße eines anderen Menschen einzuölen oder zu pudern, kann eine Reihe angenehmer Empfindungen hervorrufen. Wenn Ihr Partner kitzlig ist, versuchen Sie, fester zu reiben. Falls auch das nicht möglich ist, wenden Sie sich einem anderen Teil der Füße zu.

Das Spiel mit den Ohren des Partners kann erregend und intim sein. Erkunden Sie die Ohrenfalten sanft mit einem Finger oder den Lippen. Berühren Sie das Ohrläppchen oder nagen Sie daran. Gehen Sie nicht zu tief ins Ohrinnere, und denken Sie daran, wie laut es sich für Ihren Partner anhört, wenn Sie saugen, blasen oder mit den Lippen schmatzen. Manche Menschen finden das Spiel mit den Ohren unglaublich erotisch, und andere erregt es mit Sicherheit, also achten Sie auf die Wünsche und Reaktionen Ihres Partners.

Ich mag es, wenn das Liebesspiel mit sanften Berührungen, mit Küssen am Hals und Blasen in die Ohren eingeleitet wird.

Der Nacken stellt eine weitere erogene Zone dar. Er beugt sich sanftem Streicheln, Küssen und Zungenberührungen entgegen. Blasen Sie einmal darauf. Vielleicht möchten Sie mit der Kopfhaut fortfahren und das Haar strähnen.

Gieß mir Wein ein, küß meinen Hals und faß mich an.

Ich mag es, wenn sie mich so sanft wie möglich überall berührt. Besonders liebe ich es, wenn sie mich von den Schultern bis zum Nacken liebkost. Zu meinen erogenen Zonen gehören mein Hintern, die Füße, die Hände und die Außenseiten meiner Brüste.

Ich mag es, sanft auf den Nacken und die Schultern geküßt zu werden. Es macht mich an.

Essen

Die Menschen sind von unerschöpflichem Erfindungsreichtum, wenn es darum geht, was sie einem anderen vom Körper lecken möchten – Sie können sich in einen Eisbecher oder einen tropischen Fruchtsalat verwandeln.

Meine Freundin und ich lieben es, einander kleine Kleckser Joghurt von den Brustwarzen zu lecken. Der Schock der Kälte auf meinen Warzen verursacht mir Gänsehautwellen bis zu meiner Möse, und wenn ihr warmer, feuchter Mund es abzulecken beginnt, verliere ich fast die Besinnung.

Essen kann auch eine kreative Methode sein, den Geschmack von Körpersäften zu überdecken, den Sie nicht unbedingt mögen. Schokolade, Schlagsahne, Marmeladen, Brotaufstriche und Honig werden am häufigsten dazu verwendet.

Wasser

Ich genieße gegenseitige Masturbation unter der Dusche.

Bäder, Whirlpools, Saunen und heiße Quellen entspannen nicht nur, sie erwecken auch das Verlangen. Es besteht kein Zweifel daran, daß warmes Wasser sich auf der Haut sehr angenehm anfühlt, also tauchen Sie hinein! Die alten Römer hatten diese Art von Zeitvertreib zu einer Kunstform hochstilisiert. Ihre Badehäuser waren aufwendig gebaut und luxuriös – exemplarisch für ihre wollüstige Dekadenz. Diese herrliche Zeit ist vergangen, aber die meisten

Menschen in unserer Kultur haben eine Badewanne zu Hause. Falls nicht, ist die nächste Badewanne gewiß nicht weit von Ihrer Wohnung entfernt. Sie könnten auch ein nächtliches Nacktbad in einem kühlen See, im Pool oder im Meer genießen oder sich einen Whirlpool mit Freunden oder einem Liebhaber teilen. Auch Badezubehör wie Massageduschen, Schwämme und Bürsten kann ein Bad verschönern.

Spielzeuge und Zubehör

Federn: Streichen Sie mit einer Feder über den Körper Ihres Liebhabers; ein Gefühl, dem selbst die leichteste Fingerberührung nicht nahekommt. Straußenfedern, die etwa sechzig Zentimeter lang und außerordentlich weich sind, werden auf Farmen eingesammelt, wo die Vögel sie verlieren. Wenn Sie nicht darauf erpicht sind, sich selbst Ihre Federn zusammenzusuchen, können Sie, falls Sie Glück haben, welche in Sex-Shops finden. Achten Sie darauf, daß Ihre Feder nicht verklebt, indem Sie mit Massageöl in Berührung kommt!

Pelz: Es mag heute ein Klischee sein, aber Sex auf einem Bärenfell-Bettvorleger muß schließlich irgendwo erfunden worden sein! Weicher Pelz auf der nackten Haut ist ein herrliches Gefühl, aber wenn es Ihnen an einem Vorleger oder einem offenen Kamin mangelt, können Sie sich einen Fellhandschuh leisten, der ein ähnliches Gefühl vermittelt. Kunstfell hat es jedermann möglich gemacht, dieses Gefühl zu genießen.

Stoffe: Satin, Samt, Flanell, Latex und viele andere Stoffe fühlen sich herrlich auf der Haut an. Weiße Satinbettücher sind erschwinglich und seit Jahrzehnten im Handel, andere Stoffe sind vielleicht ein wenig schwieriger in verarbeiteter Form zu kaufen, aber Sie können sich die Zeit nehmen, ein wenig zu nähen oder in Sex-Boutiquen einzukaufen. Masken, pelzbesetzte Fesseln sowie eine Vielzahl weiterer Leder- und Latexartikel sind in Spezialgeschäften erhältlich.

Stoffhandschuhe: Große, rechteckige »Handlinge«, mit denen Sie über den Körper Ihres Partners streifen können. Sie sind in all den oben erwähnten Stoffen erhältlich. Die Version der Sexspielzeugindustrie besteht aus weichem Gummi mit kleinen Noppen.

Peitschen, Paddles und S/M-Zubehör: Peitschen und Paddles können eine Vielzahl von Empfindungen vermitteln – von einem leichten Kribbeln bis zu heftigem Schmerz. Fesseln können Ihrer Massage zusätzlichen Reiz verleihen.

Puder, Gele, verzehrbares Zubehör: Auftragen und Ablecken. Ein Appell an die Gelüste der Menschen, etwas vom Körper des Liebhabers zu essen. Die Geschmacksauswahl kann durchaus mit den heutigen Eiscremesorten Schritt halten – Passionsfrucht, Cappuccino, Schokolade – aber Vorsicht, die Geschmacksrichtungen dieser Produkte reichen von honigsüß bis maschinenölstreng. Beinahe alle diese Produkte enthalten ein Kontrazeptivum, aber nur wenige von ihnen können sich natürlicher Zutaten rühmen und schmecken wirklich authentisch. Wir haben unsere Kunden nach den enttäuschendsten Spielzeugen gefragt, und ein erheblicher Prozentsatz von ihnen erwähnte eine verzehrbare Lotion. Die meisten Läden bieten Proben an, und es lohnt sich wirklich, sich die Zeit zu nehmen, die Lotion vor dem Kauf zu probieren.

Sonnenmilch

Liebesöl

Spielzeuge und Zubehör

Diese verzehrbaren Gele sind nicht als Massagelotions geeignet, weil sie kein Öl enthalten und sich nicht leicht verteilen lassen – stellen Sie sich vor, Sie würden Apfelsinengelee bei einer Ganzkörpermassage verwenden. Aber gerade die Tatsache, daß sie kein Öl enthalten, macht sie zur Verwendung in Verbindung mit Latex geeignet. Bevor Sie sich also das nächste Mal über Latexgeschmack beschweren, versüßen Sie ihn mit Erdbeere. Einige dieser Gele werden warm, wenn Sie sie auftragen oder darauf blasen. Dies kann ein angenehmes Gefühl vermitteln und bietet ein paar interessante Möglichkeiten beim oralen Sex.

Kama-Sutra-Produkte sind weitverbreitet und haben die meisten Anhänger. Zu den Favoriten dieser Erzeugnisse gehören Honey Dust, ein für den Verzehr geeignetes Puder, das sich ausgezeichnet zum Auftragen nach dem Bad eignet, oder das Oil of Love (in sechs Geschmacksrichtungen), das sich erwärmt, wenn man darauf bläst; ideal für eine Anwendung nach dem Essen. Kama Sutra stellt auch ein Minzgel namens Pleasure Balm her. Der Hauptbestandteil, Benzocain, wirkt anästhesierend, aber wenn man es auf die Brustwarzen oder die Genitalien aufträgt, kann es sich angenehm kühl anfühlen, besonders wenn man darauf bläst.

Körperfarben: Sie haben richtig gelesen: Ihre Leinwand ist der Körper Ihres Liebhabers, und Sie können sich mit Hilfe dieser abwaschbaren Farben »künstlerisch ausdrücken«. Diese Farben prickeln beim Auftragen, und die verzehrbare Version bietet Ihnen die einzigartige Möglichkeit, Ihr Kunstwerk und Ihren Liebhaber zugleich aufzuessen.

Öle: Massageöle sind für die äußerliche Anwendung auf der Haut gedacht, aber Sie können Sie auch auf die Genitalien auftragen, solange Sie sie nicht mit Latex kombinieren. Öl zersetzt Latex und macht Safer-Sex-Vorkehrungen vollständig zunichte. Falls Sie die Absicht haben, bei Ihrer erotischen Massage Safer Sex zu betreiben, verwenden Sie zur Massage der Genitalien Gleitmittel auf Wasserbasis.

Massageöle sind in ein paar wenigen Konsistenzen und Dutzenden von Duftaromen erhältlich, aber wenn es Ihnen nicht zusagt, wie eine Blume oder eine Apfelsine zu riechen, können Sie unparfümierte Sorten verwenden. Es ist gut, stets mehrere Ölsorten zur Verfügung zu haben, aber denken Sie daran, daß Pflanzenöle nach einer Weile schlecht werden. Verwahren Sie sie in einem Kühlschrank, dann halten sie sich länger. Es ist heutzutage nicht allzu schwierig, ein Massageöl zu finden, das ausschließlich aus natürlichen Zutaten besteht; am häufigsten Mandel- und Färberdistelöl, die nur sehr selten Allergien auslösen. Ihr Verzehr ist unbedenklich, obwohl sie im Gegensatz zu den oben erwähnten Gelen nicht dafür gedacht sind. Einige Frauen reagieren auf parfümierte Öle allergisch, wenn sie auf die Genitalien aufgetragen werden, deshalb versuchen Sie es zuerst mit einer kleinen Menge oder nehmen Sie lieber ein Gleitmittel auf Wasserbasis. Wärmen Sie es vor dem Gebrauch an.

Ich mag eine Einreibung am ganzen Körper mit Lotion, die zu einer erotischen Berührung an Möse/Klitoris/Anus überleitet.

Vibratoren: Vibratoren sind gewöhnlich als »Massagegeräte« gekennzeichnet, weshalb wenden Sie sie also nicht beim nächsten Mal bei der Massage an? Sie gewährleisten eine intensive Stimulierung, die bei müden Muskeln Wunder wirken kann, oder als angenehme Alternative zu den Händen. Wenn Sie eine Vielfalt an Gefühlen bei ihrem Partner hervorrufen wollen, sind Vibratoren – besonders solche mit Zusatzteilen wie die Spulenvibratoren – ein Muß. Experimentieren Sie mit der Kopfhaut, den Füßen, dem Hals und dem Gesicht.

Sinnliche Konzentration

Falls Sie bemerken sollten, daß Sie diese Aktivitäten nicht genießen können, weil Sie sich leicht ablenken lassen oder ängstlich sind, möchten Sie vielleicht etwas ausprobieren, was als »sinnliche Konzentrationsübungen« bekannt ist. Diese Übungen wurden entworfen, um Ihnen zu helfen, Ihre Aufmerksamkeit ausschließlich auf Ihre Körperempfindungen zu konzentrieren. In diesen Kursen wird ein umfassendes Bewußtsein vom Körper gelehrt. Dazu gehört die Koordinierung der Atmung und des mentalen Zustandes mit den Körperreaktionen auf eine Vielfalt von Liebkosungen. Mehrere gute Bücher beschreiben in groben Zügen Selbsthilfeprogramme dieser

Art, und viele Sexualtherapeuten verschreiben diese Übungen den Personen, die Probleme mit Leistungsängsten und dem Artikulieren ihrer Wünsche haben.

Erweiterung

Inzwischen denken Sie an Hände an Ihrem Körper, Federn, die Ihnen über die Haut streichen, oder Lippen, die sich bis zu Ihrem Nacken emporarbeiten. Die Tips, die Sie in diesem Kapitel erfahren haben, passen sehr gut zu anderen Tips in diesem Buch, also probieren Sie Kombinationen aus, um zu entdecken, wie Sie Ihr Vergnügen steigern können. Und denken Sie daran, Berührung ist eine universale Sprache, also geben Sie sich ein wenig Mühe und erweitern Sie Ihr Vokabular!

8. Oraler Sex

Bei Antworten auf unsere Fragebogenbitte, die sexuelle Lieblingsaktivität zu beschreiben, rangiert oraler Sex an oberster Stelle. Orale Sexexperten sind über diese Kunstform glücklich und begeistert:

Fellatio gehört zu meinen Lieblingsaktivitäten, sowohl Geben als auch Empfangen.

Ich kann mich mit dem Mund viel besser einstimmen als mit den Händen.

Es geht nichts über eine warme, feuchte Zunge und Lippen, die sich auf die entzückendste Weise an meiner Klitoris zu schaffen machen.

Ich liebe Cunnilingus, besonders wenn ich der Empfänger bin. Ich könnte es den ganzen Tag lang genießen (nun, jedenfalls wünsche *ich es mir). Es ist so warm ...*

Ich denke eigentlich nicht an körperliche Empfindungen. Ich denke an die Intimität und das Geben beim oralen Sex. Dies genieße ich fast ebensosehr wie die wundervoll sanften Gefühle, die oraler Sex auslösen kann.

Oraler Sex ist, ebenso wie Masturbation, eines jener »Verbrechen wider die Natur«, auf die sich die allermeisten Erwachsenen einlassen, über die aber nur wenige reden. Für oral-genitalen Sex gilt, da er nicht der Fortpflanzung dient, in vielen Staaten die gesetzliche Bezeichnung »Sodomie«. Einundzwanzig Staaten haben strafrechtliche Gesetze, die Erwachsenen desselben Geschlechts selbst bei gegenseitigem Einverständnis oralen Sex verbieten; vierzehn Staaten verbieten Erwachsenen verschiedener Geschlechter bei gegenseitigem Einverständnis oralen Sex; und neun Staaten verbieten sogar Verheirateten oralen Sex bei gegenseitigem Einverständnis – sogar in der Privatsphäre ihrer Wohnung. Obwohl fünfzig bis neunzig Prozent aller Erwachsenen oralen Sex betreiben, fühlen sich viele Menschen allein schon von dem Gedanken an einen Kontakt von Mund und Genitalien regelrecht abgestoßen.

Was hat oraler Sex an sich, das ihn so erregend macht und solche Empörung hervorruft? Vielleicht liegt es daran, daß er Sie seiner Definition gemäß von Angesicht zu Angesicht mit den Genitalien des Partners bringt; mit dem Anblick, dem Geruch und den Geräuschen seiner oder ihrer sexuellen Erregung. Die Armeslänge, die bei der manuellen Stimulierung gewährleistet ist oder das ausgeschaltete Licht beim Beischlaf lassen sich nicht beibehalten, wenn Ihre Nase, Ihre Lippen und Ihre Zunge mit dem Saft des Partners benetzt werden. Mit oralem Sex ist eine einzigartige Intimität und Verletzlichkeit verbunden, ob Sie sich der Zunge Ihres Partners aussetzen, oder ob Sie ihre oder seine Genitalien schmecken. Da Saugen ein machtvolles Vergnügen der frühen Kindheit mit unwiderstehlicher Urlust darstellt, haben wir es hier mit einer wirkungsvollen Mischung aus körperlicher, emotionaler und mentaler Stimulierung zu tun.

Ich könnte vierundzwanzig Stunden am Tag schwanzlutschen. Ich liebe das Gefühl, einen Schwanz im Mund zu haben; den Geruch, den Geschmack. Und ich liebe es, wenn Männer sich in höchster Lust winden.

Ich mache mich am Unterleib meiner Frau zu schaffen, wann immer ich Gelegenheit dazu habe. Ich mag die Intensität und die Stärke ihrer Reaktion bei ihrer Befriedigung.

Viele Leute bauen ein vielseitiges und befriedigendes Liebesleben um oralen Sex auf. Oraler Sex ist eine dankbare Technik für Frauen und Männer, Alte und Junge, Behinderte und Nichtbehinderte gleichermaßen. Er ist eine altehrwürdige Aktivität für alle Erwachsenen, die sich sexuell betätigen möchten, ohne sich den Risiken und

Komplikationen des Geschlechtsverkehrs auszusetzen. Frauen, die feststellen, daß die physiologischen Veränderungen der Menopause die Penetration weniger reizvoll für sie machen, und Männer, die bemerken, daß ihre Erektionen mit zunehmendem Alter weniger verläßlich werden, entdecken häufig die Freuden des oralen Sex neu. Personen mit Rückenmarksverletzungen, die ihre körperliche Beweglichkeit einschränken, entwickeln oft eine reiche Sexualität auf der Grundlage des oralen Spiels:

Ich habe eine Rückenmarksverletzung und von der Brust an abwärts nicht viel Gefühl. Ich kann immer noch Erektionen bekommen, aber ich beziehe weitaus mehr Vergnügen aus meinen Händen und der Zunge als durch meinen Penis.

Hemmnisse
Körpergeruch

Wahrscheinlich der häufigste Grund, weshalb Menschen sich davor fürchten, Experimente mit oralem Sex zu machen, ist die Furcht davor, daß die eigenen oder die Genitalien des Partners »schlecht« riechen oder schmecken. Immerhin besteht in unserer Kultur eine ganze Industrie zur Übertönung und Auslöschung natürlicher Körpergerüche sowie ihrer Umwandlung in duftende Märchenlandschaften Marke »Frühlingsregen« oder »Pinienwald«. Aber an den Düften oder Sekretionen der Genitalien ist nichts »Schmutziges« oder Peinliches (außer bei bestimmten vaginalen Infektionen, die einen unangenehmen Geruch zur Folge haben können). Viele Menschen finden die natürlichen Körpergerüche bei weitem erregender als die Düfte von Seifen und Deodorants.

Ich habe mich an weiblichen Düften immer erfreut, besonders wenn eine Frau erregt ist.

Es ist erregend, jemanden zu küssen, der wie meine Muschi schmeckt.

Ich liebe es, mein Gesicht in eine Möse zu graben und ihren Geruch in der Nase zu haben.

Ich mag den Geschmack eines Penis, und wie er sich in meinem Mund anfühlt. Ich mag es, zu masturbieren, während ich einen Penis im Mund habe.

Aber wenn Sie das Gefühl haben, daß ein kleiner Körperduft eine große Rolle spielt, fühlen Sie sich vielleicht besser, wenn Sie vor dem Liebesspiel mit Ihrem Partner baden oder duschen. Wenn es um oralen Sex geht, kommt für viele Leute Sauberkeit gleich nach dem Vertrauen.

Wir möchten das Thema Hygiene nicht abschließen, ohne jedermann, der dies noch nicht getan hat, zu ermutigen, seine eigenen sexuellen Absonderungen zu riechen und zu schmecken. Um Sex genießen zu können, müssen Sie Freude an Ihren Sexualorganen haben – und das bedeutet, alles an ihnen akzeptieren. Nehmen Sie sich Zeit, beim Masturbieren Ihre Finger von den Genitalien an Ihre Lippen und Ihre Nase zu führen. Frauen können auf diese Weise beobachten, wie ihre vaginale Sekretion sich in den Phasen ihres Zyklus oder bei den verschiedenen Stufen der sexuellen Erregung verändert. Männer können den Geschmack des Präejakulats mit dem des Ejakulats vergleichen. Der natürliche salzige, moschusartige Geschmack und Geruch der sexuellen Sekrete ist biochemisch so entworfen worden, daß er erregt, entzückt und uns zum Sex verleitet. Weshalb sie nicht bewußt genießen?

Ich lasse ein wenig von meinem Saft auf meine Hand tropfen und lecke daran, gerade genug, um den kräftigen Geschmack mitzubekommen. Glauben Sie mir, es ist ein Aphrodisiakum, selbst für einen Heterosexuellen. Ich mache das nicht immer, aber wenn ich es tue, ist es wirklich anregend.

Der Würgereflex

Die Angst, beim oralen Sex würgen zu müssen, tritt beim Umgang mit Männern häufiger als beim Verkehr mit Frauen auf. Der Würgereflex ist ein natürlicher Reflex, und Sie müssen ein wenig üben, um an den Punkt zu gelangen, wo das Gefühl eines Penis hinten in der Kehle Sie nicht mal ein bißchen würgen läßt. Unsere beste

Empfehlung lautet, daß Sie beim Lutschen eine Hand um den Penis Ihres Partners legen – diese Praxis verstärkt nicht nur das Gefühl für den Partner, Sie sind auf diese Weise auch fähig, die Tiefe seines Stoßes zu regulieren. Wie wir gelesen haben, hat das Militär einmal behauptet, es sei leicht, homosexuelle Rekruten mittels eines »Gay Reflex Test« zu identifizieren. Jeder Mann, der nicht würgte, wenn ein langer Zungenlöffel in seinen Mund eingeführt wurde, wurde als untauglich für den Dienst beim Militär erachtet. Falls Sie sich Sorgen machen sollten, daß Sie würgen müssen, während Sie oralen Sex bei einer Frau ausüben, denken Sie einfach nur daran, durch die Nase zu atmen, und Sie werden keine Schwierigkeiten haben.

Sexuelle Säfte

Sicherlich kann man sich beim oralen Liebesspiel mit sexuell übertragbaren Krankheiten infizieren, und wir werden weiter unten ausführlich über sicheren oralen Sex und über den Umgang mit dem Risiko sprechen. Aber dem männlichen Samen, dem weiblichen Ejakulat oder den vaginalen Sekreten an sich haftet von Natur aus nichts Gefährliches an, und wenn Ihr Partner nicht Träger sexuell übertragbarer Krankheiten ist, besteht kein Grund, weshalb Sie seine oder ihre sexuellen Säfte nicht hinunterschlucken dürften. Verschluckter Samen kann Sie weder schwängern noch dick machen. Die mittlere Samenmenge, die ein Mann ejakuliert, enthält etwa fünf Kalorien. Den Kaloriengehalt des weiblichen Ejakulats und der vaginalen Sekretionen kennen wir nicht.

Wenn Sie keinen Samen schlucken wollen, können Sie Ihren Partner bitten, Sie wissen zu lassen, wann er kurz davor steht zu kommen. Dann können Sie in diesem Augenblick den Penis aus ihrem Mund nehmen und ihn mit der Hand weiter stimulieren. Und wenn es sich um Ihre Partnerin handelt, die ejakulieren will, und Sie nicht unbedingt von ihren Säften überflutet werden wollen, können Sie ein Zeichen für den Zeitpunkt vereinbaren, an dem Sie Ihren Mund entfernen und mit der Stimulierung per Hand fortfahren können.

Die gleiche Intimität und Verwundbarkeit, die oralen Sex für die einen erregend macht, stellt für die anderen einen Grund dar, ihn zu fürchten. Respektieren Sie die Gefühle Ihres Partners und lassen Sie ihn oder sie die Geschwindigkeit Ihrer sexuellen Erkundungen festlegen.

Ich mag Fellatio, aber bei Cunnilingus habe ich mich immer unwohl gefühlt. Ich bin zehn Jahre lang sexuell mißbraucht worden, und dieses Unbehagen scheint mir eine Nachwirkung davon zu sein. Bisher hatte ich noch keine Gelegenheit, diese Furcht bei einem Partner zu überwinden, aber ich sehe ihr entgegen.

Oraler Sex mag eine Form der körperlichen Stimulierung sein, die nicht jedermanns Geschmack ist. Manche Männer finden, daß Fellatio keine ausreichend starke Stimulierung bietet, um zu einem Orgasmus zu führen, und manche Frauen finden Cunnilingus eher irritierend als lustbringend:

Die Wahrheit ist, ich lege keinen Wert darauf, einen geblasen zu bekommen. Ich glaube, daß ich selbst gut darin bin, aber ich komme kaum jemals einer Ejakulation auch nur nahe, wenn ich einen geblasen kriege.

Cunnilingus erregt mich nicht so sehr, wie ich es mir wünschen würde. Es macht mich angespannt. Manchmal übt ein Liebhaber dabei zu starken Druck auf meine Klitoris aus (ich bin sehr empfindlich).

Wenn oraler Sex Sie sich ängstlich oder unbehaglich fühlen läßt, können Sie gewiß auch ohne ihn ein befriedigendes Liebesleben führen. Aber falls Sie diese einfache sexuelle Technik niemals erkundet haben, hoffen wir, daß Sie sie einmal ausprobieren werden – viele Menschen sehen im oralen Sex eine einzigartig lustvolle und erfüllende Aktivität.

Cunnilingus
Techniken

Das Wort *Cunnilingus* ist aus den lateinischen Wörtern *cunnus*, Vulva, und *lingere*, lecken, zusammengesetzt. Aber Lecken ist nur eines der Vergnügen, die mit Cunnilingus verbunden sind. Ihre feuchten Lippen und Ihr Mund können eine unvergleichlich raffinierte Vielfalt von Empfindungen hervorrufen. Wenn Sie an der Klitoris und den Schamlippen Ihrer Partnerin saugen und mit der Zunge oder den Fingern in ihre Vagina eindringen, können Sie Ihre Gefühle beim oralen Sex verstärken. Aber wie bei allen sexuellen Aktivitäten gilt auch hier, daß nicht alle Liebkosungen jedermanns Sache sind, und dieselbe Frau bevorzugt vielleicht je nach dem Grad ihrer Erregung unterschiedliche Stimulierungen. Finden Sie vor allem heraus, welche Form der Stimulierung der Klitoris Ihre Partnerin am meisten schätzt: Vielleicht möchte sie, daß Sie unmittelbar an der Spitze ihrer Klitoris lecken oder saugen, daß Sie sich mit der Unterseite befassen oder sich auf die weniger empfindliche, von der Vorhaut geschützte Seite konzentrieren. Möglicherweise bevorzugt sie ein langsames, sanftes oder ein wildes, starkes Lecken. Sie mag vielleicht das Gefühl einer Zungenspitze, die ganze Zunge, eine kreisende Bewegung, eine umhüllende Bewegung oder sogar ein leichtes Knabbern mit den Zähnen:

Zungen sind in der Regel weich und feucht genug, um sich an meiner Klitoris gut anzufühlen.

Ich habe herausgefunden, daß ich einfach den Mut haben mußte, ihm einzuschärfen, daß er stärkeren Druck mit der Zunge ausüben sollte, damit ich kam. Ich überwand meine Hemmungen und hob wirklich ab!

Die Weichheit und Sanftheit einer Zunge an meiner Klitoris ist himmlisch. Ich liebe eine indirekte Annäherung mit einer Menge Reizen – Näherkommen, Zurückweichen, Wiederkommen und so weiter.

Wenn ich ausgeleckt werde, macht es mich total an, wenn er mich an sich zieht, indem er mir die Arme um die Schenkel legt und mich festhält, während er mich hart und schnell leckt.

Viele Frauen genießen es, die ganze Vulva ausgeleckt zu bekommen, vom Schambein bis zum Damm. Achten Sie auf den sensitiven Bereich um die Harnröhre. Sie können Ihre Zunge in die Vagina Ihrer Partnerin einführen, obwohl eine mittellange Zunge nicht besonders tief reicht. Die meisten Frauen ziehen es bei weitem vor, die externen Genitalien geleckt zu bekommen. Im allgemeinen ist es leichter, einen Finger oder Dildo für die Penetration während des oralen Sex zu benutzen:

Ich genieße die kombinierte Wirkung, wenn ich über dem Gesicht meiner Freundin hocke, sie den Finger in mich steckt und meinen G-Punkt stimuliert und zugleich meine Klitoris leckt.

Denken Sie daran, daß Ihre Partnerin – wenn sie sich dem Orgasmus nähert – es wahrscheinlich schätzt, wenn Sie eine stetige Stimulierung bis zum und während des Orgasmus beibehalten. Viele Frauen brauchen eine ausdauernde, verläßliche Stimulierung, um sie »über den Höhepunkt« zu bringen, und wenn Sie, kurz bevor sie kommt, eine neue Zungenbewegung ausprobieren, geht die Sache möglicherweise nicht so gut aus.

Ich mag Cunnilingus, weil es mich dazu veranlaßt, sanfter und wagemutiger bei der Suche nach den Lustpunkten meiner Partnerin zu sein. Der Aspekt des Suchens und Forschens ist sehr erregend – besonders wenn sie kommt.

Stellungen

Experimentieren Sie mit verschiedenen Stellungen, um zu sehen, welche von ihnen am bequemsten und vergnüglichsten für Sie beide sind. Vielleicht gefällt es Ihnen, einfach zwischen den Beinen Ihrer Partnerin zu liegen, das Gesicht ihrer Vagina zugewandt, während sie auf dem Rücken liegt. Diese Stellung ermöglicht es

Ihnen, mit den Händen ihren Oberkörper zu erreichen. Sie können auch auf dem Boden zwischen ihren Beinen knien, während sie auf dem Bett (oder Sofa oder Küchentisch) liegt oder vor Ihnen steht. Oder Sie legen sich auf den Rücken, und Ihre Partnerin kniet mit gespreizten Beinen über Ihrem Gesicht. In dieser Position kann sie ihren Unterleib bewegen und den Rhythmus bestimmen. Diese Stellung bevorzugen sowohl Frauen, deren Erregung sich verstärkt, wenn sie zuschauen, während ihre Partner oralen Sex ausüben, als auch Männer oder Frauen, die gern in der Vulva ihrer Partnerin versinken:

Ich liebe es, wenn meine Partnerin über meinem Gesicht sitzt, und ich spüre, wie sie die Kontrolle verliert.

Cunnilingus

Auf jeden Fall gibt es mehr Positionen beim Cunnilingus, als wir jemals aufzählen könnten. Die Phantasie ist Ihre einzige Begrenzung.

Meine herrlichste Erinnerung an oralen Sex war, als meine Freundin sich an meinem Unterleib zu schaffen machte, während ich in einer Telefonzelle in der Lobby unseres Hotels stand. Niemand, der vorbeiging, konnte sehen, daß sie zwischen meinen Beinen kniete, aber ich muß ausgesehen haben, als würde ich den erregendsten Anruf meines Lebens führen!

Verstärker

Es gibt buchstäblich keine Grenzen für das, was Sie alles tun können, wenn Sie in Augenhöhe mit der Vulva Ihrer Partnerin sind. Sie haben die Hände frei und können einen Dildo bei Ihrer Partnerin und/oder sich selbst anwenden. Sie können einen Finger in ihre Vagina oder ihren Anus oder in beide stecken. Frauen, die einen stärkeren Orgasmus haben, wenn ihre Vagina ausgefüllt ist, schätzen es vielleicht besonders, wenn Sie ihr beim oralen Sex einen Dildo einführen.

In meiner Phantasie treibt mein Partner oralen Sex an mir, während sein Penis in mir ist – aber das scheint unmöglich zu sein. Einmal hat mein Partner mich überrascht, indem er einen Vibrator in meine Vagina und einen Finger in meinen Anus einführte, während er meine Klitoris leckte. Damals hatte ich einen der bemerkenswertesten Orgasmen, die ich jemals erlebte, und ich glaube, das kommt meiner Phantasie so nahe wie nur möglich.

Versuchen Sie, ihre Schamlippen mit einem Vibrator zu massieren, während Sie an ihrer Klitoris saugen. Oder Sie halten einen Batterievibrator unter Ihre Zunge, während Sie lecken, und verwandeln Ihren Mund auf diese Art und Weise in ein Sexspielzeug. Falls Ihnen die Zähne schmerzen sollten, wenn Sie nur daran denken, letzteren Vorschlag auszuführen, denken Sie daran, daß Geräusche Vibrationen hervorrufen, deshalb können Sie einen ähnlichen, wenn auch etwas weniger dramatischen Effekt erzeugen, indem Sie beim

Lecken summen. Ein innovatives orales Sexspielzeug ist der Lip Service, ein am Kopf zu befestigendes Geschirr mit einem Dildo über dem Mund eines Trägers. Wer bereit ist, sich in eine Kreuzung aus Sexspielzeug und Einhorn zu verwandeln, wird mit einer gänzlich neuen Perspektive bei der Penetration seiner oder ihrer Partnerin belohnt.

Bevor wir dieses Thema abschließen, möchten wir unsere eigene Meinung kundtun. Wir sind der Meinung, daß jede Frau und jeder Liebhaber einer Frau die Freuden des Cunnilingus kennenlernen sollte. Die Tatsache, daß die Genitalien der Frau versteckter als die des Mannes sind, hat zu einer übertriebenen Mystifizierung und in einigen Fällen zu einer gewissen Angst und Abscheu dem gegenüber geführt, was sich »dort unten« zwischen den Beinen einer Frau befindet. Wenn Sie sich mit dem Unterleib einer Frau befassen, können Sie ihre Genitalien mit allen Sinnen würdigen und bewundern. Wenn Sie eine Frau sind und jemanden einladen, sich zu Ihrem Unterleib herunterzubeugen, bestätigen Sie damit, daß Ihr ganzer Körper der zärtlichen Aufmerksamkeit würdig ist.

Ich bin ein großer Fan von Cunnilingus. Manchmal dauert es eine Weile, bis ich mich richtig gehen lassen und es genießen kann, aber dann ... wow! Es ist toll, wenn jemand meine Möse würdigt.

Fellatio

Das Wort Fellatio leitet sich von dem lateinischen Verb *fellare*, lecken, ab. Was wäre das Liebesvokabular ohne die lateinische Sprache? Eines der am besten verkauften Videos, die wir führen, ist der halbstündige Lehrfilm *How to Perform Fellatio (Wie führe ich Fellatio aus?)*. Aus diesem Video geht eindeutig hervor, daß Schwanzlutscher gemacht und nicht geboren werden. Der vernünftige Rat in diesem Film lautet, daß Sie der Körpersprache Ihres Partners Hinweise entnehmen und die Tatsache respektieren sollten, daß Männer unterschiedliche Vorlieben in bezug auf orale Stimulierung haben. Finden Sie heraus, ob Ihr Partner festen oder sanften Druck bevorzugt, ob er wünscht, daß Sie sich mit dem Kopf oder der Wurzel seines Penis befassen, ob Sie saugen oder rhythmisch mit der Zunge darübergleiten sollen. Natürlich kann es eine Vielzahl von Methoden geben, die Ihren Partner zufriedenstellen:

Ich liebe Fellatio, von sanftem Lecken bis zum heftigen Saugen.

Heute habe ich meine besten Orgasmen, wenn ich über dem Gesicht eines anderen Mannes hocke und er meine Eier küßt und benagt, während seine Nase mein Arschloch kitzelt.

Die einzige Hauptregel, die bei den meisten Männern gilt, lautet, keine Zähne. Achten Sie also darauf, die Genitalien Ihres Partners nicht mit den Zähnen zu verletzen, denn dies könnte die erotische Stimmung stark beeinträchtigen. Falls Ihr Partner es genießt, wenn Sie ein wenig an seinem Penis knabbern, wird er es Sie wahrscheinlich wissen lassen.

Was mir nicht gefällt, ist, wenn ich wund werde oder wenn eine Frau mit den Zähnen an mir schabt oder zuviel Druck ausübt.

Techniken

Allgemein gesprochen besteht Fellatio aus mehr, als den Mund über dem Schaft des Penis auf- und abzubewegen. Natürlich können Sie einfach den Mund öffnen und ihn ein passives Empfangsorgan für einen stoßenden Penis sein lassen. Es gibt einen speziellen Ausdruck für diese Technik – *Irrumation* –, aber diese Art von Fellatio ist weder so gebräuchlich noch so lustvoll für den Fellator, wie die Methode, bei der dieser lutscht und die Aktivität übernimmt. Wie beim Cunnilingus tun Sie auch hier am besten daran, wenn Sie sich mit dem Mund an den sensibelsten Stellen zu schaffen machen, nämlich an der Glans oder der Eichel, an dem ringförmigen Wulst an der Basis der Glans und an der Raphe, der Naht entlang der Unterseite des Penis. Mit Ausnahme der Naht ist der Penisschaft nicht sonderlich empfindlich, deshalb führt es nicht unbedingt zu großartigen Empfindungen, wenn Sie am Schaft entlang lecken, als wäre er ein Eis am Stiel. Konzentrieren Sie sich deshalb auf die Glans und den Ringwulst – Sie können die Hand gewissermaßen als Erweiterung

Ihres Mundes um den Schaft legen. Vielleicht genießt Ihr Partner es, wenn Sie am Kopf seines Penis saugen, während Sie mit der Hand den Schaft streicheln.

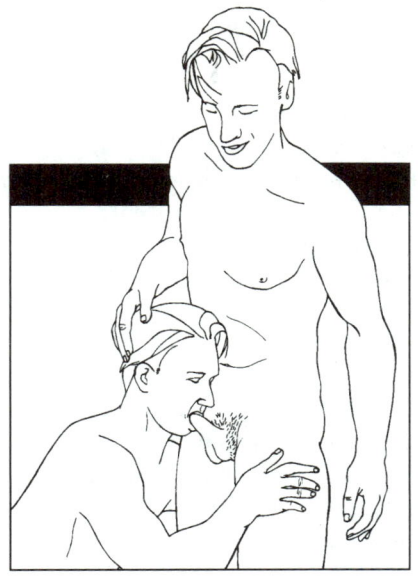

Fellatio

Sie bewegte sich sehr langsam, nahm mich in den Mund und berührte meine Eichel sehr sanft und leicht mit den Lippen und der Zunge. Was ich an ihrer Methode, außer der langsamen und bedächtigen Bewegung ihre Mundes, am meisten schätzte, war, daß sie immer ihre Hand an meinem Körper hielt und den unteren Teil meines Penis streichelte. Wenn ich mich dem Orgasmus näherte, nahm sie einen stetigen Rhythmus auf. Sie bewegte ihren ganzen Kopf in einer langen und dann kurzen, langsamen und dann schnellen, melkenden Bewegung auf und nieder.

Eine Technik, die ich sehr genieße, ist, wenn meine Partnerin den Mund öffnet, die Hand an meinen unteren Penis legt und dann mei-

nen Schwanz in ihrem Mund rasch hin- und herschüttelt oder mit ihm wackelt. Das erzeugt ein wundervolles Geräusch, das ich erregend finde.

Stellungen

Oft liegt der Mann auf dem Rücken und empfängt oralen Sex, während sein Partner zwischen seinen Beinen liegt, hockt oder kniet. Wenn Sie am Penis ihres Partners lutschen, während Sie ihm ins Gesicht schauen, können Sie Ihre Brust an seinem Penis und seinem Skrotum reiben und mit der Hand seinen Körper streicheln. Wenn Sie mit dem Gesicht seinen Füßen zugewandt sind, befinden Sie sich in einer Lage, in der Sie ein größeres Stück von seinem Penis in den Mund nehmen können, aber Sie können nicht so leicht an der sensitiven Unterseite seines Penis lecken. Vielleicht möchten Sie auf dem Boden knien und an seinem Penis lutschen, während er steht oder rücklings auf dem Bett liegt. Oder Sie ziehen es vor, auf dem Rücken zu liegen – den Kopf von Kissen unterstützt –, während Ihr Partner mit gespreizten Schenkeln über Ihrem Gesicht kniet und ihren Mund von oben her penetriert. Grundsätzlich ist jede Position eine gute Position, in der Sie beide gut zurechtkommen.

Als ich mit einer Frau zusammen war, schauten wir einander beim Liebesspiel in die Augen. Ich fand dies wirklich faszinierend und erotisch. Ich stelle mir vor, daß man beim oralen Sex leicht den Blickkontakt verliert, aber sie legte sich auf den Rücken und ließ mich breitbeinig über ihr knien. Das ist eine großartige Stellung für Fellatio und Prostata-Massage.

Verstärker

Vergessen Sie nicht den übrigen Körper Ihres Partners, wenn Sie sich um seinen Penis kümmern. Sie können mit der Hand an seinen Brustwarzen spielen oder seinen Hintern oder seine Schenkel liebkosen, während Sie lutschen. Viele Männer genießen eine anale Stimulierung – mit der Zunge, mit einem Finger, einem Dildo oder einem vibrierenden Butt Plug – als Zugabe zum oralen Sex:

Eine sanfte Stimulierung der Prostata macht das Schwanzlutschen vollkommen. Ich mag es, wenn man mir in die Brustwarzen beißt oder an ihnen lutscht. Ein einfaches Befingern meiner Analöffnung ist reizvoll.

Vielleicht möchten Sie einen Vibrator an den Damm Ihres Partners halten, oder Sie möchten selbst mit einem Vibrator spielen. Es gibt kein Gesetz, das besagt, daß nur einer von Ihnen beiden sexuell stimuliert werden darf. Viele heterosexuelle Paare genießen den Einbezug der Brüste in die Fellatio – der *Memmenfick* stellt eine weitverbreitete Alternative zum Geschlechtsverkehr dar, und er läßt sich leicht mit oralem Sex kombinieren.

Einmal benutzte ich einen Vibrator, während ich Fellatio ausführte – es war wundervoll! Es ist das einzige Experiment mit einem Spielzeug, das ich mit einem Partner unternahm.

Ich mag Fellatio, wenn mein Partner abwechselnd meine Brüste und meinen Mund fickt, während wir eine Menge über Sex reden. Wenn er kurz davor steht zu kommen, mag ich es, wenn er mit einer Hand die Kontrolle über seinen Schwanz übernimmt und mit der anderen meinen Kopf bewegt. Dadurch werden meine Hände frei, und ich kann meine Brüste reiben und mich selbst berühren, so daß wir gemeinsam kommen.

Fellatio bietet Ihnen eine ausgezeichnete Möglichkeit, sich mit den Genitalien Ihres Partners vertraut zu machen. Sie können mit den Fingern seinen Damm massieren, sein Skrotum umfassen und Ihre Hand als Schwanzring benutzen, seine Hoden lecken oder in den Mund nehmen, und seinen Genitalien weitere Aufmerksamkeiten zukommen lassen. Fellatio erlaubt Ihnen ebenso wie Cunnilingus eine intime Zeugenschaft bei der Erregung Ihres Partners sowie ein unvergleichliches Gefühl, die Kontrolle über seine sexuelle Lust zu haben.

Fellatio bei meinem Partner auszuführen, gehört zu den größten Vergnügen. Ich habe sie zu einer Kunst der süßen Tortur hochstili-

siert, die ihm einen außergewöhnlichen Orgasmus beschert und ihn für die nächste halbe Stunde bewegungsunfähig macht.

Seit kurzem komme ich selbst beinahe, wenn ich Fellatio an ihm ausführe.

Was mir an Fellatio gefällt, ist, daß sie so langsam zu einem Orgasmus führt. Oft liege ich nur dort, bewege mich vielleicht langsam, spüre einfach nur, wie sich die nervöse Stimulierung aufbaut, und weiß, daß sie sich weiter aufbauen wird, bis ich komme.

Deep Throat

Deep Throat ist der Begriff, mit dem gewöhnlich die Technik bezeichnet wird, den Penis tief in den Mund zu nehmen. Was dieser Technik an Finesse mangelt – Sie können weder lecken noch lutschen und nichts weiter tun, als die Lippen um seinen Penisschaft zu schließen –, wird dadurch wettgemacht, daß Sie Ihre Freunde und Liebhaber beeindrucken können. Die richtige Lage und Entspannung sind die beiden Schlüssel für die Ausführung dieser Technik. Sie müssen entweder über dem Penis Ihres Partners knien, mit Blick auf seine Füße, so daß Ihr Mund und Ihre Kehle sich im richtigen Winkel für die Aufnahme seines ganzen Penis befinden, oder Sie liegen auf dem Rücken und strecken den Kopf über eine Bettkante aus, so daß Mund und Kehle eine Linie bilden. Im Prinzip nehmen Sie seinen ganzen Penis in den Mund; das bedeutet, daß Sie daran arbeiten müssen, sich Ihren Würgereflex abzutrainieren. Halten Sie eine Hand an die Basis seines Penis, mit dem Hinweis, daß Sie ihn sich zur Not rasch aus dem Mund ziehen können, ohne daß Ihr Partner es Ihnen verübelt. Würgen ist eine natürliche Reaktion auf einen Gegenstand, der Ihre Kehle blockiert. Übung und Zuversicht helfen Ihnen dabei, sich diesen Reflex abzutrainieren. Natürlich können Sie auch ein ausgezeichneter Fellator sein, ohne mehr als ein paar Fingerbreit seines Penis in den Mund zu nehmen.

Neunundsechzig

Neunundsechzig ist die volkstümliche Bezeichnung für gleichzeitigen und gegenseitigen oralen Sex. Das Wort leitet sich von dem Umstand ab, daß eine 6 wie eine 9 aussieht, die auf dem Kopf steht, und umgekehrt. In einer Neunundsechzig-Stellung liegen Sie und ihr Partner entweder in der Weise seitlich zueinander, daß einer des anderen Füße vor Augen hat, oder einer von Ihnen liegt auf dem Rücken, während der andere umgekehrt über ihm kniet. Die Vorstellung, daß Sie beide einen Ring bilden, bei dem jeder von Ihnen mit dem Mund die Genitalien des anderen berührt, hat ohne Zweifel ihren Reiz.

Ich phantasiere viel von Neunundsechzig, wenn ich einem Burschen mein Herz geschenkt habe ... mir kommt dies immer so liebevoll vor, ein gegenseitiges Geben und Nehmen, und unglaublich intim.

Es ist wundervoll, sich in der Möse einer anderen Frau zu verlieren, während die eigene stimuliert wird.

Neunundsechzig ist mein absoluter Favorit. In den Mund genommen zu werden und die Lust zu erwidern, während die nackten Körper einander berühren, ist die innigste und intensivste Erfahrung überhaupt.

Neunundsechzig – Hmmmm. Ich liebe es über alles, wenn sich ein Mann oder eine Frau unten an mir zu schaffen macht. Mein Partner liegt meistens auf mir, und ich liege unter ihm mit seinem Schwanz im Mund. Ich werde rasend, wenn ich nur daran denke.

Meine liebste Aktivität ist Neunundsechzig. Es erfüllt zugleich eine Menge Sehnsüchte, das heißt, Schwanzlutschen, gelutscht werden und in engem Körperkontakt mit meinem Partner sein. Es ist ein wundervoller, narzißtischer Kreis der gegenseitigen oralen Liebe und der vertrauensvollen Männlichkeit.

Aber auf jeden, der auf Neunundsechzig schwört, kommt ein anderer, der diese Technik für überbewertet hält. Es ist schwierig, sich auf orales Reizen und Necken eines Partners zu konzentrieren, während zugleich die eigenen Genitalien von angenehmen Empfindungen überflutet werden. Bei den meisten Menschen wird die sexuelle Erregung von schwerer Atmung und gesteigerter Muskelspannung begleitet. Es ist nicht leicht, die Klitoris einer Partnerin rhythmisch mit der Zunge zu stimulieren oder zu vermeiden, daß man mit den Zähnen über den Penis des Partners schabt, wenn man selbst sich am Rande eines Orgasmus befindet.

Neunundsechzig ist zu verwirrend für mich ... Ich vergesse, meinen Teil zum Handel beizutragen.

Ich finde, daß Neunundsechzig überschätzt wird, weil einer von beiden abgelenkt ist.

Zur Abwechslung ab und zu Neunundsechzig ist in Ordnung, aber ich finde es besser, wenn man einander ablöst, statt gleichzeitig oralen Sex auszuüben. Ich möchte entweder mich auf die Stimulierung meines Partners konzentrieren oder von meinem Partner stimuliert werden.

Aber lassen Sie sich unter gar keinen Umständen davon abhalten, mit gegenseitiger, oraler Stimulierung zu experimentieren. Vielleicht möchten Sie Neunundsechzig in Ihr Liebesspiel einbeziehen, ohne sich darauf als Mittel zum Orgasmus zu versteifen.

Ich ziehe es vor, oralen Sex entweder zu empfangen oder zu geben, aber ich lehne auch ein Angebot zu Neunundsechzig nicht ab!

Tips und Techniken

Das Spiel mit Temperaturen ist ein erprobtes Mittel, um die Lust am oralen Sex zu steigern. Vielleicht möchten Sie einen Eiswürfel im Mund halten, während Sie mit der Zunge am Penis Ihres Partners entlanggleiten. Oder ein Eisstückchen an die Klitoris Ihrer

Partnerin legen und sie mit dem Mund wieder aufwärmen. Andere trinken heiße Getränke, bevor sie den Penis oder die Klitoris ihres Partners/ihrer Partnerin in den Mund nehmen. Wenn Sie aus nächster Nähe auf die Genitalien ihres Partners hauchen, erzeugen Sie ein Wärmegefühl, während ein Blasen aus fünfzehn Zentimetern Entfernung ein reizvolles Gefühl der Kühle hervorruft.

Viele Sexspielzeugläden, darunter auch der unsrige, verkaufen eine Vielzahl aromatischer Gele zur Steigerung der Lust am oralen Sex. Diese Gele lassen sich gewöhnlich in zwei Grundsorten unterteilen: solche, die Wärme erzeugen, und jene, die das Gefühl betäuben. Die ersteren enthalten in der Regel entweder Glycerin oder essentielle Öle wie Zimt-, Pfefferminz- oder Nelkenöl. Wenn Sie diese Gele auf Ihre Haut auftragen und leicht darauf blasen, erwärmt sich die Haut. Die Gele der zweiten Art enthalten oft Benzocain oder andere milde Anästhetika. Das Angenehme bei der Verwendung dieser Gele besteht in dem Gefühl, das in Ihre Genitalien zurückströmt, wenn die betäubende Wirkung nachläßt. Man kann diese Gele bedenkenlos auf Penis oder Klitoris auftragen und dann ablecken, aber Frauen sollten darauf achten, daß diese Produkte nicht in ihre Vagina gelangen. Essentielle Öle und Anästhetika können die Schleimhäute reizen. Der Leckende sollte darüber hinaus daran denken, daß sein Mund taub werden wird.

Wer lieber nur etwas essen und trinken möchte, was keine künstlichen Zusätze enthält, genießt es vielleicht, seinem Partner Schlagsahne, Schokoladencreme oder Beerenmarmelade vom Körper abzulecken. Ob Sie oralen Sex *nature* oder *à la mode* vorziehen, liegt ganz bei Ihnen.

Einmal hat ein Partner eine Banane in mich eingeführt und sie aus mir gegessen – himmlisch!

Eine meiner schönsten Erinnerungen an ein Liebesspiel war, als mein Partner Marmelade aus meiner Möse leckte, eine volle Weinflasche in meine Möse einführte, Wein hineingoß und aus meiner Möse trank.

Rimming

Rimming ist der gebräuchliche Ausdruck für oral/anale Stimulierung. Lecken und Küssen des Anus werden auch als *Analingus* bezeichnet. Diese Variante ist für manche Leute stark emotionell belastet, und selbst jene, die Freude am oral/genitalen Sex haben, fühlen sich von oral/analem Sex häufig abgestoßen. Diese Standpunkte dem Rimming gegenüber lassen sich wie folgt zusammenfassen:

»Weshalb sollte ich das Loch auslecken wollen, aus dem die ganze Scheiße herauskommt?« und »Weshalb sollte ich mir nicht wünschen, daß mein Anus die gleich liebevolle Aufmerksamkeit wie meine übrigen erogenen Zonen erhält?« Der Anus ist hochgradig empfindlich und mit Nervenenden durchsetzt, und es ist keine Frage, daß sich Küsse auf den Anus rein physiologisch ebensogut anfühlen wie auf den Mund.

Rimming ist eine Sonderleistung, die einem nur selten »per Zufall« zuteil wird. Meine derzeitige Partnerin fand es abstoßend, bis ich es bei ihr ausführte und sie ein tolles Erlebnis hatte. Sie weigert sich, darüber zu sprechen.

Wenn Sie die grundlegenden, hygienischen Vorkehrungen treffen, sollten Sie sich die Freuden des Rimming nicht versagen. Zu den Risiken, die mit der Aufnahme von Kot verbunden sind, gehört eine Infektion mit dem Hepatitis-Virus oder mit Darmparasiten. Frühe AIDS-Forscher stuften Rimming unter die Aktivitäten mit einem hohen Risiko der HIV-Viren-Übertragung ein, aber diese Klassifizierung gilt heute als fragwürdig. Da der Kot im Dickdarm gesammelt wird und vor der Defäkation nicht in das Rektum oder den Anus gelangt, werden Sie wahrscheinlich nur Spuren davon im Anus Ihres Partners vorfinden. Sie könnten sich darauf einigen, daß Sie gemeinsam baden, bevor Sie sich auf Rimming einlassen, aber Bad oder nicht Bad, Sie sollten ernsthaft in Betracht ziehen, einen Schutz irgendeiner Art zwischen Mund und Anus zu bringen. Dünne Gummitücher, wie der Zahnarzt sie benutzt, aufgeschnittene Kondome oder Latexhandschuhe und Frischhaltefolie stellen einen wirksamen Schutz dar. Falls Sie auf einen Schutz verzichten, sollten Sie niemals den Anus Ihres Partners küssen und danach den Mund oder die Vagina, wenn Ihr Partner eine Frau ist. Sie könnten vom Anus zur Vagina oder zum Mund infektiöse Kotspuren übertragen.

Wenn Sie die hygienischen Vorkehrungen getroffen haben, die Sie für angemessen halten, und sich mit der Zunge dem Anus Ihres Partners nähern, was werden Sie tun? Sie können den Anus mit der Zunge umkreisen, die Zunge gegen die anale Öffnung schnellen lassen, am Anus lecken, saugen oder die Zunge hineingleiten lassen. Unser Anus ist der Sitz so großer Spannungen, daß Ihr Partner jede sanfte Berührung mit der Zunge zweifellos als außerordentlich entspannend und lustvoll empfindet.

Ich liebe es, zu knien, den Hintern hochgereckt, während sie mit der Zunge meinen Anus bearbeitet. Nicht so sehr stoßend, als vielmehr reizend, schnellend, leckend. Zum Glück haben es alle meine Freundinnen, mit einer Ausnahme, genossen, mir den Arsch auszuschlecken.

Safer Sex

Wir haben zwar das ganze Kapitel hindurch Anmerkungen zum Safer Sex gemacht, aber wir möchten nicht ohne eine summarische Zusammenfassung der zeitgenössischen Ansichten zum Risikomanagement beim oralen Sex schließen. Zur Zeit gilt oraler Sex hinsichtlich der Wahrscheinlichkeit einer HIV-Übertragung als weit weniger riskant als noch vor fünf Jahren. Aber im Grunde existiert so etwas wie Safer Sex nicht, und wir hoffen, daß Sie bei Ihrer Entscheidung für eine oder mehrere Vorsichtsmaßnahmen sämtliche relevanten Informationen sorgfältig abwägen.

Sexuell übertragbare Krankheiten

Bei einem oral/genitalen Kontakt ohne Schutzmaßnahmen kann man Pilzinfektionen, Hepatitis B und Herpes übertragen. Herpes Labiales (Lippenherpes) kann auf die Genitalien übertragen werden, und genitaler Herpes auf den Mund. Sie sollten niemals auf einen Schutz bei oralem Sex verzichten, wenn Ihr Partner einen Herpesausbruch hat. Außerdem kann Herpes asymptomatisch übertragen werden, das heißt, sogar dann, wenn kein aktiver Ausbruch zu beobachten ist. Ziehen Sie in Betracht, Gummitücher, aufgeschnittene Kondome oder Latexhandschuhe als Schutz beim oral/vaginalen oder oral/analen Sex zu verwenden. Benutzen Sie Kondome bei Fellatio. Sie wären gut beraten, bei einer akuten Herpes auf Fellatio zu verzichten, da Herpesbläschen sich an der Basis des Penis und an den Hoden bilden können, wo ein Kondom sie nicht abdecken würde.

HIV

Das HIV-Virus befindet sich im Samen, im Blut und in der vaginalen Flüssigkeit der infizierten Personen; in welchem Umfang auch die Speichel- und Tränenflüssigkeit Träger des Virus ist, wissen wir noch nicht genau. Blut – darunter natürlich auch Menstruationsblut – enthält das HIV-Virus in weit höherer Konzentration als die vaginalen Säfte, deshalb ist es riskanter, mit dem Menstruationsblut einer Partnerin in Kontakt zu kommen als mit ihren Scheidensekreten. Es herrscht noch ein gewisser Streit darüber, ob eine HIV-positive Frau jemals das Virus ausschließlich durch oralen Sex auf einen Partner übertragen hat. Man weiß, daß Enzyme im Mund eines Gesunden selbst HIV-Viren abtöten. Aber wenn Sie offene Wunden oder auch nur winzige Risse vom Zähneputzen oder der Anwendung von Zahnseide haben, könnte das Virus in Ihr Blut gelangen, wenn Sie Ihren Mund in Kontakt mit den Genitalien einer infizierten Person bringen. Sparen Sie sich also Ihre Zahnhygiene bis nach dem Sex auf. Wenn Sie Ihrem Partner erlauben, in Ihrem Mund zu ejakulieren, gehen Sie ein höheres Risiko ein, als wenn er seinen Penis vor der Ejakulation zurückzieht. Das Risiko, daß eine HIV-positive Person das Virus weitergibt, während sie Cunnilingus oder Fellatio ausübt, ist gering.

Nichts von dem oben Gesagten muß Sie davon abhalten, sich an sicherem oralen Sex zu erfreuen. Es steht eine Vielfalt von Schutz- vorrichtungen aus Latex oder Kunststoff zur Verfügung, mit deren Hilfe Sie einen direkten Kontakt Ihrer Mundschleimhäute mit den genitalen Schleimhäuten Ihres Partners vermeiden können, und um- gekehrt. Die Gummitücher des Zahnarztes sind eine Möglichkeit, wie Sie sich bei oral/vaginalem oder oral/analem Sex schützen kön- nen. Ein Vorteil der Gummitücher ist, daß Sie in verschiedenen Ge- schmacksrichtungen angeboten werden: Pfefferminze, Vanille oder Wintergreen (*Gaultheria procumbens*, im Osten Nordamerikas häu- figes Strauchgewächs mit roten, beerenartigen Früchten. Die daraus gewonnenen ätherischen Öle enthalten vor allem Methylsalizat). Man hat von einfallsreichen Leuten gehört, die Gummitücher mit Hilfe eines Ledergeschirrs oder Sportgürtels an Ort und Stelle über ihren Genitalien tragen. Ein Nachteil ist, daß diese Tücher nur fünfzehn mal fünfzehn Zentimeter groß sind – immerhin wurden sie für den zahnärztlichen Gebrauch entworfen und nicht fürs Schlafzimmer. Vielleicht ziehen Sie es vor, ein Kondom oder einen Latexhandschuh aufzuschneiden oder größere Stücke aus einer Frischhaltefolie herauszuschneiden. Kondome, Latexhandschuhe und Frischhaltefolie sind dünner als Gummitücher. Zur Zeit findet eine Debatte in der öffentlichen Gesundheitsfürsorge statt über die Frage, ob Frischhaltefolie ausreichend undurchlässig ist, um einen Schutz gegen Viren darzustellen, aber es steht außer Frage, daß eine Schutzfolie aus Kunststoff besser als gar kein Schutz ist.

Welche Schutzmethode Sie auch anwenden, tragen Sie auf der Seite des Gummis oder Plastiks, die an den Genitalien Ihres Part- ners anliegt, ein Gleitmittel auf, um die Empfindungen zu verstär- ken. Viele Anhänger des Cunnilingus haben die Erfahrung gemacht, daß die Verwendung eines Schutzes beim oralen Sex ihrem Reper- toire eine ganze Reihe neuer Tricks hinzufügte. Wenn Sie ein Gum- mituch straff über die Genitalien Ihrer Partnerin spannen, Ihre Lip- pen spitzen und eine kleine Gummiblase direkt über ihrer Klitoris ansaugen, erzeugen Sie einen anregenden Effekt. Unnötig zu sagen, daß es auch außerordentlich befreiend ist, zwischen der Vagina und dem Anus Ihrer Partnerin lecken zu können, ohne sich von hygienischen Bedenken einschränken zu lassen.

Viele Menschen haben sich bereits daran gewöhnt, beim oralen Sex Kondome zu benutzen. Sie ziehen es wahrscheinlich vor, Kondome ohne Gleitmittel zu benutzen, da die üblichen Gleitgele nicht gerade wegen ihres großartigen Geschmacks berühmt sind. Es sind mehrere aromatisierte Kondome auf dem Markt – Sie haben die Wahl zwischen Minze, Lakritz und einer Früchtemischung, oder Sie aromatisieren ein einfaches Kondom mit einem zum Verzehr geeigneten Gel auf Wassergrundlage. Auch gehören Sie vielleicht zu jenen, die einen »ehrlichen« Latexgeschmack einem überspielten Latexgeschmack vorziehen. Die Kondome, die heutzutage hergestellt werden, sind beinahe so dünn wie eine zweite Haut. Möglicherweise ist ihr Partner überrascht, daß Latex Empfindungen und Wärme mit erregender Originaltreue weitergibt und daß oraler Sex durch Latex sich fast so gut wie »ohne« anfühlt.

Die neue Technik

Ein englischer Hersteller bereitet die Vermarktung eines Kondoms aus Polyurethan vor. Polyurethan ist ein erheblich stärkerer Kunststoff als Latex, deshalb lassen sich Kondome aus diesem Material dünner herstellen, und sie vermitteln eine größere »Gefühlsechtheit« als Latex-Kondome. Außerdem ist Polyurethan unempfindlich gegen Öle und riecht und schmeckt nicht wie Latex. Kondome aus diesem Material werden teurer als Latex-Kondome sein, aber die wenigen Personen, die gegen Latex allergisch sind, werden sie dennoch als wahre Wohltat begrüßen.

Mayer Laboratories, ein größerer Hersteller von Kondomen und Gleitmitteln, plant den Vertrieb einer Gesichtsmaske aus Latex zur Verwendung zum oralen Safer Sex. Diese Maske aus kondomdünnem Latex bedeckt Nase, Mund, Wangen und Kinn. Luftschläuche an den Nasenlöchern verleihen ihr das Aussehen einer Tauchermaske. Ein Latexbeutel über dem Mund gibt der Zunge genügend Raum und macht die Maske sowohl für Fellatio als auch für Cunnilingus geeignet. Das Geniale an der Maske ist, daß sie es ermöglicht, auf einen Schutz über den Gesichtschleimhäuten des Partners zu verzichten. Sie bietet entschieden mehr Bewegungsfreiheit als ein Gummituch oder eine Frischhaltefolie und damit mehr Komfort für denjenigen, der sie trägt. Die Preise für die Gesichtsmaske werden zu Beginn bei zehn Mark oder höher liegen, somit ist sie ein wenig teuer für ein Produkt zur einmaligen Benutzung, aber der Preis wird fallen, wenn Mayer eine Möglichkeit gefunden hat, die Herstellungskosten zu senken.

9. Alles über Vibratoren

Ich mag es, am Morgen mit einem anregenden Orgasmus durch meinen geliebten Vibrator wach zu werden. Das ist besser als eine Tasse Kaffee!

Vibratoren stellen das bestgehütete Geheimnis des zwanzigsten Jahrhunderts dar. Wir haben Hunderte von Menschen beraten, die sich über Vibratoren informieren wollten und bis zu ihrem Besuch bei *Good Vibrations* nicht viel darüber herausfinden konnten. Falls Sie jemals den Nerv aufbrachten, einen Laden für Sexspielzeuge aufzusuchen, waren Sie vermutlich stapelweise mit vibrierenden Billigartikeln konfrontiert, haben aber nur wenig Hilfe oder Beratung von den Verkäufern erhalten. Viele Kunden berichteten uns von verständlicherweise enttäuschenden Erfahrungen mit Geräten wie Throbbing Ten-Inch oder Fantasy Joystick, die sie bei derartigen Gelegenheit erstanden hatten.

Der Versuch, Aufklärung aus Sexbüchern zu erhalten, kann sich als ebenso vergeblich erweisen. Die meisten gängigen Sexhandbücher handeln den Vibrator bestenfalls als Masturbationshilfe ab, im schlimmsten Fall als böse und suchtbildend. Ein rasches Durchblättern populärer Sexbücher ergibt, daß dem Vibrator höchstens ein Absatz gewidmet wird; und in der Regel handelt es sich um eine nicht allzu exakte Beschreibung eines oder zweier Modelle, und ein paar Worte, die geeignet sind, Befürchtungen, die durch diese Darstellung hervorgerufen wurden, zu verstärken oder zu entschärfen. (Werde ich abhängig? Bekomme ich einen Elektroschock? Wird es meinen Partner überflüssig machen?) Hier ein Beispiel aus *The New Joy of Sex*:

Der Vibrator stellt keinen Ersatz für den Penis dar – einige Frauen ziehen ihn dem Finger beim Masturbieren vor, oder sie führen ihn

in die Vagina ein, während sie sich manuell mit ihrer Klitoris befas-
sen ... Eine gründliche Ganzkörpermassage mit dem Vibrator ist
besser als eine übermäßige Konzentration auf den Penis oder die
Klitoris.

Lassen Sie uns untersuchen, was an diesem Absatz alles nicht
stimmt. Erstens fördert Dr. Comfort durch die Erwähnung, daß
Frauen Vibratoren als »Penisersatz« benutzen könnten, den vorherr-
schenden Mythos, daß die meisten Frauen einen Orgasmus haben,
wenn sie den Vibrator in die Vagina einführen (außerdem entdecken
wir hier eine klitzekleine Unsicherheit, Doktor). Dann berichtet er
zutreffend, daß Frauen Vibratoren sowohl an der Klitoris als auch
vaginal anwenden. Aber in seiner letzten Behauptung wartet er mit
der mysteriösen Andeutung auf, daß der ausschließlichen Verwendung eines Vibrators zum Masturbieren etwas Böses oder Gefährliches anhaften könnte, und daß wir uns mit derselben Hingabe dem
restlichen Körper widmen sollten.

Der Mangel an sachlicher Information über Vibratoren veran-
laßte Joani Blank, die Gründerin von *Good Vibrations*, 1977 (neu
durchgesehene Auflage 1984) ein Handbuch mit dem Titel *Good Vibrations* zu schreiben, das die Geschichte des Vibrators sowie eine
Anleitung zu seiner Verwendung enthält. Es ist nach wie vor das einzige Buch über diesen Gegenstand, aber den meisten allgemeinen
Buchhandlungen ist sein Inhalt zu anrüchig, und sie ziehen es vor,
statt dessen stapelweise Bücher wie *The New Joy of Sex* anzubieten.

In diesem Kapitel zerren wir begeistert die Vibratoren ans Tages-
licht. Es gibt Tausende von Menschen, die sie einstöpseln und an-
werfen, und das liegt gewiß nicht daran, daß Vibratoren funktions-
untüchtig und einsame Bettgenossen wären, sexbesessen machten
und die Liebe verkümmern ließen, frustrierend, präorgasmisch oder
beim Partner-Liebesspiel enttäuschend wären – es liegt daran, daß
sie großartige Gefühle vermitteln. Es gibt eine Million Möglichkeiten, sich mit einem Vibrator zu vergnügen – Sie werden nur durch
Ihre Phantasie eingeschränkt. Wir erklären Ihnen das Wer, Was,
Wann, Wo und Weshalb der Vibratoren, aber es liegt an Ihnen, mit
Ihren Spielzeugen zu spielen, um zu entdecken, auf welche Weise Sie
am meisten Freude daran haben.

Ich liebe alle meine Sexspielzeuge und spare Geld, um meine Sammlung zu vervollständigen. Ich benutze Vibratoren zum Anschluß an die Steckdose, batteriebetriebene Vibratoren, Dildos und Plugs aller Arten. Bevor ich all diese feinen Geräte besaß, konnte ich niemals aus eigener Kraft kommen, und jetzt komme ich immer!

Eine kurze Geschichte des Vibrators

Die erhabene Geschichte des elektrischen Vibrators begann im Jahr 1869 mit der Einführung eines dampfbetriebenen Massagegerätes, das ein amerikanischer Arzt patentieren ließ. Es war als Arbeitskraft ersparendes, medizinisches Werkzeug zur Behandlung von »Frauenkrankheiten« gedacht. Innerhalb von zwanzig Jahren folgte ein britischer Arzt mit einem handlicheren, batteriebetriebenen Gerät, und um 1900 konnten fortschrittlichere Berufsmediziner Dutzende von Modellen elektrischer Vibratoren erwerben.

Die Behandlung der Hysterie

Was, so fragt man sich, taten diese geschätzten Ärzte mit ihren Vibratoren? Sie behandelten die Hysterie – die häufigste »Krankheit« bei den Frauen jener Zeit. In den fünfziger Jahren unseres Jahrhunderts wurde die Hysterie als Neurose entlarvt, aber Mediziner seit Hippokrates – dem sie ihre Bezeichnung verdankt – bis ins zwanzigste Jahrhundert hielten die Hysterie für die Auflehnung des weiblichen Unterleibes gegen sexuelle Entbehrung. Wenn eine Frau mentale oder emotionale Erschöpfung zeigte, war dies ein klarer Hinweis auf ihr Bedürfnis nach sexueller Erleichterung. Eine Genitalmassage war die übliche Behandlung bei Hysterie; ihr Ziel war die Herbeiführung eines »hysterischen Paroxysmus« (besser unter der Bezeichnung »Orgasmus« bekannt) bei der Patientin. Eine derartige Behandlung erforderte offensichtlich Geschick mit den Händen und einen nicht unbeträchtlichen Zeitaufwand, deshalb waren die Mediziner um die Jahrhundertwende von der Wirksamkeit, bequemen Anwendbarkeit und Verläßlichkeit der tragbaren Vibratoren begeistert.

Gesundheit, Vitalität und Schönheit

Da wir in einer Konsumgesellschaft leben, wurde schon bald in Frauenmagazinen und Mail-Order-Katalogen für den Vibrator als Heimgerät geworben. Anzeigen, in denen von »Gesundheit, Vitalität und Schönheit« die Rede war, priesen den Vibrator als Gesundheitshilfe an. In den zwanziger Jahren hatten die Ärzte die manuelle Behandlung der Hysterie zugunsten der psychotherapeutischen Techniken aufgegeben. Aber Vibratoren führten weiterhin ein reges, kommerzielles Leben. Sie wurden ähnlich wie Patentmedizin vermarktet; als Kur für alle Leiden von Kopfschmerzen bis Asthma und »vergehende Schönheit« und sogar bei Tuberkulose!

Die Anzeigentexte waren schamhaft und maßlos zugleich. »Erstrahlen Sie«, schlug eine Packungsanzeige vor. Und wer hätte der Versuchung widerstehen können, »dieses delikate, erregende und die Gesundheit wiederherstellende Gefühl, das wir Vibration nennen« zu erfahren, wenn versichert wurde: »Es läßt Sie vor Lebensfreude beben!« Die Nützlichkeit des Vibrators beim Masturbieren wurde niemals eingestanden, aber als Vibratoren in den zwanziger Jahren in Herrenfilmen eine Rolle zu spielen begannen, wurde es zunehmend schwieriger, ihre sexuelle Funktion zu übersehen. Wahrscheinlich war dies die Ursache dafür, daß Werbeanzeigen für Vibratoren nach und nach aus anständigen Publikationen verschwanden.

Ein überlegenes Sexspielzeug

Bis auf den heutigen Tag werden Vibratoren ausschließlich als Massagegeräte angepriesen, und ihre Hersteller leugnen standhaft ihre sexuelle Nützlichkeit. Vibratoren sind ein großes Geschäft; sie werden in Sexläden und über Versandkataloge verkauft, und trotzdem werden ihre wahren Talente schamhaft verschwiegen. Wir träumen von dem Tag, an dem Elektrovibratoren stolz als die überlegenen Sexspielzeuge angepriesen werden, die sie sind. Immerhin ist – wie eine frühe Werbeanzeige lautete – »Die Heilkraft der Massage fast ein Wunder, *wenn sie richtig angewandt wird*«.

Als ich meinen Vibrator erstanden und gelernt hatte, ihn in mein einsames Liebesspiel miteinzubeziehen, fand ich, daß es sich um das Beste handelte, was ein Mädchen im Haus haben kann.

Weshalb sollte ich einen Vibrator benutzen?

Wenn Sie diese Frage stellen, könnten Sie willens sein, den Abschnitt über Vibratoren zu überschlagen. Vielleicht denken Sie: »Ich bin ein Mann, und Vibratoren sind nur etwas für Frauen«, oder: »Meine Orgasmen sind so gut, wie sie nur sein können; ich brauche keine zusätzliche Stimulierung.« Falls einer dieser Sätze auf Sie zutrifft, oder falls Sie einen anderen Grund zur Ablehnung haben, wie zum Beispiel: »Ich habe sie alle ausprobiert, und keiner hat mir gefallen«, fordern wir Sie auf weiterzulesen. So ziemlich jeder Mensch kann einen Vibrator genießen, aber der Zauber dieser vielseitigen Lustinstrumente wird häufig durch eine Wolke des Mißverständnisses, der Stereotypien und der sexuellen Negativität verdunkelt.

Gestatten Sie, daß wir einige der wichtigsten Punkte klären, wo Verwirrung entstehen kann:

Jeder kann einen Vibrator genießen

Vibratoren wurden traditionsgemäß mit Frauen in Verbindung gebracht, weil viele mit Hilfe eines Vibrators lernten, einen Orgasmus zu haben – oder leichter einen Orgasmus zu erreichen. Die meisten Frauen brauchen eine ausdauernde und intensive Stimulierung der Klitoris, um einen Orgasmus zu erleben, wie sie mit der Hand oder mit der Zunge nicht immer durchführbar ist:

Ich habe immer mit der Hand masturbiert, aber sie wurde lahm. Kurz bevor ich kam, begann meine Hand sich zu verkrampfen, und manchmal versagte sie mir im entscheidenden Augenblick einfach den Dienst.

Da die meisten Männer bereits in ihrer Adoleszenz lernen, bis zum Orgasmus zu masturbieren, ist es bei ihnen weniger wahrscheinlich, daß sie sich nach Hilfe von »außerhalb« umschauen. Aber dieser

Umstand sollte Sie nicht zu dem Glauben verleiten, daß Vibratoren nur Spielzeuge für Mädchen sind. Wie Joani Blank in ihrem Buch *Good Vibrations* schreibt:

Wenn Männer ebenso wie Frauen eine große Vielfalt von Stimuli genießen (und wir wissen, daß es sich so verhält), ist nicht einzusehen, weshalb sie nicht den Vibrator als weitere potentielle Quelle der sexuell erregenden Stimulierung ausprobieren sollten.

Tatsächlich sind viele Männer über die Entdeckung von Vibratoren, Penisringe und Analspielzeug ebenso glücklich wie über die Möglichkeit, traditionellere Massagegeräte in ihre Palette aufzunehmen und zu genießen:

Ich erinnere mich, in einem Hotel in Aspen übernachtet zu haben, und dort stand ein leistungsfähiges Fußmassagegerät im Zimmer. Ich probierte es an meinem Schwanz und an den Eiern zugleich aus und hatte einen einmalig starken Orgasmus.

Auch Menschen mit Behinderungen haben den sexuellen Nutzen von Vibratoren entdeckt. Falls Sie an einer herabgesetzten Empfindungsfähigkeit leiden, stellen Sie möglicherweise fest, daß Sie die intensive Stimulierung, die ein Vibrator zu bieten hat, fühlen, während eine Handstimulation versagt hat. Falls Sie in Ihrer Beweglichkeit eingeschränkt sind, macht es Ihnen vielleicht Freude, auf einem größeren Vibrator zu liegen oder ein Modell zu benutzen, das die Hände überflüssig macht. Falls es Ihnen Schwierigkeiten bereitet, kleinere Gegenstände zu greifen, stecken Sie einen batteriebetriebenen Vibrator in einen Stoffhandschuh oder stecken Sie ihn mit dem Unterteil in einen Ball mit einem Loch in der Mitte, damit Sie ihn besser greifen können. Doppelseitiges oder einseitiges Klebeband sowie Gegenstände des täglichen Gebrauchs können Ihnen helfen, Ihr Spielzeug Ihren Bedürfnissen anzupassen. Die Mail-Order-Firma Lawrence Research* gibt einen Spezialkatalog mit diesbezüglichen Vorschlägen heraus.

* Anschrift: *Lawrence Research Group, Special Edition Catalog for Disabled People, 165 Valley Drive, Brisbane, CA 94005, 415/468-3812*

Bei fortgeschrittener Schwangerschaft stellen Sie vielleicht fest, daß Vibratoren helfen, sowohl Wund- und andere Schmerzen zu lindern, als auch eine bequeme Stimulierung Ihrer Genitalien zu ermöglichen, wenn Ihre Beweglichkeit eingeschränkt ist. Susie beschreibt in *Susie Bright's Sexual Reality*, wie sie ihren Vibrator bei der Arbeit als Erleichterung bei den Wehen benutzte:

Ich besitze eine große Fotografie von mir, auf sechs Zentimeter vergrößert, auf der ich einen entzückten Gesichtsausdruck zur Schau trage und meinen Vibrator an meinen Schamhügel halte. Ich hatte nicht an einen Höhepunkt gedacht, aber die Lust des süßen Rhythmus an meiner Klitoris war eine wundervolle Besänftigung der heftigen Kontraktionsschmerzen meines Bauches.

Joani Blank gibt in *Good Vibrations* frischgebackenen Eltern zusätzlich folgenden Tip:

Halten Sie in den ersten Monaten nach der Geburt Ihres Babys einen batteriebetriebenen Vibrator in Griffweite. Eltern berichten, daß sich unruhige Babys manchmal durch eine sanfte Rückenmassage mit einem Vibrator oder durch einen in ein Tuch gehüllten Vibrator im Kinderbettchen beruhigen lassen.

Schließlich möchten wir diejenigen, die einen Bogen um Vibratoren machen, weil sie mit ihren Orgasmen vollauf zufrieden sind, daran erinnern, daß Abwechslung die Würze des Lebens ist! Ebenso wie Ihr kulinarischer Geschmack sich verändern kann, ist auch Ihr Erlebnis eines Orgasmus einem Wandel unterworfen. Wir machen Sie auf zwei auffallende Unterschiede zwischen Orgasmen mit Hilfe eines Vibrators und Orgasmen per Hand aufmerksam: Vibratoren führen zu intensiveren Orgasmen, und Sie kommen wahrscheinlich schneller.

Vibratoren können den Partnersex verbessern

Es herrscht immer noch der Glaube vor, daß Masturbation und Vibration nur vorübergehende Notlösungen darstellen, die überflüssig werden, wenn ein wirklicher, lebendiger Partner des Weges kommt. Wir hoffen, daß Sie bei der Lektüre dieses Buches über die vielen Männer und Frauen erstaunt waren, die in diesen Dingen anderer Ansicht sind und Masturbation sowie Sexspielzeuge freudig in ihr Liebesspiel mit einem Partner einbeziehen. Manchmal müssen wir nur daran erinnert werden, daß es sich lohnt, dann und wann ein kleines Wagnis auf sich zu nehmen. Denken Sie nur an die Mahnung Ihrer Mutter, auch andere Kinder mit Ihren Sachen spielen zu lassen. Nehmen Sie ihren Rat an – Ihr Sexspielzeug mit anderen zu teilen, kann ihr Liebesleben um eine erregende Dimension bereichern. Wenn Ihr Partner weiß, daß Ihnen ein Spielzeug viel Freude macht, will er oder sie wahrscheinlich am Spiel teilnehmen. Nutzen Sie die Gelegenheit, Ihr sexuelles Repertoire zu erweitern, statt es künstlich einzuschränken. Setzen Sie nicht einfach voraus, daß Ihr Partner sich bedroht fühlt oder uninteressiert ist, und machen Sie sich die Mühe, herauszufinden, wie er oder sie tatsächlich denkt. Ein Vibrator könnte genau das richtige Mittel sein, um eine dumpfe Routine zu durchbrechen. Sie können den zusätzlichen visuellen Reiz genießen, die neuartigen Empfindungen und die nicht zu vernachlässigende Komponente der Phantasien, die sich beim Spiel mit allem möglichen Spielzeug einstellen werden. Wir hoffen, Sie durch unsere Vorschläge später in diesem Kapitel neugierig zu machen und dazu zu veranlassen, Spielzeuge in Ihr Liebesspiel mit Partnern einzubeziehen.

Vibratoren gibt es in allen Größen und Formen

Der penisförmige Kunststoffvibrator ist vermutlich das bekannteste Modell, aber er ist zugleich die Quelle endloser Verwirrung und Frustration bei Frauen, die hoffen, mittels eines solchen Modells zu einem Orgasmus zu gelangen. Die Dildoform legt ein Einführen nahe, aber die meisten Frauen haben nur dann einen Orgasmus, wenn sie den Vibrator an ihre Klitoris halten, statt ihn in der Vagina auf und ab zu bewegen. Wir könnten weinen über die vielen desinformierten Frauen, die vergeblich hofften, auf diese Art Erfolg zu haben – wo sie doch gehört hatten, daß Orgasmen mit einem Vibrator leicht zu erreichen seien. Wenn Sie sich über die verschiedenen Größen, Formen und Anwendungsmöglichkeiten informieren und

ausprobieren, welche Art der Stimulierung Ihnen zusagt, finden Sie
bestimmt einen Vibrator (oder mehrere), der für Sie richtig ist.

Mit dem Vibrator spielen

Vibratoren bieten Männern wie Frauen eine Vielzahl weiterer Anwendungsmöglichkeiten. Die einfallsreichen Kombinationen von
Spielzeugen, die Menschen anwenden, um sich Lust zu verschaffen,
ist verblüffend. Bevor wir die verschiedenen Modelle beschreiben
und Vorschläge machen, wie Sie diese Spielzeuge in Ihr Liebesleben
einbeziehen können, möchten wir jedem Mann und jeder Frau, der
oder die am Spiel mit einem Vibrator interessiert ist, ein paar
grundsätzliche Tips geben.

Ob Sie ein alter Hase im Umgang mit Vibratoren sind oder ein
blutiger Anfänger – es lohnt sich immer, mit einem neuen Spielzeug
und den Gefühlen, die es auslösen kann, zu experimentieren.

● Bringen Sie sich in Stimmung. Lesen Sie ein erotisches Buch, wan-
dern Sie nackt im Haus herum, genießen Sie Ihre Lieblingsphantasie.
Beobachten Sie den Grad Ihrer Erregung und experimentieren Sie
mit der Atmung, um zu sehen, wie sie Ihre sexuellen Reaktionen
beeinflußt.
● Probieren Sie verschiedene Stellungen aus. Legen Sie sich auf den
Vibrator, legen Sie den Vibrator auf sich, klemmen Sie ihn zwischen
Ihre Schenkel. Wenden Sie ihn an verschiedenen Körperstellen an.
● Halten Sie den Vibrator an verschiedene Stellen Ihrer Genitalien.
Wenn Sie eine Frau sind, können Sie ihn an Ihre Klitoris, die klitorale Vorhaut, den Schamhügel, die Schamlippen, die vaginale Öffnung oder den Anus halten, oder Sie können ihn in die Vagina oder
den Anus einführen. Wenn Sie ein Mann sind, können Sie den Vibrator an ihrem Penis entlanggleiten lassen, ihn an die Wurzel, das
Skrotum, den Damm oder an Ihren Anus halten. Versuchen Sie, ihn
unterhalb der Glans an der Unterseite Ihres Penis zu halten. Sie können auch Ihren Penis mit Hilfe des Vibrators gegen den Bauch
drücken, um die Vibration zu verteilen.
● Probieren Sie unterschiedlichen Druck und verschiedene Geschwindigkeiten aus. Experimentieren Sie mit einem stetigen, direk-

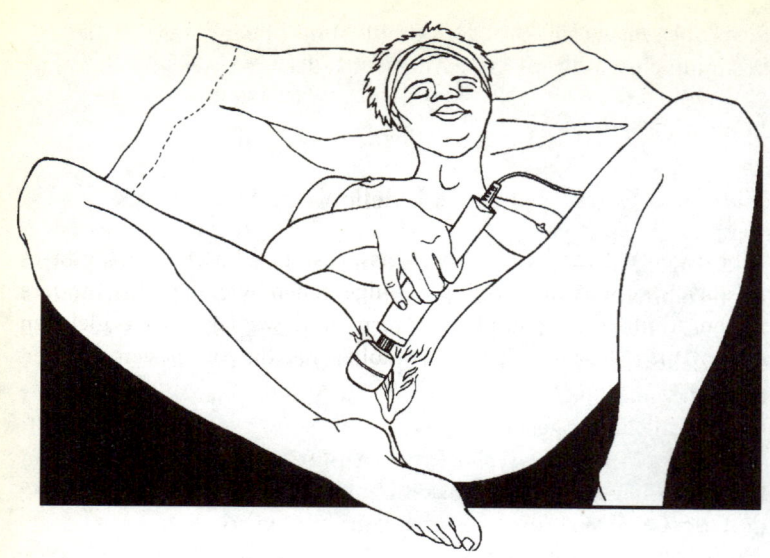

Masturbieren mit dem Stabvibrator

ten Druck, wechseln Sie zwischen starkem und leichtem Druck ab, oder unterbrechen Sie kurz. Viele Vibratoren sind auf schneller oder langsamer umschaltbar oder weisen eine stufenlose Geschwindigkeitsregelung auf.

• Wenn die Vibrationen zu intensiv sind, halten Sie den Vibrator nicht unmittelbar an Ihre Genitalien, sondern bewegen Sie ihn leicht, damit die Vibrationen verteilt werden. Oder legen Sie ihre Hand, ein Stück Stoff oder ein dickes Handtuch zwischen Vibrator und Klitoris oder Penis, um die Vibrationen zu dämpfen.

• Intensivieren Sie Ihr Vibratorspiel, indem Sie sich selbst reizen. Achten Sie auf den Grad Ihrer Erregung und nehmen Sie den Vibrator vorübergehend weg.

• Beziehen Sie andere Arten der Stimulierung mit ein – berühren Sie andere Teile Ihres Körpers, benutzen Sie weitere Spielzeuge, schauen Sie sich einen Pornofilm an, sprechen Sie mit sich selbst.

• Falls der Vibrator Ihnen nicht hilft zu kommen, machen Sie sich nichts daraus – wenden Sie ihn nur so zum Spaß an. Er könnte zur

Folge haben, daß Sie zu rasch kommen oder daß Sie gefühllos werden, so daß Sie gar nicht kommen. Nur durch Experimentieren können Sie herausfinden, wie Sie persönlich Ihre höchste Lust erreichen können.

Modelle

Vibratoren – auch häufig als »Massagestäbe« bezeichnet – gibt es in allen Größen und Formen. Einige sehen wie Eier aus, andere haben Ähnlichkeit mit Handmixern, und wieder andere gleichen einem Penis. Je nach Art der Stimulierung, die Sie mögen, werden Sie ein Modell oder eine Kombination von Modellen finden, die sie bevorzugen. Wir werden in diesem Abschnitt eine Vielzahl unterschiedlicher Modelle beschreiben und Vorschläge machen, wie Sie diese Spielzeuge in Ihr Liebesspiel einbeziehen können. Trotzdem ist unsere Auflistung natürlich nicht vollständig; es sind genügend verschiedene Vibratortypen auf dem Markt, um ein Dutzend Spielzeugtruhen damit zu füllen. Wir haben unsere Auswahl auf die gebräuchlichsten, handwerklich solidesten und bekanntesten Modelle beschränkt.

Viele Leute verwechseln Vibratoren und Dildos. Was einen Vibrator von einem Dildo und jedem anderen Spielzeug unterscheidet, ist, daß er vibriert. Der Vibrator wird entweder an die Steckdose angeschlossen, oder mit Batterien bestückt (bisher gibt es noch keine Solarzellenvibratoren!). Phallusförmige Vibratoren lassen sich als vibrierende Dildos verwenden (das heißt, Sie können sie in Ihre Vagina oder Ihren Anus einführen), aber wenn Sie etwas Penisartiges haben wollen, das *nicht* vibriert, müssen Sie nach einem Dildo oder Plug Ausschau halten.

Vibratoren für den Netzanschluß sind generell teurer als Batteriemodelle. Aber heutzutage kann man in den meisten Sexläden preiswertere Vibratoren für den Netzanschluß kaufen. Wenn Sie in einem Laden für Sexspielzeuge auf der anderen Straßenseite einen batteriebetriebenen Billig-Vibrator kaufen oder nach einem Katalog bestellen, bezahlen Sie vielleicht doppelt soviel.

Vibratoren für den Netzbetrieb

Größere Gerätehersteller wie Sunbeam (vormals Oster) und Hitachi bieten die meisten Vibratoren unter dem Label »Personal Massagers« (»persönliche Massagegeräte«) an. Sie sind solide gefertigt (in der Regel besteht eine einjährige Garantie darauf) und vielerorts erhältlich. Da sie nicht unter der Bezeichnung »Sexspielzeug« laufen, finden Sie sie wahrscheinlich nicht in einem Sexspielzeugladen, es sei denn, der Inhaber ist in dieses Geheimnis eingeweiht. *Was* Sie hingegen finden werden, sind jene Billigfabrikate, die sich mit der Qualität der Vibratoren von den größeren Herstellern nicht vergleich lassen.

Netzvibratoren sind nicht nur solide gefertigt und langlebig; sie sind auch aus andren Gründen sehr empfehlenswert. Die meisten Modelle sind auf mehrere Geschwindigkeiten umstellbar oder verfügen über einen Rheostat, so daß Sie die Vibrationen Ihrem Leckrhythmus angleichen können. Da diese Geräte einen Netzanschluß haben, sind Sie vor dem enttäuschenden Erlebnis sicher, daß kurz vor Ihrem Höhepunkt die Batterien leer sind. (Obwohl immer noch die Möglichkeit eines Stromausfalls oder einer durchgebrannten Sicherung besteht!) Vibratoren mit Netzanschluß sind meistens kräftiger als ihre batteriebetriebenen Artgenossen; ein Umstand, den Sie vielleicht nicht ausnutzen können, wenn Sie das Gerät als Sexspielzeug benutzen, der aber bei der Muskel- oder Körpermassage von Vorteil ist.

Stabvibratoren

Wie sie aussehen: Sie verdanken den Namen *Stab*vibratoren der Tatsache, daß sie lang und von schlanker Form sind (und weil ein Streichen des Stabes über die Klitoris zauberhafte Gefühle hervorruft). Dieser Vibratortyp wurde bei *Good Vibrations* lange Zeit am meisten verkauft. Stabvibratoren sind gewöhnlich etwa dreißig Zentimeter lang und haben an einem Ende einen weichen, tennisballgroßen Kopf. Der lange Griff besteht aus Kunststoff, und der Vibrator wird durch einen Motor angetrieben. Die meisten Stabvibratoren sind entweder auf zwei Geschwindigkeiten umstellbar oder verfügen über einen Rheostat. Wenn der Vibrator angestellt ist, gibt er ein tiefes Surren von sich. Hitachi, Wahl, Panasonics, Sunbeam und Pollenex stellen hochwertige Stabvibratoren her. Die wachsende Beliebtheit der Stabvibratoren in den letzten zehn Jahren hat billigere Marken auf den Markt gelangen lassen. Sie sind nicht so solide gefertigt, und Sie erhalten auf längere Sicht mehr für Ihr Geld, wenn Sie sich an die guten Herstellernamen halten.

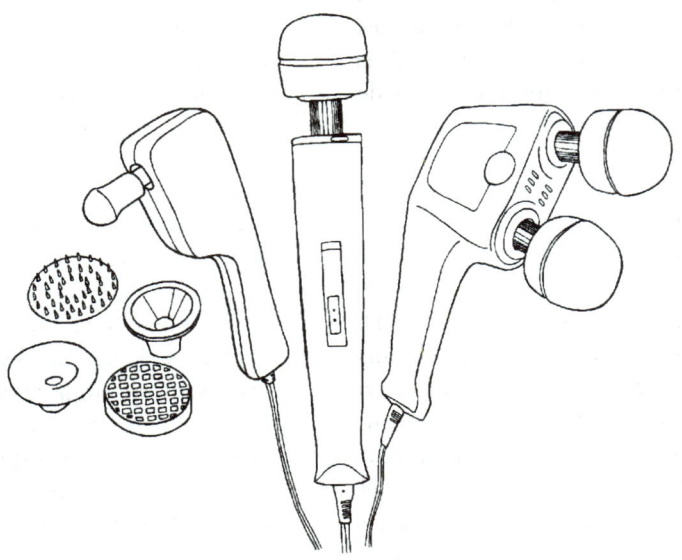

Spulenbetriebene Stab- und doppelköpfige Vibratoren

Varianten: Länge des Stabes, Größe des Kopfes, Gewicht, Betriebsgeräusch und die Stärke der Vibratoren sind von Marke zu Marke leicht unterschiedlich. Einige Modelle weisen für »schwer zu erreichende« Stellen eine Kröpfung auf. Von einigen Stabvibratoren gibt es wiederaufladbare Modelle, so daß Sie nicht immer auf eine Steckdose angewiesen sind. Eine Aufladung reicht gewöhnlich für eine Betriebsdauer von dreißig bis sechzig Minuten, der Wiederaufladevorgang nimmt acht bis zwölf Stunden in Anspruch.

Art der Anwendung: Frauen können die Seite des Kopfes an die Klitoris oder deren Umgebung halten. Die Form des Stabvibrators macht ihn für zahlreiche Stellungen geeignet – Sie können sich darauf legen, sich auf die Seite legen und ihn gegen Ihre Klitoris neigen, oder ihn in der Rückenlage zwischen Ihren Beinen festhalten.

Ich liege gern auf der Seite, den Kopf des Stabvibrators fest zwischen die Schenkel geklemmt – hübsch an der Klitoris. Dann habe ich die Hände frei für andere Beschäftigungen.

Ich liege auf dem Bauch auf einem Kissen oder auf Decken oder irgend etwas, damit ich erhöht liege, den Stabvibrator an meiner Möse, so daß die Unterlage ihn an meinen Körper drückt.

Ich lege meine Hitachi oben auf ein Kissen und beuge mich nach vorn, während ich auf einem vibrierenden Dildo hocke (die Sorte, die rotiert und vibriert). Mein Orgasmus geht mir durch und durch.

Der große Kopf des Stabvibrators verteilt die Vibrationen über einen größeren Bereich, wenn man ihn an die Haut hält, und viele Frauen empfinden die Vibrationen aus diesem Grund als durchdringender. Die Intensität der Schwingungen ist nicht auf einen Punkt konzentriert.

Was habe ich nur früher ohne meinen Magic Wand gemacht? Die Stimulierung ist einfach unvergleichlich.

Männer können den Stabvibrator direkt an die Basis des Penis halten, ihn den Schaft entlangführen oder an den Peniskopf halten. Wenn die Vibratoren zu stark sind, bedecken Sie Ihren Penis mit der Hand und halten Sie den Vibrator an den Handrücken. Vielleicht genießen Sie auch die indirekten Vibrationen, wenn sich Ihr Penis in der Vagina einer Partnerin befindet, die den Stabvibrator an ihrer Klitoris anwendet:

Als sie das erste Mal ihren Stabvibrator anwendete, während ich in ihr war, kam ich in dreißig Sekunden. Nachdem ich mich einmal an die Stimulierungen des Vibrators gewöhnt hatte, benutzte ich ihn oft selbst. Ich legte meinen schlaffen Penis auf den Vibratorkopf. Aber nachdem mein Penis hart geworden war, fand ich die Vibrationen eher betäubend als stimulierend.

Der gerade Schaft und der große Kopf des Stabvibrators machen es möglich, daß Partner, die mit den Gesichtern einander zugewandt liegen, ihn zwischen sich halten können. Diese duale Stimulierung ist der Grund, weshalb eine Kundin den Stabvibrator als ihr liebstes Sexspielzeug bezeichnet:

Beim Beischlaf halten wir den Stabvibrator zugleich an die Basis seines Penis und an meine Klitoris. Auf diese Art kommen wir beide.

Da der vibrierende Kopf recht groß ist, können Personen mit eingeschränkter Bewegungsfähigkeit sich auf ihn legen oder ihn sich zwischen die Beine klemmen. Ein neuerdings käufliches Zubehör, die Venus de Vibro, ist ein Geschirr, mit dessen Hilfe Sie den Stabvibrator zwischen Ihre Beine schnallen können und nichts mit den Händen tun müssen!

Schließlich ist der Stabvibrator noch unschlagbar bei der Ganzkörpermassage. Besonders gut fühlt es sich an, wenn man ihn rechts und links der Wirbelsäule, an den Schultern und am unteren Rücken anwendet.

Zubehör: Bis heute sind nur drei Zusätze lieferbar, die man über dem Kopf des Stabvibrators befestigen kann (und sie passen *nur* auf den Hitachi und den Sunbeam Stick). Wonder Wand und G-Spotter sind zwei leichtgewichtige Vinylkappen, die man ganz über den Kopf des Vibrators ziehen kann. Der Wonder Wand weist eine nahtlose, zehn Zentimeter lange Spitze mit einem Durchmesser von knapp zwei Zentimetern auf. Der G-Spotter besitzt dieselben Maße, aber er ist gekrümmt, um den G-Punkt-Bereich in der Vorderwand der Vagina zu erreichen. Wenn Sie die Spitze einführen, vibriert der Bereich des Aufsatzes unterhalb der Spitze an ihrer Klitoris und bietet Ihnen herrliche klitorale und vaginale Vibrationen zugleich! In den letzten Jahren haben unsere Kunden unzählige Male nach Zusätzen gefragt, bei denen man mehr Zentimeter einführen kann.

Diese Zubehörteile bieten eine sehr konzentrierte, klitorale Stimulierung, die einige Kunden als erfreuliche Alternative zu dem größeren Kopf betrachten:

Ein Stabvibrator mit dem G-Punkt-Zubehör macht eine perfekte, direkte Stimulierung meiner Klitoris möglich.

Ich kann die Zubehörteile meines Massagestabs auswechseln, wenn ich eine stärkere oder sanftere Massage an meiner Klitoris brauche.

Der G-Punkt-Stimulierer an dem Hitachi Wand ist mein liebstes Sexspielzeug. Wow! Das ist vielleicht ein intensiver Orgasmus. Er führt auch dazu, daß die Vibration an meiner Klitoris weniger intensiv ist. Das ist besser für mich, weil meine Klitoris sehr empfindlich ist.

Diese Zubehörteile sind auch für eine Einführung in den Anus ideal geeignet, da die Spitze sich nicht lösen und im Rektum verloren gehen kann.

Das dritte Zubehörteil, die sogenannte Magic Connection, paßt ebenso über den Kopf wie die beiden ersten Teile. Es hat einen kleinen, schwarzen Vorsprung, der benutzt wird, um Zubehör von Spulenvibratoren an einen Stabvibrator anzupassen. Die Magic Connection wird am häufigsten als Adapter für den Come Cup benutzt, ein tulpenblütenförmiger Vorsatz, der zur Stimulierung des Peniskopfes dient.

Spulenbetriebene Vibratoren

Wie sie aussehen: Diese Vibratoren erinnern an kleine Handmixer oder elektrische Haarbürsten. Sie sind gewöhnlich mit Handgriff fünfzehn bis achtzehn Zentimeter lang. Die Zubehörteile passen auf einen runden Metallknopf von etwa zweieinhalb Zentimeter Durchmesser, der im rechten Winkel aus dem Gerät ragt. Das Wort *spulenbetrieben* bezieht sich auf die elektromagnetische Spule in dem Gerät, die Vibrationen erzeugt (und die auch dafür sorgt, daß diese Art von Vibratoren verhältnismäßig schwer ist). Diese Vibratoren sind praktisch lautlos, ein Umstand, der manchen Benutzerinnen und Benutzern höchst willkommen ist. Sie werden stets mit reichhaltigem Zubehör geliefert (siehe unten). Bei den meisten Modellen kann man zwei Geschwindigkeiten einstellen, aber es gibt kein Gerät, bei dem die Geschwindigkeit stufenlos verstellbar wäre. Dieser Gerätetyp ist bereits am längsten auf dem Markt, deshalb ist es leicht möglich, daß Sie an den Vibrator Ihrer Großmutter erinnert werden! Sunbeam, Prelude, Wahl und Pollenex sind die bekanntesten Marken – eine von ihnen findet man fast immer in Sexläden.

Varianten: Form des Griffs, Farbe, Zubehörteile, Gewicht und Geschwindigkeit der verschiedenen Modelle weisen nur geringe Unterschiede auf. Die meisten von ihnen werden mit vier oder sechs Zubehörteilen geliefert, deren Formen und Größen bei den verschiedenen Herstellern variieren.

Ich erinnere mich genau, daß wir auf der Suche nach dem idealen Vibrator für unsere Freundin in der High-School mehrere Drugstores aufgesucht haben. Wir gaben nicht auf, bis wir den Wahl-Vibrator gefunden hatten, mit dem sie so glücklich werden konnte, wie wir es waren.

Ich habe einen Wahl mit zwei Geschwindigkeiten von 1989, der mir seitdem ein treuer Partner ist. Ich liebe ihn.

Die Art der Anwendung: Setzen Sie das gewünschte Zubehörteil auf die Metallhalterung auf. Wenn Sie das Gerät anstellen, sollte es praktisch unhörbar sein (ohne Aufsatz macht es ein lautes, ratterndes Geräusch). Halten Sie das Gerät am Griff mit dem vibrierenden Aufsatz an Ihre Genitalien.

Da die Zubehörteile recht klein sind, übertragen sich die Vibrationen intensiv auf die Haut und führen zu einer sehr starken, örtlich begrenzten Stimulierung. Das Gefühl ist deutlich anders als bei den zuvor beschriebenen Stabvibratoren mit ihren größeren Köpfen. Dies ist der Grund dafür, daß einige Leute ihr ganzes Leben lang dem einen oder anderen Vibratortyp treu bleiben. Denken Sie daran, daß Sie experimentieren können – stellen Sie den Vibrator ab und wieder an, wechseln sie zwischen den Geschwindigkeiten oder legen Sie ein Handtuch zwischen sich und den Vibrator.

Ich habe schon seit Jahren einen Spulenvibrator. Ich genieße die Stimulierung durch ein Baumwolltuch oder ein Bettuch oder durch die Unterwäsche hindurch.

Ich gebe ihm Massagen mit dem Sunbeam, und er mag es mit hoher Geschwindigkeit an seinen Genitalien.

Ich masturbiere, zwei Kissen untergelegt, im Bett, mit einem Silikondildo und dem Sunbeam-Massagegerät, mit aromatischen Ölen und einem Sexfilm mit gut bestückten Burschen, die zärtliche Liebhaber sind.

Zubehör: Spulenvibratoren werden in der Regel mit vier oder sechs Zubehörteilen geliefert. Die meisten Frauen bevorzugen zur Stimulierung der Klitoris das kleine, gerundete Teil, das wir Clitickler (manchmal auf der Verpackung als »Spot-Massager« bezeichnet) nennen. Einigen Modellen ist eine modifizierte Form beigegeben, die an drei konzentrische, in Pyramidenform angeordnete Ringe erinnert. Probieren Sie verschiedene Zubehörteile aus. Eine Frau sagte uns, ihr Lieblingszubehör sei das stachelbesetzte Teil, das als »Kopfhautmassierer« angepriesen wird. Eine andere, unerschrockene Kundin entdeckte, daß das konkave Zubehörteil ein dichtes Siegel bildet, wenn man es unten an einem Silikondildo oder -Plug anbringt und auf diese Weise einen wirkungsvollen, vibrierenden Dildo herstellt.

Ich liebe meinen elektrischen Wahl-Vibrator mit dem Klitoris-Zubehörteil. Ich verwende ihn ebenso bei meinem Partner wie bei mir selbst, an seinem Hintern, oder beim Beischlaf, so daß er an der Wurzel seines Penis und an meiner Klitoris anliegt.

Ich komme, indem ich den Kopfhautmassierer zart an die Unterseite meiner Hoden halte. Ich streiche auch leicht mit dem Klitoris-Zubehörteil an den Seiten meines Penis entlang.

Ich mag die Saugkappe meines Vibrators. Ich reibe sie mit der Seite an meiner Klitoris entlang. Nach einem Orgasmus bei geringer

Geschwindigkeit kann ich auf Schnell umschalten, das Vibrieren an
meinem G-Punkt spüren und endlos kommen.

Andere Zubehörteile, die speziell für sexuelle Zwecke entworfen
wurden, können Sie getrennt kaufen, in der Regel nur in Sexshops.
Es handelt sich um lange Zusätze, die man einführen kann, aber wie
bei den Zusatzteilen des Stabvibrators gibt es auch diese zur Zeit
nur in einer Größe (etwa zehn Zentimeter lang und fingerdick). Sie
können zwischen einem geraden oder geschwungenen Aufsatz
wählen – der gerade bereitet keine Schwierigkeiten in der Vagina,
wenn Sie die Position wechseln wollen, der gebogene dient dazu,
den G-Punkt zu stimulieren. Er empfiehlt sich nicht zur analen Anwendung.

Ein Zubehörteil mit zwei fingerbreiten Ästen in einem Winkel von
fünfundvierzig Grad, das wir den Zweig nennen, bietet zugleich
klitorale und vaginale Vibrationen. Wenn sich der Winkel bei Ihnen
nicht bewährt, drücken Sie mit der Hand auf den klitoralen Ast. Dieses Zubehörteil des Spulenvibrators läßt sich als einziges auch anal
sicher benutzen, da der Ast verhindert, daß es im Rektum verschwindet, falls es sich von dem kurzen Schaft des Gerätes lösen sollte.

Der Cup, ein Zusatz nur für Männer, wurde entworfen, um Vibrationen auf den Peniskopf zu übertragen. Der Zusatz ist tulpen-
förmig (knapp vier Zentimeter tief) und läßt sich ausweiten. Wir
empfehlen trotzdem, ein einfaches Gleitmittel hineinzugeben, um ein
Kneifen zu verhindern.

Ich muß in der richtigen Stimmung dafür sein, weil die Vibrationen
auf dem Peniskopf recht stark sind, aber wenn ich in Stimmung
bin, fühlt sich der Come Cup herrlich an. Ich stimuliere abwechselnd
meinen Penis mit der Hand und versetze die Spitze in Vibrationen.

Doppelköpfige Vibrationen
Wie sie aussehen: Diese leistungsstarken Vibratoren weisen zwei
tennisballgroße Köpfe auf, die in einem genügend großen Abstand
und Winkel voneinander aus dem Gerät ragen. Sie werden von
einem Motor angetrieben und sind auf zwei Geschwindigkeiten einstellbar. Sie sind laut und schwer.

Varianten: Es sind nicht allzu viele Varianten auf dem Markt, aber die beiden, die wir gesehen haben, sind unterschiedlich groß – sowohl die Geräte selbst als auch die Köpfe – und folglich auch unterschiedlich schwer. Die Betriebsgeschwindigkeit der verschiedenen Modelle kann stark variieren.

Die Art der Anwendung: Die Köpfe dieser persönlichen Massagegeräte weisen genau die richtige Entfernung voneinander auf, daß man die richtigen Vibrationen an den Genitalien und am Anus genießen kann. Auf die Köpfe des Gerätes von Hitachi passen die Zusatzteile zu den eben besprochenen Stabvibratoren, so daß Sie mit multiplen Vibrationen und Penetration experimentieren können. Der Penis eines Mannes paßt exakt zwischen die beiden vibrierenden Köpfe – aber halten Sie Ihren Hut fest: Es sind starke Vibrationen. Der Winkel zwischen den beiden Köpfen macht dieses Gerät hervorragend dazu geeignet, um zwei Personen gleichzeitig Vibrationen zu vermitteln. Sie können sich vorher darüber streiten, wer das Gerät in der Hand halten muß; es kann schwer und lästig werden. Vergessen Sie nicht, den Vibrator auch zu Massagezwecken zu verwenden – wenn Sie die beiden Köpfe links und rechts der Wirbelsäule entlangführen, schmelzen Rückenschmerzen dahin.

Schwedische Massagegeräte

Einige von Ihnen werden diese auf dem Handrücken zu tragenden Geräte als die Dinger erkennen, mit denen Ihnen früher der Barbier über den Kopf fuhr. Man steckt die Hand durch Drahtschlaufen, so daß der kleine, schwarze Kasten auf den Knöcheln sitzt. Sie haben gewöhnlich nur eine Geschwindigkeit.

Die Art der Anwendung: Mit Hilfe dieser Vibratoren können Sie hautengen Kontakt mit dem Partner beibehalten, weil die Vibrationen durch Ihre Hand übermittelt werden. Viele Männer finden es interessant, ein solches Gerät zu tragen, während sie ihren Penis streicheln. Diese Vibratoren geben auch gute Massagegeräte ab, weil Ihre Hand mit der Haut des Probanden in Kontakt bleibt. Die hauptsächlichsten Klagen über diese Geräte bemängeln, daß die Hand des Benutzers recht schnell taub werden kann und daß die spiralfederartigen Schlaufen gelegentlich an den Haaren der Hand ziepen.

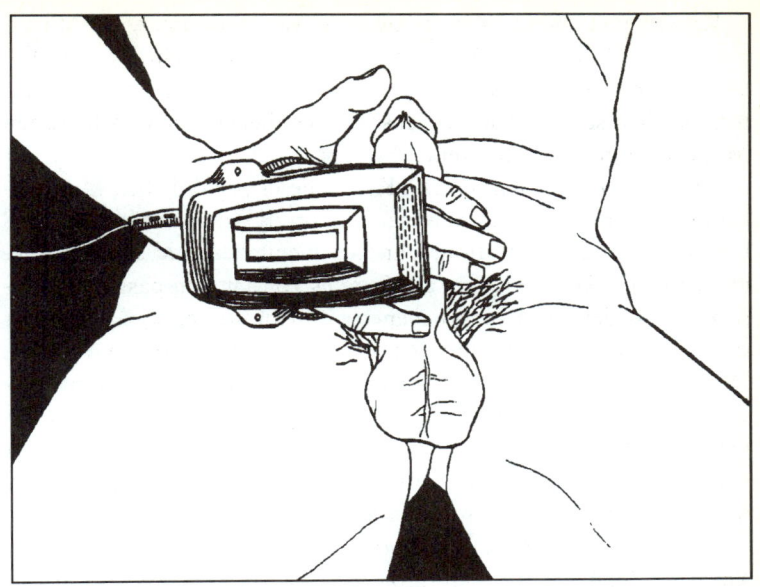

Schwedisches Massagegerät

Eroscillator

Diese Vibratoren erinnern an eine elektrische Zahnbürste und erzeugen ein Gefühl, das ein wenig an das eines gedämpften Spulenvibrators erinnert. Weshalb aber kosten sie mehr als ein Spulenvibrator? Nach der Aufschrift auf der Verpackung sind sieben Jahre Forschung und Schweizer Ingenieurkunst vom Feinsten in die Konstruktion des »oszillierenden« Eroscillator-Kopfes eingeflossen, der »sechsunddreißigtausendmal pro Minute mit einer zielgenauen Intensität hin und her schwingt, die zu leichteren, schnelleren und besseren Orgasmen führt«. Es ist großartig, daß endlich einmal ein ehrbares Qualitätsprodukt offen als Sexspielzeug angepriesen wird, aber es deprimiert uns, daß dieses Spielzeug mit einem inflationären Preisschildchen und unverantwortlichen Superlativen angeboten wird.

Wir sind sicher, daß bei einer Umfrage, welches tragbare Spielzeug den Leuten die größte Freude macht, batteriebetriebene Vibratoren zusammen mit Walkman und Camcorder an der Spitze rangieren würden.

Batteriebetriebene Vibratoren gibt es in einer verwirrenden Vielfalt von Formen, Größen und Farben. Die meisten Modelle laufen mit den gewöhnlichen Batterien, aber es gibt auch andere. Die Batterien befinden sich entweder bereits im Gerät, oder sie liegen der Verpackung bei. Batteriebetriebene Vibratoren wurden immer schon als Sexspielzeuge gehandelt, das heißt, daß Sie sie stets in Läden für Sexspielzeuge finden werden.

Vor allem muß man sagen, daß batteriebetriebene Vibratoren sanftere Schwingungen als Vibratoren mit Netzanschluß abgeben. Aber die Intensität der einzelnen Modelle kann je nach der Art der verwendeten Batterien und deren Anzahl unterschiedlich sein. Viele batteriebetriebene Vibratoren weisen eine stufenlose Geschwindigkeitsregelung auf, aber da die insgesamt verfügbaren Vibrationen recht schwach sind, ist der Unterschied zwischen der »größten« und der »langsamsten« Geschwindigkeit gewöhnlich gering.

Batteriebetriebene Vibratoren sind meine einzigen Idole!

Diese Kundin steht nicht allein da; batteriebetriebene Vibratoren rühmen sich einer sehr großen und treuen Gefolgschaft. Der Reiz dieser Geräte liegt vor allem in ihrer Tragbarkeit, ihrer Vielseitigkeit und ihren geringen Kosten. Da er nicht von der Steckdose abhängig ist, können Sie Ihren Vibrator überallhin mitnehmen – auf eine Fahrt durch den Wald, über die Landesgrenzen oder auf eine Party. Batteriebetriebene Vibratoren sind in der Regel leicht und kompakt, dies macht sie hervorragend geeignet, um sie im Kulturbeutel oder in der Handtasche zu verstauen.

Ich mag meinen kleinen Batterievibrator, weil ich ihn im Verkehr benutzen kann (nur bei ruhigem Verkehr). Da ich so viel Zeit habe,

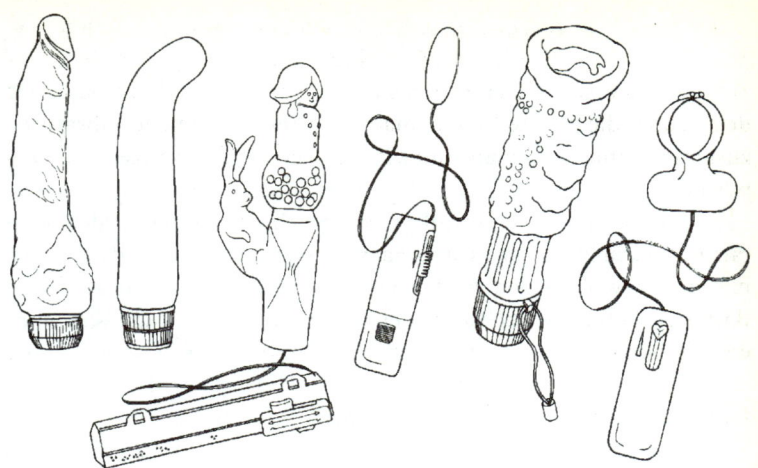

Realistic, G-Punkt, Rabbit Pearl, Pink Pearl, vibrierende »Muffe«, vibrierender Penisring

reizt es mich gewöhnlich wirklich, damit anzufangen, und gelegentlich bin ich auf der Straße gekommen.

Ich schätze es, auf jede Art von sexueller Begegnung vorbereitet zu sein, und batteriebetriebene Vibratoren gehören zusammen mit Kondomen zur Standardausrüstung meiner tragbaren Trickkiste.

Die Sexspielzeugindustrie hat den Markt mit einer Unzahl Varianten zweier Grundtypen überschwemmt. Ein typischer, zylindrischer Vibrator läßt sich extern zur Stimulierung der Klitoris anwenden, oder intern, um vaginale oder anale Vibrationen zu erleben. Es gibt vibrierende »Muffen« (künstliche Vaginen) für den Penis; Anordnungen, die beim Beischlaf zugleich den Penis und die Klitoris stimulieren; Vibratoren, auf die man sich setzen, die man umschnallen oder mit Klammern an sich befestigen kann; und so weiter.

Batteriebetriebene Vibratoren an sich sind zwar recht preiswert, aber Sie müssen damit rechnen, daß Sie für jede neue oder ungewöhnliche Variante mehr bezahlen müssen. Wir weisen nochmals darauf hin, daß ein Preisvergleich sich lohnt.

Natürlich ist der Nachteil bei einem niedrigen Preis (und Sie haben gewußt, daß es einen Nachteil gibt), daß Qualität nicht unbedingt zu den Zielen der Billighersteller gehört. Wenn es überhaupt eine Garantie gibt, gilt sie höchstens für einen Monat. Bei den meisten batteriebetriebenen Vibratoren wurde kräftig gespart; sie zerbrechen leicht oder versagen aus unerfindlichen Gründen. Wir werden Ihnen ein paar Tips geben, wie Sie Ihrem Vibrator die beste Pflege angedeihen lassen können, aber es hat sich in der Vergangenheit immer wieder gezeigt, daß ihre Lebensspanne, selbst bei angemessener Pflege und rechtzeitigem Wechsel der Batterien, ebenso unvorhersehbar wie das nächste Erdbeben ist:

Mein batteriebetriebener Vibrator ist an der Schraubverbindung gebrochen und immer, wenn ich ihn benutze, wird der Kontakt mit der Batterie unterbrochen und er gibt den Geist auf. Ich muß auf ihn einschlagen, damit er funktioniert. Manchmal versagt er tragischerweise kurz bevor ich komme.

Achten Sie bitte darauf, daß die Beschreibung bei vielen Modellen ähnlich klingt, obwohl sie oft unter einer Vielzahl verschiedener Namen verkauft werden. Wir verwenden die Namen, mit denen wir vertraut sind, aber Sie sind besser beraten, wenn Sie Ihren batteriebetriebenen Vibrator anhand der Beschreibung (Größe, Form, Farbe und eventuelle spezielle Eigenschaften) statt nach dem Namen aussuchen.

Zylindrische Vibratoren
Wie sie aussehen: Dies sind die Spielzeuge, die vielen Leuten in den Sinn kommen, wenn Sie von Vibratoren sprechen. Dieser Typ kommt in zwei Varianten vor, von denen die eine an einen Penis erinnert, während die andere glatt und gerade geformt ist. Sie bestehen in der Regel aus Hartplastik oder biegsamem Vinyl. Im allgemeinen sind die Vibrationen bei den Vinyl-Modellen schwächer als die der Hartplastik-Ausführungen, hauptsächlich deswegen, weil Vinyl dichter ist und mehr Vibrationen absorbiert.

Es gibt diese Spielzeuge in Längen von etwa zehn bis zwanzig Zentimetern. Die mittlere Größe liegt bei etwa siebzehn Zentimetern Länge und drei Zentimetern Durchmesser. Diese Vibratoren sind in der Regel mit zwei Batterien bestückt, die direkt in den Vibrator eingelegt werden. Fast alle Modelle weisen einen stufenlosen Geschwindigkeitsregler auf. Man kann solche Vibratoren entweder einzeln oder als Kits zusammen mit einem Sortiment von Zubehörteilen kaufen (siehe unten).

Varianten: Die Modelle unterscheiden sich in Design, Größe, Farbe, Material und in den zu verwendenden Batterien. Wir beschreiben vier sehr einfache und gebräuchliche Versionen von Vibratoren dieses Typs:

● Realistic: Dieses Modell erinnert an einen echten Penis und fühlt sich auch so an. Man war redlich bemüht, das Aussehen eines echten Penis nachzuahmen (mit Adern und allem), aber bisher war noch niemand versucht, die Farbe oder Konsistenz mit richtigem Fleisch zu verwechseln. Dieses Modell ist in der Regel siebzehn Zentimeter lang und in Pink, pfirsichfarben und in einer Version erhältlich, die im Dunklen schimmert! Die Pfirsichfarbe werden Sie am häufigsten antreffen – die Farbe, die nach Ansicht der Sexindustrie an den Hautton der Kaukasier erinnert. Sie bestehen aus Vinyl und laufen mit zwei Batterien.

● Smoothie: Lang, zylindrisch und glatt, aus Hartplastik. Diese Modelle sind etwa siebzehn Zentimeter lang und werden in Weiß und in Dekorateurfarben angeboten: Pink, Blau, Purpur, Gold und Silber. Sie laufen mit zwei Batterien und sind die stärksten unter den zylindrischen Vibratoren.

● Flexibler Smoothie: Eine Vinyl-Version des Smoothie. Seine Vibrationen sind sanfter. Auch diese Geräte sind in verschiedenen Farben lieferbar und laufen mit zwei Batterien.

● Mini: Der Mini ist eine kleinere Version des Smoothie, in der Regel knapp dreizehn Zentimeter lang und zweieinhalb Zentimeter dick. Er läuft mit einer einzigen Batterie und wird ebenfalls in verschiedenen Farben angeboten.

Die Art der Anwendung: Wir können es nicht oft genug wiederholen: Trotz des Rufs und der Anpreisung dieser Modelle als »Penisersatz« haben die meisten Frauen keinen Orgasmus, wenn sie dieses Ding einführen. Es ist besser, es an die Klitoris zu halten:

*Ich benutze einen dildoartigen, batteriebetriebenen Vibrator. Er ko-
stete nur sechs Dollar, hat mir aber unendliches Vergnügen verschafft. Ich lese gern Erotica, während ich ihn an meine Klitoris
halte.*

Bei diesen Vibratoren gilt es besonders zu beachten, daß sie recht
zahme Vibrationen abgeben. Wenn Sie also Wert auf Power legen,
entscheiden Sie sich besser für ein anderes Modell. Aber falls Ihnen
sanfte Vibrationen gefallen, haben Sie unter diesen Modellen große
Auswahlmöglichkeiten. Wir möchten Ihnen auf keinen Fall abraten,
einen Vibrator dieses Typs in Ihre Vagina einzuführen. Probieren Sie
es unbedingt aus. Falls Sie dieses Gefühl des Ausgefülltseins der
Vagina in Verbindung mit Vibrationen mögen, probieren Sie es mit
zwei Vibratoren, von denen Sie einen einführen und den anderen an
Ihre Klitoris halten. Sie können Ihnen auch helfen, Ihren G-Punkt zu
lokalisieren und zu stimulieren.

*Bis vor kurzem habe ich meine Klitoris mit den Fingern gerieben.
Dann habe ich sowohl einen vaginalen Vibrator (mit Klitoris-Stimu-
lierer) als auch einen analen gekauft, und ich liebe sie beide!*

*Ich schätze Sex mit einem Vibrator in mir, während ich meine Klito-
ris an einem untergelegten Kissen reibe. Ich liebe es, wenn mein
Liebhaber mich umarmt und mir ins Ohr flüstert: »O ja, o ja, o,
ohhh …«*

*Ich liebe es, einen Vibrator vaginal anzuwenden, während ich mit
der Hand meine Klitoris stimuliere und von einer erregten Frau oder
einem Ort phantasiere, an dem es gefährlich ist zu masturbieren.*

*Ich habe meinen batteriebetriebenen Vibrator einmal in den Gefrier-
schrank gelegt und mich intensiv mit einem vibrierenden Eis am Stil
stimuliert!*

Zubehör: Zu den meisten Standardmodellen unter den zylindrischen
Vibratoren (etwa dreieinhalb Zentimeter im Durchmesser) paßt eine
Vielfalt von Zubehörteilen oder »Muffen«, die es Ihnen ermögli-

chen, Form und Beschaffenheit des Vibrators zu verändern. Zu den bekanntesten Zubehörteilen zählt die »Analmuffe«, ein zehn Zentimeter langer, fingerdicker Aufsatz. Aber die meisten übrigen Teile bestehen gewöhnlich aus Gumminoppen oder -spikes (wie die French Ticklers), die nur wenig Gefühl vermitteln, wenn man sie in die Vagina einführt, aber vielleicht lohnt es sich für Sie, sie an der empfindlicheren Klitoris auszuprobieren. Im großen und ganzen muß man sagen, daß diese Zubehörteile in der Regel enttäuschend sind.

G-Punkt-Vibratoren

Wie sie aussehen: G-Punkt-Vibratoren erinnern an zylindrische Vibratoren, nur daß sie an einem Ende gekrümmt sind. Der Krümmungswinkel wurde so berechnet, daß der Vibrator am G-Punkt vibriert, wenn er vaginal eingeführt wird. G-Punkt-Vibratoren bestehen aus weichem Vinyl und sind entweder glatt oder penisähnlich.

Varianten: Uns ist eine große (zwanzig Zentimeter lang bei dreieinhalb Zentimetern Durchmesser) und eine kleine (vierzehn Zentimeter lang bei fünf Zentimetern Durchmesser) Version dieses Vibrators unter die Augen gekommen. Der größere von beiden ist wasserdicht. Es gibt diese Typen in pfirsich- und pinkfarben. Beide laufen mit Batterien. Ihre Vibrationen sind sanft, die Geschwindigkeit ist einstellbar.

Die Art der Anwendung: Einige Frauen kommen durch die Stimulierung des G-Punktes zum Orgasmus, aber nicht alle Frauen reagieren auf eine solche Stimulierung. Falls Sie wissen möchten, wo Ihr G-Punkt liegt, sollten Sie ihn vielleicht erst einmal mit der Hand suchen, um dann die einzigartigen Empfindungen auszuprobieren, die der G-Punkt-Vibrator vermittelt. Die beliebtesten Stellungen für die G-Punkt-Stimulierung sind die Hocke oder die *A-tergo*-Position. Versuchen Sie, den Vibrator ein paar Zentimeter tief einzuführen; halten Sie ihn so, daß die Spitze gegen die Vorderwand der Vagina drückt. Viele Frauen benötigen eine energische Stimulierung des G-Punktes, die normalerweise in ein Stoßen mit dem Vibrator mündet. Möglicherweise möchten Sie gleichzeitig mit der anderen Hand von außen gegen Ihren Unterleib drücken (etwa am Schamhaaransatz). Manchmal werden die solcherart ausgelöste Erregung und der Orgasmus von der Ejakulation einer Flüssigkeit aus der Harnröhre begleitet, bei der es sich nicht um Urin, sondern um Ejakulat handelt und die vollkommen normal ist.

Duale Vibratoren

Wie sie aussehen: Diese Variante des zylindrischen Typs weist einen Teil auf, der vom Gerät absteht und die Klitoris stimulieren soll, während der vibrierende Dildoteil in der Vagina steckt. Der Dildoteil dreht sich und vibriert. Das Gerät besitzt zwei voneinander getrennte Regler, mit denen Sie die Geschwindigkeit einstellen können; einer regelt die Drehbewegung des Dildos, der andere die Schwingungen von Dildo und des Nebenteils. Das heißt, Sie können entscheiden, ob der Dildo sich drehen und dabei vibrieren oder ob er nur vibrieren soll, während Sie die Schwingungen an der Klitoris bestimmen. Der Vibrator ist mittels einer Schnur mit einem Batteriepack verbunden und läuft mit drei Batterien (ein recht kräftiges Gesumme).

Da es gegen das japanische Recht verstößt, Dildos herzustellen, die Genitalien ähneln, haben einige clevere Unternehmer kreative Alternativen ersonnen. Bei diesen Spielzeugen ähnelt der vibrierende Dildoteil Menschen, während der vibrierende Klitoristeil wie ein Tier aussieht. Meistens schnellt die Zunge oder die Nase des Tieres gegen die Klitoris. Falls Sie je davon geträumt haben, die Zunge eines Tiers an Ihren Genitalien zu spüren, kommen Sie mit einem solchen Modell der Verwirklichung Ihres Traumes wahrscheinlich am nächsten. Die Vielseitigkeit und Neuheit dieses Spielzeugs macht es ein wenig teuerer als die typischen batteriebetriebenen Spielzeuge.

Mein Lieblingsvibrator besteht aus schwarzem Gummi und hat zwei Regler; einen für den Teil, den man einführt, den anderen für den Teil, der gegen die Klitoris, den Anus oder was gerade in der Nähe ist, schnellt. Bei meinem Gerät ist dieser leichte, schnellende Teil an diesem reizenden kleinen Bären angebracht. Ich masturbiere wirklich gern mit Dingen, die eine ausgeprägte Persönlichkeit besitzen.

Varianten: Die Dildogröße variiert; normalerweise ist er rund siebzehn Zentimeter lang bei dreieinhalb Zentimetern Durchmesser (der einführbare Teil ist nur ungefähr zehn Zentimeter lang). Der Dildoteil an einem unserer Lieblingsmodelle (dem Rabbit Pearl) weist in der Mitte bunte, sich drehende Plastikbälle auf und fügt so der bereits außergewöhnlichen Erfahrung noch eine Dimension hinzu. Im Laufe der Jahre haben wir eine beachtliche Menagerie von Tieren verkauft – Biber, Bären, Katzen und Känguruhs –, von denen viele in verschiedenen Farben erhältlich sind.

An einigen Modellen fehlt das Vagina-Zubehör. Sie sind für all jene geeignet, die zwar die Größe und Vibration eines Dildos mögen, aber die Hand oder einen anderen Vibrator den recht sanften Vibrationen vorziehen, die eine Tierzunge vermittelt. Es gibt ein paar amerikanische Modelle dieses Typs, sie sind die naturgetreuesten (in Hinblick auf Form, Farbe und Struktur) vibrierenden Dildos, die wir gefunden haben.

Mein Lieblingsspielzeug ist der batteriebetriebene Family-Jewel-Vibrator; mir gefällt sein Aussehen, und ich mag das Gefühl eines Schwanzes in mir, während ich mit meiner Klitoris spiele.

Eine weitere Variante dieses Dildotyps ist der duale Vaginal/Anal-Vibrator, der statt eines Zeigers für die Klitoris einen vibrierenden Anal Plug besitzt.

Die Art der Anwendung: Wahrscheinlich haben Sie es bereits geahnt: Die eigentliche Schönheit dieses Modells besteht in seiner explosiven Mischung aus vaginalen und klitoralen Vibrationen. Führen Sie den Dildoteil ein, während der Vibrator ausgeschaltet ist, und stellen Sie ihn dann auf langsame Geschwindigkeit. Möglicherweise müssen Sie mit einer Hand die Basis des Dildos festhalten, um zu verhindern, daß er wieder hinausgleitet oder sich nur am herausragenden Ende dreht. Falls Sie auf dem Rücken liegen, sollten Sie die Beine übereinanderschlagen, um den Dildo an Ort und Stelle zu halten. Sie können sich dieses Spielzeugs aber auch erfreuen, wenn Sie in die Hocke gehen und sich über dem Dildo heben und senken. Falls Sie klitoral stärker stimuliert werden möchten, sollten Sie Druck auf den Zweig ausüben und so die Vibrationen gegen die Klitoris verstärken.

*Ich mag Vibratoren wie den Great King, der einen Klitorisstimula-
tor besitzt – großartige Erfindung. Mit siebzehn pflegte ich ihn im
Badezimmer zu benutzen und mich bis zur Besinnungslosigkeit zu
ficken, während meine Familie im Nebenzimmer war.*

*Mein Lieblingsvibrator ist der Rabbit Pearl, weil ich ihn zu Tode
ficken kann und niemand da ist, der zusieht, in was für ein kleines
Luder sich eine nette Lady verwandeln kann.*

Die Modelle mit Zweigen oder verbreiterter Basis können auch gefahrlos anal benutzt werden.

Eiförmige Vibratoren

Wie sie aussehen: Das Hartplastik-Ei ist ein wenig kleiner als ein
echtes Hühnerei und durch eine Schnur mit einem Batteriepack verbunden. Es ist zur Einführung in die Vagina gedacht, kann aber
auch gegen die Klitoris gedrückt werden. Vibratoren dieses Typs
werden gewöhnlich von zwei Batterien gespeist und verfügen über
einen stufenlos verstellbaren Geschwindigkeitsregler. Sie können sie
in fast jedem Sexspielzeugladen finden. Es gibt ein hervorragendes
japanische Modell, das alle anderen übertrifft. Es wird oft als Pink
Pearl bezeichnet (da es pinkfarben und kugelförmig ist) und kostet
ein wenig mehr als die anderen (ist jedoch jeden einzelnen Dollar
wert).

Varianten: Die Eigrößen variieren; manchmal erinnern sie stark
an große Gewehrpatronen (etwa fünf Zentimeter lang bei zwei
Zentimetern Durchmesser). Wir haben sie in den Farben Pink,
Gold, Silber und Creme gesehen.

Art der Anwendung: Führen Sie das Ei wie ein Tampon in die
Vagina ein. Die Schnur verbindet das Ei mit dem Batteriepack, an
dem sie auch die Vibrationsstärke des Eies regeln können. Da das Ei
sicher und wohlbehalten in ihrer Vagina bleiben wird, können Sie es
unter der Kleidung tragen und nach Lust und Laune an- und abstel-
len! Stecken Sie das Batteriepack einfach in den Gürtel. Ziehen Sie
jedoch nicht an der Schnur, wenn Sie das Ei aus der Vagina entfernen möchten. Greifen Sie mit den Fingern in die Vagina und ziehen Sie das Ei an seinem hinteren Teil heraus. Wenn Sie sich darauf

konzentrieren, die Vaginamuskeln zu entspannen und wenn Sie ein wenig in die Hocke gehen, sollte das Ei mühelos wieder herauskommen.

Frauen betrachten diesen Vibratortyp mit gemischten Gefühlen. Einige genießen es, ihre Aufmerksamkeit auf die vaginalen Empfindungen zu richten, andere spüren nur sehr wenig, wieder andere empfinden diesen Vibratortyp regelrecht als kränkend. Der eiförmige Vibrator hat den Vorteil, daß man ihn gut mit anderen erotischen Spielzeugen kombinieren kann. Probieren Sie ihn einmal zusammen mit einem klitoralen Vibrator aus; beides wird Ihnen ein ähnliches Gefühl wie der bereits beschriebene duale Vibrator vermitteln. Das Ei (oder *Pearl*) in einen kleinen Beutel gesteckt, bietet endlose Möglichkeiten klitoraler Stimulierung (siehe folgende Beschreibung). Sie können es auch in einen hohlen Dildo oder eine Penisprothese stecken, und, *voilá*, schon haben Sie einen vibrierenden Dildo.

Ich masturbiere am liebsten mit einem vibrierenden Ei, das ich unter die Penisspitze halte, während ich phantasiere. Obwohl der Erfolg bei dieser Methode meistens länger auf sich warten läßt, ist der Orgasmus oft stärker als bei anderen Methoden.

»Freihändige« Vibratoren

Wie sie aussehen: Bein- und Taillengurte sind mit einem Klitorisvibrator verbunden (der von einem Batteriepack gespeist wird). Das Ergebnis ist ein »freihändiger« Vibrator, der über der Klitoris schwebt. Dieser Vibratortyp wird häufig von Frauen verlangt, die sich einen Vibrator wünschen, der sie beim Liebesspiel klitoral stimuliert, aber nicht von Hand an seinem Platz gehalten werden muß. Die Idee war nicht schlecht, aber das Produkt litt an folgenden Mängeln: zu lockere Gummigurte, die den Vibrator nicht vor Ort halten, schwache Vibrationen oder ein unzulänglich geformter Klitorisstimulator. Seit neuestem können wir aber einige Verbesserungen vermelden.

● *Butterfly:* die ersten und wahrscheinlich bekanntesten Modelle sind Joni's Butterfly und der Venus Butterfly. Es handelt sich um lockere, elastische Gurte, die mit einem bauchigen, pinkfarbenen Schmetterling aus Kunststoff verbunden sind, der sehr schwache Vibrationen abgibt.

● *Heartthrob:* Kräftigere Gummigurte (wichtig, um den Vibrator an Ort und Stelle zu halten), ein massiverer, stärkerer Vibrator. Dieses Modell weist jedoch eine sehr hohe Defektrate auf.

● *Lederbeutel und Ei-Kombination:* der neueste und bisher gelungenste Versuch auf dem Gebiet der »freihändigen« Vibratoren. Die

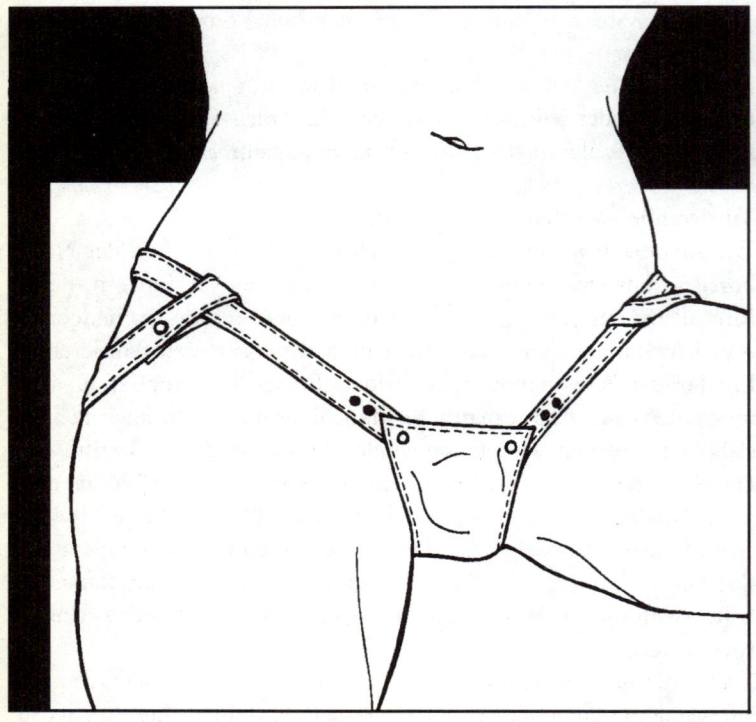

Lederbeutel mit eingebautem Vibrator

Beingurte sind mit einem Lederbeutel verbunden, in den man ein vibrierendes Ei oder Pearl stecken kann. Die Bein- und Taillengurte sind verstellbar, und das Ganze sitzt sicher auf der Klitoris.

Die Art der Anwendung: Welches Modell Sie auch benutzen mögen, die grundlegende Idee ist, die Gurte um Oberschenkel und/oder Taille zu befestigen und den Vibrator direkt über der Klitoris zu plazieren. Der Batteriepack läßt sich unter einen der Gurte klemmen. Diese Spielzeugkombination ist besonders günstig für Menschen, deren Hände leicht ermüden, wenn sie Vibratoren halten, oder die über eine beschränkte Mobilität verfügen. Was für ein tollkühnes Abenteuer, diese Kombination in einem Nachtklub oder auf einer lauten Party, wo niemand das Summen hören kann, unter der Kleidung zu tragen!

Da der Vibrator nur die Klitoris bedeckt, können Sie sich einer Penetration erfreuen, während sie ihn tragen. Falls Sie ein billigeres Modell erstanden haben, müssen Sie vielleicht ein wenig Druck ausüben, damit der Vibrator an seinem Platz bleibt (womit er seinem Zweck als »freihändiger« Vibrator nicht ganz gerecht wird).

Vibrierende »Muffen«
Wie sie aussehen: Im Prinzip handelt es sich – wie schon der Name besagt – um vibrierende »Muffen« (künstliche Vaginen), in die sie Ihren Penis einführen können. Innerhalb der »Muffe« befindet sich – meistens unter den Kunststoff-Falten versteckt – ein vibrierendes Ei, das die Schwingungen aussendet. Dieser Vibrator ist in allen möglichen Spielarten erhältlich. Manche erinnern an lange Schläuche, andere sehen wie ein saugender Mund oder eine Vagina aus. Die erforderlichen Batterietypen hängen vom jeweiligen Modell ab.

Varianten: Manche dieser Modelle vibrieren nur, andere bewegen sich in einer simulierten Saugbewegung auf und ab. Einige sind mit Pumpen verbunden (die Blutdruckpumpen ähneln), wodurch zusätzlicher Unterdruck geschaffen wird. Viele Modelle sind angeblich wasserdicht.

Die Art der Anwendung: Sie können den Innenteil des Vibrators ein wenig mit einem Gleitmittel einreiben, um ihn leichter »penetrieren« zu können. Stecken Sie den Penis in die »Muffe« und schalten

Sie den Vibrator an. Die meisten Modelle verfügen über einen Geschwindigkeitsregler, mit dem Sie die Intensität der Schwingungen kontrollieren können.

Vibrierender Penisring- und Klitoris-Stimulator
Wie sie aussehen: Es handelt sich um einen Penisring aus Kunststoff mit einer kleinen Patrone an einem Ende. Der Vibrator ist durch eine Schnur mit einem Batteriepack verbunden und benötigt zwei Batterien.

Varianten: Sie können einen ähnlichen Effekt erzielen, wenn Sie sich einen Penisring aus Vinyl kaufen, der über einen kleinen Beutel verfügt, in dem man einen Patronenvibrator unterbringen kann.

Die Art der Anwendung: Männer bringen den Penisring derart an der Peniswurzel an, daß die Patrone oben liegt. Sie versetzt den Penis in Schwingungen, und bei der vaginalen Penetration läßt die Patrone die Klitoris vibrieren. Das Problem ist, daß bei der Penetration manchmal recht kräftig zugestoßen wird, so daß sich für die Frau häufige Unterbrechungen in den Vibrationen ergeben. Falls die Frau mehr Stimulierung benötigt, sollten sich beide Partner nicht mehr soviel bewegen, sobald der Penis sich in der Vagina befindet. Es besteht die Möglichkeit, daß der Penisring aus Kunststoff den Penis einklemmt. Geizen Sie also nicht mit Gleitmittel, wenn Sie sich mit diesem Spielzeug amüsieren.

Ich liebe den Penisring-Vibrator – ich schwöre, daß er mir eine Schlagsahne-Ejakulation beschert!

Ich habe eine batteriebetriebene, vibrierende Klammer, die auf meinen Schwanz paßt; sie verleiht der Masturbation zusätzliche Würze!

Mein Liebhaber und ich benutzten kürzlich zum ersten Mal einen Penisring. Es hat uns gefallen. Wir wurden beide stimuliert – der Penisring rieb gegen meine Klitoris und machte seinen Orgasmus eindeutig noch intensiver.

Der Penisring läßt sich auch mühelos an einem Dildogeschirr anbringen. Sie können es auf die gleiche Weise ausprobieren, das heißt, den Penisring so über den Dildo an der Außenseite des Geschirrs ziehen, daß bei der Penetration die Klitoris der Frau stimuliert wird. Oder Sie schieben den Penisring über den Dildo, bis er zwischen dem Geschirr und Ihrer Klitoris liegt, und stimulieren sich selbst. Wozu Sie sich auch entscheiden mögen, Sie werden auf jeden Fall mit einem vibrierenden Dildo enden!

Vibrierende Gurtdildos
Wie sie aussehen: Dieses Modell ist ein vibrierender, mit einem Batteriepack verbundener Kunststoffdildo, den man mit Hilfe elastischer Beingurte anlegen kann. Dies versetzt den Träger in die Lage, einen Partner zu penetrieren. Meistens ist der untere Teil des Dildos mit Noppen besetzt, an denen sich der Träger erfreuen soll. Sie werden mit zwei Batterien betrieben.

Varianten: Das durchgängig aus Kunststoff bestehende Spielzeug hält dem Vergleich mit der Kombination aus Ledergeschirr, einem hohlen Silikondildo (den wir Bob nennen) und dem Pink-Pearl-Vibrator nicht stand. Diese Mischung bietet viel mehr Sicherheit im Sitz, einen Qualitätsdildo und kräftigere Vibrationen. Und Sie müssen sich nicht mit diesen abscheulichen Noppen herumschlagen!

Die Art der Anwendung: Falls Sie die Gurte richtig angelegt haben, können Sie Ihren Partner mit einem vibrierenden Dildo penetrieren – entschieden ein einzigartiges Gefühl. Doch die schwachen elastischen Beingurte dieses Plastikspielzeugs werden, falls Ihr Partner den vibrierenden Dildo fest im Griff hat, wie ein Gummiband gnadenlos langgezogen und warten nur auf eine Gelegenheit zurückzuschnellen! Die Vibrationen konzentrieren sich hauptsächlich auf den unteren Teil des Vibrators. Dies ist zwar für den Träger angenehm, aber es verfehlt seinen eigentlichen Zweck, nämlich den passiven Partner zu erfreuen. Die Kombination aus Geschirr, Pink Pearl und Silikondildo hat zwei Vorteile. Erstens sitzt der Dildo dank des Geschirrs sicher und gewährt dem Träger eine weit größere Kontrolle über das Geschehen. Zweitens überträgt Silikon Schwingungen besser als Kunststoff, so daß beide Partner zu ihrem Genuß kommen.

Vibrierende Doppeldildos

Wie sie aussehen: Bei den Doppeldildos handelt es sich um zwei an der Basis miteinander verbundene Dildos, die durch eine Schnur an ein Batteriepack angeschlossen sind. Die meisten Typen weisen gesonderte Regler für jeden Dildo auf, so daß man sie einzeln oder gleichzeitig vibrieren lassen kann. Diese Modelle werden von drei Batterien gespeist.

Varianten: Die Größen variieren; eine Länge von fünfunddreißig Zentimetern und ein Durchmesser von drei Zentimetern stellen mittlere Werte dar.

Die Art der Anwendung: In der liegenden Scherenstellung können zwei Frauen je ein Dildo-Ende in ihre Vagina einführen; Paare beiderlei Geschlechts können entweder eine Anus/Anus oder eine Anus/Vagina-Penetration ausprobieren. Sobald der Dildo eingeführt ist, können Sie ihn um die Mitte fassen und hin und her bewegen oder einfach an seinem Platz lassen und sich auf die Vibrationen konzentrieren. Wir möchten Ihnen empfehlen, nicht mit Gleitmitteln zu sparen. Achten Sie darauf, daß Sie die Dildo-Enden weder tauschen noch Ihr Spielzeug vom Anus in die Vagina einzuführen, es sei denn, Sie haben ihm ein frisches Kondom übergezogen.

Vibrierende Brustwarzenklammern

Wie sie aussehen: Bei den Brustwarzenklammern handelt es sich um zwei kleine Kugeln. Sie sind durch eine Schnur mit einem Batteriepack verbunden, an dem man auch die Geschwindigkeit einstellen kann. Die Kugeln lassen sich mit verstellbaren, vinylgepolsterten Klammern an den Brustwarzen anbringen. Dieser Vibrator benötigt zwei Batterien.

Die Art der Anwendung: Benutzen Sie diesen Vibrator zur Brustwarzenstimulierung, wenn Sie die Hände frei haben oder ein neues Gefühl ausprobieren möchten. Falls Sie ein wenig Veränderung wünschen, ziehen Sie am Vibrator oder schalten Sie ihn ein und aus.

Weitere batteriebetriebene »persönliche Massagegeräte«

Vor kurzem sind eine Reihe anderer, batteriebetriebener Spielzeuge in den regulären Sexläden aufgetaucht. Sie werden, ebenso wie ihre elektrischen Gegenstücke, als »persönliche Massagegeräte«

verkauft. Es befindet sich keines darunter, das wie ein Penis aussieht, aber sie werden in fast jeder vorstellbaren Größe und Form angeboten. Sharper Image führte eine Zeitlang ein batteriebetriebenes Spielzeug, das wie ein Briefbeschwerer aussah. Das perfekte Schreibtischaccessoire für den überarbeiteten, leitenden Angestellten! Hitachi stellt ein Gerät mit winzigen Zubehörteilen her, die an Zahnarztinstrumente erinnern. Das neueste und kleinste, das wir bislang sahen, sieht wie ein Diamant-Plug aus.

Die gute Nachricht ist, daß diese Geräte oft sorgfältiger gefertigt sind als die übrigen Sex-Billigartikel; und in bezug auf die klitorale Stimulierung »unterwegs« sind viele von ihnen unschlagbar. Die meisten dieser Dinger sehen so klein und unschuldig aus (obwohl sie es faustdick hinter den Ohren haben), daß es Ihnen nicht peinlich sein muß, wenn sie beim Sicherheitsscheck auf dem Flughafen entdeckt werden. Die schlechte Nachricht ist, daß die Typen kommen und gehen wie die Mode, so daß ein heute gekauftes Gerät ein paar Jahre später schon nicht mehr erhältlich ist.

Wir ersparen uns die Mühe, die vielen Varianten oder Hersteller aufzuführen, sondern möchten Ihnen raten, eines dieser Geräte auszuprobieren, falls Sie nach einem tragbaren Qualitätsvibrator Ausschau halten.

Analvibratoren

Ein vibrierender Butt Plug hat die erfreulichste Intensität ins Liebesspiel gebracht.

Mein Partner führte einen Vibrator in meinen Anus ein. Ich dachte, ich würde ohnmächtig.

Ich lag auf dem Rücken. Sie führte einen gut eingeschmierten, batteriebetriebenen Vibrator in mich ein, während sie meinen Penis stimulierte. Er wurde sofort steif. Ich kam sehr schnell zum Orgasmus und verspritzte meinen Samen über die ganze Brust – mit sechzehn mag so etwas normal sein, aber mit siebenundvierzig nicht!

Analvibratoren sind bei Männern und Frauen beliebte Sexspielzeuge beim Masturbieren und beim Liebesspiel. Diese Vibratoren können die Analöffnung, die Prostata und das Rektum stimulieren. Man kann sie benutzen, um den Partner zu penetrieren, oder sie im eigenen Körper tragen. Analvibratoren sind in einer Vielzahl von Größen und Formen erhältlich. Bislang gibt es noch kein speziell für den Gebrauch im Analbereich vorgesehenes Steckdosenmodell (obwohl Sie einen Spulenvibrator samt Zubehör verwenden können). Die meisten Analvibratoren laufen auf Batterien, sind mit einem Batteriepack verbunden und aus Vinyl hergestellt. Sie sind entweder lang und schlank oder gedrungen konisch. Sie können eine Reihe zylindrischer, batteriebetriebener Vibratoren als Analvibratoren verwenden oder sie mit einem schmaleren, muffenartigen Zubehör passend machen.

Falls Sie einen der im letzten Teil beschriebenen Vibratoren anal ausprobieren möchten, sollten Sie sich vergewissern, daß er wenigstens achtzehn Zentimeter lang ist und Sie ihn immer fest im Griff haben. Denken Sie auch daran, ihm ein neues Kondom überzuziehen, wenn Sie mit dem Spielzeug vom Anus zur Vagina wechseln.

Der Kauf eines Vibrators

Sie haben sich für den Kauf eines Vibrators entschieden, wissen jedoch nicht, was Sie als nächstes tun sollen. Wir schlagen vor, daß Sie die folgenden Fragen beantworten, damit Ihr Einkauf ein Erfolg wird.

Möchten Sie Klitoris, Vagina, Anus, Prostata oder Penis stimulieren? Falls Ihnen die Masturbation nicht unbekannt ist, haben Sie wahrscheinlich bereits eine Vorstellung davon, in welchem Bereich Sie den Vibrator gern anwenden möchten. Die Informationen in diesem Buch über diverse Vibrator-Typen können Ihnen bei der Wahl helfen. Falls Sie jedoch des Masturbierens unkundig sind, möchten Sie vielleicht einen Vibrator oder ein Massagegerät erstehen, der oder das ein wenig vielseitiger ist und mit dem Sie herumexperimentieren können.

Halten Sie nach einem Vibrator Ausschau, der alles kann, oder möchten Sie verschiedene Vibratoren erstehen?

Vielleicht möchten Sie auf unterschiedliche Weise gleichzeitig stimuliert werden; zum Beispiel an Klitoris, Vagina, Anus oder Penis oder an Damm und Anus zugleich. Normalerweise ist es besser, mehrere Vibratoren zu kombinieren und mit jedem erfolgreich ein Gebiet zu stimulieren, als sich ein Gerät mit einem Haufen Zubehör zu kaufen. Ein weiterer Vorteil ist, daß Sie sich aussuchen können, welchen Bereich Sie stimuliert haben möchten und wann, falls Sie einmal nicht alle Vibratoren auf einmal benutzen wollen.

Ich liebe meinen Great King, einen batteriebetriebenen Vibrator – zusammen mit den Tittenklammern ist er unschlagbar. Und ein Butt Plug macht das Ganze absolut unbeschreiblich.

Werden Sie den Vibrator einführen? Falls Sie vorhaben, den Vibrator vaginal oder anal einzuführen, sollten Sie sich wegen der Größe Gedanken machen. Wie bei Aschenputtel und dem Glasschuh geht nichts über einen perfekten Sitz. Sie bekommen eine ungefähre Vorstellung von der Größe, wenn Sie wissen, wie viele Finger bequem in Ihre Vagina passen. Oder Sie können, falls Sie es genau wissen wollen, eine Gurke bis auf die passende Größe zurückschneiden und dann ausmessen. Falls Sie den Vibrator anal einführen möchten, können Sie auch hier mit dem Fingertest die Größe abschätzen. Beim Kauf eines Analvibrators sollten Sie jedoch darauf achten, daß er einen Wulst am unteren Ende besitzt.

Bevorzugen Sie sanfte oder starke Vibrationen? Falls Ihre Klitoris oder Ihr Penis sehr berührungsempfindlich ist und bereits auf eine leichte Stimulierung reagiert, sind Sie möglicherweise mit den sanfteren Vibrationen eines batteriebetriebenen Vibrators zufrieden. Falls Ihnen aber eine intensivere Stimulierung lieber ist, sollten Sie einen stärkeren, batteriebetriebenen oder einen Vibrator für den Netzbetrieb ins Auge fassen.

Ist Haltbarkeit wichtig? Falls Sie einen Vibrator erstehen möchten, der jahrelang hält, sollten Sie sich für einen Vibrator mit Netzanschluß entscheiden:

Ich habe meinen spulenbetriebenen Sunbeam acht Jahre lang fast jeden Tag benutzt und ihn dann an meine beste Freundin vererbt.

Wie sie sagt, läuft er immer noch, und das nach drei Jahren. Was für ein loyales Spielzeug!

Ist die Transportierfähigkeit wichtig? Falls Sie viel reisen oder Sex im Freien mögen, kommt ein batteriebetriebener Vibrator für Sie in Frage. Sie können im Freien auch einen wiederaufladbaren Elektro-Vibrator benutzen, sollten sich jedoch in der Nähe einer Steckdose aufhalten, falls er zwischendurch seinen Geist aufgibt:

Ich habe bereits seit längerer Zeit einen elektrischen Vibrator, aber ich brauche einen tragbaren Begleiter auf meinen Marathontrecks über Strände und Landzungen (von mir tiefe Mösen genannt). Dieser Batterievibrator hat mir einige schöne Orgasmen beschert!

Spielt die Lautstärke eine Rolle? Den Bewohnern dünnwandiger Apartments sind geräuschvolle Vibratoren oft peinlich. Die einzig wirklich leisen Vibratoren sind die spulenbetriebenen Vibratoren für den Netzanschluß. Sie können den Vibrator jedoch auch unter der Bettdecke zum Einsatz bringen, da Decken das Geräusch recht gut dämpfen.

Spielt der Preis eine Rolle? Vibratoren für den Netzanschluß sind meistens teurer als batteriebetriebene. Möglicherweise verbrauchen Sie jedoch mehrere batteriebetriebene Geräte während der Lebensspanne eines einzelnen elektrischen Vibrators; so daß dieser sich letzten Endes als die bessere Investition herausstellen mag.

Wo kauft man Vibratoren?

Die größte Auswahl an Vibratoren finden Sie normalerweise in Sexspielzeugläden, die viele Menschen verständlicherweise nur widerstrebend aufsuchen. In den meisten größeren Städten gibt es mittlerweile spezielle Sexgeschäfte oder Erotik-Shops nur für Frauen.

Falls Ihnen nicht danach ist, einem Sexladen einen Besuch abzustatten, verzweifeln Sie nicht; es gibt noch andere Möglichkeiten, Befriedigung zu erlangen. Die bequemste und diskreteste Art und Weise ist es, Kataloge durchzublättern (hierzulande ist die bekannteste Firma der Beate-Uhse-Versand).

Ihren Vibrator mit dem Partner teilen

In diesem Bereich hängt der Erfolg vor allem von Ihren Kommunikationsfähigkeiten und Ihrer Einstellung gegenüber Sexspielzeugen ab. Möglicherweise erregt Sie die Aussicht, Vibratoren in Ihr Liebesleben zu integrieren; aber Ihr Partner muß nicht unbedingt auf derselben Wellenlänge funken. Sie sollten einige wichtige Punkte beachten:

● Setzen Sie nicht voraus, daß Sie und Ihr Partner dasselbe wollen; sprechen Sie darüber, hören Sie zu, und vermeiden Sie jedes Urteil.
● Ein Vibrator kann niemals einen Partner ersetzen.
● Vibratoren machen Spaß. Falls der Ihre Ihnen Vergnügen bereitet, wird Ihr Partner ihn wahrscheinlich auch mögen.

Lassen Sie andere mitspielen

Es ist erstaunlich, wieviel leichter es uns fällt, unsere Vibratoren mit Freunden und Zimmergefährten statt mit unserem Partner zu teilen. Es ist, als hinge am gemeinsamen Bett ein Schild mit der Aufschrift »Geräte verboten«. Aber einmal ernsthaft: Es ist wirklich verblüffend, wie viele Menschen annehmen, daß Ihr Partner etwas gegen Vibratoren hat, und nicht einmal in Betracht ziehen, dieses Thema anzuschneiden. Wie oft wir Ihnen auch erzählen mögen, wieviel Spaß zwei Menschen mit Sexspielzeugen haben können – solange Sie nicht darüber sprechen können, bleibt es ein strittiges Thema. Es folgen einige der am häufigsten angeführten Gründe, einen Vibrator aus der Beziehung herauszuhalten, sowie unsere Vorschläge, wie Sie mit den Einwänden umgehen können.

Es wird ihm so vorkommen, als habe er mich all die Jahre nicht befriedigt. Man kann das Ego des Partners berücksichtigen, ohne auf das eigene sexuelle Vergnügen verzichten zu müssen. Sie können Ihrem Partner versichern, daß es Ihnen mit ihm gefallen hat, sonst hätten Sie ihn nicht um mehr gebeten! Führen Sie den Vibrator als eine Möglichkeit ein, das Vergnügen für Sie beide zu verstärken; schildern Sie die vielfältigen Formen, wie zwei Menschen sich an einem Vibrator erfreuen können, wo es einem allein nicht gelingt.

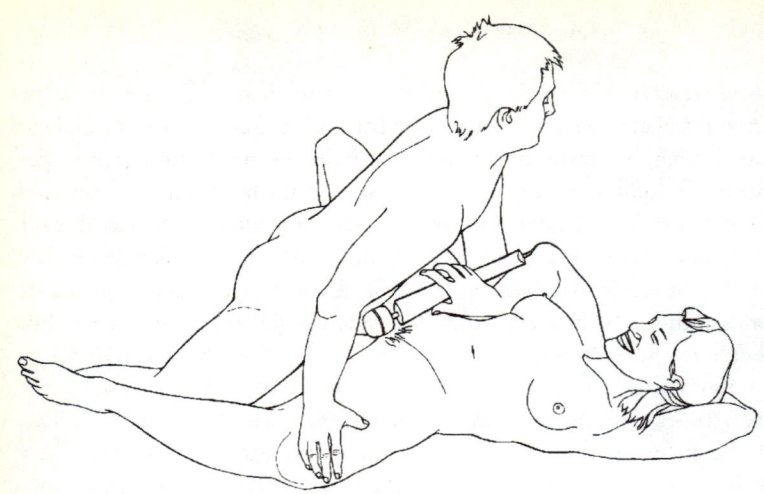

Teilen eines Vibrators mit dem Partner

Falls Ihre Vibratororgasmen intensiver sind, wird der Druck auf seinen Penis während der Penetration wahrscheinlich stärker sein und ihm so eine neue Erfahrung vermitteln. Bieten Sie Ihrem Partner die Kontrolle über den Vibrator an, damit er lernt, wie er ihn bei Ihnen anwenden kann, und mit der Handhabung vertraut wird. Schlagen Sie ihm vor (doch beharren Sie nicht darauf), ihn selbst anzuwenden.

Sie wird glauben, daß ich sie nicht mehr brauche. Versichern Sie Ihrer Partnerin, daß es unzählige Bereiche gibt, in denen es ein Vibrator nicht mit einem Liebespartner aufnehmen kann (er ist vorhersehbar, humorlos und gibt einen lausigen Küsser ab, um nur ein paar Beispiele zu nennen). Behandeln Sie Ihren Vibrator als ein Sexaccessoire, nicht als das Ding an sich. Falls Sie nur durch einen Vibrator zum Orgasmus kommen, geben Sie ihn Ihrem Partner in die Hand oder ermutigen Sie ihn, das übrige, unendlich erotische Terrain Ihres Körpers zu erkunden.

Er meint, ich solle mich beim Sex auf nichts anderes außer ihn verlassen. Jeder verwendet beim Liebesspiel – außer seinem Partner – noch etwas anderes. Manche brauchen eine bestimmte Phantasie, andere eine spezielle Kleidung, eine Stimmung, eine Umgebung. Es mag für Sie nicht immer notwendig sein, um zum Orgasmus zu kommen, aber es steigert die sexuelle Erfahrung. Versuchen Sie herauszufinden, auf welche Stimuli Ihr Partner reagiert, und ziehen Sie eine Parallele zwischen Ihnen und Ihrem Wunsch, bei Ihrem Liebesspiel einen Vibrator hinzuzuziehen. Falls Sie noch nie darüber gesprochen haben, sollten Sie jetzt feststellen, ob Ihr Partner masturbiert (was wahrscheinlich der Fall ist), und weisen Sie ihn darauf hin, daß diese Praxis ein Beispiel dafür ist, daß er sich beim Sex nicht ausschließlich auf Sie verläßt. Falls er der Meinung ist, *er* müsse Ihnen beim Liebesspiel Orgasmen bescheren, bringen Sie ihm bei, wie er den Vibrator halten muß.

Sie sagt, es sei unnatürlich. Viele Menschen sind der Meinung, am Sex sollten nur die uns angeborenen Körperteile beteiligt sein. Weshalb? Wir könnten anführen, daß die Menschen nackt zur Welt kommen und wir deshalb keinen Bedarf an Kleidung haben sollten. Aber niemand wird abstreiten, daß wir uns unserer Umwelt angepaßt und im Laufe dieses Prozesses Kleider angezogen haben. Wir behaupten, daß auch eine sexuelle Evolution stattgefunden hat und daß wir uns das Recht verdient haben, Spielzeuge zu benutzen. Aber dieses Argument überzeugt niemanden, der eine eingefleischte Aversion gegen Sexspielzeug hat. Falls Sie als Vibratorbenutzer mit jemandem eine Beziehung haben, der diese Aversion hegt, können wir nur vorschlagen, daß Sie zu einem Kompromiß darüber gelangen, wann ein Vibrator eingesetzt werden sollte. Vielleicht schließt Ihr Partner Ihr Spielzeug schließlich in sein Herz, nachdem er eine Weile mitangesehen hat, wieviel Spaß es Ihnen bereitet.

Ein Liebhaber fragte mich: » Weshalb willst du etwas Mechanisches benutzen?« Ich antwortete: » Würdest du die Wäsche lieber mit der Hand als in der Maschine waschen? Vibratoren sind schnell, effizient und erledigen die Arbeit!«

Wenn Sie ein Spielzeug für Ihren Partner kaufen möchten

Fragen Sie sich, weshalb Sie einen Vibrator kaufen. Hegen Sie Erwartungen, daß sich Ihr Liebesleben verbessert, von denen Ihr Partner keine Ahnung hat? Glauben Sie, sein Orgasmus sollte anders sein? Wie wird er reagieren? Kaufen Sie ihm einen Vibrator, weil Sie ihn benutzen wollen? Welche Botschaft wird dadurch übermittelt?

Sprechen Sie vorher über ihre Erwartungen (statt das Spielzeug plötzlich in der Hitze der Leidenschaft zu präsentieren). Falls Ihr Partner sich gedrängt fühlt oder abgeschreckt ist, beharren Sie nicht weiter auf dem Punkt. Versuchen Sie, seinen Ängsten auf den Grund zu gehen, ohne ein Urteil zu fällen. In folgendem Beispiel scheint das Paar irgendwann einmal über Vibratoren gesprochen und damit für das Gelingen der Überraschung gesorgt zu haben:

Meine Partnerin wußte, daß ich noch nie einen Vibrator benutzt hatte. Sie verband mir die Augen, fesselte mich und führte unanständige Reden. Plötzlich hörte ich dieses Summen und spürte einen Vibrator an meiner Klitoris. Dann fing sie an, mich mit den Fingern in den Arsch zu ficken, während sie den Vibrator weiter an meine Klitoris hielt. Daß ich ihn nicht sehen, nur hören konnte, war sehr erregend. Später stellte ich fest, daß es ein Hitachi Magic Wand gewesen war. Von diesem Tag an gab es keinen anderen Vibrator mehr für mich.

Fragen über Vibratoren

Welcher Vibrator ist der beste? Diese Frage läßt sich auf zweierlei Weise interpretieren. Wollen Sie wissen, mit welchem Vibrator Sie am besten zum Orgasmus kommen? Das können nur Sie allein beurteilen. Menschen reagieren auf bestimmte Stimulierungen unterschiedlich; was bei dem einen wunderbar funktioniert, kann den anderen irritieren. Die einzige Möglichkeit, den besten Vibrator für *Sie* zu finden, ist, verschiedene Typen auszuprobieren.

Oder ist Ihnen die Frage wichtig: »Welcher Vibrator ist der beliebteste?« Falls Sie die Beliebtheit als Test dafür benutzen möchten, welche Spielzeuge Sie am wahrscheinlichsten befriedigen werden, so ist das Ihr gutes Recht. Bei *Good Vibrations* besaßen der Hitachi Magic Wand, der Wahl Coil, der Smoothies und die Dualvibratoren (wie der Beaver und der Rabbit Pearl) immer einen großen und treuen Fanclub.

Wie lange wird mein batteriebetriebener Vibrator halten? Es ist für uns unmöglich vorherzusagen, wie lange genau ein Vibrator halten wird. Selbst wenn Sie sorgsam mit ihm umgehen und regelmäßig die Batterien auswechseln, gibt es keine Garantie, daß er nicht in einem Monat aus unerfindlichen Gründen den Geist aufgeben wird. Wir haben von vielen Kunden gehört, daß ihr Vibrator mehrere Jahre lang glücklich und zufrieden vor sich hin summte; aber uns sind ebenso viele Berichte von frustrierten Kunden zu Ohren gekommen, deren Spielzeuge innerhalb weniger Monate den Weg alles Sterblichen gingen. Nachfolgend einige Tips, wie Sie das Leben Ihres Vibrators schützen können:

● Lassen Sie den Vibrator nicht fallen. Das führt fast immer zu einer Katastrophe.

● Entfernen Sie die Batterien, wenn Sie das Gerät nicht benutzen. Dadurch verhindern Sie nicht nur, daß das Spielzeug zufällig angelassen wird und der Motor sich abnützt; sondern auch, daß eventuell lecke Batterien den Motor angreifen.

● Falls er nicht funktioniert, sollten Sie versuchen, ihn durch Blasen vom Staub zu befreien. Sie können auch ein wenig an den Drähten herumspielen; manchmal funktioniert er nicht, weil zwei Drähte übereinanderliegen, die eigentlich getrennt sein sollten. Achtung: Vergewissern Sie sich auf jeden Fall zuerst, daß alle Batterien entfernt wurden.

● Halten Sie den Vibrator vom Wasser fern. Die Reinigung mit einem feuchten Tuch genügt.

● Stellen Sie sicher, daß die Batterien korrekt eingesetzt sind und der Deckel fest verschlossen ist.

Falls Sie nach besser gefertigten, batteriebetriebenen Vibratoren Ausschau halten, hier unser Rat: Die in Japan hergestellten Spielzeuge sind qualitativ besser als die in Hongkong fabrizierten; und gelegentlich werden Sie auf Markenvibratoren mit Batteriebetrieb (von Hitachi, Wahl usw.) stoßen, die fast immer längere Garantien haben.

Werde ich abhängig? Es gibt absolut keine physische Grundlage für eine Abhängigkeit von irgendeiner Form der Stimulierung. Natürlich wird vielen Menschen die Stimulierung zur Gewohnheit, die ihnen zuverlässig Orgasmen beschert. Manche bevorzugen Sex in einer speziellen Stellung, mit einer bestimmten Phantasie oder mit einem bestimmten Partner. Und so ist es gleichfalls möglich, sich an Sex mit einem Vibrator zu gewöhnen. Daran ist nichts Unrechtes – unrecht haben nur die Leute oder die Stimmen im Kopf, die sagen, wir sollten auf eine ganz »bestimmte« Weise zum Orgasmus kommen und uns deshalb von Vibratoren fernhalten.

Falls Ihr Vibrator Ihnen zusagt, lassen Sie ihn weitersummen! Falls Sie andere Methoden erlernen wollen, um zum Orgasmus zu gelangen, hier einige Tips, wie Sie Ihr sexuelles Muster mit einem Vibrator durchbrechen können. Nehmen Sie sich die Zeit, um alternative Liebesaktivitäten zu erkunden. Versuchen Sie die »Stop und Start«-Methode; bringen Sie sich auf die übliche Weise bis kurz vor den Orgasmus und wechseln Sie dann zu einer anderen Form der Stimulierung über. (Die Erregung zu steigern kann ebenso viel Spaß machen wie eine sofortige Befriedigung.) Probieren Sie verschiedene Stellungen, Phantasien und Gefühle aus.

Werden meine Genitalien taub werden? Durch den stetigen Gebrauch eines Vibrators werden weder die Nervenenden an der Klitoris noch die am Penis geschädigt. Möglicherweise sind Ihre Genitalien zeitweilig durch die Vibrationen taub, aber Ihr Empfindungsvermögen wird stets wiederkehren. Vielleicht machen Sie sich Sorgen darüber, ob Sie nicht eine Toleranz für die intensive Stimulierung aufbauen, wie ein Vibrator sie bietet, und fragen sich, ob Sie je wieder in der Lage sein werden, manuell zu masturbieren. Die Antwort lautet in beiden Fällen »ja«; ja, sie werden eine Toleranz aufbauen, und ja, sie werden wieder manuell masturbieren können.

Wenden Sie einige der soeben beschriebenen Vorschläge an, um mit ihnen die Muster zu durchbrechen, und schon bald wird Ihre Klitoris oder Ihr Penis wie früher auf Ihre Hand reagieren.

Was ist an dieser geheimnisvollen Warnung vor Wadenschmerzen? In den Vereinigten Staaten verkaufte Vibratoren und Massagegeräte haben einen Hinweis auf der Packung, in dem davon abgeraten wird, sie bei unerklärlichen Wadenschmerzen zu benutzen, da das

Risiko besteht, einen Blutpropfen zu lösen und somit ernsthafte Schädigungen oder den Tod herbeizuführen.

Werde ich mich elektrisieren? Nur dann, wenn Sie Ihren elektrischen Vibrator mit in die Badewanne, unter die Dusche, in den Whirlpool oder ein anderes, wassergefülltes Bassin mitnehmen. Manche Leute befürchten, daß es gefährlich sein könnte, wenn Körperflüssigkeiten mit Vibratoren in Berührung kommen, doch bislang haben wir noch nicht gehört, daß jemand wegen einer verschwenderischen Anwendung von Gleitmitteln oder wegen eines ergiebigen Samenergusses einen Elektroschock bekommen hätte.

Können Vibratoren gefährlich sein? Falls Sie Ihren gesunden Menschenverstand benutzen (und Ihren Vibrator nicht angeschaltet allein zu Hause lassen, wenn Sie in Urlaub fahren, oder mit ihm auf dem Bauch einschlafen), besteht kein Grund zur Sorge. Es gibt ein paar wenige Vibratortypen, vor denen wir warnen, weil man sich mit ihnen verletzen kann. Vibratoren mit Heizelementen können geringfügige Verbrennungen am zarten Genitalgewebe verursachen. Es gibt einen bestimmten batteriebetriebenen Vibrator vom Dildo-Typ, der sich schlingernd auf und ab bewegt und bekannt dafür ist, daß er die Haut einklemmt. Einige Vibratoren bestehen aus einem plastikummantelten Metallstab, der Schaden anrichten kann, wenn es ihm gelingt, durch das Plastik zu stoßen. Einige dieser Modelle sind sorgfältiger gefertigt als andere. Vergewissern Sie sich vor dem Kauf, daß das Material fest und robust ist und nicht so leicht bricht, und meiden Sie heftige Aktivitäten, durch die der Kunststoff aufreißen könnte.

Was ist mit Safer Sex mit einem Vibrator? Falls Sie nur den Vibrator benutzen, praktizieren Sie bereits Safer Sex. Doch sollten Sie vermeiden, einen Vibrator erst anal und dann vaginal zu benutzen, ohne ihn zwischendurch zu säubern, da auf diese Weise infektiöse Bakterien übertragen werden können. Sie können dies verhindern, indem Sie Kondome benutzen (oder mehr als ein Sexspielzeug in Reichweite haben).

Falls Sie und Ihr Partner einen Vibrator gemeinsam benutzen, sollten Sie ihn vor dem Weitergeben säubern. Die meisten Kunststoff-

zubehörteile lassen sich in warmer Seifenlauge säubern, Kunststoff-
vibratoren vom Dildotyp können Sie mit einem feuchten Tuch abwi-
schen. Sie können das lästige Säubern Ihrer Sexspielzeuge während
des Liebesspiels vermeiden, wenn Sie Kondome benutzen – ziehen
Sie einfach zwischen zwei Anwendungen das gebrauchte Kondom
ab und ein neues darüber.

Und wenn sie nicht gestorben sind, summen sie heute noch glücklich

Nachdem wir Ihnen faktisch alles mitgeteilt haben, was wir über
Vibratoren wissen, ist es für Sie an der Zeit, mit ihnen zu spielen!
Wir träumen davon, daß Vibratoren eines Tages so alltäglich und
akzeptabel sind wie jeder andere Haushaltsgegenstand:

*Letztes Jahr fand das Thanksgiving Dinner in meinem Haus statt.
Meine Mom schaute in mein Zimmer und sah meinen Vibrator, der
unter dem Bett hervorlugte, dann spazierte sie ins Zimmer meiner
Schwester und sah ihren. »Ist es euch Mädels denn nicht peinlich«,
fragte sie, »daß eure Gäste sie sehen könnten?« Ich lachte. Mir
fallen sie schon gar nicht mehr auf. Ich hoffe, daß meine Gäste,
wenn sie meinen Vibrator sehen, nur lächeln und sich auch einen
wünschen.*

10. Penetration

In diesem Kapitel sprechen wir über die verschiedenen Penetrations-
möglichkeiten, die Sie und Ihr Partner genießen können, und darüber, wie wir Finger, Fäuste, Dildos und den Penis benutzen können,
um den Körper des anderen zu erkunden.

Vaginale Penetration

Es gibt eine Fülle physiologischer Erklärungen dafür, weshalb eine
Frau nach vaginaler Penetration verlangt. Wie Sie sich vielleicht von
unserer Untersuchung der Physiologie der sexuellen Reaktion her
erinnern, sammelt sich Blut in der äußeren Vagina einer erregten
Frau, und die vaginale Öffnung verengt sich, während die beiden
letzten Drittel im Inneren der Vagina sich ausdehnen. Uterus und
Gebärmutterhals heben sich, dadurch wird der Raum in der inneren
Vagina größer. Bei vielen Frauen wird das Gefühl des Ausdehnens
von dem Verlangen begleitet, ausgefüllt zu werden. Und manche
Frauen erleben einen stärkeren Orgasmus, wenn sich die Vagina *um*
etwas zusammenzieht.

Dildos verbessern das orgasmische Gefühl tatsächlich.

*Ich genieße alles und jedes in der Vagina, von der Faust bis zum
kleinen Finger. Ich mag das Gefühl, ausgefüllt zu sein.*

Aber das sexuelle Verhalten wird nicht nur von der physiologischen
Aufnahmefähigkeit diktiert, sondern muß von Verlangen, Bereitschaft und Vertrauen inspiriert sein. Wir lernen nur durch wiederholte erfreuliche Erfahrungen, unserer körperlichen Aufnahmefähigkeit zu trauen. Wenn eine angespannte, nicht erregte und trockene

Frau penetriert wird, läuft sie zweifellos Gefahr, Schmerz zu empfinden, und wird in Zukunft Penetration mit Schmerz verbinden.

Ich habe festgestellt, daß ich die Penetration mehr genießen kann, je angeregter, feuchter und offener ich bin.

Normalerweise schmerzt es bei der Penetration anfangs ein wenig, aber Gleitflüssigkeit hilft. Wenn ich erregter bin, schmerzt es nicht mehr.

Vaginismus bezeichnet eine extreme Reaktion von Frauen, die traumatische und schmerzhafte Erfahrungen mit der Penetration hinter sich haben. Das Kinsey-Institut schätzt, daß rund zwei bis neun Prozent der Frauen an Vaginismus leiden, eine psychische Reaktion auf körperliche Erlebnisse wie Vergewaltigung, Kindgeburt oder eine schmerzhafte Penetration. Eine Frau mit Vaginismus spannt unwillkürlich und automatisch ihre vaginalen Muskeln an, wenn eine Penetration droht. Die Behandlung des Vaginismus hat eine sehr hohe Erfolgsrate zu verzeichnen. Sie umfaßt unter anderem ein Übungsprogramm, bei dem Frauen lernen, ihre Oberschenkel- und Beckenmuskeln anzuspannen und zu entspannen und über einen Zeitraum von mehreren Monaten hinweg immer größer werdende Dilatoren (Dildos) in die Vagina einzuführen. Dadurch sollen sie die bewußte Kontrolle über willkürliche Muskeln neu erlernen und wieder Vertrauen in die Fähigkeit gewinnen, Vergnügen zu erleben.

Selbstverständlich sind viele Frauen vollkommen glücklich mit einem Liebesleben, bei dem Penetrationen gleich welcher Art selten oder gar nicht vorkommen. Die erogene Zone des einen ist die neutrale Zone eines anderen, und jeder Mensch hat unterschiedliche Vorlieben, wenn es um die Stimulierung geht, die ihn am meisten erregt. Der Glaube, alle Frauen hätten Vergnügen an vaginaler Penetration, ist ebenso falsch wie die Annahme, alle Männer hätten Spaß an analer Penetration. Überdies birgt die Penetration eine psychologische Komponente, die unsere Reaktionen beeinflußt. Wenn Sie in den Körper Ihres Partners eindringen, überschreiten Sie nicht nur eine emotionale, sondern auch eine körperliche Barriere. Einige Menschen empfinden das Eintauchen als sehr erotisch, andere als äußerst aufdringlich. Wir müssen Ihnen hoffentlich nicht sagen, daß Sie in diesem Fall stets die Wünsche ihres Partners respektieren sollten.

Um ehrlich zu sein, ich käme ohne Penetration aus. Ich bin schon glücklich, wenn ein Mann nur mit meiner Klitoris spielt. Ich mag es nicht, wenn man Sachen in meine Vagina steckt.

Finger

Weshalb die Finger benutzen?

Als ein Sexualtherapeut eine Gruppe von Männern und Frauen fragte, welcher Körperteil ihres Partners ihnen das größte sexuelle Vergnügen bereite – Finger, Zunge oder die Genitalien –, kamen die Finger zu höchsten Ehren. Hände sind ungewöhnlich empfindsame, geschickte Instrumente. Mit der Hand die Genitalien des Partners zu berühren, gleicht einem vertrauten Gespräch, das eine feinabgestimmte Gefühlssinfonie erzeugt:

Finger sind eindeutig am sinnlichsten und liebevollsten und am einfühlsamsten.

Ich genieße vor allem die Penetration mit einem Penis oder von Fingern. Sie sind warm und wissen genau, wo sie hinwollen. Ich mag Finger vor der Penispenetration, um mich stärker zu erregen, und auch, weil Finger angenehm sind.

Ich mag Finger in mir. Ich spüre gern, wie meine Möse sie drückt; es gefällt mir, wie warm sie nach dem Herausziehen sind.

Selbstverständlich nehmen nicht alle Frauen den gleichen Standpunkt zur Fingerpenetration ein:

Ich mag wegen einer sexuellen Belästigung in der Kindheit keine Finger in meiner Vagina.

Finger sind hart und Dildos kalt. Ich ziehe einen Penis vor.

Wie man die Finger benutzt

Vor dem Einführen in die Vagina sollten Sie sich die Zeit nehmen, alle Ringe und Armbänder auszuziehen, da Sie Ihre Partnerin sonst kratzen könnten. Es wäre auch nicht schlecht, einen Gummihandschuh zu tragen. Gummihandschuhe sind nicht nur eine Safer-Sex-Vorsichtsmaßnahme, sondern können auch die manuelle Erregung beider Parteien steigern. Womit wir keineswegs vorschlagen, daß Sie sich Ihrem Partner in dicken Spülhandschuhen nähern. Chirurgenhandschuhe aus Gummi bekommen Sie in jeder Apotheke und jedem Zubehörgeschäft für Ärzte und Zahnärzte. Sie sind in allen Regenbogenfarben erhältlich, extrem dünn und werden in vielen Größen angeboten. Versuchen Sie, ungepuderte Handschuhe zu finden, oder waschen Sie das möglicherweise irritierende Puder vor dem Gebrauch ab. Mit diesem Handschuh können sie jeden warmen, feuchten Zentimeter der Vagina ihrer Partnerin spüren, ohne gegen die Vaginalflüssigkeiten ankämpfen zu müssen, und Ihre Partnerin muß nicht gegen ausgefranste Nagelhaut, scharfe Fingernägel und rauhe Haut kämpfen.

Ich ziehe gern Handschuhe an, weil meine Hände oft durch die Körperflüssigkeiten gereizt werden, und ich habe auch ein besseres Gefühl, wenn ich die Vagina einer Geliebten mit Handschuhen erkunde, statt ständig Angst haben zu müssen, sie selbst mit den kürzesten Fingernägeln zu kratzen.

Ich mag Finger sehr, aber ein Vorteil des Penis ist, nebenbei bemerkt, daß er keinen Fingernagel hat.

Einige Leute ziehen Fingerlinge vor, die meistens auch in Apotheken erhältlich sind und den abgeschnittenen Fingern eines Handschuhes ähneln. Fingerlinge sind in Ordnung, wenn Sie sich tatsächlich auf einen Finger beschränken wollen, aber wegen der begrenzten Deckfläche sind sie keine besonders praktische oder vielseitige Entscheidung.

Sie haben also die Handschuhe angezogen und fragen sich nun, wie Sie Ihre Finger am besten sprechen lassen sollen. Die Antwort kann ihnen nur Ihre Partnerin geben. Die Vorlieben beim Fingerficken sind ebenso unterschiedlich wie die bei jeder anderen sexuellen Aktivität. Einige Frauen ziehen es vor, nur mit einem Finger oder zwei Fingern penetriert zu werden, andere bevorzugen mehrere. Ein und dieselbe Frau kann unterschiedliche Vorlieben haben, wie viele Finger sie in sich spüren will – abhängig von ihrem Menstruationszyklus und dem Grad der Erregung.

Ich bin verrückt nach Fingerstimulierung, besonders nach vier oder fünf Fingern auf einmal.

Manchmal mag ich jemandes Finger in mir, meistens wenn ich ovuliert habe und sehr feucht bin. Manchmal gefällt es mir, wenn nach dem Orgasmus jemandes Finger in mir ist – ein sehr beruhigendes Gefühl.

Aber keine Frau möchte penetriert werden, bevor sie erregt ist, also sollten Sie damit anfangen, Klitoris, Schamlippen und Vaginaöffnung Ihrer Partnerin spielerisch zu liebkosen, bis ihre Genitalien angeschwollen und warm sind. Ob sie sehr feucht ist oder nicht, es ist immer gut, ein wenig Gleitmittel auf Wasserbasis hinzuzufügen. Falls Ihre Partnerin sehr erregt ist, kann sie auch von sich selbst aus über Ihre(n) Finger gleiten. Oder Sie führen zu Beginn nur einen Finger ein und machen gemäß ihrer Körpersprache weiter.

Sie können die Finger gerade hineinstecken und wieder herausziehen, korkenzieherartige Bewegung machen oder gegen die Vaginalwand tippen und drücken. Einige Frauen ziehen bewegungslose Finger vor, andere ein zartes Streicheln, wieder andere ein kräftiges Stoßen. Falls Ihre Partnerin G-Punkt-Stimulierung mag, krümmen Sie Ihre Finger und streichen damit über die Vorderwand der Vagina unterhalb des Schambeins – die »Komm her«-Bewegung, wie sie passenderweise genannt wurde. Einige Frauen lieben es, wenn der Dammbereich zwischen Vagina und Anus massiert wird, andere genießen den Druck auf den Gebärmutterhals und begrüßen tiefe Stöße, während andere es als schmerzhaft empfinden, wenn der Gebärmutterhals erschüttert wird. Versuchen Sie durch Streicheln und Pressen der Vagina die »heißen Punkte« zu finden, und bitten Sie Ihre Partnerin, Sie wissen zu lassen, wenn Ihre Berührung sich angenehm, neutral oder irritierend anfühlt. Jede Frau reagiert anders; eine Technik, die eine Frau in himmlische Gefilde entführt, läßt eine andere in Tiefschlaf sinken.

Wenn mehrere Finger auf eine ganz bestimmte Weise bewegt werden (oben unter dem Knochen), ist das wirklich vergnüglich.

Die Finger einer Frau (die meinen G-Punkt kennt) führen mich zum Orgasmus. Aber vaginale Reibung ohne G-Punkt-Stimulierung ist eher ärgerlich und schmerzhaft als erfreulich.

Bei den meisten Frauen wird das Erlebnis der Penetration gesteigert, wenn der ganze Körper beteiligt ist. Sie können verschiedene Arten der Stimulierung gleichzeitig genießen – die Körper aneinanderreiben, an den Brustwarzen saugen, die Klitoris Ihrer Partnerin lecken, den Anus befingern, einen Vibrator anschalten oder sich küssen. Und vergessen Sie nicht: Gummihandschuhe machen es leichter, zwischen vaginalem und analem Spiel zu wechseln. Sie können einfach neue Handschuhe anziehen und brauchen nicht aufzuspringen, um sich die Hände zu waschen.

Ich liebe eine Zunge im Ohr und am Hals; eine Hand, die sanft über meine Taille streicht; ich mag klitorale und anale Stimulierung. In einer perfekten Welt könnte ich all das gleichzeitig haben. Aber das könnte mein System überlasten.

Ich mag Finger, die meinen G-Punkt streicheln, besonders wenn sie von einer Zunge begleitet werden, die meine Klitoris leckt.

Ich küsse gern und mache orale Sachen, während ich penetriert werde. Ich liebe es, wenn der Rest meines Körpers zur selben Zeit berührt wird.

Vaginales Fisting

Was es ist, und warum man es tut
Fisting heißt, die ganze Hand in die Vagina oder den Anus einzuführen. Das Wort »fisting« mag sich zwar bedrohlich anhören und anzudeuten scheinen, daß jemand seine Faust in die Vagina rammt, aber in Wirklichkeit ist Fisting eine sehr sanfte sexuelle Aktivität, die große Geduld und Vertrauen bei beiden Beteiligten erfordert. Wenn die eigene Hand tief im Körper des Partners steckt, mag man sich gleichzeitig bescheiden und allmächtig vorkommen. Von einer Hand, die Ihre Vagina ausfüllt, können Sie Empfindungen erwarten, die von tiefer Leidenschaft bis zu meditativer Gelassenheit reichen. Für einige Ausübende ist das Fisting eine fast spirituelle Erfahrung der Vereinigung.

Falls Ihre erste Reaktion auf die Vorstellung des Fisting darin besteht, es als gewalttätig, schmerzhaft und potentiell gefährlich zurückzuweisen, sollten Sie ein paar Minuten innehalten und einige Wahrheiten über die weibliche Anatomie Revue passieren lassen. Die Vagina besteht aus Muskeln; sie wurde von der Natur so konstruiert, daß ein zehn Pfund schweres Baby hindurchgleiten kann (tatsächlich handelt es sich bei der Dammassage, wie sie in Geburtsvorbereitungskursen gelehrt wird, im Grunde um Vaginalfisting). Es ist zweifellos möglich, eine menschliche Hand in die Vagina einzuführen, ohne Schaden anzurichten.

Wir schlagen nicht vor, daß jede Frau das Fisting ausprobieren sollte, nur weil sie körperlich dazu in der Lage ist. Aber wenn Sie zu jenen Frauen gehören, die davon träumen, vaginal ausgefüllt zu sein, oder wenn Sie die Finessen des Fingerfickens stets genossen haben, sind Sie vielleicht neugierig darauf, wie sich die ganze Hand Ihres Partners in Ihrer Vagina anfühlen mag. Es folgen ein paar Tips für die sichere Erkundung des Fisting.

Die Frauen, die vaginales Fisting niemals ausprobieren sollten, sind jene Transsexuellen, die eine Geschlechtsumwandlung hinter sich haben, da eine chirurgisch geschaffene Vagina weit weniger elastisch ist als eine angeborene. Auch bei Frauen, die eine Totaloperation hinter sich haben, in deren Verlauf der Gebärmutterhals oder der obere Teil der Vagina entfernt wurde, ist die Vagina vielleicht nicht mehr so elastisch, wodurch das Fisting schmerzhaft und unattraktiv wird. Das gleiche gilt für Frauen nach den Wechseljahren.

Bitte lassen Sie sich nicht auf Fisting ein, wenn Sie oder Ihr Partner betrunken oder in einem chemisch induzierten, veränderten Zustand sind. Fisting fordert von beiden Beteiligten Aufmerksamkeit und Konzentration, und Sie wären närrisch, wenn Sie mit getrübten Sinnen an die Sache herangingen. Die erste Regel bei der Penetration lautet: Wenn es schmerzt, haben Sie etwas falsch gemacht. Alkohol und Drogen können Ihre Schmerzschwelle derart erhöhen, daß Sie sich des angerichteten Schadens erst bewußt werden, wenn er bereits angerichtet ist.

Ratschläge für das Fisting
Das Wichtigste zuerst: Legen Sie bitte alle Ringe und Armbänder ab und ziehen Sie Gummihandschuhe an. Für Safer Sex wäre es vielleicht besser, wenn Sie beide Hände behandschuhten, da die Fistinghand in regelmäßigen Abständen mit Gleitmittel eingeschmiert werden sollte. Ein gut eingeschmierter Handschuh schützt nicht nur Ihre Haut und die Vagina Ihrer Partnerin, sondern verwandelt Ihre Hand auch in eine glatte und schlüpfrige Fläche. Überdies handelt es sich beim Fisting um eine Aktivität, die allmählich vorbereitet werden muß. Sie und Ihr Partner könnten unerwarteten Nutzen aus den initiierenden Ritualen ziehen:

Bevor ich gefistet werde, schaue ich zu, wie mein Partner den Handschuh überstreift und sehr langsam, sehr methodisch Gleitmittel darüber verteilt. Das macht mich wahnsinnig.

Wahrscheinlich zieht der zu Fistende es vor, mit gekrümmten Knien auf dem Rücken zu liegen oder sich auf Ellenbogen und Knien abzustützen. Der Fister wird beide Hände freihaben und in einer bequemen Stellung sitzen oder knien wollen. Nehmen Sie sich die Zeit, die Vagina Ihrer Partnerin in einen entspannten, empfänglichen Zustand zu bringen; stimulieren Sie Brustwarzen, Klitoris oder den Anus so, wie Ihre Partnerin es am erregendsten findet. Führen Sie einen Finger nach dem anderen ein, bis Sie bei vieren angelangt sind. Ihre

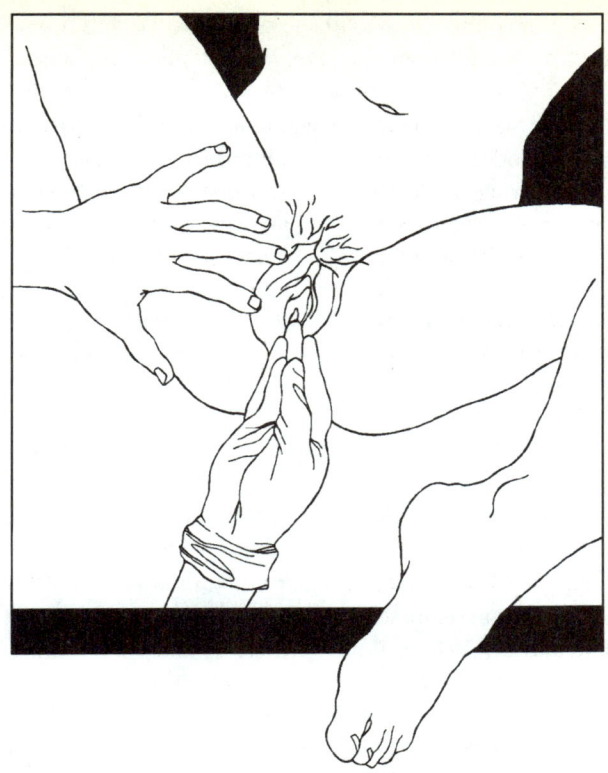

Vaginales »Fisting«

Handfläche sollte nach oben zum Bauch zeigen, die Fingerknöchel in Richtung Scham drücken, statt schmerzhaft gegen das Schambein zu reiben. Ihre Partnerin könnte es als hilfreich empfinden, den Atemrhythmus mit Ihren Bewegungen zu koordinieren: einzuatmen, wenn Sie Ihre Finger zurückziehen, auszuatmen, wenn Sie sie einführen. Wenn sie ihre Vaginamuskeln beim Ausatmen nach unten preßt, wird sie immer tiefer über Ihre Finger gleiten. Legen Sie regelmäßige Pausen ein, um Hand und Handgelenk einzuschmieren. Es gibt keine olympischen Medaillen für schnelles Fisting zu gewinnen, und wenn Sie Ihre Partnerin soweit gereizt haben, daß sie nach mehr verlangt, ist das für sie beide um einiges besser.

Während Sie immer mehr Finger in die Vagina einführen, werden Sie wahrscheinlich feststellen, daß Ihre Hand dabei eine Position einnimmt, die als »Ente« oder »Schwan« bekannt ist. Bei dieser Fistinghaltung legen Sie den Daumen über die Handfläche, und pressen die verbleibenden Finger so eng zusammen, daß die Form an einen Schnabel erinnert (daher der Vogelname). Ziel ist es, Ihre Hand so schmal wie möglich zu machen, um sie durch den engen Muskelring zu schmuggeln, der die Vaginaöffnung umgibt:

Ich werde gern gefistet, wenn man auf meine Anweisungen hört und diese kleine Entensache macht, bevor man die ganze Hand in meine Möse zwängt.

Möglicherweise hilft es Ihnen, wenn Sie eine Drehbewegung machen, während Sie sich allmählich mit einer Hand in die Vagina vorarbeiten. Falls Ihre Partnerin hinlänglich erregt und Ihre Hand angemessen eingeschmiert ist, wird der Augenblick kommen, wo die breiteste Stelle Ihrer Hand, die Knöchel an den Fingerwurzeln, unerbittlich in die Vagina gleitet. Wenn Ihre Hand auf der anderen Seite des Muskelringes angelangt ist, wird sie sich instinktiv zu einer Faust ballen, kuschelig umhüllt von der kräftigen, warmen Vaginawand.

Sobald die Schwelle einmal überschritten ist, stehen Ihnen verschiedene Möglichkeiten offen, Ihre Hand zu bewegen. Sie können sie leicht vor und zurück bewegen; langsam drehen, zusammenballen und wieder öffnen, gegen die Innenwand der Vagina klopfen oder tief in sie hineinstoßen. Viele Frauen besitzen einen empfindlichen Gebärmutterhals, also sollten Sie davon absehen, gegen den Gebärmutterhals Ihrer Partnerin zu stoßen, es sei denn, Ihre Partnerin möchte auf diese Weise stimuliert werden.

Fisting – die Hand zu öffnen und zu schließen, während sie sich drinnen befindet – ist großartig. Den Gebärmutterhals meiner Partnerin zu berühren ist eine Aufgabe. Überflüssig zu sagen, daß auch mir selbst so etwas gefällt.

Vaginal genieße ich die ganze Hand oder schnelle, kräftige Handstöße.

Vergessen Sie den übrigen Körper ihrer Partnerin nicht. Das Fisting-erlebnis läßt sich – wie jede andere Form der Penetration – außerordentlich steigern, wenn es von einer klitoralen, analen, oralen, Brustwarzen- oder Ganzkörperstimulierung begleitet wird. Falls beide Hände und der Mund besetzt sind, sollte ihre Partnerin so frei sein, sich oder Sie mit ihren eigenen Händen zu streicheln.

Meine Partnerin hat ihre besten Orgasmen, wenn ich einen Finger in ihrem Arsch, die ganze Hand in ihrer Vagina und den Mund auf ihrer Klitoris habe.

Ich werde gern an anderen Stellen (Füße, Hintern, Gesicht) sanft gestreichelt, während man mich kräftig penetriert. Ich mag es auch, wenn sie meinen Mund mit der Zunge in dem gleichen kräftigen Rhythmus penetriert, in dem sie mich fickt.

Ihre Partnerin mag beim Fisting zum Höhepunkt kommen oder nicht. Einige Frauen empfinden das Fisting als so übernatürlich intensiv, daß ein Orgasmus irrelevant erscheint. Ob Ihre Partnerin kommt oder nicht; Sie werden schließlich an einen Punkt gelangen, wo Sie Ihre Hand zurückziehen müssen. Wenn sie gerade einen Orgasmus gehabt hat, wird sich die Vagina plötzlich viel enger anfühlen. Aber keine Panik. Was hineingekommen ist, kommt auch wieder heraus. Bitten Sie Ihre Partnerin, ihre Vaginalmuskeln nach unten zu drücken, während Sie Ihre Hand langsam hinausgleiten lassen und dabei auseinanderdehnen. Falls ihre Vagina sich wie ein Vakuumverschluß anfühlt, können Sie das Siegel brechen, indem Sie einen weiteren Finger in die Vaginaöffnung gleiten lassen.

Fisting ist ein für beide Beteiligten eindrucksvolles Erlebnis. Sie und Ihre Partnerin können einen veränderten Bewußtseinszustand erfahren. Lassen Sie sich viel Zeit, um vom Gipfel herabzusteigen. Ihre Partnerin wird sich noch mehrere Tage danach ihrer Vagina bewußt sein. Es ist vorstellbar, daß sie einen kleinen Blutfleck entdeckt, aber falls es nicht zu schweren Blutungen kommt, gibt es nichts, worüber Sie beide sich Sorgen zu machen brauchen.

Vaginale Penetration

Wir haben in diesem Buch dem Vaginalverkehr bewußt weder mehr noch weniger Raum zugestanden, als jeder anderen angesprochenen sexuellen Aktivität oder jedem aufgeführten Sexspielzeug. Der Mythos, vaginale Penetration sei das A und O der sexuellen Erfahrung und die meisten übrigen Aktivitäten seien nur »Vorspiele« für dieses Ereignis, nimmt einen festen Platz in unserer kollektiven Libido ein. In Wahrheit muß der Vaginalverkehr nur dann die »Hauptsache« sein, wenn Zeugung das Ziel ist (und beim heutigen Stand der biomedizinischen Technik ist selbst das nicht immer der Fall). Die Betonung des Vorrangs der Penis-Vagina-Penetration wertet nicht nur die Erfahrung schwuler oder lesbischer Paare ab, sondern auch die der bisexuellen und heterosexuellen Paare, die am eigenen Leibe erlebt haben, daß es beim Sex mehr gibt, als den sprichwörtlichen Zapfen ins Spundloch zu stecken. Die negativen Auswirkungen dieser kleinkarierten Einstellung zum Sex sind mannigfaltig: Würden die Freuden des »außervaginalen« Geschlechtsverkehrs offen anerkannt, gingen die Rate der Teenagerschwangerschaften, die Verbreitung sexuell übertragbarer Krankheiten und die Zahl der präorgasmischen Frauen garantiert zurück.

Ich glaube, da gibt es diesen Maßstab (selbst in der lesbischen und bisexuellen Gemeinde), daß Penetration das einzig Wahre, das Ultimative sei und daß man, wenn man nicht gefickt werden mag, entweder verklemmt oder langweilig ist. Wir müssen das hinter uns lassen. Das Leben ist zu kurz, um es bei dem Versuch zu verschwenden, sich den Vergnügungsmaßstäben anderer Leute anzupassen. Erheben Sie Anspruch auf Ihr eigenes Verlangen!

Nach diesem öffentlichen Widerruf möchten wir eilends versichern, daß der vaginalen Penetration gewiß ein Platz in der Ruhmeshalle sexueller Aktivitäten gebührt. Der vaginale Geschlechtsverkehr sorgt für Ganzkörperkontakt, gegenseitige Stimulierung und eine Vermischung von Fleisch, die auf mannigfache Weise erregend ist, körperlich und emotional. Der nachfolgende Abschnitt über den Vaginalverkehr ist nicht nur gemischt, sondern auch auf gleich-

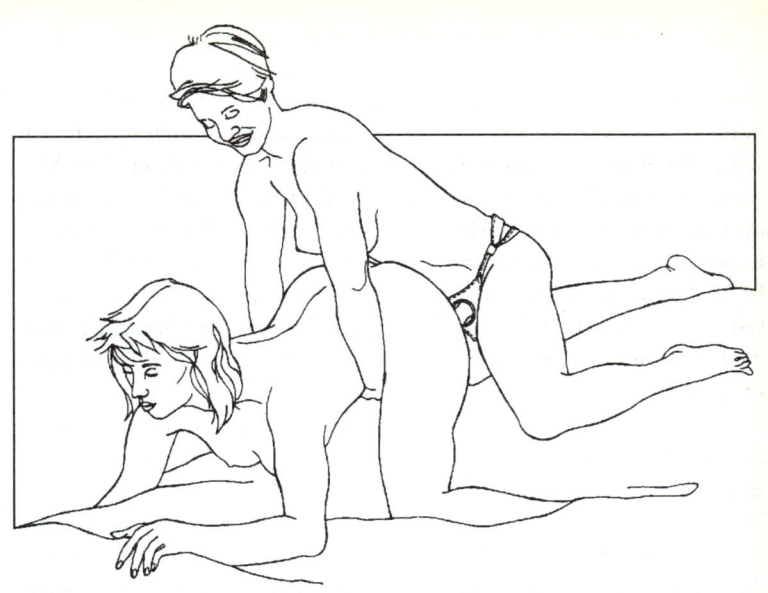

Vaginalverkehr, Eindringen von hinten

geschlechtliche Paare und sowohl auf den Penis/Vagina als auch auf den Dildo-Vagina-Geschlechtsverkehr anwendbar.

Erwartungen
Sie und Ihr Partner sollten sich Ihrer beider Erwartungen und Vermutungen in bezug auf Penetration bewußt sein. Falls Sie beide darin übereinstimmen, daß die Penetration nur eine Facette Ihrer sexuellen Interaktion ist, werden Sie sich wahrscheinlich weniger Sorgen darum machen, ob Sie durch Penetration zum Höhepunkt kommen oder nicht. Falls Orgasmus Ihr Ziel ist, sollten Sie berücksichtigen, daß ungefähr fünfzig bis fünfundsiebzig Prozent aller Frauen durch alleinige Penetration nicht zum Orgasmus kommen, weil sie durch diese Technik nicht die klitorale Stimulierung erhalten, die die meisten Frauen brauchen, um zu kommen. Sie könnten bei der Penetrierung zusätzliche Stimulierungsmöglichkeiten anwenden, die Sie und Ihren Partner zum Orgasmus bringen. Auf

jeden Fall sollten sie sich bitte nicht auf das unwahrscheinliche Ziel eines Orgasmus »ohne Hände« für beide Partner fixieren, weil dadurch Ihr Vergnügen an der Penetration nur eingeschränkt wird.

Manchmal ist es schwierig, gleichzeitig Penetration und Stimulierung zu bekommen. Manchmal ist es zu umständlich (körperlich) oder zu peinlich (wegen der Gefühle meines Partners), es allein zu machen.

Ich ziehe oralen Sex dem Ficken vor. Ich mag beides, aber der Fick-Teil ist hauptsächlich für meinen Süßen. Er kommt nur schwer, am besten in mir.

Eine andere weitverbreitete Penetrationserwartung ist der gleichzeitige Orgasmus. Ehehandbücher aus den fünfziger und sechziger Jahren preisen ihn als den Gipfel sexueller Glückseligkeit an und errichteten auf diese Art einen Maßstab, der für die meisten Paare nur schwer erreichbar ist. Die Erregungsmuster sind von Mensch zu Mensch, von Mal zu Mal verschieden. Wenn Sie den Erregungszustand Ihres Partners beobachten, werden Sie von Ihrem eigenen abgelenkt. Der gleichzeitige Orgasmus propagiert ein Ideal gleichmacherischer Wechselseitigkeit, das kaum etwas mit der sexuellen Ansprechbarkeit des Durchschnittsmenschen zu tun hat. Natürlich ist es großartig, wenn Sie gleichzeitig zum Orgasmus kommen. Aber seien Sie nicht überrascht, wenn dies eher auf bloßem Zufall denn auf Absicht beruht.

Gleitmittel

Gleitmittel sind unentbehrliche Begleiter bei jeder Art von Penetration, und der vaginale Geschlechtsverkehr bildet keine Ausnahme. Falls Ihre Partnerin nicht gerade über eine große Menge natürlicher Gleitflüssigkeit verfügt, sollten Sie in Betracht ziehen, ein Gleitmittel aus der Flasche hinzuzufügen, damit die Penetration für beide Beteiligten angenehmer wird:

Wir benutzen Kondome mit einer Extraschicht Astroglide, obwohl ich selbst genügend Gleitflüssigkeit produziere.

Wir fügen es regelmäßig hinzu, um die ganze Zeit über schlüpfrig zu bleiben. Es vermittelt uns ein besseres Gefühl und erlaubt uns, über lange Zeit weiterzumachen.

Gelegentlich hören wir von Männern und Frauen, die sich darüber beklagen, durch »zuviel« Gleitmittel bekämen sie nicht die zum Orgasmus nötige Reibung. In diesem Fall sollten Sie versuchen, den Penetrationswinkel so zu verändern, daß der Penetrator an der Vaginaöffnung entlangreibt, statt einfach geradewegs in die Vagina zu gleiten. Oder Sie tragen Kondome – Gummi saugt Gleitmittel auf und sorgt für Reibung.

Verschiedene Stöße
Schließlich sollten Sie daran denken, daß alle Menschen unterschiedliche Vorlieben in bezug auf Penetrationsstile, -winkel und -tiefen haben. Der eine mag lange, gemächliche, der andere kurze, rhythmische Stöße. Ein Paar liegt gern Hüfte an Hüfte und reibt sich aneinander, andere Paare bewegen vielleicht lieber die Hüften voneinander fort. Falls Sie und Ihr Partner unterschiedliche Vorlieben haben, sollten Sie bei der vaginalen Penetration die von Ihnen beiden bevorzugten Techniken einbeziehen.

Ich habe stets die langsame, forschende, spielerische Penispenetration genossen.

Vom Gefühl her schätze ich einen harten und schnellen Fick.

Auch der Penetrationswinkel kann den Stimulierungsgrad beider Partner beeinflussen. Ein Mann möchte vielleicht seinen Penis in einem bestimmten Winkel einführen, bei dem er gegen den Rand der Vaginaöffnung stößt, um so die größtmögliche Stimulierung der empfindlichen Eichel und der Unterseite des Penis zu erhalten. Oder wenn er seinen Penis hoch gegen die Spitze der Vaginaöffnung ansetzt, kann er mit jedem Stoß an der klitoralen Haube zerren und so indirekt die Klitoris stimulieren. Frauen genießen möglicherweise den Druck gegen einen bestimmten Abschnitt der Vaginalwand stärker als gegen einen anderen.

Ich probiere beim Sex gern verschiedene Stellungen aus. Mein Schwanz braucht Reibung aus den unterschiedlichsten Bereichen; so komme ich leichter zum Orgasmus.

G-Punkt-Stimulierung hatte ich bei einem Partner, dessen Penis ein wenig nach links gekrümmt war; vermutlich hat er den G-Punkt genau getroffen!

Frauen haben sehr unterschiedliche Vorlieben, wenn es um die Tiefe der Stöße geht. Manche Stellungen erlauben tiefere Stöße als andere, und einige Frauen finden dies sehr angenehm. Andere Frauen – darunter solche mit empfindlichen Gebärmutterhälsen oder nach einer Hysterektomie – ziehen möglicherweise ein flaches Stoßen vor, das sich auf das vordere Drittel der Vagina konzentriert.

Ich glaube, einiges von meinem Vergnügen an der vaginalen Penetration verdanke ich der Stimulierung des Gebärmutterhalses; also ist die Penislänge wichtig.

Ich genieße die Penetration mit dem Schwanz, muß mich aber darauf konzentrieren, offen und entspannt zu bleiben. Die einzige Stellung, die bei mir funktioniert, ist, wenn ich mit angezogenen, weit geöffneten Beinen auf dem Rücken liege. Zuviel Stoßen ertrage ich nicht.

Wann immer Sie der passive Teil bei einer Penetration gleich welcher Art sind, sollten Sie das Gefühl haben, die Tiefe des Stoßes kontrollieren zu können. Sie können sie unaufdringlich regulieren, indem Sie die Hand um die Peniswurzel Ihres Partners oder um die Basis des Dildos legen. Das erleichtert es Ihnen, die Tiefe jeden Stoßes zu kontrollieren, und falls Ihr Partner ein Mann ist, wird sein Penis sich noch dazu angenehm von Hand und Vagina umhüllt fühlen.

Stellungen

Wahrscheinlich wurde in der Geschichte der Sexhandbücher über Penetrationsstellungen mehr geschrieben als über jedes andere

Thema. In den letzten fünfzehn Jahrhunderten faszinierte die Menschen die illustrierte Ausgabe des *Kama Sutra*, aber es ging ihnen dabei nicht um die Hindu-Philosophie, die der Text vermittelt, sondern um die Möglichkeit, Darstellungen von Paaren zu bewundern, deren Körper in der »klaffenden Stellung« oder in der »Lotusposition« verschlungen waren. Das arabische Handbuch *The Perfumed Garden* aus dem sechzehnten Jahrhundert führt vierzig verschiedene »Beischlafstellungen« auf. Die Aufregung, die kürzlich das Buch *The Perfekt Fit* entfachte, ein Handbuch, das vorgibt, eine »koital ausgerichtete Technik« zu lehren, die stärkere, bessere und zu hundert Prozent simultane Orgasmen für beide Parteien garantiert, belegt die starke und zeitlose Anziehungskraft der Bücher, in denen Stellungen beschrieben und illustriert sind.

Was steckt hinter dieser Besessenheit? Nun, wie jeder Turniertänzer bezeugen kann, braucht es ein wenig Übung, ehe sich zwei Körper im Gleichschritt über die Tanzfläche bewegen können. Es leuchtet ein, daß es auch ein wenig Übung braucht, ehe sich zwei Körper außerhalb der Tanzfläche auf eine wechselseitig erregende, stimulierende und wohltuende Weise bewegen können. So wie niemand instinktiv weiß, wie man Walzer göttlich tanzt, weiß niemand instinktiv, wie man eine Penetration göttlich bewerkstelligt. Aber man sollte die meisten zur Zeit erhältlichen Bücher mit und über Stellungen mit Vorsicht genießen. Entweder propagieren sie eine patentierte Technik, wie garantiert jeder Leser befriedigt werden kann, oder sie präsentieren hundertundeine Sexualstellung, die sämtlich geringfügige Variation derselben Grundposition darstellen. Lassen Sie sich nicht von den beiden Extremen abschrecken – Bücher mit Stellungen sind amüsant wegen ihrer erotischen Abbildungen, wenn auch die angebotenen Ratschläge von zweifelhaftem Wert sind. Tatsächlich gibt es nur eine Handvoll sexueller Grundpositionen, und Sie können sich mit Ihrem Partner eine schöne Zeit machen, wenn Sie diese Stellungen Ihrer Körpergröße, den körperlichen Fähigkeiten und den erogenen Vorlieben anpassen.

Denken Sie beim Lesen des nachfolgenden Textes daran, daß wir den aktiven Partner in allen sexuellen Situationen in der zweiten Person ansprechen, »Sie« kann ein Mann oder eine Frau sein.

Missionarsstellung: Die Missionarsstellung verdankt der Legende nach ihren Namen den Bewohnern der pazifischen Inseln, die überrascht beobachteten, wie Missionare in einer Stellung penetrierten, die sie niemals praktizierten. Bei der Missionarsstellung liegt der passive Partner auf dem Rücken, während Sie auf ihm liegen. Diese Stellung wird häufig als altmodisch oder Frauen »unterdrückend« geschmäht, da sie die Bewegungsfreiheit des passiven Partners einschränkt und nur wenig direkte klitorale Stimulierung bietet. Dennoch führen viele Frauen zahlreiche Gründe dafür an, daß sie die Missionarsstellung genießen:

Ich liege gern auf dem Rücken. Ich spüre gern das Gewicht und die Haut eines anderen auf meinem Körper. Dadurch werden größere Bereiche meines Körpers stimuliert. Wenn ich auf jemandem sitze, wird nur ein kleiner Teil von mir stimuliert.

O Gott – ich bin doch immer noch eine Feministin, wenn ich die Missionarsstellung mag, oder? Sie gefällt mir, weil ich so immer noch meine Klitoris erreichen kann. Ich kann nicht kommen, wenn ich oben liege.

Ich genieße es am meisten in der Missionarsstellung. Es ist leichter für mich, zu entspannen – anders fühlt es sich wirklich großartig an, aber ich kann nicht kommen.

Es gibt einige vergnügliche Varianten der Missionarsstellung. Bei einem männlichen/weiblichen Paar kann die Frau die Beine gerade ausgestreckt halten und so die Vaginaöffnung verengen und die Penisreibung verstärken. Diese Variation macht es auch wahrscheinlicher, daß das Schambein des Partners gegen die Klitoris reibt. Eine andere Alternative besteht für die Frau darin, daß sie die Beine spreizt und die Knie anzieht. Diese Stellung erlaubt eine tiefere Penetration und macht es der Frau leichter, die Hüften zu bewegen. Für einige Frauen ist die Bewegungsfreiheit ein wichtiger Faktor, um bei der Penetration zum Orgasmus zu kommen:

So komme ich zum Orgasmus: Mein Partner liegt auf mir, meine Beine sind auf seiner Schulter oder an seinem Brustkorb, wegen der Hebelwirkung schlinge ich die Beine um seine Schultern, so kann ich beim Stoßen helfen.

Ich komme durch Penispenetration zum Orgasmus, wenn ich mich frei bewegen kann.

Frau oben: Obwohl diese Bezeichnung den Geschlechtsverkehr mit einem andersgeschlechtlichen Partner andeutet, ist sie auf jeden Fall wunderbar; egal, ob eine andere Frau oder ein Mann unten liegt. Bei dieser umgekehrten Missionarsstellung liegen Sie auf dem Rücken, während ihre Partnerin rittlings auf ihnen sitzt, entweder mit Blick zum Kopf oder zu Ihren Füßen. Bei einer Variation dieser Stellung liegt sie mit dem Rücken auf Ihrer Brust.

Mann auf dem Rücken, die Frau mit dem Rücken auf ihm, halb sitzend, halb liegend. Ist zwar recht umständlich, aber der Mühe wert!

Die *Frau oben*-Position ist ausgezeichnet für Frauen geeignet, die gern die Stoßtiefe kontrollieren möchten, und für all jene, die sich vom Vaginismus, der Geburt eines Kindes oder einer Hysterektomie erholen. Es ist auch eine besonders bequeme Stellung für Schwangere oder Frauen, die erheblich kleiner sind als ihr Partner. Ferner ist es eine vielseitige Position, bei der man Brustwarzen und Klitoris der Partnerin leicht stimulieren kann. Männer stellen oft fest, daß sie entspannter sind und nicht so intensiv stimuliert werden, wenn sie auf dem Rücken liegen, so daß sie in dieser Lage den Samenerguß leichter verzögern können:

Ich mag Penetration besonders, wenn ich oben liege und ihn tief in meinen Körper einführen kann.

Ich habe sehr große Brüste und bin gern oben, damit mein Partner sie lecken und an ihnen saugen kann.

Oben zu sein, bedeutet, alles unter Kontrolle zu haben, einschließ-
lich des Zeitpunktes, zu dem er kommt. Ich kann es gemäch-
lich machen und mich so drehen, daß ich an die richtige Stelle
komme. Und ich kann ihn mir von einem hübschen Winkel aus
anschauen.

A tergo (von hinten); auch als »Hundestellung« bezeichnet. Bei dieser Position liegt Ihre Partnerin auf dem Bauch oder läßt sich auf
Ellenbogen und Knie nieder, während Sie hinter ihr stehen oder
knien. Diese Stellung ist sehr angenehm für Frauen im letzten Stadium der Schwangerschaft und für all jene, die kleiner sind als ihre
Partner. Sie bietet viele Vorteile – bei ihr lassen sich der G-Punkt,
die Brustwarzen und die Klitoris leichter stimulieren.

Wenn ich wirklich intensiv stimuliert werden möchte, mag ich's
von hinten.

Ich bevorzuge die »Hundestellung«. Dadurch wird mein G-Punkt
am stärksten stimuliert, und ich kann besser kontrollieren, wieviel
Penetration ich bekomme.

Bei *A tergo* entspricht die natürliche Krümmung der Vagina der
Krümmung des erigierten Penis oder eines gekrümmten Dildos, so
daß tiefe Stöße in dieser Stellung angenehmer sind als in den meisten
anderen. Und es ist fraglos erregend, die Hüften der Partnerin zu
halten und sie vor und zurück zu bewegen – *a tergo* läßt beiden Parteien angenehm viel Freiheit, um das Becken zu bewegen.

Ich mag es, wenn meine Partnerin selbst so hart wie möglich stößt,
wenn ich hinter ihr bin.

Einige Menschen empfinden es als unpersönlich, wenn sie ihren
Partner während der Penetration nicht sehen können, und assozi-
ren die *A-tergo* Stellung mit Sex bei Tieren:

Die »Hundestellung« ist hin und wieder ganz nett, doch erscheint sie
mir trotz der Stimulierungsmöglichkeiten ein wenig unpersönlich.

A tergo wird gemeinhin auch mit Analverkehr assoziiert – obgleich es nur eine von vielen möglichen Stellungen für analen Sex ist. Doch da der Mensch ein sexuell abwechslungs- und erfindungsreiches Wesen ist, finden viele von uns diese beiden Faktoren inspirierend.

Ich lasse mich gern von hinten penetrieren. Wir tun oft so, als seien wir ein schwules Paar, und die Penetration von hinten paßt zu dieser Phantasie.

Seite an Seite: In dieser Stellung liegen Sie entweder so, daß Sie einander anschauen, während die Oberschenkel miteinander verschlungen sind, oder Sie schauen beide in die gleiche Richtung, in der sogenannten Löffelstellung. Bei einer leichten Abwandlung liegt Ihre Partnerin auf dem Rücken und legt die Beine über Ihre Oberschenkel. Die *Seite-an-Seite-*Stellung eignet sich gut für eine lange, gemächliche Penetration, da die dabei stattfindende Stimulierung weniger direkt als bei den anderen Positionen ist.

Die Seite-an-Seite-Stellung eignet sich großartig zum Aufwärmen – sie baut die Spannung auf.

Die »Löffelstellung« erlaubt dem passiven Partner, die Tiefe der Stöße zu kontrollieren; und da bei dieser Stellung niemand das Ge-

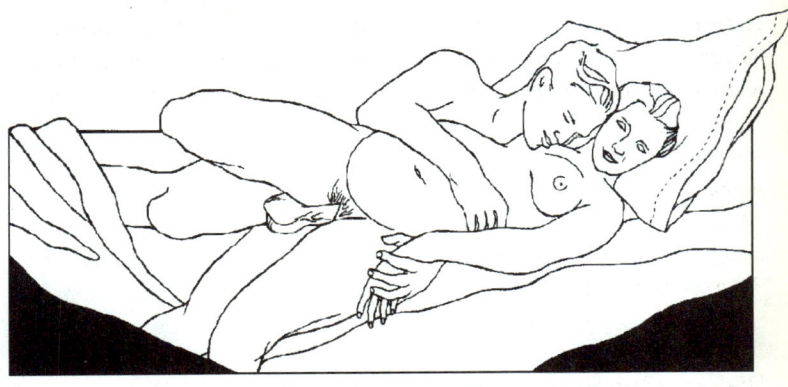

Vaginalverkehr, Seitenlage

wicht des anderen tragen muß, ist sie eine weitere ausgezeichnete Stellung für Frauen im letzten Stadium der Schwangerschaft. Aber sie ist auch für jene Paare praktisch, die unterschiedlich schwer oder groß sind. Und schließlich ist *Seite an Seite* eine gute Position für ältere Menschen oder Körperbehinderte, deren Vitalität oder Beweglichkeit eingeschränkt ist.

Einmal habe ich in der Löffelstellung etwas Wunderbares gemacht. Ich beugte mich so weit vor, daß ich mich senkrecht zu meinem Körper befand. Ich konnte mich sehr leicht bewegen und den Rhythmus frei bestimmen und wurde in einem sehr angenehmen Winkel penetriert.

Sitzen: Die Sitzstellung schafft eine entspannte und vertraute Stimmung. Sie gestattet Ganzkörperkontakt ohne intensive genitale Stimulierung. Sie können auf dem Bett sitzen, während Ihre Partnerin rittlings auf Ihnen hockt. Penetration auf einem Stuhl kann besonders für Paare mit einem gravierenden Größenunterschied angenehm sein; aber auch für Schwangere oder Frauen, die die Tiefe der Penetration kontrollieren möchten.

Bei meiner Lieblingsstellung sitze ich mit meinem Partner im »indischen Stil«, ich habe die Beine um seine Taille gelegt, und wir halten uns eng umschlungen. Diese Position verschafft mir nicht nur die stärkste, ergiebigste Penetration, sondern sie erlaubt uns auch, einander zu berühren; wir haben die Hände frei, um einander zu streicheln. Es ist eine wohltuend vertraute, keine bloße sexuelle Stellung.

Gegenwärtig bevorzuge ich eine Variation der Frau-oben-Stellung – und zwar auf einem Stuhl. Diese Position ist erholsam, gestattet vollen Bauch-an-Bauch-Kontakt und gibt dem Mann die Möglichkeit, Hals, Rücken, Schulterblätter, Hintern und Anus der Frau zu streicheln – hmm, köstlich!

Stehen: Paare von gleichem Körpertyp können die stehende Penetration genießen; eine recht unübliche Stellung. Aber vielleicht erfreuen Sie sich an Varianten dieser Position, in denen Ihre Partnerin auf einer Theke, einem Tisch, oder einem Flugzeugwaschbecken sitzt, während Sie vor ihr stehen. Diese Stellung beflügelt jene Phantasie, in der Sie beide von der Leidenschaft derart mitgerissen werden, daß Sie sich aneinanderklammern müssen, egal, wo sie sind – was dieser Position eine unbestreitbare und weitverbreitete Anziehungskraft verleiht.

Anale Penetration

Es gibt ebenso viele physiologische Gründe für Männer und Frauen, sich am Analverkehr zu erfreuen, wie für Frauen, Vaginalverkehr zu genießen. Der Anus ist reich an Nervenenden und hat, wie unsere Genitalien, am Blutandrang, an der muskulären Anspannung und den Kontraktionen während der sexuellen Erregung und des Orgasmus teil. Einige Männer und Frauen genießen den Druck im Rektum, das Gefühl, ausgefüllt zu sein. Durch anale Penetration kann bei Frauen gleichzeitig der Dammbereich und der G-Punkt und bei Männern die Peniswurzel und die Prostatadrüse stimuliert werden. Viele von uns empfinden die anale Stimulierung als äußerst angenehm:

Ich genieße beides, vaginale und anale Penetration. Ich glaube, mein Anus ist empfindlicher als meine Vagina, was wahrscheinlich nicht bei vielen Menschen der Fall ist.

Vielleicht haben Sie bereits entdeckt, daß Masturbation, oraler Sex oder Penetration durch anale Stimulierung außerordentlich stärker und intensiver werden. Schließlich ist es schwierig, jene kraftvolle kleine Knospe erogener Empfindsamkeit zu verfehlen, die nur wenige Zentimeter von unseren Genitalien entfernt liegt. Die anale Stimulierung gehört für viele Menschen zum Liebesleben. Einige Menschen, deren Behinderung das Gefühl in ihren Genitalien dämpft, bleibt die Fähigkeit, im Anus angenehme Gefühle zu erhalten. Frauen, die möglicherweise nach der Geburt eines Kindes oder zu Beginn der Wechseljahre nicht an Vaginalverkehr interessiert sind, können die Möglichkeiten des Analverkehrs erkunden. Durch die anale Penetration kann ein Mann erleben, wie es ist, wenn jemand

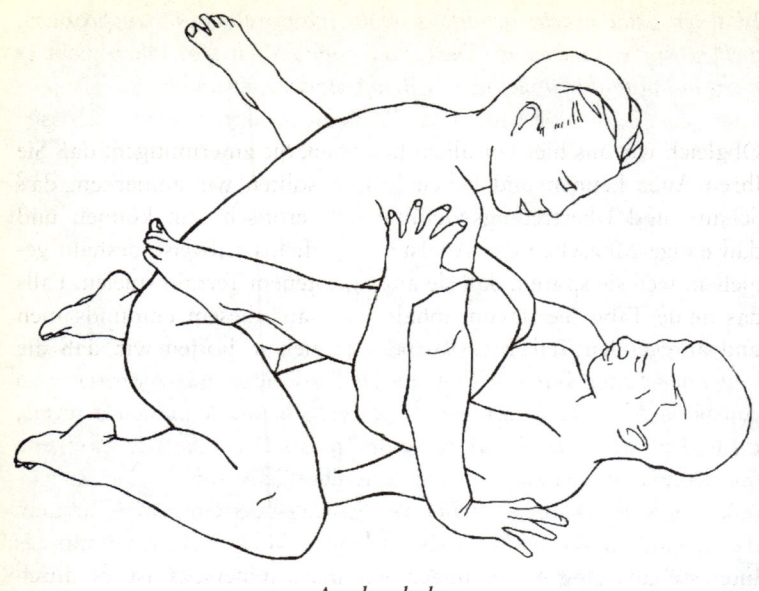

Analverkehr

in ihn eindringt; zahllose Männer und Frauen beschreiben die anale Penetration als eine einzigartig entspannende und meditative Erfahrung.

Trotz dieser körperlichen Wahrheiten zögern jene unter uns, die sich am analen Spiel erfreuen, verständlicherweise, aufzustehen und sich zählen zu lassen. Seit der Zeit, da wir alt genug waren, mit dem Toiletten-Training zu beginnen, bringt man uns bei, daß der Anus der schmutzigste Teil unseres Körpers ist und unter strenge Kontrolle gebracht werden muß. Die gleiche Öffnung, die früher eine Quelle unschuldigen Vergnügens war, verwandelt sich in der Kindheit zu einer Quelle der Scham und Verwirrung. Viele von uns lernen, einiges an Spannung im Anus beizubehalten; die sich daraus ergebenden gesundheitlichen Probleme wie Verstopfung und Hämorrhoiden überzeugen uns, daß der Anus im besten Fall ein neutraler und im schlimmsten Fall ein schmerzhafter Bereich ist. Da wundert es nicht, daß viele Erwachsene sich den Anus nicht als erogene Zone vorstellen können:

Was den Analverkehr betrifft, so habe ich ihn noch nie ausprobiert, weil er mir ein wenig ekelhaft vorkommt. Mich persönlich zieht er nicht an, obwohl einige meiner Bekannten ihn genießen.

Obgleich wir uns hier vor allem bemühen, Sie zu ermutigen, daß Sie Ihren Anus kennen und lieben lernen, sollten wir anmerken, daß Scham- und Übertretungs-Gefühle sehr erotisch sein können und daß einige Menschen das Analspiel zweifellos teilweise deshalb genießen, weil sie spüren, daß sie auf verbotenem Terrain spielen. Falls das anale Tabu Sie davon abhält, Lust aus diesem empfindsamen und anregenden Teil ihres Körpers zu ziehen, hoffen wir, daß die folgenden Seiten Ihnen helfen werden, Ihre negativen Assoziationen zu überwinden. Falls das Anal-Tabu jedoch Ihr Vergnügen steigert, lassen Sie uns die Ersten sein, die Ihnen versichern, daß Analverkehr ungezogen, pervers und ausgesprochen unflätig ist.

In den letzten Jahren hat sich der Schleier über dem Anal-Tabu ein wenig gelüftet. Wir im Sexgeschäft Tätigen können ein zunehmendes Interesse an analem Vergnügen bezeugen. Einerseits ist es durch AIDS zu einer allgemeinen Verwirrung in bezug auf die Risiken des analen Spiels gekommen – die öffentliche Meinung hat analen Sex und Krankheitsübertragung derart miteinander verschmolzen, daß fünfzig Prozent aller Teilnehmer an einem 1989 vom Kinsey Institute durchgeführten National-Sex-Knowledge-Test der irrigen Behauptung Glauben schenkten: »Man kann durch Analverkehr auch dann AIDS bekommen, wenn keiner der Partner mit dem AIDS-Virus infiziert ist.« Andererseits hat allein schon die bloße Tatsache, daß in Zeitungsartikeln, Gesundheitsbroschüren und Schulzimmern im ganzen Lande routinemäßig auf anale Penetration hingewiesen wird, die anale Stimulierung aus der Toilette geholt. Sobald etwas zu einem normalen Diskussionsthema wird, ist es nur noch ein kleiner Sprung, bis es auch als Aktivität »normal« wird. Wir beantworten in unserem Geschäft tagtäglich zahllose Fragen über Analverkehr, während das klassische Handbuch *Anal Pleasure and Health* Monat für Monat auf unserer Bestseller-Liste auftaucht.

Angst vor Kot

Der wahrscheinlich häufigste Faktor, der Menschen davon abhält, Analverkehr auszuprobieren, ist die Angst, auf Kot zu stoßen. Um dieser Befürchtung angemessen zu begegnen, lassen Sie uns ein paar Anatomiestudien betreiben. Der Analkanal ist weniger als zweieinhalb Zentimeter lang und mündet in das Rektum (Mastdarm), das ungefähr dreizehn bis dreiundzwanzig Zentimeter lang ist. Das Rektum wiederum mündet in den Dickdarm, wo der Kot gesammelt wird, bis Sie bereit sind, ihn auszuscheiden. Das Rektum ist also nur ein Durchgang, keine Lagerhalle; deshalb ist es unwahrscheinlich, daß Sie bei Ihren Erkundungen auf mehr als ein paar Kotspuren stoßen. Daß der sexuelle Status des Rektums wegen seiner Teilnahme am Verdauungsprozeß leidet, ist unverständlich. Schließlich beginnt der Verdauungsprozeß im Mund, und niemand hält das Küssen deswegen für eine ekelhafte Aktivität.

Immer noch Bedenken? Vielleicht möchten Sie vor dem Analverkehr miteinander baden oder, noch besser, einen Gummihandschuh oder ein Kondom überziehen, bevor Sie zum ersten Beutezug aufbrechen. Manche Menschen fühlen sich sicherer, wenn sie ihren Mastdarm mit einer Klistierspritze voll Wasser ausspülen. Falls Sie sich nicht gerade auf eine tiefe Penetration oder auf Analfisting vorbereiten, möchten wir vom Gebrauch einer Klistierspritze abraten, bei der Zeit und Geschick vonnöten sind: Man muß auf Wassertemperatur, Wasserdruck und die Höhe des Klistierbeutels achten. Für die meisten analen Aktivitäten genügt ein einfaches Eintauchen in die Badewanne als Vorbereitung.

Angst vor Krankheit

Das zweitgrößte Hindernis, das dem analen Experimentieren im Weg steht, ist die Angst vor Krankheitsübertragung. Analer Sex ist in der öffentlichen Meinung derart mit schwulem Sex und dieser wiederum unglücklicherweise stark mit der HIV-Übertragung verbunden, daß viele Menschen glauben, analer Sex allein würde Krankheiten verursachen. Keine dieser Assoziationen ist besonders logisch. Viele Schwule haben im Gegensatz zu vielen Heterosexuellen und Lesbierinnen noch nie Analverkehr praktiziert. Krankheiten werden nicht durch bestimmte Aktivitäten übertragen, sondern durch Viren. Ungeschützter Analverkehr ist – ebenso wie ungeschützter Vaginalverkehr – einfach nur eine Möglichkeit, wie jemand mit einer sexuell übertragbaren Krankheit seinen Partner infizieren kann.

Die Auskleidung des Rektums ist sehr viel empfindlicher und weist weit mehr Blutgefäße auf als die Vaginalwand, deshalb wird das Gewebe des Rektums leichter wund oder reißt ein, so daß leichter Körperflüssigkeiten vom Rektum aus in den Blutkreislauf gelangen. Sie sollten nie etwas in Ihren Anus einführen, das keine vollkommen glatte Oberfläche hat, und niemals ohne Kondom Penis/Analverkehr praktizieren. Um möglichen bakteriellen Infektionen vorzubeugen, sollten Sie sich niemals vom Anus einer Frau ihrer Vagina zuwenden, ohne sich die Hände zu waschen, den Handschuh oder das Kondom zu wechseln.

Vergessen Sie mein Hinterteil. Das macht mich nicht an. Alles, was ich denken kann, wenn jemand daran herumspielt, ist. »Schnell! Schrubb dich mit Seife ab, damit ich keine Infektion bekomme!«

Homophobie
In vielen Köpfen ist Analverkehr untrennbar mit Schwulensex verbunden.

Ich fürchte mich gelegentlich vor dem homosexuellen Teil des Analverkehrs, aber ich mag dessen verbotene Natur.

Auch hier handelt es sich nur um eine weitere Tyrannei der Vorstellung, daß Penetration die Hauptsache jeder sexuellen Begegnung sei. Wenn Sex *per definitionem* voraussetzt, daß man seinen Penis in eine Vagina steckt, wird angenommen, daß Schwule und Lesbierinnen diesen einzig »wahren« Sexakt simulieren, indem sie Analverkehr praktizieren oder Dildos anziehen, um einander zu penetrieren. Tatsächlich jedoch wird die sexuelle Orientierung nicht dadurch definiert, *wie* Sie ficken, sondern *wen* Sie ficken. Es gibt Schwule, die noch niemals Analverkehr hatten; Lesbierinnen, die noch nie einen Dildo gesehen haben; und heterosexuelle Paare, die analen Sex lieben. Die Tatsache, daß das Tabu gegen analen Sex zum Teil durch Homophobie hervorgerufen wird, ist ein weiteres Beispiel dafür, wie diese nicht nur die Freiheit der Schwulen, sondern letztlich auch die Freiheit aller sexuell aktiven Menschen einschränkt.

Ratschläge für den Analverkehr

Entspannen Sie sich

Der Anus ist von zwei übereinanderliegenden Schließmuskeln umgeben. Den äußeren Schließmuskel kontrollieren Sie bewußt, wenn Sie sich entleeren. Der innere Schließmuskel hingegen ist unwillkürlich, autonom. Er schließt sich instinktiv, wenn Sie versuchen, sich einen Weg in Ihren Anus zu erzwingen, und dies führt zu jenem unerträglich heftigen Schmerz, der jedem vertraut ist, der es bei der analen Penetration zu eilig hatte. Mit Übung und Geduld ist es möglich, ein wenig Kontrolle über den inneren Schließmuskel zu erlangen, aber er wird stets als Wächter am Tor dienen und sich verkrampfen, wenn Sie versuchen, zu schnell einzudringen.

Bevor Sie versuchen, Analverkehr in Ihr Liebesspiel zu integrieren, sollten Sie sich ein wenig Zeit nehmen, um Ihren Anus zu erkunden. Schmieren Sie Ihre Finger und Ihren Anus mit einem Gleitmittel ein und legen Sie die Finger an die Analöffnung. Konzentrieren Sie sich auf Ihren Atem: beim Einatmen spannen Sie die Beckenmuskeln an, beim Ausatmen entspannen Sie sich. Versuchen Sie beim Ausatmen, leicht mit Ihrem Muskel nach unten zu pressen, und führen Sie die Fingerspitze in den Anus ein. Lassen Sie Ihren Finger dort, während Sie weiter aus- und einatmen. Sie sollten spüren, wie die beiden Schließmuskeln sich um die Fingerspitze zusammenziehen und sich wieder entspannen. Vielleicht möchten Sie, falls Ihnen das Gefühl zusagt, den ganzen Finger ins Rektum gleiten lassen. Versuchen Sie, den Finger vor und zurück oder im Kreis zu bewegen. Möglicherweise gefällt es Ihnen, den Finger nach vorn zu krümmen, in Richtung Damm und G-Punkt bei Frauen, in Richtung Peniswurzel und Prostata beim Mann. Behalten Sie eine entspannte Vorgehensweise bei. Falls etwas weh tut oder eine Krampf verursacht, hören Sie sofort mit der Bewegung oder dem, was Sie gerade tun, auf. Es geht hier einzig um Ihr Vergnügen und darum, zu erfahren, was sich gut anfühlt.

Benutzen Sie Gleitmittel

Anus und Rektum produzieren keine Gleitflüssigkeit; deshalb müssen Sie unbedingt bei jeder analen Penetration Gleitmittel benutzen. Denken Sie immer an die Warnung eines unserer Kunden:
Mir ohne Gleitmittel einen Dildo in den Arsch schieben zu wollen, war keine so gute Idee.

Leider enthalten einige Gleitmittel und Lotionen betäubende Bestandteile wie Benzocain, die speziell für den Analverkehr kenntlich gemacht sind. Was stimmt an diesem Bild nicht? Das letzte, was Sie wollen, ist, das Gefühl in Ihrem Anus und dadurch Ihr Gespür für die Vorgänge in Ihrem Körper zu dämpfen. Die mannigfaltigen Nervenenden in ihrem Anus sind die beste Verteidigung gegen jede mögliche Verletzung. Wie bei jeder Form von Penetration ist auch hier der Schmerz ein Warnsignal, das anzeigt, daß Sie mit dem, was Sie gerade tun, aufhören sollen.

Respektieren Sie Ihre Anatomie

Anus und Rektum bestehen aus einem glatten, stark dehnbaren Gewebe – wenn Sie während einer Operation anästhesiert oder ein geübter Analfister sind, läßt sich das Rektum derart dehnen, daß eine ganze Hand hineinpaßt. Doch wie bei der vaginalen Penetration haben körperliche Fähigkeiten wenig mit persönlichen Vorlieben zu tun. Sie sind möglicherweise mit einem kleinen Finger vollkommen glücklich, oder Sie genießen Analverkehr mit einem großen Dildo. Falls Sie etwas einführen, das länger als zweiundzwanzig Zentimeter ist, werden Sie an den Eingang zum Dickdarm stoßen. Eifrige Anhänger des tiefen Analfistings möchten sich möglicherweise in den Dickdarm eingraben, aber Fans der normalen analen Penetration sind glücklich, ihr Spiel auf die relativen Untiefen des Rektums zu beschränken.

Das Wissen um die Form und Lage des Rektums ist besonders dienlich, um die anale Penetration beschwerdefrei zu machen. Das äußere oder untere Rektum neigt sich über eine Strecke von etwa sieben Zentimetern der Vorderseite Ihres Körpers zu, danach biegt es sich ein paar Zentimeter weit dem Rückgrat entgegen, um sich dann wieder nach vorn zu neigen, wo es auf den halbmondförmigen Dickdarm trifft. Sie sollten an diese Kurven denken, wenn Sie einen Finger, Dildo oder Penis in den Anus einführen. Winkeln Sie den Finger, Dildo oder Penis so, daß Sie der Anfangsbiegung des Rektums folgen, während sie sich zugleich sanft aufwärtsbewegen, um die erste Kurve des Rektums zu überwinden. Üben Sie, indem Sie sich langsam und mit Gefühl einen Weg bahnen, während sie verschiedene Stellungen ausprobieren – ebensowenig, wie zwei identische Schneeflocken existieren, gibt es zwei gleiche Rekta. Sie müssen sich nach Ihrer persönlichen Anatomie richten. Falls Sie etwas einführen, das länger ist als zwölf Zentimeter, sollte es beweglich genug sein, sich den Kurven Ihres Rektums anzupassen.

Benutzen Sie Ihren gesunden Menschenverstand

Alles, was Sie in Ihren Anus einführen, sollte glatt, nahtlos und frei von rauhen, kratzenden Kanten sein. Die zarte Rektumwand läßt sich sehr leicht beschädigen. Das heißt für Sie, daß Sie die Kunststoffnähte an Ihren Analperlen abfeilen müssen.

Sie sollten auch jede Gefahr ausschalten, daß Sie das, was Sie in Ihren Anus einführen – was immer es auch sein mag –, verlieren. Der von Ihnen benutzte Anus Plug oder batteriebetriebene Vibrator sollte eine bauchige Basis aufweisen, damit er nicht außer Reichweite in Ihr Rektum gleiten kann, falls er Ihnen aus der Hand rutscht. Wenn trotz aller Vorsichtsmaßnahmen ein Spielzeug in Ihrem Körper verschwinden sollte, wird es höchstwahrscheinlich auf demselben Weg wieder auftauchen, wenn Sie ruhig in einer entspannten Position warten. Doch vielen von uns fällt es schwer, ruhig und entspannt zu sein, wenn ein Sexspielzeug führerlos in unserem Körper herumirrt. Unter bestimmten Umständen kann das Sexspielzeug in den Dickdarm gedrückt werden. In diesem Fall ist ein chirurgischer Eingriff unerläßlich. Schützen Sie sich vor möglichen Problemen: Wählen und benutzen Sie Ihr Spielzeug mit Bedacht.

Finger

Finger sind wahrscheinlich die am meisten verbreiteten Quellen analer Stimulierung. Die leichte, empfindsame Berührung eines Fingers ist die ideale Methode, den Anus zu kitzeln und solange zu umschmeicheln, bis er sich öffnet. Falls Sie mit dem Anus des Partners spielen möchten, schlagen wir vor, daß Sie sich einen Gummihandschuh oder einen Fingerling überziehen. Dadurch werden nicht nur sämtliche hygienischen Bedenken ausgeräumt, daß Sie oder Ihr Partner haben mögen, sondern es schützt Ihren Partner auch vor Ihren Fingernägeln und vor rauher Haut. Beginnen Sie damit, Gleitmittel um die Analöffnung zu schmieren, und lassen Sie Ihren Finger um die zarten Falten des Analgewebes kreisen. Nehmen Sie sich die Zeit, den Anus Ihres Partners anzuschauen: Sie könnten überrascht sein, wie süß und unschuldig er aussieht – überhaupt nicht wie ein »Arschloch«. Viele Menschen behaupten, das sanfte Streicheln der nervenreichen Analöffnung sei die Analstimulation, nach der sie verlangten:

Ich mag es, wenn ein Finger sanft gegen mein Arschloch drückt.

Ich schwärme für den Fingerdruck auf die Außenseite meines Anus.

Wenn Ihr Partner hinreichend entspannt ist, mag er tiefer sinken und über ihren Finger gleiten. Ihre Fingerspitze sollte eher nach vorne zeigen, als sich in Richtung Steißbein zu krümmen. Möglicherweise verkrampfen sich die Schließmuskeln automatisch, sobald Sie den Finger einführen. Bewegen Sie ihn nicht, bis sich der Anus entspannt. Danach können Sie ihn tiefer hineingleiten lassen und das äußere Rektum erkunden. Sie können ihn kreisen lassen, die Rektumwand streicheln oder dagegenklopfen, oder den Finger sanft hinein- und heraus bewegen. Falls Ihr Partner das erste Mal anal penetriert wird, beunruhigt ihn das Gefühl möglicherweise ein wenig. Die erste Assoziation, die uns beim Druck auf das Rektum einfällt, ist, daß es Zeit wird, die Toilette aufzusuchen; ihr Partner mag sich also kurz unbehaglich fühlen, während er sich langsam an das Gefühl gewöhnt.

Wir brauchen Ihnen hoffentlich nicht zu sagen, daß die anale Penetration eine großartige Ergänzung zu anderen Stimulierungsarten darstellt. Tatsächlich verbinden viele Paare regelmäßig das anale Fingerspiel mit oralem Sex oder vaginaler Penetration:

Es ist großartig, wenn mich meine Freundin beim Liebesspiel ab und zu befingert.
Ich genieße es, wenn meine Partnerin beim oralen Sex einen Finger in meinen Anus steckt. Dadurch komme ich um einiges schneller. Ich mag auch ihre Zunge an und in meinem Anus.

Meine Lieblingsposition ist folgende: Ich liege bequem auf dem Rücken, die Knie zur Brust gezogen, während mein Schwanz gesaugt wird und ein Finger meinen Hintern penetriert.

Analfisting

Gleich dem vaginalen Fisting ist das anale Fisting eine Art Kunstform, von der seine Anwender in fast spirituellen Begriffen schwärmen. Auf den ersten Blick wird die Vorstellung eines langen Fistings vielen von uns im besten Falle unmöglich, am schlimmsten gefährlich erscheinen:

Faust? Braucht man danach keine Windeln?

Keine Angst, das Rektum ist sehr dehnbar, und jedes menschliche Rektum kann eine Hand aufnehmen, ohne zu Schaden zu kommen. Doch die Zahl der Menschen, die ihr Rektum bewußt entspannen können, ist verhältnismäßig klein. Menschen, die Analfisting betreiben, brauchen oft Stunden der Vorbereitung und erleben es als eine Form meditativer Vereinigung von Geist und Körper, von vollkommener Entspannung und Aufnahmefähigkeit. Fisting ist eine esoterische Sexualdisziplin, die zu allen Zeiten auf der ganzen Welt praktiziert wurde.

Fügen Sie all den Grundregeln für den Analverkehr, wie Entspannung, Gleitfähigkeit und Kommunikation, noch einmal das Zehnfache hinzu, wenn es zum Fisting geht. Fisten Sie niemals, wenn Sie oder Ihr Partner betrunken oder »stoned« sind. Drogen können Ihr

Schmerzbewußtsein dämpfen; und Schmerzen während der analen Penetration sind stets ein Zeichen dafür, daß Sie etwas falsch machen. Aufgrund der empfindlichen Natur des Rektums ist es besonders wichtig sicherzustellen, daß Ihre Nägel kurz gefeilt und glatt sind und Sie einen Gummihandschuh tragen.

Da Gleitmittel auf Wasserbasis schneller trocknen als Gleitmittel auf Ölbasis, halten einige Fister letzteres für das einzig Wahre beim Fisting. Sie behaupten, Gummihandschuhe seien dicker als Kondome und es sei unwahrscheinlich, daß sie während der kurzen Tragezeit durch den Kontakt mit Öl einrissen. Doch wir sind immer noch der Meinung, daß Sie den Risikofaktor Öl meiden sollten. Kaufen Sie statt dessen dickflüssigere Gleitmittel auf Wasserbasis wie Embrace, ForPlay, oder KY Jelly und verwenden Sie sie in verschwenderischer Fülle. Als grundlegende Vorsichtsmaßnahme sollten sie davon absehen, sich in den Tagen nach einem Analfisting von einem Penis anal penetrieren zu lassen, da sich möglicherweise noch Öl in Ihrem Rektum befindet und das Kondom zerstören könnte.

Analfisting wird häufig und irrigerweise zu den sehr riskanten Aktivitäten gezählt. Und obgleich es denkbar ist, daß das Fisting Risse im Rektum verursacht, durch die bei nachfolgenden Penetrationen infizierte Körperflüssigkeiten dringen können, birgt das Fisting nicht mehr Risiken als jede andere Form analer Penetration. Der Fister sollte jedoch stets einen Gummihandschuh tragen, um die Möglichkeit, eine Infektion zu übertragen, auf ein Minimum zu beschränken. Die im Abschnitt »Vaginales Fisting« beschriebenen Techniken sind auch auf das anale Fisting anwendbar. Aber wir glauben nicht, daß jemand, der ein oder zwei Seiten über das Thema Analfisting in einem Buch von allgemeinem Interesse liest, sich als hinlänglich informiert betrachten kann, um einen Sprung in diese recht raffinierte Sexualtechnik zu wagen. Falls Sie mehr über Fisting wissen möchten, sollten Sie sich ein ausgezeichnetes, ausschließlich diesem Thema gewidmetes Buch namens *Trust, the Handbook* zulegen.

Analverkehr

Die anale Penetration ist zwar nicht die am meisten verbreitete Form des Analspiels, aber sie hat unzählige Fans, und gewiß wurde sie in den Kulturen aller Zeiten praktiziert. Falls Sie und Ihr Partner anale Penetration ausprobieren möchten, sollten Sie vorher darüber sprechen. Wie jeder andere Analverkehr erfordert die anale Penetration beträchtliche Entspannung und eine gute Kommunikation, und es ist besser, nicht aus einer spontanen Laune heraus damit anzufangen. Eine schlechte Erfahrung mit einer eiligen, erzwungenen analen Penetration genügt häufig, um jemanden für sein ganzes Leben dem Analverkehr abschwören zu lassen. Die dicht verteilten, analen Nervenenden, die exquisite Freuden vermitteln, wenn man sich ihnen respektvoll nähert, führen zu Schmerzen, wenn man sie rauh behandelt.

Ich hatte nur einmal eine anale Penetration, die angenehm war, weil er wußte, daß er langsam machen und Gleitmittel benutzen muß.

Die folgende Untersuchung der analen Penetration läßt sich ebenso auf anders- und gleichgeschlechtliche Paare wie auch auf Penis/Anus-Verkehr oder Dildo/Anus-Verkehr anwenden.

Erwartungen

Sprechen Sie mit Ihrem Partner über Ihre gegenseitigen Erwartungen. Glauben Sie, daß anale Penetration in bezug auf die nötigen Vorbereitungen, die Geschwindigkeit des Vorgehens und Empfindungen mit der vaginalen Penetration vergleichbar ist? Denken Sie daran, daß Anus und Rektum eine besonnenere, allmählichere Annäherung verlangen als die Vagina. Sie werden wahrscheinlich nicht den ganzen Penis oder Dildo einführen oder so kräftig zustoßen können wie beim vaginalen oder oralen Sex. Sie sollten mit Ihrem Partner vorher klären, ob es in Ordnung ist, wenn Sie in seinem Rektum ejakulieren. Vor dem Orgasmus werden die Bewegungen ein wenig unkontrollierter, das könnte bei Ihrem Partner Verkrampfung und Unbehagen verursachen. Als fundamentale Safer-Sex-Vorsichtsmaßnahme sollten Sie bei der analen Penetration stets ein Kondom tragen, ob Sie nun ejakulieren oder nicht. Möglicherweise stellen Sie fest, daß die Angst, Ihrem Partner weh zu tun, oder der länger andauernde Prozeß der Peniseinführung Ihre Erektion schwächt. Versuchen Sie, sich nicht zu sehr aufs Ziel zu fixieren, und lassen Sie zu, daß Sie beim Erkunden der Empfindungsvielfalt Spaß haben – lassen Sie Ihren Erregungsgrad steigen und sinken. Schließlich steht niemand mit der Stoppuhr neben Ihnen.

Falls Sie penetriert werden, fürchten Sie möglicherweise, daß Sie zum Entspannen »zu lange« brauchen und die Zähne zusammenbeißen und die Schmerzen ertragen sollten, damit »die Show weitergeht«. Bitte schenken Sie Ihren eigenen Reaktionen Beachtung, und weisen Sie die weitverbreitete, irrige Ansicht von sich, Analverkehr »müsse« weh tun. Es wird für Sie beide angenehmer sein, wenn Sie völlig entspannt und aufnahmebereit sind. Falls die körperlichen Empfindungen Sie zu überwältigen drohen, falls Sie Angst oder das Gefühl haben, außer Kontrolle zu sein, hören Sie sofort mit dem auf, was Sie gerade tun.

Das Vergnügen daran, penetriert zu werden, wird vom inneren Massagedruck und dem Ausgefülltsein des Rektums verursacht. Doch nur wenige Menschen kommen allein dadurch zum Orgasmus, daß sie anal penetriert werden. Falls Orgasmus Ihr Ziel ist, sollten Sie dem analen Liebesspiel andere Formen genitaler Stimulierung hinzufügen. Ein Vibrator auf Ihrer Klitoris, ein Dildo in Ihrer Vagina, eine Hand um Ihren Penis, eine Klammer, die an ihren Brustwarzen zerrt, oder ein Penisring, der um ihre Hoden angebracht ist, können beim Erlebnis der analen Penetration mitwirken. Bei einigen Menschen erzeugt der Analverkehr einzigartige Gefühle heiterer Gemütsruhe und Vertrautheit; möglicherweise sind diese Empfindungen so stark, daß ein Orgasmus nebensächlich erscheint.

Analverkehr ist selten, aber ein exklusiver »Höhepunkt«.

Stellungen
Trotz der weitverbreiteten Annahme, daß anale Penetration schon seiner Definition nach von hinten ausgeübt wird, können alle beim Vaginalverkehr angewandten Stellungen auch beim Analverkehr eingesetzt werden. Die wichtigste Überlegung bei jeder Position, die Sie

einnehmen, ist, daß der passive Partner kontrollieren sollte, wie und wann penetriert wird. Lassen Sie uns – der Einfachheit halber – annehmen, daß Tarzan und Jane zum ersten Mal Analverkehr ausprobieren. Jane hat ein wunderschönes Dildogeschirr aus Lianen gebastelt, und Tarzan ist begierig darauf, seine Phantasie, wie Jane sich in ihm bewegt, auszuleben.

Bevor Jane mit der Penetration beginnt, stimuliert sie Tarzans Anus mit dem Finger. Sie trägt reichlich Gleitmittel auf, nimmt sich die Zeit, das Gleitmittel durch die Analöffnung ins Rektum zu bringen (einige Menschen finden es hilfreich, zusätzlich einen Vaginalcreme-Applikator zu benutzen, um das Gleitmittel tief ins Rektum einzuführen). Sobald Tarzans Anus glücklich und entspannt und bereit ist, bequem zwei von Janes Fingern aufzunehmen, legt Jane die Spitze ihres Bananendildos an Tarzans Analöffnung und läßt sie dort. Tarzan atmete ein paarmal ein und aus, während er seine Schließmuskeln an- und entspannt. Wenn er das Gefühl hat, bereit zu sein, läßt er sich über Janes Banane nieder. Jane gleitet ganz sanft in ihn, hält jedoch in seinem Rektum inne, während die Muskeln sich an den Fremdkörper anpassen. Nachdem Tarzan sich an das Gefühl des Ausgefülltseins gewöhnt hat, bittet er Jane, ihre Hüfte langsam vor und zurück zu bewegen.

Tarzan und Jane entwickeln sich rasch zu Experten des Analverkehrs und probieren jede der folgenden Positionen aus. Bei der Missionarsstellung liegt Tarzan mit bis an den Brustkorb gezogenen Knien auf dem Rücken, die Füße über Janes Schultern gelegt. Diese Stellung erlaubt eine tiefe Penetration, Prostatastimulierung und Blickkontakt, obwohl Tarzan nicht viel Bewegungsfreiheit hat und sich seine Beine manchmal verkrampfen. Beim Verkehr *a tergo* ist Tarzan auf Ellenbogen und Knien, während Jane ihn von hinten penetriert. Jane mag an dieser Stellung, daß sie ihr viele Beckenstöße erlaubt, während Tarzan die tiefe Penetration gefällt, ganz zu schweigen davon, daß Jane seinen Penis leicht erreichen und mit ihm spielen kann. Manchmal probieren sie eine Spielart aus, bei der beide stehen, wobei Tarzan leicht in der Taille einknickt, sich vorbeugt und an einem Baum abstützt. Wenn Tarzan die vollkommene Kontrolle über das Ausmaß der Penetration haben möchte, legt sich Jane auf den Rücken, während er sich rittlings auf sie und den Dildo setzt – eine angenehme Stellung, in der man einander gut stimulieren kann. Falls beide das Gewicht des anderen nicht tragen wollen, liegen sie Seite an Seite in einer »Löffelposition«, die zwar keine tiefe Penetrierung oder viele Stöße erlaubt, aber eine bequeme, intime Stellung ist, die ihnen viel Gelegenheit zur Ganzkörperstimulierung bietet.

Vielleicht möchten Sie die gleichen Stellungen ausprobieren wie Tarzan und Jane oder sich eigene Varianten ausdenken. Denken Sie jedoch immer an die goldene Regel des Analverkehrs, und stellen Sie sicher, daß der passive Partner letztlich die Kontrolle über Penetrationsbewegung und die Geschwindigkeit des Vorgehens hat. Manche Menschen beziehen einen zusätzlichen Reiz daraus, wenn sie den Analverkehr als Machtspiel sehen, bei dem der passive Partner der unterwürfige »Hintern« unter der Kontrolle des dominanten Penetrators ist. Diese Triebkraft kann die Erfahrung steigern, besonders wenn Sie das Tabu des analen Sex als eine verbotene Aktivität erregt. Aber es gibt genauso viele Menschen, die das Machtspiel widerwärtig finden und den Analverkehr als ein Verschmelzen zweier gleichwertiger Körper erfahren.

Wenn ich gefickt werde, sitze ich gern rittlings auf meinem Partner, der auf dem Rücken liegt. Ich habe gern die Kontrolle darüber, wie sein Penis in mich eindringt, bis ich locker genug bin, um mich richtig ficken zu lassen. Wenn ich ficke, habe ich es gern, wenn mein Partner auf meinem Schoß sitzt; so können wir uns küssen und mit unseren Brustwarzen spielen – so daß es eher gleichwertig als dominant/unterwürfig aussieht.

Hindernisse und Verstärkungen beim Beischlaf
Beischlafhindernisse

Manchmal ist Beischlaf leichter gesagt als getan. Einige der weitestverbreiteten Hindernisse wurden bereits erörtert: die Angst vor der Penetration, Vaginismus, unzureichende oder zu reichliche Gleitflüssigkeit. Wir möchten noch zwei weitere, für Männer typische Hindernisse hinzufügen, die das Vergnügen am Beischlaf beeinträchtigen können.

Vorzeitiger Samenerguß

Ob Sie »vorzeitig« ejakulieren oder nicht, das kommt ganz darauf an, wer es beobachtet. Es gibt noch keinen absoluten Maßstab dafür, wie lange das Liebesspiel dauern »sollte«, bevor ein Mann ejakuliert. Ob es eine Minute oder eine Stunde in Anspruch nimmt – ein Samenerguß ist nur dann vorzeitig, wenn einer der beiden Partner wünscht, er wäre später eingetreten. Bei früher eingesetzten Mitteln gegen vorzeitigen Samenerguß ging es vor allem darum, die sexuelle Erregung oder das Gefühl im Penis zu dämpfen. Sie kennen vermutlich das Klischee von dem Mann, der beim Geschlechtsverkehr in Gedanken Fußballstatistiken rekapituliert, um »länger zu können«: Die Sex-Modeartikelindustrie macht blühende Umsätze mit betäubenden Gels, die als »Erektionsverlängerer« verkauft werden und anästhesierende Bestandteile haben.

Glücklicherweise haben Therapeuten und ihre Patienten in den letzten Jahren gelernt, daß die beste Methode, Kontrolle über physische Reaktionen zu erlangen, darin besteht, die Empfindungswahrnehmung zu verringern. Bei den üblichen und sehr wirkungsvollen Behandlungen von vorzeitigem Samenerguß lernen Sie, den Augenblick der »ejakulatorischen Unumgänglichkeit« kurz vor dem Orgasmus zu bestimmen. Falls Sie das Gefühl haben, rascher zum Orgasmus zu kommen, als Ihnen lieb ist, sollten Sie die folgende Stop/Start-Übung ausprobieren. Beginnen Sie zu masturbieren. Achten Sie auf den Grad Ihrer Erregtheit. Wenn Sie das Gefühl haben, kurz vor dem Orgasmus zu stehen, hören Sie vorübergehend auf, sich zu berühren, und lassen Sie die Erregung ein wenig abklingen, bevor Sie weitermachen. Wiederholen Sie dies einige Male, und achten Sie darauf, wie lange Sie sich stimulieren können, bevor Sie innehalten müssen. Nach etwa fünfzehn Minuten können Sie sich bewußt gestatten, zum Orgasmus zu kommen. Daß sie sich langsam und vorsätzlich an den Orgasmus herangearbeitet haben, kann einen besonders erfreulichen Orgasmus zur Folge haben.

Der nächste Schritt besteht darin, diese *Stop/Start-Technik* in Ihr Liebesspiel einzubauen. Steigern Sie die Stimulationen beim Liebesspiel nach und nach, um so Zuversicht zu gewinnen, daß Sie Ihre Reaktionen auch unter zunehmend erregenderen Umständen unter Kontrolle haben. Normalerweise lautet die Empfehlung, daß ein Mann den Ejakulationsprozeß unter verschiedenen Bedingungen kontrollieren lernt: beim Masturbieren ohne Gleitmittel, beim Masturbieren mit Gleitmittel, beim Geschlechtsverkehr mit dem Partner auf ihm, während er sich nicht rührt, und bei einem Beischlaf, bei dem er sich bewegt. Einige Männer verwenden eine Variante dieser Stop/Start-Methode, die auch als *Preßtechnik* bekannt ist. Bei dieser Technik beugen Sie einem bevorstehenden Orgasmus vor, indem Sie den Bereich, der genau unterhalb der Eichel liegt,. zwischen Daumen und Zeigefinger nehmen und zusammendrücken. Nachdem Sie ein paar Sekunden gedrückt haben, können Sie mit der Stimulierung weitermachen und sich wieder bis zum Punkt der ejakulatorischen Unumgänglichkeit bringen.

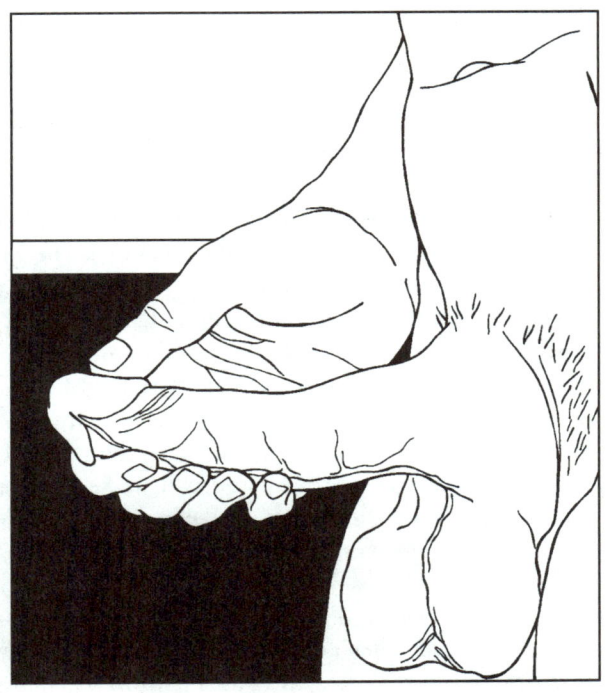

Drucktechnik

Sie sollten jedoch daran denken, daß Sie keine Kontrolle über Ihren Körper gewinnen, wenn Sie sich Gefühle versagen. Ziehen Sie statt dessen bewußt Vergnügen aus den verschiedenen Erregungsgraden, die sie erleben können. Während Sie lernen, die unmittelbare Befriedigung durch den Orgasmus zu verzögern, ist es leicht möglich, daß Sie eine subtile Vielfalt von Gefühlen entdecken, die unendlich befriedigender sind.

Erektionsstörung

Gemeinhin unter dem belasteten Begriff *Impotenz* bekannt. Die Unfähigkeit, eine Erektion aufrechtzuerhalten, ist ein Erlebnis, das alle Männer in ihrem Leben einmal durchmachen – als Ergebnis von ein paar Gläsern zuviel, von körperlicher Erschöpfung oder von mangelndem Verlangen. Eine wiederholte erektile Störung ist eine andere Sache. Sie ist meistens eher das Resultat eines andauernden körperlichen, als eines zeitweiligen, situationsbedingten Problems.

Interessanterweise lautete noch vor rund zehn Jahren der medizinischen Weisheit letzter Schluß, achtzig bis neunzig Prozent aller erektilen Störungen würden durch psychische Faktoren verursacht und nur die restlichen Prozente wären eine Folge körperlicher Probleme. Heutzutage wird das genaue Gegenteil angenommen. Die Erektion ist ein komplexer körperlicher Prozeß, und Probleme können in jedem dieser Stadien auftreten. Damit es zu einer Erektion kommt, muß Ihr Gehirn ein Signal aussenden. Daraufhin wird Blut in den Penis gepumpt. Das Penisgewebe muß mit ausreichend Blut gefüllt sein, um erigieren zu können, und das Schwellgewebe muß sich derart ausdehnen, daß die Adern blockiert werden, die normalerweise das Blut aus dem Penis transportieren. Durch eine Beckenoperation beschädigte Nerven, Verletzungen des Rückenmarks, Multiple Sklerose oder Diabetes können das vom Gehirn ausgesandte Signal stören. Verhärtete Adern oder Verletzungen im Beckenbereich können die Blutzufuhr in den Penis beeinträchtigen. Diabetes, Rauchen, Beckenverletzungen und Alter können die Elastizität des Schwellgewebes mindern, mit der Folge, daß die Erektion an Blutmangel scheitert.

Wenn Sie wiederholt eine Erektion nicht aufrechterhalten konnten, sollten Sie als erstes ermitteln, ob das Versagen körperliche oder psychische Gründe hatte. Alle Männer, die körperlich fähig sind zu erigieren, haben im Laufe des Nachtschlafes mehrere Erektionen. Ein Arzt kann Sie mit einem Gerät ausstatten, das wie ein motorisierter Penisring aussieht und die Quantität und Festigkeit ihrer nächtlichen Erektionen mißt. Falls Sie während des Schlafes erigieren, sind die Erektionsschwierigkeiten während der Wachstunden psychisch und nicht körperlich bedingt. Vielleicht zwingen Sie sich selbst in sexuelle Situationen, in denen Sie nicht sein möchten; vielleicht ist Ihr Liebesleben bedrückend zielgerichtet geworden, statt sich auf das Vergnügen zu konzentrieren. Ziehen Sie in Betracht, einen Urlaub vom Partnersex zu nehmen oder die Interaktionen Ihres Partners auf nichtfordernde Berührungen wie zum Beispiel Massagen zu beschränken. Vielleicht möchten Sie einen Sexualtherapeuten hinzuziehen, um über Ihre Gefühle und die möglichen Ursachen ihrer gegenwärtigen Unfähigkeit, eine Erektion aufrechtzuerhalten, zu sprechen.

Falls Sie feststellen sollten, daß Ihre erektile Störung körperliche Ursachen hat, lassen Sie sich nicht entmutigen. Sie können mit Ihrem Arzt eine Reihe von Behandlungsarten ausprobieren, zum Beispiel eine Vakuumpumpe, mit der Sie Erektionen nach Wunsch aufpumpen können, Injektionen, die vorübergehende Erektionen erzeugen, oder chirurgische Implantate. Doch bevor Sie sich auf ein Behandlungsprogramm stürzen, das mit künstlichen und gewaltsamen Eingriffen verbunden ist, sollten Sie sich die Zeit nehmen, darüber nachzudenken, wie wichtig Erektionen für Ihr Liebesleben sind. Viele Männer stellen fest, daß sie mit zunehmendem Alter, wenn sie weniger leicht Erektionen quasi auf Befehl bekommen, ihre sexuellen Aktivitäten stärker auf nichtgenitale Berührungen, oralen Sex, Vibratorspiele, Penetration des Partners mit einem Dildo oder mit einem halberigierten Penis konzentrieren. Möglicherweise ist Ihr Partner an Penetration weniger interessiert, als Sie glauben, und wäre froh, ein Liebesleben aufzubauen, das auf einer der zahllosen anderen vergnüglichen Alternativen basiert.

Zusätzliche Stimulation

Die Vorlieben der Menschen hinsichtlich der Menge und Art zusätzlicher Stimulierung beim Beischlaf rangieren von »weniger ist mehr« bis zu »mehr ist besser«.

Ich mag nicht viel Extrastimulierung beim Ficken; ich ziehe es vor, mich auf den Akt zu konzentrieren.

Ich glaube nicht, daß zwei Menschen genügend Hände haben, um all das zu stimulieren, was an mir stimuliert werden möchte! Es gibt nicht besseres, als gleichzeitig vaginal, anal, und klitoral stimuliert zu werden, besonders wenn ich dabei noch meine Brustwarzenklammern anhabe!

Wir beiden gehören, wie Sie vielleicht schon geahnt haben, der »Mehr ist besser«-Schule an, und möchten Sie ermutigen, beim Geschlechtsverkehr mit einer großen Vielfalt von Empfindungen zu experimentieren. Nutzen Sie den Umstand, daß der Beischlaf eine Ganzkörpererfahrung ist. Während die Hüften miteinander verbunden sind, können Hände und Lippen frei über Brustkorb, Rücken, Schultern, Gesäß und Oberschenkel wandern. Vielleicht möchten Sie sich auf die traditionellen erogenen Zonen konzentrieren, oder aber Sie finden das Unerwartete erregend.

Ich liebe es, wenn an meinem Haar gezogen wird, besonders am Hinterkopf.

Ich mag es, an den Beinen gekratzt zu werden, nicht zu fest, aber fest genug. Mir gefällt es, wenn man in meine Brustwarzen beißt und meinen Brustkorb massiert (ich klinge wie ein Kiefernschrank!).

Ich mag es, wenn ein Mann langsam seine Zunge in meinen Mund führt und ihn so fickt wie sein Schwanz meine Möse. Dann wird mein Mund lebendig, und meine Phantasie bekommt Flügel und schwingt sich empor.

Ich liebe es, wenn meine Brüste bei der Penetration die ganze Zeit über berührt werden. Die ganze Brust, nicht nur die Brustwarzen.

Wie bereits erwähnt, benötigen die meisten Frauen klitorale Stimulierung, um bei der Penetration zum Orgasmus zu kommen. Wer stimuliert – Sie oder Ihr Partner – mag davon abhängen, in welcher Position Sie sich befinden. In der *Missionars- oder Frau oben-*Stellung kann es für die Frau leichter sein, sich selbst zu stimulieren.

Ich komme normalerweise nur durch klitorale Stimulierung zum Höhepunkt. Ich stimuliere mich gern, während ich genieße, wie mein Partner meine Brustwarzen stimuliert. O ja, steck eine Zunge in mein Ohr und beiß mich in den Nacken.

A tergo oder *Löffel* sind bequeme Positionen, falls Sie außen herumgreifen und die Klitoris Ihrer Partnerin stimulieren möchten. Einige Frauen stellen fest, daß – sobald sie ausreichend erregt sind – die indirekte Stimulierung durch Penetration ausreicht, um sie zum Orgasmus zu bringen, und daß eine zusätzliche, direkte klitorale Stimulierung sie empfindungslos machen könnte:

Manchmal, wenn ich gerade kurz davor stehe, beim Ficken zu kommen, stört mich klitorale Stimulierung.

Mir gefällt es, vorher klitoral stimuliert zu werden, aber wenn ich zuviel stimuliert werde, verliere ich die Empfindsamkeit.

Nicht nur Männer, auch Frauen wissen es zu schätzen, wenn ihre Brustwarzen beim Beischlaf stimuliert werden.

Stellungen, bei denen Sie einander anschauen können, gestatten es Ihnen, an den Brustwarzen Ihres Partners zu saugen, zu lecken und zu beißen, während fast jede Position ein Kneifen und Zerren der Brustwarzen erlaubt. Viele Menschen stellen fest, daß ihre Brustwarzen sich nach tatkräftigerer Aufmerksamkeit sehnen, je erregter sie sind:

Brustwarzenstimulierung ist für eine »heiße« Erfahrung praktisch unerläßlich. Ich kann mit einer Mischung aus Beißen in die Titten und Lecken und Küssen auf den Mund kommen. Je heißer ich werde, desto kräftiger wünsche ich mir, die Brustwarzen gekniffen und gezerrt zu bekommen. Ich bin verärgert, wenn mein Partner meine Brustwarzen sanft behandelt.

Brustwarzenstimulierung bringt mich schneller als alles andere »über den Berg« und zum Orgasmus.

Ich habe mir einen Ring durch die Brustwarze ziehen lassen; es fühlt sich gut an, wenn sanft damit gespielt wird.

Anale Stimulierung ist ein weiterer, weit verbreiteter Beischlafverstärker für Männer und Frauen. Die bevorzugten Techniken rangieren vom einfachen Druck eines Fingers oder dem Daumen, der die Analöffnung streichelt, bis zu verschiedenen Penetrationsformen: mit einem Finger, mehreren Fingern, mit Dildo oder Plug. Bei fast jeder Beischlafposition kann ein oder können beide Partner bequem um den Körper des anderen herumgreifen, um mit dem Anus des Partners zu spielen. Männern gefällt es vielleicht, wenn bei der Penetration ein Finger über die Prostatadrüse streicht – zu diesem Zweck führen Sie den Finger etwa fünf Zentimeter tief in das Rektum ein und bewegen ihn in Richtung Körpervorderseite Ihres Partners. Einige Frauen finden eine doppelte Penetration äußerst erregend. Dadurch wird der empfindliche Dammbereich zwischen Vagina und Anus stimuliert. Das Druckgefühl zu beiden Seiten der Vaginawand kann für beide Beteiligten recht aufregend sein. Natürlich kommt auf jede Frau, für die eine doppelte Penetration doppeltes Vergnügen bedeutet, eine Frau, der es einfach zuviel ist.

Am besten gefällt es mir, wenn ich einen Plug im Hintern habe, während ich einen Penis oder einen Finger oder einen Dildo ficke. Es ist ein großartiges Gefühl – als sei man total ausgefüllt.

Ich genieße anale Stimulierung/Penetration, doch zusammen mit vaginaler Penetration ist es manchmal störend.

Viele Männer wissen es auch zu würdigen, wenn Sie beim Geschlechtsverkehr mit ihren Hoden spielen. Greifen Sie zwischen seine Beine und formen sie mit den Fingern einen Ring um Skrotum und Peniswurzel. Sie können so verharren und einen sanften Druck ausüben, oder sie ziehen leicht am Skrotum. Sie können auch versuchen, jede Hode einzeln zu streicheln, doch sollten Sie daran denken, daß sich eine ziellose, leichte Berührung möglicherweise eher kitzlig als erotisch anfühlt.

Beim Beischlaf werde ich am liebsten durch einen festen, aber doch sanften Griff am ganzen Hodensack stimuliert. Es vermittelt ein Gefühl der Kontrolle, die die Zurückhaltung meiner Frau überwindet.

Ich mag es, wenn eine Frau beim Geschlechtsverkehr meine Hoden streichelt und drückt.

Räumliche Arrangements

Vom bescheidenen Kissen bis zur kunstvoll ersonnenen Lustschaukel – Dinge, die ihren Körper in die richtige Position bringen, sind altehrwürdige Beischlafhilfen. Wenn Sie eine Frau penetrieren, die auf dem Rücken liegt, können Sie Ihre Hüften anheben, indem Sie Kissen darunter legen. Diese erhöhte Position erlaubt ein tieferes Eindringen. Der Penetrationswinkel folgt der natürlichen Krümmung der Vagina und läßt Ihr Schambein gegen die Klitoris Ihrer Partnerin reiben. Wenn Sie einen Mann penetrieren, der auf dem Bauch liegt, mag er es als angenehm empfinden, wenn Kissen unter seinem Becken liegen. Einige Männer (und Frauen) ziehen vor zu masturbieren, indem sie sich an einem Kissen oder Polster reiben, und sie können diese nützliche Technik mühelos bei der *A-tergo*-Penetration anwenden.

Ein Positionsspielzeug, daß kürzlich auf den Markt kam, ist ein langes Gurtband mit Schnallenmanschetten, die um die Knöchel passen. Sie liegen auf dem Rücken, lassen den Gurt um den Nacken laufen und bringen die Manschetten an den Knöcheln an. Dadurch werden Ihre Beine in der Schwebe gehalten, und Sie nehmen eine äußerst aufnahmebereite Stellung ein. Das Gurtband hilft Ihnen, eine Position beizubehalten, die ansonsten ermüdend sein könnte.

Sie können auch eine günstige Position einnehmen, in der sich der eine Partner hinsetzt oder -legt, während der andere steht. Ihr Partner kann beispielsweise auf dem Rücken im Bett liegen, während Sie auf dem Boden stehen oder neben dem Bett knien. Dann hat Ihr Partner die nötige Hebelkraft, um Beine und Hüfte zu heben oder zu senken und verschiedene Penetrationswinkel einzunehmen, und vermittelt ein angenehm schwereloses Gefühl. Eine Alternative ist die Penetration des passiven Partners, der auf einem Tisch oder einer Theke sitzt. Unterschiedliche Höhen funktionieren bei verschieden großen Menschen logischerweise besser.

Falls Sie jedoch das ultimative Gefühl der Schwerelosigkeit erleben möchten, sollten Sie eine Schaukel oder Schlinge ausprobieren. *Hanging Chairs* gibt es schon seit ewigen Zeiten, Beweis der zeitlosen Anziehungskraft des Gefühls, in der Luft zu schweben. Ihr Partner kann im Hanging Chair sitzen und auf Ihrem Penis oder Dildo hin und her geschaukelt werden, oder rittlings auf Ihnen sitzen, während sie im Hanging Chair liegen. Viele Menschen stellen fest, daß sie das Schaukeln in einem Hanging Chair in einen entspannten, passiven Zustand versetzt, durch den tiefe Penetration, G-Punkt-Stimulierung oder Fisting nicht nur beträchtlich lustvoller, sondern auch erleichtert werden. Hanging Chairs werden von schwangeren Frauen und großen Menschen genossen, die eine zeitweilige Befreiung von der Schwerkraft besonders zu schätzen wissen. Sie sind auch eine Wohltat für Menschen, die unter Rückenschmerzen oder anderen Schäden leiden, die ihre Ausdauer und Beweglichkeit beeinträchtigen.

Schaukeln gibt es für etwa hundert Mark für eine einfache Hängematte, und zwischen zwei- und dreihundert Mark für eine echte Sexschaukel, komplett mit verstellbaren Gurten und Einsteigehilfen. Eine Schaukel zu installieren, ist viel einfacher, als Sie glauben. Alles, was Sie brauchen, sind zwei oder drei Ringbolzen und ein paar Meter Kette. Beides können Sie in einem Eisenwarenladen kaufen. Stellen Sie sicher, daß Sie die Ringbolzen in einen Deckenbalken und nicht in Putz schrauben, und benutzen Sie die Kette, um die Höhe der Schaukel Ihren Bedürfnissen anzupassen. *Voilà*. Sie werden nicht nur zum Neidobjekt Ihrer Freunde; Sie haben auch nie wieder Schwierigkeiten, einen Housesitter zu finden, wenn Sie in Urlaub fahren möchten.

Vibratoren

Dieselben Spielzeuge, die Sie beim Solosex köstlich stimulieren, sind bereit und warten darauf, Ihnen und dem Menschen, den Sie lieben, beim Liebesspiel zu dienen. Einer der häufigsten Gründe, die männlich/weibliche oder weiblich/weibliche Paare für den Kauf eines Vibrators angeben, ist, daß sie die klitorale Stimulierung bei der Penetration verstärken möchten. Durch die Penetration wird der empfindlichste Teil des Penis – die Eichel – direkt stimuliert. Deshalb kommen die meisten Männer allein durch Penetration zum Orgasmus. Doch die meisten Frauen brauchen eine zusätzliche Stimulierung der Klitoris, um bei der Penetration zum Orgasmus zu kommen. In diesem Fall kann sich ein Vibrator als unschätzbare Hilfe entpuppen.

Jeder Vibratortyp läßt sich ins Liebesspiel integrieren. Man kann mühelos einen batteriebetriebenen Vibrator oder ein vibrierendes Ei zwischen zwei Körper klemmen. Frauen können sogar einen Vibrator in einem Lederbeutel oder Geschirr zwischen den Beinen tragen und haben dann die Hände frei. Vielleicht glauben Sie, in Ihrem Liebesspiel einen Magic Wand von Hitachi oder ein Massagegerät von Panasonic einzubeziehen, sei so ähnlich, als schlüpfe man mit einem Mack-Truck unter die Bettdecke, aber so ist es nicht. Selbst die größeren Vibratoren mit Netzanschluß ruhen dezent an der Klitoris, wenn Sie sich in der *Frau oben, A tergo* oder *Seite an Seite*-Stellung befinden. Einige Menschen finden es auch angenehm, bei der Missionarsstellung einen Stabvibrator zwischen ihrem Becken und dem Ihres Partners gleiten zu lassen. Spulenvibratoren sind von der Form her weniger dazu geeignet, zwischen zwei Körper geklemmt zu werden; doch könnten Sie feststellen, daß ein langer G-Spotter-Zusatz auf einem Spulenvibrator die perfekte Methode ist, die Klitoris zu erreichen, während Sie den Vibrator seitlich halten.

Da selbst der aufmerksamste Partner beim Liebesspiel von seinem eigenen Vergnügen abgelenkt werden kann, wäre es am besten, wenn der passive Partner den Vibrator hält, um Intensität, Druck und Position zu kontrollieren. Vielleicht möchten Sie auch experimentieren und einen vibrierenden Penisring an der Peniswurzel oder einem Dildo anbringen. Obwohl ein Penisring, da er gleichzeitig mit den Stößen Ihres Penis oder Dildos die Klitoris berührt, die Klitoris nicht zuverlässig und beständig stimuliert, sondern nur den Penis; ein Gefühl, das einige Männer mögen, und anderen zuviel ist.

Männer, deren Partner beim Beischlaf einen Vibrator benutzen, sind oft angenehm überrascht, wie gut sich die indirekten Schwingungen, die durch den Körper des anderen übertragen werden, an den eigenen Genitalien anfühlen. Einem Mann, der penetriert wird, gefällt es vielleicht, einen Vibrator in allen beschriebenen Arten an den Penis zu halten.

French Tickler

French Ticklers sehen wie eine Kreuzung zwischen einem Kondom und einem Kriechtier aus. Sie passen wie eine Mütze über die Spitze des Penis oder Dildos und sind mit Gumminoppen und Fransen bedeckt. Die Idee, die sich hinter den French Ticklers verbirgt, ist, daß das Gefühl der kleinen, kitzelnden Noppen, die sich in der Vaginalöffnung hin und her bewegen, irgendwie unaussprechlich befriedigend ist. Wahrscheinlich sind die French Ticklers den gleichen Superhirnen entsprungen, die uns auch das strukturierte Kondom bescherten. Wir glauben gern, daß es einige Frauen gibt, die Vergnügen aus den Gumminoppen oder den gerippten Kondomen ziehen, die in und vor ihren Vaginen wispern, doch hat die ganze Sache mit der Erfahrung der Durchschnittsfrau ungefähr soviel gemein wie die Geschichte der Prinzessin auf der Erbse:

French Ticklers und noch ein paar andere, zur Stimulierung entworfene Kondome funktionieren bei Frauen nicht und stellen eine Beleidigung für mich dar.

Was die gerippten Kondome angeht: Ich bedanke mich bei ihnen für das Gefühl, keine Nervenenden zu haben. Ich kann keinen Unterschied feststellen. Wer kann es?

Eine Variante des French Ticklers besitzt ein gewisses Vergnügungspotential; nämlich einen Gummiring mit einem seitlich hervorstehendem Knopf. Der Ring wurde so gestaltet, daß er um die Penis-wurzel oder die Basis eines Dildos paßt; der Knopf weist nach oben, so daß er bei der Penetration an der Klitoris reibt. Nicht jede Frau wird den Knopf in die richtige Stellung bringen können oder durch ihn stetig und ausreichend intensiv stimuliert werden, doch spiegelt diese Vorrichtung zumindest eine rudimentäre Kenntnis der weib-lichen Anatomie wider. Wir verkaufen Dutzende dieser Dinger in unserem Laden, die in Ermangelung eines Fachausdrucks »Clit Rugs« genannt werden. Wir nehmen an, daß ihre Hauptfunktion die eines Kommunikationsmittels ist, um das Thema der klitoralen Stimulierung bei der Penetration zur Sprache zu bringen.

Mein Lieblingssexspielzeug ist etwas, das wir »das Gummiding« nennen. Es kam zusammen mit einer Kiste Kondome mit der Post. Ich weigere mich, es »French Tickler« zu nennen, weil es so aus-sieht, als komme es aus einer Fabrik in New Jersey. Manche mögen es einen »Penisring« nennen. Es besitzt einen Zusatz zur strategi-schen weiblichen Stimulation beim Liebesakt. Doch wie immer man sie auch nennen mag, sie sind WUNDERBAR!

Penisring

Penisringe sind Ringe, die um Peniswurzel und Skrotum passen und den Blutabfluß aus dem Penis stauen. Der daraus resultierende Druck kann sehr angenehm sein und das Gefühl in Penis und Hoden verstärken. Da durch die Penisringe jene Adern zusammengepreßt werden, die das Blut aus dem Penis transportieren, haben einige

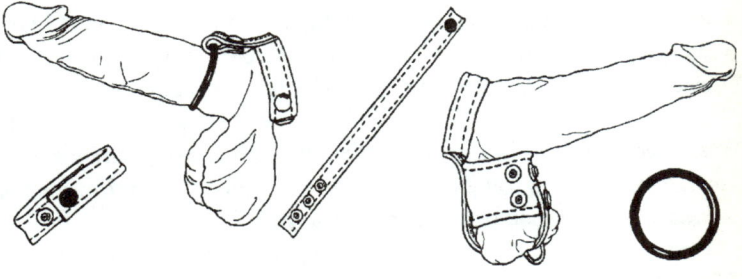

Penisringe

Männer festgestellt, daß das Tragen eines Penisrings ihre Erektion verlängert oder sogar härter macht, eine Nebenwirkung, der den Beischlaf für beide Parteien vergnüglicher gestalten kann.

Mein vergnüglichstes Sexspielzeug war ein Penisring. Ein interessantes Spielzeug, das meinen Orgasmus ungefähr zwei Stunden lang hinauszögerte, und als ich kam – Wow, Bam, Pow, Schabam ...

Ich mag es, wenn er einen Penisring benutzt und mich mit seinem vergrößerten und superharten Schwanz fickt.

Ich mag das Gefühl, das ein Penisring vermittelt, und sein Aussehen. Wenn ich ohne den Penisring erregt bin, ziehen sich meine Eier hoch bis an den Körper und verschwinden fast. Mit dem Ring um meinen Hodensack bleiben sie draußen. Es sieht großartig aus, ohne schmerzhaft oder unbequem zu sein.

Das von einigen Männern als erregend empfundene Druckgefühl ist für andere vielleicht vollkommen unerotisch:

Unser enttäuschendstes Sexspielzeug war ein Penisring. Mein Partner sagte, er tue ihm viel zu weh, als daß er überhaupt noch etwas anderes genießen könne.

Wenn Sie einen zu engen Penisring tragen oder ihn zu lange anbehalten, werden Sie Ihren Blutkreislauf unterbrechen und möglicherweise blaue Flecken bekommen. In den meisten Fällen ist die Beschädigung durch geplatzte Blutgefäße nur geringfügig und vorübergehend. Aber weshalb sollte man es riskieren? Tragen Sie einfach abnehmbare Penisringe, und auch diese nicht länger als eine halbe Stunde ohne Unterbrechung. Versuchen Sie wachzubleiben, wenn Sie einen Penisring tragen. Einigen Männern macht es Spaß, Penisringe stundenlang zu tragen, doch Sie sollten es nur tun, wenn Sie genügend Erfahrung gesammelt haben und genau wissen, wie weit Sie gehen können.

Penisringe gibt es in drei Ausführungen: in Metall, Gummi und Leder. Die stabile Metall- oder Gummivariante kann man nur vor der Erektion anlegen. Lassen Sie eine Hode nach der anderen durch den Ring sinken und ziehen Sie dann Ihren schlaffen Penis hindurch. Penisringe aus Metall sollten wirklich nur Männer benutzen, die einige Erfahrungen mit diesem Spielzeug haben. Denn sobald Sie das Ding anhaben und es den Blutfluß hemmt, ist der Orgasmus die einzig angenehme Methode, Ihre Erektion zu mindern. Falls der metallene Penisring anfängt, Ihnen schmerzhaft eng vorzukommen, und Sie ihn entfernen möchten, haben Sie zwei Möglichkeiten. Entweder Sie legen Eis auf den Penis; dadurch schrumpft er auf das Normalmaß zurück. Oder Sie suchen die Notfallstation eines Krankenhauses auf und lassen den Ring durchsägen, eine weniger attraktive Alternative. Penisringe aus Gummi sind nicht ganz so problematisch; Sie können sie in der Privatsphäre Ihres Hauses durchschneiden, ohne zu Motorwerkzeugen greifen zu müssen.

Alles in allem sind Sie am besten mit der Ledergurt-Variante bedient. Sie sind entweder mit Druckknöpfen oder durch Klettverschlüsse zu schließen, und sobald Sie sich unbehaglich fühlen, können Sie sie öffnen und sich vom Druck befreien. Überdies sind Schwanz- und Eierspielzeuge in einem entzückenden Aufgebot unterschiedlicher Typen erhältlich: Einige weisen Gurte auf, die die Hoden voneinander trennen, andere haben Gurte, die die Hoden nach unten ziehen, wieder andere sind mit D-förmigen Ringen versehen, an denen man eine Leine anbringen kann, und einige Modelle sind dekorativ verziert. Schwanz- und Eierspielzeuge aus Leder sind nicht nur eine sexuelle, sondern auch eine ästhetische Augenweide für den Träger und seinen Partner.

Kegel-Übungen

Vergessen Sie nicht, daß eine der einfachsten und wirkungsvollsten Methoden, Ihr Beischlafvergnügen zu erhöhen, darin besteht, daß Sie Ihre Beckenmuskeln elastisch machen. Mit der Kegel-Übung können Sie sich vor dem Liebesspiel wunderbar »aufwärmen«. Durch diese Übung wird der Blutfluß in die Genitalien geleitet und somit die genitale Empfindsamkeit erhöht. Ein elastischer Muskel ist ein flexibler Muskel, und mit starken Beckenmuskeln werden Sie wahrscheinlich um einiges mehr Spaß haben als ohne. Und auch Ihr Partner kann es genießen, wenn Sie beim Beischlaf ihre Beckenmuskeln rhythmisch an- und entspannen.

Safer Sex

Bitte lassen Sie sich nicht auf Vaginal- oder Analverkehr ein, ohne einige Safer-Sex-Grundregeln zu befolgen. Penis/Vagina- und Penis/Anus-Penetration sind Aktivitäten, die Viren und Bakterien mit alarmierender Effizienz übertragen. Durch die Reibung bei der Penetration entstehen leicht haarfeine Risse im Vagina-, Rektum- oder Penisgewebe, durch die Körperflüssigkeiten eindringen können. Männer sollten beim Beischlaf stets ein Kondom tragen, um die Vermischung der Körperflüssigkeiten zu vermeiden.

Beischlaf ohne Penetration

Zu den Gründen, die Menschen häufig für den Spaß an der Penetration angeben, gehört, daß sie ihnen gleichzeitig genitale Stimulation und Ganzkörperkontakt erlaubt. Wir möchten das Thema Penetration nicht abschließen, ohne darauf hinzuweisen, daß es möglich ist, auch ohne Penetration gleichzeitig in den Nutzen dieser beiden Wohltaten zu gelangen. Die Penetration mittels Penis ist mit vielen Konsequenzen verbunden, von Schwangerschaft bis zur Krankheitsübertragung, so daß es eine Schande ist, daß die Ganzkörper-»Beischlaf«-Techniken nicht ausführlicher besprochen und gefördert werden. *Dry humping* wird als anachronistische Aktivität für Heranwachsende abgetan, und das nur, weil man dabei kein Körperteil in ein anderes steckt. Doch nur weniges fühlt sich besser an, als wenn sich zwei Körper gegeneinanderreiben, und wie jeder, der sich jemals am Oberschenkel seines Liebespartners gerieben hat, bis er die Sterne funkeln sah, weiß, daß am *dry humping* nichts trocken ist.

Ich reibe mich gern an Männern und Frauen. Ich kann leicht zum Orgasmus kommen, wenn ich beharrlich gegen etwas Hartes reibe, wie beispielsweise Beine.

11. Alles über Dildos

Ein Dildo ist jeder Gegenstand, der zur Einführung in die Vagina oder den Anus entworfen (oder herangezogen) wurde. Dildos vibrieren nicht, obgleich viele batteriebetriebene Vibratoren wie Dildos geformt sind. Sie bewegen sich erst, wenn Sie sie bewegen. Dildos gab es in der Geschichte der Menschheit schon immer in der einen oder anderen Form. Sie sind auf griechischen Vasenmalereien abgebildet, die Kurtisanen zeigen, und sie wurden von den Schauspielern der klassischen griechischen Theaterkomödien getragen. Während des Hellenismus war die Küstenstadt Milet in Kleinasien als Fabrikations- und Exportzentrum für lederne und hölzerne Dildos bekannt. In einem griechischen Dialog aus dem dritten Jahrhundert vor Christus beklagt sich eine Frau bei einer anderen, daß all ihre Bekannten sich ihren wunderschönen neuen scharlachroten Lederdildo ausborgten, bevor sie ihn selbst ausprobieren konnte; während auf einem chinesischen Gemälde aus dem neunzehnten Jahrhundert zu sehen ist, wie eine Frau sich auf akrobatische Weise mit einem Dildo vergnügt, der an einem ihrer Schuhe befestigt ist.

Dildos sind Sexspielzeug mit einer langen und ehrenvollen Geschichte, aber in unseren Tagen wird ihnen kein Respekt gezollt. Jugendliche benutzten das Wort als Schimpfwort; Käufer von Sexspielzeug hegen Bedenken, daß es »unnatürlich« sei, mit einem körperlosen Phallus zu spielen, und viele stoßen sich daran, daß sie einen »Penisersatz« erstehen würden. Kurz gesagt: Dildos machen die Menschen nervös. Trotzdem sind wir davon überzeugt, daß es der Mühe wert ist, Ihre dildoinduzierte Angst zu überwinden.

Weshalb sollte ich einen Dildo benutzen?

Die Tatsache, daß sich die Vagina während der Phase der sexuellen Erregung ausdehnt, verleitet viele Frauen dazu, sich nach dem Druck- und dem Füllegefühl zu sehnen, das ihnen die Penetration vermittelt. Es ist für diejenigen unter uns, die anale Stimulierung schätzen, natürlich, das Gefühl zu genießen, wie sich der Anus um den Dildo zusammenzieht. Ist es nicht ein wenig tyrannisch, darauf zu beharren, daß alles, was in die Vagina oder den Anus eingeführt wird, mit dem menschlichen Körper verbunden sein soll? Schließlich trainieren wir mit Treppensteige-Automaten und zaubern unser romantisches *Dinner à Deux* in unseren Cusinarts, ohne uns über deren »Unnatürlichkeit« Sorgen zu machen. Statt dessen sollten Sie die Theorie in Betracht ziehen, daß das Wort *Dildo* sich vom italienischen Wort *diletto* oder dem englischen *delight* (Vergnügen) ableitet – Dildos gehören zweifellos zu den vergnüglichsten Spielzeugen, die es gibt.

Manchmal ist eine Zigarre nur eine Zigarre

Die Vorstellung, daß der Dildo ein Ersatz für die ausgezeichnete Kreation der Natur, den Penis, darstellt, impliziert, daß er nur ein mittelmäßiger Ersatz für »das Ding an sich« ist. Dieser Status als Ersatz hat dem Dildo eine »Zigarre« verpaßt. Frauen, die darum gekämpft haben, die Vorstellung zu überwinden, Penetration definiere eine sexuelle Erfahrung, schütten manchmal das Kind der vergnüglichen Penetration mit dem Badewasser des Vorurteils aus. Noch vor Jahren nahmen Nicht-Lesben an, Lesbierinnen würden ausschließlich mit Dildos herumspielen, um den heterosexuellen Geschlechtsverkehr zu imitieren – was sollten zwei Frauen in einem Bett auch sonst machen? In einem klassischen Beispiel dafür, wie man sich ins eigene Fleisch schneidet, reagieren viele Lesbierinnen auf dieses Klischee, indem sie Dildos als Werkzeuge des Patriarchats verurteilen. Schließlich, wenn der Dildo ein Ersatz für den Penis sein soll, könnte der Wunsch, einen Dildo zu tragen, als eine Form des Penisneides betrachtet werden. Ähnlich können Männer, die Dildos für »Penisimitationen« halten, mit einer feindseligen Haltung dem

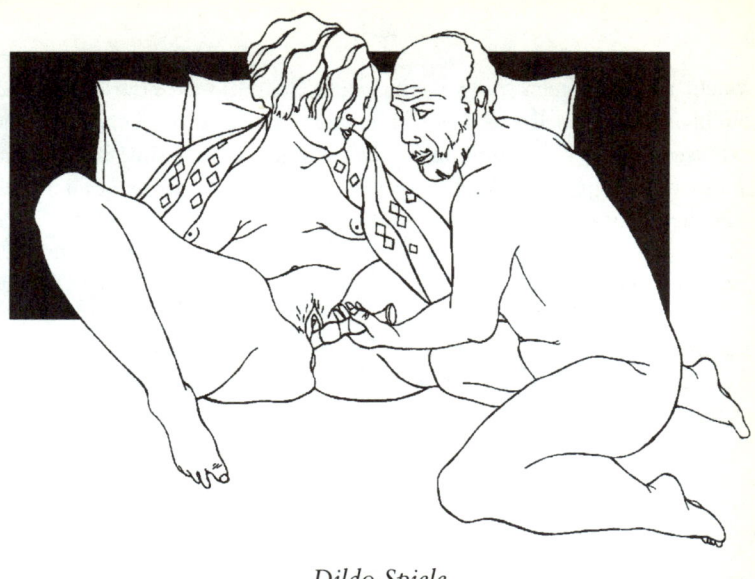

Dildo-Spiele

Spielzeug gegenüber reagieren, das ihnen im Bett viel Spaß bereiten könnte.

Bitte lassen Sie uns die Dinge gerade rücken: Ein Dildo ist ebensowenig ein Penisersatz, wie Radfahren ein Ersatz für einen Spaziergang ist. Ein Dildo ist ein Gegenstand, der es Ihnen gestattet, sich und Ihren Partner in einer wunderbaren Vielfalt unterschiedlichster Methoden zu penetrieren. Dildos sind eine logische, ja, wir wagen zu behaupten, »natürliche« Reaktion darauf, daß – während viele von uns es genießen, wenn unsere Vagina oder unser Anus ausgefüllt ist – nicht zwei von uns die gleichen Vorlieben in bezug auf die Länge, Breite und Form des Objektes haben, das uns ausfüllt. Warum sollten Ihre Penetrationserfahrungen vom Ausmaß des Penis oder Fingers Ihres gegenwärtigen Partners bestimmt werden? Die wenigsten von uns beschränken ihre Eßerfahrung nur auf das, was zu Hause im Kühlschrank ist. Stellen Sie sich Dildos als ein Auswärtsessen im sexuellen Reich vor: Sie bieten Neues, würzen ihre Routine und klären Sie über die Vielfältigkeit Ihres Appetits auf.

Vielfalt

Nicht nur, daß keine zwei Vaginen gleich sind; auch eine Vagina ist nicht immer dieselbe. Zu verschiedenen Zeiten Ihres Lebens, Ihres Menstruationszyklus und bei unterschiedlichen Beischlafstellungen kann die Vagina verschieden große Gegenstände aufnehmen. Eine Garderobe von Dildos in verschiedenen Größen, Formen und Farben ist für den gut gerüsteten Penetrationsexperten genauso wichtig wie eine Garderobe für jede Jahreszeit.

In manchen Stellungen sind die Kontraktionen meiner Möse für meinen Partner zu stark; dann benutzen wir den Dildo.

Dildos sind gut, wenn man nicht genug von ihnen kriegen kann.

Sicherheit

Der wichtigste Unterschied zwischen Sex mit einem Penis und Sex mit einem Dildo besteht darin, daß Sex mit einem Penis ein bestimmtes Maß an Verhandlung mit Ihrem Partner nötig macht, während Sie beim Sex mit einem Dildo gleichberechtigt auf dem Fahrersitz sitzen. Sie, und nur Sie allein, sind für Ihre Erfahrungen mit einem Dildo verantwortlich, etwas, an das man sich erst gewöhnen muß. Viele von uns verlassen sich unbewußt auf den Partner, wenn es um die Geschwindigkeit des Vorgehens beim Liebesspiel geht. Selbst diejenigen unter uns, die regelmäßig mit Hilfe eines Vibrators masturbieren, sind möglicherweise eher geneigt, sich den Vibrationen zu überlassen als den Fluß der Empfindungen zu steuern. Dildos sind das ultimative Selbstbehauptungs-Werkzeug – Sie können sie zu ihrem eigenen Vergnügen manipulieren. Das bedeutet wiederum, daß sie auch ein großartiges Selbstbewußtsein-Werkzeug und besonders hilfreich für Frauen und Männer sind, die allein und ohne Leistungsdruck Experimente auf dem Gebiet der Penetration durchführen möchten.

Frauen, die der Gedanke an Penetration nervös macht oder die unter Vaginismus leiden, können durch das Spiel mit Dildos Selbstvertrauen entwickeln. Frauen, die die Wechseljahre hinter sich haben, möchten vielleicht Dildos benutzen, um ihre Vaginen für die Penetration elastisch zu halten. Transsexuelle, die von Männern zu Frauen umgewandelt wurden, werden aufgefordert, mit Dildos (vom medizinischen Establishment als »Dilatoren« bezeichnet) zu üben, damit ihre chirurgisch geschaffenen Vaginen sich nicht schließen. Männer und Frauen, die eine anale Penetration ausprobieren möchten, stellen häufig fest, daß das Solospiel mit einem Dildo eine großartige Methode ist, wie sie ihre Vorlieben und Grenzen kennenlernen können. Überdies sind Dildos die besten Safer-Sex-Kumpel. Solange Sie Ihren Dildo sauber halten und ihm ein Kondom überziehen, wird er Sie und Ihren Liebespartner nicht mit Viren oder Bakterien infizieren.

Phantasie

Doch das Beste von allem ist, daß Dildos der Schlüssel zu Ihrer Phantasie sein können. Ob Sie allein oder mit Ihrem Partner spielen – Dildos stellen eine einfache, sichere und amüsante Möglichkeit dar, Szenen aus Ihrer erotischen Phantasie aufzuführen:

Ich benutze das Family Jewel besonders gern, wenn ich mit einem Partner zusammen bin – teilweise für die menage à trois-Phantasie, zum anderen, weil es meinen Partner anmacht.

Meine Lieblingsmethode, mich selbst zu befriedigen, ist, einen Dildo mit einem Vibrator zu reiten. Ich denke, es erinnert mich an das Reiten auf einem Pferd!

Ich benutze gern einen Dildo, während ich gefickt werde oder an meinem Partner sauge, und stelle mir vor, ich sei mit zwei Männern zusammen.

Kleiner Dildo-Leitfaden
Entspannen Sie sich

Entspannung ist das A und O für eine befriedigende Penetration. Unsere Vagina und unser Anus sind von Beckenmuskeln umgeben, und wenn diese Muskeln verkrampft oder angespannt sind, wird die Penetration für Sie keine angenehme Erfahrung werden. Viele von uns haben angespannte Genitalien, ohne daß es uns bewußt ist. Bevor Sie sich für das Spiel mit dem Dildo entscheiden, sollten Sie Ihren Genitalien ein wenig Aufmerksamkeit schenken. Machen Sie die Kegel-Übung, damit Ihr Becken gut durchblutet wird. Halten Sie die Spitze des Dildos an die Vaginaöffnung, atmen Sie aus, und pressen Ihre Vaginamuskeln nach unten. Lassen Sie den Dildo in die Vagina gleiten. Wenn Sie spüren, daß sich die Muskeln verkrampfen, spannen Sie sie bewußt an, und entspannen Sie sie dann wieder. Möglicherweise stellen Sie fest, daß Sie das An- und Entspannen genießen, da es die Empfindsamkeit Ihrer Vagina erhöht. Doch was Sie auch tun, atmen Sie weiter, und führen sie nicht gewaltsam ein längeres Stück des Dildos in Ihre Vagina ein, als diese mühelos aufnehmen kann. Die gleichen Überlegungen gelten auch für das Analspiel mit dem Dildo. Vergessen Sie nicht: Die Kontrolle über die Erfahrung liegt ganz allein bei Ihnen.

Benutzen Sie Gleitmittel

Dildos sind trocken. Sie befeuchten sich nicht selbst, wie Genitalien es tun. Überdies besitzen Dildos häufig eine leicht gummiartige, poröse Struktur, die Feuchtigkeit absorbiert. Benutzen Sie bitte beim Spiel mit dem Dildo stets Gleitmittel. Ganz gleich, wieviel Gleitflüssigkeit Sie produzieren – zwei schlüpfrige Oberflächen ergeben eine bessere Gleitfläche als eine schlüpfrige und eine trockene Oberfläche. Tragen Sie das Gleitmittel nicht nur auf den Dildo, sondern auch in Vagina und Anus auf. Niemandem gefällt eine schmerzhafte Dildoreibung, das sogenannte Brennen, und es gibt keinen Grund, sie zu spüren. Der Dildo, der Ihnen im Trockenlauf unmöglich groß vorkommt, könnte perfekt passen, wenn sie ihn mit einem Gleitmittel einschmieren.

Halten Sie Ihre Dildos sauber

Dildos gibt es aus jedem Material; einige sind völlig glatt und porenlos, andere weisen eine rauhe und recht poröse Oberfläche auf. Sie können Infektionen übertragen, falls sich Bakterien und Viren in den Pockennarben Ihres porösen Dildos festsetzen. Zumindest sollten Sie Ihren Dildo jedesmal nach Gebrauch mit einer milden Seifenlauge abwaschen. Spülen Sie ihn sehr gut ab, und räumen Sie ihn erst fort, wenn er vollkommen trocken ist. Viren und Bakterien meiden trockene Oberflächen.

Sie können Zeit und Mühe sparen, wenn Sie Kondome über die Dildos ziehen. Selbst wenn Sie Ihren Dildo ausschließlich für die eigene Vagina benutzen, ist es besser, wenn Sie Kondome gebrauchen: Sie verhindern, daß Sie sich mit einer Hefepilzinfektion reinfizieren und können einem billigen Gummidildo eine längere Lebensdauer schenken. Wechseln sie das Kondom jedesmal, wenn Sie einen Dildo mit einem Partner tauschen oder wenn sie mit dem Dildo vom Anus zur Vagina überwechseln.

Benutzen sie Ihren gesunden Menschenverstand

Babys stecken fast alles in den Mund, und Erwachsene sind dafür bekannt, fast alles in die Vagina oder den Anus zu stecken:

Ich wurde von einer Gewürzgurke, einer langhalsigen Bierflasche und einem großen Eis am Stiel penetriert.

Obwohl wir dieser Form der Unternehmungslust und Kreativität Beifall spenden, bitten wir Sie, Ihren gesunden Menschenverstand zu benutzen und nichts Zerbrechliches, Scharfes oder Rauhes mit zackigen Rändern in Ihren Körper einzuführen. Wenn Sie den Stiel einer Kunststoffhaarbürste verwenden, sollten Sie sich vergewissern, daß die Kunststoffsäume abgefeilt worden sind. Benutzen Sie nichts Hölzernes, das splittern, nichts Gläsernes, das zerbrechen könnte, und führen sie niemals eine offene Flasche mit dem Hals zuerst ein – das daraus resultierende Vakuum könnte das Entfernen sehr schwierig und gefährlich gestalten.

Bestimmte von der Sexindustrie hergestellte Dildos bergen in ihrem Inneren Drahtstäbe, damit man den Dildo in viele interessante Formen krümmen und drehen kann. Doch das Metall kann sich nur allzu leicht durch die Ummantelung aus weichem Gummi bohren. Im schlimmsten Falle kann der Draht durch den Dildo stechen und Ihre vaginale oder anale Wand durchlöchern. Es gibt viele

Materialien, die vollkommen sichere und angenehme Dildos ergeben, also gibt es keine Entschuldigung für das Spiel mit dem Feuer.

Typen

Während als »Massagegeräte« getarnte Vibratoren in Kaufhäusern oder Discountläden zu finden sind, ist der natürliche Lebensraum des Dildos der Sexshop und wird es immer sein. Als *Good Vibrations* vor fünfzehn Jahren eröffnete, war der einzige kommerziell erhältliche Dildotyp der recht große Dildo, der wie ein Riesenpenis aussah und in Hongkong hergestellt und über Sexbuchläden vertrieben wurde. Die gute Nachricht ist, daß in den letzten zehn Jahren immer mehr Heimarbeiterbetriebe entstanden sind, um sich der Herausforderung zu stellen, solide und phantasievoll gestaltete Dildos herzustellen. Heute gibt es mehr Dildotypen und -größen, als Sie ausprobieren können, und selbst die Mainstream-Industrie gibt sich Mühe, Dildos in einer größeren Hautfarbenvielfalt zu produzieren. Sie erhalten die regulären Billigdildos in jedem Sexbuchladen, aber luxuriöse, qualitativ hochwertige Silikon-, Latex-, Lucit- oder Holzdildos sind nur in Sexboutiquen zu finden.

Wie bereits im Vibrator-Kapitel besprochen, sind viele Vibratoren wie Dildos geformt und lassen sich zur Penetration benutzen, bevor und nachdem der Motor seinen Geist aufgegeben hat. Batteriebetriebene Vibratoren sind entweder aus Hartplastik oder aus Vinyl hergestellt, das ein Batteriegehäuse aus Hartplastik umschließt. Falls Sie nicht gerade für eine kräftige Penetration schwärmen, wird sich ein batteriebetriebener Vibrator nicht unbedingt als so angenehm erweisen wie ein weicher, elastischer Dildo. Wir konzentrieren uns in diesem Kapitel auf Dildos; auf nichtvibrierende Spielzeuge, die schlicht und einfach nur für die Penetration gedacht sind.

Billigdildos für Erwachsene

Kommerzielle Dildos bestehen entweder aus Vinyl oder synthetischem Gummi, das in flexible, mehr oder weniger repräsentative Penisformen gegossen wurde. Die Vinyldildos sind leicht, meistens hohl und nicht porös, während die Dildos aus synthetischem

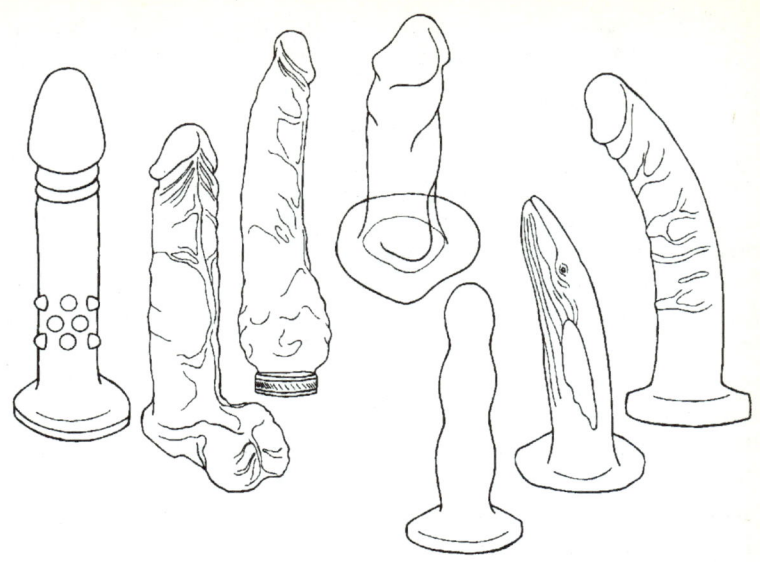

Verschiedene Dildotypen

Gummi schwerer, porös und nicht leicht sauberzuhalten sind. Schmutz bahnt sich seinen Weg in die Luftbläschen unter der Oberfläche, von wo man ihn unmöglich entfernen kann. Überdies entstehen durch das Bürsten nur unappetitliche kleine Gummikügelchen an der Dildooberfläche. Falls Sie einen Gummidildo Ihr eigen nennen sollten, stellen Sie bitte sicher, daß Sie ihn stets in Verbindung mit einem Kondom benutzen. Gummidildos haben den Vorteil, recht flexibel zu sein, und sie werden im Laufe der Zeit durch Anwendung und Wärme noch flexibler.

Vinyl- und Gummidildos werden entweder in einem einheitlichen pfirsich-orangefarbenen Farbton hergestellt oder in einem stumpfen Schwarz. Dieses Schwarz paßt gut zur Abendgarderobe. In den letzten Jahren haben einige Billigwarenhersteller damit begonnen, Dildos in realistischen Hauttönen zu produzieren.

Diese Dildos gibt es im Durchmesser von etwa dreieinhalb bis sechseinhalb Zentimetern, die Länge variiert von fünfzehn bis dreißig Zentimeter, der Preis schwankt von rund zwanzig Mark für ein Billigmodell bis zu etwa hundert Mark für die größeren, realistischen Modelle. Einige Dildos haben einen Griff, der ihnen eine hervorragende Manövrierbarkeit verleiht; einige sind an der Basis ausgebaucht, so daß man sie in Dildogeschirren tragen kann; andere gibt es komplett mit Skrotum und Hoden, wieder andere mit Gumminoppen an der Basis, angeblich zur Klitorisstimulierung der Frau. Unter Doppeldildos versteht man Dildos mit einer Spitze an jedem Ende, damit zwei Personen ihn gemeinsam benutzen können. Wir werden Doppeldildos später in diesem Kapitel ausführlich besprechen. Es folgt eine Beschreibung einiger der bemerkenswerten Trends in der Dildo-Produktion.

Family Jewels

Ursprünglich wurden die Family Jewels aus Weichgummi von einem Ehepaar aus Kansas City, Missouri, hergestellt. Als sie Mitte der achtziger Jahre auf den Markt kamen, erregten sie wegen der extrem realistischen Einzelheiten und Tönungen augenblicklich Aufsehen. Die Family Jewels wiesen nicht nur zart gepinselte blaue Adern und ein lebensechtes Skrotum auf, es gab sie sogar in drei verschiedenen Hauttönen – kaukasisch, »mulattisch« und schwarz –, und diese Tönungen waren von der Eichel bis zum Schaft realistisch schattiert. Leider waren die großen Billigartikel-Hersteller rasch bei der Hand, die gute Idee aufzunehmen, und Konkurrenten wie Doc Johnson verdrängten dieses Familienunternehmen aus dem Geschäft. Kürzlich hat ihr Sohn den Familienbetrieb neu belebt. Er stellt nicht nur die Standard-Family-Jewels her, sondern auch ein außergewöhnlich weiches und biegsames Modell, das eher fürs »packing« als zur Penetration gedacht ist. Man sagt »packing«, wenn transsexuelle Frauen vor der Geschlechtsumwandlung und »Mädchen, die Spaß haben möchten«, Dildos unter ihren Kleidern tragen, um eine realistische Ausbuchtung im Schritt zu simulieren. Mehr darüber später.

Realistische Dildos

Realistische Dildos sind Weichgummi-Modelle, die laut Verpackung »direkt von einem erigierten Penis gegossen« wurden, »handkoloriert und in Einzelheiten gehend, um jede Ader, jede Erhebung und Falte eines erigierten Schwanzes einzufangen«. In seiner extremsten

Form führte dieser Marketingscherz zu Dildos, die nach den Genitalien berühmter Schwulen-Pornostars wie Jeff Stryker und Kris Lord geformt wurden. Die meisten realistischen Dildos gibt es in verschiedenen Hauttönen und alle in groß und größer – nur ein paar von ihnen weisen weniger als fünf Zentimeter im Durchmesser oder zwanzig Zentimeter Länge auf. Der einzige realistische Dildo in »Miniatur«, den wir jemals gesehen haben, ist stolze zwölfeinhalb Zentimeter lang und hört auf einen Namen, der einen Seitenhieb gegen das korporative Amerika enthält: The Executive! Die größeren realistischen Dildos sind derart lang und schwer, daß sie häufig unter ihrem eigenen Gewicht zusammensinken und den Eindruck vermitteln, daß Jeff, Kris und ihre Kumpels nicht mit dem Herzen bei ihrer Arbeit sind. Einzig die Saugverschlüsse an der Basis halten diese herunterhängenden Dildos davon ab, von unseren Ausstellungsregalen zu fallen. Diese abnehmbaren Saugverschlüsse haften an jeder nicht porösen Oberfläche wie Glas und Badezimmerkacheln; dadurch wird das Aufsteigen leichter. Die realistischen Dildos strahlen zwar einen einzigartigen ästhetischen Reiz aus, sind aber nicht billig, schwer sauber zu halten und so groß, daß sie in den meisten Geschirren nur unter Mühen zu tragen sind.

Prosthetic Penis Attachements
Wir nennen sie PPAs. Es handelt sich um hohle Vinylschäfte, die normalerweise an einem elastischen Gurt befestigt sind. Die Idee hinter den PPAs ist, daß einige Männer vielleicht Probleme damit haben, eine Erektion aufrechtzuerhalten oder ihren Partner nach ihrem Orgasmus weiter penetrieren oder ihn mit einem längeren, dickeren »Penis« penetrieren möchten als die Natur ihnen geschenkt hat. Ein Mann kann einen PPA über den abgeschlafften Penis ziehen, den elastischen Gurt in der Taille befestigen und seinen Partner weiter penetrieren. Manchmal zeigen Kundinnen Interesse am Kauf eines PPA als preisgünstige Alternative zu einem kompletten Dildo plus Geschirr. Doch ohne Füllung hängt der PPA nur schlaff herunter. Überdies ist ein elastischer Gurt ein ausgesprochen unwirksames Mittel, um einen Dildo am Körper zu befestigen – es ist schwierig, den Partner mit glaubhafter Leidenschaft zu penetrieren, wenn der Dildo bei jeder Bewegung wackelt. Jeder, der einen PPA tragen

möchte, wäre gut beraten, ihn an einem hochwertigen Dildogeschirr zu befestigen.

Generell fallen uns PPAs als ungeeignete Sexspielzeuge auf. Sie sind für Träger oder Trägerin äußerst unbequem – zumindest müssen Sie Innen- und Außenseite der Vinylscheide mit Gleitmittel einschmieren. Seit kurzem verkaufen wir eine penisförmige Eisform aus dünnem Vinyl. Wie uns zu Ohren kam, funktioniert sie ebensogut wie ein PPA, wenn man sie in einem Geschirr trägt. Sie vermittelt ein wenig mehr Gefühl für den Träger als der normale PPA.

Jellies
Der letzte Schrei bei den Billigdildos ist der Jelly-Dildo. Es gibt bereits eine komplette Reihe von Dildos, Doppeldildos und Plugs aus einem neuartigen Gummi, der weich, biegsam und unter der Oberfläche voller Luftbläschen ist, der ihm ein heiteres, sprudelndes Aussehen verleiht. Offensichtlich enthält die Jelly-Formel einige Zusätze aus der Petrochemie, denn die Dildos riechen wie eine Kreuzung aus einem Strandball und einem Topf Vaseline. Es gibt sie in den Farben Rosa, Orange und – genau wie die Limonaden der neunziger Jahre – in »Kristallklar«. Wegen ihrer Flexibilität benutzt man sie gern fürs »packing«.

Ich liebe Ihren Jelly-Boy-Dildo! Angenehme Größe, Struktur, gutes Biegsamkeit/Festigkeits-Verhältnis; und ich mag diese Farbe, dieses rosige Morgenrot!

Silikondildos

Die Dildo-Revolution begann Anfang der achtziger Jahre, als ein Heilpraktiker aus Brooklyn damit zu experimentieren begann, geschmolzenes Silikon zu prothetischen Vorrichtungen zu gießen, die im Gebrauch um einiges angenehmer und bequemer sein würden als die bislang erhältlichen. Als die Kunde von diesen einzigartigen Produkten sich unter den Besitzern von Frauenbuchläden und Sexboutiquen verbreitete, stieg die Zahl der Bestellungen – eine Industrie war geboren. Heute gibt es vier Unternehmen, die Silikondildos herstellen.

Silikon – dieselbe Substanz, die man auch für chirurgische Implantate benutzt – ist ein teures und empfindliches Rohmaterial, das steril und staubfrei gehalten werden muß. Die Hersteller experimentieren ständig an ihren Formeln herum, um ihre Silikonprodukte elastisch und robust zu machen. Sie müssen, um beim Gießen der Formen Erfolg zu haben, den Grad der Luftfeuchtigkeit beachten. Die Produktion der Silikondildos ist ein arbeitsintensiver Prozeß; sie werden von Hand und mit handgemachten Gußformen hergestellt. Folglich übersteigt die Nachfrage das Angebot. Bislang haben die schwindelerregend hohen Kosten des Rohmaterials Silikon und die Schwierigkeiten der Fließbandproduktion die Sex-Billigartikel-Hersteller von diesem Markt ferngehalten. Die Silikonherstellung liegt ausschließlich in den Händen des Heimarbeitergewerbes, deren Besitzer nicht nur Phantasie und Mitgefühl in ihr Werk gesteckt haben, sondern auch auf ihre Kunden eingehen und persönliches Vergnügen aus ihren Produkten ziehen.

Was ist denn so wunderbar an diesen Silikondildos? Zum einen die Struktur. Silikon ist erfreulich fest, aber trotzdem flexibel; weder zu schlaff noch zu hart. Ferner hat Silikon eine glatte, nicht poröse, samtartige Oberfläche, die verführerisch und leicht zu säubern ist. Es wärmt sich sehr schnell bis auf Körpertemperatur auf und hält die Wärme. Hygienefanatiker sind immer zufrieden, wenn sie hören, daß man Silikonprodukte bis zu fünf Minuten lang kochen kann; Rationalisten können die Dildos sogar ins oberste Fach ihres Geschirrspülers legen. Silikondildos gibt es in allen Regenbogenfarben. Das beste jedoch ist, daß die Hersteller Gußformen in einer breiten Vielfalt von Größen und Formen entwickelt haben. Silikondildos gibt es von fingerschmal bis faustbreit; unter anderem als Delphine, tauchende Frauen, ja, sogar einen Elefantenrüssel. Wegen der hohen Kosten und des niedrigen Produktionsvolumens sind Silikondildos nicht gerade billig. Der Preis bewegt sich je nach Größe des Modells zwischen fünfzig und hundertfünfzig Mark.

Das Beste an Silikon ist jedoch seine hohe Widerstandsfähigkeit; man kann, ohne daß es Schaden erleidet, an ihm zerren, reißen, oder es mit dem Holzhammer bearbeiten. Unsere Hersteller haben jedoch im Laufe der Jahre mit ihren Formeln herumexperimentiert und einige Partien haben sich als robuster als andere erwiesen. Falls die

Oberfläche eines Silikondildos auf irgendeine Weise beschädigt ist, bricht das Silikon zum Ärger seines Besitzers sehr leicht. Tun Sie alles, was in Ihrer Macht steht, um ein Brechen der Oberflächenspannung zu verhindern – attackieren sie Ihren Dildo weder mit Zähnen noch Nägeln, denn leider gibt es keine Möglichkeit, Ihren Silikondildo wieder sicher zusammenzukleben, wenn er einmal auseinandergebrochen ist.

Latexdildos

Latexdildos werden aus dem Milchsaft der Gummibäume hergestellt und ausschließlich in Europa produziert, und sie sind nicht gerade billig. Sie kosten zwischen fünfzig bis hundertfünfzig Mark. Es gibt sie nur in Schwarz (wie die Reifen Ihres Autos). Sie bestehen im Prinzip aus einer Latexhülle, die einen schaumgefüllten Kern umkleidet. Einer der echten Blickfänger in unserem Laden ist ein aufblasbarer Latexdildo, der von dreieinhalb bis auf siebeneinhalb Zentimeter Durchmesser aufgepumpt werden kann. Wir führen auch eine entzückende Latexpeitsche, die aus einem wie ein Dildo geformten Griff besteht, an dem zahllose Latexstreifen angebracht sind. Wenn Sie diese Peitsche knallen lassen können, während der Griff in Ihnen steckt, wissen wir, daß Sie Ihre Kegel-Übungen gemacht haben.

Latex ist nicht porös, also lassen sich Latexdildos leicht reinigen. Falls Sie jedoch Öl – gleich welcher Art – auf diesen Dildo geben, werden Sie am Ende eine schäbige Gummimasse Ihr eigen nennen, denn Öl zerstört Latex. Gummizapfer gehören zur Vorhut der Bewegung, die für die Erhaltung des Regenwaldes kämpft, und wir freuen uns auf den Tag, an dem Kondome und Latexdildos als die ökologisch gesunden Kapitalanlagen betrachtet werden, die sie sind. Ja, jeder Tag kann ein *Earth Day* sein, wenn Sie mit Ihrem Sexspielzeug spielen.

Lederdildos

Lederdildos besitzen eine zeitlose Anziehungskraft, die mehr auf ästhetischen als auf praktischen Gründen beruht. Handgenäht und nur in speziellen Ledergeschäften erhältlich, sollten Lederdildos stets nur zusammen mit Kondomen benutzt werden. Die genähten Säume sind nur schwer sauberzuhalten, und die Färbemittel und Chemikalien, die zur Behandlung des Leders benutzt wurden, könnten Haut und Schleimhaut Ihrer Genitalien reizen. Lederdildos sind generell in Schwarz erhältlich und kosten etwa hundert Mark.

Dildos als Kunstobjekt

All die Jahre befriedigte es uns, Dildos zu führen, die elegant genug sind, um den Kaffeetisch oder Altar eines Kunstliebhabers zu zieren. Zu diesen Dildos gehört der Lucit-Dildo, der von einer Organisation für sexuelle Erziehung als »Kondom-Demonstrationsmodell« vertrieben wird. Zweifellos stellt diese rosafarbene Acrylskulptur für Pädagogen eine einfache Methode dar, Kondome vorzuführen, doch sie ist auch ein großartiges Spielzeug für jedermann mit Phantasie.

Der Kegelcisor ist ein chromüberzogener Messingstab, der an eine Hantel erinnert. Er wird als Vagina-Trainingsgerät vermarktet und mit Anweisungen für die Kegel-Übungen geliefert. Keine Frau braucht ein robustes Gerät in der Vagina, um die Kegelübungen korrekt auszuführen – doch viele Frauen finden, daß dieses kühle, schwere Spielzeug des Raumzeitalters einen attraktiven Dildo abgibt.

Meine erste Vaginahantel wurde mir vom Sicherheitsbeamten eines Flughafens abgenommen, der erklärte, ich könne mit dieser potentiellen Waffe in meiner Tasche nicht ins Flugzeug steigen. Natürlich ging die Hantel verloren, ehe sie wieder zu mir zurückfand. Also schrieb ich der Flughafenbehörde einen Brief, und fragte, wie oft ihre Flugzeuge von älteren Frauen entführt worden seien, die ein Sexspielzeug schwangen. Schließlich zahlten sie mir eine Entschädigung für meinen »Verlust«.

Gelegentlich wendet sich ein Drechsler an uns, der den Einfall hatte, an seiner Drehbank wunderschöne Dildos zu drehen. Jeder weiß, wie sinnlich zart feinfasriges Holz sein kann, und wenn es einmal in fließende Formen gebracht, geschmirgelt und lackiert wurde, kann man ihm kaum widerstehen.

Sie werden bemerkt haben, daß diese künstlerischen Dildos häufig aus harten Materialien bestehen. Sie sind alle glatt und gefahrlos einzuführen, aber ein harter Dildo ist nicht jedermanns und jederfraus Sache. Während die eine Frau feststellen könnte, daß ein harter Dildo genau den Druck ausübt, der ihren G-Punkt stimuliert, mag eine andere ihn als kalt und unfreundlich empfinden. Doch welchem Lager Sie auch angehören, tragen Sie reichlich Gleitmittel auf, wenn Sie die Dinger ausprobieren.

Ben-Wa-Bälle

Obwohl sie eigentlich keine Dildos sind, nehmen wir die Ben-Wa-Bälle in diese Kategorie auf, weil es sich um einführbare Spielzeuge handelt. Vielen Männer und Frauen sind übertriebene Behauptungen über das Vergnügungspotential dieser murmelgroßen Bälle zu Ohren gekommen. Selbst wenn Ben-Wa-Bälle tatsächlich passable Sexspielzeuge wären, hätten sie es schwer, ihrem Ruf gerecht zu werden. Laut Legende pflegten die Frauen im alten Japan zwei hohle, mit Quecksilber gefüllte Elfenbeinbälle in ihre Vaginen einzuführen, sich zurückzulehnen und das Gefühl der in ihrem Inneren herumrollenden Bälle zu genießen. Diese Legende weist zwei logische Fehler auf: Quecksilber ist ein sehr giftiges Material, und die Vagina ist keine klaffende Höhle, in der etwas »herumrollen« könnte.

Vermutlich handelte es sich bei den ursprünglichen Ben-Wa-Bällen um kleine Elfenbeinkugeln, die beim Geschlechtsverkehr eingeführt wurden, um das Gefühl zu verstärken. Die heutige Version jener Kugeln gibt es in zwei Formen. Ben-Wa-Bälle sind zwei goldbeschichtete Kugellager von knappen zwei Zentimetern Durchmesser; Duotone-Bälle bestehen aus zwei Kugellagern, die in Kunststoffhüllen von rund dreieinhalb Zentimetern Durchmesser eingeschlossen und durch eine Nylonschnur miteinander verbunden sind. Einige Frauen genießen die Ben-Wa-Bälle wegen der Romantik oder um zarte Gefühlstöne in ihren Vaginen anzuschlagen. Wahrscheinlich erzeugen die Ben-Wa-Bälle nicht mehr sexuelle Gefühle als ein Tampon, obwohl uns Bus- und Motorradfahrerinnen verrieten, sie genössen es, die Ben-Wa-Bälle im Straßenverkehr zu tragen, da die Schwingungen des Gefährts die Bälle ins Rollen brächten. Manche Frauen stellen fest, daß Ben-Wa-Bälle beim Beischlaf stimulierend wirken, auch wenn sie sich nicht viel bewegen. Denken Sie immer daran: Ben-Wa-Bälle auf keinen Fall in den Anus einführen, weil sie leicht in den Dickdarm und somit außer Reichweite rutschen können. Über Analperlen werden wir im Kapitel über Analspielzeuge sprechen.

Von beiden Versionen besitzen die Duotone-Bälle mehr Potential, da die schweren Kugellager in der Plastikhülle herumrollen, wenn sie ihre Hüften wiegen oder am Faden ziehen. Um den größtmöglichen Effekt zu erzielen, sollten Sie Ihre Duotone-Bälle halb innerhalb und halb außerhalb der Vaginaöffnung plazieren.

Ich glaube, Duotone-Bälle sind besonders amüsant, wenn man sie zur geheimen Überraschungsstimulierung versteckt in der Öffentlichkeit trägt. Sie waren sehr anregend, als ich an Krücken ging (wiegende Hüften).

Manche Frauen vertreten einen »größer ist besser«-Standpunkt und führen chinesische Qigong-Kugeln statt Ben-Wa-Kugeln in ihre Vagina ein. Ein wenig größer als ein Golfball, werden Qigong-Kugeln aus massivem Metall hergestellt, das einen lieblichen Ton von sich gibt, der an ein fernes Windspiel erinnert. Die beiden Bälle sollen eigentlich in Ihrer Hand kreisen und die Akkupressurpunkte stimulieren und die Zirkulation der Lebensenergie durch ihren Körper verbessern. Vielleicht entdecken Sie Akkupressurpunkte in Ihrer Vagina, von denen Sie bislang nicht einmal wußten, daß Sie sie hatten.

Gemüse

Einmal erhielten wir einen mürrischen Brief von einer Kundin, die unseres unermüdlichen Lobgesanges auf den Silikondildo müde war – sie schrieb uns, um uns wissen zu lassen, daß ihrer Meinung nach eine in der Mikrowelle gegarte Zucchini unendlich viel besser als sämtliche auf dem Markt erhältlichen Dildos sei. Vielleicht gehören auch Sie zu jenen Menschen, die mit einem Füllhorn von Dildos aus dem Garten der Mutter Natur am glücklichsten sind. Falls Sie mit **Naturprodukten** herumspielen, sollten Sie sicherstellen, daß ihnen keine potential irritierenden Pestizide mehr anhängen – schälen Sie das Gemüse oder ziehen Sie ein Kondom darüber. Falls Sie keine Mikrowelle besitzen, können Sie das von Ihnen erwählte Gemüse in ein wenig kochendem Wasser blanchieren, um es warm und flexibel zu machen.

Ich dachte, eine Möhre zur Penetration zu verwenden, sei fein. Es war kalt!

Ein klassisches Beispiel dafür, wie Kunst sich mit dem postmodernen Leben verbindet, ist, daß es jetzt auch Silikondildos gibt, die wie ein Maiskolben oder eine Zucchini geformt sind, für all diejenigen, die die Beziehung zu ihren Dildos *nach* dem Essen aufnehmen wollen.

Der Sybian

Der Sybian erinnert uns an diese mechanischen, bockenden Pferde, die in Bars aufgestellt sind. Der Dildo (austauschbar, damit Sie mit dem Dildo Ihrer Wahl bocken können) ist auf einem wie ein Sattel geformten Block angebracht. Sie stellen Rotation und Geschwindigkeit des Dildos durch getrennte Steuerung ein. Der Dildo stößt nicht zu. Falls Sie Stoßen bevorzugen, ist es an Ihnen, auf dem Sattel auf- und niederzuwippen. Der Sybian eignet sich hervorragend dazu, den G-Punkt zu stimulieren, und verleiht der Masturbation eine köstliche neue Variante.

Der Kauf eines Dildos

Vielleicht fühlen Sie sich von der schieren Vielfalt der erhältlichen Dildos erschlagen, aber Sie können die Auswahl einschränken, wenn Sie folgende Variablen in Betracht ziehen:

Ästhetik

Ziehen Sie einen Dildo vor, der einem Penis ähnelt, oder nicht? Sie haben die Wahl. Wir haben selten einen Kunden angetroffen, der nicht eine ausgeprägte ästhetische Vorliebe gehabt hätte. In diesem

Fall gibt es keinen voraussagbaren Geschmack. Die errötende Junglesbierin, gerade vom Michigan Women's Musikfestival zurückgekehrt, verlangt wahrscheinlich nach einem realistischen Jeff-Stryker-Dildo, während der geschniegelte Typ, der soeben mit seiner Harley vorfuhr, vielleicht einen Delphindildo für seine Lady kauft.

Die Farbe könnte Ihre Entscheidung beeinflussen: Die von der beschränkten Auswahl der Billigdildos im konservativen Stil enttäuschten Kunden sind häufig erleichtert, wenn sie Silikondildos in Blau oder Purpur entdecken. Andere möchten vielleicht einen realistischen Dildo, der ihrer Hautfarbe am nächsten kommt. Einige Kunden, die feste Vorstellungen von der Farbe hatten, vergaßen ihre Vorsätze, als sie zwischen creme- und lavendelfarbenen Butt Plugs hin und her gerissen waren. Daß Dildos oder Plugs dazu bestimmt sind, an einen Ort zu gelangen, an dem die Sonne niemals scheint, ist offensichtlich für jene irrelevant, die den persönlichen Stil sehr ernst nehmen.

Absichten

Dildos in unterschiedlichen Größen und Formen eignen sich für unterschiedliche Gelegenheiten. Viele Menschen stellen fest, daß sie Gefallen an einem dickeren Dildo finden, wenn sie allein spielen und Tempo und Timing der Penetration kontrollieren können. Falls Ihr Partner den Dildo handhabt, möchten Sie wahrscheinlich einen schmaleren Dildo als den, mit dem Sie masturbieren. Wenn sie vorhaben, den Dildo an einem Griff zu befestigen, sind Sie am besten mit einem Modell bedient, das nicht länger als zehn Zentimeter ist. Aber wenn Sie selbst mit dem Dildo stoßen wollen, wenn ihr Partner den Dildo handhabt oder ihn in einem Geschirr trägt, wäre ein wenigstens fünfzehn Zentimeter langer Dildo besser. Bei einigen der Billigdildos ist der Schaft zur einfacheren Kontrolle wie bei einem Gummiknüppel am Griff angebracht.

Sie können auch mit einem Doppeldildo kreativ sein.

Ich benutze gern einen langen Doppeldildo, stecke das eine Ende in meine Möse und streichle das andere, wobei ich so tue, als sei es mein Schwanz.

Größe

Es stimmt zwar, daß der Durchschnittsmensch viele unterschiedliche Dildogrößen in sich aufnehmen kann, aber es stimmt auch, daß die meisten von uns bestimmte Vorlieben für die eine oder andere Größe haben:

Ich mag kleine Penisse, oder noch besser, Dildos. Durch sehr kleine Penisse komme ich leichter zum Orgasmus. Der Dildo sollte nicht mehr als knapp vierzehn Zentimeter lang sein und dreieinhalb Zentimeter im Durchschnitt messen. Penisse sollten sogar noch kleiner sein.

Ich liebe das Gefühl, ausgefüllt zu sein, also machen mich große Dildos, viele Finger und eine Faust wirklich glücklich. Man sagt, die Größe sei nicht wichtig – nun, für mich ist sie wichtig.

Wir führen in unserem Geschäft viele verschiedene Größen. Kunden, die den Laden zum ersten Mal betreten, sind häufig von der reinen Fülle der Alternativen eingeschüchtert. Männliche Kunden sagen: »Schrecklich groß, nicht wahr?« und möchten ihre Beobachtung bestätigt haben. Häufig fragen die Kunden das Personal: »Welche Größe soll ich nehmen?«, als müßten wir nur die Handschuh- oder die Schuhgröße prüfen, um die Dimensionen ihres Traumdildos zu bestimmen. Und obwohl das *Good-Vibrations*-Personal intuitive Menschen sind, gibt es leider keine Möglichkeit für uns, die richtige Dildogröße für Sie zu erspüren. Hier einige Punkte, auf die Sie bei Ihrer Wahl achten sollten:

Offensichtlich ist der Durchmesser des von Ihnen gewählten Dildos wichtiger als die Länge, da Sie zwar kontrollieren können, wie tief Sie ihn einführen, es jedoch keine Möglichkeit gibt, sich einer unbequemen Breite anzupassen. Erfreuen Sie sich gegenwärtig der Penetration mittels eines Fingers, einer Kerze, eines Haarbürstengriffs, einer Gurke? Vielleicht möchten Sie einen Dildo, der einem Gegenstand ähnelt, den Sie bereits kennen und lieben; oder Sie möchten diese Gelegenheit beim Schopf packen, um etwas Größeres oder Kleineres zu wählen. Vielleicht haben Sie immer schon von einem fünf Zentimeter dicken Dildo geträumt, oder Sie wünschen sich einen Dildo, der schmaler ist als der Penis Ihres Partners.

Falls Sie eine Frau sind, die an den Genitalien oder am Unterleib operiert wurde; falls Sie noch nie penetriert wurden oder die letzte Penetration schon lange zurückliegt, sollten Sie sich die Zeit nehmen, die Größe Ihrer Vagina zu messen, bevor Sie einen Dildo erstehen. Eilen Sie zum nächsten Gemüsestand und suchen Sie sich ein paar Möhren, Zucchinis und Gurken aus. Waschen Sie sie gut, ziehen Sie ihnen Kondome über und probieren Sie sie aus, um herauszufinden, wie groß Ihre Vagina ist. Falls Sie ein Stück Gemüse gefunden haben, das Ihnen zusagt, schneiden Sie es entzwei und messen Sie den Durchmesser. Zur Erinnerung: Der Durchmesser ist »jede durch den Mittelpunkt verlaufende Verbindungsstrecke zweier Punkte an der Kreisperipherie oder der Kugeloberfläche«, nicht der Kreisumfang. Die gleichen Überlegungen können Sie auch bei der Wahl eines Dildos zur analen Penetration anstellen. Nehmen Sie sich die Zeit, Ihre Vorlieben herauszufinden, bevor Sie zum Kauf schreiten – Sie werden froh darüber sein.

Mein enttäuschendstes Experiment mit einem Sexspielzeug war der Kauf eines zu großen Dildos – damals, als ich es zum ersten Mal wagte, einen zu kaufen. Ich war sehr aufgeregt – eilte mit ihm nach Hause, riß ihm förmlich die Verpackung vom Leibe und hüpfte mit ihm ins Bett, nur um festzustellen, daß er zu dick war. Selbst ein Gleitmittel half nichts. Ich war verwirrt, weil er mir kein seiner Größe entsprechendes Vergnügen bereitete, aber ich benutzte ihn noch eine Weile. Schließlich wagte ich mich noch einmal in den Sexspielzeugladen und erstand andere Größen!

Die meisten unserer Dildos haben einen Durchmesser von zweieinhalb bis fünf Zentimetern, die Bestseller liegen bei dreieinhalb und vier Zentimetern Durchmesser. Obwohl Menschen, die sich des vaginalen und analen Fistings erfreuen, sich möglicherweise nach Dildos von mehr als fünf Zentimeter Durchmesser sehnen, sind die meisten im allgemeinen mit diesem Maß zufrieden.

Bei den Dildos gibt es große Unterschiede, nicht nur in Länge und Umfang, sondern auch in der Form. Einige sind mit »Adern« strukturiert, andere gewellt, bei manchen ist die Spitze größer als der Schaft, und einige der kreativeren Silikontypen wellen sich auf recht unerwartete Weise – stellen sie sich vor, wie Sie zuerst die Arme, dann den Kopf und schließlich die Brüste einer tauchenden Silikonfrau in Ihre Vagina einführen. Ein weiteres Beispiel dafür, wie sehr Ihnen vorhergehende Penetrationserfahrungen bei Ihrer Entscheidung helfen können. Gefällt Ihnen besonders das Gefühl, wie sich Ihre Vaginaöffnung um einen Gegenstand entspannt und anspannt? Dann interessiert Sie möglicherweise ein gewellter Dildo. Falls Sie vaginales Fisting mögen, könnte Sie ein Dildo mit einer großen Spitze und einem schmaleren Schaft faszinieren. Oder vielleicht gehören Sie auch zu jenen Zeitgenossen, die nie verstanden haben, was das ganze Gerede über »Struktur« und »Rippen« soll und sind mit einem einfachen glatten Modell vollkommen glücklich.

Mit dem Dildo spielen

Sie können einen Dildo auf unterschiedliche Weise in Ihr Liebesleben integrieren. Wir schlagen vor, daß Sie ihn zuerst an sich selbst ausprobieren, damit Sie ein Gefühl dafür bekommen, welche Größe, welcher Typ und welche Bewegungen Ihnen zusagen, bevor Sie mit einem Dildo auf Ihren Partner losgehen. Vielleicht stellen Sie fest, daß Sie den Dildo nur einführen und dann ruhig liegen bleiben möchten, vielleicht möchten Sie sich auf die Folter spannen, indem Sie ihn Stück für Stück einführen; vielleicht möchten Sie aber auch nur einfach kräftig drauflosstoßen.

Ich schiebe mir gern den Dildo in den Hintern und bleibe dann bewegungslos liegen.

Zu Beginn halte ich gern einfach nur den »Kopf« des Dildos an die Vaginaöffnung, gewöhnlich mit ein wenig Gleitmittel. Meine Orgas-

men können an diesem Punkt, ungefähr zwei Zentimeter weiter
innen oder an jedem anderen Punkt der Vagina eintreten.

Auf jeden Fall sollten Sie Ihre Anatomie berücksichtigen. Führen Sie
den Dildo sanft ein, und zwar so, daß er mit dem Winkel ihres Vagi-
nal- oder Analkanals übereinstimmt. Falls Sie mit einem gekrümmten Dildo spielen, sollten Sie die gebogene Spitze eher zur Vorderwand der Vagina richten, als nach unten in Richtung Damm zu
zielen. Der kräftige Druck eines Dildos kann für die Frauen sehr angenehm sein, die eine G-Punkt-Stimulierung mögen. Seien Sie bitte
besonders vorsichtig, wenn Sie einen Dildo anal einführen; rammen
Sie ihn nicht in die Rektumwand.

Beim ersten gemeinsamen Spiel mit dem Dildo sollten Sie sich mit
Ihrem Partner abwechseln und einander die Winkel, Stöße und Geschwindigkeiten zeigen, die Ihnen gefallen. Während Sie Ihren Partner mit einem Dildo penetrieren, sollten Sie besonders auf seine
Körpersprache oder auf Zeichen des Unbehagens achten. Wenn Sie
einen Finger, eine Faust oder einen Penis in jemanden eingeführt
haben, macht der direkte Hautkontakt es leicht, der Form der Vagina oder des Anus zu folgen und sofort auf einen möglichen Widerstand oder etwaige Verkrampfungen zu reagieren. Beim Spiel mit
dem Dildo können Sie dies nicht erwarten; deshalb sollten Sie den
Reaktionen Ihres Partners absolute Aufmerksamkeit zollen. Im
Laufe der Zeit – und bei genügend Übung – mag Ihnen der Dildo
wie eine Erweiterung Ihres Körpers vorkommen.

Bei Partnerinnen habe ich den Dildo lieber in der Hand und nicht
an einem Geschirr; so kann ich mich richtig auf ihr Vergnügen ein-
stellen.

Ich habe Dildos bei männlichen und weiblichen Partnern benutzt,
weil es ihnen gefällt, aber sie sind manchmal ein wenig schwierig zu
handhaben, weil Dildos nicht so »natürlich« sind wie Finger.

Falls Sie sich nach einer »freihändigen« Erfahrung sehnen, sind Dildos möglicherweise ein wenig frustrierend. Sie bewegen sich erst
dann, wenn Sie sie fest in die Hand nehmen; falls Sie sie loslassen,

neigen sie dazu, aus der Vagina zu gleiten, wenn sich Ihr PC-Muskel zusammenzieht. Aber nicht verzweifeln. Es gibt eine überraschende Vielfalt von Möglichkeiten, wenn es ums Dildo-Management geht. Doc Johnsons, einer der größten Sex-Billigartikelhersteller, hat einen Dildo entwickelt, auf dem Sie hüpfen und reiten könnten. Es handelt sich um einen aufblasbaren Vinylball von etwa zwanzig Zentimetern Durchmesser, auf dessen Spitze ein Dildo angebracht ist. Sie sitzen, knien oder liegen auf diesem Quasi-Strandball mit dem Dildo zwischen Ihren Oberschenkeln. Der Dildo bleibt nicht nur an seinem Platz, sondern der aufblasbare Ball erzeugt, während Sie herumhüpfen, auch köstliche Vibrationen, die den Dildo in Schwung bringen. Stormy Leather – ein, wie der Name schon sagt, auf Leder spezialisierter Sexspielzeughersteller – hat einen schweren, mit grobem Schrot gefüllten Ledersack konstruiert. Sie stecken den Dildo in den Sack, verteilen die Schrotschicht so, daß sich der Dildo in dem von Ihnen bevorzugten Winkel befindet, legen den Sack aufs Bett und steigen auf den Dildo. Der schwere Sack verhindert, daß der Dildo übers Bett rutscht, und Sie können sich frei bewegen, ohne sich irgendwo festhalten zu müssen. Dieselbe Firma stellt auch ein Gurtband mit einem Latexring her – Sie stecken den Dildo durch den Ring, schnallen den Gurt um die Matratze oder einen Stuhlsitz, und schon ist der Dildo fürs Aufsitzen bereit.

Dildos und Vibratoren als Gespann

Falls Sie das Gefühl, das Vibrator und Dildo vermitteln, mögen, haben Sie wahrscheinlich schon herausgefunden, daß das gleichzeitige Spiel mit beiden eine äußerst angenehme Erfahrung ist. Wir haben bereits in unserem Kapitel über Vibratoren einige Möglichkeiten erwähnt, wie Sie Vibratoren und Dildos kombinieren können, die wir an dieser Stelle noch einmal kurz Revue passieren lassen möchten.

Wie Sie sich vielleicht erinnern können, weisen viele batteriebetriebene Vibratoren eine phallische Form auf. Der fundamentale Irrtum im Design dieser Vibratoren spiegelt wider, wie sehr die Hersteller Anatomie und sexuelle Reaktion mißachten. Die Nervenenden, die auf den Vibrator reagieren könnten, befinden sich in der

Klitoris, am Vaginaleingang und der Analöffnung. Im Vaginakanal oder im Rektum selbst gibt es nur wenige Nervenenden. Falls Sie also einen batteriebetriebenen Vibrator einführen, dessen Vibrationen sich auf die Spitze konzentrieren, werden Sie die Schwingungen nicht dort spüren, wo Sie willkommen wären. Bei vielen der zylindrischen Vibratoren konzentrieren sich die stärksten Schwingungen auf die Basis. Das bedeutet, Sie müssen diese Modelle ganz in die Vagina einführen, um die Vibrationen an der Vaginal- oder Analöffnung zu spüren, oder sie schräglegen, daß sie mit der Klitoris in Kontakt kommen. Wir nehmen an, daß viele der Frauen, die sagen, sie seien von Vibratoren enttäuscht, versucht haben, phallisch geformte Vibratoren ohne großen Erfolg in Ihrer Vagina hin und her zu bewegen.

Aber die beste Methode, Penetration und Vibrationen zu genießen, ist, beide Spielzeuge gleichzeitig zu benutzen. Ja, eine spezialisierte Technik liefert jedesmal die besten Ergebnisse. Wählen Sie einen Dildo, dessen Größe und Form Ihnen zusagt, und halten Sie den Vibrator an seine Basis – die Schwingungen werden sich über den ganzen Genitalbereich ausbreiten. Viele Spulenvibratoren verfügen über einen trichterförmigen Zusatz, der, wenn man ihn an der runden Basis eines Dildos anbringt, einen Unterdruck erzeugt, der den Dildo in ein energiegeladenes, vibrierendes Spielzeug verwandelt. Auch batteriebetriebene Vibratoren lassen sich gut mit Dildos kombinieren. Manche Frauen klemmen sich ein vibrierendes Ei gegen die Klitoris, während sie mit einem Dildo spielen; andere ziehen einen vibrierenden Penisring über den Dildo.

Ich masturbiere am liebsten, indem ich einen mit Gleitmittel eingeschmierten Dildo mit der einen Hand hinein- und hinausschiebe, während ich mit der anderen meine Klitoris reibe oder einen Vibrator dazu benutze. Falls ich einen Vibrator verwende, halte ich ihn auch an den Dildo und meinen Anus. WOW!

Weiche Gummidildos absorbieren einen großen Teil der Schwingungen, aber Silikon ist ein göttlich wirksamer Übermittler von Vibrationen. Tatsächlich sind einige der auf dem Markt befindlichen Silikondildos speziell für die Teamarbeit mit Vibratoren konstruiert.

Der Bob-Dildo hat einen ausgehöhlten Schaft, der genau auf einen Pink-Pearl-Vibrator paßt. Wenn der Pearl angeschnallt wird, vibriert der Dildo dramatisch von »Kopf bis Fuß«. Magic Carpets sind Silikonpolster mit einem Auswuchs an einem Ende; wenn Sie den Auswuchs einführen und einen Vibrator an den Polsterboden halten, bereiten sich köstliche Schwingungen in Ihrem gesamten Genitalbereich aus.

Vielleicht denken Sie jetzt: »Das hört sich ja echt kompliziert an!« Lassen Sie uns Ihnen versichern, daß es wirklich einfacher ist, Sexspielzeuge zu kombinieren, als die Kombination zu beschreiben. Das großartige am Sexspielzeug ist nicht nur das Gefühl, das es vermittelt, sondern die unbegrenzten Möglichkeiten, zu denen es einen inspiriert. Wir haben im Laufe der Jahre viel von unseren kreativen Kunden gelernt, von denen sich einige von Käufern in Erfinder und Hersteller von Sexspielzeugen verwandelten. Es braucht nur Humor und Abenteuerlust, um ein einzigartiges Sexspielzeug herbeizuzaubern, das genau auf Ihre Bedürfnisse zugeschnitten ist.

Doppeldildos

Doppeldildos bestehen aus einem dreißig bis fünfundvierzig Zentimeter langen Schaft mit einem »Kopf« an jedem Ende. In der Theorie besteigen Sie ein Ende des Dildos, entweder vaginal oder anal, und Ihr Partner das andere, und dann schwingen Sie sich beide auf demselben Dildo wie auf einer Schaukel dem simultanen Orgasmus entgegen. Doch die Wirklichkeit entspricht nicht immer dem Ideal. Wie schon gesagt: falls Sie erwarten, der Dildo würde zum eigenen Leben erwachen, werden sie enttäuscht sein. Einer von Ihnen beiden wird den Doppeldildo in der Mitte festhalten und bewegen müssen. Die üblichen Billig-Doppeldildos bestehen aus weichem Gummi und sind an beiden Enden von gleicher Größe, was Paaren mit unterschiedlichen Vorlieben Schwierigkeiten bereiten mag. *Good Vibrations* führt eine Auswahl an Doppeldildos aus Silikon mit verschieden großen Enden.

Wir sollten gestehen, daß Doppeldildos, obgleich sie einen gewissen Phantasiewert besitzen, nicht immer dem Lob gerecht werden, das man ihnen zollt.

Doppeldildos haben nicht so gut funktioniert, wie ich immer dachte. Manchmal sind sie ganz amüsant, aber im allgemeinen verlangen sie zu viel Mühe und Koordination von mir, als daß ich mich richtig gehen lassen könnte. Das war nicht nur bei Männern, sondern auch bei Frauen der Fall.

Doppeldildos sind großartig für den Voyeur in mir.

Spiel mit einem Doppeldildo

Falls Sie und Ihr Partner nicht ungefähr gleich groß sind, könnte es schwierig werden, den Ritt auf dem Doppeldildo zu koordinieren. Die weitaus verläßlichste Position ist die, in der beide Partner auf der Seite liegen und in verschiedene Richtungen schauen; die Beine übereinander gelegt. Wenn Sie den Doppeldildo beim Anal/Anal- oder Vaginal/Anal-Verkehr ausprobieren möchten, müssen Sie die »Hunde«-Stellung einnehmen, und jeder von Ihnen muß in eine andere Richtung schauen. Viele sind enttäuscht, daß ein Spielzeug, das Gleichzeitigkeit und Intimität verspricht, sie in Wirklichkeit um Armeslänge von ihrem Partner entfernt.

Doppeldinger sind enttäuschend. Ich finde keines, das richtig funktioniert – entweder es flutscht raus, oder es entfernt dich zu weit von deinem Partner.

Die gleichen Leute, die die Position 69 (gegenseitiger, gleichzeitiger, oraler Sex) eher irritierend als angenehm finden, werden zweifellos auch von Doppeldildos nicht beeindruckt sein. Falls Sie jedoch gern mit Doppeldildos experimentieren möchten, sollten Sie anfangs Ihr Geld nicht in ein teures Silikonmodell stecken. Am besten, Sie gehen von mäßigen Erwartungen aus und betrachten die Erfahrung als eine neue Art von akrobatischem Vorspiel. Falls Sie vom Ergebnis Ihres Experiments enttäuscht sein sollten, können Sie den Doppeldildo immer als extralangen Einfachdildo benutzen. Und falls Sie von dem Ergebnis angetan sein sollten, wünschen wir Ihnen viel Spaß!

Dildogeschirre

Wir freuen uns, bei einem unserer Lieblingsthemen angekommen zu sein, nämlich der Frage: Wie »trägt« man einen Dildo im Geschirr? Dildogeschirre passen um die Hüfte und halten den Dildo vor Ort – an Ihrem Schambein –, so daß Sie Ihren Partner penetrieren können. Unsere Arbeit bei *Good Vibrations* erlaubte uns im Laufe der Jahre einen einmaligen Eindruck in die amerikanischen Schlafzimmer, und falls unser Kundenstamm repräsentativ ist, werden überall in diesem unseren Lande regelmäßig Dildogeschirre umgeschnallt. Frauen tragen sie bei Frauen und bei Männern, Männer tragen sie bei Frauen und bei Männern. Dennoch gehören Geschirre zu den großen Tabuthemen. Kunden, die ein Dildogeschirr kaufen wollen, werden dem Verkaufspersonal ihre Wünsche wahrscheinlich nur flüsternd übermitteln; und ein erfolgreicher Geschirrverkauf spricht für das Taktgefühl, die Diplomatie und den Humor der Verkäuferin oder des Verkäufers.

Weshalb ist das Dildogeschirr ein derart tabuisiertes Spielzeug? Sich einen Dildo umzuschnallen, ist der ultimative Rollentausch. Eine Frau, die sich einen Phallus aufsetzt, kann erwarten, eine Bandbreite von Gefühlen zu durchleben – von lächerlich bis außergewöhnlich stark. Wenn eine Frau an sich hinabschaut und das archetypische Symbol männlicher Vorrechte zwischen ihren Schenkeln sieht, kann diese Erfahrung alle vorgefaßten Meinungen darüber zunichte machen, wer sie ist und welche Rolle sie beim Liebesspiel einnimmt. Während ein Mann, der sich einen Dildo umlegt, die radikale Vorstellung akzeptiert, daß sein Penis nicht zwangsläufig Mittelpunkt jeder Liebesszene ist, während ein Mann, der von seinem Partner anal mit einem Dildo penetriert wird, seine passive, unterwürfige Seite bereitwillig annehmen muß. Das Tragen eines Dildos setzt die Bereitschaft voraus, sich einer Bandbreite von Gefühlen, Phantasien und Rollenspielen zu unterwerfen:

Mein Liebhaber läßt sich gern von mir mit einem Dildogeschirr ficken. Mich als Frau hat diese Erfahrung sehr aufgebaut. Es verändert die Sicht auf den Sex – plötzlich »ist der Schuh am anderen Fuß«, um es einmal so auszudrücken.

Obwohl die Volksmeinung Dildogeschirre mit Lesbierinnen assoziiert, verkaufen wir wahrscheinlich die Hälfte unserer Geschirre an heterosexuelle Paare, die gern einmal Analverkehr mit der Frau als aktivem Partner ausprobieren möchten. Aber auch heterosexuelle und homosexuelle Männer legen Dildogeschirre an – um ihre Partner zu penetrieren, wenn sie eine Erektion nicht aufrechterhalten können; um eine Penetriermethode zu genießen, die vollkommen

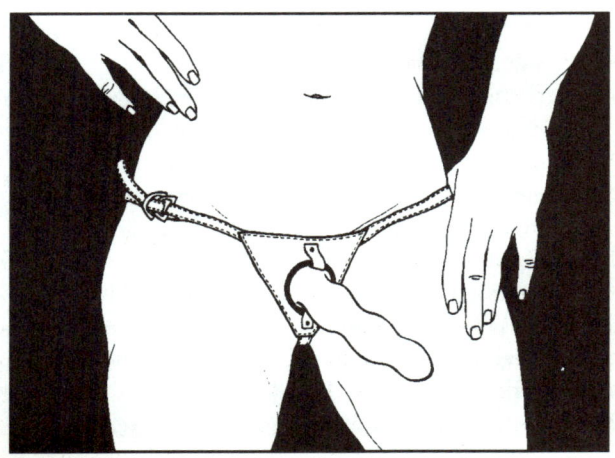

Einfachgurtgeschirr

risikofrei ist, oder um ihre Partner zu penetrieren, während ihr Penis liebkost wird. Was allen Paaren – homosexuellen oder heterosexuellen – am Dildogeschirr gefällt, das ist die Abwechslung, das Abenteuer und das Schauspiel, mit dem es das Liebesspiel würzt.

Doch am liebsten ficke ich meinen Partner mit einem Geschirr. Ich liebe es, ihn an meinem echten Schwanz saugen zu lassen und ihn dann langsam und liebevoll zu ficken, während ich unanständige Reden führe, bis er vor Lust schreit und explosiv kommt.

Dildogeschirrtypen

Dildogeschirre gibt es in Sexbuchläden, bei Mail-Order-Firmen, in Sexboutiquen und in speziellen Ledergeschäften. Im großen und ganzen führen die Sexbuchläden und ein Großteil der Mail-Order-Firmen billigere und weniger funktionelle Modelle, und sie wären besser beraten, wenn Sie Ihr Geschirr in einem Spezialgeschäft kaufen würden. Ledergeschäfte mit lesbischer Kundschaft sind gute Bezugsquellen für Qualitätsgeschirre.

Dildogeschirre bestehen aus Hüft- und Beingurten, die von einem zentralen Ring oder einem mit einer Öffnung versehenen Stofflappen ausgehen. Sie lassen den Dildo durch den Ring oder die Lappenöffnung gleiten, wobei die Dildobasis an Ihrem Körper anliegt; sie wird beim Schließen der Hüft- und Beingurte gesichert. Jeder Dildo, den Sie in einem Geschirr tragen wollen, muß über eine Wulst an der Basis verfügen, sonst fällt er aus dem Geschirr. Der im Geschirr getragene Dildo ruht auf Ihrem Schambein, höher als der Penis. Diese Stellung verleiht dem Träger mehr Kontrolle über die Dildobewegung. Ein Geschirr mit einem Stofflappen als Zentrum unterstützt den Dildo im allgemeinen besser als eines, das nur aus einem Ring besteht, an dem Gurte befestigt sind.

Die meisten Geschirre, die man in Sexbuchläden oder Mail-Order-Katalogen findet, bestehen aus einem billigen, an einem elastischen Taillengurt befestigten Vinyldildo. Leider sind Gummibänder nicht gerade das ideale Material, um einen relativ schweren Gegenstand an Ihrem Körper zu befestigen. Es sackt in sich zusammen, leiert aus, schwingt vor und zurück und erschwert die Kontrolle des Dildos.

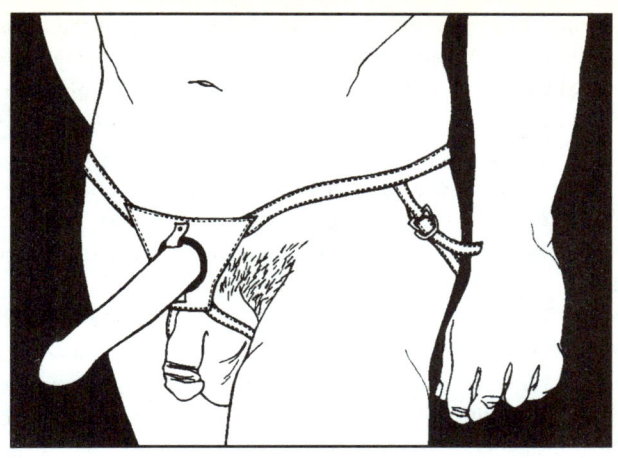

Zweifachgurtgeschirr

Die besten Dildogeschirre haben Leder- oder Nylongurte, die mit D-förmigen Ringen, Schnallen oder Klettverschlüssen verschließbar sind. Diese Geschirre sind in zwei Grundtypen erhältlich: da gibt es zum einen das Dildogeschirr mit Mittelgurt, der zwischen den Beinen verläuft; und zum anderen das Geschirr mit den Beingurten, die jeweils um einen Oberschenkel verlaufen. Anhänger des Einfachgurt-Geschirrs mögen den einfachen Schnitt und finden den G-String-Effekt des Mittelgurtes unauffällig oder vom Gefühl her angenehm. Anhänger des Zweifachgurtes finden G-Strings oft irritierend und ziehen es vor, die Gurte um die Schenkel herumzuführen, um die Genitalien nicht zu behindern. Männer können den Einfachgurt nur tragen, wenn sie den Geschirring als Penisring benutzen, das heißt, wenn der Ring um Peniswurzel und Skrotum liegt. Männer, die einen Dildo tragen möchten, müssen das Zweifachgurt-Modell wählen und den Dildo über ihren Genitalien tragen.

Ein neuer Dildogeschirr-Typ – The Jewel – macht das Tragen dieses realistischen Dildos, der komplett mit Skrotum und Hoden geliefert wird, besonders angenehm. Früher mußten Personen, die diese Dildos tragen wollten, eine dicke Gummimasse unter dem Stofflappen des Geschirrs anbringen, wo es an der Haut scheuerte. Das Jewel-Geschirr hat einen freihängenden Ring vorn im Stofflappen und zwei Beingurte, die in den Ring münden. Wenn Sie einen Dildo samt Hoden durch den Ring gleiten lassen, liegt die Dildobasis sicher und bequem eher auf dem Stoff als an der Haut.

Eines unserer Stoffgeschirre ist eine lange Baumwollschärpe, die um den Dildo geknotet, um die Oberschenkel gewickelt und um die Taille gebunden werden muß. Diese Schärpe ist vielseitig, leicht waschbar und von unschuldigem Aussehen, kann jedoch wegen der komplizierten Anwendung auf jemanden, der kein Profi ist, abschreckend wirken.

Bei der Wahl eines Dildogeschirrs sollten Sie Preis, Größe und Modell beachten. Falls Sie zum ersten Mal ein Geschirr probieren wollen, entscheiden Sie sich vielleicht für eines der weniger teuren Stoff- oder Nylongewebe-Modelle. Falls Sie davon überzeugt sind, daß viele glückliche Dildogeschirr-Jahre vor Ihnen liegen, möchten Sie vielleicht in ein bequemes und lange haltbares Ledergeschirr investieren. Bedenken Sie die Größe des Dildos, den Sie zu verwenden gedenken – Sie sollten ein Geschirr mit einer Öffnung oder einem Ring wählen, die oder der sich um den Dildo schmiegt, aber nicht zu eng ist. Idealerweise sollte der Ring in ihrem Geschirr aus elastischem Latex bestehen, nicht aus einem unnachgiebigen Metall. Einige Personen schätzen die Ästhetik des Metalls, aber es kann die empfindlicheren Silikondildos aufrauhen. Die meisten Ledergeschirre haben als Verstärkung einen Ring um die Geschirröffnung – weiches Leder dehnt sich, und niemand schätzt es, wenn die Geschirröffnung sich so weit ausdehnt, daß der Dildo hindurchfällt. Der Stil ist zweifellos eine Sache der persönlichen Vorliebe.

Vergessen sie nicht, Ihr Dildogeschirr so sauber zu halten wie jeden anderen intimen Gebrauchsgegenstand. Waschen Sie es mit der Hand in einer milden Seifenlauge und lassen Sie es vollkommen trocknen, bevor Sie es einräumen. Denken Sie daran, Ihr Ledergeschirr nicht bei direkter Hitze trocknen zu lassen, es sei denn, sie schwärmen für Risse (und ein entsprechendes Gefühl).

Dildogeschirr – Komponenten und Varianten

Dildogeschirr-Liebhaber möchten oft wissen, wie sie sich stimulieren können, während sie den Partner penetrieren. Es gibt eine überraschende Vielzahl von Möglichkeiten. Diejenigen unter den Geschirrträgern, die sich nach vaginaler Penetration sehnen, können ein Doppelgeschirr erstehen, das ein zweites Loch über der Vagina der Trägerin aufweist und mit einem Gurt bedeckt ist, der einen Dildo vor Ort hält (Doppelgeschirre sind für den Gebrauch zweier verschiedener Dildos und nicht für einen Doppeldildo gedacht).

Ledermanschetten sind Zubehörteile, die Ihr einfaches Geschirr in ein Doppelgeschirr verwandeln und vaginale oder anale Stimulierung ermöglichen. Die Manschette weist in der Mitte ein Loch auf, die Enden haben entweder Druckknöpfe oder einen Klettverschluß. Manschetten können von Männern und Frauen benutzt werden. Stecken Sie einfach den Dildo oder Plug in das Manschettenloch,

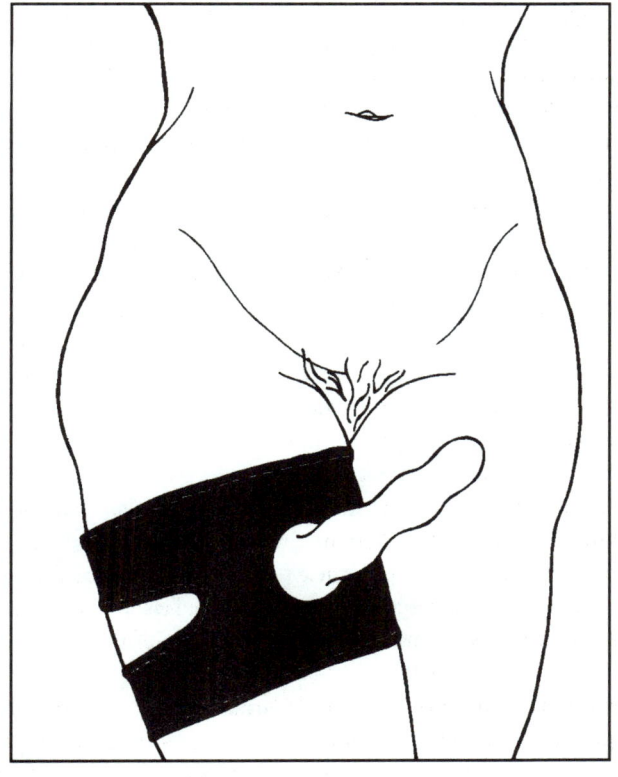

Oberschenkelgurt

führen Sie den Dildo oder Plug in Ihren Körper ein und befestigen Sie die Manschette um den Mittelpunkt des Geschirrs. Manschetten funktionieren am besten bei Einfachgurt-Geschirren; doch sind einige Menschen bereit, die Beingurte eines Zweifachgurt-Geschirrs so einzustellen, daß sie eine Manschette zwischen den Beinen tragen können. Auch das Magic-Carpet-Silikonspielzeug läßt sich in einem Einfachgurt-Geschirr tragen – die Wülste auf dem Silikonpolster sind zur klitoralen Stimulierung gedacht, während der Dildoauswuchs den Magic-Carpet sicher an seinem Platz halten soll. Da Dildo oder Plug durch die Manschette in ihrer ganzen Länge in Ihrer Körperöffnung festgehalten wird, sollten Sie daran denken, ein bequemes, kurzes Modell zu wählen.

Für Trägerinnen von Dildogeschirren stellen kleine Batterievibratoren oft die beste Methode dar, klitoral stimuliert zu werden. Zum Bob-Silikondildo gehört ein Pink-Pearl-Vibrator. Die Schwingungen werden hervorragend übertragen, nicht nur auf den Träger, sondern auch auf den Partner. Einige Frauen erhalten klitorale Stimulierung, indem sie einen vibrierenden Penisring um die Basis des Dildo – zwischen Haut und Geschirr – klemmen. Andere versuchen es mit einem Ei-Vibrator. Eine Variante der eben erwähnten Methode ist ein kleiner Lederbeutel, der den Ei- oder Pink-Pearl-Vibrator an seinem Platz halten soll – der Vibro Cuff wird um den Mittelgurt des Geschirrs befestigt. Das Batteriegehäuse des Vibrators kann man einfach in den Taillengurt stecken.

Eines der besten Beispiele dafür, daß die Sexspielzeug-Erfindungen weitere Erfindungen zur Folge haben, ist der Slip Not. Der Slip Not ist ein doughnutförmiges Schaumpolster mit einem kleinen Loch in der Mitte; er ist die Antwort auf die Frage, was zu tun ist, wenn der Dildo, den man tragen möchte, nur eine sehr schmale Basis hat und durch das Loch Ihres Dildogeschirrs fällt. Lassen Sie einfach das Slip Not über den Dildo bis zur Basis rutschen, bis es zwischen Dildobasis und Geschirröffnung liegt. Slip Not funktioniert wie ein Sicherheitsgürtel für kleine Dildos.

Schließlich sollten wir noch erwähnen, daß nicht alle Dildogeschirre entworfen wurden, um in Hüfthöhe getragen zu werden. Der Lip Service ist ein Geschirr, das um den Kopf gebunden wird und einen Dildo über dem Mund des Trägers in Stellung bringt und

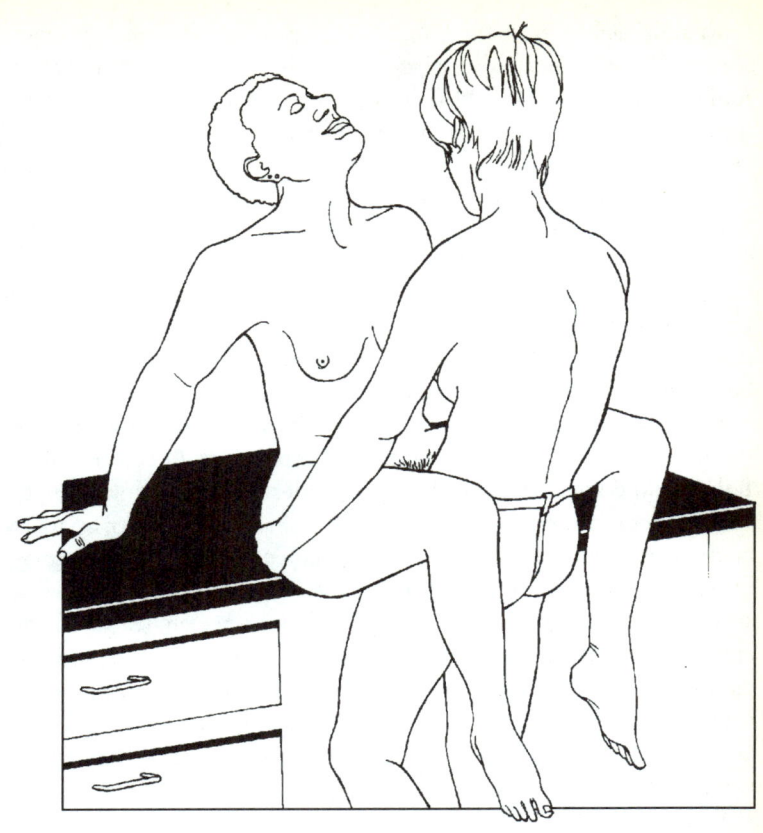

Verkehr mit Dildogurt

somit eine neuartige Methode ermöglicht, sich am Unterleib des
Partners zu schaffen zu machen. Der Thigh Harness ist eine neue Er-
findung. Hier wird der Dildo am Oberschenkel des Trägers ange-
bracht. Es eröffnet sich eine ganz neue Dimension, den geliebten
Menschen auf den Knien zu ficken. Der Thigh Harness hat rasch die
Phantasie vieler Menschen inspiriert, da er eine ganze Reihe neuer
Stellungen für eine angenehme Penetration bietet. Außerdem kann
jeder der Liebespartner einen Thigh Harness anziehen und den an-
deren penetrieren, eine Alternative zum Doppeldildo, die vollen
Körperkontakt erlaubt.

Tips und Tricks

Den Dildo im Geschirr zu tragen, erfordert einen ziemlichen Aufwand an Koordination, Phantasie und Aufmerksamkeit. Wenn Sie sich zum ersten Mal einen Dildo umschnallen, erwarten Sie möglicherweise unbewußt, daß er sich in einen fühlenden Teil Ihres Körpers verwandelt, und sind vielleicht enttäuscht darüber, wieviel Energie Sie aufbringen müssen, um ihn zu kontrollieren:

Die Anwendung eines Dildogeschirrs bei einer lesbischen Geliebten war enttäuschend, weil ich nicht spürte, was mit ihr geschah.

Aber verzweifeln Sie nicht, mit ein wenig Übung und viel Feedback von Ihrem Partner werden Sie die Lage rasch in den Griff bekommen. Ideal wäre es, wenn der Dildo, den Sie im Geschirr tragen, leicht gekrümmt wäre, damit er sich der natürlichen Kurve der Vagina oder des Anus anpassen kann. Ein starrer Dildo läßt sich leichter als ein weicher, schlaffer manövrieren. Überflüssig zu sagen, daß Sie darauf achten sollen, Gleitmittel auf den Dildo und in die Vagina oder den Anus Ihres Liebespartner zu verteilen. Die meisten Menschen halten es für das beste, einen recht langen Dildo zu verwenden, da das Geschirr ihm etwa einen Zentimeter an Länge raubt. Und falls Sie in einen Stoßrhythmus verfallen möchten, verwenden sie am besten einen Dildo, der so lang ist, daß er nicht bei jeder Rückwärtsbewegung vollständig aus Ihrem Partner herausgleitet.

Wenn meine Partnerin einen langen Dildo benutzt, kann ich auf dem Bauch liegen, von hinten gefickt werden und dabei masturbieren. Das beste am Dildo ist, daß sie die Hände frei hat und mehr auf mir sein kann. Und sie kann meine Brustwarzen und/oder die Klitoris von hinten erreichen.

Wenn man den Dildo immer wieder neu einführen muß, kann der Fluß der Dinge unterbrochen werden, da Dildos nicht die gleiche Fähigkeit zur Selbstbefeuchtung besitzen wie ein Penis. Denken sie daran: Sie werden sich des Dildos, den sie tragen, nicht so bewußt sein wie eines Körperteils, und Sie werden sich recht albern vorkommen, wenn Sie feststellen, wie Sie energisch Löcher in die Luft stoßen, während Ihr Partner auf dem Trocknen zurückbleibt. Einige Paare bevorzugen den engen Körperkontakt, der sich daraus ergibt, daß sie den Dildo bis zum Heft einführen. Sie wiegen sich in den Hüften, ohne immer wieder zuzustoßen. Für diese Penetrationsmethode sind kleine Dildos ideal.

Alle Stellungen, die beim Penis/Vagina- oder Penis/Anus-Verkehr möglich sind, können auch für die Penetration mit einem Dildo eingenommen werden. Ein Mann, der einen Dildo im Geschirr trägt, sollte ihn über seinen Genitalien postieren. Wir hatten schon Kunden, die sich nach der Möglichkeit erkundigten, ein Dildogeschirr zur Doppelpenetration zu benutzen:

Ich mag vaginale und anale Penetration. Es würde mir gefallen, wenn er ein Geschirr unter (oder über, schätze ich) seinem Penis tragen könnte, ohne seinen Eiern Schaden zuzufügen. Ist das möglich?

Wir glauben, daß ein Mann in der Missionarstellung mit einem Dildogurt die Vagina seiner Partnerin und ihren Anus mit seinem Penis penetrieren könnte; oder ein Mann in der *A tergo*-Stellung den Anus seiner Partnerin mit einem Dildo und die Vagina mit seinem Penis; aber wir müssen noch einige wahre Geschichten darüber hören. Das könnte Thema eines Kapitels in unserem nächsten Buch werden.

Dildos und Geschlechterrolle
Packing

Trotz unserer Überzeugung, daß ein Dildo kein »Penisersatz« ist, wäre es falsch, seine phantasieanregende Wirkung zu ignorieren. Im Laufe der Jahre haben wir recht viele Dildos an Frauen verkauft, die vorhatten, sie zu »verpacken«, das heißt, sie unter den Jeans zu tragen, um die Penisausbuchtung zu simulieren. Einige dieser Frauen sind Transsexuelle vor der operativen Geschlechtsumwandlung zum Mann, die ihr männliches Aussehen vervollkommnen möchten (oft leben weibliche Transsexuelle, die lieber dem anderen Geschlecht angehören möchten, als Männer, ohne sich jemals einer teuren, komplizierten und recht unbefriedigenden Penisplastik-Operation unterzogen zu haben). Manchmal nehmen Frauen um der Unterhaltung und des sexuellen Rollenspiels willen einen Geschlechtertausch vor. Meistens handelt es sich um praktische und abenteuerlustige Mädels, die auf alles vorbereitet sein möchten, wenn sie sich ins Nachtleben stürzen.

Das erste, was man über Packing wissen muß, ist, daß der Dildo, der in einem Geschirr ein großartiges Sexspielzeug abgibt, nicht unbedingt auch eine gute Wahl darstellt, wenn es darum geht, ihn in die Boxershorts zu stopfen. Ebenso, wie ein Mann es unangenehm findet, mit einem vollständig erigierten Penis herumzuspazieren, mag eine Frau nicht mit einem steifen Penis umherwandern, der sich bis unter die Bundknöpfe ihrer 501 spannt. Transsexuelle oder jene, denen es um ein realistisches Erscheinungsbild geht, bevorzugen den weichen Gummi- oder Schaumgummidildo, der zu schlaff ist, um eine Penetration zu ermöglichen. Wenn die Ausbuchtung in Ihrer Hose authentisch aussehen soll, tragen Sie am besten einen recht kleinen Dildo in einem Jewel-Geschirr, das Sie beides zusammen bequem im Schritt unterbringen können. Falls Sie mit der Absicht »verpacken«, Ihren Dildo mit einem Partner zu benutzen, werden Sie einen etwas festeren Dildo tragen wollen, der aber dennoch flexibel genug ist, um sich biegen zu lassen, ohne zu brechen. In diesem Fall sind Jelly-Dildos und Realistics besser als Silikondildos. Falls Ihr Dildo lang und fest ist, möchten Sie ihn vielleicht mit einer Manschette am Beingurt Ihres Geschirrs tragen. Auf diese Weise vermeiden Sie, daß die Dildobasis gegen ihr Schambein stößt. Es ist nicht schwierig, den Dildo richtig zu plazieren, wenn sein Auftritt gekommen ist.

Saugen

Dildos sind auch für all jene Frauen ein großartiges Spielzeug, deren erotische Phantasie jemals von dem Gedanken an Fellatio mit einer Mischung aus Verführung, Unterwerfung, Verletzlichkeit und Dominanz angeregt wurde.

Bei meiner bevorzugten Masturbationsmethode liege ich einfach mit weit gespreizten Beinen auf dem Rücken und reibe meine Klitoris,

während ich mir vorstelle, daß jemand, irgend jemand, an meinem
»Schwanz« saugt.

Das Rollenspiel mit einem Dildo kann eine sichere, aber dennoch erregende Methode sein, Fellatiophantasien auszuleben; gleichgültig ob Sie nur zuschauen, wie Ihre Freundin an Ihrem »Schwanz« saugt, oder so tun, als seien Sie der homosexuelle Liebhaber Ihres Mannes. Wählen Sie mit Ihrem Partner den Dildo aus, der Ihrer Phantasie am nächsten kommt. Dann können Sie, ohne zu lügen, schwören, daß Sie niemals in seinem Mund kommen werden.

12. Alles über Analspielzeug

Analspielzeuge wurden entwickelt, um in Anus und Rektum eingeführt zu werden und/oder am Eingang zu vibrieren. Wie Dildos, die
bereits seit undenklichen Zeiten existieren, haben auch Analspielzeuge eine lange und bemerkenswerte Geschichte. Ein europäischer
Arzt des Viktorianischen Zeitalters wies seine Patienten an, hölzerne
Eier rektal einzuführen, da er die Theorie vertrat, der Druck gegen
die Prostatadrüse würde helfen, den Samen wieder zur Harnröhre
zurückzuführen und so den verschwenderischen Erguß kostbaren
Samens zu verhindern. Wir müssen annehmen, daß jene Gentlemen,
die mit einem hölzernen Ei im Rektum ihren täglichen Pflichten
nachkamen, das Gefühl ebensosehr genossen wie einer unserer Kunden, der folgendes bemerkte:

*Butt Plugs unter der Kleidung können dem Tag einen neuen Glanz
verleihen.*

Bei Männern und Frauen ist der Anus eine erogene Zone, und als
Kind ist fast jeder von uns auf eine anale Erkundungsreise gegangen.

*Schon in frühen Jahren (mit sechs oder acht) habe ich mir gern
Sachen in den Anus gesteckt; aber masturbiert habe ich erst, als ich
ungefähr zwölf war.*

Und während wir heranwachsen und erwachsen werden, werden
wir mit zahllosen gesellschaftlichen Tabus in bezug auf das anale
Spiel konfrontiert; von extremen Aussagen wie: Dem analen Vergnügen zu frönen ist schmutzig und pervers, bis zu subtilen Botschaften

wie: Dem analen Vergnügen zu frönen ist unreif und potentiell riskant. Die Wahrheit ist, daß das Analspiel nicht schmutziger oder riskanter sein muß als das Küssen. Falls Sie einige Vorsichtsmaßregeln befolgen, die der gesunde Menschenverstand vorschreibt, ist das Spiel mit Analspielzeugen nicht nur vollkommen sicher, sondern auch amüsant. Bei *Good Vibrations* verkaufen wir in zunehmender Zahl Butt Plugs und Vibratoren an Singles und Paare im ganzen Land. Wir stellen uns gern vor, wie das Analspiel stets über Ignoranz und Vorurteil siegen wird.

Noch einmal mit Gefühl

Lassen Sie uns noch einmal kurz zusammenfassen, was Sie in den vorangegangenen Kapiteln gelesen haben: Nehmen Sie sich bitte die Zeit, Ihren Schließmuskel zu entspannen, bevor Sie einen Gegenstand in Ihren Anus einführen. Entspannung ist eine Grundvoraussetzung für ein genußreiches Analspiel. Seien Sie nicht zu geizig mit Gleitmitteln. Vergewissern Sie sich, daß jedes Spielzeug, das Sie in Ihren Anus einführen, vollkommen glatt ist und eine ausgebauchte Basis besitzt, damit es nicht in Ihr Rektum und somit außer Reichweite rutscht, und daß es (falls länger als zehn Zentimeter) flexibel genug ist, sich den Kurven Ihres Rektums anzupassen. Und wechseln Sie mit dem Spielzeug nicht vom Anus zur Vagina, bevor Sie es entweder gewaschen oder ihm ein neues Kondom übergezogen haben.

Typen

Analspielzeuge sind nur in Sexartikelläden, bei Versand-Firmen oder in Sexboutiquen erhältlich.

Butt Plugs

Butt Plugs sind speziell für den analen Gebrauch entwickelte Dildos. Sie weisen an der Basis einen Wulst auf, damit sie nicht außer Reichweite geraten, und sie sind häufig wie eine Pyramide (oder ein Rhombus) geformt, die in einem engen Hals mündet. Die Rhombenform erlaubt Ihnen, einen Plug in Ihrem Rektum zu *tragen*. Sobald Sie einmal die breiteste Stelle durch Ihren Schließmuskel geschmuggelt haben, klammert sich Ihr Analschließmuskel um den schmalen Hals, während der übrige Plug in Ihrem Körper zurückgehalten wird.

Varianten des rhombischen Plugs fallen allgemein in die »wellige« Kategorie – einige sehen mit ihren drei von der Spitze bis zur Basis größer werdenden Wellen wie Christbäume aus. Sie können eine Welle nach der anderen einführen, während sie immer erregter und aufnahmebereiter werden. Einige Butt Plugs weisen korkenzieherähnliche Wülste auf, die sich über den ganzen Schaft ziehen, andere erinnern an auf einer Schnur aufgezogene Perlen. Das schlaue an der Wellenform ist, daß viele Menschen das Gefühl mögen, das sich einstellt, wenn sich der Anus wiederholt um jeden Höcker, jeden Wulst, an- und entspannt. Andere wiederum empfinden diese Art analer Aktivität eher störend als lustvoll und ziehen es vor, einen Plug einzuführen und ihn dann in Ruhe zu lassen.

Butt Plugs gibt es von fingerdünn bis faustdick. Sie sind normalerweise kleiner als Dildos. Ein Standard-Plug ist eher dafür gedacht, bis zum Heft eingeführt und vor Ort gelassen und nicht wie ein Vaginaldildo hin- und herbewegt zu werden. Achten Sie beim Einführen eines Plugs darauf, daß er zur Vorderseite Ihres Körpers weist. Es könnte sich als hilfreich erweisen, wenn Sie den Plug ein wenig drehen, um die breiteste Stelle durch die Analöffnung zu bekommen. Beim Entfernen des Plugs ist zu beachten, daß Sie ihn langsam mit Wackelbewegungen aus dem Rektum ziehen – auch eine sanfte Drehbewegung kann helfen, um ihn durch den Schließmuskel zu bringen.

Sie können Butt Plugs beim Masturbieren, beim oralen Sex oder bei der vaginalen Penetration tragen. Der Druck und das Gefühl des Ausgefülltseins, das die Plugs vermitteln, kann besonders in Verbindung mit anderen Stimulierungsarten äußerst angenehm sein:

Manchmal benutze ich bei der Masturbation einen kleinen Plug zur Prostatastimulierung.

Meine Frau führt gern kurz vor dem Orgasmus einen Plug ein.

Manche Menschen tragen gern tagsüber einen Butt Plug unter Ihren Kleidern. Fest steht, daß wir Plugs an Kunden verkauft haben, die mit ihrer neuen Errungenschaft umgehend auf der Toilette verschwanden, um sie dem richtigen Ort zuzuführen. Weshalb sollte jemand im Freien einen Plug tragen? Wegen der Wonneschauer, die ihm das sexuelle Geheimnis vermittelt; als Akt der Unterwerfung einem dominanten Partner gegenüber; oder um als Vorbereitung zum Analverkehr die Schließmuskeln zu entspannen.

Es macht mir Spaß, Dildos in den Anus meines Partners zu stecken. Ich führe auch Butt Plugs ein, um ihn zu entspannen, bevor ich einen Dildo einsetze.

Einige Frauen ziehen Nutzen daraus, daß die Plugs schmaler sind als die meisten Dildos, die man in Sexläden findet:

Ich nehme Butt Plugs für die Vagina – Dildos sind zu groß.

Butt Plugs-»Neuheiten«

Die von der Sex-Billigartikel-Industrie hergestellten Plugs gibt es von zweieinhalb bis fünf Zentimeter Durchmesser und sind in folgenden Materialen erhältlich:

Vinyl: Die am weitesten verbreitete Plug-Variante ist der pfirsichfarbene oder schwarze Vinylplug. Schlanke Vinylmodelle sind nicht umfangreich genug, um am Platz zu verweilen, sobald man sie eingeführt hat, also sollten Sie oder Ihr Partner ihn festhalten oder wie einen Finger behandeln, der wiederholt in Ihr Rektum gesteckt und wieder herausgezogen wird. Die dickeren Modelle sind in der klassischen Rhomben- oder Wellenform erhältlich. Vinylplugs sind recht elastisch, aber nicht so flexibel wie Plugs aus einem anderen Material. Sie sind porenlos und leicht sauber zu halten.

Jelly: Der durchsichtige, mit Blasen versetzte Jellygummi ist das heißeste Material auf dem Sex-Billigartikel-Markt. Es gibt ihn in den Farben Pink, Orange und Kristallklar. Zu den Vorteilen dieses Plugs gehört, daß er weich und flexibel ist; zu den Nachteilen, daß er ziemlich porös ist. Über diesen Plug sollten Sie stets ein Kondom ziehen.

Sonden: Einige Plugs sind mit einem Griff versehen, dank dessen Sie sich bequem dem nähern können, was in einem Mail-Order-Katalog für Erwachsene als »Hintertür von Eros' Tempel« bezeichnet wird. Dieser Plug in der Gummiknüppelform hat entweder einen gerippten, einen wie einen Rhombus geformten oder einen schlanken Schaft, der in einer dicken, runden Spitze endet. Sie sind in pfirsichfarbenem oder schwarzem Gummi erhältlich und sollten mit einem Kondom versehen werden. Sonden machen sich auch als Dildos großartig.

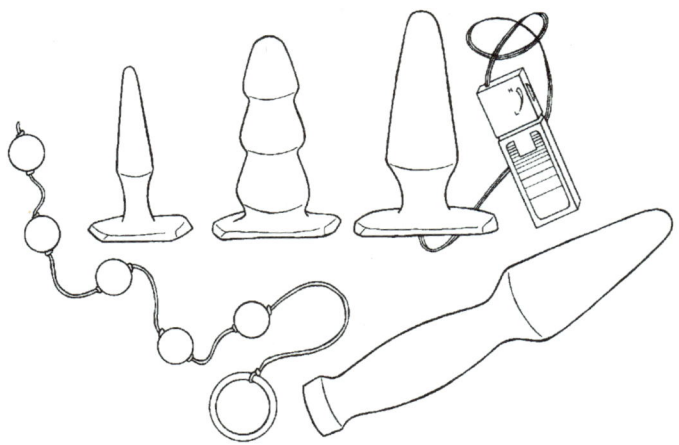

Verschiedene Analspielzeuge

Die Aufblasbaren: Es gibt ein paar aufblasbare Plugs auf dem Markt, zu denen ein Gummischlauch samt Handpumpe gehört. Nachdem Sie den Plug eingeführt haben, können Sie drauflospumpen und ihn bis zur doppelten Größe aufblasen. Doch leider sind diese Spielzeuge in der Theorie besser als in der Praxis: aufblasbare Plugs neigen dazu, sich ungleichmäßig – nur nach einer Seite hin – auszudehnen. Der daraus resultierende, einseitige Druck kann im günstigsten Fall unangenehm und im schlimmsten Fall gefährlich sein.

Silikonplugs

Silikonplugs gibt es in Durchmessern von etwa zwei bis fünf Zentimetern. Sie sind in vielen Farben, einschließlich Pink und Lavendel, und in der Rhombenform oder einer schlanken, gewellten Form erhältlich. Sie besitzen dieselben Vorteile wie Silikondildos, vor allem eine wunderbar elastische Textur und eine glatte, porenlose Oberfläche, die sich mühelos reinigen läßt.

Metallplugs

Einige Ledergeschäfte oder Sexboutiquen führen Metallplugs und -eier. Metallplugs sind kühl und massiv und vermitteln einzigartige Gefühle. Da sie aber außerordentlich schwer und hart sind, müssen Sie sorgsam darauf achten, wie Sie gehen, wenn sich ein solches Spielzeug in Ihrem Körper befindet, um zu verhindern, daß es gegen Ihr Rückgrat oder Steißbein schlägt. Diese Metallspielzeuge sind, bis auf ein kleines Loch, das durch den Mittelpunkt führt, vollkommen massiv. In der S/M-Szene werden manchmal Elektroden an diesen Plugs angebracht, um Elektrizität weiterzuleiten. Sie sollten erst dann ein Spielzeug ohne Basis oder Schnur einführen, wenn Sie sehr viel Erfahrung mit dem Analspiel haben; deshalb können wir das Spiel mit eiförmigen Spielzeugen nicht empfehlen.

Analperlen

Analperlen sind ein sehr beliebtes, einführbares Spielzeug, das aus fünf, auf einer Nylonschnur aufgezogenen Plastik- oder Gummiperlen von Murmel- bis Softballgröße besteht. Von ersterem verkaufen wir reichlich, bei letzterem ist die Nachfrage nicht besonders groß. Analperlen sind bei Menschen beliebt, die gerne spüren, wie sich ihre Anusöffnung um jede neue Perle öffnet und schließt. Sie wären überrascht zu beobachten, wie visuell unterhaltend es ist, die Perlen in den Anus Ihres Partners zu stecken und herauszuziehen. Manche Menschen mögen es, wenn die Perlen mit Schwung aus dem Rektum gezogen werden, während sie kommen, um so die orgasmischen Kontraktionen zu verstärken. Andere finden dieses Gefühl im Augenblick des Orgasmus zu intensiv und ziehen es vor, die Perlen vor oder nach dem Orgasmus herauszunehmen.

Ich wurde mit Fingern, einem Dildo, einem vibrierenden Plug und Perlen anal penetriert und habe alles genossen, aber nicht im Augenblick des Orgasmus! Einen Finger im Hintern, wenn ich gerade komme, ist in Ordnung; aber die anderen Sachen lenken mich zu stark ab, so daß ich nicht in der Lage zu sein scheine, ein heftiges Gefühl zu empfinden. Doch erregt mich all das sehr!

Da Sex-Billigartikel sich nicht gerade sorgfältiger Qualität erfreuen, werden Sie wahrscheinlich eine kleine Sicherheitsüberprüfung an Ihren Analperlen vornehmen müssen, bevor Sie mit ihnen spielen. Plastikperlen weisen häufig unangenehm scharfe Ränder auf, die Ihr Rektalgewebe verletzen könnten. Aber das ist kein Problem, das man nicht mit einer Nagelfeile lösen könnte. Die Perlen aus Weichgummi können porös sein. Falls Sie sie also öfter als einmal benutzen wollen, ziehen Sie ein Kondom darüber. Sie können das offene Ende des Kondoms um die letzte Perle verknoten. Manche Perlen sind statt auf einer Nylon- auf einer Baumwollschnur aufgereiht. Es kann schwierig werden, die Baumwollfasern sauber zu halten – ein weiterer guter Grund dafür, ein Kondom über die ganze Perlenschnur zu ziehen.

Vibratoren

Schwingungen sind eine wunderbare Methode, anale Stimulierung und Penetration zu intensivieren. Schließlich können Vibrationen die Myriaden von Nervenenden Ihres Anus ebenso kitzeln wie die Nervenenden an Ihrer Klitoris oder ihrem Penis. Mit einem vibrierenden Butt Plug können Sie Ihren Schließmuskel entspannen und so von jeder auftretenden, unwillkürlichen Spannung, jedem Widerstand ablenken, den Sie vielleicht spüren. Sie können den Vibrator aber auch äußerlich in Verbindung mit einer analen Penetration anwenden:

Bei meiner bevorzugten Masturbationsmethode sitze ich auf einem Silikondildo und halte einen Vibrator an meinen Schwanz. Ich explodiere und bin gleichzeitig ausgefüllt! Das hinterläßt bei mir ein angenehmes, unanständiges, erschöpftes Glühen. Die Gefühle, die

*ich am nächsten oder übernächsten Tag in meinem Anus spüre,
rufen erotische Tagträume hervor.*

Vibrierende Butt Plugs

Dieselben bereits beschriebenen Billigartikel-Plugs aus Vinyl gibt es
auch mit Batterie. Sie können also Ihren Plug einführen und zum
Summen bringen. Bei uns wird am liebsten ein schlankes, zweieinhalb Zentimeter dickes, leicht gewelltes, zylindrisches Modell
verkauft; aber viele Kunden entscheiden sich für größere Modelle
in Rhombenform. Sie geben sanfte, von Batterien erzeugte Schwingungen ab, die durch das Vinyl noch zusätzlich gedämpft werden.

Eine Variante dieses Themas stellt ein vibrierender Plug dar –
eine schlanke Sonde, die einer kurzen, zylindrischen Basis ent-
springt. Der schmale Schaft vibriert und macht bei einem japani-
schen Delux-Modell zugleich kreisende Bewegungen.

T-Vibes sind harte Plastikplugs mit winkelförmigen Körpern, die
einer schnullerartigen Krempe entspringen. Diese Plugs besitzen
eine großartige Form, die der natürlichen Krümmung des Rektums
folgt, und vibrieren viel stärker als die Vinylmodelle. Doch wie bei
den Analperlen aus Plastik müssen Sie auch diesen Vibrator erst
einmal mit der Nagelfeile bearbeiten, um die rauhen Ränder zu
glätten.

Batteriebetriebene Vibratoren und Manschetten

Viele der auf dem Markt erhältlichen, realistischen Gummidildos
werden auch in der vibrierenden Version mit Batteriepack verkauft.
Manche dieser Geräte sind speziell für den Analgebrauch entworfen; sie haben einen schlanken Hals und eine breite Basis. Aber
häufig werden einfache, zylindrische Batterievibratoren für das
Analspiel benutzt. Wir haben nichts dagegen, vorausgesetzt, Ihr Vibrator ist wenigstens siebzehneinhalb Zentimeter lang und Sie können ihn die ganze Zeit festhalten. Falls es Ihnen so vorkommt, als
sei er zu groß, um ihn einzuführen, können Sie ihn mit einer fle-
xiblen Vinylmanschette für den analen Gebrauch umrüsten. Diese
Manschetten passen über die Spitze eines zylindrischen Batterievi-
brators und weisen jene Noppen, Wedel und Fransen auf, die bei
den Herstellern von Sex-Billigartikeln so beliebt sind. Das prak-

tischste Modell von allen ist ein einfacher, fingerdicker, gerippter Vibrator. Wenn die Schwingungen auf die Spitze der Manschette treffen, sind sie zwar beträchtlich abgeschwächt, trotzdem ist die Manschette immer noch eine bequeme und praktische Methode, um mit der analen Vibration herumzuexperimentieren.

Vibratoren mit Netzanschluß
Wenn es um eine kräftige und penetrierende Massage geht, sind Vibratoren mit Netzanschluß nicht zu schlagen. Wenn Sie einen solchen Vibrator an Ihre Klitoris oder Ihren Penis halten, werden sich die Vibrationen wahrscheinlich durch Ihren gesamten Genitalbereich verbreiten und indirekt den Anus stimulieren. Falls Sie eine direktere Annäherung bevorzugen, sollten Sie ein doppelköpfiges Massagegerät benutzen, bei dem der eine Kopf gegen ihre Genitalien und der andere in Richtung des Anus zeigt. Das Zubehör, das zusammen mit dem Stabvibrator verkauft wird, kann auch beim Analverkehr benutzt werden. Das gekrümmte G-Punkt-Zusatzteil hat die beste Form für den analen Gebrauch. Einige Männer finden dieses Anhängsel geeignet, um die Prostata zu stimulieren; anderen ist es ein wenig zu kurz, um die Prostata zu erreichen. Das einzige Zubehör des Spulenvibrators, das Sie benutzen sollten, ist der Zweig, da er, selbst wenn er vom Vibratorschaft rutscht, nicht in ihr Rektum gleiten kann.

Natürlich gibt es dieses Vibrationszubehör nur in einer begrenzten Größen- und Formenvielfalt. Um anale Penetration und Vibration zu kombinieren, ist es das beste, einen Butt Plug zu wählen, der Ihnen zusagt, und Ihren Vibrator einfach an die Plugbasis zu halten. Wie bei der Vagina sammeln sich die Nervenenden, die auf Vibrationen ansprechen, an der Öffnung und im vorderen Drittel des Rektums, so daß die äußere Anwendung des Vibrators die von Ihnen gewünschte Stimulierung erzielen kann. Der den meisten Spulenvibratoren beigepackte, trichterförmige Zusatz eignet sich ideal dazu, an die runde Basis eines Dildos oder Plugs gehalten zu werden; dadurch wird ein Unterdruck erzeugt, der beide Spielzeuge zu einem verschmelzen läßt.

Geschirre

Falls sie beim Masturbieren oder beim Partnersex einen Butt Plug tragen möchten, können Sie eine um den Mittelgurt eines Dildogeschirrs angebrachte Manschette benutzen. Es gibt auch ein Buttgeschirr auf dem Markt. Es hat zwei einstellbare Beingurte; so können Sie einen Plug vor Ort halten, während Ihre Genitalien für andere Aktivitäten verfügbar sind. Oder Sie greifen zu einer prosaischeren Methode:

Ich trage gern meinen ledernen Penisring um Schwanzwurzel und Eier, während der Plug mit Heftpflaster im Hintern gehalten wird. Ich trage beides, während ich einkaufe, Besorgungen mache und Hausarbeiten erledige.

Kunden, die ein Dildogeschirr für den Analverkehr kaufen wollen, machen häufig den Fehler, mit einem Geschirr und einem rhomben-förmigen Butt Plug an die Theke zu kommen. Sie fragen, weshalb das ein Fehler ist? Nun, die normalen Butt Plugs sind dafür gedacht, dort gelassen zu werden, wo sie hingehören, und nicht immer wieder in den Anus gestoßen zu werden. Sie würden es als recht unangenehm empfinden, wenn der breiteste Teil eines Plugs bei jedem Hüftstoß Ihres Partners durch Ihre Analöffnung stieße.

Statt eines Plugs sollten Sie einen Dildo wählen, der den richtigen Durchmesser für den passiven Partner hat. Nehmen Sie die Zahl der Finger, die Ihr Partner bequem aufnehmen kann, als Maßstab. Wahrscheinlich werden Sie einen Dildo, der sich von der Basis an krümmt, als angenehmer empfinden als einen, der senkrecht auf ihr sitzt, da er sich der Kurve des Rektums anpaßt. Und vergessen Sie nicht, daß ein Dildo, der in einem Geschirr getragen wird, ein wenig länger sein sollte als ein Dildo für den Handgebrauch, damit er niemals ganz aus Ihrem Partner herausrutscht. Extralängen kommen einem auch zustatten, wenn es gilt, unterschiedliche Körpergrößen zu überwinden.

Der Kauf eines Analspielzeuges

Sie haben sehr wahrscheinlich eine vergnügte Zeit mit Ihrem Analspielzeug, wenn Ihr Kauf auf persönlichen Vorlieben beruht. Mögen Sie es, wenn ein Finger oder zwei in Ihrem Anus stecken? Dann möchten Sie vielleicht einen Plug kaufen. Stecken Sie gern einen Finger ins Rektum und bewegen ihn vor und zurück, oder ziehen Sie es vor, ihn bewegungslos zu halten? Wenn Sie die Bewegung genießen, wären vielleicht Analperlen, ein schlanker, gerippter Plug oder ein Dildo etwas für Sie. Falls Bewegung nicht Ihr Fall sein sollte, wären Sie vielleicht mit einem rhombenförmigen Plug am glücklichsten. Falls Sie bereits einen Vibrator besitzen und sich seiner erfreuen, pressen Sie ihn einmal gegen die Analöffnung – falls es sich besonders reizvoll anfühlt, wäre vielleicht ein vibrierender Butt Plug etwas für Sie.

Wie beim Kauf eines Dildos ist auch beim Butt Plug die Größe das wichtigste. Machen Sie ihre Hausarbeiten, und gründen Sie Ihre Entscheidung auf Fakten, nicht auf Phantasien. Wir hegen immer noch zärtliche Erinnerungen jenen beiden Stewardessen gegenüber, die längere Zeit vor einem Regal mit Analspielzeug verweilten und prahlten: »Mein Freund ist so macho, er will nur den größten!« Diejenigen unter uns, die nicht so macho sind, haben wahrscheinlich mehr mit jenem Kunden gemein, der schrieb:

Ich habe einen fünf Zentimeter dicken Butt-Plug-Vibrator gekauft und mich schon darauf gefreut, ihn zu benutzen, nur um schließlich festzustellen, daß er zu groß war! Und die Vibration des winzigen Stücks, das hineinpaßte, kitzelte nur.

Wenn Sie soviel Spaß beim Spiel mit Ihrem Analspielzeug haben wie wir bei seinem Verkauf, wissen wir, daß Ihnen eine schöne Zeit bevorsteht. Wir bringen gern Produkte unters Volk, die dem lächerlich zwanghaften Analtabu unserer Gesellschaft eins auswischen. Da ist zum einen Befriedigung darüber, die gute Nachricht verbreiten zu können, daß das Analspiel nicht nur sicher, sondern auch vergnüglich ist. Und zum anderen der schiere Unterhaltungswert. Stellen Sie sich vor, wie Sie beim High-School-Klassentreffen jedem erzählen:

»Ich verkaufe Butt Plugs, um meine Brötchen zu verdienen.« Selbst jene abgeklärten Menschen, die sich Texte für die Verpackung der Sex-Billigartikel ausdenken, werden ironisch, wenn es um Butt Plugs geht. Unsere am höchsten geschätzte Butt-Verpackung verspricht: »Sobald Sie sich an dieses Modell gewöhnt haben, werden Sie langsamer gehen und die Umgebung genießen. Jeder Schritt, den Sie machen, wird zu einem aufregenden Abenteuer!« Wir hätten es nicht besser ausdrücken können.

13. Phantasien

*Ich phantasiere gern, wenn ich umherspaziere, vorzugsweise über
öffentliche Plätze. Auf diese Weise kann ich meinen Verstand und
meine Phantasie dazu benutzen, um mich derart aufzugeilen, daß
ich beinah komme, ohne mich zu berühren. Und wenn ich dann
endlich allein bin, gibt es garantiert eine phänomenale Masturbation.*

Sie haben zweifellos gehört, daß das Gehirn unser größtes Sexorgan
ist, aber möglicherweise ist Ihnen noch nie in den Sinn gekommen,
daß es auch ein unglaublich vielseitiges Sexspielzeug ist. Tatsache
ist, daß wir – wenn das Hirn nicht auf Stimuli reagieren und Botschaften an die übrigen Körper schicken würde – etwa ebensoviel
sexuelles Gefühl hätten wie ein Kleiderschrank. Aber es ist die
Fähigkeit des Gehirns, eine verschwenderische Fülle erotischer Bilder – auch als Phantasien bekannt – zu horten, die es zu einem
wirksamen Sexspielzeug macht, da Phantasien für das sexuelle
Vergnügen endlos abgerufen werden können.

Phantasien sind, einfach ausgedrückt, mentale Bilder, die sexuelle
Erregung auslösen. Inhalt, Bedeutung und Absicht dieser mentalen
Bilder sind von Mensch zu Mensch sehr unterschiedlich. Einige
Leute rufen sie ab, wenn sie sich erregen möchten, andere stellen
fest, daß sie kaum Kontrolle darüber haben, wie und wann ihre
Phantasien auftauchen, während wieder andere überhaupt nicht
phantasieren.

Phantasieren ist – wie Masturbieren – nicht nur ein Akt der Ei-
genliebe, sondern auch eine Bejahung des sexuellen Selbstvertrauens und der Unabhängigkeit. Sie selbst sind für Ihre Erregung verantwortlich; Sie brauchen nicht auf jemand anderen zu warten.

Eine Phantasie kann alles sein, vom blitzartigen Bild:

Ich schlafe auf einem Segelboot mitten auf dem Meer unter der brennenden Sonne, umweht von einer leichten Brise, mit meinem Partner.

bis zur ausführlich beschriebenen sexuellen Begegnung:

Ich bin Lehrer. Eine hübsche Schülerin sitzt in der ersten Reihe. Sie trägt einen sehr kurzen Rock. Als sie sich hinsetzt, bemerke ich, daß sie keine Unterwäsche trägt. Sie schaut zu mir hoch, blinzelt und grinst. Am Ende der Stunde kommt sie zu mir und fragt nach einem Termin, um sich mit mir über ihre Prüfungsnote zu unterhalten. Wir legen eine Zeit fest; sie spaziert in mein Büro, schließt die Tür, dreht sich mit offener Bluse um, erklärt mir ihr Problem und fragt, ob ich ihr nicht helfen könne ... Als pflichtbewußter Lehrer muß ich ihr helfen!

Ob detailliert oder vage, kurz oder lang, überspannt oder normal – wenn es Sie anmacht, ist es eine Phantasie. Um aufzuzeigen, wie vielfältig Phantasien sowohl vom Inhalt als auch von der Art ihres Ausdrucks her sein können, haben wir einige unserer Kundenphantasien in dieses Kapitel aufgenommen. Vielleicht werden Sie dadurch neue Phantasien entdecken!

Beliebte Themen

Obwohl nicht zwei Phantasien einander gleichen, tauchen bestimmte beliebte Themen immer wieder auf:

Sex mit jemand anderem als Ihrem Partner

Es ist normal, über Sex mit jemand anderem als Ihrem Partner zu phantasieren. Manchmal handelt es sich bei dem anderen um eine Bekannte (einen Bekannten):

Ich würde gern fünfzehn Minuten allein mit meiner Staatskunde-lehrerin verbringen. Ich würde sie auf dem Schreibtisch ihres Büros nehmen, oder an der Wand. Die beiden obersten Blusenknöpfe auf-

machen, an ihrem Ohrläppchen saugen, mit der Zunge ihren Hals entlanggleiten, über das rechte Schlüsselbein, die Schulter, und ihr dann die Bluse ausziehen, vom Leib reißen, zusammen mit dem BH, sanft in die Außenseite ihrer Titten beißen, ihre Kniekehle berühren, mit gespreizten Fingern die Innenseite ihres Oberschenkels entlangstreichen, ihre Möse drücken – und dann würde sie mich anflehen, mit ihr nach Hause zu gehen.

Manchmal ist der andere ein völlig Fremder:

Ich bin in einem Gefängnis. Eine Gruppe von Männern sitzt im Kreis auf dem Boden, die Hände mit Handschellen gefesselt auf dem Rücken. Ich wähle einen Mann aus, die Wache schließt die Handschellen auf – der Mann bleibt sitzen und zieht die Hose aus, damit ich seinen erigierten Penis abschätzen kann. Ich wähle nacheinander verschiedene Männer aus; jedem von ihnen ist es gestattet, seinen Schwanz zu berühren oder zu masturbieren. Ich habe einen oder zwei zurückgewiesen – ihre Schwänze waren nicht hübsch genug –, und sie sind jetzt wieder in Handschellen, die Penisse entblößt. Ich erlaube den von mir ausgewählten Männern (die immer noch sitzen), meine Oberschenkel zu streicheln (ich trage einen Strumpfgürtel und Strümpfe, kein Höschen) und schließlich an mir herumzuknabbern. Während meine Erregung wächst, werden die ausgewählten Männer immer aktiver. Sie stehen jetzt, reißen mir die Kleider vom Leibe, streicheln mich, stimulieren meine Brüste: überall Hände, Zungen, Schwänze. Ich beuge mich über die gerade Rückenlehne eines Stuhles, und während einer mich von hinten penetriert, sauge ich an einem oder mehreren von den anderen. Sie wichsen und kommen auf mir, während sie mit meinen Brüsten spielen und unanständige Reden führen. Ich komme ungefähr ein Dutzend Mal.

Voyeurismus und Exhibitionismus

Ich stelle mir gern Sex mit anderen vor. Keine Freunde, sondern ein Haufen Fremder. Sie greifen nicht ein, geben auch keine aufdringlichen Geräusche von sich, sondern schauen einfach nur zu und wer-

den erregt. Ich stelle mir vor, wie sie ruhig wichsen, ohne Aufmerksamkeit zu erregen.

Ich bin nackt, liege auf dem Rücken. Einige Meter weiter steht ein Kreis nackter Männer hinter Glas, die mich beobachten. Sie sind gefesselt und können sich nicht berühren. Ich beobachte, wie sie immer erregter werden, während ich masturbiere, erotisch tanze oder um sie herumwandere, sie necke und manchmal sogar die Hände durch die »Türen« im Glas stecke, um sie zu berühren. Jeder möchte, daß ich ihn auswähle, um mit ihm zu schlafen.

Erzwungene Begegnungen

Ich bin allein an einem Strand und betrachte versunken den Sonnenuntergang. Plötzlich steht ein Mann hinter mir. Er sagt, er würde mir nicht weh tun, wenn ich mit ihm zusammenarbeite. Er schlitzt mehrere Löcher in meine Jeans, so daß kein Vorübergehender merkt, was los ist. Er stimuliert die Vorderseite meines Körpers mit den Händen, während er mich sanft und beharrliche anal penetriert. Ich tue so, als wäre es mir unangenehm, aber es erregt mich derart, daß ich mehrere Male den Höhepunkt erreiche, bis er auch nur daran denkt zu kommen. Obwohl es sich um eine Vergewaltigungsphantasie handelt, ist er wirklich rücksichtsvoll und sanft, und ich komme mir nicht bedroht vor.

Im Augenblick phantasiere ich davon, wie mich meine Stiefmutter fortgibt, damit ich bei einer reichen Familie eine Lehre als Dienstmädchen anfange. Ich werde dazu verführt, die Kinder zu stillen, und dann werde ich versklavt, um den Eltern, der Dienerschaft, dem Wachhund als Fessel- und Fickspielzeug zu dienen.

Ich phantasiere von meinem Exliebhaber, der recht männlich und um einiges stärker ist als ich; er hält mich an den Armen fest und befiehlt meinem Exfreund, mir oraler Sex »aufzuzwingen«.

Sex mit jemanden, der eine andere sexuelle Vorliebe hat

Ich bin im Umkleideraum eines hoteleigenen Fitneßclubs. Zwei prächtige Männer kommen aus der Sauna, nackt, bis auf die Handtücher, die sie sich um die Taille geschlungen haben. Sie sprechen davon, »die Mädchen« in der Hotellobby zu treffen, um die Stadt zu erkunden. Einer verschwindet zu den Spinden, um sich anzuziehen. Der andere legt sein Handtuch ab und steht nackt neben mir am Waschbecken. Ich beobachte im Spiegel, wie er anfängt mit seinem riesigen Schwanz zu spielen. Er grinst mich an, während er weiter seinem Kumpel Banalitäten zubrüllt. Er bearbeitet seinen Schwanz so lange, bis er steif ist, beugt sich vor und leckt daran.

In meiner Lieblingsphantasie liege ich mit meiner Freundin an einem mediterranen Nacktbadestrand. Wir nehmen ein Sonnenbad und können den Blick nicht vom braunen Körper der anderen abwenden. Ich starre sie an, während ich mir in die Titten kneife, sie spreizt die Beine. Wir werden so heiß, daß wir uns entschließen, zu einer Insel zu schwimmen, um allein zu sein. Auf der Insel begegnen wir einem Mann, der auch an Sex denkt. Da wir entgegenkommende und gierige Mädchen sind, greifen wir zu. Wir werden abwechselnd von ihm gefickt; während er es einer besorgt, schaut die andere zu und masturbiert.

Diesen Monat habe ich Kindheitsgeschichten über zwei Jungen wiederbelebt (und weitergesponnen), die, wie mir erst jetzt klargeworden ist, sehr heiß aufeinander waren. Ich stelle mir vor, ich sei einer davon, und spiele in meinen Gedanken durch, wie diese beiden Teenager im Bett landen, wie sie aneinander saugen und sich streicheln.

Sex mit Stars

Ich phantasiere über sanften S/M mit fünf Frauen; eine davon muß Cher sein.

Obwohl (oder vielleicht weil) ich eine Lesbe bin, habe ich echt heiße Phantasien davon, wie ich berühmte Männer dominiere, die ich attraktiv finde. Ich habe immer für Rock'n'Roller geschwärmt. In einem meiner Lieblingsszenarios trage ich einen schlampigen Nuttenlook – Sie wissen schon: Stretch und hohe Hacken – und nur einen vibrierenden Dildo darunter. Ich verschaffe mir Zugang zur Backstage und treffe mein Idol. Ich nähere mich ihm von hinten, während er Champagner fließen läßt, und presse mich gegen seinen Arsch – ich weiß, daß er die Ausbuchtung spürt. Er dreht sich um und schaut mich ein wenig verwirrt an. Doch bevor er etwas sagen kann, werfe ich ihn auf den Boden, stelle einen Pfennigabsatz auf seine Brust und reiße ihm gekonnt die Knöpfe vom Hemd. Ich ziehe mein Hemd aus und enthülle einen ausgeschnittenen Leder-BH; dann schlüpfe ich aus dem Rock und zeige ihm meinen hübschen Schwanz. »Ich habe diesen Dildo nach dir benannt, weil er mir soviel Vergnügen bereitet. Jetzt werde ich ihn dir reinschieben, damit du weißt, wie es ist, vom eigenen Schwanz gefickt zu werden.« Sein Mund klappt auf. Ich nutze den Augenblick und stecke ihm meinen Schwanz in den Mund, während ich ihn weiter verbal anmache. »Du narzißtischer Schwanzlutscher, wenn du 'I still haven't found what I'm looking for' noch singen kannst, nachdem ich mit dir fertig bin, besteht keine Hoffnung mehr für dich.« Dann ficke ich ihn mit meinem Dildo in den Arsch, wobei ich ab und zu innehalte, um am Champagner zu nippen.

Früher haben mich Madonnas Titten angemacht (einige Aufnahmen aus »Justify my Love« und »Cherish«-Videos), aber jetzt bin ich von ihren Machenschaften und ihrem völlig langweiligen Buch enttäuscht. Zum Vergessen! Oh! Hier ist eine gute Phantasie, bei der meine beiden Lieblingsfiguren aus den Love and Rocketts-*Comics mitspielen. Hopey (die lesbischere von beiden) ist zwischen meinen Beinen zu Gange und besorgt es mir mit Mund, Fingern und Zunge, während Maggie mir die Arme über dem Kopf hält. Maggie berichtet mit einer beruhigenden, erotischen Stimme, was Hopey macht; gelegentlich erteilt Hopey Maggie Befehle. Für mich ist besonders wichtig, was meine Phantasiegestalten anhaben. Bustiers, Schulmädchen-Röcke und Doc Martens MACHEN MICH WAHNSINNIG.*

Bei einer Phantasie, die ich sehr oft habe, werde ich von einem Playboy-Mädchen überrascht, während ich masturbiere. Sie trägt die typischen Playboy-Sachen; zeigt viel Haut, aber nicht zwangsläufig etwas Sexuelles. Ich bevorzuge üppige Frauen mit vollem Haar und vollen Lippen; Frauen wie Loni Anderson. Sie tritt ein und beobachtet mein Tun cool. Ich bin von ihrer Gegenwart überwältigt und erstarre. Sie kommt auf mich zu, geht an der Bettkante in die Knie, beugt sich vor und nimmt meinen Schwanz in den Mund. Ich kann die vollen Brüste und die langen Beine sehen.

Gruppensex

Meine Frau und ich treiben es mit einem heterosexuellen Paar ungehindert in allen möglichen Positionen. Viel oraler Sex zwischen den vier Teilnehmern. Ein Schwanz in meinem Mund; eine Frau sitzt auf meinem Schwanz. Eine Frau sitzt auf meinem Gesicht, während ein Typ mir einen bläst. Eine Frau sitzt auf meinem Gesicht, während ich die andere ficke. Ich schaue zu, wie die anderen einander anmachen; werde immer erregter, während es sie anmacht, wenn sie uns beobachten ...

Werde von zwei oder mehr bisexuellen oder lesbischen Frauen als männliches Sexspielzeug und als Hure benutzt. Ich wäre gern das Sexobjekt einer Frauengang.

Ich und zwei andere Frauen – ich bin in der untersten, dominanten Position und beobachte das verbissene, leidenschaftliche Liebesspiel, das sich neben oder über mir abspielt. Einer Frau, die über mir kniet – die Möse nahe an meinem Mund – wird es von ihrem Lover, der auch mein Lover ist, von hinten besorgt. Ich kann von beiden Frauen »bestellt« werden – ich habe recht viel Freiheit, alles zu sehen und mit jeder Frau zu tun, was mir gefällt.

Ein Mann dringt anal in mich ein, während ein anderer Cunnilingus macht und ein weiterer an meinen Brustwarzen saugt. Ich beobachte, wie eine andere Frau gefickt und geleckt wird, bis sie kommt.

S/M, Fesselung und Züchtigung

Eine gute Freundin meiner Frau wird aus angeblich gesellschaftlichen Gründen eingeladen. Zu einem gewissen Zeitpunkt befiehlt meine Frau mir, mich auszuziehen, während sie und ihre Freundin bekleidet bleiben. Ich muß niedrige Hausarbeiten verrichten, später unterdrücken sie mich. Ich muß zu ihrem Vergnügen posieren oder mich produzieren. Sie bringen mich durch Berührung und Stimulierung zum Orgasmus.

Ich würde gerne meine eigenen Männer besitzen, die nur sprechen, wenn sie sprechen dürfen; nur leben, um mir zu dienen und mir Vergnügen zu bereiten, und völlig nackt sind. Sie baden mich, bürsten mir das Haar und halten ihre Ärsche stets griffbereit.

Eine Frau beherrscht mich, bindet mich an ein paar Stühlen oder einem Bett fest. Dann zwingt sie meinen Mund mit einem Ringknebel auf. Sie penetriert meinen Anus mit einem Dildogeschirr (wobei sie reichlich Gleitmittel benutzt). Danach lädt sie ein paar Leute ein, Männer und Frauen, die mich zu ihrem sexuellen Vergnügen benutzen. Sie haben Spaß; ich auch.

Eine sanfte S/M-Phantasie, bei der von mir verlangt wird, daß ich meinen Partner anflehe, mich weiterzuficken. Sobald ich aufhöre zu betteln, hört mein Partner auf zu ficken, und meine Erregung schwindet.

Ich bin meinem dominanten Partner gegenüber unterwürfig. Er stimuliert meine Titten, während ich meine Klitoris streichle. Er flüstert mir Phantasien à la $9^1/_2$ Wochen ins Ohr – je anschaulicher, unverschämter und abstoßender sie sind, desto stärker komme ich.

Bei meiner Lieblingsphantasie werde ich von einem Mann beherrscht, der mich zwingt, mich nackt auszuziehen und mit einer anderen Frau zu schlafen, während er zuschaut.

Tabu-Sex (Tiere, Kinder usw.)

Ich stelle mir vor, wie ich junge Mädchen verführe, besonders Jung-
frauen von elf bis fünfzehn Jahren. Mir gefällt die Vorstellung,
ihnen zu helfen, zum ersten Mal ihre Sexualität zu entdecken, ihnen
den ersten Orgasmus und die erste Erfahrung mit einem Schwanz
zu verschaffen. Ich stelle mir auch vor, wie ich sie mit abgehobe-
nem Sex bekannt mache – sie fessle und ihnen Handschellen anlege,
sie dazu bringe, mein Arschloch zu lecken oder sich schmutzige
Filme anzuschauen.

Ich habe einmal eine anschauliche Illustration davon gesehen, wie
ein schwarzer Neufundländer die Möse seiner Herrin leckte. Ich
stelle mir diese große, rauhe Zunge auf meinen Schamlippen, mei-
ner Klitoris vor, und ich muß meine Beine zusammenpressen und
zittern!

Gelegentlich phantasiere ich davon, einen jungen Mann zu »ver-
führen« – eigentlich eher einzuführen –, der unerfahren, aber sehr
interessiert daran ist, die Sexualität mit einer älteren Frau zu erkun-
den. Ich stelle mir gern vor, ich sei eine Domina, die ihn die schöne
Kunst der Unterwerfung lehrt.

Mir gefällt die Vorstellung, wie es zwei homosexuelle Brüder vor
den anderen Familienmitgliedern treiben.

Vermischte Lustphantasien

Ich bin in einem Sexclub. Ein Mann namens Jack bittet mich näher-
zukommen. Er legt einen Vibrator an meine Klitoris, steckt mir
einen Finger in den Anus und sagt, daß mir Gutes widerfahren
würde. Er spreizt meine Beine, bewundert meine Klitoris und leckt
mich kurz. Er führt mich zu einem Möbelstück mit Ausschnitten, in
die meine Möse und meine Brüste passen, zieht meine Hinterbacken
auseinander und führt einen sehr kleinen Dildo ein, der feucht und
warm ist. Er fragt mich, ob ich einen roten Hintern haben möchte.
Als ich »ja« sage, schlägt er zweimal auf jede Hinterbacke.

Währenddessen stimuliert sein Kollege Tom meine Klitoris mit der Hand. Jack geht in die Hocke, bis sein Gesicht vor meinem Hintern ist. Er stößt den Dildo hinein und sagt Tom, er solle zwei Finger in die Vagina stecken und ihm sagen, wann es mir gefällt (immer, wenn ich mich innerlich verkrampfe). Jack zieht den kleinen Dildo raus und sagt, er würde einen größeren reinstecken, aber in Wirklichkeit ist es sein Schwanz. Wenn ich seinen Schwanz vollständig in meinem Anus aufnehmen kann, winkt als Belohnung, daß Tom seine Zunge benutzen und so lange an meiner Klitoris saugen wird, bis ich komme. In der Zwischenzeit saugt ein anderer Kerl an meiner rechten Titte, während Jack die linke streichelt. Manchmal sehe ich in einem Deckenspiegel, wie Jack von einem anderen Kerl gefickt wird, während er in mir ist. Er versichert mir immer wieder, daß er nicht als erster kommen wird, daß es ihm gefällt, wenn eine Frau auf seinem Schwanz kommt. Ab und zu beobachte ich eine andere Frau, bei der zur selben Zeit dieselben Dinge gemacht werden.

Mein Freund sitzt an seinem Schreibtisch; ich komme frisch gebadet ins Zimmer. Ich trage ein kurzes Nachthemd und habe meine Schamhaare rasiert. Ich sitze auf dem Schreibtisch, öffne die Beine und zeige ihm meine Klein-Mädchen-Muschi, wie ich sie nenne. Ich beginne, an mir herumzuspielen, vollführe meinen Klein-Mädchen-Akt. Er schaut ein paar Minuten zu, dann legt er mich übers Knie, um mir den Hintern zu versohlen, während er mir sagt, wie »böse« ich sei. Das Versohlen macht es nur noch schlimmer. Ich sitze wieder mit gespreizten Beinen vor ihm, spiele an mir herum und sage, ich könne nichts dagegen tun, es fühle sich so gut an. Er hat Mitleid und knabbert ein wenig an mir herum, bis ich einen Klein-Mädchen-Orgasmus habe. Dann holt er seinen Penis raus und zwingt mich, daran zu saugen; danach setzt er mich auf seinen Schoß, und wir beide kommen voll angekleidet.

Ich phantasiere davon, einer üppigen Frau die Kleider vom Leib zu reißen, vielleicht in ihrem Büro (im wirklichen Leben schwärme ich für sehr maskuline Frauen). Ich vergrabe das Gesicht in ihren großen, vollen Brüsten, dränge sie gegen den Schreibtisch und ficke

sie. Mache sie mir gefügig, pisse vielleicht auf sie, während sie ihre
Brüste streichelt und mit der Pisse spielt.

Genießen Sie Ihre Phantasien

Ich phantasiere (normalerweise) von meinem Geliebten, wenn ich
masturbiere – er kriecht in meine Phantasie wie Rauch. Ich reibe
schnell und ungestüm meine Klitoris, während ich daran denke, wie
sehr ich ihn will. Und bevor ich weiß, was geschieht, keuche und
komme ich, und oh, oh, oh ...

Die meisten Menschen benutzen ihre Phantasie dazu, ihre Erregung
zu steigern, ob sie Sex mit sich selbst oder mit ihrem Partner genießen (oder es vorhaben). (Über siebzig Prozent der männlichen
und weiblichen Teilnehmer an einer Kinsey-Umfrage berichteten,
daß sie beim Beischlaf phantasieren.) Doch jeder kann eine sexuelle
Phantasie genießen, ohne gleich mit jemanden ins Bett hüpfen zu
müssen. Betrachten Sie es als eine entspannte Aktivität wie Spazie-
rengehen im Park oder Telefonieren – als etwas, das unsere Laune
verbessert oder uns von Langeweile oder Streß befreit:

Sexuelle Phantasien beruhigen mich; sie hindern mich daran, mich
in irgendwas zu verrennen oder mir Sorgen zu machen.

Wir baten unsere Kunden, uns mitzuteilen, wann und wo sie am
liebsten phantasieren. Folgende Antworten führten viele Listen an:
beim Masturbieren, beim Beischlaf, während der Vorlesung, vor
dem Einschlafen, nach dem Aufwachen, unter der Dusche, im Auto,
im Bus, im Flugzeug, in der U-Bahn, beim Radfahren/Motorradfah-
ren, anstelle der Hausarbeit, bei Konferenzen und Vorträgen, beim
Gang die Straße entlang, am Strand, im Bankenviertel.

Folgende Antworten möchten wir Ihnen nicht vorenthalten:

Meine Phantasien tauchen beim Masturbieren auf, aber ebensooft
kommen sie aus heiterem Himmel, beispielsweise wenn ich im Bus
sitze, den Schritt eines Mannes genau vor meinem Gesicht. Ich fange

an zu phantasieren, wie ich seinen Penis herausnehme und Fellatio mache.

Ich phantasiere gern, bevor ich ins Bett gehe, weil es die Wahrscheinlichkeit angenehmer Träume erhöht.

Jederzeit, an jedem Ort, wo ich mehr als zwei Minuten Zeit habe, ohne etwas tun oder lesen zu müssen.

Ich phantasiere am liebsten, wenn es besonders schwierig ist, zum Beispiel, wenn ich gerade einen Kunden habe, beim Autofahren, beim Telefonieren.

Manche Menschen haben eine verläßliche Phantasie, die sie immer dann abrufen, wenn ihnen danach ist. Andere haben einen Vorrat von Phantasien auf Lager, wieder andere denken sich immer wieder neue Phantasien aus. Nach ihrer Lieblingsphantasie befragt, antwortete eine Frau:

Ich habe keine Lieblingsphantasie. Meine Phantasien variieren. Sie reichen vom Ficken mit meinem Lieblingsstudienkameraden (wer immer es auch gerade sein mag), bis zum Ficken mit Fremden, Hunden, einer Gruppe von Leuten, verschiedenen Geschlechtern, Groupies, alten Leuten, jungen Leuten, Knaben, Transvestiten, berühmten Leuten, mit jemandem, an dem ich im Lebensmittelladen vorbeigekommen bin, bis zum Ficken in der Öffentlichkeit, privat, drinnen, draußen; ich als Mann, als eine andere Frau, als Transsexueller usw.

Phantasien sind ein starkes Aphrodisiakum, weil sie den Menschen die Möglichkeit geben, sexuelle Aktivitäten zu genießen, die sie normalerweise nicht erleben – und vielleicht auch nicht erleben möchten. So wie viele von uns nichtsexuelle Phantasien haben (Tagträume), in denen sie zum Beispiel eine Goldmedaille gewinnen, in einem fremden Land leben oder reich und berühmt sind, können auch wir dank unserer Phantasie die Aufregungen einer zufälligen sexuellen Begegnung genießen. Für die meisten von uns erhöht das

Wissen darum, daß wir uns im wirklichen Leben nicht auf diese Aktivitäten einlassen würden, nur noch den erotischen Gehalt unserer Phantasie.

Wir benutzen Phantasien auch dazu, um verschiedene Bereiche unserer Persönlichkeit zu erkunden. Nehmen Sie als Beispiel den ernsthaften, von allen gefürchteten Kommandeur, der von Unterwerfung und Demütigung träumt; oder die über jeden Verdacht erhabene Mutter, die davon phantasiert, Stripperin in einem ortsansässigen Nachtclub zu sein. Sie können ein anderes Geschlecht und andere sexuelle Vorlieben ausprobieren, mit deren erotischer Anziehungskraft experimentieren und etwas Neues über sich selbst erfahren.

Ich stelle mir oft vor, heterosexuell zu sein, was ich nicht bin! In einer meiner Phantasien bin ich eine Sekretärin, und mein Chef sagt, er würde mir Geld geben, wenn ich mich ficken lasse. Also fickt er mich auf seinem protzigen Schreibtisch in einem Hochhaus mit vielen Fenstern.

Phantasien können auch als Probe für ein Szenario dienen, das wir gerne ausleben würden. Vielleicht haben Sie kürzlich jemanden kennengelernt; dann können Sie im Geiste eine Reihe von Szenarien durchspielen, wie Sie mit dieser Person intim werden. Vielleicht denken Sie daran, mit Ihrem Partner ein neues Spielzeug oder eine neue Technik auszuprobieren, und möchten sich verschiedene Möglichkeiten vorstellen, wie Sie sich dem Thema nähern und es erfolgreich anpacken. Diese Phantasien können manchmal genauso anregend sein wie die Wirklichkeit – oder noch anregender.

Viele Paare haben festgestellt, daß über seine Phantasien zu sprechen eine gute Methode ist, um festzustellen, was der Partner mag. Falls Ihre Phantasien jedoch nur wirksam sein können, wenn Sie sie für sich behalten, sollten Sie es sich vielleicht noch einmal überlegen, ob Sie mit Ihrem Partner darüber sprechen!

Leben Sie Ihre Phantasien aus

Aber nicht alle Ihre Phantasien müssen im Kopf bleiben. Lassen Sie ein paar davon durch die hier beschriebenen Spiele Wirklichkeit werden, um frischen Wind in den Routinesex zu bringen. Verlangt werden eine gewisse Abenteuerlust und Experimentierfreude.

Rollenspiele

Sie können mit Persönlichkeiten, Themen oder Beziehungen spielen, indem sie sich in imaginäre Situationen hineinversetzen und eine neue sexuelle Dynamik entwickeln. Falls Sie von einem Leben als Star phantasiert haben, ist es nicht schwierig eine Sonnenbrille aufzusetzen, ein hochmütiges Verhalten an den Tag zu legen und sich selbst als Hollywoodschönheit darzustellen. Ihr Partner kann alles sein, was Sie sich wünschen: ein anbetender Fan, der Hauptdarsteller Ihres neuesten Films oder der Casting Director. Eine sexuelle Begegnung zu entwerfen ist fast ebenso lustig wie sie auszuführen.

Dieses Paar spielt gern mit einem bestimmten Thema, das beide erregt:

Unsere Lieblingsphantasien sind mehr oder weniger Variationen eines Themas: ein Semi-S/M-Szenario. Mein Partner stellt einen großen, schweren Homosexuellen in dominanten, recht gefährlichen Stellungen dar – wir haben schon mit dem Star Wars Imperium, mit Nazi-Deutschland, der Plattenindustrie, einem Satanskult, dem Viktorianischen Zeitalter gespielt und benutzen gegenwärtig Mafia-Typen, ähnlich denen in »Der Pate«. Ich bin eine Frau, stelle jedoch gewöhnlich einen femininen Homosexuellen in einer unterwürfigen Position dar, einen Sklaven oder einen geliebten, willfährigen Jungen. Es gibt viel verbale Dominierung und gelegentlich verbale Demütigungen.

Bei diesem Paar ändert sich die Phantasie und die Art des Sex immer wieder:

Bei unserem Spiel braucht man nur einen Würfel und ein wenig Bereitschaft. Zuerst tauschen wir Phantasien aus, beschreiben, was man mit uns anstellen soll oder was wir gerne tun würden. Dann würfeln wir. Die höchste Zahl gewinnt. Der Verlierer muß den gewünschten Akt spielen und alles in seiner Macht Stehende tun, um die Phantasie Wirklichkeit werden zu lassen. Manchmal kann man einfach die Zügel schießen lassen. Ein andermal kann die Phantasie Tage in Anspruch nehmen und einige Arbeit kosten. Es gibt nur eine Regel: Der Verlierer kann auch nein sagen.

Nachfolgend einige der Rollen, die Menschen gerne spielen:

- Schüler/in und Schuldirektor/in
- reiche Witwe und Warenzusteller
- Kommandeur und Soldat
- Lastwagenfahrer und Tramper/in
- Sekretärin und Chef
- Star und Groupie
- Priester/Nonne und Pfarrkind

Wenn sie vom Rollenspiel fasziniert sind und nur noch ein paar neue Ideen brauchen, lesen Sie ein Buch mit Phantasien, erotische Romane, oder schauen Sie sich einen erotischen Film an. Vielleicht finden Sie dort Figuren, Situationen oder Aktivitäten, die Sie gerne nachahmen würden. Dann gibt es noch Spielebücher und Karten- und Brettspiele, die einige phantasievolle Vorschläge liefern.

Führen sie unanständige Reden

Haben Sie jemals daran gedacht, einen Partner durch Ihre eindrucksvollen obszönen verbalen Fähigkeiten noch mehr zu erregen? Viele von uns sind es nicht gewöhnt, eine eindeutig sexuelle Sprache zu hören oder im Munde zu führen; eine Sprache, die Ihr Liebesspiel intensivieren kann. Zahllose Teilnehmer an unserer Umfrage erwähnten, daß eine eindeutige, offene Sprache beim Liebesspiel sie anmacht:

Es macht mich an, wenn wir, während wir uns streicheln und ficken, unanständige Reden führen und erotische Literatur lesen. Ich überschreite gern die Grenze des Anstands.

Der Gebrauch der Wörter »Möse«, »Schwanz«, »Fick«, »Muschi« und so weiter, erregt mich und meinen Partner.

Sie können Ihren Mund auch dazu benutzen, unerwartet den Puls eines anderen an einem öffentlichen Platz oder während eines Arbeitstages zum Rasen zu bringen (einer der Fragebogenteilnehmer hinterläßt gern obszöne Botschaften auf dem Anrufbeantworter seiner Freundin).

Die meisten Menschen sind von der Idee einer eindeutig sexuellen Sprache fasziniert, wissen aber nicht, wo sie anfangen sollen. Beginnen Sie, indem Sie eine Liste mit unanständigen Wörtern erstellen. Falls sie bei der Entwicklung eines sexuellen Vokabulars ein wenig Hilfe brauchen, blättern Sie in Büchern wie *The Dictionary of Sexual Slang.* Führen Sie sich unterschiedliches erotisches Material zu Gemüte, vom Eindeutigen bis zum Indirekten. Schauen Sie sich einen Pornofilm an; achten Sie besonders auf die Dialoge, die Sie erregend finden. Finden Sie heraus, welche Wörter für Sie besonders sexuell stimulierend sind. Vielleicht reagieren Sie auf eine bestimmte Art der Sprache besser als auf eine andere. Vielleicht erregt der Satz »Ich sehne mich nach dem Gefühl deiner süßen Lippen auf meinem reifen, saftigen Pfirsich« Sie stärker, als »Sauge an meiner Muschi, bis ich explodiere.« Möglicherweise stellen Sie fest, daß Sie auf bestimmte Wörter oder Sätze oder auch nur auf eine gewisse Annäherung stärker reagieren:

Für mich ist es das höchste, wenn jemand mir unanständige Sachen ins Ohr flüstert. Besonders »p«-Wörter wie in »steck deinen Pimmel in meine Pussy«. Die explosiv ausgestoßene Luft beim P ist wie ein Smart Missile, das sich genau in eine erogene Zone bohrt, ein G-Punkt, irgendwo in meinem Kopf.

Ich rede gern unanständig, wenn es nicht zu weit geht – ich mag es, wenn es sehr suggestiv und geheimnisvoll ist.

Falls Sie unter Lampenfieber leiden oder fürchten, nicht ernst genommen zu werden: üben Sie. Sprechen Sie vor dem Spiegel oder während Sie Ihre Hausarbeiten erledigen mit sich selbst – vergewissern Sie sich nur, daß niemand zu Hause ist! Telefonsex wäre ein guter Anfang: Vielleicht ermutigt Sie die Anonymität eines solchen Dienstes. Sie können auch von den Menschen am anderen Ende der Leitung lernen und Unterstützung bekommen. Manche Menschen finden, daß die Distanz und die Tatsache, daß sie nicht beobachtet werden, es ihnen leichter macht, übers Telefon mit ihrem Geliebten unanständig zu reden.

Falls Ihnen der Text oder das Thema zu schaffen macht – keine Panik. Entspannen Sie sich. Sie müssen nicht den Text eines Porno-Bestsellers auswendig kennen; sie haben bereits genügend Material im Kopf. Beschreiben Sie ein früheres Liebesspiel; versuchen Sie die sexuelle Aktivität zu beschreiben, mit der Sie augenblicklich beschäftigt sind. Auch Phantasien und erotische Träume eignen sich gut zum Geschichtenerzählen. Überreichen Sie Ihrem Partner eine Liste, auf der Sie all die Arten nennen, wie Sie gern geliebt werden oder was Sie mit ihm anstellen möchten. Sie brauchen sich keiner eindeutigen Sprache zu befleißigen, um erotisch zu sein – das Rollenspiel kann Ihnen neue Möglichkeiten schenken, sexuell mit Ihrem Partner zu kommunizieren. Vielleicht stellen Sie fest, daß Ihr Puls zu rasen beginnt, wenn Sie nur hören, wie Ihr Partner im Befehlston mit Ihnen spricht.

Beim unanständigen Reden kann man nichts falsch machen! Falls Ihr Partner es nicht so sehr genießt wie Sie, erregen ihn vielleicht nicht die gleichen Geschichten, Wörter oder Themen. Sie können sich vielleicht verbal in ein stürmisches Verlangen hineinsteigern, wenn es um das Thema Dominanz geht, während Ihr Partner Sex mit Science-fiction-Elementen bevorzugt. Frönen Sie Ihren jeweiligen Vorlieben abwechselnd, so daß Sie beide zufrieden sind. Falls es Ihnen Spaß macht, unanständige Reden zu führen, die Ihren Partner kalt lassen, sollten Sie sich fragen, wie wichtig es für Sie ist. Vielleicht will Ihr Partner nicht an einem Dialog teilnehmen. In diesem Fall könnten Sie sich erregen, indem Sie sich Ihre eigenen Geschichten erzählen.

Exhibitionismus und Voyeurismus

Die meisten Menschen denken beim Exhibitionismus an die Blitzer, die es anmacht, ihre Genitalien einem geschockten Fremden zu zeigen. Das ist gesetzlich verboten. Aber viele von uns haben exhibitionistische Tendenzen, die wir mit einem einverstandenen Partner sicher ausleben können. Einige Menschen genießen es, sich an halböffentlichen Plätzen zu lieben, da die Möglichkeit, ertappt zu werden, ihre Erregung steigert. Andere vollführen lieber exhibitionistische Handlungen nur für die Augen des Geliebten, weil es sie selbst oder beide erregt.

Wir schlafen gern in der Öffentlichkeit miteinander, wo das Risiko besteht, jede Minute entdeckt zu werden.

Ich werde gern an gefährlichen Orten sexuell aktiv.

Es gefällt mir, beim Masturbieren beobachtet zu werden, was sich ganz gut trifft, da mein Mann sagt, es mache ihn an, mich zu beobachten.

Mich macht eine kleine exhibitionistische Neckerei an. Ich habe hübsche Brüste und trage häufig knappe Sachen; Sachen, die einiges zeigen.

Ich zeige mich gern stundenlang mit einer Frau in der Öffentlichkeit, die innerhalb der modischen und der geschmacklichen Grenzen exhibitionistisch ist (kurze Röcke, hohe Absätze, tiefe Ausschnitte, durchsichtige Stoffe). Wenn sie dazu noch zärtlich und sexuell ist, um so besser.

Falls ein Exhibitionist in Ihnen steckt, Sie jedoch nicht wissen, wie Sie ihn herauslassen sollen, besuchen Sie einen Striptease-Club, leihen Sie sich ein lehrreiches Stripvideo, schauen Sie sich Stripszenen in erotischen Videos an, und üben Sie einige der dort gezeigten Bewegungen. Probieren sie enge, durchsichtige oder enthüllende Kleidungsstücke aus. Masturbieren außerhalb des Bettes könnte Ihnen

ein Gefühl dafür verleihen, wie es ist, den Blicken anderer preisgegeben zu sein, und Sie wagemutiger machen. Oder fragen Sie Ihren
Partner, ob Sie vor ihm masturbieren dürfen.

Voyeurismus ist die andere Seite des Exhibitionismus. Voyeure
heißen Menschen, die anderen gern beim Liebesspiel zuschauen.
Voyeurismus kann amüsant sein, wenn Sie einen willigen Partner
haben. Schauen Sie zu, wie er sich langsam auszieht oder masturbiert; spähen sie durchs Schlüsselloch, während er badet, drehen sie
Pornofilme mit ihm – so können Sie Ihre voyeuristische Seite ausleben. Als Single können wir unserem Voyeurismus frönen, indem wir
Striptease-Shows besuchen, uns pornographische Filme anschauen
oder lauschen, wenn unsere Nachbarn miteinander schlafen!

*Ich mag Dessous (tragen, darin bewundert werden, sie ausziehen
oder beim Liebesspiel anbehalten). Ich schaue mir auch gern Bilder
an, die mich und meinen Lover beim Sex zeigen.*

*Einmal habe ich meinem besten Freund beim Liebesspiel zuge-
schaut, und es war wirklich wunderschön!*

*Ich liebe den Voyeurismus! Als ich noch in NYC lebte, konnte ich
Heterosex über den Hof hinweg beobachten, und homosexuelle Aktivitäten im Stockwerk darüber. Das hat mich richtig heiß gemacht.*

Kleidertausch

Falls Ihnen beim Rollenspiel das Kostümieren besonders gefällt oder
wenn sie einfach nur in die Kleider Ihrer Freundin oder Ihres Freundes vernarrt sind – ziehen Sie sie an! Viele von uns bekommen einen
erotischen Kick, wenn sie die Kleider des anderen Geschlechts anziehen; eine harmlose Art, unseren Phantasien zu frönen. Kleidertausch ist unter Männern eher verbreitet, besonders bei heterosexuellen (obwohl dies oft mit Transvestiten assoziiert wird). Aber das
könnte sich ändern, wenn man an die letzten Anzeigenkampagnen
denkt, die weibliche Modelle in Männerunterwäsche zeigen. Wir
möchten die Definition erweitern und jeden zu dieser Kategorie

rechnen, den es erregt, wenn er Kleider anzieht, die nicht typisch für seine sexuelle Identität sind. Zum Beispiel:

Ich bin ein maskulines Mädchen, das gelegentlich aufregende Dessous anzieht.

Sexspielzeuge

Wir sind hocherfreut darüber, wie viele Menschen Sexspielzeuge in den Beschreibungen ihrer Lieblingsphantasie erwähnten. In einigen Beispielen sind sie nur eines von vielen Requisiten:

Ich phantasiere davon, mit zwei anderen Bisexuellen an einer menage à trois mitzumachen, in einem Zimmer voller Spielzeuge, Fesseln und Schaukeln.

Ich möchte gern eine Gruppe von fünf oder sechs Frauen haben, die mich überall küssen, saugen, ficken und berühren, nachdem ich dasselbe mit jeder von ihnen angestellt habe. Ich möchte die letzte sein, damit ich so heiß wie möglich bin. Wir benutzen Dildos, Federn, Reitpeitschen, Fesseln, Augenbinden, Wachs und Öl.

In anderen Phantasien spielen Sie die Hauptrolle:

Ich habe diese Superphantasie, in der wir, ich und meine Freundin, uns jede Nacht in unserem Schlafsaal in einer katholischen Mädchenschule mit Vibratoren gleichzeitig zum Höhepunkt bringen.

Ich phantasiere davon, einen Jungen mit einem Dildogeschirr zu ficken, während ich ihn masturbiere.

Wir erinnern unsere Kunden gerne an das enorme Phantasiepotential, das in ihren erworbenen Spielzeugen steckt. Eine Frau, die sich ein Dildogeschirr umlegt, hat plötzlich einen »Penis« und kann einigen Spaß aus der neuen Situation ziehen, die sich ihr bietet. Folgende Frau könnte die perfekte Kandidatin dafür sein:

Obwohl ich eine feminine Lesbierin bin, scheine ich stets davon zu phantasieren, einen Schwanz zu haben.

Penisringe sind ein weiteres Beispiel für Sexspielzeuge mit Phantasieappeal. Den Penis mit einem allerliebsten Kragen zu schmücken, richtet ihn nicht nur auf, sondern kann auch einige dieser Zuchthengstphantasien schüren:

Ich mag das Aussehen und das Gefühl eines Penisrings; ein Schmuck, der mich ein wenig wagemutiger und viel selbstbewußter macht.

Häufig ist unser Laden eine Phantasiekulisse; einige Kunden haben uns anläßlich ihres Besuchs sogar gestanden, daß sie gerade eine Phantasie auslebten! Einige waren auf einer speziellen Mission und mit der Mahnung zu uns geschickt worden, nicht mit leeren Händen zurückzukommen; andere kommen nur herein, weil der Anblick all der Dildos, Geschirre und Vibratoren ihrer erotischen Phantasie Auftrieb verlieh.

Wir brauchen Good Vibrations, wenn wir so richtig heiß werden möchten!

Gruppensex

Freunde und Vertraute
Sex mit mehr als einer Person gleichzeitig ist eine beliebte heiße Phantasie. Obwohl sich mehr Menschen für einen Dreier oder Vierer mit Freunden interessieren, als ihn auszuleben, teilten uns einige Kunden ihre tatsächlichen Erfahrungen mit den vielen Mündern und Händen mit, die ihre Körper erkundeten:

Beim heißesten Vierer, den ich erlebt habe, gab es ein maskulin/feminin-Spiel, Dildos, Blasen, Dessous und Latex. Wir waren recht laut, und das Bett meines Freundes ist unter uns zusammengebrochen.

Ich probiere gern Dreier aus. Normalerweise sind es zwei Frauen und ein Mann, aber ich hätte gern Frauen.

Beim Sex ist meine Devise: Je mehr, desto lustiger! Ich habe es öfter mit zwei Frauen und einem Mann hingekriegt, und sehne mich immer noch danach, es mit zwei Frauen auszuprobieren.

Falls sich dies so anhört, als würde es Ihnen Spaß machen, weshalb geben Sie dann keine Party? Sie könnten die erste Person in Ihrem Haus sein, die sich traut, und es ist auf jeden Fall besser, als herumzusitzen und darauf zu warten, daß ein anderer die Initiative ergreift! Planen Sie sie wie jede andere Party – verschicken Sie Ihre Einladungen (bitten Sie um Rückantwort) und bereiten Sie köstliche Speisen vor, die man mit den Fingern essen kann. Vielleicht möchten Sie Ihre Gäste im voraus über Ihre Partyregeln informieren (u. a. Safer Sex, gegenseitiges Einverständnis, höfliches Benehmen). Richten Sie in Ihrem Haus oder Apartment gemütliche Spielbereiche ein, und statten Sie sie mit Decken, Kissen und Polstern aus. Lassen Sie ein Pornovideo oder sinnliche, anregende Musik laufen, um die Dinge ins Rollen zu bringen. Halten Sie ein paar Geschenke für Ihre Gäste bereit: Kondome, Handschuhe und Gummitücher, Gleitmittel, Vibratoren, Dildos, Massageöl, Schlagsahne, weiche Boxhandschuhe, Paddles; alles, was Ihrer Meinung nach Ihre Spielgefährten inspirieren könnte. Sie können sich einen Ruf als heißeste/r Gastgeber/in in der Stadt verdienen!

Sexpartys und Sexclubs

Gruppensexpartys werden im AIDS-Zeitalter zunehmend beliebter. Auf einigen (aber nicht allen) wird streng auf die Einhaltung der Regeln in bezug auf gegenseitiges Einverständnis und risikofreie Aktivitäten geachtet. Diese Parties zeichnen sich durch höfliche Gäste, Safer-Sex-Ausrüstungen und Spielzeuge aus und bieten all jenen eine sichere und verspielte Umgebung, die zuschauen, zur Schau stellen, Rollen spielen, phantasieren, masturbieren und herumexperimentieren möchten.

Ich schaue bei Sexpartys gern den Liebesspielen zu; besonders, wenn zwei Männer miteinander schlafen.

Leute, die an Gruppensex interessiert sind, sich aber scheuen, eine eigene Party zu organisieren, könnten diese Alternative erkunden.

Normalerweise werden diese Partys nur in Großstädten gegeben, und häufig wird der Zutritt nur auf Einladung gewährt; es kann also ein wenig mühevoll sein, Einlaß zu finden.

Eine größere Version dieser Parties findet manchmal in Clubs statt, die ein wenig leichter zu finden sind. Achten Sie in Sexzeitungen oder Magazinen auf entsprechende Anzeigen. Obwohl Sexclubs normalerweise durch das zuständige Gesundheitsamt gewisse Verordnungen auferlegt wurden, die die Verbreitung von AIDS verhindern sollen, werden sie nicht von allen befolgt. Sie werden also nicht überall Safer Sex praktiziert finden. Versuchen Sie, vorher herauszufinden, ob der Club sich an Safer-Sex-Richtlinien hält, und meiden Sie jene, die es nicht tun.

Parties und Clubs ziehen eine bestimmte Klientel an: Homosexuelle, Lesbierinnen, Hetero, Gemischt oder S/M; erkundigen Sie sich vorher, falls Sie die Tendenz des Clubs nicht kennen.

Bedenken bei Phantasien

Viele Menschen unterwerfen ihr Phantasiematerial ungeschriebenen Gesetzen. Wenn unsere Phantasien eine bestimmte Grenze überschreiten, fühlen wir uns möglicherweise schuldig oder fürchten, daß etwas mit uns nicht stimmt. Bedenken Sie, daß die Phantasie nur in Ihrem Kopf existiert! Sie brauchen niemanden einzuladen, den sie nicht dort haben möchten, also sind Sie der einzige Richter, die einzige Jury. Wenn Ihre Phantasie Ihnen Vergnügen bereitet und niemandem Schmerzen zufügt, weshalb lassen Sie dann nicht die Gedankenpolizei außen vor? Doch Sie sind der einzige Mensch, der Ihnen die Erlaubnis geben kann, ihre Phantasien zu genießen. Falls Sie sich wegen Phantasien Sorgen machen, sollten Sie vielleicht die Gründe wegen Ihrer Bedenken untersuchen. Phantasien sind mit einer Reihe typischer Ängste verbunden.

Schuldgefühle, weil Ihr Partner nicht in Ihrer Phantasie vorkommt
Ich habe allgemein etwas gegen Phantasien, die zu verwirrend sind und in denen er nicht mitspielt, weil sie mich zu sehr von ihm entfremden und nicht mit ihm verbinden.

Wie bereits erwähnt, spielt in den Phantasien vieler Menschen der gegenwärtige Partner keine Rolle. Es gibt keine Regeln, die dies zur Bedingung machen. Wir fühlen uns verpflichtet, die Person, mit der wir im wirklichen Leben intim sind, in unsere Träume aufzunehmen. Aber nur, weil sie tagsüber in einem Autosalon arbeiten, heißt das noch lange nicht, daß all Ihre Tagträume von Autos handeln müssen. Vielleicht ist es für Sie in Ordnung, beim Masturbieren von jemand anderem zu phantasieren, aber nicht beim Beischlaf. Wie Sie uns zweifellos zustimmen werden, bedeuten Phantasien mit einer anderen Person nicht zwangsläufig, daß Ihr Partner entbehrlich oder weniger erwünscht ist. Also, weshalb genießen Sie die Phantasie nicht einfach so, wie Sie Sexspielzeug, erotische Bücher oder Videos genießen würden – als eine amüsante und einfache Methode, Ihre Erregung zu steigern. Der Versuch, Ihr Phantasieleben zu beschränken, behindert nur Ihr Liebesleben. Falls Sie Ihren Partner in Ihre Phantasien integrieren möchten, sollten Sie versuchen, ihm eine Haupt- oder Zuschauerrolle zu geben und herausfinden, ob Sie diese Rolle aufrechterhalten können.

Falls Ihr Partner Ihnen Vorhaltungen darüber macht, daß Sie über jemand anderen phantasieren, ist er vielleicht in bezug auf seine eigenen Phantasien nicht ehrlich, oder er phantasiert überhaupt nicht. Versuchen Sie, ihm zu erklären, daß Ihre Phantasien nicht auf ein tatsächliches Verlangen nach einem anderen Partner hinweisen, sondern daß sie nur Ihre Erregung steigern und letztlich für Sie beide von Vorteil sind. Versichern Sie Ihren Partner Ihrer Zuneigung und fragen Sie ihn, ob er eine Phantasie hat, die er Ihnen mitteilen möchte. Falls nichts davon funktioniert, sollten Sie Ihre Phantasien besser für sich behalten!

Befürchtungen wegen Phantasien, die Tabus odere verbotene Verhaltensweisen streifen

O Gott. Meine sexuellen Phantasien sind politisch völlig unpassend und haben früher zu Schuldgefühlen geführt. Ich phantasiere oft davon, mich in der Gewalt einer weiblichen Majestät zu befinden. Aber ich phantasiere auch von multiplen Liebespartnern und von Prostitution.

Das ist wahrscheinlich das am weitesten verbreitete Hindernis, das dem Genuß Ihrer Phantasie im Weg steht. Wir finden es interessant, daß viele unserer Kunden ihre Beschreibungen ungewöhnlicher Phantasien mit dem Hinweis versahen, es handele sich »nur« um eine Phantasie. Das sollte natürlich heißen: »So etwas würde ich im wirklichen Leben niemals tun.« Den meisten Menschen ermöglicht diese Versicherung, die Grenzen ihrer erotischen Phantasien zu erweitern.

Dennoch befürchten einige Menschen, wenn sie über etwas Ungewöhnliches phantasieren, müßten sie insgeheim danach verlangen, es wirklich zu tun. Aber es gibt absolut keinen Beweis dafür, daß Menschen ihre ungewöhnlichen Phantasien voraussichtlich auch ausleben werden. Die Anziehungskraft, die für so viele Menschen von einem Tabu ausgeht, hat ihren Ursprung einfach darin, daß wir Dinge, die tabu sind, mit erotischer Bedeutung belegen – und zwar um so mehr, je stärker das Tabu ist. Es handelt sich um den verführerischen Reiz des Verbotenen, Geheimnisvollen, Gefährlichen. Wenn bestimmte Verhaltensweisen nicht mehr so stark tabuisiert werden, inspirieren sie wahrscheinlich auch weniger unsere Phantasien. Es ist noch nicht lange her, da flogen bei den Männern alle Sicherungen heraus, wenn eine Frau unter einem Berg von Petticoats ein wenig Bein zeigte.

Wenn Sie zuviel oder zuwenig phantasieren

Manche Menschen glauben, zuviel zu phantasieren. Aber ebenso wie beim Masturbieren gibt es auch beim Phantasieren keinen Maßstab, den man anlegen könnte. Falls Ihre Phantasien Sie derart faszinieren, daß sie Sie von allem übrigen abhalten, sollten Sie sich um fachliche Hilfe bemühen. Aber wenn Sie niemandem mit Ihren Phantasien schaden und nur ein mit Schuldbewußtsein verbundenes Vergnügen darüber empfinden, eine lebhafte Phantasie zu haben, sollten Sie sie genießen! Wir entbieten ihrem »schmutzigen« Verstand unseren Gruß!

Falls Sie glauben, nicht zu phantasieren, aber es gern tun würden, gibt es einiges, was Ihre Phantasie anregen könnte. Konzentrieren sie sich auf eine erotische Erinnerung, lesen Sie entsprechende Literatur, schauen Sie sich bestimmte Magazine oder Pornovideos an. Wenn Sie jedoch das Gefühl haben, Phantasien seien für Ihr sexuelles Vergnügen nicht erforderlich, auch gut! Ebensowenig, wie es Gesetze gegen das Phantasieren gibt, können sie gesetzlich gezwungen werden zu phantasieren!

Befürchtungen wegen Phantasien, die Sie nicht haben möchten

Vielleicht gehört die Phantasie, mit der sie sich anregen, zu jenen, die Sie nicht haben möchten. Möglicherweise haben Sie ein sexuelles Trauma überlebt, und Ihre Phantasie spielt auf den Mißbrauch an. Vielleicht gibt es einen üblen Exliebhaber, der Ihre erotischen Gedanken beherrscht, und Sie wünschen sich, daß er einen anderen findet, den er in seinen Träumen verfolgt. Falls sie sich schuldig fühlen, weil es bei Ihren Phantasien um Mißbrauch oder Sadismus geht, sollten Sie nicht vergessen, daß Sie allein Ihre Phantasie kontrollieren. Es kann auch helfen, sich klarzumachen, daß viele Menschen derartige Phantasien haben und daß mit Ihnen alles in Ordnung ist.

Falls Sie jedoch Ihre Phantasien nicht akzeptieren oder genießen können, versuchen Sie, das Muster zu ändern und Ihre Phantasie von Ihrem Liebesleben zu trennen. Konzentrieren Sie sich beim Masturbieren auf die körperlichen Gefühle und versuchen Sie, nicht zu phantasieren. Falls Sie feststellen, daß Ihre Gedanken wieder zur der unerwünschten Phantasie wandern, ersetzen Sie diese Vorstellung bewußt durch eine andere, erwünschtere. Lesen Sie erotische Literatur oder leihen Sie ein paar Videos aus, um neue, wirkungsvollere Bilder zu finden, mit denen sie die alten verdrängen können. Schließlich werden Sie Ihre Phantasien so umprogrammieren können, daß sie Sie befriedigen.

Was nun?

Vielleicht haben sie sich beim Lesen dieses Kapitels gefragt: »Wie können Menschen sich so etwas ausdenken?« Nun, einige von uns sind sehr kreativ und können unglaubliche Phantasien zu Papier bringen, indem sie nichts weiter als Vorstellungskraft benutzen. Andere beziehen sich auf Träume oder Erinnerungen an vergangene sexuelle Erlebnisse. Sie feilen vielleicht ein wenig daran herum oder ändern die Charaktere, aber der Plot ist bereits geschrieben. Die meisten von uns tun all dies und beschwören dazu noch eine Vielzahl verschiedener erotischer Stimuli herauf, um ihr Phantasieuniversum auszufüllen und ihre Erregung zu steigern; ein Thema, das wir im nächsten Kapitel erörtern. Vergessen Sie nicht: Das beste an den Phantasien ist die Freiheit, die sie uns schenken; die Freiheit, so zu sein und zu handeln, wie wir möchten! Ihre Phantasien können ein bereichernder, stärkender und schöpferischer Teil Ihres Liebeslebens sein.

14. Bücher, Magazine und Videos

Ich stieß als zehnjähriger Junge auf die phantastische Welt der graphischen Erotica, als ich meine Fahrradreifen an einer nahegelegenen Tankstelle aufpumpte. Der Besitzer der Tankstelle spielte ständig mit einigen Kunden irgendwelche Pokerspiele. Sie benutzten diese Spielkarten, deren Rückseiten erstaunlich eindeutige Schwarzweißfotografien von Liebesspielen zeigten. Das war vor vierzig Jahren, und ich kann mich immer noch lebhaft und mit nicht geringer Erregung an einige dieser atemberaubend erregenden Szenen erinnern.

Wie dieser Mann so ergreifend demonstriert, ist das Vermögen der visuellen oder geschriebenen Phantasie, eine sexuelle Reaktion auszulösen, immens. Wir kommen nicht nur in den Genuß einer erhöhten sexuellen Erregung, sondern wir können die sexuelle Phantasie auch speichern, um später davon zu zehren. Aber Sie brauchen sich keinen lebenslang reichenden Vorrat an unanständigen Spielkarten zuzulegen; für viele Menschen liegt guter Phantasiestoff nur so weit entfernt wie das nächste Buch, Magazin oder Video. Ob Sie nun Liebesromane, lesbische Erotica, *Penthouse*-Briefe, Comics, Anzeigen für Calvin-Klein-Unterwäsche oder Sexfilme bevorzugen – Sie brauchen nicht weit zu gehen, um Ihren Geschmack zu befriedigen.

Falls Ihnen dieser Zeitvertreib bereits geläufig ist, bietet Ihnen dieses Kapitel zusätzliches Material, an dem Sie sich erfreuen können. Falls Sie jedoch noch nie Bücher oder Videos zur Anregung Ihrer Libido benutzt haben, finden Sie in diesem Kapitel vielleicht einige Vorschläge, wie Sie anfangen können. Und falls es Sie jemals erregt haben sollte, etwas zu lesen oder anzuschauen, von dem Sie nicht ahnten, daß es erotisch war, wird Ihnen dieser Abschnitt helfen, diese erotische Verbindung aktiv zu verfolgen. Sollten Sie jedoch an diesem Material nicht interessiert sein, auch gut. Pornographie und Erotica sind nicht jedermanns oder jederfraus Sache; das erwarten wir auch nicht. Aber wenn Ihnen sexuell eindeutiges Material (oder die Vorstellung, es zu lesen oder anzuschauen) Unbehagen bereitet und Sie nicht genau wissen, weshalb, sollten Sie vielleicht weiterlesen.

Denken Sie, um in Stimmung zu kommen, an Ihre erste süße Begegnung mit der sexuellen Phantasie zurück. Jugendliche werden häufig durch Bilder sexuell erweckt, die vom Hauch einer sexuellen Unterströmung bis zum eindeutigen Verhalten alles zeigen:

Ich hatte meinen ersten Orgasmus, als ich über »Batman« masturbierte, und zwar bei einer Episode, in der Batgirl von einem bösen Schurken »gefangengehalten« wird – sie war in einem Käfig. Batman und Robin brauchten lange, um sie zu retten – das hat mich mit sieben Jahren stark angemacht.

Ich sah ein Playboy-Foto *von einer Frau mit Mehl auf der Muschi; sie sollte einen Keks darstellen, der in den Ofen geschoben wird. Ich war elf und wollte es gern ausprobieren, weil es mich so anmachte. Ich nahm Babypuder und streute es über meine Muschi. Das regte mich derart an, daß ich auf Erkundungsreise ging. Ich spielte mit meiner Möse, bis ich kam. Ich wußte nicht, was los war, aber es hat Spaß gemacht!*

Es sieht so aus, als hege jeder von uns eine Erinnerung daran, wie er über ein geheimes Pornolager unter dem Bett eines Familienmitglieds stolperte. Das läßt einen beinahe an einen heiligen Porno glauben, der kleine Pakete an die Ungezogenen und Netten liefert. Erinnern Sie sich an die BH-Anzeigen im Sears-Katalog oder an diese Abschnitte aus den eselohrigen viktorianischen Romanen? Dann sind Sie jetzt in der richtigen Gemütsverfassung, um zu lesen, wie die heutigen Möglichkeiten in der Welt des Porno aussehen. Am Ende dieses Buches finden Sie eine Bibliographie erotischer

Bücher und Videos, so daß Sie endlich die alte, abgenutzte *Sports Illustrated*-Ausgabe (die mit den Badeanzügen) in den Ruhestand schicken und etwas Neues ausprobieren können.

Bevor wir mit der Beschreibung der verschiedenen Arten lieferbaren und eindeutigen Materials beginnen, möchten wir Ihnen gestehen, daß wir den Streit darüber, wem der Vorzug gebührt – den Erotica oder dem Porno – als sinnlos und irrelevant betrachten. Das einzige Kriterium, das wir bei der Auswahl der bei uns geführten Bücher und Videos anlegten, war, daß mündige Erwachsene sie verfaßt oder produziert hatten. Wenn Sie das, was Sie sehen oder lesen, erregt, können Sie es nennen, wie Sie wollen. Zur besseren Identifizierung werden wir Bezeichnungen benutzen, die oft mit unterschiedlichen Literatur- oder Filmtypen assoziiert werden, aber es widerstrebt uns, bei Pornos literarische oder künstlerische Bedeutung zu fordern, da Pornographie unserer Meinung nach einzig und allein danach bewertet werden sollte, ob sie Sie erregt oder nicht. Falls wir noch einen weiteren Artikel in einem Frauenmagazin lesen oder einem Diskussionsteilnehmer in einer weiteren Talkshow zuhören müssen, der sich kritisch zum Thema Erotica oder Pornographie äußert, ohne zu gestehen, daß es ihn anmacht, werden wir die Vibratoren des Artikelschreibers und des Talkshow-Teilnehmers beschlagnahmen! Viele Menschen sind es einfach nicht gewöhnt, über ihre sexuellen Wünsche und Neigungen zu sprechen; es ist sicherer, bestimmte technische Elemente des erotischen Werkes zu kritisieren, als die Sprache oder die Handlung. Es erfordert Mut, zu dem zu stehen, was Sie erregt, aber es verschafft Ihnen schließlich ein klares, ehrliches Bild von sich selbst, und es befähigt Sie, Ihr Verlangen zu benennen und darauf zu bestehen, daß es befriedigt wird. Ganz zu schweigen davon, daß Ihre Freunde Ihnen die Liste der von Ihnen empfohlenen Bücher und Filme aus der Hand reißen werden! Das Wissen darum, was Sie erregt, wird Ihnen bei der Suche nach »heißen« Büchern oder Videos helfen. Oft bitten uns Kunden, ihnen Titel zu empfehlen. Dann stellen wir ihnen einige Fragen, um herauszufinden, was ihnen vermutlich gefallen wird.

- Welche Aktivität macht Sie an? Wird die Beschreibung tabuisierter Tätigkeiten Ihr Feuer entfachen oder auslöschen?

- Suchen Sie nach Material mit einer bestimmten Tendenz (hetero, schwul, bi, transsexuell), oder bevorzugen Sie eine Mischung?
- Verlangt es Sie nach einem bestimmten Thema, zum Beispiel Science fiction, wohlhabende Protagonisten oder nach der weiblichen Perspektive?
- Bevorzugen Sie eine deutliche Sprache oder blumige Umschreibungen?
- Können Sie uns zu Vergleichszwecken einen Titel angeben, der Ihnen zusagt?
- Bevorzugen Sie bei Büchern eher Kurzgeschichten oder Romane?
- Hat die literarische Qualität für Sie Vorrang?
- Wie wichtig sind Handlung, Kameraarbeit oder Soundtrack eines Videos für Ihr erotisches Vergnügen?

Vergessen Sie nicht, daß das, was einen Menschen anregt, den anderen ermüden mag. Falls Sie nicht wissen, welche Art Aktivität Sie mögen, überlegen Sie, welche Art von Phantasien bei Ihnen funktionieren; oder versuchen Sie, sich an den letzten Film, das letzte Buch zu erinnern, der oder das Ihnen eine sexuelle Reaktion entlockte. Vor allem aber sollten Sie unterschiedliches Material sichten; man weiß nie, was die Libido inspiriert. Anthologien mit erotischen Erzählungen und Videos mit einer Sammlung verschiedener Filmausschnitte stellen eine großartige Methode dar, sich einen Überblick über verschiedene Stile, Themen und Aktivitäten zu verschaffen, ohne bei der Investition einer Bibliothek mit sexuell eindeutigem Material bankrott zu gehen.

Bücher

Ob Sie für sich allein lesen wollen, um »in Stimmung« zu kommen, ihrem Partner erotische Passagen vortragen wollen oder Szenen aus dem Buch nachspielen möchten, das Sie gerade lesen: Das gedruckte Wort besitzt eine gewaltige Kraft, Ihr Liebesleben zu inspirieren. Es kann alltäglichen Sex in eine euphorische Vereinigung verwandeln oder unsere Phantasie mit Menschen, Orten und Stellungen nähren, die uns selbst in unseren kühnsten Träumen nicht eingefallen wären.

Fiction

Heutzutage gibt es eine Fülle erotischer Fiction, von der jedes Genre – Science fiction, Horror, epische Liebesromane – Geschichten mit reichlich Sex bietet. Manche Menschen bevorzugen eine subtile oder romantische, andere eine eindeutige, sexuelle Sprache; wir konzentrieren uns hier auf letzteres. Der größte Teil der erotischen Fiction erscheint in Kurzgeschichtenanthologien (mehrere Autoren) oder Sammlungen (ein Autor). In einigen sind auch Gedichte vertreten. Erotische Romane sind gleichfalls beliebt, doch mit Ausnahme von »Kaufhausschund« wurden wenige episch angelegte Romane geschrieben. Von einigen wird behauptet, sie seien »sexy«. Seien Sie vorsichtig. Normalerweise handelt es sich dabei um einen Anzeigentrick, und der Anteil an Sex ist häufig nur mikroskopisch klein oder gar nicht vorhanden.

Frauenerotica

Zu dieser Kategorie zählt zeitgenössische, von Frauen geschriebene erotische Fiction. Bis in die späten achtziger Jahre füllten nur eine Handvoll Autorinnen und Herausgeberinnen – Lonnie Barbach, die Kensington-Ladies, Anaïs Nin, Pat Califia, Tee Corinne und Susie Bright – diese Nische aus. Ihre Bücher wurden hauptsächlich von kleinen, unabhängigen, oft weiblichen Verlegern veröffentlicht und durch Leser, die Bücher suchten, in denen mehr Betonung auf die sexuelle Befriedigung der Frau gelegt wurde, zu Untergrundhits.

Ich habe Tonnen von Erotica gelesen, aber ich kann immer noch auf eine Geschichte in Barbachs Pleasures *zählen – die ich das erste Mal vor zehn Jahren las. Sie macht mich an, wenn alles andere versagt.*

Macho Sluts *von Pat Califia hat mein Phantasieleben entschieden angekurbelt.*

Meine erste Kostprobe in Sachen Frauenerotica waren die Geschichten in Herotica *– köstlich! Mir mundete die Fülle der darin beschriebenen erotischen Erfahrungen; mir gefiel, daß die Wünsche* *der Frauen – ob abgehoben oder konventionell – das zentrale Thema waren.*

Große Publikumsverlage sind auf den fahrenden Zug aufgesprungen. Heutzutage erscheinen jährlich Dutzende von neuen Titeln. Dieser Überfluß bedeutet, daß Sie bei großen Mainstream-Verlagen oder kleineren, unabhängigen Verlegern Geschichten finden können, die eine Vielfalt unterschiedlicher Themen, Charaktere und sexueller Vorlieben widerspiegeln. *Largesse*, Geschichten von und über große Frauen, und die kürzlich erschienene, von Latinofrauen geschriebene Anthologie *Pleasures in the Word* sind zwei Beispiele dafür, wie die Mannigfaltigkeit des wirklichen Lebens schließlich doch noch in die zunehmende Zahl sexueller Werke Einlaß findet, besonders bei alternativen Verlagen.

So ist es nicht erstaunlich, daß Sie eine entschieden größere Repräsentation weiblicher sexueller Erfahrung (Ladies Orgasmus first, bitte) eher in der Frauenerotica finden als in kommerziellen Pornos. Und Sie werden auch zu einer flexibleren Definition des Begriffes »Erotica« gelangen. Einiges von dem als Erotica etikettierten Material ist weniger eindeutig als eine »Dear Abby«-Kolumne. Also schmökern Sie vor dem Kauf ein wenig herum.

Der Bereich der lesbischen Erotica wächst genauso rasch wie die Frauenerotica, die hetero, lesbische und bisexuelle Stimmen in sich vereinigt. Frauen und Männer aller möglichen sexuellen Neigungen genießen lesbische Erotica; ihnen gefällt, daß sie sich auf das sexuelle Vergnügen der Frau konzentriert:

Mein Liebhaber und ich verbringen Stunden damit, uns abwechselnd erotische lesbische Geschichten vorzulesen.

Ich kaufe lesbische Erotica zu meinem Vergnügen, obwohl ich hetero bin. Mir gefallen der Stil und die Romantik.

Normalerweise finden Sie eine Auswahl von Bestsellern oder jüngst erschienenen Titeln für Frauen in Buchhandlungen. Aber die beste und größte Sammlung werden Sie weiterhin in Spezialläden wie Sexboutiquen und Frauen-, Schwulen- oder Lesbenbuchläden finden.

Lesbische Erotica erscheint vorwiegend in kleinen Verlagen und ist hauptsächlich in Frauen-, Schwulen- oder Lesbenbuchläden erhältlich, obwohl Buchladenketten sie jetzt auch in ihrer Frauen- oder Schwulenabteilung führen.

Schwulenporno

Wie Sie vielleicht erwarten, geht es beim Schwulenporno vor allem um die männliche Sexualität. Diese Pornos werden meistens von Männern geschrieben (John Preston und Samuel Steward gehören mit zu den profiliertesten), aber auch von einigen bemerkenswerten Frauen (Anne Rice und Pat Califia). Vielleicht, weil er selten seine Prioritäten aus den Augen verliert – einhändiges Lesen ist genauso wichtig (wenn nicht noch wichtiger) als die Qualität des Geschriebenen –, hält der Schwulenporno stets das, was er verspricht: hemmungslose und lebendige Sexbeschreibungen. Und so hat es immer einen großen Markt für Schwulenpornos gegeben (Bücher und Videos), zu deren Fans zunehmend Lesbierinnen und heterosexuelle Frauen gehören. Sie brauchen nur bis zum nächsten Schwulenbuchladen zu gehen, um Schwulensexbücher zu finden, in denen es um Surfer, Bodybuilder, Lastwagenfahrer, Lederdaddys und städtische Professionelle geht. S/M-Themen sind in Schwulenpornos häufiger anzutreffen als in Frauenerotica.

Ich mag Hardcore-Sex; bei Schwulenpornos bekomme ich ihn zuverlässig aufgetischt.

Mir gefällt der viele Sex in Schwulenpornos – lesbische Sexgeschichten konzentrieren sich meiner Meinung nach zu sehr auf emotionale Konflikte.

Schund

Wir bei *Good Vibrations* nennen dieses Genre liebevoll »Kaufhausschund« – billige (unter zehn Mark), zum raschen Verzehr geeignete Massenmarkt-Sammlungen von Eindeutigem; oft von anonymen Autoren fabriziert, die sich an Klassikern wie der *Autobiography of a Flea* (Autobiographie eines Flohs) und *Fanny Hill* orientiert haben.

Kaufhausschund gibt nicht vor, von etwas anderem als von Sex zu handeln (die Autoren zeigen keinerlei Ambition, den Pulitzer-Preis zu gewinnen), oder, wie eine unserer Mitarbeiterinnen es ausdrückte: »Er bietet wenig an beständigem literarischem Wert, aber einiges an erfreulicher, ungestümer Wollust.« Diese Bücher konzentrieren sich auf eine lebhafte Sprache, peinlich genau beschriebene Sexszenen und tabuisierte Aktivitäten.

Ich greife zu Schund, weil ich genau weiß, daß er mich anmacht. Er verzichtet auf die blumenreiche, beschönigende Sprache, die die Frauenerotica oft ungenießbar macht, und beschreibt Seite für Seite schmutzigen, unanständigen Sex.

Klar, daß es sich dabei nicht um große Literatur handelt; aber das ist mir egal. Die erotischen Aktivitäten sündhafter viktorianischer Burschen und Ladies sind ein deftig gewürztes Vergnügen.

Diese Literatur kann auch voller Klischees stecken. Falls Sie also nach staatsbürgerlich korrektem Sex Ausschau halten, sollten Sie den Schund links liegen lassen. Das Genre wird oft als »viktorianische Pornographie« bezeichnet; obwohl viele dieser angeblich einem anderen Zeitalter entstammenden Werke jährlich »entdeckt«, das heißt geschrieben werden. Die Bücher werden in Massen aufgelegt und können vom Stil her so formal sein wie ihre zahmere Schwester, der Liebesroman, aber die Themen sind vielfältiger – dort finden Sie beispielsweise Ihre schwulen Priester, die sadistischen Heterozwillinge und die lesbischen Jet-Setter.

Als Teenager habe ich Hunderte von Liebesromanen gelesen, aber dann frustrierte es mich mehr und mehr, daß die Sexszenen stets der Phantasie überlassen wurden. Ich lese gern diese billigen und pornographischen Taschenbücher; sie lassen mich niemals hängen!

Schund gedeiht hauptsächlich in Untergrund- oder Sexbuchläden und -Katalogen. Die einzigen Mainstream-Buchhandlungen, die wir jemals haben Schund verkaufen sehen, waren Flughafenbuchhandlungen, die ihm oft die gleiche Ausstellungsfläche zur Verfügung stellen wie den aktuellen Bestsellern. Kein Wunder, daß so viele Flugzeugpassagiere Sexphantasien nachhängen!

Vermischte Fiction

Was bleibt übrig? Von heterosexuellen Männern geschriebene Erotica (gibt es nicht oft) und Schriften über spezielle Sexthemen. Da der Erotikmarkt noch immer floriert, werden Sie immer mehr davon sehen. Allein in diesem Jahr wurden Bücher mit folgenden Themen veröffentlicht; Sex und Science fiction, schwarze Erotik, Sex und Vampire, »literarische« Erotica und Geschichten über Sex und Ehe. Denken Sie an all die möglichen Themen, die sich anbieten: Sex und Nahrung, Sex und Musik, Sex und linkshirnige Menschen, Sex und die verschiedenen Formen des öffentlichen Transportwesens!

Henry Miller, Anaïs Nin und Marco Vassi schrieben zu ihrer Zeit sexuell recht direkte Literatur und haben bei vielen Erotica-Liebhabern einen Kultstatus erlangt. Alle drei waren Meister ihres Handwerks und benutzten ihre ausgefeilte, deutliche Prosa dazu, die Grenzen der Sexualität zu erkunden. Sie finden in ihren Schriften zahllose Tabus beschrieben. Miller und Nin sind in den meisten Buchhandlungen erhältlich; einiges von Vassis Werk erscheint gerade erst wieder in Neuauflage und wird wahrscheinlich nicht so leicht zu finden sein.

Ich habe kürzlich ein erotisches Buch von Anaïs Nin entdeckt und las ein wenig darin, als ich allein war. Es machte mich ziemlich heiß und verwirrte mich, und ICH WUSSTE, daß ich es mit meinem Mann im Bett lesen mußte. Es erwies sich als ein recht funkensprühendes Lesefutter!

Erotische Nonfiction

Phantasien

Nancy Friday machte das Feld in den Siebzigern urbar, als sie eine Sammlung mit Hunderten von Frauen-Sexphantasien veröffentlichte. In diesem bedeutenden Werk wurde das Phantasieleben der Frau anerkannt; mehr noch, man konnte die Phantasien unmöglich lesen, ohne von ihnen angemacht zu werden:

Der Dreier mit zwei weiteren Frauen wurde durch eine Nancy-Friday-Phantasie angeregt, die so heiß war, daß wir uns nicht länger beherrschen konnten!

Friday veröffentlichte danach nicht nur weitere Sammlungen von Frauenphantasien, sondern auch Männerphantasien. Diese Anthologien sind immer noch der beste Treibstoff, den es auf diesem Gebiet gibt. Obwohl nach ihr andere Sammlungen mit Phantasien erschienen sind, waren Nancy Fridays Bücher die kommerziell erfolgreichsten. Sie werden immer noch aufgelegt. Ihre Bücher findet man in den Sexabteilungen fast aller Buchläden.

Biographien
Kennen Sie das Sprichwort: »Die Wahrheit ist stärker als die Dichtung?« Ersetzen Sie das Wort stärker durch heißer, und Sie wissen, worauf wir hinaus wollen. Persönliche Sexgeschichten, wie man sie in Sammlungen wie *Good Sex: Real Stories from Real People;* »Küß und rede darüber«-Biographien und Memoiren findet, können für manch schwüle Lesestunde sorgen.

Sexhandbücher, Umfragen usw.
Falls Sie die Lektüre des vorliegenden Buches wenigstens ein bißchen angeregt hat, wissen Sie aus erster Hand, worum es in dieser Kategorie geht. Oft kann ein Buch über die sexuellen Praktiken anderer ebenso erregend sein wie ein Roman!

Als kleines Mädchen schlich ich mich immer ins Schlafzimmer meiner Eltern und las alles, was mir in die Finger fiel – Fanny Hill, The Joy of Sex, Everything You Always Wanted to Know About Sex ... und Vaters billige Pornos. Ich las und schaukelte oft stundenlang. Ich hatte meinen ersten gelungenen Orgasmus erst mit achtzehn, als ich den Hite-Report las.

Wir lesen einander Sexhandbücher vor und setzen die Vorschläge darin in die Praxis um.

Privatanzeigen

Privatanzeigen sind eine billige Methode, sich »in Stimmung« zu bringen, ob Sie nun einen kurzen und süßen oder einen kurzen und harten Porno bevorzugen! Sie brauchen nur in die nächste alternative Zeitung oder Sexzeitung zu schauen:

Mitternächtliche Anbetung des lebensechten Phallus. Maskuliner, aggressiver Masseur sucht gleichen für unanständige Reden, gegenseitige Masturbation, Zurschaustellung, Anpreisung; phallische Würdigung am späten Abend. Visuelle/Verbale von Kumpel-zu-Kumpel-Phantasie, nicht körperlich.

Der Schulrektor sorgt für häuslichen Nachhilfeunterricht, Training und Disziplin für die Verhaltensprobleme widerspenstiger, Kaugummi kauender Mädchen (achtzehn), die ihre Schulaufgaben nie vollständig zu machen scheinen. Schlanke, strenge Erscheinung, liebevolle Hände teilen Züchtigung aus. Ein bereitwilliges Lächeln belohnt ernsthafte Besserungsversuche.

Besser als alle Erotica ist die »wilde Seite« der SF Weekly.

Wir lesen gern die Privatanzeigen und stellen uns vor, wie ich Kontakt zu einer der Frauen dort aufnehme und mit ihr spiele.

Bücher über erotische Kunst

Obwohl Bücher über erotische Kunst die ganze Palette des sexuellen Ausdrucks durchlaufen – angefangen mit Sammlungen von künstlerisch wertvollen Nackten bis hin zu den *Playboy*-Mädchen –, wissen nur Sie allein, was Sie erotisch finden und was nicht (oder was Sie unter »Kunst« verstehen). Die meisten Bücher fallen unter eine der folgenden Kategorien, einige davon kombinieren alle Elemente. Viele davon haben zusätzlich noch einen erotischen oder lehrreichen Text.

Kopfkissen-Bücher

Die Ursprünge des Kopfkissenbuches datieren aus dem zweiten Jahrhundert vor Christus. Sie stammen aus China. Bei diesen

Büchern handelt es sich um Handbücher für verheiratete Paare, komplett mit Anweisungen für Vorspiel, Penetration, Techniken, Stellungen und sonstigen Ratschlägen. Alle Bücher dieser Art waren so reich illustriert, daß man gleichzeitig lernen und üben konnte. Die Originale existieren nicht mehr, aber die Form wurde im Laufe der Jahrhunderte in verschiedenen Kulturen nachempfunden – das berühmteste Kopfkissenbuch ist das indische *Kama Sutra von Vatsayana*. Dieses Buch wird immer wieder neu aufgelegt. Kürzlich erschienen ein paar andere erschwingliche Ausgaben, die Sie möglicherweise nur in Sexshops oder in Läden mit östlicher Orientierung finden. Ein zeitgenössisches Kopfkissenbuch enthält normalerweise anschauliche Beschreibungen des Liebesspiels, die mit Zeichnungen und Fotografien illustriert sind.

Ich liebe diese östlichen Sexhandbücher, weil sie einen gesunden Respekt vor allen Formen des Sex zeigen – man kann zwei Frauen, manchmal Männer, eine Menge Voyeurismus und Dreier darin finden.

Erotische Fotografie
Erotic by Nature ist ein ausgezeichnetes Buch, intelligent und hervorragend zusammengestellt. Ich genieße jeden Bissen, besonders die überwältigenden Fotos.

Vielleicht bevorzugen Sie die Arbeit eines bestimmten zeitgenössischen Fotografen wie Robert Mapplethorpe, Herb Ritts oder Jan Saudeck, oder Sie werden vom Starappeal von Madonnas Fotoalbum über abgehobene sexuelle Phantasien angezogen. Oder Sie sind ein Fan von Sammlungen, die sich auf bestimmte Aktivitäten oder Lebensstile wie S/M, Kleidertausch oder Sexarbeit konzentrieren:

Die S/M-Fotos in Sexual Magic *von Michael Rosen bestätigen und inspirieren mich. Es ist ihm gelungen, die Erotik, Kreativität und Leidenschaft dieses Themas einzufangen.*

Den nackten Frauenkörper kann man sowohl in Sammlungen lesbischer Sexfotografien als auch in kunstgeschichtlichen Werken oder in mit Airbrush gearbeiteten *Penthouse*-Publikationen finden. Männliche Nackte sind der Gegenstand vieler Schwulen-Fotosammlungen. Die Fotos in manchen der historischen Sammlungen erotischer Fotografie sind tausend Worte wert – kernige Bilder von Prügelnden, Nymphchen und verbotenen Begegnungen bieten einen willkommenen Blick auf unsere prüde Vergangenheit. Mit Ausnahme der wirklich berühmten Künstler, deren Werke man in normalen Buchhandlungen antreffen mag, sind die Chancen, erotische Kunst ausfindig zu machen, in progressiven Geschäften, Schwulenbuchläden, Sexboutiquen und Schöne-Künste-Katalogen oder -läden besser.

Schöne Künste

Heutzutage schießen Sammlungen mit erotischer Kunst wie Pilze aus dem Boden. Es gibt sogar ein phantastisches Kartenspiel mit zweiundfünfzig verschiedenen, künstlerisch wertvollen Nackten (die wir gern jenem Gentleman schicken würden, dessen Zitat dieses Kapitel einleitet). Einige Bücher konzentrieren sich auf eine bestimmte Zeitspanne, andere auf die Werke verschiedener Künstler, wieder andere auf ein spezielles Thema wie den Akt und früher verbotene Arbeiten.

Magazine

Magazine finden aus mehreren Gründen Anklang: Sie bieten zu einem annehmbaren Preis visuelle Erotica, Sexinformationen, Fiction, die berüchtigten »Briefe an die Herausgeber«-Rubrik, und alle paar Monate eine neue Ausgabe, die Sie verschlingen können. Es gibt eine Vielzahl von Sexmagazinen, die fast jedem vorstellbaren sexuellen Interesse gerecht wird. Ob Sie nun Fesselungen oder Fetische, Unterhaltung für abenteuerlustige Lesbierinnen, Erotica für Eierköpfe oder traditionellere Sexmagazine mögen – in Sex-, Schwulen- oder Lesbenbuchläden müssen Sie normalerweise nicht hinter den großen Zeitungsständen suchen.

Schwulenmagazine sind heiß. Diese Männer sind was fürs Auge und bilden die Hauptdarsteller meiner erotischen Tagträume.

Ich mag Magazine mit nackten Männern seit meinem zehnten Lebensjahr. Ich hole mir einen runter, während ich mir vorstelle, ich sei bei den Modellen.

Ich benutze Magazine einer nicht so schrecklichen Hardcore-Sorte – Playboy und Penthouse –, um in Stimmung zu kommen. Ich bin hauptsächlich an Bildern von Frauen interessiert (Vogue ist oft eine gute Wahl), die raffiniert aussehen und teilweise bekleidet sind.

Im letzten Jahrzehnt ist es zu einem Boom auf dem 'Zine-Markt gekommen. Bei den 'Zine handelt es sich gewöhnlich um Low-budget-Publikationen (Schwarzweiß, auf Zeitungspapier gedruckt oder auf billiges Schreibpapier fotokopiert) mit einem bestimmten Thema, das oft sexueller Natur ist. Falls Ihnen eines davon in die Hände fällt, werden Sie heiße Sexgeschichten darin finden. Halten Sie in alternativen Buchläden danach Ausschau.

Mich machen die Geschichten in 'Zines an. Ich mag neue Phantasien, neue Schreibstile, neue Bilder. Manchmal lese ich eine Ewigkeit, bis mein Schwanz weh tut. Kommt ganz darauf an, wie geil ich bin.

Ich mag Sex-'Zines, weil sie ein Schlag ins Gesicht der konventionellen Sexmagazine sind und eine größere Vielfalt sexueller Vorlieben abdecken.

Comics

Viele klassische Sexgeschichten wie die *Geschichte der O* und *Emmanuelle* wurden in dem populären Genre illustriert, das als Graphikroman bekannt ist. Man findet sie entweder in Sexläden, und falls nicht, auf jeden Fall in Sexcomicläden.

Ich weiß noch, daß ich einmal richtig heiß wurde, als ich mir eine illustrierte Geschichte anschaute, die von einer strengen und grausamen Frau und ihrem Great Dane handelte. Sie erinnerte mich an eine echt abgehobene Version von Cruella de Ville in 101 Dalmatiner.

400

Underground

Künstler und Cartoonisten benutzen häufig das traditionelle Comicbuchformat, um sehr untraditionelle Sexthemen in einem Genre zu erkunden, das als *Comic* bekannt ist. Halten Sie in Sexcomicläden danach Ausschau.

Videos

Dank dem Zeitalter von Kabelfernsehen und Videokassettenrecorder haben viele Menschen das Vergnügen entdeckt, sich in der Ungestörtheit ihrer eigenen vier Wände Sexfilme anzuschauen. Die reichhaltig ausgestatteten Sexabteilungen in den Videoshops und Videotheken deuten darauf hin, daß mehr als nur ein paar Menschen an dieser Entspannungsmöglichkeit interessiert sind.

Wer schaut sich das an?

Als ich noch auf der High-School war, kam ich eines Abends mal zu früh von einer Verabredung zurück und spazierte ins Wohnzimmer, als meine Eltern sich gerade einen Porno anschauten. Sie hockten ungefähr siebzig Zentimeter vom Fernseher entfernt und schauten schuldbewußt hoch, weil ich sie erwischt hatte.

Es ist schon schwierig, sich vorzustellen, daß unsere Eltern miteinander schlafen, aber es ist wahrscheinlich noch schwieriger, sich vorzustellen, daß sie sich gerne Pornos anschauen! Aber nicht alle Pornos werden von Männern in kleinen Kabinen im Rotlicht-Viertel mit den Augen verschlungen. Unsere Eltern, Geschwister, Kinder, Freunde, Kollegen und alle, bei denen wir es uns nicht vorstellen können, schauen sich Pornos an. *Good Vibrations* führen seit 1989 Pornovideos, nachdem buchstäblich Hunderte von Frauen und Männern uns danach gefragt hatten. Gegenwärtig sind über die Hälfte aller Abnehmer Frauen. Wie die Videokritikerin Susie Bright andeutet:

Entgegen dem Klischee, Pornozuschauer seien der Sprache nicht mächtige, Regenmäntel tragende Gestalten mit einem armseligen

Liebesleben, haben Leute, die sich erotische Filme ansehen, ein Sexleben und sind sehr wohl in der Lage, sich zu verabreden. Sie mögen Filme, und sie mögen Sex. Ihre sexuellen Vorlieben reichen von richtig romantisch bis zu je überspannter, desto besser.

Menschen schauen sich aus den gleichen Gründen erotische Videos an, aus denen sie anderes Sexmaterial lesen oder anschauen – um sich anzuregen, neue Ideen zu bekommen oder Phantasiematerial zu sammeln, etwas über Sextechniken und sexuelles Verhalten zu erfahren und sich beim Sex wohler zu fühlen. Viele Paare schauen sich gemeinsam einen Pornofilm an, um das sexuelle Verlangen zu entfachen und mit dem Partner jene Aktivität zu teilen, die sie mögen. Später bringen wir Zitate unserer Kunden darüber, wozu sie Pornos gern benutzen. Doch jetzt wollen wir erst einmal ein wenig über die Pornofilmindustrie sprechen.

Was Sie erwarten können

Eine sehr kurze Geschichte

Die Pornofilmindustrie hatte ihr Goldenes Zeitalter etwa zu jener Zeit, als das zeitgenössische Sexhandbuch den Gipfel seines Erfolges erreichte. Die Gegenkultur Ende der siebziger, Anfang der achtziger Jahre brachte eine Generation von Regisseuren hervor, deren Filme die sexuelle Befreiung jener Jahre widerspiegelten. Filme von den Mitchell Brothers, Radley Metzger, Richard Mahler, Henric Pachard, Robert McCallum und Anthony Spinelli (um nur einige zu nennen) zeichneten sich durch ihre beispiellose cineastische Qualität aus, während sie heißen Sex, realistische Beziehungen und glaubhafte Geschichten boten. Dennoch blieben die Peep-Shows der wichtigste Umschlagplatz für Pornos. Dies führte zu einer Nachfrage nach schnellen und billigen Produktionen, während zugleich die talentierten Hollywood-Regisseure ignoriert wurden. Dadurch verloren sie die Lust, weiterhin Qualitätspornos zu drehen.

Durch die relativ neue Erfindung der Videokamera war der Traum vom Filmen für eine zunehmende Zahl von Unternehmern mit Visionen wie Candida Royalle erreichbarer, aber durch sie nahm auch die Zahl der häuslichen Zuschauer erheblich zu, die zweitklassige Pornos verschlingen. Während alternative Filmemacher an Popularität gewinnen, wird sich die Industrie vielleicht einer Veränderung auf dem Markt bewußt. Plötzlich scheint jedem klar zu werden, daß sich auch Frauen Pornos anschauen, so daß – wenn wir Glück haben – in den nächsten Jahren dem weiblichen Vergnügen mehr Aufmerksamkeit gezollt wird. In der Zwischenzeit brechen bestimmte zeitgenössische Regisseure aus der Meute aus. Andrew Blake und Paul Thomas haben für ihre Qualitätsprodukte viele Fans verdient.

Der kommerzielle Porno

Obwohl es seit Jahrzehnten kommerzielle Pornofilme gibt, gelangen sie, dank der gemeinsamen Bemühungen von Zensoren und phantasielosen Filmemachern, selten über eine gewisse Mittelmäßigkeit hinaus. Man legt einzig und allein Wert darauf, alljährlich Hunderte von billigen Filmen abzudrehen, was zu Halden kaum voneinander unterscheidbarer Filme führt. Schlechte Ton- und Lichtqualität und schadhafte Bänder gehören zu den Produktionsproblemen, auf die Sie stoßen können. Eindimensionale Plots, schlechte Schauspieler und vorhersagbare Sexakte gehören zu den am häufigsten geäußerten Klagen. Das soll nicht heißen, daß es keine Ausnahmen gibt oder daß nicht sogar der schlechteste Porno Sie nicht anmachen würde. Wir wollten Sie nur vorwarnen – wer vorgewarnt ist, kann sich schützen! Falls Sie kein oscarverdächtiges Material erwarten, sind Sie vor Enttäuschungen sicher. Ihre Fähigkeit, Ihre normalen Maßstäbe außer Kraft zu setzen, kann Ihr Vergnügen ungemein steigern.

Die meisten kommerziellen Sexvideos sind in bezug auf die gezeigten Aktivitäten recht formell. Sie können damit rechnen, daß heterosexueller Sex vorherrscht, der sich auf das sexuelle Vergnügen des Mannes konzentriert und eine lesbische Szene, einiges an Fellatio, Orgasmusaufnahmen und Aufnahmen von analer und vaginaler Penetration erwarten. Die Attraktivität eines bestimmten Pornofilms hängt von Ihnen und Ihrem Geschmack ab. Möglicherweise stellen Sie fest, daß schon ein eindeutiger, in Ihrem Wohnzimmer praktizierter sexueller Akt Sie augenblicklich erregt. Oder Sie fordern von Ihrem Pornofilm einen gewissen Standard, ohne den nichts läuft.

Wie folgende Kundenzitate zeigen, kann das erotische Vergnügen von einem bestimmten Star, gewissen Produktionselementen, einem bestimmten Thema oder Plot abhängen.

Marilyn Chambers ist so charismatisch; sie besitzt wirkliche Starqualitäten. Ich glaube, daß die meisten Frauen sich leicht mit ihr identifizieren können.

Die meisten Pornoschauspieler können überhaupt nicht schauspielern; deshalb mag ich Andrew Blakes Filme, weil sie faktisch keine Dialoge haben. Sie sind flott, mit guter Musik, und sie konzentrieren sich auf Frauen.

Wie sich in The Felines *die Spannung zwischen der jungen Frau und ihren Gastgebern allmählich aufbaut, ist für einen Pornofilm erfrischend und belebend. Mehrere leidenschaftliche Analsexszenen zwischen dem Ehepaar liefern all das unmittelbare Vergnügen, das man sich wünscht.*

Selbst wenn sie manchmal ein wenig kitschig sind, mag ich Pornofilme mit ungewissem Plot. Sie sind dunkel und schattig, was für mich in Verbindung mit Sex unwiderstehlich ist. Hey, ich dachte, »Twin Peaks« sei ein verdrehter TV-Porno.

Ein bestimmter Regisseur oder Produzent ist für manche Zuschauer sehr wichtig:

Ich ziehe die neueren Videos vor, die ein Augenschmaus sind und gutaussehende Paare zeigen. Die meisten der Paul-Thomas-Filme sind meiner Meinung nach um einiges besser als die anderer Regisseure. Die Hautfarbe ist warm, die Kameraaufnahmen ruhig und langsam, und, das wichtigste, die Menschen in dem Film werden lange und anhaltend stimuliert (das heißt, die Frauen kommen wirklich zum Orgasmus).

Ich interessiere mich für Videos, die Aufrichtigkeit, Humor und die emotionale Wirklichkeit widerspiegeln und professionell und künst-

lerisch einfühlsam sind. Das beste Beispiel dafür ist bislang das
Werk von Andrew Blake.

Mit das Beste an Every Woman Has a Fantasy, *an dessen Drehbuch
eine Frau mitschrieb, die den Film auch produzierte, ist die glaubhafte Geschichte. Zusammen mit dem gut geschriebenen Skript und
den guten Schauspielern wurde er zu einem erfrischend guten und
aufregend erotischen Film.*

Die Kritiken an Pornovideos umfassen die gesamte Skala. Viele
Menschen beklagen die Tatsache, daß es bei Pornos selten um die
sexuelle Befriedigung der Frau geht und daß sie manchmal sogar
ganz fehlt. Mehr noch, die Darstellung von weiblichem Sex kann
stereotyp und richtiggehend irreführend sein, wie diese Kundin mit
dem Hinweis auf Orgasmus-durch-Stoßen betont:

*Das ganze Video über gab es nur Schwanz- und Orgasmusaufnah-
men. Die Frau sollte nur durchs Stoßen erregt werden; aber es wäre
nett gewesen, zu sehen, wie sie masturbierte, und ihren Gesichtsausdruck zu zeigen, als sie kam.*

Unsere Videokunden möchten nicht nur dem weiblichen Orgasmus
die gleiche Zeit wie dem männlichen gewidmet wissen, sondern sie
fragen auch häufig nach Liebesspielen und Handlungen, die das
wirkliche Leben widerspiegeln:

*Es macht mich nun wirklich nicht an, wenn ich zuschauen muß, wie
ein unnormal großer Kerl eine Frau in den Boden hämmert, die ihm
einen Orgasmus vortäuscht. Romantik, eine angemessene Kulisse
und gute Kameraarbeit sind ein Muß. Normalerweise hole ich mir
Lesbierinnen-Videos, weil die oft um einiges romantischer sind und
keine grausamen Jungs mitspielen.*

*Es ist unglaublich, wie häßlich manche Männer sind. Also wirklich!
Und ich kann nicht glauben, daß dieses tolle Mädchen ihn aussau-
gen wird, während er seine Schrubber von Tür zu Tür verkauft.*

Von Lesbierinnen und Feministinnen produzierte Filme

Wie bereits erwähnt, beziehen sich viele Kritiken darauf, daß ein Porno nicht so gut gemacht, so cineastisch oder poetisch geschrieben ist, wie die von uns favorisierten Hollywoodfilme. Versuche, den industriellen Standard zu erhöhen, wurden von unabhängigen Filmemachern oder alternativen Produktionsgesellschaften unternommen, die sich auf von Lesbierinnen gedrehte oder feministisch orientierte Filme spezialisiert haben. Diese Filme schenken dem weiblichen Sexerlebnis die längst überfällige Bildschirmzeit und nehmen auch regelmäßig das Risiko auf sich, sexuelle Aktivitäten darzustellen, vor denen die Filmindustrie zurückschreckt, als da wären: weibliche Ejakulation, gemischtrassige Paare, Safer-Sex und Sexspielzeug. All dies ist in diesen Filmen zu sehen. Einige Filme sind hinsichtlich der Produktion sehr experimentierfreudig. Dies kann den Reiz des Films erhöhen oder vermindern – kommt ganz aufs Band an. Da die Nachfrage nach diesen alternativen Videos steigt, ist mit einer ständigen Verbesserung der Qualität und einem größeren Angebot zu rechnen. Doch bis jetzt finden Sie diese Bänder höchstwahrscheinlich noch nicht in Ihrer Videothek, sondern nur in Sexvideoläden. Halten Sie nach einer Sexspielzeugboutique, einem Schwulen- oder Lesbenbuchladen Ausschau, oder studieren Sie die Anzeigen in alternativen Sexmagazinen.

Ich schaue mir die neuen Lesbenvideos sofort nach Erscheinen an. Das beste daran ist, wirklichen Lesbierinnen dabei zuzuschauen, wie sie wirklich miteinander schlafen. Das schlimmste daran ist, ein Jahr darauf warten zu müssen, daß wieder ein neues herauskommt.

Ich mag diese Frauen-Videos, weil die Frauen und Männer dort keine Barbie- und Kentypen sind. Sie ähneln eher Ihren Yuppie-Nachbarn, führen intelligente Gespräche und bauen die sexuelle Spannung bis zum Akt, der taktvoll gefilmt wird, langsam auf – da gibt es keine aufdringliche Genital-Aufnahme nach der anderen.

Clips war um einiges erotischer als die meisten anderen erotischen Filme. Die kleinen Vignetten bedeuten, daß man sich den Film nicht auf einmal anzuschauen braucht. Die Masturbationsszene, mit

der exotischen Maske und den Spezialeffekten ist sehr gut ge-
lungen.

Als letzte Anmerkung zu diesem neuen Trend möchten wir noch
darauf hinweisen, daß die realistische Darstellung der weiblichen
Sexualität eine wohltuende visuelle Veränderung ist, die auch den
Zuschauer etwas Neues lehrte. Neulich kam ein Mann in den Laden
und wollte sich alle unsere Lesben-Bände ausleihen, weil er festgestellt hatte, daß sie ihm die zuverlässigsten Cunnilingusinstruktionen
liefern!

Schwulenporno

Auch die Schwulenpornoindustrie floriert. Sie bietet mannigfaltigere
Stile und Inhalte als Heterofilme; ein Umstand, dem das Genre eine
große Vielfalt von Fans verdankt, darunter viele Frauen. Halten Sie
in der Sexabteilung Ihres Videoshops danach Ausschau oder in
Schwulenbuch- und Videoläden.

Ich schaue mir zusammen mit meinem Freund Schwulenpornos an.
Wir versuchen nachzuahmen, was die Jungs auf dem Bildschirm
treiben.

Ich bin Lesbierin und kann mir mit meinem Mädchen nicht länger
als zehn Minuten Schwulenpornos anschauen, bevor wir beide unge-
zogen werden.

Amateurbänder

Bei den Amateurbändern, die Sie in Sexbuchläden finden, handelt es
sich eigentlich um Bänder, die als *pro-am*, oder professionelle Amateurbänder bekannt sind. Das heißt, erfolgreiche Regisseure nehmen
»wirkliche« Liebesspiele auf; die Paare sind keine geschulten Schauspieler, und es gibt kein Drehbuch. Amateurbänder werden oft mit
geringem Budget und schauspielerischem Talent, aber mit großer Begeisterung und Aufrichtigkeit gedreht. Sie gefallen dem Zuschauer,
der versucht sein mag, seinen Nachbarn beim Liebesspiel zu filmen,
wenn es nicht verboten wäre.

Sexualkundebänder
Schließlich gibt es noch eine Reihe von Sexualkundebändern, von der kopflastigen Sextherapie bis zu porno-pädagogischen Bemühungen mit Titeln wie *The Fine Art of Anal Intercourse*. Die Videos der letzteren Kategorie sollen Sie anmachen, die der ersteren tun es möglicherweise nicht. Doch Sie könnten sich plötzlich durch das offene Gespräch über Sex oder die Demonstrationen der Gesprächsteilnehmer angeregt fühlen. Der letzte Trend auf diesem Gebiet scheinen Sexualkundeserien zu sein, bei denen jedes Band einem bestimmten Thema gewidmet ist. Diese Filme stellen eine großartige Möglichkeit dar, in den Genuß einer vernünftigen, ausführlichen Sexualerziehung zu gelangen. Für diese Bänder gibt es keine allgemein bekannte und zugängliche Quelle.

Den Frauen des Masturbationskreises in Betty Dodsons SelfLoving-*Video zuzuschauen, gab mir das Gefühl, Teil eines Frauenclubs zu sein – ich kam mit der besten von ihnen.*

Bedenken

Ich möchte mir bestimmte Aktivitäten nicht anschauen
Falls Sie Bedenken haben, sich Szenen anzuschauen, die Sie beunruhigend oder schockierend finden, sollten Sie sich die nachfolgenden Vorschläge zu Herzen nehmen, wie man ein Video auswählt, damit Sie so viele Informationen wie möglich erhalten, bevor Sie ein Video leihen oder kaufen. Lesen Sie bitte die Beschreibung auf der Kassette und bitten Sie das Personal um mehr Information. Falls Sie bemerken, daß Ihnen bestimmte Aktivitäten oder Situationen unangenehm sind, sollten Sie ein paar Bücher zu diesem Thema lesen, um zu einer distanzierteren Perspektive zu gelangen. Phantasie ist nicht das wirkliche Leben. Bilder von verbotenen, tabuisierten oder erniedrigenden Aktivitäten können uns erregen, obwohl oder gerade weil wir kein Verlangen danach haben, sie auszuleben. Ironischerweise sind es häufig die Handlungen oder Verhaltensweisen, die uns am meisten verwirren, die die uns auch am meisten erregen; gerade das Verbotene gibt ihnen den erotischen Touch.

Schauen Sie sich das Video allein an, um offen und ehrlich Ihre Reaktionen auf erotisches Material zu erkunden. Ungestört von der Gegenwart anderer, können Sie sich voll darauf konzentrieren, was Sie erregt und was nicht. Möglicherweise entdecken Sie, daß eine Aktivität, von der Sie überzeugt waren, sie sei abstoßend und widerwärtig, eine besonders explosive Ladung besitzt. Manchmal müssen wir es nur spüren, um es zu glauben!

In meinen Collegetagen als Anti-Porno-Feministin stolperte ich über ein Versteck von Penthouse-*Magazinen, die jemand für eine Semesterarbeiter gesammelt hatte. Diese Frauen machten mich derart feucht, daß mir klar wurde, etwas stimmte nicht mit unserer Rhetorik.*

Sollten Frauen an Pornos teilnehmen?

Einige Menschen sind überrascht, wenn sie hören, daß ein feministischer Sexspielzeugladen Pornographie verkauft. Das Interesse von Frauen an Pornos, sei es als Konsumentinnen, Produzentinnen, Schauspielerinnen oder Kritikerinnen, führte zu jahrelangen Debatten in der Frauenbewegung. Während alle Seiten Werke über dieses Thema verfaßt haben – und wir Sie auffordern, sie zu lesen –, bitten wir Sie nur um eine Minute, um unsere Einstellung darlegen zu können.

Wir sind strikt dagegen, sexuell eindeutiges Material zu beschränken. Obwohl das Frauenbild in Pornofilmen ebenso stereotyp und erniedrigend wie in kommerziellen Filmen sein kann, bezweifeln wir, daß das Verbot der Pornographie zu einer wirtschaftlichen und gesellschaftlichen Gleichheit der Geschlechter führt. Unserer Meinung nach spiegelt der Porno eher die sexuellen Sitten unserer Gesellschaft wider, als sie zu erzeugen. Die Beschränkung der Produktion und des Konsums von Pornos verewigt den kleinsten gemeinsamen Nenner der Mainstream-Sexfilme. Die einzige Möglichkeit, schlechte Qualität zu bekämpfen, ist nicht die Zensur, sondern mehr und bessere Pornos zu produzieren. Wie wir den Kommentaren unserer Kunden entnehmen, möchten sie Pornos, genießen sie Pornos. Sie möchten nur besser gemachte Pornos. Hört ihr das, ihr Unternehmer? Es ist an der Zeit, sich die Hände schmutzig zu machen!

Und denken Sie immer daran: Falls Sie gelangweilt, beunruhigt oder nur schlicht und einfach in Eile sind, können Sie immer noch diesen beliebten Fernbedienungsknopf benutzen – den schnellen Vorlauf!

Ich kann nicht glauben, daß dieses Zeug meinem Partner gefällt!
Sie war echt beleidigt, wenn ich mir Sexvideos mit anderen Frauen anschaute. Ich habe versucht, ihr zu erklären, daß ich an sie denke, wenn ich den Frauen zuschaue (was stimmt), aber sie weigerte sich, mir zu glauben. Also war ich verflucht, wenn ich es tat, und meine Eier explodierten, wenn ich es sein ließ.

Falls Ihr Partner Ihre Vorliebe für Pornos (oder für Bücher und Magazine) nicht teilt, können Sie ein paar Dinge ausprobieren. Versuchen Sie herauszufinden, welche Einwände er oder sie dagegen hat. Falls Sie wie der eingangs zitierte Mann, feststellen, daß Ihr Partner gekränkt ist, weil Sie sich Ihre Stimulation von außen holen, sollten Sie vielleicht gemeinsam das Phantasiekapitel lesen. Finden Sie heraus, welche Phantasien oder Bilder – wenn überhaupt – Ihren Partner anregen. Ziehen Sie eine Parallele zwischen den selbst erdachten Bildern und denen, die wir uns aus Büchern und Videos herauspicken.

Möglicherweise sind die Einwände Ihres Partners in seinen Bedenken wegen der potentiell beunruhigenden Aktivitäten und Verhaltensweisen begründet, über die wir gerade sprachen, und ein Gespräch darüber vermittelt Ihnen beiden eine andere Perspektive. Vielleicht hat Ihr Partner noch nie ein Pornovideo gesehen. In diesem Fall sollten Sie sich bemühen herauszufinden, welcher Porno Ihnen beiden gefällt, und ihn sich gemeinsam anschauen. Oder, falls sich Ihr Partner dabei wohler fühlt, sollte er ihn sich erst einmal allein anschauen. Falls er einfach keine Pornos mag, können Sie ihn höflich bitten, Ihnen nicht dreinzureden, und Ihrem Vergnügen künftig im stillen frönen.

Videos machen meine Freundin immer richtig naß, obwohl sie kein Pornofan ist.

Videoeinkauf

Wo Sie Videos bekommen

Alle Sexbuchläden und die meisten Videoläden und Videotheken haben eine Abteilung mit Sexfilmen. Wir wissen, daß nicht alle unsere Leser zu diesem Abenteuer bereit sind. Die Vorstellung, die Sexabteilung Ihres ortsansässigen Videoladens aufzusuchen, könnte einschüchternd wirken. Wir können bestätigen, daß das Personal wahrscheinlich genausoviel Interesse an Ihrem Pornogeschmack hat wie an Ihrem Müsligeschmack; aber zweifellos befürchten einige von Ihnen, daß Ihre Vorliebe für Dildo»packing«-Cowgirl-Filme in Liz Smiths nächste Kolumne gelangen könnte. Falls Sie sich scheuen sollten, im Laden in Ihrem Viertel Ihre Auswahl zu treffen, können Sie a) in die nächste Stadt fahren und sich dort Filme ausleihen; oder b) Filme aus Mail-Order-Katalogen bestellen, die Diskretion und Verschwiegenheit zusichern. Normalerweise können Sie die Videos in den üblichen Videoshops nicht kaufen, sondern nur in Sexbuchläden.

Wie wählen?

Falls Sie bereit und willens sind, sich in die Sexabteilung Ihres lokalen Videoshops zu wagen, werden Sie möglicherweise augenblicklich von den Reihen scheinbar identischer Kassetten überwältigt. Falls Sie zu den Sexvideo-Novizen gehören, kann die Wahl zur Qual werden. Hier einige Tips:

● Überlegen Sie, was Ihnen an einem Pornofilm gefallen könnte. Halten Sie nach bestimmten sexuellen Aktivitäten, Paarungen, bekannten Pornostars, Regisseuren oder nach einem interessanten Plot Ausschau? Wenn Sie sich über Ihre persönlichen Kriterien im klaren sind, wissen Sie wenigstens, wonach Sie suchen müssen.
● Lesen Sie den Kassettentext. Er bietet zwar nicht immer hilfreiche und exakte Informationen, aber er könnte etwas erwähnen oder auf etwas anspielen, das Sie interessiert.
● Lesen Sie Kritiken. Wie die kommerziellen Filme werden auch Pornofilme kritisiert, und die Kritiken können einige Hinweise auf den Inhalt geben. Halten Sie in Video-Magazinen für Erwachsene

danach Ausschau, aber vergessen Sie dabei nicht, daß es Werbemagazine sind, ins Leben gerufen, um Videos zu verkaufen. Erwarten sie also keine kritischen Analysen. Falls Sie an nachdenklicheren Kritiken interessiert sind, sollten Sie es mit Almanachen wie den *X-rated Videotape Guides* versuchen.

● Suchen Sie nach Award-Gewinnern. Es kann funktionieren. Sie sollten aber immer an die Meinungsverschiedenheiten denken, die Sie in der Vergangenheit mit den Academy-Award Sachverständigen hatten.

● Bitten Sie Freunde um Empfehlungen. Offensichtlich fühlt sich nicht jeder bei dem Gedanken wohl, seine Freunde über ihre Vorlieben in bezug auf Pornos zu befragen, aber wenn man es kann, erhält man manchmal die besten Empfehlungen. Auch die Computer Bulletin Board Services stellen eine phantastische und anonyme Möglichkeit dar zu erfahren, welche Pornos andere Leute bevorzugen.

● Fragen Sie das Personal. Das mag zwar nicht immer leicht sein, aber wenn Sie den Mut aufbringen, zapfen Sie möglicherweise eine wertvolle Quelle an.

Wir haben bei *Good Vibrations* eine Sammlung von Sexvideos zusammengestellt, die sich unserer Meinung nach vom Rest abheben. Sie sind nach Merkmalen eingeteilt: gute Darstellung, ausgezeichnete Regieführung, ungewöhnliche sexuelle Aktivitäten, sexuell explosive Szenen, glaubhafte oder zwingende Plots, an Frauen orientierter oder pädagogischer Inhalt.

Lust am Porno

Angenommen, Sie haben eine Fülle des erotischen Materials gesichtet und sind jetzt unsicher, was Sie damit anfangen sollen. Dazu lassen wir unsere Kunden einige Vorschläge machen.

Um die Wirkung der Masturbation zu steigern

Als ich jünger war, las ich beim Masturbieren immer Erotica. Mir gefiel es, wenn mein Orgasmus mit denen der Buchcharaktere zusammenfiel; also las ich denselben aufregenden Absatz immer wieder ...

Ich liege gern auf dem Bauch, während ich mir eindeutiges Material anschaue und den Penis an einem Kissen reibe. Ich kaufe mir tatsächlich weiche Baumwollsocken, in die ich ejakulieren kann, wenn ich so erregt bin, daß es kein Zurück mehr gibt.

Meistens lese ich die Penthouse-Briefe an den Herausgeber und viktorianische Pornoromane wie The Pearl und My Secret Live. Aber auch lesbische Phantasien. Ich lese sie, während ich den elektrischen Vibrator benutze. Ich lese selten mehr als ein, zwei Seiten, bevor ich zum Orgasmus komme, und necke mich gern selbst, indem ich den Vibrator fortlege, damit das angenehme Gefühl anhält. Ich besitze zwei zehn Jahre alte Magazine, die ich immer wieder benutze.

Ich lese Bücher und beginne zu masturbieren, sobald ich feucht bin. Es ist lustig zu beobachten, wie lange ich es schaffe, mich nicht selbst zu berühren.

So können beide Partner erregt werden

Wenn ich ihn mit einem Partner anschaue, bin ich manchmal schon zur Hälfte des Films so geil, daß wir den Fernseher ausschalten und miteinander schlafen müssen.

Wir lesen oft jeder für sich Geschichten und richten danach die Aufmerksamkeit auf den anderen. Manchmal lese ich ihm auch laut vor. Wir schauen uns zusammen Magazine an. Aber während ihn der Playboy anmacht, erregen mich die schärferen, eindeutigeren Fotos von wirklicher Penetration mehr. Das heißt, jeder wird durch andere Bilder erregt.

Sich mit dem Partner Pornos anzuschauen, ist eine Möglichkeit, mit dem Liebesspiel zu beginnen – den Rest kann man getrost der Natur überlassen. Ich lese eine Menge Pornobücher und -magazine und spinne die Phantasie dann für mich weiter.

Meine Ex-Geliebte und ich schauten uns immer gemeinsam Schwulenpornos an. Es war großartig. Ich schaute mir den Film an, und sie fickte mich; ihr Rücken schob sich oft vor den Fernseher.

Um neue Möglichkeiten des Sexgenusses zu entdecken

Wir benutzen Bücher, Filme und Videos – erotische und unerotische – als Quellen für die Gestalten und Schauplätze unseres Phantasieuniversums, dann denken wir uns eigene Plots und Charaktere aus.

Sich mit einem Partner Videos anzuschauen, hat auch einen erzieherischen Effekt; es ist eine Möglichkeit, ein Gespräch für unsere Vorlieben zu beginnen. Manchmal halten wir das Band an und lassen eine Szene noch einmal ablaufen, während wir sie nachspielen. Ich bin lieber aktiv als passiv und handle lieber, als zuzuschauen. Ich stehe zum Beispiel auf anale Penetration, aber es zieht mich runter, wenn ich dabei zuschaue.

Lesen oder sich Videos anzuschauen, kann ein Phantasieersatz sein. Es macht mich heiß. Ich versuche es so einzurichten, daß ich gleichzeitig mit der Person im Buch oder im Video komme. Fotos mag ich nicht – ich finde sie nicht sexy –, aber Fickszenen – beschriebene oder in Videos gezeigte – können ausgezeichnet sein, besonders wenn die Frau auf überzeugende Weise erregt zu sein scheint.

Ich lese abends im Bett Bücher und Magazine und benutze die neuen Bilder oder Vorstellungen, um meine Phantasie zu füttern.

Ich benutze Pornovideos zur Erziehung und als Vorgeschmack auf das Vergnügen, wenn ich allein masturbiere. Ich benutze sie auf eine nichtsexuelle Weise, wenn ich sie mir mit einem Partner anschaue, um Beispiele für Aktivitäten zu sehen, die uns beiden gefallen, und um darüber zu sprechen.

Um etwas über Ihr eigenes und das Vergnügen und Verlangen anderer zu erfahren

Ich lese Erotica und stelle mich selbst beim Liebesspiel mit der Protagonistin vor, nach der ich mich sehne. Ich ziehe lesbische Erotica den heterosexuellen vor. Ich betrachte mich als Hetero, phantasiere und tagträume aber immer davon, mit Frauen zu schlafen, und bevorzuge die entsprechende Literatur.

Ich lese und schaue mir gern Erotica an und masturbiere dann. Ich mache es gern, um mich, kurz bevor mein Partner nach Hause kommt oder das Baby ins Bett muß, wiederaufzuladen. Ich mache es auch gern mit einem Partner. Dadurch wird das Gespräch sexueller. Manchmal erfahre ich neue Sachen, über die mein Partner phantasiert und vice versa.

Mach es selbst!

Sind Sie ein Pornograph? Falls Sie Ihren eigenen Sexfilm gedreht, erotische Verse zu Papier gebracht oder ein paar unanständige Fotos von ihrer Liebsten/Ihrem Liebsten geschossen haben, sind Sie tauglich! Sie können Ihre erotischen Phantasien aufschreiben, dabei Regie führen und in Ihnen auftreten. Vermutlich wird Ihr Partner den phantasievollen und persönlichen Touch zu würdigen wissen. Falls Sie nicht wissen, wo Sie anfangen sollen, versuchen Sie erst einmal, Ihre Phantasien aufzuschreiben. Viele unserer Fragebogenbeantworter berichten, daß es ihre Erregungskurve in die Höhe trieb, als sie ihre frühesten Masturbationserinnerungen, das angenehmste Liebesspiel oder die schönste Orgasmuserfahrung aufschrieben. Machen Sie einen Versuch!

Ich würde gern eine Szene aus einem Buch oder Video nachspielen und sie, um der Nachwelt willen, aufnehmen!

Ich zeichne gern meine eigene Erotica; ich habe es mein Leben lang so gemacht; meistens versuche ich, hetero-, homo- und bisexuellen Oralsex einfühlsam und ästhetisch befriedigend in Form der klassischen Bleistiftzeichnung darzustellen.

Ich schreibe sehr persönliche Geschichten für meine Geliebte, die ich ihr anschließend vorlese.

Als mein alter Freund fortzog, schrieben wir uns erotische Briefe.

Eine Bemerkung zur Zensur

Niemanden, der mit der amerikanischen Gepflogenheit des Bücherverbots vertraut ist, wird es überraschen zu erfahren, daß mehrere der in diesem Buch erwähnten Titel in bestimmten US-Staaten aus dem einen oder anderen Grund aus Büchereien, Geschäften oder Schulen verbannt wurden. Aber diese Praxis macht nicht an unseren Grenzen halt; Kunden aus Ländern, die wir regelmäßig beliefern, überraschen uns immer wieder mit der Nachricht, daß das von ihnen gewählte Buch konfisziert wurde (lesbischer Sex, Beschreibungen der S/M-Praxis, Schwulensex-Illustrationen).

Das sexuelle Bild in der darstellenden Kunst war häufig Gegenstand von Zensurdebatten. Obwohl die Nacktheit seit Jahrhunderten verehrt wird – ob von berühmten Bildhauern oder von *Playboy*-Fotografen –, wird Ihr Recht, es sich anzuschauen, ständig in Frage gestellt. Denken Sie nur an den Aufruhr bei der Mappelthorpe-Ausstellung in Cincinnati oder daran, wie die NEA-Stiftung sich von Künstlern »säuberte«, die »sexuelles Material« produzierten.

Pornovideos sind die jüngsten Opfer der Zensur. Die Strafverfolgung von Videogroßhändlern kann sich noch über Jahre hinziehen und sie dadurch in den finanziellen Ruin treiben. Deshalb neigen Videogroßhändler dazu, ihre eigenen Produkte bereits im Vorfeld zu zensieren und Szenen aus Videos herauszuschneiden, die in konservativen Staaten als obszön betrachtet werden könnten. Die Definition dessen, was obszön ist, variiert von Bundesstaat zu Bundesstaat – gemischtrassiger Sex, weibliche Ejakulation (die fälschlich für Urinieren gehalten wird), jede Spur von Zwang während des Geschlechtsverkehrs, Fluchen, Produktwerbung – jeder einzelne Punkt kann Ihr Video in einem der Unionsstaaten untragbar machen. Viele der klassischen Filme der siebziger Jahre – zum Beispiel *The Opening of Misty Beethoven* – wurden bis zur Unverständlich-

keit geschnitten. Eine derartige Zensur verewigt nur den förm-
lichen, phantasielosen Inhalt des kommerziellen Pornos:

*Ich bin eine Frau, die ejakuliert, wenn sie richtig erregt ist; eine
meiner Lieblingsaktivitäten ist das vaginale Fisting. Das sind die
Eckpfeiler meines Liebeslebens, aber sie werden als »widernatür-
liche Akte« betrachtet, die man in Sexfilmen nicht zeigen kann.
Was habe ich doch für ein Glück – ich kann jeden Abend in der
Woche ins Kino spazieren und mir Gewalt, Blutvergießen und
Grausamkeit auf der Filmleinwand anschauen, aber die Art und
Weise, wie ich sexuelle Erregung ausdrücke und wie ich zu meinem
sexuellen Vergnügen komme, ist zu pervers, als daß man sie in
einem Film zeigen könnte.*

Da die einzelnen Gemeinden die Pornographiegesetze auf unterschiedliche Art interpretieren, liegt es an Ihnen, etwas daran zu ändern, falls Sie Ihr Recht auf sexuelle Information schützen möchten. Vergessen Sie nicht, daß man *Good Vibrations* in vielen Groß-
und Kleinstädten der USA schließen würde oder daß dieses Buch
wahrscheinlich für viele Buchhandlungen und Büchereien viel zu
eindeutig ist.

Wir möchten Sie ermutigen, aufzustehen und Ihr Recht auszuüben, in der hübschen Vielfalt des in diesem Kapitel vorgeführten
Materials zu blättern, zu lesen und es sich anzuschauen. Legen Sie
sich eine eigene Erotica-, Porno- und Schundbibliothek an!

15. High-tech-Spielzeuge

Was wären wir ohne unsere Maschinen? Falls der Gedanke an all die Möglichkeiten eines Gerätes wie den Vibrator Sie erregt, werden Sie zweifellos daran interessiert sein zu erfahren, was andere Produkte der modernen Technologie Ihrem Sexleben zu bieten haben. Normalerweise erfordern diese Spielzeuge ein wenig Phantasie, manchmal auch eine recht große finanzielle Investition, aber auf jeden Fall eine Vorliebe fürs Experimentieren!

Telefone

Genau: Sex über die Telefonleitung. Obwohl es Telefonsex bereits seit Jahren gibt, nahm die Nachfrage nach bezahltem und/oder kostenlosem Sex per Telefon mit dem Ausbruch von AIDS an Beliebtheit zu, weil er eine vollkommen sichere und diskrete Methode darstellt, in Stimmung zu kommen. Jeder kann die große Anziehungskraft des Telefonsex verstehen. Denken Sie nur daran, wie Sie das letzte Mal mit jemandem sprachen, dessen Stimme Sie aufregend sexy fanden. Stellen Sie sich vor, Sie seien in einem passiven, erregten Zustand, während die Person am anderen Ende der Leitung erst die Vorzüge eines neuen Fernsprechdienstes anpreist, um dann die Konturen seines oder ihres gutgebauten Körpers zu beschreiben!

Zu dieser beliebten Tätigkeit gehört, daß man masturbiert, während man ein eindeutiges Gespräch führt. Die meisten Menschen denken beim Telefonsex an bezahlte Telefongespräche mit anonymen Menschen, aber jedes Paar (es können auch mehr als zwei Teilnehmer sein) kann seinen eigenen Telefonsexdienst einrichten:

Mein Freund lebt in einer anderen Stadt, also ist Telefonsex für uns ein Zeitvertreib. Wir masturbieren und beschreiben einander, wo wir uns berühren und wie es sich anfühlt – eine großartige Methode, den anderen wissen zu lassen, was einen anmacht.

Ich machte meine erste Erfahrung mit lesbischem Sex mit fünfzehn, als ich mit meiner besten Freundin telefonierte. Wir waren noch zu jung, um uns wirklich zu berühren, also erzählten wir einander am Telefon, was wir am liebsten mit dem anderen anstellen würden.

Wissen Sie, was lustig ist? Wenn man mitten im Masturbieren einen Anruf bekommt oder sich stimuliert, während man gerade mit jemandem telefoniert. Das ist aufregend und riskant. Vielleicht ein wenig kompliziert, aber lustig.

Mit der wachsenden Beliebtheit der Handys können sie recht kreativ sein, wenn es darum geht, wo und wann Sie den anregenden Anruf starten. Denken Sie das nächste Mal, wenn Sie nackt sonnenbaden, daran, ihn im Büro anzurufen. Oder wählen Sie die Nummer ihres Autotelefons, wenn Sie wissen, daß sie im Stau steckt, und lassen Sie sie wissen, was ihnen im Kopf herumgeht. Unanständige Nachrichten auf Anrufbeantworter und Voice Mail können weitere lustige Spiele sein – vergewissern Sie sich vorher nur, daß Sie die richtige Nummer gewählt haben!

Die Telefonsexindustrie bietet dem triebhaften Anrufer, der willens ist, für den Anruf zu bezahlen, verschiedene Möglichkeiten an:

● Sie können eine sexuell eindeutige, aufgezeichnete Mitteilung anwählen.

● Sie können live mit einer Frau/einem Mann sprechen, die/der die schmutzigen Gedanken und Phantasien mit Ihnen teilt, die auf Sie persönlich zugeschnitten sind.

● Sie können sich in eine Party-Line einklinken; dabei handelt es sich um einen oder mehrere Anrufer, die einander anmachen. Falls Sie eine vergnügliche und heiße Beschreibung eines Telefongesprächs zwischen einem Mann und einer Frau lesen möchten, die sich für letzteres entschieden haben, sollten Sie sich Nicholson Bakers Roman *Vox* kaufen.

Telefonsex kann eine großartige Möglichkeit sein, einige Ihrer Phantasien zu erkunden oder herauszufinden, welche Eigenschaften Sie erregen. Möglicherweise läßt der sächsische Akzent Sie kalt, während der süddeutsche Ihr Blut in Wallung bringt. Viele Menschen stellen fest, daß die Anonymität des Austauschs es ihnen leichter macht, ihre Wünsche zu äußern, und sie wagemutiger werden läßt.

Telefonsex ist eine wunderbare Möglichkeit, meinen Penis und meine Prostata mit meinem Verstand zu koppeln. Ich fühle mich sicherer, wenn ich mit jemandem schmutzige Reden führe, dem ich nicht von Angesicht zu Angesicht gegenübersitze. Es ist eine intensivere Form gemeinsam geteilter Phantasien; die Verhandlungen laufen sehr viel anders ab; und sie behelfen sich mit Worten statt mit Taten.

Für mich ist Telefonsex die ultimative Vertrautheit. Verbal, eindeutig und offen sein zu müssen, ist eine wirksame erotische Mischung, da ich normalerweise ein scheuer Mensch bin.

Kommerzielle Telefonsex-Gesellschaften bieten etwas für jede vorstellbar sexuelle Vorliebe oder Neigung. Sie können alles ausprobieren, von der »voyeuristischen Reise durch Bodybuilderinnenphantasien« bis zu »Kleidertauscher warten darauf, Sie kennenzulernen«. Telefonsexanzeigen sind in vielen Sexmagazinen, Boulevardzeitungen, Schwulenblättern und Telefonbüchern zu finden. Achten Sie bei den Anzeigen auf die Tarife, da die Kosten zwischen den einzelnen Gesellschaften drastisch variieren können.

Computer
Bulletin Board Services (BBS)

Genau: Sex on-line. Elektronische Bulletin Boards machten es möglich, Computersex zu genießen; eine Variante des Telefonsex, die sich Ihr Telefon, ihr Modem und Ihren Computer zunutze macht. Sie zahlen einen monatlichen Mitgliedsbeitrag an ein BBS wie The Well (Westküste) oder CompuServe (national), der Sie berechtigt, die angebotenen Dienste in Anspruch zu nehmen. Viele BBSs bieten eine Computerversion der »Persönlich«-Rubrik an, wie man sie in Zeitungen findet. Dort können Sie andere Mitglieder kennenlernen oder mit ihnen schmutzige Reden führen. Eine besonders angenehme Methode, Menschen kennenzulernen, wenn man scheu ist oder sehr isoliert lebt.

Einige BBSs verfügen über eine Bildabteilung, von der Sie Pornos abspeichern können. Die meisten BBSs bieten ein öffentlicheres Forum (»Konferenzen« genannt), um verschiedene Sexthemen zu diskutieren. Sie können entweder mit Hunderten von anderen Benutzern über sexuelle Überzeugungen, Techniken oder Pornographie korrespondieren, oder nur mit einem einzigen Teilnehmer eine intimere Diskussion führen. Ein Thema bei The Well ist zum Beispiel, wie man einen guten Rimming-Job (Lecken oder Saugen des Anus) ausführt oder ihn bekommt. Bei den meisten Bulletin Boards gelten gewisse Anstandsregeln, die zu befolgen Sie sich bemühen sollten. Viele BBSs empfehlen auch, ein Pseudonym zu benutzen, was diese bereits anonyme Form des Gedankenaustauschs noch spannender und faszinierender macht.

Es ist diese Anonymität, die es einem erlaubt, ohne jedes persönliche Engagement ein bißchen den Voyeur zu spielen, das macht Spaß.

Weil man die anderen Benutzer möglicherweise niemals sieht, entwickelt sich eine ganz bestimmte Form der Intimität und Konversation. Schüchterne Menschen haben bei dieser gesichtslosen Form oft weniger Hemmungen, sich durchzusetzen und/oder zu offenbaren; der Gesamteffekt ist ein sehr starkes Gemeinschaftsgefühl.

Das Netz erlaubt eine ungeschützte Konversation, die man bei einer Frau, die man jeden Tag sieht, nie oder nur selten erreichen würde. Das finde ich nicht nur in intellektueller, sondern auch in sexueller Hinsicht informativ, amüsant und stimulierend.

Wie beim Telefonsex hat auch die Anziehungskraft des Computersex mit der interaktiven Phantasiekomponente zu tun. Sie können bei anderen Benutzern so unanständig sein, wie Sie wollen – eroti-

sche Geschichten erzählen, Liebesspiele beschreiben, virtuelle Sexakte einleiten –, entweder öffentlich (was einen Voyeur- und Grup-
pensexappeal hat) oder privat. Und Sie können verschiedene Persönlichkeiten erfinden, um ein anderes Geschlecht oder andere Vorlieben auszuprobieren.

*Beim elektronischen Sex braucht man keine Angst zu haben, sich
eine Krankheit einzufangen oder zurückgewiesen zu werden. Ich
kann alle möglichen Sexformen ausprobieren, weil sie keine Folgen
haben.*

Sie brauchen kein Computergenie zu sein, um in den Genuß eines
elektronischen Bulletin Boards zu kommen. Sie können ganz leicht
lernen hineinzukommen, und es erfordert nur ein wenig Übung. Sie
werden feststellen, daß die anderen Benutzer sehr hilfsbereit und
freundlich sind.

An Ausstattung brauchen Sie nur einen Computer, ein Modem,
ein wenig Software und natürlich einen Telefonanschluß. Nach
Computer Bulletin Boards halten Sie bitte in Computerzeitschriften
oder Telefonbüchern Ausschau oder fragen Sie einen computerkun-
digen Kumpel.

Pornosoftware

Pornographische Software gibt es in Form von unanständigen Bil-
dern, die Sie abspeichern können; so, als würde jemand *Victoria's
Secret* oder *Playgirl* in Ihren Computer übertragen, so daß Sie sich
Ihre eigene Kopie machen können. Sie können aber auch interaktive
Software kaufen. Normalerweise handelt es sich dabei um Spiele,
deren Figuren Sie auf unterschiedliche Weise manipulieren können:
Sie können sie ausziehen oder sexuelle Stellungen und Akte ausführen lassen. Obwohl die Spiele recht phantasievoll sein können
(Sie sind ein Nachtwächter/Spanner, der seine Nachbarn ausspio-
niert), sind Sie normalerweise bei jedem Zug auf ein paar Möglichkeiten beschränkt (soll sie verprügelt oder geleckt werden?), und
sobald Sie alle Möglichkeiten durchgespielt haben, wird das Spiel
langweilig.

Die Figuren sind auch oft von der Sorte Playboy-Häschen. Aber da es sich hier um einen rasch wachsenden Markt handelt, erwarten wir, daß Sie schon bald differenziertere Spiele angeboten bekommen, bei denen Sie für Ihre eigenen Computerphantasien die Auswahl der Darsteller treffen, Regie führen und die Dialoge schreiben können.

Wie Pilze aus dem Boden schießen dagegen bereits CD-ROM-Programme; das heißt, Datenspeicher, die fünfhundertmal mehr Daten enthalten als eine Floppydisk und die von Lasern gelesen werden. Sie können digitalisierte Filmclips und Fotos zusammen mit einem Sound in CD-Qualität speichern. Es ist also möglich, daß Sie bald schon mehr auf CD-ROM gespeicherte Pornos finden können, wie zum Beispiel die jüngste CD-ROM-Uraufführung von Andrew Blakes *House of Dreams*. Die interaktiven Talente (auf einen Körperteil zoomen, eine Pointe genauer untersuchen) sagen all jenen sehr zu, die gerne Schauspieler manipulieren und in die Handlung eingreifen möchten. Auch viele interaktive Spiele sind auf CD-ROM erhältlich; falls die Technik Fortschritte macht und der Preis fällt, könnten diese Produkte die Nintendos für Erwachsene werden.

Ein Großteil dieser Software wird, zusammen mit einer Aufzählung der erforderlichen Hardware, in Computer- und Sexmagazinen angeboten.

Virtuelle Realität (VR)

Diese beiden Wörter werden uns wohl ins einundzwanzigste Jahrhundert begleiten. Falls Sie nicht genau wissen sollten, was »virtuelle Realität« eigentlich ist, stehen Sie nicht allein da – bei VR handelt es sich um eine momentan noch recht primitive Technik. Die Implikationen und Erwartungen an die virtuelle Realität übertreffen bei weitem die »Realität« (von der Begeisterung ganz zu schweigen). VR ist ein Nebenprodukt der Computer- und 3-D-Technik. Die Idee hinter dieser Technik ist, den Menschen durch Manipulation von Sicht, Klang und Tastsinn mit einer künstlichen Umwelt zu umgeben, die der Wirklichkeit stark ähnelt. Das heißt im Klartext, daß Sie eines Tages in der Lage sein werden, sich so zu fühlen, als hätten Sie mit jemandem geschlafen, ohne mit jemandem geschlafen zu haben. Denken Sie an den letzten lebhaften und eindeutigen Traum, den Sie hatten – als Sie aufwachten, hätten Sie schwören können, mit jemandem geschlafen zu haben, oder? So ähnlich soll VR einmal funktionieren.

Zur VR-Unterhaltung brauchen Sie eine Menge Gerätschaften: einen Helm, der als Videoprojektor 3-D-VR und das Soundsystem erzeugt, und Datahandschuhe, die Sie befähigen, in der simulierten Umgebung Gegenstände zu manipulieren. Seit neuestem können Personal-Computer-Benutzer 3-D Stereoskopie-Brillen und Kopfhörer an ihren Computer anschließen und andere Benutzer in VR-Spiele verwickeln. Ernsthafte Spieler können in einem Cyberchair Platz nehmen, der sich ihren Bewegungen anpaßt und mit heißen und kalten Empfindungen programmiert werden kann, passend zu der Umgebung, in der sich der Spieler gerade befindet. Momentan existieren zwar noch keine genitalen Datahandschuhe, doch glauben wir, daß sie nicht mehr lange auf sich warten lassen werden, da die Implikationen für VR und Sex-Unterhaltung eindeutig erregend sind.

Virtuelles 3-D-Audio

Obwohl VR meilenweit davon entfernt ist, hochentwickelt, und Lichtjahre davon entfernt, so erschwinglich zu sein wie eine Stereoanlage, können Sie einen Vorgeschmack auf diese Technik zum Preis einer CD bekommen.

Virtuelles Audio ist eine neue Methode der digitalen Aufzeichnung in einem dreidimensionalen Full Fidelitysound. Wenn Sie sich die Aufzeichnung über Kopfhörer anhören (ohne Kopfhörer funktioniert es nicht), erleben Sie das Geschehen so, als säßen Sie mittendrin. Ein paar Produkte sind bereits auf dem Markt, zum Beispiel *Cyborgasm* und *Private Erotica*, die sexuelle Vignetten anbietet, die durch virtuelles Audio auf CD oder Kassette noch verstärkt werden. Sie hören das fiebrige Geflüster und das Stöhnen einer Person, von der Sie schwören könnten, sie liege neben Ihnen. Achten Sie auf die klickenden Pfennigabsätze oder die knallende Peitsche, die sich von hinten nähern! Für dieses Spielzeug brauchen Sie nur einen Kassetten- oder CD-Player und ein paar Kopfhörer.

Mein Lieblingsstück auf Cyborgasm *war der Löwenbändiger. Ich kam mir vor, als wäre ich in einem Zirkuskäfig gefangen und würde mich nach der Aufmerksamkeit und Zuneigung meines Meisters sehnen, hilflos, wild, hungrig und preisgegeben.*

Die Kommunikations-Revolution

Bulletin Boards, Handys und die Virtuelle Realität sind Beispiele für die Fortschritte im Zuge der hochgelobten und aufdringlich angepriesenen Kommunikations-Revolution.

Verheißungen von interaktivem Fernsehen, von Hunderten von Kabelkanälen und Videotelefonen kitzeln die Phantasie und lassen den Verstand zurückscheuen, wenn es um die sexuellen Implikationen geht. Stellen Sie sich einmal vor, wie sich der Telefonsex verändern wird, wenn Sie die Möglichkeit haben, Ihren Gesprächspartner auf dem Videotelefon zu sehen! Wie wenig werden wir uns noch von unserer Couch erheben, wenn es möglich sein wird, per TV-Liste einen erotischen Video zu wählen. Vielleicht gebiert die technische Zukunft einen sexuellen Fitneßwahn, der unsere Besessenheit von Trainings-Kassetten ablöst.

Manche Menschen fürchten, daß diese Fortschritte uns nur noch abhängiger von Maschinen machen werden – wer will sich schon der Mühe unterziehen, mit einem wirklichen Menschen zu schlafen, wenn sich der virtuelle Sex genauso anfühlt? Doch sollten Sie nicht vergessen, daß selbst die realistischste Simulation immer noch nur eine Simulation ist und die Wirklichkeit nicht ersetzen kann. Das gleiche gilt auch für den Telefonsex, der unser Bedürfnis nach körperlicher Stimulierung oder Freundschaft nicht befriedigt; und Vibratoren mindern nicht unser Verlangen nach einem dicken, feuchten Kuß auf den Mund. Diese neue Generation der Kommunikationsspiele besitzt das Potential, unsere Phantasiewelt noch mehr zu erweitern. Es sind Werkzeuge, mit deren Hilfe wir mehr über Genuß und erotische Phantasie lernen können.

Nur Mut ...

Diese kleine Technik-Kostprobe ist erst der Anfang – wer weiß, welche neuen technischen Wonnen hinter der nächsten Ecke darauf lauern, uns zu verführen? Was immer sie auch sein mögen: Wir sind tuned in, plugged in, logged in, pumped up und bereit, neues erotisches Terrain im einundzwanzigsten Jahrhundert zu betreten.

16. S/M und Machtspiele

Ich mag es am liebsten, wenn meine Geliebte die völlige Kontrolle übernimmt, mich beherrscht, nicht fragt, was ich brauche oder möchte, weil sie es bereits weiß; sie geht schnurstracks geradeaus und nimmt mich, während sie mit mir redet.

Ich nehme gern den Gürtel meines Bademantels und binde damit die Hände meines Partners am Bettpfosten fest. Das Gefühl der Macht erregt mich – die Fähigkeit, ihn auf die Folter zu spannen und ohne seine Einmischung zum Orgasmus zu bringen.

Kommen Ihnen diese Gefühle vertraut vor? Wir möchten wetten, daß Sie sowohl der Gedanke, von einem Partner überwältigt zu werden, als auch einen Partner zu überwältigen, recht erregend finden. Das sexuelle Machtspiel besaß stets eine fast universelle Anziehungskraft. Doch viele unter ihnen, die in ihrem Liebesspiel bereits Aspekte von Dominanz und Unterwerfung eingebaut haben, sind möglicherweise überrascht zu erfahren, daß man diese als S/M-Aktivitäten beschreiben könnte.

Bei S/M oder S & M handelt es sich um eine Abkürzung des Wortes *Sadomasochismus*, vom Wörterbuch als die »Perversion« bezeichnet, sexuelle Befriedigung nur durch das Zufügen oder das Erfahren von Schmerz zu erlangen. Diese Definition trägt Mitschuld an einem weitverbreiteten Mißverständnis in bezug auf S/M, das noch dadurch verstärkt wird, daß der Begriff Sadomasochismus häufig dazu herhalten muß, die nicht sexuelle Dynamik zwischen Menschen zu beschreiben, die ein beherrschendes oder abusives Verhalten an den Tag legen. Man bezeichnet tyrannische Chefs oder prügelnde Ehemänner als »Sadisten« und jedermann, der sich selbst körperlich oder emotionell schadet, als »Masochisten«. Hollywood-Regisseure haben dazu beigetragen, das S/M-Klischee zu verfestigen. Wenn sie nicht gerade Drehbücher mit psychopathischen Transsexuellen oder schurkischen Transvestiten besetzen, würzen sie ihre Thriller gern mit Plots, in die mörderische S & M-Experten verwickelt sind. Sie wollen sich eine Scheibe vom Kuchen abschneiden; das Publikum wird eingeladen, sich an erregenden Bildern von hochhackigen Dominas oder in Leder gekleideten Herren zu weiden; doch am Ende der Filmrolle sind all die bösen Sadisten und rührenden Masochisten entweder hinter Schloß und Riegel oder ins Jenseits befördert worden, während die freundliche, sanfte Rechtschaffenheit triumphiert.

Doch S/M hat weder in sexueller noch in nichtsexueller Hinsicht etwas mit Gewalt oder Zwang zu tun. Der gemeinsame Nenner in allen S/M-Spielen ist nicht das Austeilen und Empfangen von Schmerz, sondern ein Machtwechsel mit gegenseitigem Einverständnis. Die Tatsache, daß es beim S/M um ein erotisierendes Machtspiel und nicht um physische oder emotionelle Mißhandlung geht, ist wichtig, um das Thema zu verstehen und es aller Geheimnisse zu entkleiden. Einige Angehörige der S/M-Gemeinde sind deshalb der Meinung, »Sadomasochismus« sei ein ungenaues und unzutreffendes Wort, um ihre Erfahrung zu beschreiben. Sie bevorzugen Begriffe wie Dominanz und Unterwerfung, Sinnlichkeit und Gegenseitigkeit, sexuelle Magie, radikaler Sex oder Macht und Vertrauen.

Seit die S/M-Definition jetzt alle Arten von erotischer Tätigkeit umfaßt, bei der es um Rollenspiel, Machtwechsel und verstärkte Wahrnehmung geht, ist das Interesse an diesem Thema deutlich angestiegen. In dem zunehmenden Bewußtsein von den Risiken der sexuell übertragbaren Krankheiten sind viele Menschen von der Aussicht auf ein Liebesspiel fasziniert, das sehr erregend ist, aber keinen genitalen Sex erlaubt. S/M-Clubs und Organisationen überall im Lande bieten Vorträge, Workshops und Spielpartys an, in denen die Teilnehmer das Machtspiel in einem sicheren, übersichtlichen Kontext erkunden können. Die Verhandlungen, die Verständigung, die nötig sind, bevor zwei oder mehrere Menschen sich auf ein S/M-Spiel einlassen, können Ihre Chancen verbessern, zu einer sexuellen

Befriedigung zu gelangen, ob Sie nun ein Neuling sind, der ein nächtliches Abenteuer sucht, oder ein »altes« Paar, das aus den Gleisen des eintönigen Geschlechtsverkehrs ausbrechen möchte.

Ich mag das Rollenspiel und spiele gern verschiedene Persönlichkeiten. Das kann viele Formen annehmen – vom Alters- bis zum Geschlechterspiel; normalerweise ist auch Machtwechsel dabei.

Ich verhandle gern davor, setze Grenzen und lege die Grenzen der einzelnen Teilnehmer genau fest. Selbst mit meinem Mann spreche ich jedesmal darüber, was wir gern möchten.

Falls die allgemeine Verbreitung von Fetischen wie Leder, Dessous, Halsbändern und Korsetts, wie man sie im MTV, in Modemagazinen oder auf Madonnas Welttourneen sieht, auch Sie erfaßt hat, sind Sie Opfer eines Phänomens geworden, das unsere Freundin Susie Bright »S/M light« nennt – S/M-Bilder haben die Mainstream-Kultur durchdrungen. Als wir letztes Jahr unserem Buch- und Videokatalog den ausgezeichneten Leitfaden *Learning the Ropes: A Basic Guide to Safe and Fun S/M Lovemaking* hinzufügten, stürzten sich unsere Bestellkunden in Massen auf diesen Titel. Unsere »Fesseln, um zu befriedigen«-Abteilung mit ihren Handschellen, Peitschen und Brustwarzenklammern ist der Verkaufsbereich, der sich am schnellsten ausdehnt. Obwohl man nur schwer abschätzen kann, wieviele Prozent der erwachsenen Bevölkerung schon einmal ein Machtspiel ausprobiert haben, läßt uns unser vogelgleicher Blick auf Amerikas sexuelle Sitten und Gebräuche vermuten, daß S/M landesweit praktiziert wird.

Begriffsbestimmung
Über Machtwechsel

Beim S/M-Spiel übernimmt ein Partner die dominante oder »Top«-Rolle, während der andere die unterwürfige oder »Bottom«-Rolle in einer planmäßig vorbereiteten Begegnung spielt, die allgemein als »Szene« bezeichnet wird. Das Rollenspiel kann subtil bis sorgfältig ausgearbeitet sein; die Szenen können einige Minuten oder ein paar

Tage dauern. Am subtilen Ende des Spektrums könnten Sie eine dominante Rolle annehmen, indem Sie Ihren Partner anweisen, ein spezielles Kleidungsstück zu tragen oder im Bett eine bestimmte Stellung einzunehmen. Oder Sie könnten eine unterwürfige Rolle spielen, indem Sie zustimmen, nicht eher zum Orgasmus zu kommen, bis Ihr Partner es Ihnen erlaubt. Am sorgfältig ausgearbeiteten Ende des Spektrums könnten Sie mit Ihrem Partner einen Erotikvortrag des Inhalts schließen, daß einer von Ihnen dem anderen als gehorsamer Sexsklave dient. Einen Tag später tauschen Sie möglicherweise die Rollen. Hierbei ist es vor allem wichtig, daß Sie Ihren Partner nicht eher beherrschen können, bis er Ihnen erlaubt, die Kontrolle zu übernehmen, und Sie können sich Ihrem Partner erst unterwerfen, wenn er die Kontrolle akzeptiert. Die gegenseitige Abhängigkeit und die Unbeständigkeit des dem S/M innewohnenden Machtwechsels wird durch den Schrägstrich zwischen den Buchstaben »S« und »M« ausgedrückt – die beiden Pole der S/M-Erfahrung sind miteinander verbunden. Eines kann nicht ohne das andere existieren.

Weshalb, so werden Sie sich jetzt fragen, soll jemand beim Liebesspiel eine dominante oder unterwürfige Rolle spielen wollen? Wir würden Ihnen antworten: »Nun kommen Sie schon, haben Sie mal einen Blick auf Ihr eigenes Liebesleben geworfen?« Sex zwischen zwei Menschen beschreitet nur selten den streng egalitären Pfad gegenseitiger Erregung, der zum gemeinsamen Orgasmus führt – wahrscheinlicher ist, daß jeder Partner im Wechsel die Gefühle des anderen kontrolliert. Eine sich stets verändernde Machtdynamik ist für jede menschliche Interaktion unerläßlich. Die Bandbreite der Gefühle, die beim Liebesspiel auftreten, ist kaum auf Herz-und-Blumen-Rührseligkeit beschränkt – Beschützerinstinkt, Verletzlichkeit, Ausgeliefertsein, Neugier, Boshaftigkeit, Stolz und Liebe sind Emotionen, die beim Liebesspiel entstehen können:

Manchmal bin ich richtig erschrocken darüber, wie entschlossen ich bin, meine Partnerin zum Orgasmus zu bringen, und zwar nur wegen des egoistischen Vergnügens, sie schreien zu hören und zu beobachten, wie sie die Kontrolle verliert.

Möglicherweise schrecken Sie vor dem Gedanken zurück, daß die Demütigung eines Partners erregend sein kann, aber wer hat es nicht schon genossen, seinen Partner in der wie folgt beschriebenen Weise zu necken:

Ich sauge und lecke gern am Anus meines Partners, weil er dabei viel stöhnt. Er haßt es, unfreiwillig Gefühle zu zeigen, andererseits gefällt ihm, was ich mit ihm anstelle, also ist er in einer Zwickmühle. Meistens hindert er mich daran, weil ihm das Stöhnen peinlich ist.

Für uns sieht es so aus, als könne für den in diesem Zitat beschriebenen Gentleman eine gestrenge Herrin (oder ein strenger Herr) von Nutzen sein, die ihn fesselt, bis zum Wahnsinn leckt und ihn erst freiläßt, wenn sein lustvolles Stöhnen lautstark zu vernehmen ist. Immerhin hält er seine Lust zurück – nicht nur vor seiner Partnerin, sondern auch vor sich selbst. Möglicherweise fühlt er sich, wenn jemand die Aufgabe übernimmt, ihn für seine gefühlvolle Art zu »bestrafen«, nicht länger genötigt, es selbst zu tun, indem er seine Reaktionen zensiert. Auf die Kontrolle zu verzichten und seinem Partner den Fahrersitz zu überlassen, ist eine recht wirksame Methode, mit dem sexuellen Schamgefühl und der Selbstverleugnung Schluß zu machen.

Die Phantasie-Connection

Eine genaue Betrachtung Ihrer eigenen sexuellen Phantasien mag Ihnen weitere Hinweise auf die Anziehungskraft des Machtspiels geben. Viele Menschen genießen Phantasien, die sich in ein oder zwei Kategorien einteilen lassen. In einer beliebten Phantasie geht es darum, sich in der Gewalt von Kidnappern, Vergewaltigern, Aliens usw. zu befinden:

Ich stelle mir vor, wie ich, während mein Partner die Aktion steuert, gewaltsam »genommen« werde, während ein Mann oder mehrere Männer zuschauen und darauf warten, daß sie an die Reihe kommen.

Eine ergänzende und ähnlich beliebte Phantasie dreht sich darum, die vollständige erotische Kontrolle über einen Stall von Sexsklaven, eine angesehene Person aus dem wirklichen Leben oder eine Berühmtheit usw. zu haben:

In meiner Phantasie beherrsche ich einen Mann und eine Frau, die völlig in meiner Gewalt sind und alles tun müssen, was ich für sie plane, zum Beispiel: Fesseln, Verprügeln, anale Penetration mit Dildos ...

Das Machtspiel ist Mittelpunkt unserer erotischen Phantasien. S/M-Praktizierende führen häufig an, daß das bewußte Eingehen auf diese Tatsache ihnen zu einem stärkeren Selbstbewußtsein und ihrem Liebesleben zu größerer Ehrlichkeit und Integrität verholfen hat, die der sogenannte »Vanilla«-Sex (ohne S/M) nicht bieten kann.

Wer ist unten?

Worin liegt nun der besondere Reiz der unterwürfigen Rolle? Sie spiegelt auf vielfältige Weise die Anziehungskraft der Unterwerfungsphantasien wider. Die Implikation, daß Sie so begehrenswert und verführerisch sind, daß der dominante Partner vor nichts haltmachen wird, um Sie zu besitzen, ist der springende Punkt altehrwürdiger Phantasien, die von der Schändung durch Miederzerreißende Piraten bis hin zu Schlägerbanden im Gefängnishof reichen. Die Phantasie, die bei Ihnen ein überwältigendes Verlangen auslöst, erlaubt es Ihnen, von Ihren eigenen Wünschen fortgerissen zu werden, und gestattet Ihnen zugleich, die Verantwortung für all das abzugeben, was Sie sagen oder tun könnten. Diese Kapitulation kann eine besondere Erleichterung für all jene darstellen, die sich in sexueller Hinsicht schuldig oder ambivalent fühlen:

Ich habe erst kürzlich angefangen, den Bereich Dominanz/Unterwerfung auszuprobieren, und es sieht so aus, als gäbe er mir die Freiheit, leichter die »Kontrolle« zu verlieren.

S/M kann auch für all jene befreiend sein, die sehr stark stimuliert werden müssen, um zum Orgasmus zu kommen. Ob Ihnen die hohe Stimulierungstoleranz lästig oder ob es Ihnen peinlich ist, daß Sie beim »Vanilla«-Sex nur schwer kommen: als gieriger, »unersättlicher« Unterwürfiger können Sie ein Gegenstand des Stolzes und Respekts sein.

Ich mag es, wenn man mich fesselt und auf die Folter spannt – ich registriere mit Bestürzung und Erregung, wie überdreht ich werden kann, wenn ich provoziert oder manipuliert werde, sexuell zu reagieren. Dadurch kann ich den Beischlaf intensiv genießen.

Szenarien der Unterwürfigkeit können auch eine angenehme Erleichterung für Menschen darstellen, die in ihrem täglichen Berufsleben viel Verantwortung tragen und sich nach der Gelegenheit sehnen, die Kontrolle in ihrem Privatleben abzugeben. Das weitverbreitete Mißverständnis, S/M sei sexistisch oder für Frauen erniedrigend, hat seinen Ursprung in der Annahme, daß der dominante Teil jeder S/M-Szene stets die Person ist, die die größte wirtschaftliche und gesellschaftliche Macht inne hat. Es besteht jedoch kein unmittelbarer Zusammenhang zwischen dem sozio-ökonomischen Status eines Menschen und seiner Vorliebe beim sexuellen Rollenspiel – viele wohlhabende und einflußreiche, leitende Angestellte beiderlei Geschlechts lassen sich gern nach Feierabend verprügeln. Überdies setzt das »S/M ist erniedrigend«-Modell voraus, daß der Unterwürfige als der weniger wertvolle Partner betrachtet wird, was jedoch nicht der Fall ist. Schließlich braucht es zwei Menschen, um Tango zu tanzen – wir hassen es, wenn die Furcht davor, daß auch nur ja alles gesellschaftlich korrekt ist, das Vergnügen unserer Leser beeinträchtigt, eine Runde auf dem Tanzboden zu drehen.

Ich habe es gern, wenn man mich fesselt und neckt oder einfach nur für eine Weile unbeachtet läßt. Ich spiele gern die hilflose Magd (möglicherweise würde ich eine Domina spielen, wenn ich im wirklichen Leben hilflos wäre). Ich mag es, wenn ich gezwungen werde, solange an das Eine zu denken, bis ich vor Verlangen fast wahnsinnig bin und darum bettle.

Der klassische Widerspruch in der Rolle des Unterwürfigen besteht darin, daß Sie – obwohl Sie Ihrem dominanten Partner gegenüber scheinbar dienstbar sind – im Mittelpunkt der Aufmerksamkeit verbleiben; dies wiederum bedeutet, daß Sie sehr wertvoll sind. Dieser Zustand bietet eine verwöhnte, an die Kindheit gemahnende Sicherheit, die ein Gegengewicht zu der Verletztlichkeit darstellt, die in Ihrem Verlangen nach Unterordnung enthalten ist. In der Kindheit erlebt jeder von uns das schmerzliche Gefühl der Hilflosigkeit. Als Erwachsener bewußt auf jegliche Kontrolle zu verzichten, vermittelt Ihnen ein paradoxes Gefühl der Macht – nachdem Sie das Gefühl der Schwäche und Abhängigkeit willig angenommen haben, können Sie mit der Bestätigung Ihrer Stärke und Autonomie aus dieser Erfahrung hervorgehen.

Wer ist oben?

Und was ist das Besondere an der dominanten Rolle? Daß Sie oben sind! Ihr Partner hat Ihnen die Regie für die Show anvertraut. Sie kontrollieren, was geschieht, und wer wann kommt. Und Sie haben die Verantwortung für die Sicherheit und die Lust Ihres Partners. Im Idealfall sollten Sie mit Ihrem unterwürfigen Partner nichts anderes anstellen, als was nicht schon einmal mit Ihnen angestellt worden ist. Vielleicht möchten Sie sich auf das Vergnügen Ihres Partners konzentrieren:

Ich praktiziere mit meiner gegenwärtigen Partnerin S/M. Es ist sehr erotisch und recht unterhaltsam, sie zu fesseln und »in meiner Gewalt« zu haben, während ich mit ihren Brustwarzen, ihrer Muschi usw. spiele.

Ich hatte sie gefesselt und beschäftigte mich ungefähr eine Stunde lang mit ihren Genitalien – sie war so geschwollen und empfindlich. Dann bearbeitete ich mit ihrem Vibrator ihre Klitoris und verschaffte ihr wenigstens zehn Orgasmen.

Oder Sie möchten sich auf ihr eigenes Vergnügen konzentrieren:

Meine Partnerin beschäftigt sich mit meinem Penis, während ich sie mit einer Reitgerte auspeitsche. Ihr Schmerz steht in direktem Verhältnis zu meinem Vergnügen.

Ich lege meinem Partner ein Dildogeschirr um und befehle ihm, sich auf den Rücken zu legen, damit ich auf ihm reiten kann. Er darf sich nicht bewegen und weder mich noch sich selbst berühren. Es macht ihn wahnsinnig, meine Brüste direkt über seinem Gesicht schweben zu sehen, und mein Hintern bewegt sich genau über seinem Schwanz auf und ab, ohne daß er mich berühren kann.

So wie die Unterwürfigkeit Ihnen erlaubt, die Kontrolle aufzugeben und die Verletzlichkeit willkommen zu heißen, erlaubt ihnen die dominante Rolle, Kontrolle auszuüben und die Autorität anzunehmen. Der dominierende Partner kann Gefühle erkunden, über die unsere Gesellschaft die Stirn runzelt: Egoismus, Grausamkeit, Überlegenheit, Machtgelüste und sie in dem Kontext der Befriedigung seines oder ihres Partners ausleben. Das Vertrauen Ihres Partners kann sehr berauschend wirken, und die Erfahrung, ihre eigene »dunkle Seite« angezapft zu haben, kann recht befreiend sein. Die andere Seite dieser Freiheit ist Ihre Verantwortung dafür, Ihrem Partner stets die volle Aufmerksamkeit zu zollen; sicherzustellen, daß seine körperlichen oder emotionalen Grenzen nicht überschritten werden; und derjenige zu sein, der die Situation unter Kontrolle hat. Es mag besonders für einen dominanten Neuling nicht leicht sein, das Selbstvertrauen und das Maß an Überheblichkeit aufzubringen, die für eine erfolgreiche Szene erforderlich sind. Die Bereitschaft, Verantwortung zu übernehmen, und die nötige Energie aufzuwenden, um eine Szene durchzuhalten, ist ein Geschenk des dominierenden an den unterwürfigen Partner.

Ich mag S/M-Rollenspiele. Ich bin oben. Mir gefällt es, für meinen Liebhaber eine Szene zu gestalten. Es ist ein maßgeschneidertes Geschenk, aus tiefster Liebe kreiert.

Und was ist mit dem Schmerz?

Es stimmt, daß es beim S/M im Grunde nicht um Schmerz geht, es trifft jedoch auch zu, daß einige S/M-Aktivitäten wie das Auspeitschen und das Anbringen von Brustwarzenklammern sich verdammt unangenehm anhören. Richtiger wäre es zu sagen, daß diese Aktivitäten eher Gefühle als Schmerz erzeugen. Überlegen Sie einmal. Wenn Sie von einem anderen Planeten kämen und zufällig in einen Aerobic-Kurs hineinspazierten, wären sie möglicherweise erstaunt, wenn Sie erführen, daß die Teilnehmer dafür bezahlt haben, sich dieser Folter zu unterziehen. Wir leben an der wunderschönen kalifornischen Küste, und jedes Wochenende ist der Küsten-Highway voller Radfahrer, die sich mit grimmiger Miene, die kaum entspannte Glückseligkeit zeigt, ihren Weg die Hügel hinauf erkämpfen. Dennoch würden diese Leute einem neugierigen Alien sehr wahrscheinlich antworten, daß sie stolz darauf sind, sich diesen Grad der Anstrengung erarbeitet zu haben, und daß ihre körperlichen Mühen eigentlich dazu dienen, ein berauschendes Maß an Endorphinen durch ihren Blutkreislauf zu jagen. Selbst wenn die körperliche Anstrengung schmerzt, gibt es einen großen subjektiven Unterschied zwischen dem Schmerz, den Sie kontrollieren und an dessen Überwindung Sie arbeiten, und dem Schmerz, den Sie nicht erwarten oder um den Sie nicht gebeten haben.

Genausogut könnten Sie, wenn Sie in eine Szene hineinspaziert sind, in der ein Mann ausgepeitscht wird, annehmen, daß er große Schmerzen hat, während er Ihnen wahrscheinlich sagen würde, daß er sich in einem Zustand erhöhter Wahrnehmung befindet. Die sexuelle Erregung beeinflußt unsere Sicht des Schmerzes. Sie haben zweifellos beim Liebesspiel bestimmte Formen der Stimulierung wie Haareziehen, Brustwarzenbeißen, Kratzen genossen, die Ihnen nicht im mindesten gefallen würden, nachdem die Erregung abgeklungen ist. Es ist ein wenig willkürlich, voller Stolz über die Kratzer und Bisse zu sprechen, die Sie im Verlauf eines leidenschaftlichen Liebesspiels erhielten, und sich über die Peitschenstriemen zu mokieren, die einer anderen Person ebenfalls während eines leidenschaftlichen Liebesspiels zugefügt wurden.

Man sollte auch noch erwähnen, daß Menschen mit neurologischen Schäden, die ihre Wahrnehmung physischer Stimulierung dämpfen, manchmal nur durch das intensive Gefühl, das ihnen bestimmte S/M-Aktivitäten vermitteln, Befriedigung erfahren können. Während einige kerngesunde Menschen – stets auf der Jagd nach intensiver Wahrnehmung – S/M als eine fast meditative Disziplin betrachten; als einen Weg, über das Fleisch zu triumphieren und es zu transzendieren.

Was hat es mit Fetischen auf sich?

Bestimmte Gegenstände, Materialien oder Körperteile können ein sexuelles Verlangen in den Menschen auslösen, die sie verehren. Am weitesten verbreitet sind wahrscheinlich die Kleiderfetische; viele Menschen lieben Uniformen, Dessous oder Materialien wie Leder oder Gummi. Es gibt schwache Fetische, das heißt, der Gegenstand oder das Material hilft, eine sexuelle Szene zu verstärken, oder extreme: Das Objekt oder Material ist für die sexuelle Erregung zwingend notwendig. Wir erwähnen das Thema unter anderem an dieser Stelle, weil Menschen mit Fetischen manchmal Teil der lokalen S/M-Gemeinde werden, um die Möglichkeit zu haben, sich zu verkleiden oder mit dem Material/der Kleidung zu agieren, die sie verehren. Aber man sollte sich davor hüten zu glauben, daß jemand das S/M-Spiel genießt, nur weil er oder sie Leder liebt. Andererseits muß jemand, dem S/M gefällt, nicht zwangsläufig Leder lieben. Die Fetisch-Kleidung anzuziehen, seien es nun Spitzendessous oder nietenbesetztes Leder, ist eine der universellsten Möglichkeiten, sexuellen Unternehmungsgeist zu zeigen. Aber obwohl die Kostümierung Teil der S/M-Szene sein mag, dient sie nicht als Aushängeschild.

Ich habe mich den Outcasts, einer lesbischen S/M-Gruppe, angeschlossen, um Frauen kennenzulernen, die meine Garderobe würdigen. Jetzt spiele ich mit dem Gedanken, speziell für Mädchen, die sich gern zurechtmachen, eine Gruppe namens Outfits zu gründen.

Worin besteht die Anziehungskraft von S/M?
Es ist erregend

Nur wenige Dinge dämpfen die sexuelle Erregung so sehr wie die Vorhersagbarkeit. Erotik gedeiht durch das Drama, insbesondere durch das Drama, Hindernisse zu überwinden, seien es nun große Entfernungen, Familienbande oder Glaubensverbote. In seinem provokativen Artikel »Die vier Eckpfeiler der Erotik« (in: *The Erotic Impulse*) behauptet der Psychotherapeut Jack Morin, die Gleichung für unvergeßlichen Sex laute: »Attraktion + Hindernisse = Erregung«, und listet vier bekannte Mitwirkende an der sexuellen Erregung auf: Verlangen und Erwartung, gewaltsame Verbote, Sucht nach Macht und unüberwindliche Probleme.

Die Hälfte der Aufregung beim Liebesspiel mit einem neuen Partner macht den Reiz des Unbekannten aus: die Myriaden Möglichkeiten der Verführung; die Gelegenheit, die Seite zu zeigen, die man zeigen möchte; die Ungewißheit, wie der neue Partner reagieren wird. Heißer Sex braucht das »andere«, auf das man reagieren kann, und die Beibehaltung der Identität als zwei verschiedene Individuen ist wichtig, um den sexuellen Funken lebendig zu erhalten. Viele Paare, die schon lange Zeit zusammenleben, wissen, daß der Schlüssel zu einem »frischen« Liebesleben darin besteht, weder den anderen noch dessen Verfügbarkeit für selbstverständlich zu nehmen. Die weitverbreitete Erfahrung, daß nach einem heftigen Streit leidenschaftlicher Sex folgt, ist nur ein Beispiel dafür, daß geltend gemachte Differenzen und vorübergehende Hindernisse das sexuelle Feuer schüren können.

Das S/M-Spiel besitzt diese erotischen »Eckpfeiler« und kann selbst in die vertrauteste Beziehung den Reiz des Unbekannten wiederbeleben. Zur Vorbereitung einer S/M-Szene müssen Erwartungen aufgebaut, Tabus und Verbote erkundet, Grenzen körperlichen und emotionalen Widerstandes definiert werden, und es muß über Macht verhandelt werden. S/M kombiniert das Drama und die Unvorhersagbarkeit der Verführung mit der Sicherheit vorher ausgehandelter Grenzen. Gerade die erhöhte wechselseitige Wahrnehmung, die man bei einer S/M-Begegnung aufbringen muß, macht das S/M-Spiel für den Praktizierenden um einiges denkwürdiger als Vanilla-Sex.

S/M spricht Ihre phantasievolle, spielerische Seite an. Bei der Vorbereitung auf das S/M-Spiel bereiten Sie sich im Grunde auf das erotische Theater vor – Sie verleiben dem Spiel die dramatische Spannung, die Aspekte ihrer Phantasie, die Requisiten und Kostüme ein, die Sie am erregendsten finden. Das Rollenspiel ist, wie es jeder, der als Kind Räuber und Gendarm gespielt hat, bezeugen kann, nicht nur lustig, sondern auch befreiend. Sie haben die Freiheit, Teile Ihres Selbst auszudrücken, die Sie im Alltagsleben nicht zeigen, und Sie können erschreckende oder gefährliche Situationen im Spiel ausagieren, während Sie in vollkommener Sicherheit sind. Die Verwendung des Wortes »Szene« für eine S/M-Begegnung steht im Einklang mit dieser theatralischen Metapher.

Es ist sicher

S/M ist, genauso wie das Spiel mit Sexspielzeugen, Safer Sex. Beide verlagern die Betonung von der genitalen Penetration oder dem Austausch von Körperflüssigkeiten auf die Ganzkörperannäherung. Die S/M-Gemeinde hat in ihren Organisationen und Gruppen aktiv für Safer Sex und dafür gefochten, bei Partys, Veranstaltungen und Workshops Safer-Sex-Richtlinien zu beachten. Ein Credo verbindet die verschwenderische Vielfalt von S/M-Aktivitäten miteinander, und zwar, daß das S/M-Spiel »sicher und gesund sein und auf gegenseitigem Einverständnis beruhen muß«. Gemäß dieser Maxime sollte sich niemand auf eine S/M-Szene einlassen, bevor nicht klar und deutlich über die körperlichen und emotionalen Grenzen der einzelnen Teilnehmer gesprochen wurde, und auch nicht ohne ein gewisses Maß an gegenseitigem Vertrauen. Von übermäßigem Drogen- oder Alkoholkonsum, der das Urteilsvermögen des dominierenden Partners beeinträchtigen und die Wahrnehmung des unterwürfigen Teilnehmers über das Überschreiten physischer Grenzen abstumpfen kann, wird ebenfalls abgeraten.

Fesselung

Es ist inklusive

Die S/M-Gemeinde steht mit ihrer Teilnehmerschaft von Personen verschiedener Altersgruppen, Hintergründe und sexueller Ausrichtungen recht einzigartig da. Obwohl es spezielle Organisationen für Schwule, Lesben und Heteros gibt und immer geben wird, die in S/M verwickelt sind, neigt die Gemeinde als solche dazu, auf der Grundlage eines gemeinsamen Interesses am Machtspiel inklusive zu sein. Es sollte auch erwähnt werden, daß die S/M-Gemeinde großen Wert auf erfahrene Praktiker legt und daß es sich hier um eine sexuelle Subkultur handelt, in der Alter und Reife als anregend statt als abschreckend betrachtet werden kann. Wie erfrischend.

Was nun?

Definieren Sie Ihre Wünsche

Falls der Gedanke, das sexuelle Machtspiel auszuprobieren, Sie fasziniert, werden Sie sich vielleicht fragen, wie es weitergehen soll. Als erstes sollten Sie Ihre Wünsche und Erwartungen definieren. Ihre sexuellen Phantasien können einiges darüber aussagen, welche Seiten des Machtwechsels Sie am meisten erregen und welche Formen des Rollenspiels Sie reizen. Natürlich besteht die Möglichkeit, daß Ihre erregendsten Phantasien zu jenen gehören, die Sie nicht ausleben möchten. Die Phantasien mancher Menschen stellen ein Gegengewicht zu ihrem tatsächlichen sexuellen Verhalten dar:

Obwohl ich mich selbst als Top *definiere, habe ich* Bottom-*Phantasien; Heterophantasien, die mich wahnsinnig machen. So denke ich nur, während ich phantasiere. Wenn ich nach dem Sex an Männer denke, wird mir übel.*

Viele Menschen genießen zwei Arten von Phantasien: die »So etwas würde ich in einer Million Jahren nicht machen, aber es macht mich heiß, wenn ich nur daran denke«-Phantasie und die »Ich würde mich auf die Möglichkeit stürzen, es wahr werden zu lassen«-Phantasie:

Ich möchte gern von fünf oder sechs männlichen Ledertypen unterworfen werden. Ich möchte einen Einlauf. Ich möchte ausgepeitscht und gepierct werden. All das möchte ich gern verwirklichen. Die Phantasie, bei der ich am schnellsten komme, handelt von Männern, die mich gegen Bezahlung in Hotelzimmern ficken. Aber diese Phantasie möchte ich nicht unbedingt wahr werden lassen.

Überlegen Sie, welche Schlüsselelemente Ihre heißesten Phantasien inspirieren: bestimmte Stellungen, Worte, die Vorstellung, in einem bestimmten Tonfall angesprochen zu werden, spezielle Kleidungsstücke, Orte, Gerüche? Die Identifizierung dieser Elemente kann Ihnen helfen, die Komponenten für eine befriedigende Szene herauszufinden.

Präzisieren Sie die Aktivitäten, die Sie erkunden möchten. Eine ausgezeichnete Übung ist, drei Listen anzulegen: eine Liste mit allen erotischen Aktivitäten, die Sie ausprobiert und die Ihnen gefallen haben; eine Liste mit den erotischen Aktivitäten, von denen Sie ganz sicher wissen, daß Sie sie nicht ausprobieren möchten; eine Liste mit allen erotischen Aktivitäten, auf die Sie neugierig sind und die Sie gern einmal ausprobieren würden. Diese Listen geben Ihnen Hinweise darauf, wie Sie weiter vorgehen können. Sie werden es wahrscheinlich interessant finden, diese Übung einmal im Jahr zu machen, um festzustellen, welche Aktivitäten im Laufe der Zeit von einer Liste zur anderen gewandert sind – das ist um einiges zweckmäßiger und weit weniger entmutigend, als jedes Jahr die Liste der Neujahrs-Vorsätze abzustauben.

Finden Sie einen Spielgefährten

Mit dieser Selbsterkenntnis gewappnet, ist es nun an der Zeit, das Thema beim Partner anzuschneiden. Wir wissen, daß es nicht einfach ist. Sie können das Thema allgemein zur Sprache bringen, indem Sie Ihren Partner fragen, was er von Erotika wie der *Geschichte der O* hält, oder die aufregenden Dominas beschreiben, die Sie in »Geraldo« gesehen haben. Sie können erwähnen, daß Sie S/M-Phantasien haben und neugierig sind, ob es Ihrem Partner ähnlich geht. Lassen Sie sich nicht entmutigen, wenn er oder sie anfangs mit einem saftigen Witz über »Peitschen und Ketten« reagiert. Es gibt eine Menge Mißverständnisse in bezug auf S/M, und es ist wahrscheinlich, daß dieselbe Person, die bei der Vorstellung von Peitschen Unbehagen äußert, Phantasien hat, in denen sich Soldaten, Schuldirektoren und Gefangenenaufseher tummeln. Es dauert möglicherweise einige Zeit, um aus ihm herauszukitzeln, welche Form des Rollenspiels ihn reizen könnte.

Manchmal kann man leichter mit jemandem über seine Phantasien sprechen, den man gerade erst kennengelernt hat, als mit einem langjährigen Partner oder Ehegespons. Es ist leider so, daß man, je intensiver man jemandem verbunden ist, desto ängstlicher wird, Informationen preiszugeben, von denen man fürchtet, der andere könnte sie widerwärtig oder albern finden. Auf jeden Fall ist es besser, sich so präzise, unbedrohlich und vorurteilsfrei wie möglich auszudrücken, zum Beispiel: »Manchmal stelle ich mir vor, ich sei dein Eigentum; als hättest du mich den ganzen Tag über in meinem Apartment eingeschlossen und kämst jetzt vorbei, um dich mit mir zu amüsieren«, als »Warum übernimmst du im Bett nie die Verantwortung!« Oder: »Gestern habe ich mir vorgestellt, wie ich deine Hände an den Bettpfosten festband und mich eine Stunde lang mit deinem Unterleib beschäftigte«, statt: »Du läßt es mich so lange machen, wie ich möchte!« Welche Antworten Sie auch zu hören bekommen mögen, denken Sie immer daran, daß die Äußerung Ihrer sexuellen Wünsche ein mutiger Akt ist, der eine respektvolle Antwort verdient. Selbstverständlich sollten Sie versuchen, nicht auf jeden Vorschlag oder Gegenvorschlag Ihres Partners abwehrend oder feindlich zu reagieren.

Doch auch der taktvollste Vorstoß Ihrerseits schließt nicht aus, daß Ihr Vorschlag zurückgewiesen wird. Dann bleibt noch die Möglichkeit, in S/M-Gruppen, auf geselligen Veranstaltungen oder durch Privatanzeigen andere, gleichgesinnte Partner zu suchen. Falls Sie in einer monogamen Beziehung leben, möchten Sie vermutlich die Vorbehalte Ihres Partners erneut zur Sprache bringen, um zu sehen, ob Sie sich nicht einigen können. Ideal wäre es, wenn sie sich auf Aktivitäten einigen könnten, die Ihre Neugier befriedigen, ohne daß Ihr Partner das Gefühl hat, gegen seinen Willen zu bestimmten Aktivitäten gezwungen zu werden. Möglicherweise ist er oder sie einfach nur zu dem Schluß gelangt, daß Ihr Interesse am Ausprobieren einer neuen Aktivität Unzufriedenheit mit Ihrem gegenwärtigen Liebesleben bedeutet. Vielleicht müssen Sie Ihren Partner nur ein wenig beruhigen. Manche Menschen sind der Meinung, daß Sex stets spontan sein muß, und ein Szenario zu planen, erscheint ihnen plump und künstlich. In diesem Fall könnten Sie Ihren Partner an jene ersten Tage der Werbung erinnern, in denen sie beide wahrscheinlich viel Zeit darauf verwandten, jedes einzelne Ihrer Treffen zu planen, ohne daß die Romantik darunter gelitten hätte.

Verhandeln Sie wegen einer Szene

Falls Sie und Ihr Partner Interesse an der Erforschung des Machtspiels bekundet haben, ist es Zeit für ein wenig Spaß. Und hier kommen Ihre Listen wieder ins Spiel, die Listen mit den Aktivitäten, die Sie ausprobiert haben; die Sie noch nicht ausprobiert haben, auf die Sie jedoch neugierig sind; und mit den Aktivitäten, an deren praktischer Ausführung Sie nicht das mindeste Interesse haben. Sie können beide mehrere Listen aufstellen und sie als Diskussionsgrundlage benutzen. Falls einem von Ihnen für die Liste der möglichen Aktivitäten nichts einfällt – es gibt Bücher und Videos, die Ihnen vielleicht weiterhelfen:

Ich schaue mir mit einem Partner Pornos an, um Beispiele für Dinge zu finden, die uns beiden gefallen. Dann sprechen wir darüber, was wir gern ausprobieren würden.

Das erste, über das Sie sich einigen müssen, ist, wer die dominante und wer die unterwürfige Rolle übernimmt. Diese Entscheidung kann auf viele Faktoren gegründet sein: auf persönliche Vorlieben; darauf, wer die meiste Erfahrung hat, oder einfach nur auf einer geworfenen Münze. Sobald dies geregelt ist, sollten Sie klären, an welchen Aktivitäten sie beide interessiert sind und welche sie auf keinen Fall ausprobieren möchten; zum Beispiel: »Ich möchte gern gefesselt und verprügelt werden, aber auf keinen Fall die Augen verbunden bekommen.« Sie sollten den Erfahrungsstand des anderen bei den Aktivitäten der »Bereits ausprobiert«-Liste kennen, aber auch bei allen sexuellen Aktivitäten, die Sie in die Szene einbauen möchten. Falls Sie Ihren Partner gern mit einer Reitpeitsche schlagen möchten, möchte er verständlicherweise vielleicht gern wissen, wie oft Sie bereits eine Peitsche geschwungen haben. Falls Sie gern gefesselt und mit einem Dildo anal penetriert werden möchten, sollte Ihr Partner wissen, ob bei früheren Erfahrungen mit analer Penetration etwas Größeres als ein kleiner Finger beteiligt war. Die Tatsache, daß Sie Gelegenheit haben, einige Ihrer Phantasien auszuleben, bedeutet nicht, daß jede Aktivität so angenehm und reibungslos vonstatten geht wie in Ihrer Phantasie. Werfen Sie den gesunden Menschenverstand nicht mitsamt Ihren Hemmungen aus dem Fenster.

Timing

Wenn Sie auf einer Spiel-Party sind oder mit jemandem verhandeln, den Sie gerade erst kennengelernt haben, kann die Verhandlung als Vorspiel Ihrer Szene dienen. Sie können sich geradewegs in die von Ihnen gewählte Rolle begeben und die Einzelheiten ausarbeiten, wobei der dominierende Partner die »Top«-Rolle übernimmt und den unterwürfigen Partner einer Befragung unterzieht. Möglicherweise ziehen Sie es jedoch vor, bei der Diskussion nicht in Ihre Rolle zu schlüpfen und einen späteren Termin für das Spiel festzulegen. Es ist bestimmt nicht verkehrt, sich Zeit zu lassen, damit die Erwartungen sich aufbauen können.

Paare, die dem Machtspiel bereits seit einiger Zeit frönen, brauchen wahrscheinlich keine wohldurchdachte Planung vor jeder Szene. Sie können Ihrem Partner mit einem kleinen Wink zu verstehen geben, was ihn erwartet, etwa, indem Sie ihm beim Frühstück sagen, was Sie für ihn geplant haben, wenn er am Abend nach Hause kommt, oder einfach eindeutige Aufforderungen auf seinem Anrufbeantworter hinterlassen. Vielleicht haben sie auch eine persönliche Methode entwickelt, um Ihre Absichten zu signalisieren, beispielsweise indem Sie ein bestimmtes Halsband anziehen oder ganz spezielle Stiefel tragen.

Sie müssen wissen, wieviel Zeit Ihnen zur Verfügung steht, da das Tempo Ihrer Szene davon abhängt, ob Sie nur eine Stunde haben, bevor Sie nach Hause gehen und den Babysitter bezahlen müssen, oder ob Sie die ganze Nacht Zeit haben, bevor die Arbeit ruft, oder ob ein sorgenfreies Wochenende vor Ihnen liegt.

Ort

Wie bei jeder Verabredung ist auch in diesem Fall die klassische Frage »Bei mir oder bei dir?« des Nachdenkens wert. Ihre Entscheidung kann von verschiedenen Faktoren abhängen, zum Beispiel: Bei wem ist es ungestörter; wer hat Ringbolzen in die Wand geschraubt; wer besitzt ein Bett mit vier Pfosten, wer muß frühmorgens zur Arbeit gehen usw. Falls Sie mit Ihrem Partner zusammenleben, möchten Sie vielleicht dem täglichen Einerlei entkommen und Ihre Szene in einem Hotelzimmer oder auf einer Spiel-Party spielen.

Wird es eine öffentliche Szene? Falls die Szene ganz (oder teilweise) in einem Restaurant, einer Bar oder auf einem öffentlichen Platz stattfindet, sollten Sie diskret sein, um jede Störung oder Einmischung auszuschließen. Möglicherweise haben Sie beide aber unterschiedliche Vorstellungen davon, was unter »diskret« zu verstehen ist. Legen Sie Ihre Regeln frühzeitig fest. Wie möchten Sie in der Öffentlichkeit angesprochen und behandelt werden? Vielleicht sind Sie bereit, ein Halsband zu tragen, aber nicht willens, an der Leine geführt zu werden. Vielleicht haben Sie nichts dagegen, als »Herrin« angesprochen zu werden, möchten jedoch nicht, daß Ihr Partner Ihnen im Taxi zu Füßen sitzt. Eine Szene in der Stadt zu spielen, kann sehr erregend sein – lassen Sie sich also nicht von einem Mißverständnis die Stimmung verderben.

Nichts erregt mich mehr als geheimer Sex in der Öffentlichkeit. Ich mag es, wenn man mir befiehlt, unter meinen Kleidern Butt Plugs, Vibratoren, Ben-Wa-Bälle oder Fesseln zu tragen und in der Öffentlichkeit gezüchtigt zu werden, ohne daß es jemand merkt.

Falls Sie vorhaben, mit Ihrem Partner oder mehreren Personen eine Spiel-Party zu besuchen, sollten Sie vorher darüber sprechen, wie Sie sich den übrigen Gästen gegenüber verhalten. Gibt es einen bestimmten oder mehrere Menschen, die Sie gerne dabei haben würden? Bis zu welchem Grad sind Sie bereit, andere an Ihrer Szene teilhaben zu lassen: körperlich, genital, voyeuristisch? Sie können einiges an unnötiger Eifersucht oder schlechter Stimmung vermeiden, wenn Sie sich darüber rechtzeitig Gedanken machen.

Rollen

Vielleicht haben Sie keine Einwände dagegen, Ihre Rolle als dominanter oder unterwürfiger Partner ohne weitere Ausarbeitung zu definieren. Oder Sie möchten ein paar Parameter einführen; zum Beispiel, ob der dominante Partner »Herrin« »Herr« oder »Sir« genannt werden soll. Ist es dem unterwürfigen Partner erlaubt, Augenkontakt mit dem dominanten aufzunehmen? Soll der »Bottom« nur sprechen, wenn es ihm erlaubt wurde? Vielleicht möchten Sie eine genau definierte Rolle annehmen, aus der sich zwangsläufig ergibt, was Sie tragen, sagen oder tun. Hier können Sie Ihrer Kreativität freien Lauf lassen. Jetzt ist es an der Zeit, die Schatzkiste Ihrer Phantasie aufzuschließen und ein oder zwei Rollen herauszunehmen. Vielleicht haben Sie sich immer schon danach gesehnt, römischer Senator und Sklavenjunge, Katharina die Große und Stalljunge, Priester und Nonne, Lehrerin und Schüler, Arzt und Patient, Untersuchungsbeamter und Kriegsgefangener, Mutter und Kind zu spielen ... die Liste ließe sich endlos fortführen:

Ich spiele gern die Sexsklavin eines geilen Mannes. Ich werde nackt und servil gehalten.

Meine Partnerin tut so, als sei sie ein böses, kleines Mädchen, und ich bin der Lehrer, der ihr den blanken Hintern versohlt.

Ich stelle mir gern vor, wie ich einen viel jüngeren Mann verführe oder einweihe, der noch unerfahren, aber sehr interessiert an Sex mit einer älteren Frau ist.

Ob Sie eine ganz bestimmte Rolle annehmen oder nicht, wahrscheinlich werden Sie es hilfreich und amüsant finden, sich für die Szene zu verkleiden. Möglicherweise fördert es als Domina Ihre innere Überzeugung, wenn Sie Leder oder Ketten oder Stiefel oder Schuhe mit Pfennigabsätzen tragen. Die Gefühle der Verletzlichkeit und Hilflosigkeit, die sie als unterwürfiger Partner hegen, können durch enthüllende oder beengende Kleidung verstärkt werden. Die Kleidung kann das Spiel mit Sinnlichkeit würzen, ganz zu schweigen von den Geräuschen. Der Klang klickender Pfennigabsätze, knarrenden Leders, aufgezogener Reißverschlüsse oder von reißendem Stoff, kann sehr erregend sein. Sie brauchen nicht über Prinzessin Di's Einkommen zu verfügen, um sich eine Wegwerf-Garderobe leisten zu können – Besuche in Secondhandshops und bei der Heilsarmee können Sie mit stilvollen Verkleidungen versorgen. Möglicherweise stellen Sie fest, daß sich das Einkaufen in eine Art Vorspiel verwandelt.

Gesundheits- und Sicherheitsrichtlinien

Der »Top« sollte sicherstellen, daß der »Bottom« ihm alle wichtigen medizinischen Daten angibt, damit er bei der Szene dessen Gesundheit nicht gefährdet. Bei einem Kontaktlinsenträger sollte man die Augenbinde nicht zu fest binden. Jemand, der an Asthma oder einer Erkältung leidet, sollte nicht geknebelt werden. Sie sollten sich auch über Rücken- und Gelenkschmerzen, Herzzustände, Epilepsie, Diabetes, hohen Blutdruck oder jede andere Krankheit unterhalten, bei der Schmerztoleranz, Bewegungsfähigkeit und Flexibilität beeinträchtigt sein können.

Wichtig ist auch, über Safer-Sex-Richtlinien zu sprechen und darüber, welchen genitalen Sex, wenn überhaupt, Sie mitzumachen bereit sind. Eine S/M-Szene muß nicht zwangsläufig Sex einschließen:

Ich mag S/M als ein anregendes Vorspiel zum Sex, doch kann es auch ein vollständiger Sexakt sein. Wenn mich jemand so richtig gut versohlt, kann ich mich so wohl fühlen, als hätte ich Sex gehabt.

Sie sollten vorher eindeutig festlegen, ob Ihre Szene Masturbation, oralen Sex, Penetration jeder Art oder Sexspielzeuge einschließt und welche Safer-Sex-Maßnahmen Sie auf jeden Fall befolgen werden. Diese Absprache ist sehr wichtig, wenn Sie mit einem neuen Partner spielen, aber auch Langzeitpartner könnten feststellen, daß sie bei einer S/M-Szene in bezug auf genitalen Sex andere Grenzen setzen oder Wünsche haben als beim Vanilla-Sex.

Sicherheitswörter

Beide Partner brauchen eine Möglichkeit, einander klar und deutlich mitzuteilen, wenn ihnen das Spiel zuviel wird, sie es langsamer angehen lassen oder ganz beenden möchten. Sicherheitswörter sind eine Methode, Ihren Partner rasch und auf einfache Weise davon in Kenntnis zu setzen, daß Sie eine Pause brauchen. Normalerweise einigen sich Paare auf Worte oder Signale, die sich als völlig unzweideutig erweisen werden. »Nein«, »Nicht«, oder »Stop« sind unwirksam, wenn Sie intensiv in ein Rollenspiel verwickelt sind und diese Wörter ohne das geringste Verlangen danach, daß der andere mit seinem Tun aufhört, herausschreien. »Gelb« oder »rot« werden oft, statt »langsamer« oder »stop« benutzt. Einige Paare wählen den Vornamen des dominanten Partners als Signal dafür, daß er langsamer werden soll; aber Sie können auch einfach »Sicherheitswort« sagen. Die Hauptsache ist, daß Sie sich für ein Wort entscheiden, das man leicht behalten kann. Auch ein Sicherheitssignal wie das Fingerschnipsen ist hilfreich für den Fall, daß einer von Ihnen einen Knebel im Mund hat.

Erwartungen

S/M umfaßt die Erkundung Ihrer Phantasie und das Spiel mit der Illusion. Wie stets, wenn Sie eine Phantasie zum Leben erwecken, werden Sie mit weit geringerer Wahrscheinlichkeit einen enttäuschenden Unterschied zwischen Traum und Wirklichkeit feststellen, wenn Sie versuchen, sich vorher über Ihre Erwartungen und Motive klarzuwerden. Das Machtspiel ist eine Mischung aus mentalen, emotionalen und körperlichen Stimulantien, und einfach nur die körperliche Bewegung zu vollführen, wird wahrscheinlich nicht besonders erregend sein. Fragen Sie sich, welches Gefühl Sie aus dieser Erfahrung ziehen möchten. Möchten Sie sich stark, ehrfurchtgebietend, verletzlich, erschreckt, umsorgt fühlen? Sobald Sie wissen, nach welchem Gefühl Sie suchen, können Sie sich ausmalen, wie Sie es am besten bekommen.

Dieselbe körperliche Aktivität wird aus unterschiedlichen Gründen auf verschiedene Menschen anziehend wirken. Es ist hilfreich, nicht nur herauszufinden, was man mag, sondern auch, weshalb man es mag. Vielleicht möchten Sie gefesselt werden, weil Sie das Gefühl der Unbeweglichkeit mögen, weil Sie das Preisgegebensein oder die Illusion mögen, jemandem als Besitz zu gehören. Ist es wichtig, daß Sie für eine erfundene Übertretung bestraft, von einem grausamen Partner gedemütigt, einem liebevollen Herrn geschult werden? Diese Unterscheidungen sind für den Erfolg Ihrer Szene sehr wichtig. Weder Sie noch Ihr Partner können erwarten, daß der andere intuitiv weiß, welche nicht greifbaren Komponenten für Befriedigung und erhöhte Wahrnehmung sorgen. Sprechen Sie darüber – das S/M-Spiel bietet Ihnen eine einmalige Gelegenheit, Ihre Wünsche präzise zu formulieren.

Seien Sie realistisch: Denken Sie immer daran, daß nicht all Ihre Träume in einer Szene verwirklicht werden können. Wenn Sie und Ihr Partner hinterher nach mehr verlangen, werden Sie wahrscheinlich eher wieder miteinander spielen, als wenn sie beide sich von dem, was zwischen ihnen ablief, überfordert fühlen.

Spielzeuge und Techniken

Bevor wir unsere Abhandlung über Spielzeuge beginnen, möchten wir darauf hinweisen, daß Spielzeuge ebensowenig die Szene ausmachen, wie die Kleidung den Menschen ausmacht. Obgleich die Tendenz besteht, S/M mit dem Gebrauch von Ausrüstungsgegenständen gleichzusetzen, beziehen viele Menschen S/M ohne ein einziges Requisit in ihr Liebesleben ein. Daß Peitschen Sie abschrecken und Sie selbst dann keinen Knoten binden könnten, wenn es um Ihr Leben ginge, bedeutet noch lange nicht, daß Sie keinen aufregenden dominanten Partner abgeben würden. Ihre Freude an Spielzeugen kann sich steigern, wenn Sie anfangs ohne diese gespielt haben. Die Macht der menschlichen Stimme und eines autoritären Auftretens ist größer als die aller Stricke und Ketten.

Stellen Sie sich vor, wie Sie Ihrer Partnerin befehlen, die Beine zu spreizen, während Sie mit Ihrer Klitoris spielen, oder wie Sie Ihren Partner anweisen, die Hände über dem Kopf zu halten, während Sie sich mit seinem Unterleib beschäftigen. Wenn die Strafe für den Ungehorsam darin besteht, daß Sie augenblicklich mit dem aufhören, was Sie gerade tun, stehen die Chancen, daß man Ihnen gehorcht, gut. Ein Freund von uns hat folgendes Motto: »Es sind nicht die Spielzeuge, es ist die Technik.« Daran sollten Sie beim Weiterlesen denken.

Fesseln

Den Partner zu fesseln oder von ihm gefesselt zu werden, ist eine sehr beliebte Aktivität – viele der von uns befragten Kunden zählten die Fesselung zu ihren Lieblingssexspielen:

Ich werde gern eingeschränkt, entweder körperlich durch Fesseln oder verbal durch Bitten ... huch, ich meine, Befehle.

Ich beschäftige mich gern mit dem Unterleib meiner Partner, beson-
ders wenn sie gefesselt sind.

Ich mag es, Leute zu fesseln und gefesselt zu werden. Am besten ge-
fällt es mir, wenn ich mich nicht bewegen kann und die Kontrolle
abgeben muß.

Ich mag es, wenn man mich mit Seidenschnüren fesselt und langsam
stimuliert.

Eine Fesselung kann aus verschiedenen Gründen reizvoll sein. Sie
könnten von der Vorstellung angetan sein, Ihren Partner hilflos zu
machen, so daß Sie ihn nach Ihrem Gutdünken necken oder auf die
Folter spannen können. Oder Ihnen gefällt die Idee, Ihren Partner
mit gespreizten Beinen auf dem Bett zu drapieren und ihn Ihrer er-
barmungslosen Untersuchung preisgegeben zu sehen, anmutig die
Arme über den Kopf gelegt, an einen Stuhl gefesselt oder einfach
nur an Händen und Füßen zusammengebunden. Vielleicht möchten
Sie Ihr Haustier mit einem Halsband schmücken, an die Leine nehmen und ihm Gehorsam beibringen. Schwanz- und Eier-Spielzeuge
sorgen für eine bestimmte Form der Fesselung. Sie dienen dazu, die
männlichen Genitalien stimulierend einzuschnüren und zu betonen.

Es hat mir Spaß gemacht, mit Handschellen, Stricken usw. gefesselt
zu werden. Eines meiner lustigsten Sexspiele war, als ich einem Part-
ner erlaubte, meinen Schwanz und meine Eier einzuschnüren und
mich an dieser »Leine« zu ziehen.

Sicherheitstips
Womit Sie sich auch immer vergnügen, vergessen Sie nie ein paar
grundlegende Sicherheitsrichtlinien. Eine Regel, die schon der gesunde Menschenverstand diktiert, lautet: Tun Sie nichts, was die Gelenke einengt oder die Blutzirkulation unterbindet. Falls Sie zum
Fesseln Stricke, Schnüre oder Schals benutzen, sollten Sie keine Knoten machen, die bei Widerstand enger werden – Laufknoten sind
schlecht, einfache Knoten sind gut. Falls Sie ein Knoten-Analphabet
sind, ist es an der Zeit, das alte Pfadfinderhandbuch auszugraben

oder nach einem ähnlichen Nachschlagewerk Ausschau zu halten. Viele Menschen fesseln einander mit dünnen Schals oder Strümpfen, ohne sich darüber Gedanken zu machen, daß das weiche, glatte Material nur schwer wieder aufzuknoten ist und sich möglicherweise noch weiter zusammenzieht, was zu Nerveneinklemmungen oder einem bleibenden Nervenschaden führen kann. Aber gleichgültig, welches Material Sie benutzen, vergewissern Sie sich, daß Sie genügend Freiraum gelassen haben, um einen Finger zwischen die Fessel und das Handgelenk oder den Knöchel Ihres Partners zu schieben. Sie fühlen sich auch sicherer, wenn Sie eine Schere, vorzugsweise eine Verbandsschere (die ein stumpfes Schneideende besitzt, das auf dem Körper anliegt) in Reichweite haben.

Niemand sollte länger als eine halbe Stunde gefesselt bleiben. Sie sollten darauf achten, daß die Arme und Beine Ihres Partners nicht einschlafen. Sie sind beide dafür verantwortlich, die gefesselten Körperteile regelmäßig auf Abkühlung und Taubheit hin zu beobachten, ein Zeichen dafür, daß das Blut nicht mehr in die Extremitäten fließt. Seien Sie besonders aufmerksam, wenn jemand stehend gefesselt ist oder seine Arme über den Kopf hält. Die Ellbogen Ihres Partners sollten leicht angewinkelt sein, um die Gelenke zu entlasten. Hängen Sie niemals jemanden an den Handgelenken, Knöcheln oder am Hals auf. Schränken Sie niemals die Atmung eines anderen ein, indem Sie ihm zum Beispiel etwas um seinen Hals schnüren. Falls Sie einen Knebel oder ähnliches benutzen, sollten Sie regelmäßig nachprüfen, daß er auch locker genug sitzt, damit Ihr Partner atmen und sich durch Geräusche bemerkbar machen kann. Und lassen Sie niemals jemanden allein im Zimmer, der gefesselt oder geknebelt ist – jetzt ist nicht der richtige Augenblick, einen Anruf anzunehmen. Sicher, Sie möchten vielleicht so tun, als würden Sie Ihren »Bottom« ein paar Minuten allein lassen, aber Sie sollten ihn nicht aus den Augen lassen, wo immer Sie sich auch verstecken mögen.

Requisiten und Vorgehensweisen

Es kann einschüchternd wirken, als Neuling die Macht über jemanden zu übernehmen und ihn zu fesseln. Lassen Sie sich Zeit und genießen Sie das sinnliche Gefühl des Materials, das Sie zur Fesselung benutzen. Sie können Ihren Partner unterhalten und zur Raserei bringen, indem Sie laufend kommentieren, was genau Sie als nächstens zu tun gedenken. Das könnte die perfekte Gelegenheit sein, eine Augenbinde hervorzuzaubern oder ihm einen Schal um die Augen zu binden – so werden Sie nicht seinen prüfenden Blicken ausgesetzt, und Ihr/e Partner/in wird sich verletzlich fühlen und voller Erwartung der Dinge harren, die da kommen.

Angebote: Fesseln gibt es in verschiedenen Materialien und Preisen. Stricke, Wäscheleinen und Schals sind billig und leicht erhältlich. Aber Sie sollten die Sicherheitsregeln nicht vergessen, wenn Sie diese Materialien benutzen. Der Besuch eines Eisenwarenladens ist für einen Fesselungs-Fan so etwas wie ein Erkundungstag – hier finden Sie Schnapphaken, Doppelklammern, Ketten und Ringbolzen zu günstigen Preisen. Sie können die Ringbolzen oder Haken in den Bettrahmen, die Wände, Fußleisten, Türrahmen oder in die Decke schrauben. Hängen Sie den Blumenhalter aus Makramee an die Deckenhaken, wenn Ihre Mutter zu Besuch kommt, und niemand wird etwas ahnen. Auch Bergsteiger- oder Trekking-Ausrüstungsgeschäfte sind großartige Bezugsquellen. Dort finden Sie unter anderem Panikschnappschlösser, das sind Klammern, die sich leicht öffnen lassen, selbst wenn Gewicht an ihnen zerrt – Sie sollten sie bei jeder stehenden Fesselung benutzen.

Fesseln: Einigen Menschen gefällt die Vorstellung, bei den Sexszenen Haushaltsgegenstände miteinbeziehen; andere ziehen es vor, etwas zu kaufen, das speziell für den Zweck, den sie im Kopf haben, erdacht wurde – deshalb existiert eine blühende Fessel-Industrie. Fesseln (oder Manschetten oder Handschellen; das sind austauschbare Begriffe, die wir abwechselnd benutzen), gibt es in Sexboutiqen, speziellen Ledergeschäften und in einer zunehmenden Zahl von Versandhäusern. Vielleicht halten Sie es für übertrieben, sich Manschetten zuzulegen, aber bedenken Sie die Vorteile: sie sind breit, gepolstert, bequem und um einiges sicherer als dünne Schnüre. Überdies sind sie sehr dekorativ. Einige der von uns verkauften Leder- und Wildledermanschetten könnten auch als Accessoires zum Abendkleid durchgehen, während ein Großteil der Stoffmanschetten so sportlich aussieht, als hätten Sie sie aus einem Katalog für Wanderzubehör.

Es gibt preiswertere Manschetten aus Nylongewebe oder aus Stoff. Sie werden um Handgelenk oder Knöchel geschlungen und mit einer Schnalle oder einem Klettverschluß befestigt. Es gibt auch welche mit einer langen Leine, die Sie anbringen können, wo Sie möchten, oder mit D-Ringen. Der Vorteil bei letzteren ist, das Sie keinen Knoten machen müssen, vorausgesetzt, Sie kaufen ein wenig Eisen. Sie können die Manschetten mit Doppelklammern aneinander befestigen, eine Leinenklammer durch die D-Ringe stecken oder eine Kette benutzen, um die Manschetten an einem Ringbolzen in der Wand zu befestigen. Aber natürlich können Sie auch ein Seil oder einen Schal um die D-Ringe knoten und das andere Ende dort befestigen, wo Sie möchten.

In den letzten Jahren sind Stoffesseln in bemerkenswerter Vielfalt auf den Markt gekommen. Sie können Fesseln in jeder Farbe kaufen, auch in leuchtenden Neon-Nuancen, die wunderbar zu Barbies Malibu-Traumhaus passen würden. Die Qualität und Festigkeit dieser Fesseln ist recht unterschiedlich. Die Fesseln aus billigerem Stoff reißen leicht, wenn man ein- oder zweimal kräftig an ihnen zieht. Falls Sie die Möglichkeit haben, sich Manschetten in einem Geschäft statt im Versandhauskatalog anzuschauen, sollten Sie prüfen, wie gut der Verschluß verstärkt ist, und sich vergewissern, daß die Leinen sicher angenäht sind.

Am luxuriösen Ende der Skala finden Sie die Lederfesseln, deren Preis von etwa hundert Mark für die einfache Umwickel- und Festbinde-Version bis etwa hundertfünfzig Mark für das abschließbare Schnallenmodell reicht. Die meisten Lederfesseln sind gepolstert, manche sind mit Samt gefüttert, der einen plüschigweichen und guten Sitz garantiert. Das Schnallenmodell wird, wie der Name schon sagt, mit breiten Schnallen geschlossen, von denen einige so entworfen wurden, daß man ein Vorhängeschloß hindurchführen und die Fessel abschließen kann. Diese Schnallenmodelle haben alle D-Ringe. Falls es Sie ein wenig abschreckt, Ihrem Partner Fesseln anzulegen, werden Sie zu schätzen wissen, wie leicht es mit Schnallenfesseln ist, höflich und respektvoll zu sein. Ledermanschetten findet man am ehesten in Lederspezialgeschäften. Prüfen Sie beim Einkauf, ob alle Nieten und Schnallen sicher sind und ob die Manschette bequem paßt. Sie darf jedoch nicht so locker sein, daß man herausgleiten könnte.

Handschellen: Handschellen besitzen einen gewissen klassischen Appeal, erfordern aber besondere Aufmerksamkeit. Vergewissern Sie sich beim Kauf, ob die Handschellen eine Sicherheitssperre haben, die sie in Position hält, damit sie nach dem Verschließen nicht enger werden. Für Qualitätshandschnellen werden Sie bis zu hundertfünfzig Mark hinblättern müssen. Achten Sie darauf, mit Handschellen gefesselte Personen nicht so hinzulegen, daß ihr ganzes Körpergewicht auf dem scharfen Metall ruht. Und halten Sie, wie bei jedem abschließbaren Spielzeug, den Schlüssel in Reichweite. Falls Ihnen die Vorstellung, mit Schlössern herumzuspielen, gefällt, wäre es das beste, wenn Sie für all Ihre Vorhängeschlösser und Handschellen nur einen einzigen Standardschlüssel hätten.

Zubehör: Sie können verschiedene Fesselungskomponenten kombinieren und aufeinander abstimmen. Ein handliches Produkt ist die Bond Voyage, ein gewebter Gurt mit widerstandsfähigen D-Ringen aus Plastik, den man um Matratzen aller Größen schnallen kann. Mit ihnen können Sie Ihren Partner ans Bett fesseln. Die Bond Voyage ist nicht nur für Reisende, sondern auch für all jene Zeitgenossen hervorragend, die Wände und Decken von Eisenwaren freihalten möchten.

Der Fesselungsgürtel ist ein weiteres attraktives Accessoire. Es handelt sich um einen breiten, mit D-Ringen bestückten Leder- oder Stoffgürtel. Sie befestigen die Handmanschetten an den D-Ringen des Gürtels und erzeugen so ein fesselnd unterwürfiges Aussehen. Fesselungsgürtel bieten auch eine großartige Gelegenheit, sich an Ihren Partner zu hängen und ihn beim Penetrieren vor- und zurückzuzerren.

Für einen Spreizeffekt, der nicht viel Mühe macht, möchten Sie vielleicht eine Spreizstange ausprobieren – eine verstellbare Metallstange mit Handschellen an den Enden, die sie um Handgelenke oder Knöchel Ihres Partners anbringen. Anschließend wird die Stange justiert. Sie können die Arme oder Beine Ihres Partners so weit spreizen, wie es Ihnen gefällt. Genau das richtige für alle »Scharlachroter Buchstabe«-, »Puritaner im Gefangenenbock«-Phantasien.

Flagellation

Schlagen, Prügeln und Peitschen fällt in die Kategorie Flagellation. Flagellation umfaßt die ganze Bandbreite der Empfindungen, von einem lässigen Klaps auf den Hintern beim Liebesspiel bis zum ausgiebigen Auspeitschen. Da bei ihm die feine Grenze zwischen Schmerz und Lust überschritten werden kann, löst es bei all jenen Vorurteile und Mißfallen aus, die niemals ihren Zauber erfahren haben.

Was ist so anziehend an der Flagellation? Für den passiven Partner kann der Reiz darin bestehen, eine Phantasierolle auszuleben: das böse Kind, das versohlt; der unfolgsame Schüler, dem mit dem Lineal auf die Handknöchel geklopft; der Kriegsgefangene, der gefoltert; der aufrührerische Matrose, der ausgepeitscht wird. Vielleicht bevorzugen Sie aber auch eine spielerische Flagellation, bei der mehr gebellt als gebissen wird. Oder Sie möchten die Grenzen Ihrer körperlichen Belastbarkeit erkunden, sei es, um Ihrem dominanten Partner Ihre Verehrung zu bekunden, sei es, um eine bestimmte Belohnung zu erhalten, um Ihren Körper bewußt zu fühlen, oder einfach nur wegen des Endorphin-Kicks. Doch gleichgültig, weshalb Sie es mögen, Sie werden gefesselt, um ein gewisses Maß an Furcht zu erleben; einen Adrenalinschub, der einzig dazu dient, die sexuelle Erregung zu erhöhen und zu intensivieren.

Manchmal will ich einfach nur mehr Eindrücke. Ich bin begierig darauf, meine Muschi gefüllt, mein Gesicht geschlagen, meine Brustwarzen gebissen zu bekommen – alles gleichzeitig, um dieses »ins-Vergessen-gefickt-werden«-Gefühl zu bekommen.

Der Reiz der aktiven Beteiligung kann darin bestehen, daß Sie die dominante Rolle im Phantasie-Rollenspiel spielen. Orientieren Sie die Aktivitäten und Kommentare an der Geschichte hinter der Szene: Bestrafen Sie Ihren Partner, weil er etwas falsch gemacht hat; züchtigen Sie ihn zu seinem Besten; mißhandeln oder befriedigen Sie ihn; oder erproben Sie seine Grenzen? Sie werden die Aufregung genießen, die es mit sich bringt, wenn man eine verbotene Aktivität ausübt; den Kick, den man bekommt, wenn man körperliche Überlegenheit zeigt; und die Herausforderung, Ihren Partner dazu zu überreden, ein immer stärkeres Maß an Eindrücken zu akzeptieren.

Wenn ich eine Reitgerte auf den Arsch meines Partners niedergehen lasse, habe ich das Gefühl, als würde ich ihn füttern. Es ist ein seltsam zärtlicher Akt.

Sicherheitstips

Im allgemeinen ist es sicher, auf fleischige Körperteile zu zielen, während Schläge auf Knochen, Gelenke oder Bereiche, unter denen sich innere Organe befinden, nicht sicher sind. Das heißt im Klartext, daß Sie Kopf, Hals, Rückgrat, den Bereich zwischen Brustkorb und Becken, Kniekehlen, die Ellenbogen und Schienbeine tunlichst vermeiden sollten. Was bleibt, ist der wohlgepolsterte Hintern, die Schenkel, die Oberarme und Schultern. Gemäßigtes Schlagen auf die Brust ist in Ordnung, es sei denn, Ihre Partnerin ist schwanger oder neigt zu Zysten.

Falls Sie jemandem auf die Wangen schlagen (den einzigen Teil des Gesichtes, an den Sie Hand anlegen können), stützen Sie den Kopf mit der anderen Hand ab, damit Hals oder Kiefer nicht ruckartig bewegt werden. Vermeiden Sie es, gegen die Ohren zu schlagen – ein Schlag auf die Ohren kann im besten Fall zu Schwindelgefühlen und im schlimmsten Fall zu einem geplatzten Trommelfell führen.

Falls Sie Instrumente wie Peitschen, Reitgerten, Paddles oder Rohrstöcke benutzen, sollten Sie wissen, daß von der Spitze des Instruments die größte Kraft ausgeht. Wenn Sie die Peitsche schwingen, sollten Sie so zielen, daß die Enden der Peitschenschnüre zuerst auftreffen, um jenen »Wickel«-Effekt zu vermeiden, bei dem sich die Spitzen krümmen und mit bemerkenswerter Geschwindigkeit und Wucht auf die Seite Ihres Partners einschlagen. Bis Sie Ihre Zielgenauigkeit entwickelt und Ihre Technik perfektioniert haben, wäre es nicht schlecht, wenn Sie beide Körperseiten Ihres Partners mit Kissen polstern würden, um das »Einwickeln« abzufangen.

Zubehör und Vorgehensweisen

Der Schlüssel zu einer sicheren und befriedigenden Flagellation ist der langsame, kontinuierliche Aufbau. Die Stärke Ihrer Schläge

sollte zugleich mit der zunehmenden Erregung Ihres Partners eska-
lieren, das heißt, er sollte sich stufenweise verschärfen. Übereilen Sie
nichts. Je erregter jemand ist, desto höher ist seine Schmerzschwelle.
Sie sollten mit sehr leichten Schlägen anfangen und die Intensität
nur dann steigern, wenn Ihr Partner Ihnen zu verstehen gibt, daß er
mehr möchte. Setzen Sie das Schlagen oder Prügeln in Widerspruch
zu anderen Stimulierungsformen. Küsse auf die gerade geschlagene
Wange, federleichte Berührungen auf einem frischverprügelten Hintern können äußerst anregend sein und sich quälend gut anfühlen.
Falls Sie ein bestimmtes Instrument wie zum Beispiel eine Peitsche
benutzen, können Sie abwechselnd einmal damit schlagen und sie
zum anderen Mal spielerisch über den Körper tänzeln lassen; Sie
können zum Beispiel mit der Spitze der Reitgerte ganz zart an die
Klitoris Ihrer Partnerin stoßen oder die Schnüre der Peitsche sanft
über die Oberschenkel ziehen.

Finden Sie heraus, ob Ihr Partner Einwände gegen Striemen hat,
weil davon die Schlagstärke abhängt. Wer zum ersten Mal verprügelt oder ausgepeitscht wird, trägt wahrscheinlich eher Striemen
davon, als jemand mit mehr Erfahrung. Je schmaler das Instrument
ist, desto wahrscheinlicher hinterläßt es Striemen.

Eine ausgezeichnete Regel ist, daß man beim Partner nur die
Technik ausprobieren sollte, die man auch am eigenen Leibe erfahren hat. Testen Sie die Reitgerte am Innenarm, an Schenkel oder
Schulter, bevor Sie sie auf jemandes Rücken niedersausen lassen.
Wir hoffen, Sie nicht extra darauf hinweisen zu müssen, daß Sie niemanden mit einem Instrument schlagen sollten, bevor Sie es nicht an
einem unbelebten Objekt, wie etwa einem Kissen, ausreichend pro-
biert haben. Denken Sie daran: Je kürzer ein Gegenstand ist, desto
leichter kann man ihn kontrollieren; je länger er ist, desto schwerer
läßt er sich kontrollieren.

Mittel: Viele Haushaltsgegenstände bieten sich für die Flagellati-
onsszene an, vom klassischen Gürtel (Vorsicht beim Verschluß) über
Haarbürsten bis zu Linealen. Verschiedene Formen sorgen für unterschiedliche Empfindungen. Breite, flache Gegenstände erzeugen
einen stechenden Schmerz, der sich über einen größeren Bereich aus-
breitet, während dünne, runde Objekte ein stechendes Brennen auslösen und die Haut aufreißen können, wenn sie mit starker Hand

geführt werden. Ein breiter, flacher Gegenstand wie Ihre Hand, ein Gürtel oder ein Paddle schlägt konzentriert auf, während der Aufprall bei einer Peitsche mit mehreren Schnüren diffus ist. Die Peitschenspitzen erzeugen ein kräftiges Brennen auf der Haut. Um es noch einmal zu sagen: die größte Kraft eines jeden Instrumentes sitzt in seiner Spitze.

Je leichter und weicher ein Material ist, desto härter kann man offensichtlich damit zuschlagen, ohne Schmerzen zu verursachen. Bei einer Rehlederpeitsche werden Sie sich die Augen nach der Strafe ausweinen, doch bei einem starken Lederriemen oder bei Neoprengummi werden Ihre Augen leuchten. Allgemein kann man sagen, je mehr Schnüre eine Peitsche hat, desto diffuser ist der Aufschlag. Eine Peitsche mit nur einem Riemen wie die Bullenpeitsche kann den größten Schaden anrichten und ist kein Spielzeug für Amateure.

Die speziell für die Flagellation entworfenen Geräte lassen sich in verschiedene Kategorien einteilen. Slapper sind schmale, aus zwei Lederlappen gefertigte Peitschen (Paddles), die an einer Seite zusammengenäht wurden. Wenn die beiden Lappen aufeinandertreffen, gibt es einen dramatischen Effekt, während die eigentliche Empfindung von sanft bis kräftig variiert, je nachdem, wie steif und dick das Leder ist. Gurte und solche Peitschen (Paddles) sind leicht zu kontrollieren und erzeugen eine ganze Bandbreite von Eindrücken, die vom verwendeten Material abhängt. Dünne Gurte oder Riemen, die innen mit flexiblem Stahl verstärkt wurden, erzeugen eher einen stechenden Schmerz, ähnlich dem, den ein Lineal hervorruft. Reitgerten werden gewöhnlich aus flexiblem, mit Leder umkleidetem Fiberglas hergestellt. Sie sind etwa siebzig Zentimeter lang, leicht zu handhaben und recht vielseitig. Peitschen werden in unterschiedlichen Längen aus Nylon, Wildleder, Leder oder Gummi hergestellt: unterschiedliche Materialien erzeugen unterschiedliche Empfindungen. Rohrstöcke bestehen normalerweise aus dünnem, biegsamem Holz, aber es gibt auch eine Firma, die Rohrstöcke und Ruten aus Plastik fabriziert. Da sie dünn und flexibel sind, können Rohrstöcke ein recht schmerzhaftes Brennen verursachen.

Ihre Entscheidung hängt davon ab, um welches Gefühl es Ihnen geht, und von der Szene, die Sie darstellen möchten. Ein Rohrstock ist genau das richtige für diese »Englische Schüler«-Phantasien,

während Peitschen, wie der Name schon sagt, ideal für ein Aus-
peitsch-Szenario sind.

Quellen: Einige der kreativsten und kunstfertigsten Unternehmer
auf dem Gebiet des Sex entwerfen und fertigen S/M-Spielzeuge.
Viele dieser Leute hatten nicht vor, Unternehmer zu werden, bis sie
sich mit S/M beschäftigten, den Bedarf an qualitativ besserem Spielzeug erkannten und beschlossen, ihn zu befriedigen.

Obwohl es Versandhäuser gibt, die sich auf S/M-Produkte spezialisiert haben, werden Sie die größte Auswahl in einem Lederspezialgeschäft finden. Wir haben Peitschen und Flogger in purpurrotem,
silbern- und goldfarbenem Leder gesehen, so wunderschön gearbeitet, daß es schon erregend sein kann, einfach nur mit der Hand darüber zu streichen. Geschäfte für Reiterbedarf können ähnlich inspirierend sein:

*Einmal ging ich in diesen Reiterladen. Die sexy Sachen dort erregten
mich unglaublich. Ich beäugte das Regal mit den Reitgerten heimlich, als die nette ältere Dame, die den Laden leitete, zu mir kam
und sagte: »Wie ich sehe, bewundern Sie unsere Peitschen!« Ich war
so aufgeregt, ich wäre fast über dem Regal zusammengebrochen.*

Hygiene: Sie sollten bei Ihrer S/M-Ausrüstung die gleichen Vorsichtsmaßnahmen beachten wie bei jedem anderen Spielzeug. Falls
Ihr Instrument mit Körperflüssigkeiten wie Blut oder Ejakulat in
Kontakt gekommen ist, sollten Sie es gründlich säubern, ehe Sie es
erneut benutzen. In einer perfekten Welt hätten wir für jeden unserer Partner getrennte Spielzeuge, aber die meisten von uns können
sich einen solchen Aufwand nicht leisten. Säubern Sie das Instrument mit Seifenlauge und reiben Sie es dann mit einem Desinfekti-
onsmittel oder Spiritus ein. Auch verdünntes Wasserstoffsuperoxyd
oder Bleichmittel sind gute Reinigungsmittel, können aber das Leder
angreifen. Säubern Sie jede Peitschenschnur einzeln. Gründlich ab-
spülen und trocknen lassen. Es wäre gut, wenn Sie nach dem Reinigen des Leders ein Pflegemittel benutzen würden, um das Leder ge-
schmeidig zu halten.

Sinne und Haut

Verlust der Sinne

Verlust der Sinne ist eine beliebte Methode, eine S/M-Szene zu intensivieren. Wenn ein Sinn eingeschränkt ist, verstärken sich die anderen und werden empfindlicher. Das klassische Mittel für den Verlust der Sinne ist der Gebrauch der Augenbinde – ist die Sicht genommen, wird jedes Geräusch, jeder Geruch, jede Berührung intensiviert. Mit einer Augenbinde fühlen Sie sich völlig in der Gewalt Ihres Partners und fragen sich, was als nächstes geschehen wird. Für den dominanten Neuling ist die Augenbinde ein unschätzbares Spielzeug, um Spannung aufzubauen.

Sie können Augenbinden aus Schals, Bandannas, Bänder usw. selbst fertigen oder kaufen. Die in Drogerien erhältlichen Schlafmasken eignen sich gut dafür. Oder Sie können eine aufregende Augenbinde aus schwarzem Leder und Samt aus einem Lederspezialgeschäft erstehen. Natürlich wird diese Form des Sinnesentzugs niemanden reizen, der einen Großteil seiner sexuellen Erregung aus visuellen Stimuli bezieht:

Ich bin querschnittgelähmt und fühle von der Brust an abwärts nichts mehr. Ich beziehe mein Vergnügen hauptsächlich aus dem, was ich sehe, rieche, schmecke. Ich mag Sex bei ausgeschaltetem Licht nicht, weil ich meinen Partner sehen muß, um in Stimmung zu kommen.

Sie können das Gehör Ihres Partners mit Ohrstöpseln einschränken oder einfach mittels Kopfhörer kontrollieren, was er hört. Manche Menschen mögen den nahezu totalen Sinnesentzug durch Mumifikation, ein Verfahren, bei dem der »Bottom« vollkommen in ein Material wie Frischhaltefolie eingewickelt wird (mit Löchern, damit sie noch Luft bekommen). Sie können es aber auch einfacher haben und bestimmen, welche Geräusche, Gerüche und Geschmacksnuancen Ihr Partner während einer Szene wahrnehmen darf, als eine weitere Methode, Ihre Gesamtkontrolle über die Situation zu betonen.

Das Spiel mit der Temperatur

Wetten, Sie erinnern sich noch an die Szene aus *9 1/2 Wochen*, als Mickey Rourke Eiswürfel über Kim Basingers seidige Schultern gleiten ließ. Schließlich wurden damit eine Menge Anzeigenkampagnen für alles mögliche von Parfüm bis Alkohol ausgelöst. Und das aus gutem Grund. Eis besitzt einen unmittelbaren erotischen Appeal, ob es einen überhitzten Körper kühlen soll, auf Brustwarzen tropft, schockierend kalt in die Vagina gleitet oder einen Kontrast zu Hitze bildet. Stellen Sie sich vor, wie Sie Eis über einen warmen, frisch-verprügelten Hintern gleiten lassen – der Kontrast zwischen diesen beiden Extremen kann sich quälend gut anfühlen.

Wenn Eis das altehrwürdige kalte Spielzeug ist, sind Kerzen das klassische heiße. Geschmolzenes Wachs auf die Haut ihres Partners tropfen zu lassen ist vollkommen sicher, vorausgesetzt, sie benutzen schlichte Paraffinkerzen. Parfümierte, farbige oder Bienenwachskerzen schmelzen bei einer höheren Temperatur und könnten die Haut Ihres Partners verbrennen oder Blasen bilden. Bevor Sie das Wachs auf die Haut Ihres Partners tröpfeln, sollten Sie einen Tropfen auf der Innenseite Ihres Armes testen. Vielleicht möchten Sie zu Beginn die Kerze hochhalten, damit das Wachs kühler ist, wenn es auf der Haut Ihres Partners auftrifft, und dann die Kerze allmählich immer tiefer senken. Versuchen Sie einmal, im raschen Wechsel heißes Wachs und kaltes Eis auf die Haut Ihres Partners tropfen zu lassen. Das verspricht ein Maximum an Gefühl.

Ich liebe eine sinnliche Massage mit Ölen und heißem Kerzenwachs, gefolgt von Küssen über den ganzen Körper. Das Wachs erregt, denn es ist schockierend, warm, sinnlich. Manchmal gefällt es mir, wenn man es mit einem stumpfen Messer abkratzt.

Klammern

Klammern erzeugen Empfindungen, die vom schwachen, dumpfen Schmerz bis zu einem stechenden Biß reichen. Was ist so reizvoll daran? Nun, Klammern sind ebenso reizvoll wie gezwickt, gebissen oder sonstwie fest angepackt zu werden. Wie immer steht das Vergnügen, das diese Form der intensiven Stimulierung erzeugt, in direktem Zusammenhang mit der Stärke der momentanen Erregung. Obwohl man Klammern fast überall am Körper anbringen kann – und anbringt –, wollen wir uns auf die wichtigsten erotischen Stellen konzentrieren: auf Brustwarzen und Genitalien.

Sicherheitstips

Bringen Sie die Klammern langsam und sanft an, setzen Sie die Spannung nach und nach frei. Wenn Ihnen Klammern angelegt werden, spüren Sie wahrscheinlich etwa dreißig Sekunden lang einen scharfen Schmerz, der sich allmählich legt, da die Blutzufuhr in den geklammerten Bereich unterbrochen ist. Falls Sie nicht gerade an den Klammern ziehen, werden Sie eher einen dumpfen als einen stechenden Schmerz (und Druck) spüren. Wenn Sie an die Klammern stoßen, wird der scharfe Schmerz zurückkehren – vielleicht ist es genau das, was Sie wollen, und es gibt garantiert viele Menschen, denen es gefällt. Wenn Sie die Klammer entfernen, wird es einen kurzen, intensiven Schmerz geben, verursacht durch das Blut, das wieder in das taube Gewebe zurückströmt. Sie können diesen Schmerz reduzieren, wenn Sie die Klammer langsam und vorsichtig entfernen. Je länger Sie die Klammer getragen haben, desto stärker ist der Schmerz, wenn Sie sie entfernen. Sie sollten Klammern nicht länger als etwa dreißig Minuten lang anbehalten.

Typen

Klammern sind das ultimative billige Spielzeug. Von der Wäsche- bis zur Büroklammer – es gibt unzählige alltägliche Gegenstände, die bei diesem Spiel mitwirken können. Testen Sie jede Klammer zuerst an der dünnen Haut zwischen Daumen und Zeigefinger, um ein Gefühl dafür zu bekommen, wie sie sich an anderen zarten Bereichen Ihres Körpers anfühlen mag. Sie können die Spannung der Wäscheklammern verstellen, indem Sie Gummibänder um eines der Enden wickeln. Je mehr Haut mit der Klammer festgehalten wird und je breiter der von Ihnen benutzte Gegenstand ist, desto schwächer ist die Empfindung. Eine lockere Drahtbüroklammer wird sich, verglichen mit dem gemeinen Zwicken einer Miniaturwäscheklammer, wie ein Massagegerät anfühlen.

Brustwarzenklammern

Viele der Produkte, die in erster Linie als Brustwarzenklammern entworfen wurden, sind zu vernünftigen Preisen in Sexshops erhältlich oder über Versandfirmen zu beziehen. Sie bestehen normalerweise aus Metall, haben gepolsterte Vinylspitzen und sind häufig durch eine Kette miteinander verbunden. Als wir vor gut einem Jahr Brustwarzenklammern in unser Sortiment aufnahmen, wurden sie uns buchstäblich aus den Händen gerissen, und wir fragten uns, weshalb wir solange gebraucht hatten, sie unserem Angebot einzuverleiben. Schließlich hatten uns all die Jahre hindurch unzählige Menschen mitgeteilt, wie sehr sie das Brustwarzenspiel genießen und schätzen:

Da ich sehr empfindliche Brustwarzen habe, mag ich das stürmische Brustwarzenspiel; ich lecke und zwicke meine Brüste auch gern beim Liebesspiel, auch wenn ich allein bin.

Brustwarzenstimulierung ist sehr, sehr erregend und auch sehr entspannend. Ich spüre, wie es in meinem Gebärmutterhals kribbelt. Ich glaube, wenn man meine Brustwarzen lange genug stimulieren würde, könnte ich allein davon einen Orgasmus bekommen.

Ich mag es, wenn man meine Brustwarzen zwickt, drückt und an ihnen saugt. Mir gefällt die Bruststimulierung, selbst wenn sie weh tut – das macht mich echt heiß.

Alligator-Clips haben breite, flache Zangen, die mit einer Schraube festgedreht werden. Sie passen Männern besser als Frauen, weil sie nicht weit genug zu öffnen sind, um an größeren Brustwarzen zu halten. Sie verdanken ihren Namen den gezackten Metallzähnen. Bringen Sie niemals einen Alligator-Clip auf der Haut an, es sei denn, die Zangen sind gut mit Vinyl ausgepolstert. Tweezer-Clips haben zwei lange, schmale Zangen, die sich zuschieben – sie können sich sehr weit öffnen und sind recht vielseitig. Japanische Clover-Klammern sind so entworfen, daß die Zangen sich verengen, wenn man daran zieht. Dadurch wird das Gefühl intensiviert. Skirthanger-Clips haben breite, gepolsterte Zangen und verteilen den Schmerz über einen größeren Bereich.

Ihnen macht die Brustwarzenstimulierung Spaß? Weshalb probieren Sie dann nicht einmal Brustwarzenklammern aus? Warten Sie, bis Sie so erregt sind, daß sich das Zwicken und Zerren daran eher quälend als unangenehm anfühlt. Bringen Sie die Klammer hinter, statt genau auf der Brustwarzenspitze an; dort vorn kann sie nicht nur ein unangenehmes Gefühl verursachen; sondern auch herunterfallen. Falls Sie mit Miniaturwäscheklammern oder anderen winzigen Klammern mit grausamem Biß spielen, möchten Sie sie vielleicht lieber auf dem Warzenhof als direkt auf der Brustwarze anbringen. Sobald die Klammern einmal an Ort und Stelle sind, liegt es an Ihnen, ob Sie sie dort in Ruhe lassen oder weiter daran herumspielen.

Brustwarzenklammern bringen's echt! Wenn man sie anstupst, springen meine Sicherungen raus!

Frauen mit Brustzysten sollten beim Gebrauch von Klammern vorsichtig sein, und alle Frauen sollten sich bewußt machen, daß ihre Empfindlichkeit während des Menstruationszyklus schwanken kann, so daß Klammern sich in einer Woche herrlich und in der nächsten Woche unerträglich anfühlen können. Auch schwangere und stillende Frauen könnten dem Spiel mit Klammern eher abgeneigt sein.

Genitalklammern

Man kann die beschriebenen Brustwarzenklammern auch als Schamlippen-, Klitoris-, Vorhaut-, Penis- oder Hodensackklammern benutzen. Sie werden wahrscheinlich mehr Menschen begegnen, die lieber Klammern an den Schamlippen oder am Hodensack tragen als an der empfindlicheren und nervenreichen Klitoris oder Glans, aber alles ist möglich:

Eine Brustwarzenklammer an meiner Klitoris kann erregend sein.

Piercing

Beim Piercing handelt es sich nicht eigentlich um eine S/M-Aktivität; hier kommt es zu einer Überschneidung der S/M- und Körpermodifikationsbereiche. Der Begriff *Körpermodifizierung* bezeichnet den

Akt, bleibende Verzierungen wie Tätowierungen oder Piercing zu schaffen. Diese Form, sich zu schmücken, findet man in allen Stammeskulturen der Welt, und es gibt sie bereits seit Beginn der Menschheitsgeschichte. Deshalb wird der Begriff »moderne Primitive« oft angewandt, um jemanden zu beschreiben, der in der heutigen Zeit das Thema der Körpermodifizierung erforscht.

Im Laufe der Geschichte wurde unter anderem gepierct, um den Körper zu schmücken, als Übergangsritus, um einen Status zu demonstrieren, oder um erotische Gefühle zu verstärken. Das Apadravya, das vertikale Piercen der Peniseichel, wird im *Kama Sutra* als Möglichkeit erwähnt, sich beim Liebesspiel zusätzliche Stimulierung zu verschaffen. Heutzutage können die Gründe für das Piercing von spielerischen bis zu spirituellen Motiven reichen. Einige Menschen lassen sich piercen, um zu zeigen, daß ihr Körper ihnen gehört; manche als Übergangsritus; manche als Methode, ihr Körperbewußtsein zu erhöhen; andere, um ihre Belastbarkeit zu prüfen; wieder andere wegen der sexuellen Stimulierung, und manche aus rein dekorativen Gründen. Die traditionellen Stellen für das Piercing sind Brustwarzen, Genitalien, Ohren, Gesicht und Bauchnabel.

Brustwarzenpiercing ist unter Männern und Frauen weit verbreitet; man kann Brustwarzenringe ebensogut zur Verstärkung der Empfindung benutzen wie Brustwarzenklammern. Möglicherweise werden Sie feststellen, daß eine gepiercte Brustwarze Ihr Brustwarzenbewußtsein und die Empfindlichkeit derselben erhöht:

Nachdem ich mir meine Brustwarzen habe piercen lassen, stelle ich fest, daß man jetzt nicht nur mit meinem Schwanz spielen kann, um mich anzumachen. Es fühlt sich unbeschreiblich gut an, wenn eine Frau mit den Zähnen oder der Zunge am Ring zieht.

Frauen können wählen, ob sie sich die Schamlippen einmal oder mehrmals, durch die klitorale Vorhaut oder die Klitoriswurzel piercen lassen. Piercing der Klitoris-Vorhaut wird häufig mit Ringen durchgeführt, an denen eine Kugel hängt, die genau an der Klitoris ruht.

Männer können unter einer Vielfalt von Penispiercing wählen. Ein »Prinz Albert« sind Ringe, die sich entlang der Glans-Unterseite von der Harnleiteröffnung bis zu der Stelle hinziehen, wo die Glans in den Penisschaft übergeht. Ein Bändchen-Piercing ist gewöhnlich ein Piercing mit einer kleinen Hantel unter dem Penisschaft. Einige Männer entscheiden sich für ein beringtes Bändchen-Piercing, bei dem der Ring über die Spitze des erigierten Penis geschwungen wird und so einen abgewandelten Penisring-Effekt erzeugen kann. Sie können jedes, außer den größten, abstehenden, herausragenden, Penispiercing wegen der zusätzlichen Stimulierung bei der Penetration anbehalten. Viele Menschen sagen, Piercing hätten ihr Bewußtsein für ihre Genitalien auf eine Weise verstärkt, die auch die sexuellen Gefühle steigere.

Bleibendes Piercing sollte nur von Fachleuten durchgeführt werden, die mit sterilen Werkzeugen und Schmuck arbeiten. Piercing ist keine Do-it-yourself-Aktivität.

Die Frage nach dem Gefühl

Bevor wir uns von diesem Thema verabschieden, möchten wir wiederholen, daß das Machtspiel eine einzigartige Mischung aus körperlichen, mentalen und emotionalen Komponenten bietet. Dies hat zur Folge, daß S/M-Spiele einschüchternd und erschreckend sein können. Einerseits probieren Sie Aktivitäten aus, die viele Ihrer Bekannten als »krank« und »pervers« bezeichnen würden, zum anderen offenbaren Sie Ihrem Partner gegenüber einige Ihrer geheimsten Phantasien und drücken in diesem Zusammenhang Gefühle aus, die weder »nett« noch »lieb« sind und nicht mit dem übereinstimmen, was man Ihnen in bezug auf sexuelle Gefühle beigebracht hat zu glauben. S/M kann starke Emotionen, schmerzliche Erinnerungen wecken und Scham, Wutanfälle und Schuldgefühle auslösen. Wichtig ist die Tatsache, daß Sie mit Gefühlen in Berührung kommen, die nicht angenehm sein mögen, aber trotzdem wirklich vorhanden sind. Sie und Ihr Partner sollten einander so weit vertrauen, daß sie darüber sprechen können, welche Gefühle bei ihnen hochkommen, und zwar, falls nötig, auch während der Szene oder danach.

Es ist immer gut, nach einer Szene noch eine Weile mit dem Partner zu verbringen, um wieder auf den Boden zu kommen. Ob Sie danach positive oder ein wenig gemischte Gefühle haben, Sie sind sich beide ein positives Gespräch schuldig für die Energie, die sie eingesetzt, das Risiko, das sie auf sich genommen, und die Erfahrung, die sie miteinander geteilt haben. Sprechen Sie darüber, was Sie aufgeregt, erschreckt und angeregt hat. Wie fühlen Sie sich jetzt? Was möchten Sie beim nächsten Mal anders machen? Konzentrieren Sie sich auf die Gefühle und die Gesamtwirkung der Szene. Es ist nicht nötig, die Szene noch einmal in allen Einzelheiten durchzugehen oder technische Details zu kritisieren.

Falls Sie oder Ihr Partner zu den Überlebenden eines gewalttätigen Überfalls oder eines Mißbrauchs gehören, können im Kontext der Szene heftige Gefühle hochkommen. Was die emotionale Gefahrenzone angeht, müssen sie beide sich sehr respektvoll und kommunikativ verhalten. Einige Überlebende stellten fest, daß S/M ihren Heilungsprozeß förderte, aber die Art und Weise, wie dies geschieht, variiert von Person zu Person sehr stark. Vergessen Sie auf keinen Fall, daß S/M keine Therapie ist, und seien Sie vorsichtig, wenn es darum geht, Ihre Grenzen zu überschreiten.

Schließlich hätte S/M nicht dieses Potential, zu erschrecken und einzuschüchtern, wenn es nicht auch eine belebende und bestärkende Art zu spielen wäre. Wir haben dieses Kapitel bewußt gegen Ende des Buches plaziert, weil beim Machtspiel vieles zusammenkommt, was zuvor beschrieben wurde. S/M verbindet Kommunikation, Berührung, Phantasie und Sex zu einer erotischen Mischung, die so erregend, kreativ und vergnüglich sein kann, wie Sie es nur möchten.

17. Wo die Sex-spielzeuge herkommen

Nachdem Sie sich durch mehrere Kapitel mit Beschreibungen von Sexprodukten hindurchgelesen haben, fragen Sie sich vielleicht: »Und wer stellt dieses Zeug her?« Woher sollten Sie das auch wissen? Es ist recht unwahrscheinlich, daß das *Fortune*-Magazine jemals eine Titelstory über die Dildo-Industrie bringen wird. Wir können bezeugen, daß keiner der im letzten Volkszählungsformular aufgeführten möglichen Berufe auf uns zutraf. Sexspielzeuge sind ein Millionen-Geschäft, aber die Branche wird, wenn überhaupt, nur so beiläufig erwähnt, daß sie unsichtbar für all jene ist, die nicht dafür arbeiten. Wir möchten gern den Vorhang zurückziehen und Ihnen verraten, was wir über die Leute wissen, die Sexspielzeuge entwerfen und herstellen.

Sexspielzeugproduzenten lassen sich in drei Kategorien einteilen: Da sind zum ersten diejenigen, die nicht zugeben, daß sie Sexspielzeug herstellen; zweitens jene, die Billigspielzeuge herstellen; und drittens Unternehmer, die sich entschließen, Sexspielzeug in Heimarbeit herzustellen, um Geschäft und Vergnügen zu verbinden.

Wann ist ein Sexspielzeug kein Sexspielzeug?

Die ersten Vibratoren wurden als Allheilmittel für eine Reihe körperlicher Unpäßlichkeiten auf den Markt gebracht und als Geräte angepriesen, die zur »Gesundheit, Vitalität und Schönheit« beitragen. Diese, ein wenig unaufrichtige Marketingstrategie wird immer noch betrieben. Der Verkauf von elektrischen Vibratoren ist ein großes Geschäft. Ein 1981 in der *New York Times* erschienener Artikel zitierte Schätzungen von über einer Million verkauften

Geräten in den USA und fünfzehn Millionen Dollar Umsatz jährlich; der Verkauf kann seit damals nur zugenommen haben.

Diese Vibratoren werden in Drugstores, Kaufhäusern und Discountläden jedoch ausschließlich als Massagegeräte verkauft. Die Produktabbildungen zeigen Models, die das Massagegerät über ihren schmerzenden Nacken und die wohlgeformten Waden gleiten lassen, und der Beipackzettel weist auf »Gesichts- und Fußzubehör« hin, als ob es nicht möglich sei, diese Zusatzteile zwischen Nabel und Knie anzuwenden. Selbst phallusförmige batteriebetriebene Vibratoren, für die auf den letzten Seiten von Magazinen oder in Discount-Versandkatalogen geworben wird, zeigen im allgemeinen auf den Produktabbildungen ein weibliches Model, das die Spitze des Vibrators an Stirn oder Wange preßt, um ihre Migräne zu kurieren – was dem Satz »Nicht heute abend, ich habe Migräne« eine neue Wendung gibt.

Der Prelude 3 ist der einzige Qualitätsvibrator für den Netzanschluß, der jemals für sexuelle Zwecke verkauft und in den siebziger Jahren durch Versandanzeigen in Männermagazinen propagiert wurde. Im Jahre 1978 wurde den Prelude-Händlern aber klar, daß es unmöglich ist, mit dieser wahrheitsgemäßen Anzeige im Einzelhandel Fuß zu fassen. Sie befreiten Verpackung und Werbung von jeglichem Hinweis auf die eindeutigen Anwendungsmöglichkeiten, und sofort nahm der Prelude in Drugstores überall im Lande seinen Platz neben all den anderen »Haushaltswaren« und »Produkten zur persönlichen Pflege« ein.

Die meisten Markenhersteller und Vertreiber von Vibratoren für den Netzanschluß geben nicht den geringsten Hinweis auf die sexuellen Verwendungsmöglichkeiten ihrer Produkte, obwohl die einführenden Tips in den Gebrauchsanweisungen wie »Immer bereit, Ihnen am Ende eines arbeitsreichen Tages erfrischende Erleichterung zu verschaffen« oder »Befreit Sie von der täglichen Mattheit« recht doppeldeutig sind. Die einzige Ausnahme bei dieser »Nichts böses sehen oder hören«-Marketingstrategie ist ein negativer Hinweis. Eine Firma aus dem Mittelwesten warnt in der Gebrauchsanweisung ihres Vibrators: »Dieses Gerät ist nicht für die Anwendung im Genitalbereich bestimmt«. Was zur Folge hatte, daß wir viele besorgte Anrufer beruhigen mußten, die von dieser Warnung aufgeschreckt worden waren.

Der Vorteil dieser verdeckten Annäherung besteht darin, daß der Vertrieb von Netz-Massagegeräten nicht auf Sexshops beschränkt ist und sie, anders als die billig produzierten Vibratoren, denselben prüfenden Kundenblicken und -maßstäben unterworfen sind wie andere Geräte. Der Nachteil besteht darin, daß der Kunde keine ehrliche Information und Ratschläge darüber bekommt, wie man diese Geräte anwenden kann, und möglicherweise befürchtet, er sei der einzige Perverse in der Geschichte von Sear's, weil er vorhat, dieses handliche Rückenmassagegerät südlich des Steißbeins entlanggleiten zu lassen.

Trotz der Vogelstraußpolitik der Hersteller haben wir festgestellt, daß die Vertreter großer Gerätefirmen, die bei uns hereinschauen, einen ziemlichen Schock bekommen, wenn sie sehen, wie *Good Vibrations* ihre Geräte verkauft. Schließlich ist sich das Personal dieser Firmen der Vielseitigkeit elektrischer Massagegeräte wohl bewußt. In einem von einer hiesigen Zeitung veröffentlichten Artikel über unseren Laden wird der Verkaufsmanager von Hitachi mit folgenden Worten zitiert: »Wir betrachten die Massagegeräte als Gegenstände zur persönlichen Pflege ... unsere Angestellten wissen, wofür sie gut sind, ohne daß wir es ihnen sagen müssen.« Zur Feier des fünfzehnten Geburtstags unseres Geschäfts haben wir Schokoladenplastiken in Form des Magic Wand von Hitachi, unseres meistverkauften Vibrators, bestellt. Die Leute im Hitachi-Hauptquartier in Atlanta beteiligten sich an den Kosten und bestellten bei uns fünfhundert Schokoladenformen für ihre jährliche Verkaufskonferenz.

Wir und unsere Kunden sehnen uns nach dem Tag, an dem Hitachi, Panasonic, Pollenex, Sunbeam und Wahl die Vielseitigkeit ihrer Produkte anerkennen und sich frei fühlen, sexuelles Zubehör für ihre Geräte zu entwickeln oder kräftige und verläßliche batteriebetriebene Modelle zu erfinden.

Das Geschäft mit den Sexspielzeugen
Spielzeugherstellung

Lassen Sie uns als erstes einen beliebten Mythos zerstören. Die Hersteller von Sex-Billigartikeln sind weder zigarrenpaffende Mafiosi, wild entschlossen, das moralische Rückgrat unserer Nation zu zerstören, noch sexuell unersättliche Swinger, die danach trachten, das Evangelium des Hedonismus zu verkünden. Tatsächlich sind die in der Sexindustrie tätigen Männer und Frauen im großen und ganzen ein konservativer Haufen, bis zur Halskrause mit Familienwerten gefüllt und fest entschlossen, sich ihren Lebensunterhalt zu verdienen. Es erstaunte uns stets, wie wenige unserer Billigartikel-Lieferanten oder ihre Vertreter ihre eigenen Produkte ausprobiert haben oder Interesse daran zeigen, es zu tun. Sie sind gleichermaßen verwirrt von unserer ehrlichen Begeisterung für ihre Sexspielzeuge und unserer Sorge um Qualität, Funktion und Präsentation des Produktes. In den Sexbuchläden läuft der Verkauf nur über die Verpackung, und unsere Vertreter können nicht verstehen, weshalb wir unbedingt wissen wollen, was sich tatsächlich in der Schachtel befindet.

Die Billigspielzeuge kommen aus aller Welt. Einige unserer beliebtesten batteriebetriebenen Vibratoren werden in Japan hergestellt. Japanische Vibratoren sind bekannt für ihre rotierenden Figurinen mit Gesichtern und vibrierendes, wie Tiere geformtes Zubehör – ein Teil des von General McArthur hinterlassenen Nachkriegserbes an Japan, wo die Herstellung genitalienähnlicher Sexspielzeuge verboten ist. Diese Spielzeuge sind nach Billigartikel-Verhältnissen recht teuer, so daß der japanische Export nur einen kleinen Prozentsatz der Sexspielzeuge ausmacht, die von Sexläden in den Staaten verkauft werden.

Bestimmte Billigartikel werden in den USA gefertigt, vor allem Dildos, Plugs und Gummiwaren, doch nur, wenn man sie ebenso günstig oder günstiger fabrizieren kann als im Fernen Osten. Die meisten billigen Spielzeuge kommen aus China, Korea oder Hongkong. Ein Großteil der Billigspielzeuge werden in Hongkong hergestellt, da es ein großes, internationales Produktions- und Exportzentrum ist, das dem Handel mit Sexmaterialien nur wenige Beschränkungen auferlegt. Im Gegensatz dazu bestehen in Taiwan strenge Gesetze gegen den Export von Produkten sexueller Art. Fabriken in der Volksrepublik China stellen den inneren Mechanismus vieler einfacher, batteriebetriebener Vibratoren aus Hartplastik her, aber keine vollständigen Vibratoren. Wenn Hongkong wieder unter die Regierungsgewalt Chinas fällt, wird das auf jeden Fall einen Einfluß auf die Billigindustrie haben. Thailand könnte gut das nächste Zentrum des Sexspielzeuggeschäftes werden.

Die meisten in Hongkong beheimateten Fabriken stellen nur in zweiter Linie Sexartikel her. Eine Puppenfabrik fertigt zum Beispiel vielleicht aufblasbare Puppen. Eine Fabrik, die Haartrockner und kleine Massagegeräte produziert, stellt möglicherweise auch batteriebetriebene Vibratoren her. Dieses Spielzeug ist mit ebensowenig Liebe, Sorgfalt oder handwerklichem Können hergestellt wie das Spielzeug, das Sie aus einem Kaugummiautomaten ziehen können. Das Netteste, was man über Billigspielzeuge für Erwachsene sagen kann, ist, daß ihnen ein Alterungsmechanismus eingebaut zu sein scheint. Die Käufer derartiger Spielzeuge sind beim Kauf zu verlegen, um die gleiche Qualitätskontrolle wie bei Haushaltsgeräten und anderen Konsumgütern zu fordern.

Als Beweis für die »Schnelle-Dollar«-Philosophie der Sexindustrie können Sie die Geschichte von »Jonis Schmetterling« betrachten. Joani Blank, die Gründerin von *Good Vibrations*, wußte, daß »freihändige«, tragbare Klitoris-Vibratoren sehr beliebte und vernünftige Geräte sein würden, und sie erwähnte dies einem unserer Billigartikel-Vertreiber gegenüber. Er nahm eine grobe Skizze ihrer Idee mit nach Hongkong und kam mit einem fertigen Spielzeug wieder zurück. Joani hatte verschiedenes zu beanstanden: Der Vibrator war zu voluminös, um beim Geschlechtsverkehr getragen zu werden, und die elastischen Beingurte waren zu locker, um ihn an Ort und Stelle zu halten. Aber die Gußformen waren bereits hergestellt, und die Produktion lief. Zu Joanis Entsetzen war ihr Name (wenn auch falsch geschrieben) für immer mit genau jenem Typ von minderwertigem, batteriebetriebenem Spielzeug verbunden, über das sie ihr ganzes Berufsleben lang hergezogen war. Da nur wenige Billigartikel-Hersteller ihre Produkte patentieren oder ihnen einen Handelsschutz zukommen lassen, überschwemmten zahllose Schmetterlinge den Markt, während Joani keinen einzigen müden Tantiemendollar dafür erhielt. Die Moral von der Geschichte: Wenn Sie eine Idee für ein Sexspielzeug haben, die Sie gerne verwirklicht sehen möchten, wäre es am besten, es selbst zu produzieren und patentieren zu lassen.

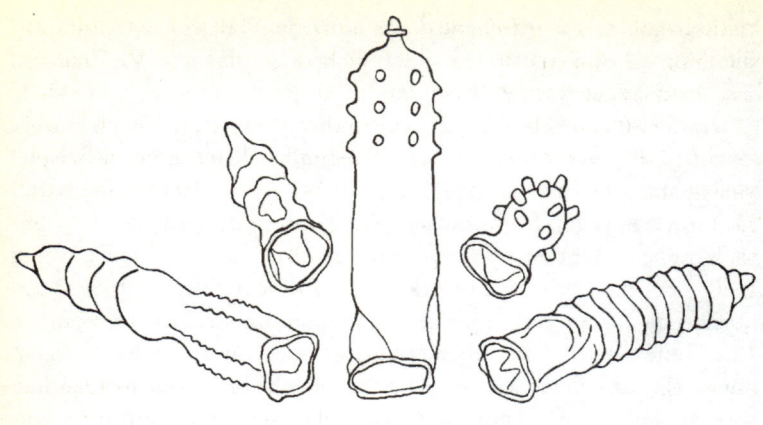

Das Noppensyndrom

Spielzeug-Marketing

Nachdem die Sex-Billigartikel die lange Bootsfahrt von Hongkong bis in die Vereinigten Staaten hinter sich haben, werden sie von amerikanischen Vertreibern verpackt und vermarktet. Das Spielzeug wird in Zellophan verpackt und in mit Schildchen versehene Kartons gesteckt. In einem typischen Sexbuchladen können die Kunden weder anfassen, geschweige denn sehen, was sie kaufen, bis sie mit dem Produkt zu Hause sind.

Manchmal können Sie Produktmuster in einer Glastheke bestaunen – aber normalerweise ist das einzige, was ein Kunde vom Produkt sieht, die Abbildung auf der Schachtel. Der neueste Trend, die Schachteln mit Fotos von Pornostars und Starlets zu bekleben – was eher die Phantasie als das Produkt verkauft –, macht es nur noch schwerer herauszufinden, was man eigentlich kauft.

In Läden wie dem unsrigen, wo Muster aller Produkte in den Regalen stehen, damit die Kunden sie anfassen und vergleichen können, wird die übliche Verpackung als plump und kränkend betrachtet. Wenn wir jedoch bei unseren Vertretern protestieren und ihnen mitteilen, daß wir keine versiegelten batteriebetriebenen Vibratoren in Schachteln mit Fotos von anmutigen Pornostarlets kaufen möchten, verdrehen sie ob unseres Mangels an Verkaufsverstand die Augen. Ist uns denn nicht klar, daß die Verpackung das Produkt verkauft? Wir können sie nicht tadeln, schließlich haben die »Phantasie«-Verpackungen ihre Verkäufe wirklich gesteigert. Es bräuchte schon eine Revolution auf dem Gebiet des Sex-Einzelhandels – zum Beispiel den Erfolg von noch viel mehr Läden, die Produkte so verkaufen wie wir –, ehe sich die Billigartikel-Verpackungen ändern werden.

Spielzeug-Design

Etwas, das uns sogar noch mehr frustriert als die armselige Qualität oder die billige Verpackung des Sexspielzeuges ist das oft idiotische Design. Die Hersteller ziehen Nutzen aus der gesellschaftlichen Mystifikation all dessen, was mit Sex zu tun hat, indem sie Produkte mit dubiosen Behauptungen und minimaler Beachtung der sexuellen Reaktionen eines Menschen verkaufen und schamlos unsere sexuellen Unsicherheiten ausbeuten. Schließlich ist es ganz normal, daß Menschen, die von einem Sexspielzeug enttäuscht sind, eher annehmen, mit ihren Reaktionen müsse etwas nicht stimmen, statt mit dem Design des Spielzeugs.

Wie Kunden manipuliert werden

Zum einen ist der Sexindustrie eine eindeutig reaktionäre Sichtweise und ungenaue Kenntnis der sexuellen Reaktion der Frau zu eigen. In der Vorstellungswelt der Billigartikel-Hersteller sehnen sich Frauen vor allem nach der Penetration durch einen Penis: je größer, desto besser. Billigdildos gibt es nur im großen bis jumbogroßen Penistyp, und fast alle batteriebetriebenen Vibratoren sind zur Einführung gedacht und phallusförmig. Im Sex-Billigartikel-Land bedarf es nur der sanftesten Form klitoraler Stimulierung, um in orgasmische Höhen entführt zu werden. Ein klassisches Beispiel für die »weniger wäre mehr gewesen«-Einstellung zur klitoralen Stimulierung ist das »Noppensyndrom«, wie wir es gern nennen. Das Noppensyndrom zeigt, wie die Sex-Billigartikel-Hersteller der Existenz der Klitoris Salut erweisen, nämlich indem sie die Basis vieler Dildos mit kleinen Gumminoppen und sämtliche klitoralen Vibratoren (wie Jonis

Schmetterling) mit Vinylstacheln versehen. Gewiß werden einige Frauen die äußerst zarte Massage durch die Noppen genießen, so wie andere sich an gerippten Kondomen oder Ben-Wa-Bällen erfreuen. Doch wir treffen weit mehr Frauen, die diese Noppen im besten Fall als sinnlos und im schlimmsten als kränkend empfinden.

Leider richtet sich auch in Pornofilmen die Kamera nicht auf das Vergnügen der Frauen. Wir haben unzählige Pornofilme gesehen, in denen ein masturbierendes Pornostarlet sich selbst erregt, indem es gierig an seinem batteriebetriebenen Plastikvibrator saugt und ihn sich dann in die Vagina stößt, um einen Orgasmusschauer nach dem anderen zu erleben. In den Standardpornos werden die Frauen so dargestellt, als seien sie davon besessen, jedes phallische Objekt im Umkreis von zehn Kilometern aufzuspüren und mit Feuereifer damit zuzustoßen, der schon ans Lächerliche grenzt. Hingegen würde man niemals zeigen, wie ein Mann, der mit einer vibrierenden Muffe spielt, liebevoll mit der Zunge über die Öffnung der Vinylmuffe leckt, bevor er seinen Penis hineingleiten läßt. Und es ist unwahrscheinlich, daß Sie in einem Porno einen Mann sehen, der ohne irgendeine Art der Eichelstimulierung zum Orgasmus kommt. Zuschauer, die nach einer authentischen Darstellung des weiblichen Vergnügens suchen, müssen sich im großen und ganzen auf Videos beschränken, die von Frauen für Frauen produziert wurden.

Während Frauen, die Sex-Billigartikel kaufen und sich Sexfilme anschauen, möglicherweise zu dem Schluß kommen, daß ihre sexuellen Reaktionen anormal sind, werden Männer wahrscheinlich ihre sexuelle Meisterschaft anzweifeln. Die Billigartikel-Hersteller nutzen die männliche Unsicherheit in bezug auf Penisgröße und Potenz aus, um eine Vielfalt von Penis- und Erektionsverlängerern zu verkaufen. Bei den Penisverlängerern handelt es sich um hohle Vinyl-Prothesen, die über den erigierten (oder nicht erigierten) Penis gestülpt und mit elastischen Bändern an Ort und Stelle gehalten werden. Erektionsverlängerer sind in der Regel Cremes mit anästhesierender Wirkung. Beide Produkte verewigen die fragwürdige Vorstellung, daß es für einen Mann besser ist, auf Empfindungen zu verzichten, wenn er sich dadurch als hundertprozentiger Zuchthengst erweisen kann. Ganz davon zu schweigen, daß sich nicht alle Frauen nach langen, dicken Penissen sehnen. Ganz zu schweigen davon, daß ein Mann, der seinen Partner trotz schlaffem Penis penetrieren möchte, dies mühelos mit einem Dildo tun kann. Ganz zu schweigen davon, daß Sie – wenn Sie Ihren Penis betäuben und sich selbst Ihrer Empfindungen berauben – die wahrscheinlich schlechteste Methode wählen, Kontrolle über die sexuellen Reaktionen und den Zeitpunkt Ihres Orgasmus zu erlangen. Unsicherheit ist eine starke Motivation, und wenn die Sexindustrie den Realitäten der sexuellen Reaktion des Menschen Einlaß in ihre Marketingstrategien gewähren würde, müßte sie auf Fabriken voller Gußformen und auf Lagerhäuser voller Produkte verzichten.

Rassismus

Wir möchten nicht von unserem Rednerpult heruntersteigen, ohne den Rassismus zu erwähnen, der sich im Spielzeugdesign und auf der Verpackung zeigt. Penisförmige Dildos und Vibratoren gibt es fast nur in kaukasischen Hauttönen oder in einer Farbe, die in Produktkatalogen als »eurasisch« oder »fleischfarben« bezeichnet wird. In den letzten Jahren wurden Dildos mit einer größeren Vielfalt an Hauttönen hergestellt, doch wird diese lobenswerte Entwicklung durch geschmacklose Produktnamen wie »Das Elfenbeinspielzeug« oder durch die weitverbreitete Praxis unterhöhlt, braune Dildos »Mulatto« zu nennen. In der Sexspielzeugwelt hat die Erfahrung des weißen Mannes Vorrang, während das Klischee vom gutbestückten Schwarzen als Konkurrenz droht – und Latinos und Asiaten überhaupt nicht existieren. Auch Billigdildos gibt es in ähnlich minderwertiger Qualität. Das Pfirsichorange, das als »eurasisch« oder »fleischfarben« bezeichnet wird, hat ebensowenig Ähnlichkeit mit einem echten Hautton wie das schmutziggraue »Elfenbein«.

Aufblasbare Puppen

Aufblasbare, mit trichterförmigen Mündern, Vaginen und Analeingängen ausgestattete Vinylpuppen sind hauptsächlich dazu gedacht, einen Penis aufzunehmen. Es gibt männliche Puppen mit aufblasbaren, vibrierenden Penissen und Transvestiten-Puppen mit aufblasbaren Brüsten *und* Penissen. Eine der beliebtesten Neuheiten in den letzten fünf Jahren war das aufblasbare Schaf, aber weibliche Puppen beherrschen noch immer das Feld. Es gibt sie in erstaunlicher Vielfalt – Puppen mit vibrierenden Mündern, Vaginen oder Analöffnungen; Puppen, deren Brüste Flüssigkeit verspritzen; Puppen mit Gleitmitteln in den Öffnungen; Puppen mit nach Apfelkuchen schmeckenden Muschis – alle aus extrahaltbarem Vinyl hergestellt, das bis zu dreihundert Pfund aushält.

Wir müssen gestehen, das uns bei diesem Thema ein wenig unbehaglich zumute ist. Wir haben in unserem Geschäft niemals aufblasbare Puppen geführt, noch jemals jemanden getroffen, der sie ausprobiert hat. Die Exemplare, die wir gesehen haben, waren recht reizlos: kostspielig, billig hergestellt, nicht besonders gut ausgearbeitet. Sie rochen nach Plastik und hatten scharfe Vinylränder. Wir können mit gutem Gewissen sagen, daß wir keine aufblasbaren Puppen führen, weil sie schlecht gearbeitet sind und dem Benutzer nicht viel körperliche Stimulierung verschaffen; aber ein weiterer Grund, weshalb wir sie nicht führen, ist der, daß sie uns ein unbehagliches Gefühl vermitteln. Wenn man die Philosophie predigt, daß Sexspielzeuge nicht die menschliche Berührung simulieren, sondern eher Alternativen dazu liefern, sie verstärken, ärgert es einen, wenn man ein Spielzeug sieht, das eindeutig als Ersatz für einen Menschen dienen soll. Wir gestehen bereitwillig unseren vollständigen Mangel an Erfahrung mit aufblasbaren Puppen ein und möchten niemanden verurteilen, der sich jemals mit einer Puppe vergnügt hat. Wir wollen nur ehrlich in bezug auf unsere Vorlieben sein, so willkürlich sie auch scheinen mögen.

Sie wundern sich vielleicht, weshalb wir aufblasbare Puppen geschmacklos finden und realistische Dildos und künstliche Vaginen nicht. Vielleicht fühlen wir uns mit Dildos und Muffen wohler, weil es sich bei ihnen um fast totemistische Symbole der menschlichen Sexualität handelt und es sie in der einen oder anderen Form schon seit Beginn der menschlichen Geschichte gibt. Oder vielleicht liegt es einfach nur daran, daß wir an unsere Produkte gewöhnt sind und wissen, daß sie Freude bereiten. Wir geben natürlich zu, daß jemandem, der in unseren Laden spaziert und sich einer Reihe von penisförmigen Dildos samt hervortretenden Adern und Hoden gegenüber sieht, unsere Differenzierung zwischen Dildos und aufblasbaren Puppen wie eine eigennützige Haarspalterei vorkommen mag, aber wir haben immer noch das Gefühl, daß diese Einstellung vertretbar ist.

Aphrodisiaka

Die Vorstellung, daß bestimmten Kräutern, Wurzeln, Gewürzen oder Lebensmitteln die Macht innewohnt, die sexuelle Lust und Leistungsfähigkeit zu steigern, besitzt eine große Faszination; und Aphrodisiaka waren zu allen Zeiten ein zuverlässiges und einträgliches Geschäft. Es gibt absolut keinen wissenschaftlichen Beweis für die Ansicht, daß eine bestimmte Substanz die sexuelle Energie steigert, aber zweifellos einen gewissen Plazeboeffekt bei allen, die an eine Leidenschaftspille glauben möchten. Es kann keinen Schaden anrichten, wenn Sie Honig essen, Ginseng trinken oder Austern schlürfen, um ihre Libido anzukurbeln. Aber einige sogenannte Aphrodisiaka sind gefährlicher. Spanische Fliege, ein Präparat aus zerquetschten Kanthariden, das jahrhundertelang als Aphrodisiaka gepriesen wurde, ist giftig und wirkt äußerst irritierend auf den urogenitalen Trakt (Produkte, die gegenwärtig von Sex-Versandhäusern unter dem Namen »Spanische Fliege« vertrieben werden, enthalten nur harmlose Bestandteile). Die weltweite Überzeugung, daß gemahlenes Rhinozeroshorn ein Aphrodisiakum darstellt, hat zur fast völligen Ausrottung des Rhinozeros geführt. Unzählige Verkäufer von Schlangenöl und magischen Zubereitungen aller Art haben die Brieftaschen unschuldiger Menschen mit dem Versprechen erleichtert, die »Vitalität wiederherzustellen« oder »die sexuelle Potenz zu verbessern.«

Positive Trends beim Spielzeugdesign

Nachdem wir uns diese vielen Klagen von der Seele geredet haben, ist es nur fair, innezuhalten und die positiven Veränderungen anzuerkennen, die im letzten Jahrzehnt auf dem Gebiet des Billigspielzeug-Designs stattgefunden haben. Zum ersten hat die Welt der Batterie-Vibratoren Farbe erhalten. Früher einzig in Klinikweiß erhältlich, werden sie jetzt in allen Regenbogenfarben hergestellt. Innenarchitekten, aufgepaßt: Jetzt gibt es Vibratoren passend zur Dekoration jedes Ihrer Zimmer. Das mag Ihnen wie ein kleiner Fortschritt vorkommen, doch die größere Farbenauswahl ist ein Zeichen dafür, daß Sexspielzeuge allmählich als Konsumgüter akzeptiert werden. Als Einzelhandelsverkäuferinnen können wir bezeugen, daß nichts einen nervösen Kunden mehr beruhigt, als abzuwägen, welche Farbe er nehmen soll.

Die vielleicht größte technische Veränderung bei der Herstellung von Sexspielzeugen war die Entwicklung eines natürlicheren Materials. Bis Mitte der achtziger Jahre bestanden Dildos aus hohlem Vinyl oder massivem Gummi und sahen weder naturgetreu aus, noch fühlten sie sich so an. Nachdem die Family-Jewels-Gesellschaft ihre realistischen Dildos aus weichem, elastischem Gummi entwickelt hatte, schwappte die »virtuelle Realität« durch die Neuheiten-Industrie. Heute ist ein ganzes Arsenal von aus erfreulich biegsamem Gummi hergestellten Vaginen und Dildos lieferbar.

Wir freuen uns, sagen zu können, daß sich beim Design und bei der Verpackung der Sexspielzeuge immer mehr ein gewisser Sinn für Humor zeigt. Sie können einen batteriebetriebenen Dildo in Bananenform kaufen; Vibratoren, die im Dunkeln leuchten; Vibratoren, die wie Lippenstifte aussehen, und zahllose Vibratoren mit kleinen lächelnden Gesichtern. Dank dem neuen Jelly-Material, das es in durchsichtig, pink- oder orangefarben oder mit Luftbläschen durchsetzt gibt, lassen sich Dildos herstellen, die an Limonade oder Weingummi erinnern – eine hübsche Methode, dem Farb- und Hauttonproblem aus dem Weg zu gehen. Diese Spielzeuge besitzen Persönlichkeit und ihre schiere Verrücktheit kann das Eis bei Menschen brechen, die von der Vorstellung, ein Sexspielzeug zu kaufen, abgeschreckt werden.

Unternehmer

Selbst Besitzerinnen eines kleinen Geschäftes, bekennen wir, daß wir uns zu anderen kleinen Läden hingezogen fühlen. Einige unserer liebsten Lieferanten sind Inhaber einer Heimwerkstatt. Einige von ihnen sind rein zufällig dazu gekommen, andere mußten feststellen, daß etwas, das sie als Hobby angefangen hatten, sich zu einem Gewerbe auswuchs, und wieder andere sind ehemalige Kunden, die davon überzeugt waren, bessere Köder entwerfen zu können.

Viele der schönsten Dildos werden von kleinen Herstellern produziert. Unsere hölzernen und gläsernen Dildos werden beispielsweise von Handwerkern geschnitzt, denen dieses erotische Betätigungsfeld der Phantasie zusagt. Vor Jahren führten wir hölzerne Dildos, die ein auf Hawaii lebender Aktienbroker schnitzte. Leider entschloß er sich, mit dem Export seiner Hobbyartikel aufzuhören. Unsere Silikondildos werden von einem Homöopathen, einem ehemaligen Bauarbeiter, einem Töpfer und einem Computerprogrammierer hergestellt. Anfang der siebziger Jahre begann Gosnell Duncan von Scorpio Products, nachdem er in seiner Eigenschaft als Präsident der lokalen Sektion der National Spinal Cord Injury Foundation mehrere Workshops über Sexualität und Behinderung besucht hatte, sich dafür zu interessieren, befriedigendere Dildos als die allgemein erhältlichen zu entwickeln. Er arbeitete mehrere Jahre lang mit einem befreundeten Chemiker von General Electric zusammen (wie es scheint, ruft G. E. auch ein paar gute Dinge ins Leben), bis er schließlich die richtige Formel fand. Gosnell hatte nie vorgehabt, seine Dildos anderen als körperlich Benachteiligten zu verkaufen, doch die Kunde von seinem Dildo erreichte die Sexboutiquen, und ein neues Gewerbe war geboren.

Die anderen Silikonhersteller begannen, sich mit dem Silikongießen zu befassen, weil sie sich an Scorpios Produkten erfreuten, die Überlegenheit des Silikons gegenüber anderen Materialien schätzten und wußten, daß Scorpios begrenzter Vorrat an Silikondildos die wachsende Nachfrage nicht befriedigen konnte. Das Silikongießen ist ein recht arbeitsintensiver Prozeß, der Genauigkeit erfordert. Wir haben im Laufe der Jahre unzählige Menschen behaupten gehört: »Das könnte ich auch«, aber nur drei – die Besitzer von Dills for Does, Lickerish Limited und Vixen Creations – besaßen genügend Ausdauer, um den ganzen Weg zu gehen. Dieses Gewerbe mag klein sein – alle Lieferanten arbeiten einzig mit Teilzeitkräften in den eigenen vier Wänden –, aber es hat einen großen Anteil an dem Vergnügen in amerikanischen Schlafzimmern.

Lederverarbeitung ist ein weiteres Gebiet, auf dem sich Unternehmer tummeln. Viele der handwerklich schönsten Peitschen und Fesseln auf dem Markt wurden von Menschen gefertigt, die die Idee, ein Gewerbe zu gründen, hatten, als sie die von ihnen gewünschten

Produkte nirgendwo finden konnten. Die Erfinderin des High Harness ist eine ehemalige Geologin, die sich die offensichtliche Anziehungskraft des *Thigh Humping* zunutze machte; ihr am Oberschenkel anzubringendes Dildogeschirr wurde sehr gut angenommen. Sie stellt dieses – und nur dieses – Produkt neben ihrer täglichen Arbeit her. Stormy Leather, heute ein landesweiter Großhändler für Dildogeschirre, Fesseln, Spielzeuge und Lederbekleidung für Frauen und Männer, wurde im Keller mit einer einzigen Nähmaschine und der Entschlossenheit gegründet, bequeme und zweckmäßige Dildogeschirre für Frauen anzufertigen.

Zu unseren Lieferanten gehört auch eine Frau, die Straußenfedern importiert und sie per Hand färbt; ein Paar aus Berkeley, das hölzerne Massagegeräte herstellt; und ein Elektroingenieur, der einen elektrischen, als *Humdinger* bekannten Vibratoradapter fertigt, der dem üblichen Vibratorgesumme noch eins draufsetzt. Diese Unternehmen werden niemals über die Ressourcen, die Marketingmacht oder den Gesamtabsatz von Doc Johnson oder Hitachi verfügen, doch möchten wir ihnen unseren Gruß dafür entbieten, daß sie ihr Scherflein dazu beitragen, die Welt zu einem sexuell befriedigenderen Ort zu machen.

18. Safer Sex

Mit *Safer Sex* werden sexuelle Aktivitäten bezeichnet, bei denen kein Austausch von Körperflüssigkeiten stattfindet – die häufigste Art, wie das AIDS-Virus übertragen wird. Dieses Kapitel mag Ihnen überflüssig erscheinen, weil sich vieles von dem, was Sie bislang gelesen haben, zum Safer Sex eignet. Masturbation, das Spiel mit Sexspielzeugen, Massage, geteilte Phantasien und Erotika sind sichere und kreative Methoden, das Liebesspiel zu genießen. Wir haben dieses Buch unter anderem geschrieben, um die Dutzende von Möglichkeiten aufzuzeigen, wie man Sex genießen kann, ohne sich auf riskante Praktiken einzulassen. Den Kapiteln, in denen wir ein wenig riskante Aktivitäten beschrieben, haben wir Hinweise auf einfache Methoden angefügt, wie man diese Praktiken sicher gestalten kann.

Trotzdem würden wir uns einer Unterlassung schuldig machen, wenn wir auf die grundlegende Information über sexuell übertragbare Krankheiten verzichten würden, denn je mehr Informationen Sie haben, desto besser können Sie Entscheidungen hinsichtlich Ihrer sexuellen Gesundheit treffen. Und wir haben die Gelegenheit, uns begeistert über Safer-Sex-Zubehör auszulassen. Er wird allzu häufig als notwendiges Übel betrachtet: Als Waffen und Rüstung im Kampf gegen die Krankheit statt als Sexspielzeuge verdienen sie die gleiche Begeisterung, die wir auf Vibratoren und Dildos verschwenden.

Der Begriff Safer Sex läßt sich auch auf einen anderen Bereich anwenden, der unsere sexuelle Gesundheit unmittelbar beeinflußt – die Schwangerschaftsverhütung. Obwohl wir die Geburtenkontrolle als eine wichtige Verantwortung im Leben einer sexuell aktiven Person betrachten, haben wir beschlossen, in diesem Kapitel nicht die vielen Formen der Schwangerschaftsverhütung aufzuzählen. Es gibt Bücher, die sich ausschließlich diesem Thema widmen und es mit der Aufmerksamkeit, Gründlichkeit und dem Respekt behandeln, den es verdient. Denken Sie beim Lesen jedoch daran, daß die korrekte Benutzung von Kondomen eine bewährte und zuverlässige Verhütungsmethode darstellt. Ihre bewundernswerte Vielseitigkeit muß der Grund dafür sein, daß Kondome allein in den Vereinigten Staaten ein Dreihundert-Millionen-Dollar-Geschäft sind!

Bitte nur die Fakten
Sexuell übertragbare Krankheiten

Es gibt über fünfzig bekannte Krankheiten, die durch sexuelle Aktivitäten übertragen werden können: Chlamydia, Gonorrhöe, Genitalwarzen, Herpes, Syphilis und AIDS gehören zu den häufigsten. Jucken, schmerzhaftes Harnlassen, vaginaler Ausfluß, Müdigkeit, Hautveränderungen, Ausschlag und wunde Stellen an den oder in der Nähe der Genitalien können Anzeichen oder Symptome für eine sexuell übertragbare Krankheit sein. Sie sollten umgehend Ihren Hausarzt oder ein Krankenhaus aufsuchen, wenn Sie glauben, sich angesteckt zu haben. Falls man bei Ihnen eine sexuell übertragbare Krankheit feststellt, wird Ihr Arzt ihnen spezielle Anweisungen für die Behandlung geben.

AIDS

Was ist AIDS?
AIDS steht für *Acquired Immunodeficiency Syndrom* (erworbene Immunschwäche). Das »erworben« bedeutet, daß das Virus auf irgendeine Weise auf Sie übertragen worden sein muß; »Immunschwäche« weist darauf hin, daß das Virus Ihr Immunsystem angreift. Ein gesundes Immunsystem bekämpft Infektionen, aber das Virus zerstört das Immunsystem. Der Mensch, der an AIDS stirbt, erliegt eigentlich einer Krankheit (wie Pneumozytis oder dem Kaposisarkom), die ein gesundes Immunsystem abwehren würde.

Übertragung
Das als *HIV (Human Immunodeficiency Virus; dt. Menschlicher Immunschwäche-Virus)* bekannte Virus wird übertragen, wenn infizierte Körperflüssigkeiten – meistens Blut oder Samen – mit offenen

Wunden oder Schleimhäuten in Berührung kommen. Ungeschützte (das heißt, kondomlose) Penis/Vagina – und Penis/Anus-Penetration sind die häufigsten Übertragungsmethoden. Das Teilen der Nadeln mit Drogenabhängigen, die sich intravenös spritzen, ist eine weitere weitverbreitete Übertragungsart. Das Virus kann *nicht* durch Stechmücken (oder andere Insekten), Händeschütteln, Toilettensitze, durch Personen, die mit der Nahrung in Berührung kommen oder durch Niesen übertragen werden.

Lassen Sie sich testen
Sie können in jedem Krankenhaus, dem Gesundheitsamt und bei vielen Ärzten einen Test machen lassen; dort wird man Ihnen sagen, ob Sie sich mit dem Virus infiziert haben oder nicht. Falls Sie ungeschützten Sex hatten, sollten Sie wenigstens sechs Monate lang mit dem Test warten, sonst bleibt das Virus unentdeckt, selbst wenn es sich bereits in Ihrem Körper befindet. Falsche Testergebnisse sind nichts Ungewöhnliches. Es ist empfehlenswert, sich sechs bis zwölf Monate nach dem ersten Test noch einmal testen zu lassen, um das Ergebnis zu bestätigen.

Bislang ist AIDS noch nicht heilbar; es gibt aber Behandlungsmethoden, die das Virus eine Weile in Schach halten.

Latex-Zubehör

Latexschutz – Kondome, Handschuhe, Gummitücher, Fingerlinge – in Ihr Liebesleben zu integrieren, ist die einfachste und wirksamste Methode, das Risiko, Körperflüssigkeiten zu übertragen, zu reduzieren. Mit ein wenig Übung werden Sie die Handschuhe anziehen und die Kondome mit Gleitmittel beschmieren können, als hätten Sie Ihr Leben lang nichts anderes getan. Sie erhalten Kondome, Fingerlinge und Handschuhe in Apotheken, Dentalzubehörgeschäften und Sexboutiquen. Dünne Gummitücher, wie Zahnärzte sie benutzen, sind nicht so leicht zu finden; versuchen Sie es bei den letztgenannten Läden.

Latex sollte nur mit Gleitmittel auf Wasserbasis benutzt werden. Öle und Gleitmittel auf Ölbasis zersetzen Gummi und machen den Latexschutz völlig sinnlos. Auch wasser*lösliche* Gleitmittel sollte man meiden, da sie häufig Öl enthalten. (Wir wissen, daß es verwirrend ist.) Wenn Sie unsicher sind, lesen Sie die Liste der Bestandteile.

Kondome

Wahrscheinlich denken Sie jetzt: »Oh nein, nicht schon wieder einen Vortrag über die Anwendung von Kondomen.« Nun, Sie haben unrecht. Wir möchten keinen Vortrag halten, sondern ein Lob auf das Kondom singen! Schließlich sind Kondome fast überall erhältlich, billig, wohlbekannt und das älteste existierende Sexspielzeug, das es heutzutage in fast so vielen Größen, Farben und Geschmacksrichtungen wie Eiscreme gibt.

Wer würde nicht stolz darauf sein, ein Spielzeug mit einer derart interessanten Geschichte zu benutzen? Anscheinend hätten Sie auch im Frankreich des fünfzehnten Jahrhunderts vor Christus eines finden können, wie das Höhlenbild eines Mannes andeutet, der ein Futteral trägt. Die Ägypter trugen vor dreitausend Jahren Kondome als Zeichen ihres Standes; während weibliche Stammesangehörige in Südamerika sich ein Kondom für Frauen aus einer abgeschnittenen Samenhülse fertigten. Unsere Lieblingslegende schreibt dem mythologischen griechischen König Minos die Erfindung des Kondoms zu. Offensichtlich neigte besagter Herrscher dazu, Skorpione und Schlangen in seine jeweiligen Partner zu ejakulieren, so daß seine rechte Hand, Dädalus, ein weibliches Gefäß erfand, in das der König seinen tödlichen Samen spritzen konnte. Von Skorpionen über Geschlechtskrankheiten bis zu HIV – das Kondom kann auf eine ehrenvolle Geschichte zum Schutze unserer sexuellen Gesundheit zurückblicken.

Weshalb versuchen Sie es nicht mit einem anderen Namen, wenn Sie Ihren Liebsten überreden möchten, ein Kondom zu benutzen? Wie hat man sie im Laufe der Zeit nicht schon genannt: Taucheranzug, Pariser, Lebensretter, Lümmeltüte, Handschuh, Brief, Hut, Penisfutteral. Vergessen Sie nicht, beim vaginalen, analen oder oralen Sex Ihre »Froschhaut« überzuziehen und sie über jedes gemeinsam benutzte Sexspielzeug zu streifen.

Wie man ein Kondom richtig überzieht

● Benutzen Sie Kondome, die an einem kühlen, trockenen Ort aufbewahrt wurden. Überprüfen Sie das auf der Packung aufgedruckte Verfallsdatum.

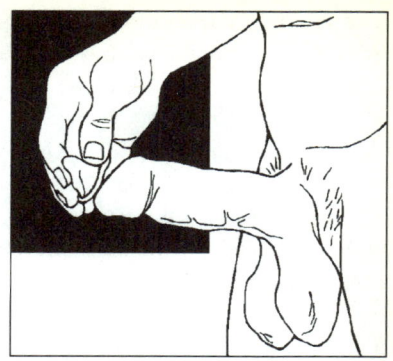

● Öffnen Sie die Packung behutsam. Sie wollen doch nicht das Kondom durchlöchern, nur weil Sie es eilig haben, es zu befreien!

● Träufeln Sie ein oder zwei Extratropfen eines Gleitmittels auf Wasserbasis in die Spitze des Kondoms. Das hilft beim Überziehen und steigert das Gefühl im Penis.

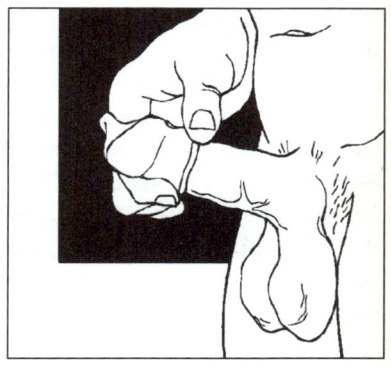

● Bevor Sie das Kondom aufrollen, pressen Sie die Luft aus der Spitze, da Luftbläschen zu Rissen führen können. Bei Kondomen ohne Reservoirespitze lassen Sie bitte einen Spielraum von etwa einem Zentimeter, in dem sich der Samen sammeln kann.

● Rollen Sie das Kondom bis zur Peniswurzel auf. Ziehen Sie die Vorhaut des unbeschnittenen Penis zurück, bevor Sie die Spitze bedecken. Tragen Sie vor der Penetration reichlich Gleitmittel auf Wasserbasis auf das Kondom und die Genitalien Ihres Partners

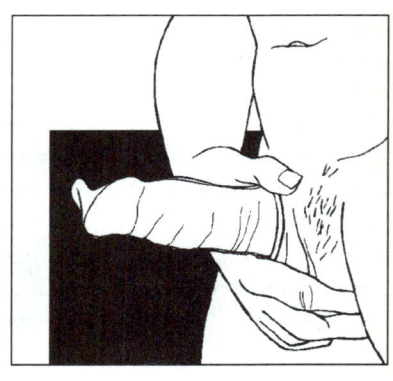

489

auf. Kondome lassen sich am leichtesten überziehen, wenn der Penis steif ist, Sie können sie aber auch über einen schlaffen Penis ziehen – rollen Sie es einfach immer weiter den Schaft entlang, während der Penis sich versteift.

● Vergessen Sie nicht, das Kondom beim Herausziehen des Penis aus der Vagina oder dem Anus am unteren Ende festzuhalten, damit es nicht vom Penis gleitet.

● Werfen Sie gebrauchte Kondome weg. Sie sind nicht wiederverwendbar.

Lammhautkondome sollten niemals für Safer-Sex-Zwecke benutzt werden, da Viren durch kleine Unregelmäßigkeiten in der Lammhautoberfläche eindringen können. Benutzen Sie nur Latexkondome, oder tragen Sie ein Latexkondom über dem Lammhautkondom, wenn Sie gegen Latex allergisch sind.

Die meisten Kondome reißen nur deshalb, weil sie nicht korrekt benutzt wurden. Sie mögen die Anweisungen auswendig gelernt haben, doch wenn Sie schadhaften Kondomen die Schuld zuschieben, brauchen Sie möglicherweise nur ein wenig mehr Übung. Diese Hausaufgaben können Männer und Frauen genießen: Kaufen Sie bei Ihrem nächsten Apotheken- oder Sexshop-Besuch ein Sortiment Kondome, eilen Sie nach Hause und spielen Sie damit! Falls Sie keinen willigen Penis zur Hand haben, ziehen Sie die Kondome über einen Vibrator, eine Gurke, einen Zahnpastaspender oder Bettpfosten – über alles, was Ihnen einfällt. So können Sie lernen, wie man sie überzieht, und gleichzeitig ihre Festigkeit testen; haben Sie also keine Angst, mit den Kondomen rauh umzuspringen. Nehmen Sie Kondome verschiedener Größen, Farben, Geschmacksrichtungen (eingeschmierte und nicht eingeschmierte) auf eine Testfahrt mit, um herauszufinden, welches das richtige für Sie ist – möglicherweise stellen Sie fest, daß eine bestimmte Marke sich besser anfühlt, besser schmeckt oder einfach nur leichter anzuwenden ist als eine andere.

Ich habe immer mehrere Kondome in meinem Wagen, meiner Brieftasche und in meinem Day Runner Organizer (und die Leute glauben, ich sei anal fixiert, weil ich gern organisiere)!

Ich ziehe immer ein Kondom über meinen Dildo, wenn ich ihn bei jemand anderem anwende, und fast immer, wenn ich allein damit spiele. Ich mag, wie es sich anfühlt.

Einmal habe ich ein aufgeschnittenes Kondom dazu benutzt, meiner Freundin die frisch durchbohrten Brustwarzen zu lecken. Das war großartig, weil es so erotisch und sie so empfindlich war.

Falls Sie Angst haben, das Kondom könne herunterrutschen, sollten Sie es bis über die Hoden ziehen. Ein wenig zu viel Gleitmittel im Kondominneren kann eine Rutschbahn erzeugen. Probieren Sie ein Mentor-Kondom aus, das mit einem Kleberand versehen (und wirklich nicht so klebrig) ist. Falls Sie befürchten, ein Kondom könne zerreißen, versuchen Sie es mit zwei dünnen Kondomen für den Extraschutz. Nur keine Panik, falls das Kondom beim Geschlechtsverkehr zerreißt. Hören Sie sofort mit dem auf, was Sie gerade tun, und greifen Sie zum Verhütungsschaum – die Spermizide im Schaum töten vielleicht das Virus. Duschen Sie nicht. Versuchen Sie auch nicht auf andere Weise, Vagina oder Anus »auszuwaschen«, da dies den Samen nur noch weiter in den Körper befördert.

Dental-Gummitücher

Etwa fünfzehn Zentimeter im Quadrat große Latextücher, die von Zahnärzten während Operationen am Mund benutzt werden. Sie können auch beim oralen Sexspiel mitwirken und stellen ein nützliches, wenn auch ein wenig dickes Hindernis zwischen Ihrer Zunge und den Schamlippen und/oder dem Anus Ihres/Ihrer Geliebten dar. Eine ebenso wirksame, aber leichter erhältliche Alternative ist das Kondom. Schneiden Sie die Spitze ab und eine Seite auf, öffnen Sie das Ganze und – *voilà* – vor Ihnen ist ein viel dünneres Gummituch. Auf die gleiche Weise können Sie auch einen Latexhandschuh verwandeln: Schneiden Sie die Finger ab und den Handschuh an der Daumenseite auf. Frischhaltefolien wären eine weitere Alternative; es empfiehlt sich jedoch, mehrere Lagen zu benutzen, weil bisher noch keine wissenschaftlichen Durchlässigkeitstests mit Frischhaltefolien gemacht wurden.

Die Creme de la Creme

● Maxx. Sie sind ein wenig größer als reguläre Kondome und an der Spitze breiter, was sie für Männer mit dicken oder unbeschnittenen Penissen empfehlenswert macht.

● Pleasure Plus. Dieses geformte Kondom weist an der Spitze einen kleinen Beutel auf (bequemer für unbeschnittene Männer). Die Empfindungen des Trägers werden gesteigert, da die sackförmige Spitze Reibung verursacht.

● Mentors. Angst, daß es wegrutscht? Dieses Kondom hat einen Kleberand. Geben Sie ein wenig Gleitmittel hinzu, wenn Sie Schwierigkeiten beim Abstreifen haben.

● Gold Coins. Die nicht angefeuchteten amerikanischen Kondome sind großartig für den oralen Sex. Sie sind in einer hübschen Verpackung erhältlich (die einzige, die sich ohne Zuhilfenahme der Hände öffnen läßt!).

● Kimonos. Dünn und stark.

● Kimono Sensation. Kleine Noppen an der Innenseite des Kondoms, gedacht, die Empfindungen des Trägers zu steigern.

● Sheik Mint. Mit Geschmack, nicht angefeuchtet.

● Skinless Skin Crown. Dünn und stark.

● Knight Light. Wird nur als Neuheit verkauft, leuchtet im Dunkeln.

Wie man Dentaltücher benutzt

● Spülen Sie das Gummituch vor Gebrauch ab, da es mit einem feinen Puder bedeckt ist, das die Genitalien irritieren könnte.

● Der Geleckte (oder der Lecker) hält das Tuch an die bewußte Stelle über den Genitalien, während der Lecker, wie der Name schon sagt, leckt. Ein wenig Gleitmittel um die Genitalien verteilt, verstärkt das Gefühl. Versuchen Sie, kleine Luftbläschen anzusaugen und sie dann wieder zurückschnellen zu lassen. Ein einzigartiges Gefühl.

● Drehen Sie das Tuch nicht irrtümlich um – nur eine seiner Seiten sollte mit den Genitalien in Berührung kommen. Beschriften Sie es mit einem Buchstaben, den man nicht von beiden Seiten lesen kann.

Auf diese Weise finden Sie die richtige Seite wieder, falls das Tuch einmal hinunterfällt.

● Uns ist eine sinnreiche Verwendung der Frischhaltefolie eingefallen, durch die jenes Händepaar, das sonst gebraucht wird, um das Tuch an Ort und Stelle zu halten, frei wird. Sie können Ihre eigene Plastikunterwäsche kreieren, wenn Sie die Folie um die Hüften und so zwischen den Beinen hindurch wickeln, daß sie Schamlippen und Anus bedeckt, und dann wieder um die Hüften schlingen. Plastikfolie haftet so gut, daß sie zusammenklebt.

● Werfen Sie die Gummitücher nach Gebrauch fort. Sie sind nicht wiederverwendbar.

Eine weitere »freihändige« Alternative ist das Schutztuch-Geschirr. Es besteht aus zwei Beingurten mit Verschlüssen, die das Tuch sicher über der Vulva halten. Sie können sich auch nach der neuesten Errungenschaft der Technik umschauen, eine Gesichtsmaske aus Latex, für den Lecker gedacht. Tücher gibt es in verschiedenen Farben und Geschmäckern: Kaugummi, Wintergrün *(Gaultehria procumbens)* und Vanille; man bekommt sie in Dentalbedarfgeschäften und Sexboutiquen.

Latexhandschuhe

Handschuhe sind ein weiteres medizinisches Hilfsmittel, das sich als exotisches und unerläßliches Safer-Sex-Spielzeug erwiesen hat. Sie fühlen sich wie eine zweite Haut an und können sich, einmal eingeschmiert, in ein schlüpfrig-glattes Entzücken verwandeln, wenn sie über die Haut oder in und aus Öffnungen gleiten. Benutzen Sie Handschuhe immer dann, wenn Finger oder Hände mit Schleimhäuten in Berührung kommen; vom Befingern der Klitoris Ihrer Partnerin über die Masturbation bis hin zum Fisting (bei dem Sie reichlich Gleitmittel verwenden sollten). Spülen Sie vor Gebrauch das Puder an den Handschuhen ab; es kann irritieren. Verwenden sie die Handschuhe nur ein einziges Mal.

Ich penetriere meine Partnerin gern mit Handschuhen. Es ist so schön, sie anzuziehen und augenblicklich eine saubere Hand zu haben, mit der man sie anderswo berühren kann.

Ich glaube, Handschuhe machen die Finger/die Hand schlüpfriger und halten das Gleitmittel länger feucht.

Fingerlinge

Fingerlinge sehen wie Miniatur-Latexkondome für Ihre Finger aus. Falls Sie vorhaben, jemanden mit nur einem Finger zu stimulieren oder zu penetrieren, erfüllt ein Fingerling seinen Zweck. Er besitzt auch die perfekte Größe für kleinere Spielzeuge – Butt Plugs, Minivibratoren oder kleine Dildos; doch müssen Sie das Ende des Fingerlings festbinden, um sicherzustellen, daß er sich nicht aufrollt.

Handschuhe sind großartig, weil die Hände nicht stinkig werden und die Fingernägel nicht so scharf sind. Ich benutze sie bei Frauen. Weshalb sollte ich Fingerlinge tragen? Handschuhe sind ebenso einfach anwendbar und bieten einem mehr Möglichkeiten.

Polyurethan-Kondome

Viele Menschen sind ganz aus dem Häuschen wegen eines neuen Kondoms, das bald auf den Markt kommen soll. Es besteht aus Polyurethan, einem Kunststoff, der doppelt so stark ist wie Latex. Ein erstaunliches Material. Lassen Sie uns einmal sehen, was dieses Kondom verspricht: Es ist dünner als Latex, das heißt, der Träger spürt mehr. Es verträgt sich mit Gleitmitteln auf Ölbasis; also braucht sich niemand mehr die Mühe zu machen, zwischen Gleitmitteln auf Wasserbasis, Gleitmitteln auf Ölbasis und wasserlöslichen Gleitmitteln zu unterscheiden, aus Angst, sein Kondom könnte einmal reißen. Polyurethan ist geruchlos und enthält nicht jene Eiweißstoffe, die, wie beim Latex, allergische Reaktionen auslösen können. Es überträgt Wärme besser und ist hitze- und lichtresistenter. Die bislang einzige schlechte Nachricht ist, daß sie teurer sein werden als Latexkondome.

Grundrichtlinien

- Viren und Bakterien können Latex nicht durchdringen.
- Benutzen Sie bei jedem Vaginal- oder Analverkehr ein Kondom. Vielleicht möchten Sie ein nichtangefeuchtetes Kondom für den oralen Sex benutzen.
- Ziehen Sie Kondome über jedes Sexspielzeug, das von mehr als einer Person für eine beliebige Art der Penetration benutzt wird, oder über Spielzeuge, die vom Anus zur Vagina wechseln.
- Benutzen Sie Gummihandschuhe oder Fingerlinge für die Fingerpenetration.
- Benutzen Sie Dentaltücher oder aufgeschnittene Kondome oder Handschuhe als Schutz beim oral/vaginalen oder oral/analen Verkehr.
- Benutzen Sie bei Latex (dazu gehören unter anderem Kondome, Handschuhe, Tücher, Fingerlinge und Diaphragmas) nur Gleitmittel auf Wasserbasis. Verwenden Sie niemals Produkte auf Öl- oder Petroleumbasis bei Latex.
- Latex niemals wiederverwenden.
- Bewahren Sie Latex an einem kühlen, trockenen Platz auf.

Auch ein aus demselben Material hergestelltes Kondom für Frauen soll bald schon in den Vereinigten Staaten freigegeben werden. Es handelt sich um eine gut zwanzig Zentimeter lange Röhre (so lang wie ein Kondom, nur breiter) mit einem versiegelten Ende und einem Ring an beiden Enden. Die Frau führt einen Ring in die Vagina ein (ähnlich wie ein Diaphragma), während der Ring mit der Öffnung außen vor bleibt und flach auf den Schamlippen anliegt. Frauen werden dann nicht mehr davon abhängig sein, daß der Mann ein Kondom benutzt; sie können das Kondom vorher einführen, und es wird so gut wie nie zerreißen. Der einzige Nachteil, den wir uns zu diesem Zeitpunkt vorstellen können, ist rein ästhetischer Natur. Eine Benutzerin sagte, das Kondom fühle sich an, als habe man Sex mit einer Einkaufstüte in der Vagina.

Erotischer Safer Sex

Ich arbeite für einen Zahnarzt. Weshalb um alles in der Welt soll ich ein Gummituch für etwas anderes als einen Wurzelkanal benutzen?

Heutzutage sind viele Menschen nicht gerade begeistert, wenn es um Safer Sex geht. Viele praktizieren ihn ergeben, nähern sich ihm jedoch mit der gleichen Begeisterung wie ihrem Zahnarzt. Einige Leute verübeln es einem, wenn man ihnen sagt, was sie in ihren Schlafzimmern tun sollen; einige haben das Gefühl, immun zu sein, andere schreiben Safer Sex als große Plage ab.

Sie allein sind für Ihre sexuelle Gesundheit verantwortlich. Wir können Ihnen verraten, wie man Sex nicht nur sicherer, sondern auch sorglos, amüsant, interessant, aufregend und erotisch machen kann, aber nur Sie können Worte in Wirklichkeit verwandeln. Für den Anfang ist Ihre Einstellung zu Safer Sex ein guter Ansatzpunkt. Es ist leicht, sich über das Gefühl zu beklagen, das einem ein Kondom vermittelt, oder über den Geschmack, doch ein paar einfallsreiche Experimente und ein wenig Phantasie können dem Mißstand abhelfen.

Sie lesen dieses Buch wahrscheinlich, um ein paar gute Tips oder eine neue Einstellung zu bekommen – weshalb machen Sie sich Safer Sex nicht so zu eigen, wie Sie sich jedes neue Spielzeug und jede neue Technik zu eigen machen würden, mit einem spielerischen Geist und der Bereitschaft zu experimentieren?

Ich bin froh, daß ich Latex schon immer mochte – ich habe Handschuhe bereits benutzt, als kaum einer von ihnen gehört hatte.

Schwarze, leuchtende Gummis auf meiner weißen Haut, das macht meinen Schwanz zu einem Fetisch; er sieht aus, als sei er ein viel größerer Dildo.

Um unseren Standpunkt zu illustrieren und Ihnen einen Ansatzpunkt zu geben, führen wir nachfolgend einige der häufigsten Klagen über Latex auf, zusammen mit unseren Vorschlägen, wie Sie ein potentielles Problem in eine spielerische Aktivität verwandeln können.

Zeigen Sie mir ein Kondom, das wie Mocca schmeckt, und wir kön-
nen darüber reden!

Was für eine großartige Idee. Sie können Ihr eigenes Mokkakondom
herstellen. Lassen Sie den Kaffee abkühlen und geben Sie dann ein
paar Tropfen über das Kondom. Andere Kunden schlugen Schlagsahne, Marmelade und Schokolade vor, um den Latexgeschmack zu
überdecken. Sie können das Kondom, das Gummituch oder den
Handschuh in eine kulinarische Konkurrenz für Ihr Lieblingsdessert
verwandeln. Sie können auch Latex mit Geschmack ausprobieren –
Pfefferminzkondome sind ideal, wenn Sie Ihrem Liebsten nach dem
Essen einen blasen möchten, während Gummitücher mit Kaugum-
migeschmack möglicherweise das unartige Schulmädchen in Ihnen
wecken. Falls Sie den Geschmack eines bereits angefeuchteten Kondoms nicht mögen, kaufen Sie »trockene« und schmieren Sie sie mit
Ihrem Lieblingsgleitmittel ein. Überlegen Sie, an wie vielen Dingen
Sie im Laufe Ihres Lebens Geschmack gefunden haben – vielleicht
an Kaffee, Bier, den Säften Ihres Liebsten. Sie können lernen, auch
Latex zu mögen. Vielleicht entwickeln Sie sogar eine Pawlowsche
Reaktion darauf, nachdem Sie sich eine Weile damit beschäftigt
haben!

Schon der Geruch einiger Kondomtypen macht mich an.

Mit dem richtigen Kondom/Gleitmittel mit Geschmack ist es recht
nett, jemandem einen zu blasen, der ein Kondom trägt, obwohl
Latex allein immer noch widerlich schmeckt.

Ich habe nie verstanden, was Menschen damit meinten, wenn sie
Latex erotisierend fanden, bis ich mir ein Latexkleid kaufte. Das
enganliegende, stützende Gummi auf meinem Körper machte mich
derart an, daß mich jetzt fast alle Latexsachen erregen.

Kondome mindern die Empfindlichkeit. Natürlich fühlt sich nichts
genauso an wie die nackte Haut, aber Sie können lernen, Gefallen
an dem neuen oder anderen Gefühl zu finden, das Ihnen ein Kondom vermittelt. Vielleicht stellen Sie fest, daß Kondome die Reibung

vermindern und Ihre Erektion verlängern. Falls Sie eine Erektion mit Kondom nur schwer aufrechterhalten können, sollten Sie mit verschiedenen Kondomtypen masturbieren, um herauszufinden, welches sich am besten anfühlt – schließlich wird Ihr Körper so konditioniert sein, daß er auf diese Art der Stimulierung reagiert. Denken Sie immer daran: Kein Kondom ist wie das andere; es gibt bestimmt wenigstens eines, das Ihnen zusagt! Vielleicht möchten Sie ein Kondom, das enger anliegt, weil Ihr Penis damit länger steif bleibt. Oder Sie stellen fest, daß geformte Kondome – die an der Spitze ein wenig auseinandergehen und nach unten hin schmaler werden – gefühlsverstärkend wirken. Der neue Kimono Sensation mit Noppen im Inneren versorgt Sie vielleicht mit genau der Extrastimulierung, die Sie brauchen. Falls Sie mit einem Partner zusammen sind und befürchten, mit einem Kondom nicht genügend Stimulierung zu bekommen, können Sie sich immer noch von ihm bis kurz vor dem Orgasmus manuell stimulieren lassen und dann erst für die Dauer der Penetration ein Kondom überziehen.

Auch Frauen sollten experimentieren. Je wohler, je kompetenter Sie sich beim Anlegen eines Kondoms fühlen, desto besser wird es für Ihren Partner sein.

Kondome werden schnell »trocken« und führen zu einer schmerzhaften Reibung beim Geschlechtsverkehr.

Es gibt nichts, was eine Extraflasche Gleitmittel und eine Sprühflasche mit Wasser nicht beheben können. Es ist sehr wichtig, stets eine Flasche mit Gleitmittel in Reichweite zu haben. Viele Menschen wissen nicht, daß Wasser ein Gleitmittel reaktiviert, falls es zu trocknen beginnt. Eine Sprühflasche oder eine Schale mit Wasser neben dem Bett – mehr ist nicht nötig.

Es ist so unangenehm, zwischendurch aufzuhören und den Gummi runterzuzerren. Versuchen Sie es nicht als Aufhören, sondern als Verlängerung dessen zu sehen, was Sie gerade tun. Legen Sie nicht ab und zu eine Pause ein, um die Lampen zu dimmen oder den Vibrator zu suchen? Betrachten Sie es nicht als Hausaufgabe, sondern als Teil des Vergnügens. Stellen Sie sich, wenn Sie allein sind, vor, wie Sie und Ihr Partner Latex benutzen; spielen Sie in Gedanken verschiedene Arten durch, wie Sie das Kondom, das Tuch oder den Handschuh gern verwenden würden. Dann können Sie, wenn es soweit ist, ein paar neue Tricks aus dem Ärmel ziehen. Wir hörten von einer Frau, die gern einen Handschuh unter dem Strumpfrand trug, damit eine Hand, die an ihrem Oberschenkel entlangglitt, darauf stieß, bevor sie sich weiter emporarbeitete. Spielen Sie gemeinsam mit Ihrem Spielzeug – Ihr Partner kann sich selbst ein Kondom überziehen und den Exhibitionisten spielen, oder Sie ziehen es ihm im Zuge des Vorspiels an und stimulieren ihn dabei. Sie könnten verschiedene Möglichkeiten des Überziehens ausprobieren, beispielsweise Ihren Mund dazu benutzen:

- Wahrscheinlich möchten Sie ein nicht angefeuchtetes Kondom benutzen.
- Öffnen Sie die Verpackung und rollen Sie das Kondom ein wenig auf.
- Formen Sie mit den Lippen ein »O« und halten Sie das Kondom zwischen Ober- und Unterlippe, vor die Zähne. Vergewissern Sie sich, daß das Kondom in die richtige Richtung zeigt, damit es vorschriftsmäßig über dem Penis abrollt.
- Halten Sie mit einer Hand den Penis oder Dildo fest, legen Sie dann den Mund auf den Penis oder Dildo, spitzen Sie die Lippen und schieben Sie den Kondomrand über die Spitze.
- Stoßen Sie aus dem Hals heraus vor, um das Kondom über den Schaft gleiten zu lassen.

Wie bei vielen der in diesem Buch von uns vorgeschlagenen Spielzeuge oder Aktivitäten haben die Schwierigkeiten beim Integrieren von Safer-Sex-Zubehör ins Liebesleben zum Teil mit der Verwirrung oder Unbeholfenheit zu tun, die sich beim Ausprobieren von etwas Neuem einstellt. Humor ist überaus wichtig. Er kann Ihnen helfen, zwanglos mit einer neuen Aktivität umzugehen (solange Ihr Lachen nicht auf Kosten eines anderen geht). Farbige oder im Dunkeln leuchtende Kondome können die spielerische und amüsante Seite der Aktivität unterstreichen.

Ich habe nichts gegen den Gebrauch von Kondomen; aber oft mußte ich meinen Liebhaber bitten, eines zu benutzen, und einige von ihnen taten es nur sehr widerwillig.

Selbst auf die Gefahr hin, daß es sich moralisierend anhört: Wenn ein Partner beim Liebesspiel sich weigert, auf Ihre Bitte hin ein Kondom – oder eine andere Form des Safer Sex – anzuwenden, weist das auf eine gewisse Sorglosigkeit gegenüber der sexuellen Gesundheit hin. Sexuell selbstbewußt und bestimmt zu sein, fällt vielen von uns nicht einfach in den Schoß. Deshalb ist es wichtig, auf Situationen wie diese vorbereitet zu sein. Es gibt einige gute Bücher, aus denen Sie lernen können, wie man auf sexuellem Gebiet selbstbewußt wird und wie man um Safer Sex bittet. In den meisten Büchern wird darauf bestanden, daß Sie sich vorher über Ihre Wünsche und Bedürfnisse handelseinig werden sollen, und sie geben Ihnen Hinweise, wie Sie den weitverbreiteten Fallgruben wie dem Schema Angriff und Verteidigung entgehen.

Es folgen einige von unseren Kunden angewandte Methoden:

Meine Regel lautet: kein Kondom, kein Sex.

Sobald ich anfange, mit jemandem intim zu werden, beginne ich ein Gespräch über Safer Sex. Ich erzähle meine Sexgeschichte und daß ich Herpes habe.

Eine sehr einfache Taktik ist, Ihre Methode in einem anderen Licht darzustellen und das Angebot so reizvoll wie möglich zu machen. Beispielsweise könnten Sie, statt kühl und direkt mit der Tür ins Haus zu fallen:

Jetzt ist es an der Zeit, daß du ein Kondom überziehst.

Ohne Kondom läuft nichts.

Oder es mit einem frechen, jedoch ähnlich direkten Ansatz versuchen:

Ich weiß genau, welches Kondom sich an dir großartig anfühlen wird. Es gibt da ein Kondom mit deinem Namen, das darauf brennt, aus meiner Tasche geholt zu werden.

Safer Sex mit dir ist etwas, von dem ich geträumt habe.

Möglicherweise hilft es, wenn Sie eine Liste Ihrer ganz persönlichen Safer-Sex-Regeln erstellen, um vorbereitet zu sein, wenn es soweit ist. Zum Beispiel könnten Sie sagen: »Ich befasse mich ohne Schutz mit niemandes Genitalien«, oder: »Ich führe Fellatio nur mit einem Kondom aus.« Falls Ihr Partner sich sträubt, zeigen Sie Mitgefühl und weisen Sie auf Ihre Kompromißbereitschaft für den Fall hin, daß die Alternativen für Sie beide akzeptabel sind. Möglicherweise möchte Ihre Partnerin kein Gummituch benutzen, also werden sie beide statt dessen masturbieren. Ihr Partner weigert sich vielleicht, ein Kondom zu benutzen, aber es macht Ihnen nichts aus, ihn mit der Hand zu befriedigen. Vielleicht fühlen Sie sich anfangs noch ein wenig unwohl dabei, aber Selbstvertrauen und Wohlbefinden werden mit der Praxis kommen.

Versuchen Sie, das Thema Safer Sex außerhalb des Schlafzimmers zur Sprache zu bringen. Auf diese Weise können Sie herausfinden, was der andere darüber denkt, bevor Ihr Urteilsvermögen durch eine leidenschaftliche Umarmung getrübt wird, die Ihnen die Lippen versiegelt. Falls Ihre Zunge anderweitig beschäftigt sein sollte, wenn es an der Zeit wäre, Ihre Absicht kundzutun, Dentaltücher zu benutzen, ziehen Sie einfach eines hervor und zeigen Sie es Ihrem Partner. Sprechen Sie über Ihre Gefühle; vielleicht sind Sie nervös, befangen, verwirrt oder eingeschüchtert. Falls Sie sich albern vorkommen, sagen Sie es ihm. Finden Sie heraus, wie sich Ihr Partner fühlt. Vielleicht erinnern Zahnarzt-Handschuhe ihn an einen entzündeten Zahn; aber das Versprechen einer langsamen, glatten und schlüpfrigen Genitalmassage wird ihm zweifellos besseren Stoff zum Nachdenken bieten. Oft wird eine angespannte Situation allein schon durch das ehrliche Geständnis entspannt, wie man sich im Augenblick fühlt. Ein solches Geständnis bietet Gelegenheit, Bedenken oder Befürchtungen zu äußern, Mißverständnisse aus dem Weg zu räumen und dem Partner zu versichern, daß Sie all das einzig aus Sorge um das beiderseitige Wohlergehen tun! Ganz zu schweigen davon, daß Ihnen dadurch etwas Neues, anderes geschenkt wird, auf das Sie sich freuen können.

Ich betrachte Latexhandschuhe als Schlüssel zu meinem Keuschheitsgürtel. Keine Handschuhe, keine Belohnung.

Der Umgang mit dem Risiko

Seit dem ersten Auftreten von AIDS werden »Richtlinien zur Verminderung des Risikos« aufgestellt, um den Menschen zu verdeutlichen, welche Aktivitäten bei der Übertragung von Körperflüssigkeiten ein größeres Risiko darstellen.

In die Kategorie *Unsicher* fallen alle Aktivitäten, bei denen Blut oder Samen mit der Rektum-, Vagina- oder Mundschleimhaut in Berührung kommt. Bei den in der Kategorie *Möglicherweise unsicher* aufgeführten Aktivitäten ist die Möglichkeit, das Virus zu übertragen, geringer. Aktivitäten der Kategorie *Wahrscheinlich sicher* werden die Viren nicht übertragen, es sei denn, Ihr Latexschutz reißt. In die Kategorie *Sicher* fallen Aktivitäten, bei denen keine Körperflüssigkeiten ausgetauscht werden. Sie sind vollkommen sicher. So reduziert die Verwendung eines Kondoms bei der Penetration die Möglichkeit einer Übertragung; aber da das Kondom reißen kann, ist diese Aktivität nicht vollkommen sicher. Bei Untersuchungen wurde weiter festgestellt, daß Spuren des Virus auch in anderen Körperflüssigkeiten wie Speichel und Tränen zu finden sind, jedoch nicht in einer genügend hohen Quantität, um ansteckend zu sein. Vaginale Absonderungen können unter gewissen Umständen ansteckend sein, deshalb betrachtet man den Kontakt mit ihnen als nur »wahrscheinlich sicher«. Falls die Absonderungen mit offenen Entzündungen oder Hautrissen in Berührung kommen, besteht das Risiko einer viralen Übertragung. Wenn Sie unter einer vaginalen Infektion leiden, ist die Virenkonzentration in Ihren Sekreten höher. Falls Sie detailliertere Informationen über dieses Thema wünschen, schlagen wir Ihnen vor, daß Sie sich an eine AIDS-Hotline wenden oder eines der vielen ausgezeichneten Bücher lesen, die über dieses Thema geschrieben wurden.

Sicher

Massage
Umarmung
gemeinsames Masturbieren (Berühren der eigenen Genitalien)
»trockene« Küsse
Dry Humping (»Trockenfick«), Frottage (sich an Gegenständen
  oder Menschen reiben)
Phantasien
Voyeurismus, Exhibitionismus
Telefon-/Computersex
Sexspielzeug (mit Kondom, falls es gemeinsam benutzt wird)
Gemeinsames Baden

Wahrscheinlich sicher

Zungenküsse
Analverkehr mit Kondom
Vaginalverkehr mit Kondom
Fisting mit Handschuh
Cunnilingus mit Latexschutz
Fellatio mit Kondom
Rimming/Analingus mit Latexschutz
vaginales oder anales Fingerficken mit Latexhandschuh
  oder Fingerling
Wassersport (Urin an heiler Haut)

Möglicherweise unsicher

Cunnilingus ohne Schutz
Fingerficken ohne Schutz
Fellatio ohne Kondom
Gemeinsames Benutzen eines Sexspielzeuges, ohne es zwischen den
  Anwendungen zu säubern oder das Kondom zu wechseln
Fisting ohne Handschuh

Unsicher

Analverkehr ohne Kondom
Vaginalverkehr ohne Kondom
Rimming/Analingus ohne Latexschutz
Blutkontakt
ungeschützter Cunnilingus während der Menstruation

Was nicht in den Richtlinien steht

Zu den Hauptmängeln vieler Safer-Sex-Aktivitäten gehört, daß sie sich darauf konzentrieren, wie man die *Ansteckung* mit einer Krankheit vermeidet, statt darauf, wie man ihre *Übertragung* vermeidet. »Lerne, hübsch sauber zu bleiben«, lautete die unterschwellige Botschaft, »dann brauchst du dich nicht den Reihen der Unberührbaren anzuschließen.« Die Aufklärung über STDs (sexually transmitted diseases; sexuell übertragbare Krankheiten) konzentriert sich darauf, dem Ausbreiten der Krankheit Einhalt zu gebieten – aber wo bleiben dabei jene unter uns, die bereits an einer sexuell übertragbaren Krankheit leiden und kein Verlangen danach haben, zölibatär zu leben?

Für einen durchschnittlich sexuell aktiven Erwachsenen ist es recht normal, diese Wir/Sie-Perspektive anzunehmen und die Welt der potentiellen Partner in jene einzuteilen, die sie als Risikofaktoren betrachten, und jene, die sie als nicht riskant einschätzen. Wir waren recht deprimiert wegen der vielen Fragebogenbeantworter, die – über Ihre Erfahrung mit Safer-Sex-Zubehör befragt – etwas wie »Ich kenne meinen Partner, deshalb brauchen wir uns nicht um die Vorsichtsmaßnahmen zu kümmern, die andere ergreifen müssen« zum Besten gaben. Zahllose Angehörige medizinischer Berufe erklärten, es gehe nicht darum, mit *wem* Sie Sex haben, sondern *welche* Aktivitäten Sie betreiben. Nur das unterscheidet das risikoreiche vom sicheren Verhalten. Hört jemand zu?

Man hört zu, zugegeben; aber man hört nur das, was man hören will. Schließlich vergrößern Medienberichte ständig das Mißverständnis, zwischen der tragischen Kaste der von Krankheit gebeutelten Erwachsenen und »uns Reinen« existiere eine breite Kluft. Nehmen Sie zum Beispiel die infame Titelstory, die 1982 unter dem Titel »The Scarlet Letter« im *Time*-Magazine erschien. Ähnlich wurden dem HIV im Laufe der Zeit verschiedene Etiketten aufgeklebt: vom Schwulen- zum Fixer-Virus bis zum Virus für Frauen mit niedrigem Einkommen, als ob ein Virus sich das Geschlechtsleben und den sozioökonomischen Status des Körpers aussuchen würde, in den es eindringt.

Was geht hier vor? Massive Ablehnung, das geht hier vor. In der amerikanischen Bevölkerung grassieren sexuell übertragbare Krankheiten jeglicher Art, und die Behauptung, jemand gehöre einer »sicheren« Bevölkerungsschicht an, ist absurd. Der genitale Herpes ist ein ausgezeichnetes Beispiel hierfür. In einem Artikel des *New England Journal of Medicine* vom 6. Juli 1989 steht, daß mehr als sechzehn Prozent der Amerikaner zwischen fünfzehn und siebenundzwanzig Jahren – etwa sechsundzwanzig bis einunddreißig Millionen Menschen – mit Herpes Simplex II infiziert sind. Wie man schätzt, wissen zwei Drittel oder mehr der Betroffenen nicht, daß sie mit dem Virus infiziert sind und daß sie die Infektion asymptomatisch – das heißt, ohne daß es tatsächlich zu einem Ausbruch kommt – übertragen können.

Damit das Überhandnehmen der STDs in allen Schichten der Bevölkerung erkannt wird und wirksame Verhütungsmaßnahmen getroffen werden, ist eine gründliche Überprüfung unserer gesellschaftlichen Verhaltensweisen und Verbote in Sachen Sex erforderlich. Unsere sexfeindliche Gesellschaft gehört zu den Hauptschuldigen an der Ausbreitung der Krankheit. Sex ist unanständig; und eine sexuell übertragene Krankheit weist Sie als sexuell aktiv und somit als unanständig aus. Es einem Partner zu sagen, identifiziert Sie nicht nur als sexuell aktiv (wie unanständig), sondern auch als Kranken. Auch das Kranksein wird von unserer Gesellschaft, in der noch immer der strafende Standpunkt vorherrscht: »Wenn Sie krank sind, ist es Ihre Schuld«, als unanständig betrachtet. Diese Einstellung führt zu Geheimniskrämerei, und Geheimniskrämerei führt zur weiteren Krankheitsübertragung.

Falls Sie sich eine STD zuziehen, kann die negative Einstellung unserer Gesellschaft dem Sex gegenüber sich auf Ihre allgemeine und sexuelle Selbsteinschätzung auswirken. Gedanken wie die folgenden schwirren einem durch den Kopf: »Es ist alles meine Schuld. Ich werde dafür bestraft, daß ich sexuell aktiv war; wenn ich doch nur nicht ... (bitte ausfüllen), wäre das niemals geschehen; ich bin ruiniert, entehrt, nicht mehr gesund; keiner will mich mehr, weil ich ein Krankheitsüberträger bin.« Vergleichen Sie die drastische Negativität dieser Gedanken damit, wie Sie sich fühlen würden, wenn Sie von einem Kollegen die Grippe eingefangen hätten, und Sie werden ein Gefühl dafür bekommen, wie außerordentlich verletztlich wir alle sind, wenn es um unsere Sexualität geht.

Für Menschen, die sich eine sexuell übertragbare Krankheit zugezogen haben, ist es normal, daß sich sofort danach das sexuelle Verlangen abschwächt. Manche Menschen hören auf zu masturbieren, vom Partnersex ganz zu schweigen.

Das schlimmste am Ausbruch der chronischen Herpes war, daß ich meine Schamlippen, zu denen ich früher eine sehr positive Einstellung hatte, plötzlich als schmerzenden, wunden, ekelhaften Teil meines Körpers betrachtete. Es kam mir so vor, als würden mich meine Genitalien nur noch enttäuschen und erniedrigen; und je weniger ich an sie denken oder sie berühren mußte, desto besser.

Das traurige daran ist, daß Sie sich selbst den Zugang zu Ihrer größten Heilquelle verbauen. Eine Minderung sexueller Energie ist normal, wenn Sie körperlich geschwächt sind, aber Sie sollten versuchen, es nicht zu einem totalen Ende Ihrer sexuellen Aktivität kommen zu lassen. Wenn Sie Ihrem Recht auf sexuelle Aktivität die Ehre erweisen, kann das zu körperlicher Heilung führen: Sex mindert Streß, trainiert das Herz, stärkt die Beckenmuskeln und sorgt allgemein für eine bessere Durchblutung. Training wird oft Personen mit unterschiedlichen Krankheiten empfohlen; welche Therapie ist bei einer STD also besser geeignet als ein sexuelles Training? Wenn Sie Ihr Recht darauf respektieren, sexuell aktiv zu sein, kann es auch zu einer emotionellen Heilung kommen. Negative sexuelle Gefühle führen oft zu einem allgemeinen negativen Selbstbild. Falls Sie die Einstellung beibehalten können, daß Sie ein unveräußerliches Recht auf sexuelles Vergnügen haben, werden Ihre Gesundheit und Ihre Selbsteinschätzung unmittelbar davon profitieren.

Es mag schamlos optimistisch erscheinen, von den positiven Seiten einer STD zu sprechen, aber es ist wahr, daß gewisse Silberstreifen am Horizont auftauchen können, wenn Sie es zulassen. Manch einer stellt fest, daß die STD ihn gelehrt hat, Sexualpartnern gegenüber offener und kommunikativer zu sein, da er nicht einfach mit einem neuen Partner schlafen kann, ohne ein vorbereitendes Gespräch zu führen. Ehrlichkeit birgt das Risiko der Zurückweisung in sich, aber sie ist auch ein sicherer Weg, kreative, leidenschaftliche Frauen und Männer von engstirnigen, furchtsamen Mädchen und Jungen zu trennen.

Chronische, unheilbare Krankheiten wie Herpes oder AIDS zwingen Sie auch, eine gesündere Einstellung zu Ihrem Leben anzunehmen und alles in Ihrer Macht Stehende zu tun, um den Streß zu mindern und Ihr Immunsystem zu stärken.

Schließlich – das Beste haben wir uns bis zum Schluß aufgehoben – kann eine STD Sie wie kaum etwas anderes aus eingefahrenen Gleisen werfen. Plötzlich sind Sie gezwungen anzuerkennen, daß Sex, oh, soviel mehr sein kann als ein Vermischen von Körpersäften, als einen Körperteil in ein Loch zu stecken.

Ich habe und wurde gern in den Arsch gefickt, wegen der intimen und manchmal groben Geste. Nachdem ich mir durch meine Zeit des ungeschützten Verkehrs analen Herpes zugezogen habe, schmerzt das Geficktwerden; das verdirbt die Stimmung. Ich bin meistens ein Top (ich trage ein Kondom) oder ich spiele ein köstliches Arschspiel mit mir selbst. Manchmal hocke ich auf dem Finger meines Partners, der leicht gegen meine Prostata klopft; so kann ich die Intensität kontrollieren. Das ist der schärfste Abgang von allen. Beobachtet zu werden und mit Hilfe meines Partners zum Höhepunkt zu kommen, erzeugt in mir einen starken sexuellen Appetit.

Es fing damit an, daß ich meine Partnerin bat, Gummihandschuhe zu benutzen, einfach nur, weil ich nicht von den Gedanken daran abgelenkt werden wollte, ob sie Schnitte am Finger hat, ob ich Sie infizieren könnte und all das. Der unerwartete Vorteil war, daß ich die Art und Weise schätzen lernte, wie Handschuhe eine mensch-

liche Hand in ein schlüpfriges, glattes kleines Geschöpf verwandeln können – manchmal stelle ich mir vor, ich würde von einer Robbe gefickt.

Falls Sie für die Möglichkeit empfänglich sind, kann ein erhöhtes Bewußtsein durch sexuell übertragbare Krankheiten zu einem einzigartigen sexuellen Selbstbewußtsein führen. Ob Sie oder Ihr Partner sich mit einer STD infiziert haben oder ob Sie keinen blassen Schimmer haben, wie es um die Gesundheit Ihres Partners bestellt ist – die Entscheidung über Ihr Verhalten liegt bei Ihnen. Mit Ihren persönlichen Safer-Sex-Richtlinien handelseinig zu werden, sich für sie einzusetzen, bietet Ihnen eine großartige Gelegenheit, die Myriaden Möglichkeiten Ihres Körpers zu würdigen, sich Ihren Ängsten zu stellen, Ihre Wünsche beim Namen zu nennen und den Sieg der sexuellen Energie über Ignoranz und Scham zu feiern.

Sex aus Spaß

Wir dachten daran, diesem Buch den Titel *Sex for Fun* zu geben, weil es so einfach und genau die Botschaft ausdrückt, die wir unseren Lesern mitteilen wollten. Wahrscheinlich sind Sie es leid, wieder einmal von uns zu hören, daß Sex spielerisch, experimentierfreudig, kommunikativ und ein Fest sein sollte. Aber nirgendwo ist dieser Satz besser aufgehoben als am Ende des Kapitels über Safer Sex. Wir haben Ihnen die Informationen, Werkzeuge und (wie wir hoffen) die nötige Motivation vermittelt, in Sicherheit zu spielen. Aber nur Sie allein können diese Latexprodukte aus dem Medizinschrank holen und sie als das behandeln, was sie sein sollten: Spielzeuge, die den Sex intensivieren, die Kommunikation fördern, Selbstvertrauen schenken und Erregung erzeugen!

Schlußwort

Wir hoffen, daß Sie beim Lesen dieses Buches Ihren Spaß hatten; daß es Sie zum Lachen gebracht und angeregt hat. Doch vor allem hoffen wir, daß es Sie dazu inspiriert hat, Ihre sexuellen Grenzen zu erweitern. Übrigens halten wir uns nicht für Versager, wenn Sie, sobald Sie die letzte Seite gelesen haben, nicht mindestens vier neue Positionen und sechs neue Sexspielzeuge ausprobieren möchten. Wir wären schon froh, wenn Sie sich einfach nur ermutigt fühlten, mehr über Sex zu sprechen.

Der revolutionärste Aspekt unserer Arbeit ist nicht die Eigenart unserer Produkte oder die Art und Weise, wie wir sie verkaufen, sondern die Tatsache, daß wir über Sex sprechen. Ein begeistertes, offenes und ehrliches Gespräch über Sex ist in unserer Gesellschaft Mangelware, und wir hören häufig von unseren Kunden, daß sie dankbar für die Gelegenheit sind, offen über ein Thema zu sprechen, über das sonst nur hinter vorgehaltener Hand getuschelt wird. Falls Sie mit diesem Buch ähnlich zufrieden waren, möchten wir Sie im Gegenzug um einen Gefallen bitten.

Sie können helfen, die sexuelle Ausdrucksweise auf ein volkstümliches Niveau zu befördern, wenn Sie bereit sind, einige persönliche Risiken zu übernehmen. Es braucht Mut, sich für seine sexuellen Gefühle, Phantasien und Ängste ohne Entschuldigungen oder Rationalisierungen einzusetzen. Einen großen Beitrag zur sexuellen Scham und Ignoranz leistet die Weigerung der Menschen, aufzustehen und klipp und klar zu sagen, was ihnen Vergnügen bereitet. Es ist einfacher zu schweigen, als den Geliebten zu bitten, Sie auf eine bestimmte Art zu streicheln. Es ist einfacher, bestimmte Aktivitäten als unreif oder ungehörig abzutun, als die Quelle der Vorurteile zu untersuchen. Es ist einfacher, Vermutungen über die sexuellen Vorlieben anderer Menschen anzustellen, als anzuerkennen, was unsere

509

eigene Phantasie fördert. Es ist leichter, diesen »langweiligen« Pornofilm oder jenes »abgedroschene« Pornomagazin zu kritisieren, als den Augenblick beim Zuschauen zu identifizieren, an dem Ihr Puls zu rasen begann, oder auf das Foto zu deuten, bei dem Ihre Säfte zu fließen anfingen. Es ist leichter, so zu tun, als hätten Ihre Geschwister keinen Sex, als zu vergleichen, wie sie alle von den kulturellen Botschaften konditioniert wurden, die sie beim Aufwachsen beeinflußten. Aber wenn Sie das Risiko auf sich nehmen, über Sex zu sprechen, wird sich eine völlig neue Welt der Empfindungen und Möglichkeiten vor Ihnen auftun.

Weshalb sprechen Sie nicht einfach mit einem Geliebten, Freund, Kollegen oder Verwandten in einer bislang nicht üblichen Weise über Sex? Erzählen Sie Ihrem Geliebten den Plot Ihrer wirksamsten Phantasie. Bitten Sie Ihre beste Freundin, mit Ihren Kindern ins Kino zu gehen, damit Sie zu Hause masturbieren können. Fragen Sie Ihre Eltern, wie sie aufgeklärt wurden. Überreichen Sie Ihrer Schwester einen Vibrator, wenn sie Ihnen ihr Baby präsentiert. Tauschen Sie mit Ihrem Kollegen Kondomempfehlungen aus. Sie werden überrascht sein, wie anregend es ist, sich selbst als sexuelle Person anzuerkennen, und wie dankbar die Menschen in Ihrer Umgebung auf jede Ermutigung reagieren, ihre sexuellen Gefühle und Ansichten auszudrücken.

Wir glauben, daß viele Menschen die Sexualität für eine Privatangelegenheit halten und der Meinung sind, daß die öffentliche Diskussion den Sex abzuwerten droht. Die Wahrheit ist, daß die stillschweigende Übereinkunft unserer Gesellschaft, nicht verlauten zu lassen, wo und wie wir an unser Vergnügen kommen, eine Situation geschaffen hat, in der das Recht auf Intimsphäre bedroht und das Recht des freien Ausdrucks abgewertet wird. In sechsundzwanzig Staaten – mehr als die Hälfte aller Staaten in den USA – gibt es noch Gesetze, die »wilde Ehen«, Unzucht (sprich: sexuelle Beziehungen zwischen unverheirateten Paaren) und »Sodomie« (Oral- und/oder Analverkehr) sogar bei gegenseitigem Einverständnis kriminalisieren. Besagte Gesetze werden in Miet- oder Arbeitsrechtsfällen und bei Fällen, in denen es um das Sorgerecht für ein Kind geht, vor allem dazu benutzt, Schwule und Lesbierinnen zu diskriminieren, aber sie lassen sich ebensogut auch einsetzen, um ledige Heterosexuelle zu diskriminieren.

510

Überdies haben die fortlaufenden Bemühungen, Gesetze gegen Pornographie zu erlassen, zu Zensurgewohnheiten geführt, die fast schon surreal sind. Unter Reagan und Bush hat das Justizministerium Unsummen darauf verwandt, Vertreiber von sexuellem Material in einer Serie von Prozessen Klagen wegen Obszönität anzuhängen, in der Hoffnung, daß die Höhe der Verteidigungskosten sie in den Ruin treiben würden. Im Jahre 1992 bestätigte das Senate Judiciary Commitee den Pornography Victim's Compensation Act; einen Gesetzentwurf, der die Opfer eines Sexualverbrechens berechtigte, Hersteller, Vertreiber und Wiederverkäufer von Büchern, Magazinen und Videos unter dem Vorwand zu verklagen, diese Schriften und Bilder hätten den Täter zum Verbrechen angestiftet.

Obwohl dieser Gesetzesentwurf nicht alle Stimmen des Senats bekam, wurden in einer Reihe von staatlichen und lokalen Legislativen ähnliche Gesetzentwürfe in Betracht gezogen, die einen ursächlichen Zusammenhang zwischen dem Spaß an sexuell eindeutigem Material und dem Begehen einer Straftat geltend machten.

Die Freude am Sex ist ein fundamentales Menschenrecht, das wir gern für alle Menschen garantiert sehen würden. Anfangs haben wir darüber gewitzelt, daß das letzte Kapitel den Titel »Wir möchten die Welt lehren zu kommen« haben sollte; doch richtiger wäre vielleicht: »Wir möchten die Welt lehren zu kommunizieren.« Bessere Kommunikation führt zu größerem sexuellen Vergnügen, das wiederum der Gesundheit, der Selbsteinschätzung, der Vertrautheit, der Kreativität und der Freude förderlich ist. Die Welt wäre fraglos ein besserer Ort, wenn es sexuelle Freuden im Überfluß gäbe. Wir müssen zwar notgedrungen unseren Traum zu Grabe tragen, jedem UN-Abgeordneten einen Vibrator in die Hand zu drücken oder die Machtkorridore der Nation mit Gleitmittel einzuschmieren und mit Dildos zu penetrieren, aber wir können Ihnen Aufmunterung, Lob und unsere aufrichtigen Wünsche für ein Leben mit all den sexuellen Freuden anbieten, nach denen es Sie verlangt.

Bibliographie

Nonfiktion

Weibliche Sexualität

Barbach, Lonnie Garfield: *For Yourself. The Fulfillment of Female Sexuality*, Penguin Group/Signet, 1975. Ein Ratgeber für Frauen, die noch nie einen Orgasmus hatten oder ihre sexuelle Empfindlichkeit erhöhen möchten; dt., *Welche Farbe hat die Lust*, Berlin 1982.

Barbach, Lonnie und Linda Levine: *Shared Initimacies. Women's Experiences*, Bantam Doubleday Dell/Bantam Books, 1980. Interviews mit über hundertzwanzig Frauen über ihre sexuellen Aktivitäten, Ansichten und Gefühle.

Bass, Ellen und Laura Davis: *Courage to Heal*, Harper & Row, 1988. Ein Ratgeber für Frauen, die in ihrer Kindheit mißbraucht wurden; dt., *Trotz Allem*, München 1992.

Blank, Joani: *The Playbook für Women about Sex*, Down There Press, 1982. Ein interaktives Spiel- und Arbeitsbuch, das das sexuelle Selbstbewußtsein steigern soll.

Bright, Susie: *Susie Sexpert's Lesbian Sex World*, Cleis Press, 1990. Eine amüsante, respektlose Sammlung von Susies »Toys for Us«-Kolumnen aus dem *On Ours Backs*-Magazin.

Califia, Pat: *Sapphistry: The Book of Lesbian Sexuality*, Naiad Press, 1988. Enthält eine ausgezeichnete Untersuchung über Kommunikationsfähigkeiten und diverse Sexualtechniken; dt., *Sapphistry*, München 1992.

Caster, Wendy: *Lesbian Sex Book*, Alyson Publications, 1993. Ein umfassendes Handbuch zum lesbischen Sex der neunziger Jahre, nach Themen geordnet.

Corinne, Tee: *Cunt Coloring Book*, Naiad Press, 1989. Mit 42 kolorierten Zeichnungen der weiblichen Genitalien (früher *LabiaFlowers*).

Davis, Laura: *Courage to Heal Workbook*, Harper & Row, 1990. Ein interaktives Arbeitsbuch für Männer und Frauen, die in ihrer Kindheit mißbraucht wurden; dt., *Verbündete*, München 1992.

Doress, Paula Brown und Diana Laskin Siegal: *Ourselves, Growing Older*, Simon & Schuster/Touchstone, 1978. Ein Nachschlagewerk über weibliche Sexualität und sexuelle Gesundheit, das sich speziell mit den Problemen der Frauen über Fündunddreißig befaßt.

Femalia, Joani Blank (Hrsg.), Down There Press, 1993. 32 Farbfotos von weiblichen Genitalien.

Friday, Nancy: *Forbidden Flowers*, Simon & Schuster/Pocket Books, 1975. Nancy Fridays zweite Sammlung sexueller Frauenphantasien.

Friday, Nancy: *My Secret Garden*, Simon & Schuster/Pocket Books, 1973. Eine exemplarische Sammlung sexueller Frauenphantasien; dt., *Die sexuellen Phantasien der Frauen*, Bern, München 1978.

Friday, Nancy: *Women on Top*, Simon & Schuster/Pocket Books 1991. Eine Sammlung von Sexualphantasien, in denen Frauen eine dominante Rolle spielen (auch als Audiocassette erhältlich); dt., *Befreiung zur Lust: Frauen und ihre sexuellen Phantasien*, München 1992.

Heiman, Julia und Joseph LoPiccolo: *Becoming Orgasmic*, Simon & Schuster/Fireside, 1986. Ein Selbstentdeckungsprogramm für Frauen, die noch nie einen Orgasmus hatten; dt., *Gelöst im Orgasmus*, Verlag für human. Psychologie 1978.

Ladas, Alice Kahn, Beverly Whipple und John D. Perry: *The G Spot and Other Recent Discoveries about Human Sexuality*, Bantam Doubleday Dell/Dell, 1982. Eine Untersuchung des G-Punktes mit Berichten aus erster Hand über die Stimulierung des G-Punktes und die weibliche Ejakulation.

Loulan, JoAnn: *Lesbian Passion*, Spinster/Aunt Lute, 1987. Untersucht die lesbische Sexualetikette, Sexspielzeuge, Safer Sex und Sex und Genesung.

Loulan, JoAnn: *Lesbian Sex*, Spinsters/Aunt Lute, 1984. Ein ausgezeichnetes Handbuch über die weibliche Anatomie und sexuelle Reaktion, über lesbische Sexualaktivitäten und Partnerkommunikation.

New Our Bodies, Ourselves, vom Boston Women's Health Collective, Simon & Schuster/Touchstone, 1992. Ein breitgefächertes Nachschlagewerk über alle Aspekte der weiblichen Sexualität und der sexuellen Gesundheit.

Sevely, Josephine Lowndes: *Eve's Secrets. A New Theory of Female Sexuality*, Random House, 1987, vergriffen. Untersucht die weibliche Ejakulation und beschreibt die physiologische Entsprechung von männlichen und weiblichen Geschlechtsorganen.

New View of a Woman's Body, von der Federation of Feminist Women's Health Centers, Feminist Health Press, 1991. Ein Selbsthilfe-Klassiker, mit einer erweiterten Definition der Klitoris und Farbfotos von weiblichen Genitalien.

Valins, Linda: *When a Womans Body Says No to Sex. Understanding and Overcoming Vaginism*, Penguin Books, 1992. Ein praktischer und leidenschaftlicher Ratgeber, der die Ursachen des Vaginismus aufzeigt und sagt, wie man ihn behandeln kann.

Yaffe, Maurice und Elizabeth Fenwick: *Sexual Happiness for Women. A Practical Approach*, Henry Holt and Company, 1989. Ein Arbeitsbuch mit speziellen Programmen zur Steigerung des sexuellen Vergnügens; dt. *Happy Sex für Sie*, München 1991 –, *Happy Sex: Spaß am Sex*, München 1986.

Männliche Sexualität

Blank, Joani: *The Playbook for Men about Sex*, Down There Press, 1981. Ein interaktives Spiel- und Arbeitsbuch zur Steigerung des sexuellen Selbstbewußtsein.

Castleman, Michael: *Sexual Solutions. A Guide for Men and the Women Who Love Them*, Simon & Schuster/Touchstone, 1983; dt., *Das erotische Glück*, Goldmann 1993. Ein informatives, sachliches Handbuch für Männer, die in heterosexuellen Beziehungen leben.

Friday, Nancy: *Man in Love*, Bantam Doubleday Dell/Dell/Laurel, 1980. Berichte und Bekenntnisse über die verborgenen Wünsche und sexuellen Phantasien der Männer; dt., *Traumland der Lust*, Bern, München 1981.

Hart, Jack: *Gay Sex. A Manual for Men Who Love Men*, Alyson Publications, 1991. Ein umfassendes Handbuch zum Schwulen-Sex der neunziger Jahre, nach Themen geordnet.

Silverstein, Charles und Felice Picano: *New Joy of Gay Sex*, HarperCollins, 1992. Ein Nachschlagewerk über Schwulen-Sexualität, auf dem neuesten Stand.

Yaffe, Maurice und Elizabeth Fenwick: *Sexual Happiness for Men. An Illustrated Guide to Sexual Fulfillment*, Henry Holt and Company, 1992. Ein Arbeitsbuch mit speziellen Programmen zur Steigerung des sexuellen Vergnügens; dt., *Happy Sex für Ihn*, München 1991.

Zilbergeld, Bernie: *New Male Sexuality: The Truth about Men, Sex and Pleasure*, Bantam Doubleday Dell/Bantam Books, 1992. Ermutigung und Rat bei Problemen wie Leistungsängste, Erektionsschwierigkeiten und Diskrepanzen im Verlangen (früherer Titel *Male Sexuality,* erschienen 1978); dt., *Männliche Sexualität: Was nicht alle schon immer über Männer wußten*, Tübingen 1983.

Masturbation

Dodson, Betty: *Sex For One. The Joy of Selfloving*, Crown Publishers/Harmony Press, 1987. Ein ermutigendes, unterhaltendes Handbuch über die Techniken und Freuden der Masturbation mit erotischen Zeichnungen der Autorin (eine Zusammenfassung der früher im Selbstverlag erschienenen Bücher *Liberating Masturbation* und *SelfLove and Orgasm).*

Litten, Dr. Harald: *Solo Sex. Advanced Techniques*, Factor Press, 1992. Ein freundlicher, kreativer Leitfaden zu den vielfältigen männlichen Masturbationsmöglichkeiten.

Morin, Jack: *Men Loving Themselves. Images of Male Self-Sexuality*, Down There Press, 1988. Eine Fotostudie mit zwölf Männern, die sagen, was sie von der Masturbation halten.

Woods, Margo: *Masturbation, Tantra and SelfLove*, Mho & Mho Works/Omphaloskepsis Press, 1981. Eine Untersuchung darüber, wie man sexuelle Energie durch Masturbation kanalisiert.

Sexhandbücher

Anapol, Deborah: *Love without Limits. Resource Guide for the Responsible Non-Monogamist*, InterNet Resource Center, 1992. Ermutigende Anleitungen, wie man mit Respekt und Integrität über Multipartner-Beziehungen spricht.

Beaver, Daniel: *More than Just Sex*, Aslan Publishing, 1992. Ein ausgezeichnetes Handbuch über die sexuelle Kommunikation, für Paare in Langzeit-Beziehungen.

Blank, Joani: *Good Vibrations. The Complete Guide to Vibrators*, Down There Press, 1989. Das ultimative Handbuch, um einen Vibrator auszuwählen, sich an ihm zu erfreuen, ihn zu verteidigen und seinem Partner vorzustellen.

Cauthery, Dr. Philip und Dr. Andrew Stanway: *Complete Guide to Sexual Fulfillment*, Prometheus Books, 1985. Ein informatives Handbuch für heterosexuelle Paare, die ihr Liebesleben intensivieren möchten.

Franklin, Jacqueline und Steve: *Ultimate Kiss*, Media Products, 1982. Ein Handbuch der oralen Sextechniken, mit eindeutigen Fotos illustriert. Veraltet (keine Safer Sex-Information), aber mit zeitloser Begeisterung geschrieben.

Hooper, Anne: *Ultimate Sex Guide*, Dorling Kindersley, 1992. Das derzeit umfassendste Handbuch für Heterosexuelle. Sexfreundlich, wenn auch ein wenig sexistisch.

Keesling, Barbara: *Sexual Pleasure*, Hunter House, 1993. Eine ausgezeichnete Anleitung, wie man durch sinnliche Konzentrationsübungen häufige sexuelle Dysfunktionen behebt, geschrieben von einer ehemaligen Geschädigten (früher *Sexual Healing*).

Kennedy, Adele und Susan Dean: *Touching for Pleasure*, Media Products, 1986. Ein ausgezeichnetes Programm zur Intensivierung der Sexualität, das von einfachen Massagetechniken über die Sexualphysiologie bis zum Masturbieren, oralem Sex und Penetrieren reicht.

Kroll, Ken und Erica Levy Klein: *Enabling Romance. A Guide to Love, Sex and Relationships for the Disabled*, Crown Publishers/Harmony Books, 1992. Ein einzigartiges Handbuch, das die sexuellen Bedürfnisse von Menschen mit körperlichen Schäden erläutert und Sexualtechniken aufzeigt. Mit Interviews und einer umfassenden Hilfsmittelliste.

Milonas, Rolf: *Fantasex. A Book of Erotic Games for the Adult Couple*, Putnam/Perigee Books, 1983. Eine Sammlung von sexuellen Szenarios und Vorschlägen fürs Rollenspiel.

Raley, Patricia: *Making Love Better. Having an Affair with Your Partner*, St. Martin's/Marek, 1984. Erkundet praktische Techniken, um die sexuelle Erregung in langfristigen Beziehungen aufrechtzuerhalten. Einschließlich offener Interviews und eindeutiger Fotos.

Shelburne, Walter: *For Play. 150 Sex Games for Couples*, Waterfall Press, 1993. Eine Sammlung erregender Spiele und sexueller Techniken.

Stubbs, Kenneth Ray: *Romantic Interludes. A Sensuous Lovers' Guide*, Secret Garden, 1986. Ein »Rezept«buch für denkwürdige sexuelle Begegnungen.

Stubbs, Kenneth Ray: *The Clitoral Kiss. A Fun Guide to Oral Sex for Men and Woman*, Secret Garden, 1993. Eine Sammlung von Tips und Techniken für den oralen Sex; für Männer und Frauen.

Stubbs, Kenneth Ray: *Erotic Massage. The Touch of Love*, Secret Garden, 1989. Allgemeine Massagetechniken für den ganzen Körper, in einer leichtverständlichen Sprache gehalten und mit ausgezeichneten Illustrationen.

Wiseman, Jay: *Tricks*, Selbstverlag, 1993. Ein Kompendium einfacher Tips, um »guten Sex besser zu machen« (der zweite Band war für 1994 vorgesehen).

Wolfe, Janet: *What to Do When He Has a Headache. Renewing Desire and Intimacy in Your Relationship*, Penguin Books, 1993. Ein Handbuch, das hilft, mit Verlangensdiskrepanzen fertig zu werden; für Frauen, die mehr Sex wollen als ihre männlichen Partner.

Östliche Sexualtechniken

Anand, Margo: *The Art of Sexual Ecstasy. The Path of Sacred Sexuality for Western Lovers*, Putnam/Jeremy P. Tarcher, 1988. Ein außergewöhnlich verständlich geschriebenes Handbuch über tantrische und taoistische Techniken; dt., *Tantra oder Die Kunst der sexuellen Ekstase*, München 1990.

Anand, Margo: *The Art of Sexual Magic*, Putnam/Jeremy P. Tarcher, 1995. Der Folgeband für Fortgeschrittene; dt., *Magie des Tantra*, München 1995.

Camphausen, Rufus, *Encyclopedia of Erotic Wisdom*, Inner Traditions, 1991. Mehr als tausend Stichwörter zu esoterischen und uralten Sexualpraktiken, mit Querverweisen.

Chang, Jolan: *Tao of Love and Sex*, Penguin Group/Arkana, 1977. Ein Handbuch über die Hauptprinzipien der taoistischen Sexualtechniken, in dem unter anderem steht, wie man eine Ejakulation kontrolliert und wo der Unterschied zwischen der Ejakulation und dem Orgasmus des Mannes erklärt wird.

Chia, Manewan und Mantak: *Healing Love Through the Tao. Cultivating Female Sexual Energy*, Healing Tao Books, vertrieben durch Charles Tuttle and Company, 1987. Taoistische Sexuallehren zur weiblichen Sexualität.

Chia, Mantak: *Taoist Secrets of Love. Cultivating Male Sexual Energy*, Aurora Press, 1984. Ein Handbuch über die taoistische Lehre, sexuelle Energie zu bewahren und zu transformieren.

Chu, Valentin: *The Yin-Yang Butterfly*, Putnam/Jeremy P. Tarcher, 1993. Ein fesselnder historischer Überblick über taoistische Sexualtraditionen, einschließlich detailliert beschriebener Techniken für moderne Liebende.

Ramsdale, David und Ellen: *Sexual Energy/Ecstasy. A Practical Guide to Lovemaking Secrets of the East and West*, Bantam New Age Books, 1985. Ein modernes Handbuch über tantrische Sexualpraktiken; dt., *Sexuelle Energie und Ekstase*, München 1987.

Sinha, Indra: *The Great Book of Tantra. Translations and Images from the Classic Indian Texts*, Inner Traditions/Destiny Books, 1993. Reproduktionen von Gemälden und Stichen mit tantrischen Stellungen und Gottheiten, begleitet von Erläuterungen der tantrischen Symbolik.

Stubbs, Kenneth Ray: *Sacred Orgasms*, Secret Garden, 1992. Eine poetische Meditation über Sex als Weg zur spirituellen Erleuchtung.

S/M und Machtspiel

Bannon, Race: *Learning the Ropes. A Basic Guide to Safe and Fun S/M Lovemaking*, Daedalus Publishing, 1992. Ein ermutigendes und informatives Buch für Paare aller sexuellen Ausrichtungen.

Brame, Gloria: *Different Loving. An Exploration of the World of Sexual Dominance and Submission*, Random House/Villard Books, 1993. Offene Interviews mit über hundert hauptsächlich heterosexuellen S/M-Praktizierenden.

Califia, Pat: *Sensuous Magic. A Guide for Adventurous Couples*, Masquerade Books, 1993. Ein nicht bedrohliches, gut lesbares Handbuch über S/M für Paare aller sexuellen Ausrichtungen.

Coming to Power. Writings and Graphics on Lesbian S/M, SAMOIS (Hrsg.), Alyson Publications, 1982. Eine exemplarische Sammlung von Essays, Erotica und Phantasien über lesbischen S/M.

Green, Lady: *The Sexually Dominant Women. A Workbook for Nervous Beginners*, Selbstverlag, 1992. Ein Handbuch, in dem Schritt für Schritt gezeigt wird, wie man eine S/M-Szene, bei der eine dominante Frau mitwirkt, plant, verhandelt und verwirklicht (zielt auf Heterosexuelle ab).

Leatherfolk. Radical Sex, Peoples, Politics and Practice, Mark Thompson (Hrsg.), Alyson Publications, 1991. Eine ungewöhnliche und provokative Sammlung von Essays einiger der besten Autoren der schwulen und lesbischen S/M-Gemeinde.

Lesbian S/M Safety Manual, Pat Califia (Hrsg.), Lace Publications, 1988. Ein gründliches Handbuch, das zeigt, wie S/M emotional und körperlich nicht bedrohlich sein kann, für Männer und Frauen aller sexuellen Richtungen relevant.

Rosen, Michael: *Sexual Magic. The S/M Photographs*, Shaynew Press, 1986. Über fünfzig Fotos vom S/M-Spiel samt persönlicher Reflexionen der Abgebildeten.

Rosen, Michael: *Sexual Portraits. Photographs of Radical Sexuality*, Shaynew Press, 1990. Portraits von Menschen, die Körpermodifizierung, Fesselung und S/M ausüben, samt persönlicher Reflexionen der Abgebildeten.

Townsend, Larry: *The Original Leatherman's Handbook*, LT Publications, 1977, Neuauflage 1993. Von historischem Interesse, beschreibt die schwule Ledergemeinde in den siebziger Jahren.

Townsend, Larry: *Leatherman's Handbook II, auf den neuesten Stand gebrachte zweite Auflage*, Carlyle Communications, Ltd, 1989. Das klassische S/M-Handbuch für Schwule, mit lehrreichen Informationen und erotischen Berichten aus erster Hand.

Wiseman, Jay: *SM 101. A Realistic Introduction*, Selbstverlag, 1992. Ein gründliches Handbuch über S/M-Ausrüstung und Techniken, das sich auf die körperliche Sicherheit konzentriert und auf Heterosexuelle zugeschnitten ist.

Safer Sex

The Complete Guide to Safer Sex, vom Personal des Institute for the Advanced Study of Human Sexuality, Barricade Books, Inc, 1992. Ein wertvolles Handbuch, um ein gesundes sexuelles Verhalten zu erlernen, mit aktuellen Informationen über die Übertragung und Vorbeugung von AIDS.

How to Persuade Your Lover to Use a Condom ... And Why You Should, von Patti Breitman, Kim Knutson und Paul Reed, Prima Publishing, 1994. Ein gut lesbarer, realistischer Leitfaden, der Hilfe bei allen möglichen Argumenten gegen den Gebrauch eines Kondoms Paroli bietet.

O'Sullivan, Sue und Pratibha Parmar: *Lesbians Talk (Safer) Sex,* Scarlet Press, 1992. Eine unparteiische Präsentation der lebhaften Diskussionen um die Safer-Sex-Richtlinien für Lesbierinnen.

Patton, Cindy und Janis Kelly: *Making It. A Womens Guide to Sex in the Age of AIDS*, Firebrand Books, 1990. Ein gründliches, vorurteilsfreies Handbuch über die Safer-Sex-Belange der Frauen; Text in Englisch und Spanisch.

Sexfakten

Alman, Isadora: *Ask Isadora*, Masquerade Books, 1991. Eine Sammlung von Isadoras informativen und humorvollen Ratgeberkolumnen für die von Liebe und Sex Verlassenen.

Alman, Isadora: *Let's Talk Sex*, Crossing Press, 1993. Noch mehr Ratgeberkolumnen über Kennenlernen und Paarung von San Franciscos »Ann Landers der Lust«.

Bi Any Other Name. Bisexual People Speak Out, Loraine Hutchins und Lani Kaahumanu (Hrsg.), Alyson Publications, 1990. Eine Sammlung von siebzig Coming-out-Geschichten von Bisexuellen.

The Black Book. The Guide for the Erotic Explorer, Bill Brent (Hrsg.), Black Book/Amador Communications, 1993. Ein benutzerfreundliches, nationales Adreßbuch der Unternehmen und Organisationen, die mit Sex zu tun haben; wird jährlich aktualisiert.

Califia, Pat: *Advocate Advisor*, Alyson Publications, 1991. Eine Sammlung von Pats witzigen und weisen Kolumnenratschlägen, bei denen es um die sexuellen Umgangsformen der Schwulen geht.

Califia, Pat: *The Sexpert*, Masquerade Books, 1992. Weitere Ratgeberkolumnen für Schwule, in denen von der Penisgröße bis zur Pflege und Versorgung des Sexspielzeugs alles angesprochen wird.

Hermann, Bert: *Trust, the Handbook*, Alamo Square Press, 1991. *Das* Handbuch über Analfisting.

Klein, Marty: *Ask Me Anything*, Simon & Schuster/Fireside, 1992. Ein Sexualtherapeut gibt ermutigende, realistische Antworten auf die häufigsten Fragen seiner Klienten.

Morin, Jack: *Anal Pleasure and Health*, Down There Press, 1986. Der einzigartige Leitfaden, um die anale Spannung zu beseitigen und sich an der analen Stimulierung zu erfreuen.

Reinisch, June: *The Kinsey Institute New Report on Sex*, St. Martin's Press, 1990. Ein ausgezeichnetes Nachschlagewerk, das alle Aspekte der menschlichen Sexualität umfaßt, mit interessanten Statistiken und Befragungsergebnissen; dt. *Der neue Kinsey-Institute-Report, Sexualität heute*, München 1991.

Richter, Alan: *Dictionary of Sexual Slang. Words, Phrases and Indioms from AC/DC to Zig-Zag.* John Wiley & Sons, 1993. Ein lehrreiches und unterhaltendes Nachschlagewerk, von einem professionellen Lexikographen zusammengestellt.

Robinson, Philipp und Nancy Tamosaitis: *The Joy of Cybersex. An Underground Guide to Electronic Erotica*, Prentice Hall/Brady Publishing, 1993. Ein Führer samt Besprechungen von Software, Sex-CD-Roms und speziellen Bulletin Boards.

Wallace, Robert: *How They Do It*, William Morrow, 1980. Ein sehr unterhaltendes Buch über das Paarungsverhalten einer Vielzahl von Tierrassen.

Kinder/Teenager/Eltern

Blank, Joani: *A Kid's First Book about Sex*, Down There Press, 1983. Eine flotte Einführung in die Sexualität; für Kinder. Eines der wenigen Bücher, in denen die Sexualität von der Fortpflanzung getrennt wird. Illustriert.

Blank, Joani: *The Playbook for Kids about Sex*, Down There Press, 1982. Ein interaktives Spiel- und Arbeitsbuch, das das sexuelle Bewußtsein in Kindern erhöht (textgleich mit *Kid's First Book of Sex*).

Calderone, Mary und James Ramey: *Family Book about Sexuality*, Harper Perennial, 1990. Ein ausgezeichnetes, lesbares Nachschlagewerk für die ganze Familie.

Calderone, Mary und James Ramey: *Talking with Your Child about Sex. Questions and Answers for Children from Birth to Puberty*, Random House/Ballantine Books, 1982. Bringt die Fragen von Kindern über Sex und nützliche Antworten für die Eltern.

Changing Bodies, Changing Lives, Ruth Bell (Hrsg.), Random House/Vintage Books, 1987. Ein umfassender Ratgeber für Pubertät und Adoleszenz, für Vierzehn- bis Neunzehnjährige geschrieben, mit Zitaten von Teenagern.

Johnson, Ervin »Magic«: *What You Can Do to Avoid Aids,* Random House/Times Books, 1992; dt., *Aids – Was du tun mußt, damit du es nicht kriegst, wenn du es tust,* Hamburg 1993. Umfassend und respektvoll im Ton; das einzige Buch über AIDS-Vorbeugung, bei dem die Dinge beim Namen genannt werden; richtet sich speziell an Teenager.

Maderas, Lynda: *What's Happening to My Body? Book for Boys; What's Happening to My Body? Book for Girls*, Newmarket Press, 1987. Geschrieben für Kinder bis zehn Jahre. Diese informativen Bücher über die Veränderungen in der Pubertät sind ermutigend, ohne herablassend zu sein.

Ältere Menschen

Hammond, Doris: *My Parents Never Had Sex. Myths and Facts about Sexual Aging*, Prometheus Books, 1987. Eine Untersuchung darüber, wie Kultur, Religion und Gesellschaft bestimmte Klischees über Sex und Altern entstehen ließen.

Rosenthal, Saul: *Sex Over 40*, Putnam/Jeremy P. Tarcher/Perigee Books, 1987. Informationen und praktische Ratschläge, wie Sie ein befriedigendes Liebesleben aufrechterhalten können; konzentriert sich auf den Wert der Kommunikation und Experimentierfreudigkeit.

The Time in Our Lives: Women Write on Sex after 40, Dena Taylor und Amber Sumrall (Hrsg.), Crossing Press, 1993. Eine Prosa- und Poesianthologie mit Beiträgen von heterosexuellen und lesbischen Frauen.

Walsz, Thoms und Nancee Blum: *Sexual Health in Later Life*, DC Heath/Lexington Press, 1987. Ein sexfreundlicher Ratgeber, der verrät, wie Sie das sexuelle Verlangen aufrechterhalten und trotz der Auswirkungen von Alter und chronischen Krankheiten sexuell aktiv bleiben können.

Geschlechtlich Umgewandelte

Allen, Mariette Pathy: *Transformations. Crossdressers and Those Who Love Them*, E. P. Dutton, 1989. Eine intime und vorurteilsfreie Fotostudie männlicher Transvestiten samt Aussagen der Dargestellten.

Bolin, Anne: *In Search of Eve. Transsexual Rites of Passage*, Bergin & Garvey Publishers, 1988. Eine anthropologische Studie über sechzehn Transsexuelle (von-Mann-zu-Frau), für Laien und Akademiker gleichermaßen lesbar.

Docter, Richard F.: *Transvestites and Transsexuals. Toward a Theory of Cross-Gender-Behavior*, Plenum Press, 1990. Ein respektvolles, wissenschaftliches Werk, das auf zehnjähriger soziologischer Forschung beruht.

Stringer, JoAnn Altman: *The Transsexual's Survival Guide. To Transition and Beyond*, Creative Design Services, 1990. Von einer transsexuellen Frau geschrieben. Dieses nachdenkliche Buch beschäftigt sich mit emotionalen, wirtschaftlichen und juristischen Fragen.

Stuart, Kim Elizabeth: *The Uninvited Dilemma. A Question of Gender*, Metamorphous Press, 1983. Ein wissenschaftlich fundiertes, aktuelles Werk mit Transsexuellen-Interviews.

Sullivan, Lou: *Information for the Female-to-Male Crossdresser and Transsexual*, Ingersoll Gender Center, 1990. Ein einzigartiges Handbuch; zeigt den historischen Hintergrund auf; mit Tips über den »Durchgang« und Informationen über Hormontherapie und Operation.

Kulturelle Studien/Sexualpolitik

Alman, Isadora: *Sex Information, May I Help You?* Down There Press, 1984. Eine Mischung aus Sexualerziehung und Fiction; ein Buch, in dem die Abenteuer einer Gruppe Freiwilliger geschildert werden, die per Telefon in Sexualfragen beraten.

Bright, Susie: *Susie Bright's Sexual Reality. A Virtual Sex World Reader*, Cleis Press, 1992. Eine Sammlung von Susies scharfsichtigen Essays über alles – vom Sex während der Schwangerschaft bis darüber, wie es ist, an einer Phil-Donahue-Show teilzunehmen.

Califia, Pat: *Public Sex. The Culture of Radical Sex*, Cleis Press, 1994. Pats gesammelte Essays über Pornographie, S/M, sexuelle Unterdrückung und andere Themen.

Caught Looking. Feminism, Pornography and Censorship, vom FACT Book Commitee, Inland/LongRiver Books, 1988. Eine einzigartige Sammlung von Essays feministischer Autorinnen, die die Zensur herausfordern, mit sexuell eindeutiger Kunst illustriert.

D'Emilio, John und Estelle B. Freedman: *Initimate Matters. A History of Sexuality in America*, Harper Perennial, 1988. Dreihundert Jahre amerikanische Sexualgebräuche.

Erotic Impulse. Honoring the Sexual Self, David Steinberg (Hrsg.), Putnam/Jeremy P. Tarcher/Perigee Books, 1992. Eine breitgefächerte Schriftensammlung über Sexualität, von bekannten Romanschriftstellern, Dichtern, Therapeuten und Sexexperten.

The Girl Wants To. Women's Representations of Sex and the Body, Lynn Crosbie (Hrsg.), Coach House Press, 1994. Künstlerinnen und Schriftstellerinnen erkunden die zeitgenössische Sexualität mittels Fiction, Dichtung, Liedertexten und Comics.

Hutton, Julia: *Good Sex. Real Stories from Real People*, Cleis Press, 1992. Eine faszinierende Sammlung von Oral-Sex-Geschichten, von sechzig Männern und Frauen geschrieben.

Irvine, Janice: *Disorders of Desire. Sex and Gender in Modern American Sexology*, Temple University Press, 1990. Beschreibt detailliert die professionellen und politischen Agenden, die die Entwicklung der wissenschaftlichen Untersuchung der Sexualität geformt haben.

Larue, Gerald: *Sex and the Bible*, Prometheus Books, 1983. Eine Erläuterung der biblischen Texte, bei denen es um Sex geht, und die ein wenig eigenmächtige und willkürliche Art und Weise, wie sie interpretiert wurden.

Margulis, Lynn und Dorion Sagan: *Mystery Dance. On the Evolution of Human Sexuality*, Simon & Schuster/Touchstone, 1991. Biologie, Genetik und Psychologie sind in dieser Erklärung der Evolution der menschlichen Sexualität miteinander verwoben.

Men Confront Pornography, Michael Kimmel (Hrsg.), Random House/Meridian, 1990. Eine Essaysammlung von Männern mit breitgefächerten Einstellungen zur Pornographie.

Pleasure and Danger. Exploring Female Sexuality, Carole S. Vance (Hrsg.), Routledge & Kegan Paul, 1989. Exemplarischer Text über die »feministischen Sexkriege«, mit Beiträgen, die 1982 auf einer streitbaren feministischen Konferenz vorgelegt wurden.

Reiss, Ira: *An End to Shame. Shaping Our Next Sexual Revolution*, Prometheus Books, 1990. Eine soziologische Anklageschrift, in der die Probleme aufgeführt werden, die unsere sexfeindliche Gesellschaft erzeugte.

Sex Work. Writings by Women in the Sex Industry. Frédérique Delacoste und Priscilla Alexander (Hrsg.), Cleis Press, 1987. Eine offene und provozierende Sammlung von Schriften weiblicher Sexarbeiter.

Sprinkle, Annie: *Post Porn Modernist,* Art Unlimited, 1993. Die Autorin beschreibt chronologisch ihren beruflichen Werdegang in Massagesalons, Sexfilmen und in der Performance Art; teils Autobiographie, teils Fotoalbum.

Tannahill, Reay: *Sex in History,* Scarborough House, 1992. Eine fesselnde Erkundung sexueller Einstellungen und Praktiken in den großen Weltzivilisationen, von phähistorischen Zeiten bis zur Gegenwart.

Williams, Linda: *Hard Core. Power, Pleasure and the Frenzy of the Invisible,* University of California Press, 1989. Eine provozierende Analyse der Hardcore-Pornographie, von einer feministischen Filmkritikerin geschrieben.

Bücher über Videos

Holliday, Jim: *Only the Best. Jim Holliday's Adult Video Almanac and Trivia Treasury,* Cal Vista International, 1986. Umfassende und nachdenkliche Kritiken von einem scharfsichtigen Pornokritiker.

Stoller, Robert J.: *Porn. Myths for the Twentieth Century,* Yale University Press, 1991. Offene Interviews mit zwölf im Pornogeschäft tätigen Schauspielern und Regisseuren.

Stoller, Robert J. und I. S. Levine: *Coming Attractions. The Making of an X-Rated Video,* Yale University Press, 1993. Ein vorurteilsfreier Beitrag, der Interviews mit Darstellern und Crew den Vorrang einräumt.

X-Rated Videotape Guides, Volumes 1, 2 and 3, Robert Rimmer (Hrsg.), Prometheus Books, 1986, 1991 und 1993. Kritiken, Plot-Übersichten und Pornofilmlisten von den späten Siebzigern bis zur Gegenwart.

Fiction

Autorinnen

Barbach, Lonnie: *Der einzige Weg, Oliven zu essen,* Stuttgart, München 1988. Kurzgeschichten.

Deep Down. The New Sensual Writing by Women, Laura Chester (Hrsg.), Faber and Faber, 1988. Kurzgeschichten.

Erotica. Women's Writing from Sappho to Margaret Atwood, Margaret Reynolds (Hrsg.), Fawcett, 1990. Kurzgeschichten.

Herotica. A Collection of Women's Erotic Fiction, Susie Bright (Hrsg.), Down There Press, 1988. Kurzgeschichten.

Herotica 2. A Collection of Women's Erotic Fiction, Susie Bright und Joani Blank (Hrsg.), New American Library/Plume, 1992. Kurzgeschichten.

Erotic Interludes. Women Write Erotica, Lonnie Barbach (Hrsg.), Harper Perennial, 1986. Kurzgeschichten; dt., *Welche Farbe hat die Lust,* Stuttgart, München 1989.

Ladies Own Erotica, von The Kensington Ladies Erotica Society, Simon and Schuster/Pocket Books, 1984. Kurzgeschichten.

Largesse, Volumes 1-4, von The Mendocino Collective, Mendocino Collective, 1989-93, Kurzgeschichten von und über große Frauen.

Look Homeward Erotica, von The Kensington Ladies Erotica Society, Ten Speed Press, 1986. Kurzgeschichten.

MacBrayne, Edna: *Alida. An Erotic Novel,* Parkhurst Press, 1981. Die erotischen Abenteuer einer reifen Frau.

Pleasure in the Word. Erotic Writing by Latin American Women, Margarite Fernandes (Hrsg.), White Pine, 1993. Kurzgeschichten.

Pleasures. Women Write Erotica, Lonnie Barbach (Hrsg.), Harper Perennial, 1984. Kurzgeschichten; dt., *... und mein Verlangen ist grenzenlos,* München 1989.

Slow Hand. Women Write Erotica, Michele Slung (Hrsg.), HarperCollins, 1992.

Touching Fire. Erotic Writing by Women, Louise Thorton, Jan Sturtevant und Amber Sumrall (Hrsg.), Carroll & Graf, 1989. Kurzgeschichten.

Lesbierinnen

Afterglow. More Stories of Lesbian Desire, Karen Barber (Hrsg.), Alyson Publications, 1993. Kurzgeschichten.

Bushfire. Stories of Lesbian Desire, Karen Barber (Hrsg.), Alyson Publications, 1991. Kurzgeschichten.

Daughters of Darkness. Lesbian Vampire Stories, Pam Keesey (Hrsg.), Women's Press, 1992. Kurzgeschichten.

Getting Wet. Tales of Lesbian Seduction, Carol Allain (Hrsg.), Women's Press, 1992. Kurgeschichten.

Erotic Naiad. Love Stories by Naiad Authors, Katherine Forrest und Barbara Grier (Hrsg.), Naiad Press, 1992. Kurzgeschichten.

Intricate Passions. Collection of Erotic Short Stories, Tee Corinne (Hrsg.), Banned Books, 1989. Kurzgeschichten.

Serious Pleasures. Lesbian Erotic Stories and Poetry, Sheba Collective (Hrsg.), Cleis Press, 1991. Kurzgeschichten und Gedichte.

More Serious Pleasures. Lesbian Erotic Stories and Poetry, Sheba Collective (Hrsg.), Cleis Press, 1991. Kurzgeschichten und Gedichte.

Riding Desire. An Anthology of Erotic Writing, Tee Corinne (Hrsg.), Banned Books, 1991. Kurzgeschichten.

Sommers, Robbi: *Behind Closed Doors,* Naiad Press, 1993. Kurzgeschichten.

Sommers, Robbi: *Kiss and Tell,* Naiad Press, 1993. Kurzgeschichten.

Sommers, Robbi: *Players,* Naiad Press, 1990. Roman.

Sommers, Robbi: *Pleasures,* Naiad Press, 1989. Kurzgeschichten.

Schwule

Flesh and the Word. An Anthology of Erotic Writing, John Preston (Hrsg.), New American Library/Plume, 1992. Kurzgeschichten.
Flesh and the Word 2. An Anthology of Erotic Writing, John Preston (Hrsg.), New American Library/Plume, 1993.
Hot Living. Erotic Stories About Safer Sex, John Preston (Hrsg.), Alyson Publications, 1985. Kurzgeschichten.

Science-fiction

Alien Sex, Ellen Datlow (Hrsg.), Penguin, 1990. Kurzgeschichten.
Anthony, Piers: *Pornucopia,* Tafford Publishing, 1991. Roman.
Forged Bonds. Erotic Tales of High Fantasy, Cesilia Tan (Hrsg.), Circlet Press, 1993.
Burka, Lauren: *Mate,* Circlet Press, 1992. S/M-Kurzgeschichten.
Feline Fetishes. Erotic Tale of Science Fiction, Corwin (Hrsg.), Circlet Press, 1993. Kurzgeschichten.
Tan, Cecilia: *Telepaths Don't Need Safe Words,* Circlet Press, 1992. S/M-Kurzgeschichten.

S/M

Califia, Pat: *Macho Sluts,* Alyson Publications, 1988, Kurzgeschichten.
Califia, Pat: *Melting Point,* Alyson Publications, 1993. Kurzgeschichten.
Leading Edge: An Anthology of Lesbian Sexual Fiction, Lady Winston (Hrsg.), Lace/Alyson Publications, 1987. Kurzgeschichten.
Leatherwomen, Laura Antoniou (Hrsg.), Masquerade, 1993. Kurzgeschichten.
Preston, John: *Mr. Benson,* Masquerade, 1992. S/M-Roman.
Preston, John: *The Heir and The King,* Masquerade, 1992. Zwei Romane.
Preston, John: *Tales of the Dark Lord,* Masquerade, 1992. Kurzgeschichten.
Roquelaure, A. N. (d. i. Anne Rice): *The Sleeping Beauty Trilogy: Claiming of Sleeping Beauty, Beauty's Punishment, Beauty's Release,* New American Library/Plume, 1983, 1984, 1985. Romane.

Verschiedene

Baker, Nicholson: *Fermata,* Random House, 1994. Roman; dt., *Die Fermate,* Reinbek b. Hamburg 1994.
Baker, Nicholson: *Vox,* Random House, 1992; dt., *Vox,* Reinbek b. Hamburg, 1992. Ein Roman über Telefonsex.

Unmade Bed. Sensual Writing on Married Love, Laura Chester (Hrsg.), HarperCollins, 1992. Kurzgeschichten.

Cyborgasm. Erotica in 3D Sound, Algorithm, 1993. Audioerotica, auf Cassette oder CD erhältlich.

Erotic Edge. Erotica for Couples, Lonnie Barbach (Hrsg.), Penguin/Dutton, 1994. Kurzgeschichten.

Erotique Noire: Black Erotica, Miriam DeCosta Willis, Reginald Martin, Rose Ann Bell (Hrsg.), Doubleday/Anchor, 1992. Kurzgeschichten.

Best American Erotica, 1993, Susie Bright (Hrsg.), Macmillian, 1993. Kurzgeschichten.

The Field Guide to Outdoor Erotica, Rob Moore (Hrsg.), Solstice Press, 1988. Kurzgeschichten über Sex im Freien.

Gates to Paradise. The Anthology of Erotic Short Fiction, Alberto Manguel (Hrsg.), Random House, 1993. Kurzgeschichten.

Erotic Literature. Twenty-Four Centuries of Sensual Writing, Jane Mills (Hrsg.), HarperCollins, 1993. Kurzgeschichten.

The Literary Lover. Great Contemporary Stories of Passion and Romance, Larry Dark (Hrsg.), Viking, 1993. Kurzgeschichten.

Yellow Silk. Erotic Arts and Letters, Lily Pond und Richard Russo (Hrsg.), Random House, 1990. Kurzgeschichten und Kunst aus dem Magazin *Yellow Silk*.

Schund

Anonymus: *Autobiography of a Flea*, Carroll & Graf, 1983. Roman.

Anonymus: *Fanny Hill*, Carroll & Graf, 1990, Roman.

Anonymus: *The Pearl*, Ballantine, 1968. Kurzgeschichten.

Anonymus: *The Pearl*, Tundra, 1993. Audioerotica, auf Cassette erhältlich.

Erotic Reader. Collections of Previously Banned Fiction, Volumes 1-5, Carroll & Graf, 1988-1993.

Klassiker

Miller, Henry: *Tropic of Cancer*, Grove, 1961. Roman; dt., *Der Wendekreis des Krebses*, Reinbek b. Hamburg 1979.

Miller, Henry: *Tropic of Capricorn*, Grove, 1961. Roman; dt., *Der Wendekreis des Steinbocks*, Reinbek b. Hamburg 1980.

Nin, Anaïs: *Delta of Venus*, Simon und Schuster/Pocket Books, 1979. Kurzgeschichten; dt., *Das Delta der Venus*, München 1991.

Nin, Anaïs: *Little Birds*, Simon und Schuster/Pocket Books, 1986. Kurzgeschichten.

The New Olympia Reader, Maurice Girodias (Hrsg.), Blue Moon, 1993. Kurzgeschichten, Erstveröffentlichung 1970.

Reage, Pauline: *Story of O*, Ballantine, 1973. S/M-Roman; dt., *Die Geschichte der O*, Reinbek b. Hamburg 1977.

Vassi, Marco: *Erotic Comedies by Marco Vassi*, Masquerade, 1994. Kurzgeschichten.

Vassi, Marco: *The Vassi Collection, Volumes 1-10*, Second Chance Press, 1993. Eine Reihe von zehn erotischen Romanen.

Kunst

Sammlungen »Schöner Künste«

Erotic Art by Living Artists, Volume 1 & 2, Artnetwork, 1988 und 1992.

Beradinis, Olivia de: *Let Them Eat Cheesecake: The Art of Olivia*, Ozone, 1993.

Erotica. An Illustrated Anthology of Sexual Art and Literature, Volumes 1 & 2, Charlotte Hill (Hrsg.), Carroll & Graf, 1992 und 1993.

The Perfumed Garden, übersetzt von Sir Richard Burton, Inner Traditions, 1989.

I Modi. An Erotic Album of the Italian Renaissance, Lynne Lawner (Hrsg.), Northwestern University Press, 1989.

The Illustrated Kama Sutra, übersetzt von Sir Richard Burton, Inner Traditions, 1991; dt., *Das illustrierte Kamasutra*, MA Buch-Marketing, 1991.

Kozloff, Joyce: *Patterns of Desire*, Hudson Hills, 1990.

Kronhausen, Dr. Phyliss und Dr. Eberhard: *Erotic Art*, Carroll & Graf, 1993.

The Erotic Sentiment in the Paintings of China and Japan, Nik Douglas und Penny Slinger (Hrsg.), Inner Traditions, 1990.

The Erotic Sentiment in the Paintings of India and Nepal, Nik Douglas und Penny Slinger (Hrsg.), Inner Traditions, 1989.

Westheimer, Dr. Ruth: *The Art of Arousal*, Abbeville Press, 1993.

Fotografie

Drawing the Line, von Kiss and Tell, Press Gang, 1991.

Erotic By Nature, David Steinberg, Red Alder and Down There Press (Hrsg.), Down There Press, 1988.

Grace, Della: *LoveBites*, GMP, 1991.

Jeff Koons: Muthesius, Angelika (Hrsg.), Köln 1992.

Lust: The Bodypolitic, Advocate, 1991.

Robert Mapplethorpe, Richard Marshall (Hrsg.), Little, Brown and Company, 1988.

Robert Mapplethorpe, München 1992.

Ritts, Herb: *Men/Woman*, Twin Palms, 1989.

Saudek, Jan: *Jan Saudek. Life, Love, Death and Other Such Trifles,* Art
   Unlimited, 1991.
Erotik in der Kunst, Muthesius, Angelika, Riemschneider, Burkhard (Hrsg.),
   Köln 1993.

Register